Twesten, Karl

Die religiösen, politischen und sozialen Ideen der asiatischen Kulturvölker und Ägypter

1. Band

Twesten, Karl

Die religiösen, politischen und sozialen Ideen der asiatischen Kulturvölker und Ägypter

1. Band

Inktank publishing, 2018

www.inktank-publishing.com

ISBN/EAN: 9783747771532

which is marked with an invisible watermark.

DIE

RELIGIÖSEN, POLITISCHEN

UND

SOCIALEN IDEEN

DER

ASIATISCHEN CULTURVÖLKER UND DER AEGYPTER

IN IHRER HISTORISCHEN ENTWICKELUNG

DARGESTELLT

VON

CARL TWESTEN

HERAUSGEGEBEN

VON

PROF. DR. M. LAZARUS

ERSTER BAND

BERLIN
FERD. DÜMMLERS VERLAGSBUCHHANDLUNG
(HARRWITZ UND GOSSMANN)
1872.

Vorbemerkung des Herausgebers.

Das vorliegende Werk hat ein sonderbares und trübes Schicksal gehabt.

Carl Twesten hat *) nach vieljährigen und, wie jedem Einsichtigen schnell deutlich wird, sehr eingehenden und fleissigen Studien im Jahre 1856 begonnen das Buch niederzuschreiben. Er war damals Assessor, bald darauf Stadtrichter in Berlin. Die Grösse der Anlage, die Weite der Vorstudien, die Höhe des vorschwebenden Zieles, die dem Werke eigen, würden es bei jedem Gelehrten vom Fach zu einem Verdienst, zu einer eben so edlen wie vollkommenen Lebenserfüllung gemacht haben; aber eine solche Arbeit, dazu bestimmt, die Musse eines Mannes auszufüllen, muss vollends die dankbarste Bewunderung erregen.

Aber schon bei Lebzeiten des Verfassers war sein Werk verwaist.

Bis zum Jahre 1859 hat er fast ausschliesslich an demselben gearbeitet; „kaum etwas Anderes gelesen". Da gerieth die Arbeit ins Stocken; er glaubte dem Vaterlande mit der praktisch-politischen Thätigkeit mehr als mit der theoretischen Forschung zu dienen; die Brochüre: „Woran uns gelegen" eröffnete seine Theilnahme am politischen Leben, die ihn bis in die letzten Lebenstage nicht wieder verlassen hat. Er trat ins Parlament und hat dort eine Wirksamkeit geübt, die zu bekannt und berühmt ist, um hier einer Charakteristik zu bedürfen.

Wir haben nicht zu richten; nicht zu fragen, ob er das bessere Theil erwählt hat; Twesten hat als Bürger nach bestem Wissen seine Pflicht gethan. Aber jeder Leser wird wie der Herausgeber des unmittelbaren Gefühls sich nicht entschlagen können, dass die fehlende Vollendung des Werkes

*) Wie aus Briefen an Herrn G. Lipke hervorgeht.

nicht blos für die gelehrte Welt, sondern für den deutschen Geist einen wirklichen Verlust bedeutet.

Dass der Unterzeichnete das vorliegende Buch herauszugeben berufen wurde, hat in folgender Thatsache seinen äusseren wie inneren Grund. Im Jahre 1869, als Twesten so schwer erkrankt war, dass er seine Auflösung erwarten zu müssen meinte, hat er seiner Jugendfreundin, die auch in den letzten Jahren seine treue Pflegerin war, der Frau Professor Clara Schaum, geb. Jaques, das Manuscript als deren Eigenthum zu freier Verfügung eingehändigt. Nachdem er scheinbar wieder genesen war und das Manuscript zurück empfangen hatte, hat er es Frau Schaum neuerdings wenige Wochen vor seinem Tode übergeben. Auf die Frage, ob und in welcher Weise es veröffentlicht werden sollte, hat er einige Stunden vor seinem Ableben noch geantwortet: dass wohl unsere Zeitschrift für Völkerpsychologie und Sprachwissenschaft am ehesten geneigt und geeignet sein werde, Bruchstücke davon aufzunehmen.

Ich selbst aber habe in Uebereinstimmung mit Frau Schaum aus dieser Andeutung gern die Verpflichtung entnommen, das Ganze ebenso unverkürzt, wie unverändert dem Publikum zu übergeben.

Wer die Richtung kennt, die ich in unserer Zeitschrift vertrete und sie auch nur mit der Einleitung Twesten's vergleicht, wird schnell einsehen, dass wir nicht auf gleichem Standpunkte stehen. Die Verschiedenheit auseinanderzusetzen oder gar eine Kritik des vorliegenden Werkes zu geben, wären diese Blätter gewiss eine wenig passende Stelle. Wohl aber hoffe ich in einem der nächsten Hefte der Zeitschrift für Völkerpsychologie (welcher, da sie sich ausdrücklich als wissenschaftliches Parlament für verschiedene Richtungen angekündigt hat, Theile des Twesten'schen Buches gewiss zur Zierde gereicht haben würden) eine ausführliche

Besprechung desselben zu bringen, und darzulegen, wie weit wir in der Betrachtung der Geschichte, in dem Bedürfniss und auf dem Wege, Gesetze derselben zu suchen, zusammen gehen, und wo und weshalb wir uns trennen.

Aber, obgleich fern von jeder Verantwortung für die Lehrmeinungen, welche in der Einleitung enthalten sind, kann ich doch der schlichten und ernsten Art, wie sie vorgetragen, der Weite und Fülle, aus der sie geschöpft sind, meine unbedingte Anerkennung zollen.

. Ich übergebe der Oeffentlichkeit das Werk — nach gewöhnlichem Sprachgebrauch — eines Gegners, weil ich die Zuversicht hege, es werde als ein neues Ferment dienen, um träge Massen in Bewegung und trübe zur Klärung zu bringen. Der Kampf um die letzten Gegensätze in der Erklärung der Geschichte, um ihn mit einem Worte flüchtig zu bezeichnen, der Kampf des Naturalismus und des Idealismus, ist längst im Gange; er kann nur gewinnen durch den Eintritt eines so ernsten, eifrigen Kämpfers wie Twesten; er kann nur gewinnen, wenn der sonst meist übereilte und ungeschulte Naturalismus in Twesten einen so nachhaltigen, besonnenen, sagen wir geradezu nüchternen Vertreter findet.

Der Kampf wird weiter gehen; möge er zu einem gedeihlichen Ziele führen, zu dem Ziele: nicht nur die Erkenntniss der Geschichte, des früheren Lebens der Menschheit zu läutern, sondern auch die Gestaltung des wirklichen Lebens und der Zukunft zu veredeln.

Vielleicht die einzige Gunst des Geschicks, die diesem Buche zu Theil wurde, ist der Zeitpunkt, in welchem es in die Oeffentlichkeit tritt. Denn zu keiner Zeit, nicht blos seit seinem Beginn, sondern seit fast einem Jahrhundert, konnten die historischen Forschungen, denen es entspringt, dem öffentlichen Geiste einen so wesentlichen, einen so unmittelbaren, einen so praktisch-realen Dienst leisten als in der Gegenwart. Denn niemals konnte das Buch so lehrreich sein, als mitten in der religiösen Bewegung unserer Tage.

Das Werk, ursprünglich darauf angelegt, auch die classischen und die christlichen Völker zu umfassen, enthält jetzt ausser der Einleitung über Auffassung, Darstellung und Erklärung der Geschichte der Menschheit, nur die der asiatischen Culturvölker und Aegyptens. Grade sein Mangel kann zum Vorzug werden.

Denn fern von den Ereignissen, welche die unmittelbaren und praktischen Fragen der Gegenwart berühren, enthält es eine in bestimmter Beziehung unparteiische, nur vom reinsten Trieb nach geschichtlicher Wahrheit geleitete Darstellung der geistigen Schöpfungen, die das Leben dieser Culturvölker in allen Theilen gestaltet haben.

Wie viel oder wenig man von Twesten's Versuchen, Gesetze der Geschichte zu entdecken, als gelungen oder als anwendbar finden mag, immer können die religiösen und socialen Kämpfe der Gegenwart nur an Licht und Energie gewinnen, wenn man das Werden, den Wandel und den Wechsel auch der letzten und höchsten Ideen erkennt; wenn man als geschichtliche, nach psychologischen Gesetzen allmählich sich erhebende und klärende That des öffentlichen Geistes alles Menschliche begreift; Alles! auch was als unfehlbare Wahrheit, als alleinseligmachende Lebensform, als ewige Einrichtung gegolten und schöpferisch gewirkt hat; wenn man einsieht, dass die Erhaltung der Tradition ein Gewinn, dass aber die Bereicherung und Berichtigung derselben durch Wissen und Gewissen eine moralische Nothwendigkeit ist; wenn man versteht und beherzigt, dass die Schöpfung der Wahrheit eine unerschöpfliche Verpflichtung des menschlichen Geistes ist; dass ewig nur ist und zu sein verdient, was sich ewig vertieft, verklärt und veredelt.

Berlin, im October 1872. M. Lazarus.

INHALT.

Erstes Buch.
Einleitung

Zweites Buch.
Die Kastenstaaten.

Drittes Buch.
Die Nationen Vorderasiens.

folgenreich darstellen, und auf die festen Gesetze aufmerksam machen, von denen sie beherrscht werden. Dass unabänderliche Gesetze sich in der Mannichfaltigkeit der menschlichen Geschicke so gut wie in den wiederkehrenden Erscheinungen der Natur kund geben, pflegen Philosophen und Geschichtschreiber der verschiedensten Richtungen heutigen Tages vorauszusetzen, manche sprechen sogar viel von solchen Gesetzen, wenn sie auch weiter keine erhebliche Anwendung davon machen, oder wenn sie auch hinter und über diesen Gesetzen noch nach anderen Erklärungen suchen. Mir sind die Gesetze, durch welche die Thatsachen der Erfahrung bestimmt werden, das einzige und letzte, wonach eine wirkliche Wissenschaft zu forschen hat, über welches hinaus das willkührliche Spiel der Phantasie beginnt. Die Annahme solcher Gesetze ist, so weit sie noch nicht nachgewiesen sind, eine vorläufige Hypothese, gestützt auf die erwiesene Gesetzmässigkeit in den Gebieten anderer Wissenschaften und auf die Reihe von Gesetzen, welche bereits für das Bestehen und die Bewegungen der menschlichen Individuen und Gesellschaften eben so sicher constatirt sind, wie die Gesetze der Astronomie oder Physik, eine Hypothese, wie sie jede Wissenschaft da verlangt, wo sie noch nicht vollendet ist. Jede regelmässige Verknüpfung von Ursache und Wirkung, jede auf einen Zweck gerichtete Handlung setzt das Bewusstsein bestimmter Gesetze voraus, nach denen das Eintreten vorherzusehender Erfolge an das Vorhandensein gewisser Bedingungen gebunden ist. Die Erkenntniss allgemeiner, überall gültiger Gesetze vermittelt der denkenden Betrachtung den vernünftigen Zusammenhang in der zahllosen Menge der Erscheinungen, welche sich der blossen Erfahrung ungeordnet und vereinzelt darbieten. Der letzte grosse Metaphysiker, Hegel, verlangt für seine Philosophie der Geschichte die Voraussetzung, „dass die Vernunft die Welt beherrsche, dass es also auch in der Weltgeschichte vernünftig zugegangen sei". Ein Mehreres fordert auch nicht die Annahme, dass sich alle Thatsachen der Geschichte auf allgemeine Gesetze zurückführen, nach ihnen bestimmen lassen. Diese Ueberzeugung zu begründen und dahin zu richten, dass wirkliche Wissenschaft keine andere Vernunft, keinen anderen Zusammenhang und keine andere Ordnung in den Gegenständen ihrer Betrachtung zu suchen hat, ist der Zweck dieser Arbeit. Dass bei der unendlichen Complicirtheit der Erscheinungen des menschlichen Lebens die Gesetze, von denen sie beherrscht werden, erst in sehr geringem Umfange mit einiger Präcision festgestellt sind, ist unzweifelhaft, auch darüber können wir uns keine Illusion machen, dass die geschichtlichen Thatsachen, deren richtige Würdigung eine genauere und umfassendere Feststellung derselben ermöglichen könnte, noch viel zu wenig beobachtet sind, sich vielleicht sogar aus den Ueberlieferungen der Vergangenheit in zu geringem Maasse sammeln lassen, um in einer nahen Zukunft die strenge Durchführung der Theorie in regelmässiger Ableitung der Gesetze aus dem Kreise der gesammelten Beobachtungen zu gestatten. Neben der geringen Zahl speciellerer oder allgemeinerer Gesetze, die sicher erkennbar sind, kann es sich für jetzt nur darum handeln, die Richtung zu bezeichnen, welche allein noch den Charakter einer wissenschaftlichen in Anspruch nehmen kann, und daher allein im Stande ist, die Zukunft zu gewinnen.

II.

„Ich strebte die menschlichen Handlungen nicht zu verlachen, nicht zu beweinen, noch zu verabscheuen, sondern zu verstehen" *); dieser Satz Spinoza's bezeichnet den Standpunkt wahrer Wissenschaft. Ihr Interesse ist nur darauf gerichtet zu verstehen, zu erklären. Allerdings nehmen die Wissenschaften, welche unmittelbar auf das menschliche Leben gerichtet sind, noch eine andere Seite der Geistesthätigkeit in Anspruch, als die, deren Gegenstände der

*) actiones humanas non ridere, non lugere, neque detestari, sed intelligere — sedulo curavi.

1*

äusseren Natur und ihren Beziehungen angehören, indem sie das Gemüth ergreifen, Phantasie und Leidenschaften erregen. Wir betrachten die Schicksale eines edeln Volkes mit einer anderen Stimmung als einen mathematischen Lehrsatz, einen grossen Menschengeist anders als ein Infusorium. Und das soll auch nicht anders sein. Es hat sogar etwas kaltes, herzloses, wenn Menschen - Leid und Freud' ausschliesslich als Objecte verstandesmässiger Erkenntniss behandelt werden. Aber die strenge Wissenschaft, wenn sie sich auch mit den menschlichen Leidenschaften beschäftigen, sie überall in Rechnung stellen muss, darf nicht selbst von ihnen bewegt werden. Sie schliesst Furcht und Hoffnung, Liebe und Hass von ihrer Thätigkeit aus, oder ihre Resultate werden verfälscht werden. Die Interessen des praktischen Lebens oder des Gemüths mögen der Wissenschaft ihre Aufgaben stellen, nur die unbeirrte Intelligenz kann ihre Fragen in der Form der Wissenschaft beantworten. Sie hat zu verstehen. Wirklich verstanden oder erklärt wird aber eine Erscheinung noch nicht dadurch, dass sie genau beobachtet, dass ihr Hergang klar in das Bewusstsein aufgenommen wird, sondern erst, wenn sie einer allgemeinen Theorie eingefügt wird, wenn es gelingt, sie nach ihren Bedingungen oder Voraussetzungen aus der Theorie abzuleiten und ihre Folgen nach der Theorie zu bestimmen. Ersteres ist Sache der Erfahrung. Sie hat durch genaue, ihren Gegenständen angemessene Beobachtung die Thatsachen zu constatiren, scharf auszusondern und in ihrem vollständigen Verlaufe aufzufassen. Sie ist die nothwendige Bedingung jeder Erkenntniss, nicht ihre Vollendung. Letztere giebt erst die Aufnahme der Erfahrung in den Zusammenhang der Theorie. Die blosse Empirie genügt den Menschen niemals. Sie mag einseitig, übertrieben hervorgehoben werden, und dadurch zuweilen den Vorwurf der Systematiker einigermassen rechtfertigen, dass eine Richtung ausschliesslich empirisch sei; meist ist dieser Vorwurf eine Verdrehung, indem er besagt, der Empiriker habe überhaupt keine Theorie, während derselbe sich nur gegen eine bestimmte Theorie wendet, oder ihr mit seiner Erfahrung beschwerlich fällt. Er läugnet die Wahrheit einer gewissen Theorie, und man behauptet, er läugne jede. Die Natur der menschlichen Intelligenz vermag es einmal nicht, bei der vereinzelten Thatsache stehen zu bleiben. Nur die Erscheinungen, welche ihr völlig indifferent sind, lässt sie dahingestellt, wie Dante die Elenden, die auch der Hölle zu schlecht sind, ohne davon Notiz zu nehmen, blickt hin und geht vorüber*). Was aber ein theoretisches oder praktisches Interesse auf sich zieht, dessen sucht sie sich zu bemächtigen, indem sie es nicht bei der isolirten Thatsache bewenden lässt, sondern sie auf irgend eine Weise mit dem Ganzen ihrer Anschauungen verknüpft, sie in ihr System hineinzieht, wäre es auch nur durch eine Hypothese. Andererseits meinen wohl Menschen, die sich für vorzugsweise praktisch halten, im Leben der Theorien entbehren zu können. Indessen setzt jede Praxis eine Theorie voraus, und eine Praxis im Grossen ist nichts anderes als die Bewegung der Massen im Sinne einer Theorie. Wenn daher aus praktischem Gesichtspunkte gegen Theorien geeifert wird, wenn die Theoretiker als Ideologen oder Doctrinärs verhöhnt werden, so kleidet sich nur der Widerwille gegen eine bestimmte missfällige Doctrin in den Hass gegen Theorien überhaupt. Der Glaube ohne Theorie zu sein ist nur die thörichste aller Theorien. Weder der Einzelne noch eine menschliche Gesellschaft besteht ohne eine allgemeine Theorie, welche die Erscheinungen der Welt und des menschlichen Lebens und alles dessen, was es berührt und beeinflusst, nach Maass und Umfang der gewonnenen Bildung umfasst. Diese Theorie mag roh und armselig, oder schwankend und unklar sein, sie mag sehr willkührlich mit den Thatsachen umgehen, oder in grellem Widerspruch mit einzelnen Beobachtungen stehen, das nimmt ihr nicht den Charakter einer Theorie, ebenso wenig wie Irrthümer in einem System dessen wissenschaftlichen Charakter

*) non ragioniam di lor, ma guarda e passa.

aufheben. Nur die methodische, systematische Betrachtung der Erscheinungen eines bestimmten Gebietes unterscheidet das wissenschaftliche Denken von dem gewöhnlichen, nur die systematische Ausführung ein philosophisches Lehrgebäude von der Lebensanschauung des gesunden Menschenverstandes.

III.

In Deutschland pflegt man unter Philosophie ausschliesslich ein metaphysisches System zu verstehen, und schon in den Definitionen, welche man davon giebt, und in den Anforderungen, welche man daran stellt, metaphysische Grundsätze geltend zu machen. Schleiermacher vergisst als Metaphysiker seine Theologie so weit, dass er der philosophischen Wissenschaft von den Gründen des Daseins verbietet, sich mit den von einer Offenbarung ausgehenden Lehren irgend einzulassen. Man stellt die Philosophie den übrigen Wissenschaften gegenüber, als voraussetzungslos auf sich selbst beruhend, der Erfahrung überhoben, verschieden von den gewöhnlichen Formen des Denkens. Das ist metaphysischer Hochmuth, ähnlich dem geistlichen Hochmuth exclusiver Frommer, und wie diese bisweilen in höchst materialistischer Weise ein besonderes Organ des Glaubens annehmen, so sind auch die Metaphysiker gleich Plato und Schelling nicht selten geneigt, für ihre Philosophie eine besondere Art von Verstand zu prätendiren, den sie dann ihren Gegnern mit mehr Grobheit als Wissenschaftlichkeit absprechen, wenn ihnen die Gründe ausgehen. Gelegentlich geben indessen auch ächte Metaphysiker Erklärungen, welche die Philosophie ohne der Richtung vorzugreifen nach Zweck oder Inhalt abgränzen, bald ihren encyklopädischen Charakter, bald ihre Beziehung auf die höchsten Fragen des menschlichen Lebens hervorhebend. So bezeichnet Schleiermacher die Philosophie als Wissenschaft von den Gründen und dem Zusammenhange aller Wissenschaften. Schopenhauer adoptirt die Definition Baco's: die Philosophie ist ein Abbild und Spiegel der Welt, thut nichts eigenes dazu, sondern giebt nur wieder*). Lotze bezeichnet es als ihre Bestimmung, Einheit in den Stoff der Bildung zu bringen, und nennt sie desshalb eine bloss formale Wissenschaft. Hegel erkennt die denkende Betrachtung der Gegenstände als Philosophie an. Nach solchen Vorgängen können die Philosophen von Profession es uns nicht verargen, wenn wir die Philosophie nur als das Streben auffassen, alle Wahrheiten und Begriffe in ein geordnetes Ganzes zu bringen. Ein solches System wird sich immer nach dem Bildungsstande der Zeit gestalten, enger oder weiter nach dem Maasse der vorhandenen Cultur und nach den Gegenständen, welche hinlängliches Interesse erregen, um in den Kreis einer allgemeinen Theorie gezogen zu werden. Das waren von jeher und vornehmlich die Lehren vom Menschen, einzeln und in der Gesellschaft, von seiner Herkunft und Zukunft und seinem Zusammenhange mit dem Weltganzen. Speculationen darüber bildeten die ältesten systematischen Denkversuche, und sie sind vorzugsweise der Inhalt philosophischer Lehrgebäude geblieben. Und wenn wir dem alten Spruche folgen, dass der Mensch das Maass aller Dinge, wenn wir der mystischen Vorstellung entsagen, als ob die philosophischen Begriffe irgendwo ausser dem menschlichen Geiste ein selbstständiges Leben führten, wenn wir die Annahme einer Wissenschaft nur um der Wissenschaft willen gleich der Theorie vom Guten um des Guten willen als eine leere Abstraction zurückweisen, so werden wir mit Recht den Lehren vom Menschen und der menschlichen Gesellschaft wegen ihrer vorherrschend encyklopädischen Bedeutung den Rang der phiosophischen Wissenschaft zuerkennen, in so ferne sie nicht nur die übrigen speciellen Wissenschaften voraussetzen, sich auf deren Grundlage erheben, sondern diesen auch ihre Stellung in dem Bau der allgemeinen Theorie anweisen. Sind die Gegenstände dieselben, so ist dagegen die Behandlung, Ausführung und Richtung der Philosophie eine sehr verschiedene. Im All-

*) tantum iterat atque resonat.

gemeinen ist es unverkennbar, dass die älteren Systeme überwiegend von willkührlichen Annahmen der Phantasie beherrscht werden, welche einige höchste und letzte Sätze als Grundwahrheiten zur Erklärung der Welt aufstellen, und damit wenige einzelne Beobachtungen durch willkührliche und unvollständige Hypothesen in Zusammenhang bringen, während im Fortschritt der Zeiten immer reicherer Inhalt aus dem Erfahrungswissen entlehnt und zu begriffsmässigen Erkenntnissgebänden entwickelt wird. Näher lassen sich drei Hauptrichtungen unterscheiden: die theologische, die metaphysische und die positive Philosophie. Die letztere Bezeichnung behalte ich bei, wie sie August Comte im Gegensatze zu der metaphysischen, von ihm als ausschliesslich kritisch oder negativ betrachteten Doctrin gewählt hat. Es ist mit Recht bemerkt worden, wie schon früher, namentlich von den schottischen Philosophen des vorigen Jahrhunderts hervorgehoben ist, dass sich sowohl in einzelnen Disciplinen wie in ganzen Culturperioden diese drei Stadien unterscheiden lassen, dass zuerst die Erscheinungen an die unmittelbare Thätigkeit göttlicher Willensmächte geknüpft, später die Ursachen der Dinge in abstracten Kräften oder Qualitäten gesucht werden, endlich das Forschen nach einem letzten Grund und Wesen der Dinge aufgegeben, und der wirkliche Fortschritt der Wissenschaft nur in der Erkenntniss der Gesetze der Erscheinungen gefunden wird. Aber das Verdienst und die Originalität eines Gedankens liegt nicht sowohl in dem ersten, vielleicht vagen und beiläufigen Aussprechen desselben, als vielmehr in der fruchtbaren und inhaltreichen Entwicklung dessen, was in ihm verborgen war. Und diese gebührt Comte. Er hat es als das Fundamentalgesetz der geistigen Evolution nachgewiesen und historisch angewendet, dass jeder Zweig des Wissens durch die drei Stufen geht: die theologische oder supranaturalistische, die metaphysische oder abstracte, und die positive oder rein wissenschaftliche.

IV.

Die theologische Philosophie bildete die ersten Versuche einer Erklärung der Welt, die ältesten Systeme, welche die Anschauungen und das Leben der Menschen beherrschten. Von dem Beginne geschichtlicher Betrachtungen bis zu der absurden Frage nach dem Erfinder der Religion und der berüchtigten Antwort von dem ersten Schurken, der auf den ersten Dummkopf stiess, hat man sehr viel über den Ursprung der Religionen speculirt, bald menschliche Gemüthsstimmungen oder Leidenschaften, bald äusserliche Zweckmässigkeitsgründe herbeigezogen. Kant recurrirte auf das Gefühl für das Erhabene, Rousseau auf andächtige Bewunderung, Hobbes auf die Furcht vor unsichtbaren Mächten. Dergleichen Motive sind allerdings bei der Richtung und Ausbildung der Religionen wirksam gewesen, haben die Auswahl der Gegenstände der Verehrung und die Einrichtungen des Cultus geleitet, aber ehe sie thätig werden konnten, musste die Grundlage des Glaubens schon vorhanden sein. Und diese war unzweifelhaft eine theoretische. Quelle und Zweck sind aller Theorie gemeinsam, und wie Aristoteles die Philosophie aus Bewunderung und Neugierde herleitet, so war es auch mit der Religion. Eine bloss materielle Existenz ohne irgend welche speculative Meinung ist dem Menschen selbst auf den niedrigsten Stufen geistiger Entwicklung nicht möglich. Die Regsamkeit der intellectuellen Fähigkeiten treibt ihn unter allen Verhältnissen nach dem Zusammenhange der Erscheinungen zu forschen. Zeugniss dafür geben die religiösen Vorstellungen, die sich auch bei den rohesten Stämmen finden, und schon die beständigen Fragen der Kinder im zartesten Alter nach dem Warum alles dessen, was sie um sich her wahrnehmen; wenn später diese Wissbegierde bei den meisten Menschen abzunehmen scheint, so erklärt sich dies daraus, dass einerseits die täglichen Umgebungen entweder befriedigend erklärt, oder sonst zur Gewohnheit geworden sind, und keine Aufmerksamkeit erregen, und dass anderntheils die Intelligenz durch die Thätigkeit des praktischen Lebens hinlänglich in Anspruch genommen wird; wir haben keine Veranlassung zu schliessen, dass die geistige Thätigkeit des Menschen nach den Jahren der Kindheit zurücktrete, etwa wie beim erwachsenen Orangutang der Gesichtswinkel spitzer und die Intelligenz geringer wird. Es pflegen nicht gerade die umfassendsten regelmässigsten, in der That für die Existenz der Menschen wichtigsten Erscheinungen zu sein, welche zunächst das Interesse der Forschung auf sich ziehen, vielmehr sind es in der Regel ungewöhnliche auffällige Phänomene oder Gegenstände, bei denen vorzugsweise Wechsel und Bewegung wahrgenommen werden, an welche sich Bewunderung und Neugierde heften, bis der geübtere Verstand erkennt, dass die alltäglichsten und gewöhnlichsten Erscheinungen auf allen Gebieten des Wissens die schwierigsten und die wichtigsten für die Erklärung sind. Wo nun auch die ersten Speculationen ihre Probleme anknüpften, die Lösung wurde stets in einer theologischen Theorie gefunden. Die beobachtete Erscheinung wurde einer übernatürlichen Willensmacht zugeschrieben. Dies ist die Grundlage jeder theologischen Anschauungsweise, dass Bewegungen nach Analogie menschlichen Handelns auf Willensacte zurückgeführt werden. Es ist die einfachste natürlichste, sich am leichtesten darbietende und daher überall wiederkehrende Erklärungsweise. Sie setzt sehr wenige Beobachtungen voraus, und lässt sich ohne Schwierigkeit auf neue anwenden. Der Wille ist unmittelbar dem Bewusstsein gegeben, stellt sich der geringsten Reflexion als Grund des Handelns dar, und giebt die unwillkührlichste Veranlassung zur Verknüpfung von Ursache und Wirkung. Sogar je roher und oberflächlicher das Nachdenken ist, desto mehr wird dem Willen beigelegt, desto mehr wird er als das letzte und unbedingte betrachtet, desto ausschliesslicher auch die einzelne Handlung auf die augenblickliche willkührliche Willensbestimmung zurückgeführt. Erst die tiefere Beobachtung lehrt, dass der einzelne Willensact nicht das erste und letzte sein kann, dass er etwas durchaus abhängiges ist, dass er mit Nothwendigkeit aus der Bestimmtheit des individuellen Charakters im Zusammentreffen mit äusseren Umständen hervorgeht, während der täuschende Schein, als ob die Bestimmung im einzelnen Fall von augenblicklicher Willkühr ausginge, nur dadurch entsteht, dass wir unseres Willens jederzeit bewusst sind, uns dagegen die bedingenden Motive nur in seltenen Fällen klar machen. Der Begriff anderer Kräfte ist ein abgeleiteter, nach der Analogie des ursächlichen Willens gewonnen, aus den Erscheinungen abstrahirt, denen eine zum Grunde liegende Kraft als ihre Ursache gegenüber gestellt wird. Die Vorstellung des Willens ist ohne Zweifel die ursprüngliche unvermittelte. Da musste es dem Bedürfniss, Unbekanntes durch Bekanntes zu erklären am nächsten liegen, die Phänomene der Natur nach der Weise menschlichen Handelns auf Willensacte zurückzuführen. Wo sich aber ein Wille offenbart, da kann ein wollendes Wesen nicht fehlen. So kam man zu Willensmächten, dem Menschen ähnlich in der Art ihres Wirkens, ihm überlegen durch die Grösse und Unwiderstehlichkeit ihrer Wirkungen. Das waren Götter, und ihre Annahme die erste Philosophie. Ihr Vorkommen in dieser Form bei den rohesten Völkern, ihre Spuren in den Anfängen aller Religionen und die Einfachheit dieser Schlussfolgerungen treffen zusammen, um das unwillkührliche spontane Ergreifen dieser Theorie und ihre natürliche Angemessenheit, die ersten Speculationen der erwachenden Intelligenz zu leiten darzuthun. Dieses erste Hinausgehen über die blosse Wahrnehmung einzelner Thatsachen, dieser erste Versuch zwischen dem Menschen und seinen Umgebungen eine Art harmonischen Zusammenhanges herzustellen war so allgemein, so begründet in den anfänglichsten Regungen des reflectirenden Verstandes, dass wir einzelnen hervorragenden Geistern nur einen sehr geringen Einfluss zuschreiben, und am wenigsten an eine beabsichtigte durchdachte Erfindung der religiösen Ideen denken dürfen.

V.

War die Grundlage der theologischen Anschauungsweise überall dieselbe, so wurden ihre Gestaltungen nach Zeit und Ort und der Cultur der Menschen äusserst verschieden. Die älteste Vorstellung nahm sinnliche Gegenstände unmittelbar als lebendig an. Wie die Phantasie der Kinder leblose Dinge gleich lebenden behandelt, wie dem poetischen Gefühl weicher phantasievoller Völker die ganze Natur ein Reich geheimnissvollen Lebens ist, so fand das erste Sinnen der Menschen überall das eigene Leben wieder, glaubte sich überall von beseelten Wesen umgeben, eine Richtung, die sich in allen mystischen Denkungsweisen, theologischen wie metaphysischen, bis zu einem gewissen Grade wieder erkennen lässt. Tout était dieu excepté dieu même — sagt Bossuet. Dies ist die Stufe des Fetischismus, dessen unterscheidende Eigenthümlichkeit darin besteht, die Naturdinge selbst als lebendig zu betrachten, sie direct zu göttlichen Mächten zu stempeln. Freilich darf, wenn der Fetischismus als erstes Stadium der theologischen Theorien angesehen wird, nicht an die raffinirte Ausbildung gedacht werden, welche ihm bei den Völkern zu Theil geworden, die, den Racen geringster Intelligenz angehörig, unter wenig fördernden Naturverhältnissen nicht etwa auf den untersten Entwicklungsstufen aller Menschen stehen geblieben sind, sondern diese in der falschesten unfruchtbarsten, jeder weiteren Erhebung feindlichen Richtung fortgebildet oder verzerrt haben, namentlich bei Negerstämmen, wo die geringfügigsten und gleichgültigsten Dinge oft in ungeheurer Zahl nach Laune und Willkühr zu Fetischen gemacht werden. Und selbst in dieser Entartung pflegt sich eine höhere und allgemeinere Verehrung auf Gegenstände zu concentriren, wie sie in tieferen Naturreligionen ihre Stelle behaupten; Berge, Ströme, Wälder erhalten als Stamm- oder National-Gottheiten einen öffentlichen Cultus, während die wechselnden Fetische der Einzelnen mehr den untergeordneten Schutzgeistern und Familiengöttern bei civilisirten Völkern des Polytheismus zu vergleichen sind. Das poetisch Erhabene einer in allen ihren Theilen lebendig pulsirenden Natur mit dem geheimnissvollen Hintergrunde eines beseelten Weltalls fehlt auch in den unklaren Vorstellungen roher Sinnlichkeit nicht ganz, wenn es gleich hinter Einzelheiten zurücktritt, die für Gefühl und Vernunft auf höheren Stufen gleich verletzend sind.

Je mehr sich der menschliche Geist durch reelle Erfahrungen bereicherte, je mehr er seine Macht über die erreichbaren Naturumgebungen kennen lernte, je mehr er sich an allgemeinere und abstractere Betrachtungen gewöhnte, desto weniger ward es ihm möglich, kleinliche und nahe gelegene Gegenstände an sich als Mächte zu achten, an die sich die Erklärung grosser Naturereignisse, oder die Furcht und Hoffnung der Menschen knüpfen liessen. So wurden die übermenschlichen Willensmächte in grössere Ferne gerückt, theils an unnahbare oder ganz allgemeine allumfassende Gegenstände gebunden, an Himmel und Erde, Meer Sonne und Sterne, theils als selbstständige Wesen anderer Art von der sichtbaren Körperwelt geschieden. Der Dualismus von Gott und Welt, Geist und Materie, Kraft und Stoff begann. „Der Mensch griff denkend an seine Brust“ nicht erst, als das Christenthum erschien, sondern in den Tagen der Vorzeit, als die beginnende Reflexion an dem complicirten Ich mannichfaltige Kräfte wahrnahm, und nach der Hauptdivergenz geistiger und körperlicher Beziehungen Seele und Leib schied. Diesen Versuch, sich durch Zerlegung das eigene Wesen zu erklären, haben selbst die rohesten Völker gemacht, wenngleich diese Seele oft materiell genug ausfiel, auch gelegentlich mehrere Seelen für verschiedene Geisteskräfte oder verschiedene Körperglieder angenommen wurden. Die Welt, die sich in dem Menschen abspiegelt, wie er nun eben ist, musste der Zerlegung in Geist und Körper folgen. Die Welt ward todt und materiell, von der ausserweltlichen Gottheit bewegt und erhalten. Der Fetischismus ging in den Polytheismus über. Die Trennung der Götter von der Sinnenwelt vollzog sich ohne Zweifel sehr allmälig und in verschiedenen Formen. Bei vielen Völkern wirkte die Verehrung der Himmelskörper besonders darauf ein, die durch ihren mächtigen Einfluss auf das Leben der Natur und der Menschen, und durch ihre regelmässige Bewegung überall eine frühe Aufmerksamkeit auf sich zogen, und bei deren unnahbarer Gewalt der Schritt nicht sehr schwierig sein konnte, sie aus göttlichen Willensmächten zu deren Wohnung, Werkzeug oder Symbol umzugestalten. Die Lösung der Götter von den körperlichen Dingen, welche allerdings im Ganzen einen grossen Fortschritt in der menschlichen Bildung bezeichnet, kann nicht gerade immer als Beweis höherer Entwicklung betrachtet werden. Da die übersinnlichen Mächte überall nach Analogie der Menschen gebildet wurden, konnte sie unter der Einwirkung äusserer Lebensverhältnisse bei Völkern erfolgen, denen wir keineswegs einen Vorrang vor anderen einräumen können, die an Vorstellungen des Fetischismus festhielten. Dem unstäten Leben mongolischer Nomaden oder indianischer Jägerstämme, in deren einförmigen Steppen oder Prairien weder die Phantasie noch die Existenz an einzelne bedeutungsvolle Gegenstände gefesselt wurde, entsprachen ihre nebelhaft gespenstischen Geister, nur durch falsche Auffassungen fremder Beobachter zu geistigen Mächten idealisirt; sie waren freilich von der Sinnenwelt gelöst, aber darum dürfen wir diese gestaltlosen unentwickelten Begriffe nicht über die reicheren Theorien sesshafter Völker stellen, weil diese fortfuhren den befruchtenden Strom oder den segenspendenden Himmel in ihrer sinnlichen Erscheinung als göttliche Wesen zu verehren. Uebrigens ist es eine unrichtige Abstraction, Fetischismus und Polytheismus in scharfer Scheidung auseinander halten zu wollen. Kann auch über den Charakter mancher Religionsformen kein Zweifel obwalten, so fliessen in anderen beiderlei Vorstellungsweisen durchaus zusammen, und fast in allen behaupten sich bei Einzelnen und im Einzelnen Anschauungen, die unbedingt als Fetischismus bezeichnet werden müssen. Die Uebergänge sind oft so unmerklich, wie die Darstellungen zweideutig und die Anknüpfungspunkte mannichfaltig. Ob der Fluss und der Flussgott eines oder zweierlei, ob die Sonne wirklich der Sonnengott, der ganze Gott, nur eine bestimmte Verkörperung des Gottes, oder sein Mittel, ein äusserlich von ihm bewegter Körper ist, lässt sich oft kaum unterscheiden. Namentlich bei untergeordneten localen Mächten pflegen auch noch auf höheren Culturstufen die Gottheiten und die Gebiete ihrer Thätigkeit in einander überzugehen, die Nymphe und ihr Quell, der Baum und sein Schutzgeist. Beliebig ausgewählte Gegenstände, welche der rohesten Phantasie als Fetische dienen, behalten als Amulette, Symbole, magische Zaubermittel, denen unsichtbare Mächte Wirkung leihen, ihren Einfluss; andere, wie Felsen Haine, nützliche oder schädliche Thiere, in denen anfänglich ein selbstständiges Walten dämonischer Naturkräfte geglaubt wurde, werden zu Heiligthümern oder Attributen der Götter, wobei ein Rückfall der ungebildeten Classen in den eigentlichen Fetischismus nicht selten vorkommt.

VI.

Bezeichnet der Fetischismus bei fortschreitenden Völkern die dunkeln Anfänge, bei stehengebliebenen wüste Entartung einer ursprünglichen, sich unwillkührlich darbietenden Philosophie, so gewährt dagegen der Polytheismus, als Grundlage der Geistesbildung hochcivilisirter Nationen, ein reiches Bild geschichtlicher Entwicklung mit dem grossartigsten Fortschritt von vagen allgemeinen Satzungen zu systematischen und specialisirten Ausarbeitungen. Dieser Fortgang vom Einfachen und Schwankenden zum Vielseitigen und Bestimmten offenbart sich in mannichfaltigen Richtungen der Geistesarbeit. Fast in allen polytheistischen Religionen, welche Spuren ihrer älteren Gestaltung in der Ueberlieferung oder in dem späteren System bewahrt haben, bei den indischen und iranischen Ariern, wie bei den Aegyptern und bei den Griechen, tritt die Verbindung der Götter mit den Körpern oder Kräften der Natur mehr und mehr in den Hintergrund, indem bald an denselben Göttern intellectuelle und moralische Eigenschaften die Naturseite zurückdrängen, bald ein neues Geschlecht das ältere ersetzt, welches den geistigeren Ansprüchen nicht mehr genügt. Die Dreieinigkeit Brahmas folgt der des Indra, die Olympier auf die Titanen. Dabei brauchen die neuen Götter die Naturbeziehungen nicht ganz zu verlieren, und bei einem Theil ihrer untergeordneten Classen pflegen diese vorherrschend zu bleiben. Die grosse Zahl der niederen Gottheiten lässt sich nach Umständen und Bedürfniss wechseln oder vermehren, die Götter von allgemeiner Bedeutung werden überall in ein festes geschlossenes System gebracht. Die Menschen disciplinirten ihre Götter wie sich selbst. Dem geordneteren regelmässigeren Zusammenhange des Lebens musste eine strengere Ordnung der Götter und eine gesetzmässigere Uebung ihrer Gewalt entsprechen. Wenn bereicherte Erfahrung und verständige Reflexion die Willkühr der Phantasie zu zügeln begannen, wenn die Menschen ihre eigenen Handlungen auf ihr inneres Wesen zurückführten, mussten auch die Willensmächte, welche die Erscheinungen der Welt erklären sollten, gewissen Regeln unterworfen werden. Blosse augenblickliche Einfälle regelloser Willkühr konnten bei den höchsten Gewalten nicht mehr genügen, wenn schon das menschliche Thun an Gesetz und Sitte gebunden ward. Denn wie der Mensch, ist sein Gott; was er an sich selbst am höchsten schätzt, sei es an Macht, Intelligenz oder Charakter, das wird er in erweitertem Maasse der Gottheit zuschreiben. Ohne menschliche Analogie lassen sich keine Willensmächte denken, und das Eifern gegen Anthropomorphismus kann nur unwürdigen beschränkten Vorstellungen gelten, nicht anthropomorphische Formen überhaupt ausschliessen. Während in den Mythen aller Religionen die Gottheit den Menschen nach ihrem Bilde schuf, lehrt die geschichtliche Vergleichung, dass zu allen Zeiten der Mensch die Gottheit nach seinem Bilde geschaffen. Sobald das eigene Innere reicher entfaltet wurde, mussten auch die vagen Umrisse des Gottesbildes mit näheren Bestimmungen erfüllt werden. Tacitus findet etwas hohes darin, dass die Germanen ihren Göttern keine menschliche Gestalt gaben, dass sie das Geheimnissvolle verehrten, was nur die Ehrfurcht sieht; das Dunkle und Unbestimmte nimmt leicht den Schein des Grossen und Erhabenen an, weil sich einmal die tieferen Anschauungen der Folgezeit hineintragen lassen, und weil andererseits manche schiefe und abstossende Vorstellungen, die einer detaillirteren Ausführung angehören, nicht darin vorkommen. Aber jene sind nicht nothwendig darin enthalten, und letztere fehlen nur, weil sie nicht zur Entwicklung, vielleicht bloss dem Beschauer nicht zur Kenntniss gekommen sind. Die obersten allgemeinsten Begriffe können sich durch die längsten Zeiträume hindurch gleichen, während die specielleren Theorien über Ordnung und Verbindung der Erscheinungen weit schnellerem Wechsel unterworfen sind. Doch drücken die Sätze der letzteren Art einer Culturepoche ihren Charakter auf. Es kommt nicht darauf an, was allenfalls in einer generellen Theorie untergebracht werden kann, sondern darauf, womit sie in einer gewissen Zeit wirklich erfüllt worden ist. Eine unbestimmte Philosophie wird sich sogar in ihren vagen Grundzügen länger behaupten können, weil sie durch Widersprüche in Detailbestimmungen weniger über sich hinausgetrieben wird. Dichterisch erhabene Worte dürfen nicht über Werth und Einfluss einer Theorie täuschen. Das beseelte Weltall des Fetischismus und der naturphilosophische Pantheismus des sechszehnten oder achtzehnten Jahrhunderts lassen sich ungefähr in derselben Weise schildern, so lange man in Bildern und Abstractionen bei den letzten Grundsätzen stehen bleibt, aber welcher Unterschied in der weiteren Entwicklung! Wenn es zuweilen scheinen kann, als ob die Menschen nach langen Irrfahrten zu alten, langvergessenen Wahrheiten zurückkehrten, so ist darum nicht anzunehmen, dass die erste Wahrheit wie die letzte, und dazwischen nur Irrthum wäre. Die erste Theorie war irrig begründet, oder irrig angewendet, darum konnte aus ihr Wahres und Falsches abgeleitet werden, und ehe sie zur neuen gereinigt und erweitert ward, musste vielen Entdeckungen gemacht und viele Irrthümer widerlegt werden. Das wiederholt sich im Einzelnen wie im Grossen. Eine Spur von Wahrheit lässt sich freilich in jeder Theorie nachweisen, die eine grosse weitreichende Wirkung geübt hat; in so fern ist der Satz Bossuet's berechtigt: toute erreur est une vérité, dont on a abusé.

VII.

So lange die Menschen beim eigenen Handeln nur auf den einzelnen Willensact zurückgingen, wurden auch den der menschlichen Willkühr entzogenen Erscheinungen augenblickliche Einfälle der höheren Willensmächte zum Grunde gelegt. Wie es das Wesentliche des Wunders ist, wurde die vereinzelte Thatsache ohne Verbindung mit ihren Gründen und Folgen einem besonderen Willensact zugeschrieben. Der Sonnengott musste Tag für Tag seine Rosse anschirren, der Donnerer die Wolken sammeln. Von einem Wunder in dem Sinne einer Unterbrechung des regelmässigen Zusammenhanges der Dinge konnte bei allgemeiner Regellosigkeit eigentlich gar nicht die Rede sein, das Ungeheuerlichste erschien so gut möglich wie das Gewöhnliche; indessen machte sich die unverbrüchliche Gleichmässigkeit in dem Gange vieler Naturereignisse zu bald geltend, als dass man lange an eine fortdauernde, oder gar ungeregelte Thätigkeit göttlichen Willens dabei denken konnte. Man nahm daher die unmittelbare Intervention unsichtbarer Mächte nur noch für aussergewöhnliche Phänomene, etwa Stürme, Erdbeben, Pest, und für die Erfolge menschlichen Handelns in Anspruch, während man sich bei den regelmässigen Erscheinungen begnügte, einen göttlichen Willensact an den Anfang der Bewegung zu stellen; der Gott hatte ein für allemal der Sonne ihre Bahn gewiesen. Die Theorie rückte die Götter mehr in die Ferne, der Mensch fühlte sich weniger von ihrer unmittelbaren Allmacht und Allgegenwart umgeben, je weniger in den einzelnen Naturerscheinungen eine beständige Offenbarung der göttlichen Gewalt gesehen wurde. Schiller nennt die Natur entgöttert, weil sie

knechtisch dienet dem Gesetz der Schwere,

Adam Smith hat schärfer bemerkt, dass es nie und nirgends einen Gott der Schwere gegeben. Die allgemeinsten, continuirlich wirksamen Vorgänge wurden einfach hingenommen, man dachte nicht daran, sie zu untersuchen oder in die Theorie einzufügen, bis ein wirklich wissenschaftlicher Forschungstrieb erwachte, und systematische durch Beobachtungen und Begriffsentwicklungen geleitete Erklärungsversuche die ersten phantasiebeherrschten Speculationen einschränkten. Derartige Phänomene wurden daher niemals auf unmittelbare Willensacte zurückgeführt, bei anderen, welche stärker die Aufmerksamkeit oder die Phantasie erregten, verdrängte der Begriff unveränderlicher physischer Gesetze die ursprünglichen rein theologischen Erklärungen, oder wendete die Blicke davon ab. Das Aufsuchen anderer, fester Zusammenhänge brachte einen Riss in die ursprüngliche Harmonie einer auf alle Phänomene gleichmässig angewendeten theologischen Theorie. Gewöhnte man sich zuerst alltägliche Vorkommenheiten oder untergeordnete Details ohne Beziehung auf göttliches Eingreifen zu betrachten, so erweiterte die zunehmende Erkenntniss allmälig den Kreis, welcher durch Darlegung nothwendiger Ursachen Bedingungen oder Gesetze den wechselnden Einfällen erdichteter Willkühr entzogen wurde. Daher rührt auch ohne Einwirkung äusserer Interessen der alte Widerstreit der Naturwissenschaften und der ächten Theologie, welche jede Forschung ausserhalb des göttlichen Willens als etwas profanes, jede feste Regel als einen Eingriff in die göttliche Allmacht zurückweist. Ohne Zweifel verlor die theologische Theorie an ihrer Alleinherrschaft, die Gottheit an ihrer unumschränkten Gewalt, als die Einsicht unabänderlicher Naturgesetze gewonnen ward. Aber was die Götter an regelloser Willkührmacht einbüssten, das gewannen sie als intelligente und moralische Wesen. Wir dürfen den Umfang einer Theorie nicht mit ihrer Bedeutsamkeit verwechseln,

2*

ihre Herrschaft über das Denken und Fühlen der Menschen nicht mit ihrer bildenden Kraft. Im Fetischismus erstreckt sich die religiöse Anschauung auf alle bemerkte Phänomene der Natur und des Lebens, nicht das Kleinste und Geringfügigste wird unternommen, ohne die übernatürlichen Mächte zu Rathe zu ziehen, ohne von ihnen Hülfe und Beistand zu erwarten. Aehnliches finden wir bei höheren Formen des Polytheismus nur da, wo ein mächtiges Priesterthum dominirenden Einfluss über das Leben der Menge behauptet. In anderen Organisationen und bei reicherer Ausbildung der Intelligenz tritt das Walten der Götter wie aus der Natur so aus dem täglichen Leben zurück. Nur in wichtigen Fällen, ausnahmsweise, unter besonderen Feierlichkeiten, durch Vermittlung von Sehern und Orakeln erwartete man eine unmittelbare Intervention höherer Mächte, allmälig verzichtete man auf sie fast gänzlich in den irdischen Angelegenheiten der Einzelnen, suchte sie nur noch in der allgemeinen Leitung, den grossen Geschicken der Völker, oder beschränkte sie auf die Interessen eines jenseitigen Lebens. Die Welt ward in der That entgöttert. Aber die idealen Gestalten der ausserweltlichen unnahbaren geistigen Götter, in denen die Menschen statt der blossen Macht die Weisheit und die höchsten Tugenden verehrten, übten auf die reichere Entwicklung der Gefühle des Denkens und der gesellschaftlichen Zustände den mächtigsten Einfluss. In der Alltäglichkeit des individuellen Lebens spielten ohne Zweifel Fetische und wüste Dämonen die grössere Rolle, ihre culturhistorische Bedeutung sinkt auf Null gegen die weitreichende Bildungsmacht eines Brahma, Osiris oder Apollo. Ob unter der Herrschaft dieses höheren Polytheismus die theoretischen Bestrebungen in allen Zweigen des Wissens und bis in die Details der Erfahrung hinab den theologischen Speculationen untergeordnet wurden, das hing nicht sowohl von der Anlage der Doctrin, als von der Kraft und Folgerichtigkeit ab, mit welcher die ersten Theoretiker, die Priester der Götter, als besonderer Stand, die Pflege des geistigen Lebens in ihren Händen behielten. Unter allen Umständen wurden, wie es jedes wirklich theologische System erfordert, die allgemeinsten Ideen über Ursache und Zweck der Welt, ihre Entstehung, Regierung und Zukunft an die Götter geknüpft, und wie in der Theorie diese ersten Fragen menschlicher Wissbegierde, so beherrschte in der Praxis der theologische Geist den moralischen Zusammenhang der menschlichen Existenz, Sitte, Recht und Politik. Auf die Frage, warum dieses geschehen, oder jenes unterbleiben solle, hat die ächte Theologie nur die eine Antwort: Gott will es.

VIII.

Jede Idee fusst auf vorhandenen Anschauungen, wird von dem allgemeinen Entwicklungsgange und Bildungsstande der Zeit beherrscht. Es wird nie wieder von vorne angefangen. Wie mächtig neue Theorien auf das menschliche Leben einwirken, ihm den charakteristischen Stempel aufdrücken mögen, so gehen sie doch aus den Bedürfnissen und Richtungen der Zeit hervor, und gewinnen nur dann eine umgestaltende Kraft, wenn sie mit diesen in harmonischem Einklang stehen. Sobald wir mit den Thatsachen hinlänglich bekannt sind, finden wir die Keime neuer Ideen längst vorgebildet und ausgesprochen. Nicht selten sind dieselben Theorien tragisch gescheitert, welche später die Herrschaft errangen, und nicht immer ist es die grösste Intelligenz, die sie siegreich in das Leben einführte. Auch das glänzendste Genie ist seiner Umgebung nur in einigen Punkten und um einige Schritte voraus. Das gilt von den allgemeinsten Theorien, wie in den speciellsten Kenntnissen. Es ist der stets wiederholte Gang der geistigen Entwicklung: die Wahrheit, welche gestern als die Paradoxie eines einsamen Denkers verfolgt wurde, wird heute von allen Wissenden angenommen, und morgen Gemeingut der Menge. Aber diese drei Tage können weit aus einander liegen, zuweilen Jahrtausende. Denn der Unterschied zwischen der entwickelten Intelligenz und der Majorität der Menschen ist sehr gross, und die letztere folgt nur langsam den vorgeschrittenen Geistern. Dies zeigt sich am meisten bei den allgemeinen Theorien, deren jeder in irgend einem Umfange bedarf, deren Einfluss sich Niemand entziehen kann, und deren Grundlagen sich um so langsamer ändern, je grösser die zu bewegende Masse ist, und je mehr das Leben Aller und jedes Einzelnen in seiner ganzen Gestaltung mit ihnen verwachsen ist. Bald durch specielle Erkenntnisse, welche sich nicht in das alte System einfügen wollen, bald durch die Widersprüche, in welche die Fortschritte des Lebens mit den überlieferten Theorien gerathen, werden die letzteren allmälig modificirt, aus sich herausgetrieben, zuerst im Einzelnen verändert, endlich als unhaltbar beseitigt. Die neuen Lehren, welche sie ersetzen, von lange her in ihren Hauptzügen vorbereitet, gewinnen in irgend einer bestimmten Fassung die Herrschaft, wenn die Mehrheit der Menschen, oder wenigstens der entscheidenden Classen auf den Punkt vorgerückt ist, wo die neue Theorie der Gesammtheit ihrer Anschauungen mehr conform ist als die alte. Dann durchbrechen sie unaufhaltsam die Dämme, mit denen Vorurtheile und Interessen sie einzuzwängen suchen. In den Zeiten des Alterthums, welche in der Geschichte, wie in der Natur, nur für vereinzelte auffällige Ereignisse, nicht für das stille Walten grosser stetiger Bewegungen Sinn und Aufmerksamkeit haben, entziehen sich diese wichtigsten Veränderungen in dem Sein und Denken der menschlichen Gesellschaften meistens fast gänzlich der Beobachtung. Die Ausarbeitung und Verbreitung der neuen Ideen füllen Generationen aus, und zuletzt verrathen nur einzelne Spuren der älteren Anschauungen, dass ein Wechsel stattgefunden. So lässt sich in Indien oder Griechenland der grosse Uebergang von den willkührlichen rohen Naturmächten der ältesten Epoche zu den ethischen, gesetzmässig waltenden Gottheiten der Folgezeit kaum irgendwie in einzelnen Ereignissen verfolgen, oder an individuelle Namen knüpfen. Fast nur wenn grosse Umwälzungen des Volkslebens oder praktisch bürgerliche Einrichtungen unmittelbar mit der theoretischen Neuerung zusammenfallen, erhalten sich die Einführungen neuer Religionsformen als geschichtliche Thatsachen und ihre Begründer als bestimmte Persönlichkeiten im Angedenken der Menschen, wie Zoroaster und Moses. Ueber solchen Namen pflegt sogar die collective Arbeit der Mit- und Nachlebenden vergessen, und der späte Erfolg der Anstrengungen von Menschenaltern auf sie allein zurückgeführt zu werden. Erst in gebildeteren, litterarisch thätigen Zeiten wird der vorwiegende Einfluss der Theorien auf das menschliche Leben gewürdigt, und den Theoretikern eine besondere Aufmerksamkeit gewidmet, namentlich wenn sie ihren Nachfolgern nicht nur Lehrer, sondern auch Mittelpunkt der Lehre geworden sind, wie Buddha und Christus. Die Ideen der Einzelnen haben eine geschichtliche Bedeutung nur, in so ferne sie die Ideen der Vielen vorbereiten; sociale Wirksamkeit gewinnen Theorien erst, wenn sie von den materiellen Mächten, der Gewalt oder der Zahl, adoptirt werden, und dadurch in die Ordnung des Lebens eingreifen. Um eine allgemeine Theorie, ihren gesellschaftlichen Einfluss und den durch sie bedingten Culturzustand zu charakterisiren, dürfen wir uns daher nicht an die Auffassungen einzelner vorgeschrittener Geister halten, auch nicht Consequenzen aus ihnen ziehen, die sich allenfalls logisch rechtfertigen lassen, aber von ihren Bekennern nicht wirklich gezogen worden sind, sondern müssen sie in der Gestalt nehmen, wie sie zur Zeit ihrer Herrschaft von der Menge der Gläubigen begriffen wurden, und wie sie auf Moral und Politik eine lebendige Wirkung übten. Dies gilt denn auch von den Religionssystemen und von der entscheidendsten Wandelung, die innerhalb der theologischen Philosophie stattgefunden hat, dem Uebergange des Polytheismus in den Monotheismus.

IX.

In und neben den polytheistischen Systemen begegnen uns früh theils bei einzelnen Denkern, theils als esoterische Lehren bei ganzen Classen oder Secten Ideen einer höchsten

Einheit über dem vielgestaltigen Götterkreise. Die Richtung der Speculation auf die Ursachen der Dinge konnte bei zunehmender Vertiefung der Reflexion nicht stehen bleiben, bis sie zu einer letzten Ursache aufgestiegen war, einem absoluten einheitlichen Anfang. Dieser konnte metaphysisch oder theologisch gefasst werden, je nachdem ein unbeseelter Urgrund der Dinge oder eine bewusste Willensmacht an die Spitze der Entwicklung gestellt ward. Theils in der Erinnerung älterer Götter und Culte, theils weil die Vielheit nicht als Ausgangspunkt genügte, galt das Pantheon, wie es im Gottesdienst erschien, nicht als von Ewigkeit her. Die Theogonie gehörte so gut wie die Kosmogonie in die polytheistischen Systeme. Häufig wurde eine dunkle unterschiedslose Materie zum Grunde gelegt, aus ihr gingen erst die Götter hervor, die dann die Sinnenwelt bildeten, und in der bestehenden Welt das höchste und entscheidende waren. Andere lehrten wie Thales, dass Gott unerschaffen und älter als alle Dinge sei. Gewöhnlich wurde der höchste Gott als Bildner oder Schöpfer der Welt betrachtet, nur nicht in dem Sinne der späten Abstraction, als ob ein wirklich unkörperlicher Gott die Materie selbst aus nichts hervorgerufen hätte. Doch trat auch wohl der Schöpfer als ältere Naturmacht gegen einen späteren höchsten Gott zurück. Blieb in ausgebildeteren Systemen die oberste Einheit eine persönliche, so wurde eine der populären Gottheiten zur höchsten erhoben, und die übrigen gegen sie zu untergeordneten Agenten herabgesetzt. Eine solche wahrhaft monotheistische Hervorholung eines Gottes — cui nihil est simile aut secundum*) — finden wir sehr früh in Aegypten und Indien, wie bei den Griechen und Römern. Aber weder Brahma noch Zeus war in den Augen des Volkes ein einiger Gott. In dem iranischen Religionssystem wird Ahuramazda unzweifelhaft als ein solcher hingestellt: er ist der unerschaffene Gott, der Urheber und Regierer der Welt: die übrigen göttlichen Wesen sind seine

*) neben dem nichts ähnliches oder zweites ist. Horaz.

Geschöpfe, Vollzieher seines Willens, Vermittler zwischen ihm und der Welt, die Götter anderer Völker nur Gehülfen des Teufels. Indessen werden auch hier die untergeordneten Willensmächte so hoch gehalten, so selbstständig verehrt, dass der monotheistische Charakter des wahren Gottes wesentlich dadurch beeinträchtigt wird. Geschah dies schon in den Schriften der Priester, so verlor sich in den Vorstellungen und der Praxis des Volkes noch mehr der Unterschied gegen andere polytheistische Systeme. Der einzige frühe Versuch den reinen Monotheismus im Gegensatze zu den mehreren Göttern als den Glauben eines ganzen Volkes zu constituiren befreite den Gott der Hebräer in den älteren Zeiten keineswegs von den menschlichen Willkührlichkeiten und der nationalen Beschränktheit der polytheistischen Götter, welche neben ihm als wirkliche Mächte anerkannt wurden, und erhob das Volk Jehovahs weder in intellectueller noch ethischer Bildung über andere Völker. Die Zeit des Monotheismus war noch nicht gekommen. Erst allmälig reifte das Bildungsniveau der entwickeltsten Nationen seiner wirksamen Entfaltung entgegen. Die Form, in welcher er diese ergriff, bildete sich, „als die Zeit erfüllet war", in dem jüdischen Volke, dessen Anschauungen das Grunddogma enthielten, und dessen politische Auflösung den Verzicht auf die nationale Ausschliesslichkeit vorbereitete. Die griechisch-römische Welt war geistig und materiell für den grossen Fortschritt disponirt. Die nähere Verbindung der Völker in dem weiten Reiche und die genauere Bekanntschaft mit den verschiedenen Göttersystemen musste den naiven Glauben an die Wahrheit und Unfehlbarkeit jedes einzelnen erschüttern; man fing an nach persönlicher Liebhaberei zu wählen und zu wechseln, man suchte etwas Festes und Allgemeines über den schwankend gewordenen Anschauungen. Die politische Wirksamkeit, welche die Religionen dieses Völkerkreises vorzugsweise auszeichnete, und die darauf gegründete Autorität ihrer Götter sank, als die politischen Ideale des Alterthums verfielen, als die beständige kriegerische Thätigkeit einer friedlicheren Existenz wich, als in ihr die persönliche und häusliche Moral die vorwiegende Bedeutung gewann, welche das staatliche Leben verlor. Daneben verdrängten wissenschaftliche Forschungen und metaphysische Begriffe in immer weiteren Kreisen die alte Theologie. Die unpersönlichen Einheiten der philosophischen Speculationen, die prägnantere Betonung eines höchsten Gottes, und der alte Begriff eines unnahbaren unwandelbaren Schicksals, welches gleich einer höchsten Vorsehung über den Göttern selbst waltete, trafen zusammen, dem Monotheismus die Wege zu bereiten. Dennoch war ein halbes Jahrtausend erforderlich die neue Theorie zur vollen Herrschaft in dem Bereiche der alten Civilisation zu führen, und mehr als ein zweites um mit der sonstigen Cultur auch die Religion dieser Welt über die anderen Völker Europas auszubreiten. Dabei gewöhnte sich der menschliche Verstand so schwer an die Abstraction des einzigen Gottes, dass die Phantasie fortfuhr, Himmel und Erde mit unsichtbaren Mächten zu bevölkern, und ihnen einen gewissen Einfluss auf die Natur und den Menschen zuzuschreiben. Der eine Gott schien in seiner unnahbaren Majestät so hoch und so ferne, dass ihm für die menschlichen Bedürfnisse eine Umgebung von Engeln und Heiligen beigesellt wurde, welche ungeachtet der Allmacht seines blossen Willens in materieller Weise die göttlichen Befehle vollzogen, und die Anliegen der Menschen vermittelnd vor dem Herrn vertraten. Wenn der Spielraum selbstständiger Thätigkeit für diese himmlischen Agenten auch in der Regel ziemlich beschränkt gedacht wurde, so nahm der Hofstaat des christlichen Gottes doch zuweilen einen ganz polytheistischen Charakter an, und der unwandelbare Gott wurde zum guten alten Mann, der sich unter seines Gleichen gelegentlich beschwatzen lässt. Andererseits hielt der Volksglaube fast beständig an geheimnissvollen ungouvernablen Willensmächten fest, welche in beschränktem Kreise gleichsam hinter dem Rücken des Höchsten fördernd oder schadend ihr Wesen trieben, und mit deren Unterstützung der Mensch übernatürliche Einsichten oder Kräfte gewinnen konnte.

X.

Die anfängliche rein theologische Anschauung nahm die religiösen Dogmen unbefangen hin, als selbstverständliche Wahrheit, ohne nach ihrer Begründung zu fragen. Die Phantasie beantwortete die einfachen Fragen des unkritischen Verstandes, und das genügte. Man erwartete allerdings, dass die Götter sich durch Zeichen und Wunder bethätigten, dass die Priester es verstanden ihre augenfällige Intervention herbeizuführen, aber nicht um ihr Dasein zu beglaubigen, sondern weil derartige Offenbarungen als zu ihrem Wesen gehörig vorausgesetzt wurden. Die Götter erschienen ihren Verehrern, sie redeten vornehmlich in dem ihnen zugeschriebenen Charakter, wer konnte zweifeln? Erst wenn die unmittelbaren spontanen Glaubensannahmen der zunehmenden Reflexion nicht mehr genügten, wenn bewusstere Speculationen zu verschiedenen Auffassungen führten, wenn Zweifel und Gegensätze sich geltend machten, wenn die Resultate tieferer Contemplation als Neuerungen den älteren Lehren gegenüber traten, erst dann wurden Beweise für die Wahrheit gesucht, und diese Beweise konnten für den theologischen Glauben nur theologischer Art sein. Man verliess sich nicht auf menschlichen Scharfsinn, sondern auf göttliche Autorität. Je mehr sich die Theorien von den ursprünglichen naiven Vorstellungen entfernten, oder mit den gewöhnlichen Meinungen in Widerspruch traten, je tiefer und detaillirter religiöse Lehren, rituelle und sittliche Vorschriften, ein einheitlicher Weltplan ausgeführt wurden, und je weniger solche Satzungen aus dem vorhandenen logisch abzuleiten, sondern als selbstständige Dogmen zu begründen waren, desto dringender bedurften sie zu ihrer Einführung und Erhaltung einer überirdischen Weihe, desto mehr musste die allgemeine Dichtung der Theorie durch specielle Dichtungen von göttlichen Offenbarungen und Wundern gestützt werden.

In allen kräftig zusammengefassten Religionssystemen und namentlich in allen monotheistischen beriefen sich ihre Urheber und Anhänger auf göttliche Eingebung. Die Methode der Lehre, ihre Beglaubigung und ihr Inhalt stimmten überein, und bildeten ein harmonisches Ganzes, wie es geeignet ist die Gemüther der Menschen dauernd zu beherrschen. Hobbes meint, es sei nicht abzusehen, wie jemand einem zweifelnden beweisen wolle, dass Gott wirklich zu ihm gesprochen. Aber die wahrhaft religiöse Stimmung glaubt das sehr leicht. So lange die Menschen in den Einzelheiten des täglichen Lebens unmittelbare Anweisungen und Entscheidungen der Gottheit suchten, nahmen sie auch in den höchsten und wichtigsten Angelegenheiten, in den Dingen, welche den Göttern selbst am Herzen lagen, Kundgebungen der Götter an ihre Auserwählten unbedenklich an. Niemand läugnete das Princip übernatürlicher Offenbarung, und in der Anwendung machte das Bedürfniss fester Normen sehr leichtgläubig, da ohne eine handgreifliche Legitimation die ganze Theorie eine unbegründete Dichtung oder eine zweifelhafte Hypothese blieb. Sind doch selbst in Zeiten, welche sonst jede directe göttliche Einwirkung im Leben ausschliessen, religiöse Gemüther geneigt in betreff ihrer Geisterwelt höhere Offenbarungen zuzulassen. Die theologische Philosophie des Alterthums sah mit aufrichtigem Herzen in dem Denken und Fühlen der Menschen so gut wie in den Erscheinungen der Natur göttliches Wirken. Der Gott, welcher den Helden Muth verlieh, welcher die Sänger begeisterte, und den Blick der Seher in die Zukunft erleuchtete, erfüllte auch in unmittelbaren Eingebungen die Priester und Heiligen mit seiner Weisheit. In den Hauptsachen dürfen wir da nicht an Betrug denken. Die alten Theosophen, gleich anderen Denkern suchend und ringend nach einer Wahrheit, die ihre Seele befriedigte, endlich felsenfest überzeugt von den Ergebnissen ihres Sinnens, waren ohne Zweifel selbst die ersten, welche ihre besten und erhabensten Ideen nicht als eigene Entdeckung, sondern als göttliche Erleuchtung betrachteten, und sich in heiliger Begeisterung gedrungen fühlten, diese Offenbarungen der Welt zu verkünden. Im einzelnen freilich, wo es sich um die Beglaubigung und Verbreitung neuer Doctrinen handelte, fand die Lehre vom frommen Betruge die unbedenkliche Anwendung, welche die religiöse wie die weltliche Politik des Alterthums nirgends verschmähte. Bei der aufrichtigsten Begeisterung für grosse Zwecke wurden die Mittel nach Zeit und Umständen mit kluger Berechnung und nach unseren Begriffen oft sehr gewissenlos gewählt. In dem Zusammentreffen mit äusseren Zufälligkeiten, welche als Zeichen und Vorbedeutungen galten, und in inneren unklaren unbewussten Zuständen, in Träumen oder Hallucinationen, suchte man allgemein göttliche Bestätigung der gepredigten Wahrheit, wie manche Völker in Epilepsie und Wahnsinn etwas heilig bedeutungsvolles erblicken. In der Ferne des Raumes und der Zeit wurden die grossen Propheten religiöser Theorien stets zu Wunderthätern. Wie sie selbst dazu standen, lässt sich meistens in den Mythen der Ueberlieferung nicht mit Sicherheit erkennen. Christus und Mohamed lehnten es ausdrücklich ab, Ungläubigen gegenüber ihre göttliche Sendung durch Wunder zu erhärten, aber dieselben Schriften, welche dies berichten, erzählen Wunder in Menge von ihnen. Wundersüchtige und wundergläubige Zeiten sind immer bereit, übernatürliche Thaten ihrer Helden zu deren Legitimation anzunehmen, obwohl nach ihren eigenen Vorstellungen nicht viel daraus gefolgert werden kann, da Zauberern und falschen Propheten ebenso gut Wunder zugeschrieben werden. Die sinnliche Einbildungskraft verlangt für ihren Glauben, wie die sinnliche Begierde für ihre Bedürfnisse handgreifliche Thaten Gottes. Es wiederholt sich bei allen Völkern und in allen Religionen: die Gläubigen berufen sich auf Wunder; die Ungläubigen weisen mit unwilliger Verachtung die absurde Zumuthung zurück, dass ihnen für die grosse Thatsache der geläugneten Offenbarung, die doch wenigstens Sinn und Bedeutung hätte, die kleinen Thatsachen sinnloser und bedeutungsloser Wunder als Beweise dienen sollen, für das unerklärliche noch unerklärlicheres.

XI.

Die Vorstellung von Wundern steht in einem sehr genauen Verhältniss mit der Intensivität der religiösen Theorien überhaupt. Die ungezügelte Phantasie der älteren Speculationen, welche für die einzelne Thatsache, zufällig herausgegriffen und gelöst von ihren Voraussetzungen und ihren Folgen, nach nahen Erklärungen suchte, nahm leicht und willig im concreten Falle ein zusammenhangsloses willkührliches Handeln der Gottheit an. Je mehr sich das strengere Denken wissenschaftlicher Zeiten gewöhnt, in allen Erscheinungen der Natur und des menschlichen Lebens den festen Zusammenhang eines harmonischen Planes zu sehen, desto schwerer findet die Annahme eines wirklichen Wunders Eingang. Dieser grosse Umschwung im menschlichen Verstande ging äusserst langsam von Statten. Das Aufgeben der vielen Götter und die Annahme des e i n e n erhabenen unwandelbaren Willens war von dem mächtigsten Einfluss, den gesetzmässigen Zusammenhang der Dinge an die Stelle augenblicklicher Willensacte zu setzen. Aber beide Arten der Vorstellung bestanden Jahrtausende neben einander, auch in denselben Geistern, welche auf e i n e m Gebiete feste Regelmässigkeit, auf dem anderen göttliche Willkühr annahmen. Selbst wer zugiebt, dass Gott in der Ordnung der Natur wirksam sei, bleibt geneigt da, wo er die Ordnung nicht sieht, zu der alten Conception willkührlichen unzusammenhängenden Handelns zurückzugreifen. Und doch ist heutigen Tages bei allen denkenden Menschen der Glaube, dass überall in der Welt Gesetz Ordnung und Harmonie herrschen, so fest gewurzelt, dass selbst Anhänger der Offenbarungsphilosophie, welche in der Abstraction Wunder zulassen, sie in der Vergangenheit als Thatsachen hinnahmen, ein concretes gegenwärtiges Wunder gar nicht begreifen, ein unerklärliches Phänomen nicht als ein vor ihren Augen bewerkstelligtes

Wunder betrachten, sondern den anomalen Anschein aus mangelnder Kenntniss der Naturgesetze erklären würden. Ein wirkliches Wunder im vulgären Sinne wäre Chaos Widerspruch und Auflösung. Während die ächte Theologie im Wunder eine besondere Verherrlichung der Allmacht sieht, die schwankende sich etwa mit der Wendung Hegel's beruhigt, „die Hauptsache in der Aeusserlichkeit der Wunder sei, dass man sie auf die Seite stelle", erklären Spinoza und Fichte sie geradezu für unwürdige Spielereien, der menschlichen Vorstellung eines Despoten entlehnt, der gelegentlich zu Gunsten seiner Getreuen eingreift, indem er die selbstgegebenen Gesetze mit Füssen tritt. Ein Wunder in dem Sinne eines augenblicklichen unbedingten Willensactes, wenn nicht gegen den Zusammenhang der Naturgesetze, so doch ausser demselben, setzt im Grunde jedes Gebet voraus, das heisst nicht das Gebet, welches die Erfüllung in sich selber trägt, dessen wahre Bedeutung in der Erhebung der Seele über „der Endlichkeit enge Schranken", in der andächtigen Einkehr in sich selbst besteht, aber jedes Gebet, welches eine äussere Erfüllung, irgend einen Beistand von oben her verlangt. Die wahrhaft theologische Gesinnung nimmt das auch an, und legt dem Gebete der Gläubigen eine Art zwingender Gewalt bei. Es ist nicht möglich, dass der Sohn dieser Gebete verloren gehe, ward die fromme Mutter des Augustinus getröstet, und wie manche Mutter tröstet sich mit demselben Gedanken. Ob das Gebet sich auf irdische Dinge, oder auf das Heil der Seele, das eigene oder ein fremdes, wendet, das hängt von der Richtung des Gemüths ab, ändert aber nichts in dem Zweck der Bitte, einen Willensact der unsichtbaren Macht hervorzurufen. Dagegen wird überhaupt nur gebetet, so weit die theologische Theorie reicht, so weit lebendige Willensacte geglaubt werden. Das religiöse Alterthum rief in allen Dingen des Lebens die Götter an, Kinder und Pöbel thun es noch jetzt; auch Gebildete wenden sich wohl in äusseren Angelegenheiten an ihren Gott, wenn tiefe Trauer oder eine andere Leidenschaft des Herzens die Einsicht des Verstandes ausschliesst; sobald sie sich besinnen, thun sie es nicht mehr. Denn wo Gesetze oder Bedingungen der Ereignisse bekannt sind, oder nur ein regelmässiger Zusammenhang der Vorgänge präsumirt wird, da bleibt der theologischen Erklärung, der göttlichen Willkühr und dem Gebete kein Raum. Niemand betet, dass Gott aus zwei mal zwei etwas anderes als vier, oder die Winkel eines Dreiecks grösser als zwei rechte mache; auch um die Verlängerung eines Tages oder die Abkürzung einer Sonnenfinsterniss wird in Europa nicht gebetet, weil Mathematik und Astronomie als positive Wissenschaften betrachtet werden, allenfalls um Regen, weil die Ueberzeugung von meteorologischen Gesetzen noch nicht völlig allgemein geworden ist. Wird um physischer Leiden willen gebetet, so geschieht es, weil die Umstände des Falles nicht genau bekannt sind, und daher der Ausgang ungewiss erscheint; lassen sich die Kriterien hinlänglich erkennen, um den Erfolg vorher bestimmen zu können, so wird nicht mehr gebetet; denn Niemand erwartet bei ruhiger Ueberlegung, dass Gott eine Lunge oder ein Gehirn, welche zu sehr zerstört sind, um den zum Leben nothwendigen Functionen vorstehen zu können, durch neue Organe ersetzen, oder den Organismus so verändern sollte, dass er ohne dieselben bestehen könnte. Am dauerndsten und zuversichtlichsten wird die göttliche Einwirkung in Anspruch genommen, wo es sich um die Leitung menschlicher Gemüther, sei es zu irdischen oder zu ewigen Zwecken, handelt; bei der Complicirtheit der Phänomene und der Unmöglichkeit, die bestimmenden Motive überall in ihrem letzten Zusammenhange anschaulich zu machen, hat sich auf diesem Gebiete die theologische Erklärungsweise am meisten erhalten; die Hypothese von der Gleichartigkeit des göttlichen und menschlichen Geistes lässt hier eine übernatürliche Lenkung annehmbar erscheinen, ohne dass man es nöthig oder möglich findet, sich über das Wie dieser Lenkung eine klare Vorstellung zu bilden. Freilich fällt das Gebet um eine solche Einwirkung auf andere Seelen in die unlösbare Schwierigkeit, dass jede von aussen kommende Bestimmung die Freiheit und Zurechnung der so bestimmten Seele aufheben würde.

XII.

Man hat nicht selten von religiöser wie von irreligiöser Seite mit Hohn auf diesen Gott hingewiesen, der gleichsam aus der Welt verbannt sei, im Allgemeinen nothdürftig zugegeben, im Einzelnen nirgends gefunden werde, der von ferne zusehen müsse, wie die Welt nach ewigen Gesetzen gehe, oder höchstens gleich einem constitutionellen Könige streng gesetzmässig regiere, ohne von den vorgeschriebenen Regeln abweichen zu dürfen. Und doch ist dieser matte mögliche Deismus die einzige Form, in der sich die theologische Theorie noch behauptet. Ich spreche hier nicht von ihrer moralischen Macht, von ihrem Einfluss auf das Gemüth, welches die theoretischen Fragen aus dem Sinn schlägt, sondern von der Religion, in so fern sie als umfassende Theorie die Welt erklären will. Aristoteles bemerkt vom Anaxagoras, er mache den ordnenden Verstand zur Ursache der Welt, ziehe aber zur wirklichen Erklärung der Dinge eher alles andere herbei, und komme auf den ursächlichen Verstand nur zurück, wo er nichts anderes wisse. So ist nach Spinozas Ausdruck der Wille Gottes zum asylum ignorantiae *) geworden; man beruft sich auf ihn, wenn man keinen anderen Zusammenhang findet, oder wenn man an dem Punkte angekommen ist, der nach Lessing für die meisten Menschen das Ziel ihres Nachdenkens bildet, dem Punkte, wo sie des Nachdenkens müde werden. Der Monotheismus beruhte auf der Kritik des Polytheismus, und konnte sich selbst der weiteren Kritik nicht entziehen, welche die Logik der Begriffsentwicklung und die zunehmende Bedeutung der Naturgesetze gegen seine Annahmen übten. War an die Stelle phantastischer Dichtung das Forschen nach einer einigen ewigen Ursache aller Dinge getreten, so liess der Begriff eines unendlichen

---

*) Zufluchtsstätte der Unwissenheit.

absoluten Wesens kein Abweichen von seiner unwandelbaren Natur, kein Handeln nach irgend welchen ausser ihm liegenden Zwecken mehr zu. Diese Uebertragung metaphysischer Bestimmungen auf die Gottheit führte von Alters her die tiefere Contemplation häufig nicht bloss über einzelne religiöse Dogmen, sondern über jede wirklich theologische Philosophie hinaus zu einem Pantheismus, welcher, bald schwankend, bald entschieden, die persönliche Willensmacht durch einen abstracten Inbegriff der Dinge, einen unpersönlichen Urgrund der Welt ersetzte. Von der anderen Seite schränkte die Forschung nach dem gesetzmässigen Zusammenhange der Erscheinungen, von einzelnen Beobachtungen ausgehend und allmälig zu allgemeinen Conceptionen fortschreitend, die Bedeutung theologischer Erklärungen mehr und mehr ein. Die positive Wissenschaft schiebt die Gränzen der supranaturalistischen Speculation immer weiter zurück. Nicht nur wo sie die herrschenden Gesetze bereits constatirt hat, fällt die Annahme göttlicher Willkührhandlungen weg, sondern indem sie lehrt die Feststellung der Gesetze als die einzige Aufgabe wahrer Wissenschaft zu betrachten, schliesst sie auch da, wo die Gesetze noch nicht erkannt sind, jeden anderen Erklärungsversuch aus, und gewöhnt daran, die Berufung auf den angeblichen Willen Gottes für gar keine Erklärung zu achten. Seitdem diese Richtungen ein wesentlicher Bestandtheil in dem menschlichen Denken geworden, sieht sich die theologische Philosophie aus einem Gebiete nach dem anderen vertrieben. Die Theologie ist nicht mehr der Inbegriff und der Gipfel alles Wissens, die Wissenschaft betrachtet sich nicht mehr als ihre Magd. Ohne treibende Kraft ist sie auf eine Vertheidigung beschränkt, welche eine Stellung nach der anderen aufgeben muss. Statt an der Spitze der Intelligenz zu stehen, ist sie in den feindlichsten Gegensatz gegen alle Fortschritte der Wissenschaft getreten; statt die Räthsel der Welt zu lösen, quält sie sich ab, ihre eigenen Grundlagen zu beweisen. Ihr Verfall ist unaufhaltsam. Auch die es beklagen, erkennen die Thatsache an. Lasaulx bekennt in seiner Philosophie der Geschichte: das religiöse Bewusstsein, im Ganzen geschätzt, sei nicht mehr im Wachsen, sondern im Absterben begriffen. Der eifrige St. Bonnet schreibt über den Verfall der Vernunft in Europa, und bezeichnet als Elemente des Unglaubens das Studium der vorchristlichen Geschichte, die Naturwissenschaften und die deutsche Metaphysik, kurz alle Hebel der geistigen Entwicklung; und ebenso behandelt eine grosse evangelische Versammlung das Thema, dass sich trotz der Rückkehr der Theologie zum kirchlichen Bekenntniss so wenig geistliches Leben in den Gemeinden zeige. Guizot fand vor geraumer Zeit: die Religion verdammt im Namen des ewigen Lebens die Ideen und Interessen der neuen Welt, und hält sich von ihr getrennt; die Welt ist bereit, das Anathem und die Trennung anzunehmen. Viele erklären sich wohl in Augenblicken des Besinnens für den alten Glauben, Manche verfechten mit krampfhafter Heftigkeit ihren Gott, aber kümmern sich in Gedanken Worten und Werken nicht weiter um ihn. Das entscheidendste Merkmal dieses Verfalles ist, dass selbst frommen, tief religiösen Männern der Begriff der Religion als einer bestimmten, die höchsten Fragen des Denkens umfassenden Theorie vollständig abhanden gekommen ist. Nicht bloss ein Mystiker wie Hamann erklärt das Christenthum für ein verborgenes Leben in Gott, welches nicht in Dogmen oder Begriffen bestehe; auch der berühmte Kirchenhistoriker Neander meint, die Dogmen seien nur die durch das Denken abgeleitete Form, das Wesen des Christenthums bestehe nicht in einem System von Begriffen, sondern in einer Richtung des inneren Lebens, sei das in Gott wurzelnde Leben; Schleiermacher nennt gar jedes erhabene innige Gefühl Religion. So wird aus einem theoretischen, die allgemeinsten Anschauungen der Menschen beherrschenden System eine Stimmung des Gemüths, welche an sich mit der Religion, oder gar der bestimmten Religion des Christenthums nichts zu schaffen hat, sich vielmehr mit den verschiedensten Theorien verbinden kann, und sich als die nach innen gewendete contemplative Gesinnung bei gotterfüllten Brahma-

3*

nen und bei atheistischen Buddhisten, bei Sokrates und bei Spinoza so gut findet wie bei christlichen Heiligen oder frommen Sectirern. Wenn man in den neuesten Jahren versucht, die religiösen Dogmen wieder zur Geltung zu bringen, so liegt dem die richtige Einsicht zum Grunde, dass eine dauerhafte Ordnung in der menschlichen Gesellschaft ohne die Grundlage einer eingehenden Theorie nicht bestehen kann; aber dabei dient die Religion nur als Mittel zu politischen oder moralischen Zwecken. Die Welt sieht diesen Versuchen und dem damit erwachten Hader über längst vergessene Satzungen mit lächelnder Gleichgültigkeit zu. Der Sinn dafür ist verloren gegangen. Während die religiösen Vorstellungen über die Gemüther noch eine grosse Macht besitzen, auf die Moral noch einen bedeutenden Einfluss üben, vermögen sie das intellectuelle Leben nicht mehr zu beherrschen. Dort walten Gefühl und Gewohnheit mehr als die Reflexion, und sie werden nur sehr allmälig durch die letztere modificirt. Entziehen können sie sich indessen auf die Länge ihrer Einwirkung nicht. Einer Theorie, welche der Geist verwirft, können Gefühl und Phantasie nicht dauernd anhängen. Das gilt von der Gesellschaft, wie von dem Einzelnen. Obwohl jene die Widersprüche verschiedenartiger Anschauungen lange ertragen kann, macht sich endlich doch die Nothwendigkeit einer harmonischen Gestaltung fühlbar. Aus allen anderen Gebieten verdrängt, im Widerspruch mit den Resultaten und Methoden der Wissenschaft, wird sich die theologische Philosophie auch in der Moral und Politik nicht behaupten können. Eine wirkliche Harmonie des systematischen Denkens kann die Religion nimmer wieder herstellen. Das Salz ist dumm geworden. Es ist Zeit, ein Ende zu machen.

XIII.

Wir kommen zu der zweiten Richtung der Philosophie, der metaphysischen. Die theologische Theorie stellte überall den ersten speculativen Zusammenhang her, indem sie durch die einfache, nahe liegende Hypothese, alle Erscheinungen nach Analogie der menschlichen, unmittelbar dem Bewusstsein gegebenen Handlungen aufzufassen aus dem Zirkel erlöste, dass weder eine Theorie ohne Beobachtungen, noch irgend belangreiche Beobachtungen ohne eine Theorie möglich sind. Es war eine constructive Methode, welche sich mit blindem Vertrauen der Einbildungskraft und ihren Combinationen überliess. Aber das Vermögen und das Bedürfniss der menschlichen Intelligenz, zu reflectiren, zu abstrahiren und zu generalisiren, begnügte sich beim Anwachsen des Stoffes der Erfahrung nicht mit den allgemeinen mythologischen Dichtungen von der Schöpfung und Lenkung der Welt durch göttliche Willensacte, sondern suchte nach einem begriffsmässigen Zusammenhange der Dinge, nach einer Erkenntniss aus Gründen. Die Fragen wurden wie von der Theologie auf das Woher und Wozu der Dinge gerichtet; aber statt der willkührlichen persönlichen Willensacte wurde auf feste unabänderliche Grundsätze recurrirt. Das Forschen nach Ursachen, wirkenden oder Zweckursachen, führt mit nothwendiger Consequenz auf eine letzte Ursache zurück, die, durch nichts bedingt bewegt und hervorgebracht, Alles bedingen bewegen hervorbringen, und da sie durch nichts ausser sich bestimmt sein kann, Alles mit Nothwendigkeit in sich enthalten soll. In den mannichfaltigen und veränderlichen Gegenständen der unmittelbaren Erfahrung konnte der letzte Grund der Erscheinungen nicht gefunden werden, sie entsprachen nicht der Vorstellung von einem unbedingten, in sich selbst beruhenden Dasein. Die Speculation suchte daher, hinter dem Einzelnen und Zufälligen der wahrgenommenen Phänomene als etwas Nothwendiges und Allgemeines, als einen tieferen Zusammenhang der Dinge deren eigentliches inneres Wesen zu erfassen. Die Grundwissenschaft dieser Richtung ist die Metaphysik oder Ontologie. Es ist die erste Philosophie des Aristoteles, welche das Seiende als seiend betrachten, die Begründung und die Beweise für alle übrigen, nur Theile des Seienden zum Gegenstand habende Wissenschaften herstellen soll. Albertus Magnus erklärt sie als die reine freie

Wissenschaft, welche um keiner anderen Wissenschaft und um keines Nutzens willen betrieben werde, wlche die Dinge an sich erkennt, die Objecte und Principien feststellt, die von den anderen Wissenschaften vorausgesetzt werden, und feiert sie als Anfang und Vollendung der göttlichen Erkenntniss im Menschen, welche das Erste und Beste betrachtet, das Sein, wie es als erster Ausfluss Gottes, als das Erstgeschaffene erscheint. Diese höchste Theorie sollte in umfassenden widerspruchslosen Begriffsbestimmungen das wahre Wesen der Dinge, ihren Zusammenhang und Ursprung begreiflich machen. Ihre ersten rohen Versuche beschränkten sich, ähnlich der ältesten Theologie, auf einige allgemeine Hypothesen, denen sich mit wenigen, aus dem Ganzen der Erscheinungswelt herausgerissenen Thatsachen zu Hülfe kommen liess. Je mehr sich der Kreis der Beobachtungen erweiterte und die Reflexion vertiefte, desto umfangreicher ausgeführter und abstracter wurden die Systeme. Die ionischen Naturphilosophen begnügten sich, nach einem stofflichen Urgrund der Dinge zu suchen. Sobald die Richtung consequenter verfolgt, ihre Methode auf alle Zweige der Erkenntniss ausgedehnt ward, konnte die Betrachtung der Materie allein den Erklärungsversuchen nicht entsprechen; es musste ein System der Kräfte hinzutreten. Man schied und zerlegte, um Klarheit zu gewinnen, und je abstracter man die einzelnen Seiten und Eigenschaften der Dinge aussonderte, desto schwieriger ward es, zu einer höheren Einheit zu gelangen, desto leerer und negativer mussten die letzten Gründe bestimmt werden. Weil die Erfahrung nur Erscheinungen darbietet, nicht ihren inneren Grund und Zusammenhang, glaubte man der Erfahrung überhaupt misstrauen zu müssen, suchte das wahre Wesen und die Ursachen der Dinge in Begriffen, die jenseits aller Erfahrung liegen, a priori construirt werden sollten, in der That aus der Erfahrung abstrahirt wurden, bis man zu dem Ding an sich, dem reinen Sein, dem Sein des Seienden und ähnlichen Abstractionen als dem Nothwendigen und Absoluten aufgestiegen war. Der Begriff des wahrhaft Seienden, des an sich Unbeweglichen und für sich Bestehenden, welcher in irgend einer Form über den metaphysischen Wesenheiten und Ursachen thront, ist an sich unklar und in der That aus anderen Gebieten entlehnt. Auf der einen Seite hat er die moralische oder ästhetische Bedeutung des an sich Werthvollen, unveränderlich Wichtigen, ist daher relativ, und nur durch eine schiefe willkührliche Uebertragung zu einem metaphysischen Grundbegriff gemacht. Auf der anderen entspricht er der formalen logischen Nothwendigkeit einer voraussetzungslosen, nicht erst zu beweisenden Wahrheit, ohne welche keine Deduction oder Beweisverfahren möglich ist.

XIV.

Es giebt allerdings Grundsätze von so einleuchtender Wahrheit, dass sie nur ausgesprochen zu werden brauchen, um als unerschütterliche Annahme zu gelten. Ein solches Axiom ist der Ausgangspunkt der Logik, der Satz vom Widerspruch, nach welchem ein Gegenstand nicht zugleich sein und nicht sein, widersprechende Aussagen nicht zugleich wahr sein können. Das muss, wie Aristoteles sagt, jeder einräumen, der nur zugiebt, dass er mit seinen Worten irgendetwas aussagen will, und wer das nicht will, mit dem lässt sich nicht reden. Solche Wahrheiten sind in der That Gesetze positiver Wissenschaft, deren überzeugende Gewalt auf ihrer unmittelbaren Anschaulichkeit beruht, durch welche sie auch ohne wissenschaftliche Vorbereitung von jedem eingesehen und als allgemeingültige Regeln hingenommen werden. Aber von anderen angeblichen Grundwahrheiten, die keinen directen Beweis zulassen, sondern sich nur durch Widerlegung erhobener Zweifel bewähren sollen, lässt sich das keineswegs behaupten. Vielmehr ist mit ihrer Annahme von jeher in der Metaphysik der willkührlichste Missbrauch getrieben worden. Als die metaphysische Philosophie in ihrem höchsten Glanze stand, am vollständigsten alle Wissenschaften beherrschte, setzten die Scholastiker eine Reihe ewiger Wahrheiten fest, wie sie zu anderen Zeiten als angeborne Ideen, unbedingte Postulate der Vernunft, intellectuelle Anschauung und unter ähnlichen Namen wiederkehren, metaphysische logische mathematische, häufig auch moralische Grundsätze, welche von nichts abhängen, aber durch ihre Nothwendigkeit Gott und Welt beherrschen sollten. Als solche Wahrheiten wurden die höchsten Abstractionen, die zweifelhaftesten Resultate der subtilsten Speculation hingestellt. Mit ihrer Hülfe sollte der erkennende Geist von selbst im Mittelpunkte der Welt und ihrer Bewegung stehen, die Endlosigkeit der Erscheinungen in ihrer Wahrheit überblicken. Die Erfahrung wurde für trügerisch, die sinnliche Anschauung für verworren erklärt, die Philosophie dagegen sollte, unabhängig von aller Erfahrung und eximirt von den Formen sonstiger Erkenntniss, den Schatz inhaltsvoller Ideen unmittelbar darbieten, ohne Lücken und Mängel absolute Wahrheit gewähren. Das treffende Symbol dieser Methode ist der griechische Philosoph, der sich die Augen ausstach um nicht in seinen Speculationen gestört zu werden. Sie will das Absolute begreifen, die Wissenschaften a priori construiren, lehnt das Zeugniss der Sinne ab, und beraubt die Menschen der wahren Erkenntnissquellen, damit sie fähig werden Ideen aufzunehmen, die ausser Zeit und Raum liegen. Der Aufgabe jeder Philosophie gemäss, alle Erkenntnisse in ein systematisches Ganzes zu bringen, mussten auch die metaphysischen Theorien der verachteten Erfahrung Rechnung tragen, welche allein Halt und Ordnung in die willkührlichen Speculationen bringen konnte, aber ihr Einfluss wurde auf das geringste Maass beschränkt. Der eingeschlagene Weg, Abstractionen des Verstandes, abgesonderte Eigenschaften, Seiten der Betrachtung als reelle Wesen zu betrachten, führte von allem Erfahrungsmässigen ab zu immer abstracteren unwahreren Bestimmungen, unter denen allein sich das willkürlich Getrennte wieder begreifen und vereinigen liess. Aristoteles hatte richtig gegen Anaxagoras bemerkt: bei gänzlicher Trennung des reinen Geistes vom Stoff, als nichts gemeinschaftliches habend, entbehre der Geist jedes Mittels der Einwirkung auf den Stoff. Das gilt von dem Verhältniss zwischen Gott und Welt so gut, wie von dem zwischen Geist und Körper des Menschen. So lange an dem Geiste noch ein Hauch von Materie haftet, schiebt man die Schwierigkeit, das Geistige als eine Function oder Eigenschaft irgendeiner Materie zu denken, nur weiter zurück; macht man aber Ernst mit der Immaterialität, so wird es nicht unerklärlich, sondern ein unlöslicher Widerspruch, wie der jedes körperlichen Organs beraubte Geist in eine Wechselwirkung mit der Körperwelt treten soll. Da man als Ursache des Denkens und Wollens das immaterielle Wesen der Seele erfunden hatte, setzte man über den Begriff der Materie noch den der Substanz, welcher ausser der Materie auch diese widerspruchsvolle immaterielle Substanz in sich enthalten sollte. Wohl wurde das Erkennen durch die analysirende Untersuchung der Vorstellungen deutlicher, aber bei der zunehmenden Klarheit durch Vorurtheile, falsche Voraussetzungen und trügerische Schlüsse häufig weit unwahrer als die unbefangene, wenn auch unklare und unsystematische Betrachtung des gewöhnlichen Menschenverstandes. Daher urtheilte Cicero, es sei nichts so absurd, dass es nicht in den Büchern der Philosophen gefunden werden könne, und Hobbes meint, er habe Recht. Wie die theologische Philosophie nicht selten Unmögliches erfand um Wunderbares zu erklären, so suchte die metaphysische Dunkles durch noch Dunkleres begreiflich zu machen. Mit unermüdlicher Anstrengung, in immer neuen Wendungen wurde gerungen, die Schwierigkeiten zu lösen, das Zusammenhangslose zu vereinen, das Unbegreifliche zu erklären. Die Scholastik bevölkerte die Welt mit ihren Wesenheiten, die der grossen Wesenheit der Natur untergeordnet wurden. Um die Erscheinungen mit den Grundsätzen in Verbindung zu bringen, nahm sie ihre Zuflucht zu verborgenen Eigenschaften oder Eigenthümlichkeiten der Dinge, von denen sich nach Belieben aussagen liess, was man eben zur Begründung eines Phänomens bedurfte. Wie verschieden die Gestaltungen ausfielen, wie strenge und consequent auch die Einzelheiten abgeleitet werden mochten, die letzten Grundlagen der Systeme blieben immer willkührliche Annahmen, die geglaubt oder verworfen, aber niemals bewiesen werden konnten. Darum hielt sich Baco von Verulam für berechtigt, alle metaphysische Systeme für nichts als Fabeln zu erklären, in denen erdichtete und theatralische Welten zur Schau gestellt würden. Aehnlich charakterisirte die wegwerfende Kritik der österreichischen Regierung einst bei der Absetzung eines speculativen Universitätslehrers die Philosophie Hegels als „das unklare Product der dichtenden Einbildungskraft“.

XV.

Man braucht nicht ein Gegner der metaphysischen Theorie überhaupt zu sein, um den einzelnen Systemen unfruchtbare oder willkührliche Speculationen vorzuwerfen. So urtheilt fast jeder selbstständige Systematiker über die anderen. Die angeblichen Erklärungen, welche sich begnügen, das zu erklärende Phänomen in abstracterer Umschreibung wiederzugeben, oder den Erscheinungen ein dem Inhalte nach gleiches Wesen, dem Denken das Denkvermögen, dem Leben die Lebenskraft gegenüberstellen, sind nichtssagende Tautologien, die Molière treffend verspottet, wenn sein Malade imaginaire auf die Examensfrage, warum Opium schlafen mache, die beifallswürdige Antwort giebt:

quia est in eo
virtus dormitiva,
cujus est natura
sensus assoupire. *)

Die Erklärungen, welche nur das Was, nicht das Warum der Erscheinungen zum Bewusstsein bringen sollten, waren oft keineswegs geeignet, die Einsicht in die Natur der Dinge zu erhöhen. Wem konnten die Begriffe deutlicher werden, wenn die Bewegung erklärt ward als: actus entis in potentia,

*) weil in ihm eine einschläfernde Kraft ist, deren Natur es ist, die Sinne einzuschläfern.

quatenus in potentia? *) oder das Licht als: die Wirklichkeit des Durchsichtigen, in so fern es durchsichtig ist? oder wenn Hegel die Meteorsteine beschreibt als: „unreife Monde, Wasser und Feuer, die sich zur Metallität verdunkeln, das Insich-gehen der Individualität“? metaphysische Umschreibungen, halb Bild, halb Abstraction, die nichts erklären und nichts beweisen. „Die abstracten Begriffe sind oft nur schimmernde Armseligkeiten“, urtheilte Kant. Das Unbedingte selbst, auf welches die Vernunft mit Nothwendigkeit ausgehen soll, ist nur ein Erzeugniss der alten Frage nach dem Warum, die irgendwo zur Ruhe kommen, einen Punkt erreichen muss, über den hinaus nicht weiter gefragt werden kann. Absolutes Unendliches Uebersinnliches sind an sich durchaus negative inhaltsleere Begriffe, statt deren Aristophanes und Schopenhauer kürzer und einfacher gesagt haben wollen: Wolkenkukuksheim **). Wird aber etwas in diese Abstractionen hineingelegt, werden ihnen ursächliche Kräfte oder Eigenschaften zugeschrieben, so sind das entweder aus der Luft gegriffene Hypothesen, die jenseits aller Erfahrung liegen, oder sie sind aus irgendeinem Erfahrungskreise entnommen. Beschränkt sich im letzteren Falle die Untersuchung auf den Nachweis der Bedingungen oder Gesetze, von denen die Erscheinungen beherrscht werden, so fallen die Ursachen mit den Thatsachen positiver Wissenschaft zusammen; geht sie darüber hinaus, überträgt sie ursächliche Verbindungen in fremde Gebiete, oder nimmt sie Wirkungen an, die sich nicht thatsächlich nachweisen lassen, so geräth sie wieder in den Kreis willkührlicher Hypothesen. Immer bleibt der Fehler, dass unter dem Anschein nothwendiger Begründung aus Grundsätzen deducirt wird, was in der That aus der Erfahrung entlehnt ist. Die vorgeblich logische Entwicklung nimmt ihre Stoffe aus der Erfahrung auf, und sucht den Reichthum der Erscheinungen ihrem System einzuverleiben, als liessen sie sich dar-

---

*) eine Uebersetzung in deutsche Worte ist nicht möglich.

**) νεφελοκοκκυγία.

aus ableiten. Schleiermacher giebt von diesem Verfahren die treffende Schilderung: „die Philosophen thun gleichsam aus Nachsicht bisweilen dem strengen und ermüdenden Gange des Systems Einhalt, und schwärzen unter dem Schein vorbereitender Ansichten und Umsichten vorläufig etwas ein, dessen mangelhafter Beweis dann in der eigentlichen weiteren Entwicklung des Systems um so weniger bemerkt wird, und wo die Formeln sich verschlingen, schlüpft ein bedeutender Rechnungsfehler unbeachtet durch.“ Und entsprechend bemerkt Trendelenburg gegen Hegel: „die Selbstentwicklung des Begriffs ist eine Täuschung, das Meiste ist von der Erfahrung aufgenommen. Wenn die Anschauung das geliehene Gut zurückforderte, so käme das reine Denken an den Bettelstab. Das menschliche Denken lebt von der Anschauung, und stirbt den Hungertod, wenn es von seinen eigenen Eingeweiden zehren soll.“ Je mehr die metaphysische Methode über den Kreis der logischen Untersuchungen in Betreff der Grundbegriffe des Seins und Denkens ausgedehnt wird, je mehr sie ein encyclopädisches System alles Wissens herzustellen und darin die thatsächlichen Erscheinungen aus ihren Begriffen zu construiren sucht, desto weniger kann sie die Erfahrung entbehren, und desto auffälliger wird die Willkühr der Combinationen, wenn concrete Vorstellungen und Entwicklungen des mannichfaltigsten Inhalts mit den Bestimmungen vermischt werden, denen das Seiende, um sein und gedacht werden zu können, unterworfen sein soll. Wir müssen zugeben, dass die Scholastiker sich die unerhörteste Mühe gaben, ihre ewigen Wahrheiten, ihre Wesenheiten und Qualitäten durch endlose Bestimmungen Untersuchungen und Distinctionen sicher zu stellen, den schwer errungenen Besitz über die Anfechtungen des Zweifels zu erheben. Aber unmittelbar nachdem Kant die Scholastik für immer abgeschlossen, die Nichtigkeit ihrer wesentlichsten Voraussetzungen unumstösslich nachgewiesen zu haben schien, brach als Reaction gegen die ernste Verstandesarbeit mit der sogenannten Naturphilosophie die zügelloseste Willkühr der Phantasie in die

Metaphysik herein. Wie die Theologie die Offenbarung, so machte Schelling die intellectuelle Anschauung zum Organ der Philosophie, forderte das Aufgeben aller gewöhnlichen Vorstellungen und das unmittelbare Sich-versenken in das Absolute vermöge der Anschauung. Da im Geiste das Ganze ideell enthalten sei, habe das Ich sich nur seiner Ichheit zu begeben, um in sich selbst das sich unmittelbar darbietende Absolute anzuschauen; das Genie habe unmittelbar darzustellen, sein Thun nicht zu begründen und zu beweisen; und wer diese Anschauung nicht besitzt, der erkennt nicht. Fast wörtlich ebenso wie die Naturphilosophen gelegentlich die Apotheosen ihrer Anschauung schliesst Meister Eckhart eine mystische Betrachtung über das Wesen Gottes: „so lange der Mensch dieser Wahrheit nicht gleich ist, wird er diese Rede nicht verstehen, denn das ist eine unerdachte Wahrheit, die da gekommen ist aus dem Herzen Gottes unvermittelt; zu ihr aber verhelfe uns Gott. Amen." Die Metaphysik hat ihre Mystik so gut wie die Religion, und diese macht sich stets geltend, wenn die Phantasie die Lücken der Erkenntniss ausfüllen und das Einzelne ohne die Möglichkeit einer Erklärung in eine regellose geträumte Verbindung mit dem Unendlichen bringen will. Aber das Mystische ist nicht immer tief, oft nur unklar. Schelling gab die schwankenden, sinnlich spielenden Satzungen einer sich unfehlbar dünkenden Einbildungskraft, wie sie sich auf solchen Grundlagen erwarten liessen, nicht etwa gleich den Mythen Platos als Bilder, als Erleichterungsmittel der Darstellung, sondern mit der Prätension reeller wissenschaftlicher Gültigkeit. Es war kein geringes Verdienst Hegels, diesen Willkührlichkeiten mit dem Ernste eines geschlossenen durchgearbeiteten Systems entgegen zu treten.

XVI.

Man hat nicht selten, um das Unwahre und Ungenügende der metaphysischen Philosophie darzuthun, darauf hingewiesen, dass keines ihrer wechselnden Systeme eine ausgebreitete und dauernde Herrschaft errungen, keines auch nur die eigenen Anhänger dieser Richtung einigermaassen vereinigt habe. Diese Ausstellung ist im Verhältniss zu den theologischen Theorien wenig begründet. Die grosse Mehrzahl der Menschen, die sich in rein theoretischem Interesse mit wenigen allgemeinen und unbestimmten Vorstellungen begnügt, und nur praktische Grundsätze für das Handeln bedarf, ergreift die theologische Philosophie eben so wenig wie die metaphysische als ein wissenschaftliches System; nur die allgemeine Richtung der Anschauungen wird durch die eine oder die andere bestimmt, und einzelne Anwendungen durch sie beherrscht. So weit aber das systematische Denken reicht, und genaue Bestimmungen nicht nur, sondern auch Ableitungen alles Einzelnen aus den Principien verlangt werden, machen sich unter dem Einflusse verschiedener Zeiten und Bildungsstufen, herrschender Interessen und individueller Motive abweichende Auffassungen geltend. Die dürftige Dogmatik einer älteren Zeit genügt weder nach Form noch Inhalt für ein System, welches der späteren, in logischer Ausbildung und positivem Wissen bereicherten Entwicklung als absolute Wahrheit gelten soll. Gewisse Grundzüge bleiben, wie aller Theorie die letzte Instanz einer freien persönlichen Willensmacht, so aller Metaphysik das absolute Sein und dessen nothwendige Gestaltung. Das Einzelne wechselt in mannichfaltigen Formen. Wir brauchen nicht auf die verschiedenen Religionen zurückzugehen, die Dogmengeschichte des Christenthums bezeugt, in welchem Maasse auch innerhalb derselben Religion die wichtigsten Bestimmungen über das Wesen Gottes, sein Verhältniss zu den Menschen und sein Wirken auf die Welt beständigen Veränderungen unterworfen sind, trotz der unablässigen Bemühungen, jede neue Wendung der Lehren als nothwendige Entwicklung der *einen* Offenbarung darzuthun. Wie sollte es mit der Metaphysik anders sein? Es soll nicht bestritten werden, dass ihre Satzungen in Folge des Gelöstseins von übernatürlicher Autorität beweglicher sind als die einer bestimmten Offenbarungstheologie, und daher mehr geeignet, den Wandelungen der Culturzustände zu folgen, die

Erweiterungen der Erkenntniss in sich aufzunehmen, denen sich die Theologie häufig um irgendeines speciellen Dogmas willen entgegenstellen muss. Dennoch haben metaphysische Werke, vor allen die des Aristoteles, nicht nur in ihren allgemeinen Grundlagen, sondern selbst in den detaillirtesten Ausführungen Jahrhunderte hindurch eine so ausgedehnte und unbestrittene Autorität behauptet wie kaum eine Schrift systematischer Theologie. Und in den langen Zeiten der christlichen Scholastik stellte die metaphysische Philosophie neben allen Streitigkeiten über specielle Fragen eine bemerkenswerthe Convergenz der Ansichten her, indem ihre Methode allmälig von der Logik und der eigentlichen Metaphysik auf die Naturwissenschaften, und schliesslich auf die moralischen und politischen Wissenschaften ausgedehnt wurde, während die Theologie der Aufgabe einer encyclopädischen Theorie gänzlich entsagen musste.

Einigermaassen im Zusammenhange mit dieser Vorstellung des Schwankenden und Unsichern steht die andere, welche die metaphysische Philosophie als ausschliesslich kritisch oder negativ betrachtet, wohl gar eine Art chronischer Krankheit des menschlichen Verstandes oder deren Symptom in ihr erblickt. Allerdings liegen in mehrfacher Beziehung Momente der Negation darin, allein nichts desto weniger ist es unrichtig, das Negative zu ihrem eigentlichen Criterium machen zu wollen. In allen tieferen Systemen verbinden sich die synthetische Construction und die analytische Kritik. Die Frage nach dem wahren Sein und Wesen, gleichsam dem Kern der Dinge, woraus ihr Erscheinen und ihre Eigenschaften zu erklären, setzt den Zweifel voraus, ob die Dinge wirklich so sind, wie sie sich der unbefangenen Wahrnehmung darstellen, ob die Erscheinung den Dingen entspricht. Auf der anderen Seite muss jedes System, welches absolute Wahrheit geben will, andere, mit denen es in Berührung tritt, und namentlich ältere, in anerkannter Geltung stehende Theorien negiren und kritisiren. Ersteres ist in metaphysischer Färbung die analysirende Erörterung, welche jede wissenschaftliche Untersuchung verlangt, um ihre Phänomene rein auszuscheiden und der wissenschaftlichen Würdigung zugänglich zu machen. Letzteres ist die polemische Richtung, welche jede Theorie im Streite mit anderen, auch jede Religion ausbildet, indem sie die Grundsätze anderer als widerspruchsvoll unmöglich oder ungenügend aufzuweisen strebt. Beides findet sich in allen Theorien, die sich nicht bei dem naiven Glauben an die luftigen Constructionen der ursprünglichen Phantasie-Gebäude beruhigen, und wenn die metaphysischen Systeme bei der durch ihre Anhänger erfolgten Ausbildung der formalen Logik und Dialektik ein besonderes Gewicht auf die negirende Kritik zu legen scheinen, so bleiben doch die meisten von ihnen keineswegs bei der blossen Negation stehen. Nur der eigentliche Skepticismus, welcher alle Möglichkeit wahrer Erkenntniss, oder gar die Wirklichkeit aller Erscheinungen läugnet, will im Zweifel beharren, den die Meisten nur als Ausgangspunkt gebrauchen, um eine positive Grundlage zu gewinnen, oder als Sophisma im Streite. Der Realität der Dinge gegenüber kann sich der menschliche Geist ebenso wenig mit dem Skepticismus, wie ohne alle Theorie mit dem reinen Empirismus begnügen. Als definitives Dogma ist er ein künstlicher Act der Verzweiflung, dessen innere Unwahrheit den Philosophen alter und neuer Zeit den Vorwurf zugezogen hat, dass sie dachten wie Niemand und lebten wie Alle. Wer damit Ernst machen, im wirklichen Leben die Dinge als Phantome behandeln wollte, den würde man ja in der That nicht mehr versuchen zu widerlegen, sondern nur noch zu curiren — im Tollhause. Die meisten und wirksamsten Metaphysiker stellen eine Dogmatik auf, so positiv wie irgend eine theologische, und mit wenigen Ausnahmen lässt sich der Unterschied von Skeptikern und Dogmatikern durchaus nicht als ein absoluter festhalten, sondern es tritt nur die eine oder die andere Richtung mehr hervor.

XVII.

Der eigentliche Grund, warum die metaphysische Philosophie als eine negative angesehen wird, ist nicht, dass sie überhaupt, sondern dass sie gegen die herrschende Theologie negativ verfährt. Er ist nicht aus ihren Grundsätzen, sondern aus ihren Wirkungen entnommen. Diese sind allerdings gegen die Theologie negativ. Wenn die Metaphysik es auch nicht mit Lucrez ausdrücklich zu ihrer Aufgabe macht:

— die Seelen
aus dem umstrickenden Netz der Religionen zu lösen*),

so erhebt sie sich doch mit ihrem selbstständigen Suchen nach dem Wesen der Dinge unausbleiblich gegen den Autoritätsglauben an das Bestehende und allgemein Angenommene. So weit die metaphysische Methode reicht, hört die theologische auf. Nicht als ob die erstere plötzlich und allgemein an die Stelle der anderen treten könnte, aber wo ihre Erklärungen zugelassen werden, wird nach den theologischen nichts mehr gefragt. Wenn das nothwendige Wesen der Dinge eine Wirkung hervorbringt, bleibt für den persönlichen Willen Gottes keine Stelle. Welcher Gebiete und in welchem Umfange die Metaphysik sich derselben bemächtigt, das hängt von der Kraft und Ausbildung der gegenüberstehenden religiösen Theorien ab, und diese wiederum nicht bloss von dem Werthe der ursprünglichen Dogmen, sondern grossentheils von der Macht und dem Einflusse, womit ein zusammenhängendes Priesterthum das geistige Leben der Völker beherrscht. In China ergriff gegen äusserliche und oberflächliche Religionsformen sehr früh eine abstracte Metaphysik Besitz von allen Zweigen des Wissens. Die persische und die jüdische Religion waren tief und abstract genug, um allen Speculationen über den Menschen und menschliche Einrichtungen zu genügen, während für andere Wissenschaften wenig Sinn war. Die tiefe Contemplation der Inder bildete

*) — arctis
religionum animos nodis exsolvere pergo.

die metaphysische Philosophie bis zu ihrer vollsten, jede theologische Willensmacht negirenden Consequenz aus, aber indem die geistige Bewegung fast ganz innerhalb der gewaltigen Priesterkaste stattfand, wurden äussere Conflicte meist vermieden; die metaphysischen Weisen wurden in der Regel als die tieferen und heiligeren anerkannt, und sie fügten sich den äusseren Formen, obwohl diese nur in der theologischen Anschauungsweise eine wirkliche Bedeutung hatten. Bei den Griechen verlor die Philosophie bald nach dem Erwachen wissenschaftlichen Interesses den theologischen Charakter, den weder ein tiefes innerliches Religionssystem, noch eine grosse priesterliche Organisation, sondern fast nur die Autorität der staatlichen Formen vertheidigte. Im christlichen Mittelalter blieb die Metaphysik lange auf untergeordnete oder formale Bestimmungen beschränkt. Sie ward nicht als eine Feindin, sondern als eine nothwendige Ergänzung der Theologie betrachtet. Anselmus von Canterbury sagte: „wenn man zum Glauben gekommen ist, so ist es eine Nachlässigkeit, sich nicht auch durch das Denken vom Inhalt des Glaubens zu überzeugen." Aber allmälig erhob sie sich aus der dienenden Stellung; sie maasste sich an, aus eigenen Gründen über die höchsten Wahrheiten zu entscheiden, und griff nach dem Inhalte aller Wissenschaften. Zwar verfuhren lange nicht nur ganze Zeitalter, sondern auch die einzelnen Philosophen auf dem einen Gebiete metaphysisch, auf dem anderen theologisch, zwar fand sich zu allen Zeiten ein grosser Theil der Metaphysiker mit der Theologie ab, indem sie entweder innerhalb ihrer nothwendigen Wesenheiten auch einer persönlichen Willensmacht eine untergeordnete Stelle anwiesen, oder umgekehrt der frei handelnden Gottheit die höchste Ehre liessen, während ihr die reelle Einwirkung auf die Welt entzogen ward; doch offenbarte sich mehr und mehr der antitheologische Charakter dieser Philosophie. Der Antagonismus knüpfte sich häufig an untergeordnete Streitpunkte, nicht an die höchsten und allgemeinsten Begriffe, wo der unversöhnliche Gegensatz beider Richtungen am schroffsten hervortreten zu müssen schien. Vielmehr bereicherte die Theologie ihren Gott mit den metaphysischen Bestimmungen eines absoluten nothwendigen alleinigen Wesens, ausser welchem nichts sein noch gedacht werden kann. Hier trifft sogar der äusserste Skepticismus nahe zusammen mit dem höchsten theologischen oder metaphysischen Idealismus, welcher die ganze Erfahrungswelt für nichtig und leeren Schein erklärt, nur dem Unendlichen wirkliches Sein zuschreibt. Trotz der völligen Unverträglichkeit eines nothwendigen, durch seine ewige Natur determinirten Seins der pantheistischen Metaphysik und eines persönlich denkenden, wollenden, frei handelnden Wesens der Theologie fliessen die Darstellungen beider oft ganz in einander. Der tiefe Mystiker Eckhart verflüchtigt seinen Gott zu dem bestimmungslosen Sein, welches sich nicht mehr von dem Nirvana der Buddhisten, oder der absoluten Substanz Spinoza's unterscheidet, dem unendlichen Meer, aus welchem die Wellen des Einzelnen nur aufschlagen um wieder darin zu versinken, und wiewohl gerade Spinoza von seiner Substanz jede Spur eines selbstbewussten, nach Zwekken handelnden Willens ausschliesst, nennt ihn der angeblich christliche Romantiker Novalis einen gott-trunkenen Menschen. Wenn theologische Denker in dieser Weise den Charakter ihres Gottes durch metaphysische Bestimmungen verwirren, und aus den Widersprüchen endlich zu seiner vollkommenen Unbegreiflichkeit ihre Zuflucht nehmen, haben andererseits entschiedene und consequente Metaphysiker, die meisten griechischen sowohl, wie die christlichen von Scotus Erigena bis auf Hegel, gelegentlich von ihrem höchsten Wesen in Ausdrücken gesprochen, die es, wenn nicht ihr ganzes System und andere unzweideutige Stellen dagegen zeugten, zweifelhaft machen würden, ob sie nicht doch unter dem, was sie Gott nennen, eine theologische Willensmacht verstehen. Diese missverständliche Begriffsverwirrung beruht häufig allerdings auf heuchlerischer Accommodation, um der Verketzerung zu entgehen, zum Theil aber auch auf der willkührlichen Abstraction, welche von dem Gottesbegriff den

4*

Gedanken eines absoluten Princips, einer unbedingten Ursache seiner selbst als dessen Wahrheit festhalten, dagegen die Vorstellung einer selbstbewussten Willensmacht als irrig beseitigen wollte, und zum anderen auf einer blossen Form des Ausdrucks, der in Bildern spricht, „nach allen höchsten Worten greift“, weil die abstracten Kräfte, ihre Entstehung und ihre Wirkungsweise, sich nicht wirklich erklären lassen.

XVIII.

Durch die ganze Entwicklungsreihe der metaphysischen Systeme gehen zwei Grundrichtungen, deren Gegensätze unter verschiedenen Formen zu allen Zeiten wiederkehren, darin beweisend, dass sie nicht willkührlichen Einfällen ihren Ursprung verdanken, sondern wesentlichen Zügen der menschlichen Intelligenz entsprechen. Es ist die subjective und objective, oder die idealistische und realistische Ansicht, durch welche diese Gegensätze am allgemeinsten bezeichnet werden. Jene, mehr der theologischen Philosophie verwandt, sieht die Quelle des Erkennens in dem denkenden Geist, geht von dem aprioristischen Standpunkte aus, den sie unmittelbar aus dem Wesen des reinen Denkens zu construiren meint, und steigt von den höchsten allgemeinsten Ideen abwärts zu der reellen Welt, die sie als ein verkörpertes Bild, als einen Widerschein oder ein Symbol ihrer idealen Vorstellungen betrachtet. Die andere, der positiven Wissenschaft näher stehend, leitet die Vorstellungen des Geistes von den Aussendingen her, steigt von der Anschauung der Natur und des Wirklichen aufwärts zu den höheren Begriffen, und sucht aus dem Einzelnen das Allgemeine und Nothwendige zu gewinnen. Der Idealismus, in höherem Maasse von der Phantasie beherrscht, und ihren raschen Constructionen vertrauend, sieht alle Dinge in einer idealen Bedeutung für die menschliche Seele. Der Realismus, mehr von der Erfahrung ausgehend, und seine Speculationen an sie anknüpfend, will die Dinge in ihrer positiven Wirklichkeit erfassen. Und von den Standpunkten der Anschauung zu dem Wesen und den

Gründen der Dinge übergehend, betrachtet jener das Allgemeine das Uebersinnliche die Begriffe, dieser das Einzelne Erfahrungsmässige Anschauliche als das Ursprüngliche. Die realistische Ansicht legt atomistisch das Hauptgewicht auf die Materie und ihre ursprüngliche Verschiedenheit, die idealistische dynamisch auf die Kräfte, welche die gestaltlose Materie bestimmen sollen. Erstere stellt den Stoff, letztere die Kraft, oder in etwas anderer Wendung jene die blinden, bewusstlos wirkenden Kräfte, diese den Geist, die ordnende Intelligenz an die Spitze der Entwicklung. Wenn der einen das Geistige eine Function der Materie, ein endliches Product ungeistiger Kräfte ist, so sieht die andere in dem Geist das Erste und Absolute, welches den Stoff und seine Kräfte hervorruft und beherrscht. Jene sucht in dem nothwendigen Zusammenhange von Grund und Folge, in den wirkenden Ursachen, diese in der teleologischen Bestimmung, in den Endzwecken die letzte Erklärung der Erscheinungen. Diese verschiedenen Seiten des Gegensatzes, welcher unter den Namen des Spiritualismus und Materialismus, oder des Rationalismus und Empirismus die metaphysischen Theorien durchzieht, in dem Streite der Realisten und Nominalisten einen grossen Theil des Mittelalters bewegte, decken sich zwar nicht vollständig, fallen in der Ausführung häufig aus einander, und finden sich in den einzelnen Systemen mannichfaltig vermischt, aber dennoch sind sie die Entwicklungen derselben Grundrichtungen, und welche von ihnen in einem System am schärfsten hervortritt, die wird ihm seine Stellung in der idealistischen oder realistischen Reihe anweisen. Glänzende Vorbilder und Vertreter der beiden Richtungen sind die beiden grossen Metaphysiker, deren Werke den Mittelpunkt der griechischen Philosophie bilden, wie ihre edlen Gestalten das Centrum jenes berühmten Gemäldes, der Schule von Athen, sind, Plato, der hohe Greis, der mit dichterischer Begeisterung auf gen Himmel weist, zur Heimath der ewigen Ideen des Wahren Guten Schönen, Aristoteles, der klar bewusste Mann, der, seine Ethik in der Hand, zur Erde zeigt, dem Schauplatz, auf welchem der Mensch forschen handeln fühlen soll. Selten sind die wesentlichen Seiten des philosophischen Geistes tiefer erfasst und klarer zur Anschauung gebracht. Raphael war kein Gelehrter; aber nicht selten erschaut das Auge des Genies mit einem klaren Blick den in der Tiefe verborgenen Schatz der Wahrheit, nach welchem der Fleiss gewöhnlicher Bergleute Generationen hindurch graben kann, glücklich ihn zu finden, nachdem zehnmal Schachte und Stollen in falschen Richtungen getrieben worden. Diese mächtigen Geister haben dem Idealismus und Realismus ihren typischen Ausdruck gegeben; freilich sind sie bei weitem nicht die äussersten Extreme des einen oder des anderen. Aber aus den Extremen in ihrer consequenten Ausschliesslichkeit sind auch niemals Systeme hervorgegangen, welche den ganzen Umfang des menschlichen Wissens wahrhaft in sich aufnehmen und den Anforderungen einer allgemeinen Theorie genügen konnten. Weil die metaphysischen Abstractionen nicht auf die höchste Spitze getrieben werden können, ohne ihre Einseitigkeit und innere Unwahrheit zu offenbaren, mussten Concessionen in der Folgerichtigkeit gemacht, und in allen erfolgreichen Systemen neben dem Ueberwiegen der einen Richtung auch der anderen Rechnung getragen werden. Der Realismus flüchtete zu geisterhaften Wesenheiten, ursprünglichen Kraftthätigkeiten, wirkenden Naturursachen und gegebenen Grundwahrheiten, da die positive Kenntniss der Thatsachen nicht ausreichte, um in regelmässigem Aufsteigen von den einfacheren zu den complicirteren Erscheinungen und von den untersten zu den mittleren Ursachen ihren allgemeinen Zusammenhang und die gesuchte höchste Wahrheit zu gewinnen, und daher die Phantasie die Lücken ausfüllen musste, um eine einheitliche Theorie herzustellen. Der Idealismus, wenn er nicht alle Wahrheit verläugnen und jeder Einwirkung auf das praktische Leben entsagen wollte, musste der Sinnenwelt eine Art von Wirklichkeit, wenigstens so weit sie an den Ideen Theil hätte, zugestehen und einräumen, dass thatsächlich in der geschichtlichen Entwicklung des Einzelnen und der Gesellschaft das Denken und Wissen von aussen her angeregt, zum Theil jedenfalls aus der Erfahrung gewonnen werde, wogegen dann um das Princip zu retten die angebornen Ideen und ihre höhere Wahrheit aushelfen mussten, auch wohl ein Wiedererinnern des verdunkelten Geistes aus der unendlichen Zeit, da er dem absoluten Geiste vereint war, angenommen wurde. Seinen eigenen Principien getreu vermochte der Realismus nicht zu einem Nothwendigen und Allgemeinen zu gelangen, und den idealistischen Schöpfungen begegnete stets der alte Einwand des Antisthenes: o Plato, das Pferd sehe ich wohl, die Pferdheit sehe ich nicht. Je scharfsinniger die Gegensätze zugespitzt, je abstracter die Begriffe gefasst wurden, desto grösser ward die Schwierigkeit, eine Verbindung für sie zu gewinnen, so dass es seit dem siebzehnten Jahrhundert eine Hauptaufgabe der Philosophie wurde, nicht mehr den Zusammenhang der Dinge, sondern nur noch die Möglichkeit zu erklären, wie der Geist von ihnen wissen könne. Um den Dualismus von Natur und Geist, der ausgedehnten und der denkenden Substanz, wieder zusammen zu bringen, rief Des Cartes theologisch ein Wunder Gottes zu Hülfe. Spinoza erklärte beide für verschiedene Ausdrucksweisen derselben einigen Substanz. Leibnitz dichtete die prästabilirte Harmonie seiner geistigen und materiellen Monaden. Die letzte Phase der Metaphysik decretirte, dass Denken und Sein an sich identisch, dass Alles, was die Philosophie denke, auch wirklich, und alles Wirkliche auch in der Construction des Denkens nothwendig enthalten sei. Jeder baute sich aus dem Reiche der Ideen seine Brücke in die Welt der Wirklichkeit, freilich eine Brücke, die nach Heine's Ausdruck wol dem leichtfüssigen Bedürfnisse einiger Spaziergänger genügen mag, aber kläglich einbrechen würde, wollte die Menschheit mit ihrem schweren Herzensgepäck und ihren trampelnden Schlachtrossen darüber hinziehn.

XIX.

Bei allen Ansprüchen auf apriorische Construction sind die Begriffe, mittelst derer die metaphysische Philosophie sich der Erscheinungswelt zu bemächtigen sucht, und durch welche sie einen umfassenden Einfluss auf das Wissen und das Leben gewonnen hat, aus der Erfahrung entnommen, entweder Abstractionen, die aus Seiten der Betrachtung zu Realprincipien der Dinge gemacht werden, oder Begriffe, die sich der gewöhnliche Menschenverstand aus der Anschauung bildet. Je grösser die Bedeutung, je ausgedehnter die Anwendbarkeit solcher Begriffe in der Wirklichkeit ist, desto umfassenderen Gebrauch pflegt die metaphysische Erklärung von ihnen zu machen, und desto häufiger kehren sie in den verschiedenen Systemen wieder. Hierher gehört namentlich der Zweckbegriff. Er gehört dem unmittelbaren Bewusstsein an, dass das menschliche Handeln in jedem Augenblick durch irgend einen Zweck bestimmt ist, und findet in der Sphäre menschlicher Thätigkeit seine positive Anwendung. Ausser dieser, in der bewusstlosen Natur hat die Zweckmässigkeit nur die Bedeutung einer Wechselwirkung der Dinge unter einander, nach welcher sie den bei ihrem Entstehen und Bestehen vorhandenen Bedingungen, wie Theile eines Organismus einander und dem Ganzen entsprechen müssen, da ohne eine solche Harmonie ihr Bestand nicht möglich sein würde. Hätte ein Raubthier, dessen Magen so beschaffen ist, dass es nur frisches Fleisch verdauen kann, nicht Zähne und Klauen, um seine lebendige Beute zu bewältigen, so müsste es aus Unfähigkeit der Ernährung sofort zu Grunde gehen. Dieses Zusammenstimmen, die Eintracht*), in welcher Hippokrates das Wesentliche des Organischen erblickte, worin nach Kant Alles Zweck und wechselweise Mittel ist, worin jeder Theil durch die anderen und durch das Ganze bedingt wird, ist die positive Grundlage der vergleichenden Physiologie.

*) Consensus unus, conspiratio una.

Die Teleologie dagegen will die Erscheinungen aus einem angeblich zu Grunde liegenden Zwecke erklären. Wer nach dem Warum eines Vorganges fragt, ist in Folge dieser Fragestellung nicht zufrieden, wenn ihm die Nothwendigkeit in dem Zusammenhange der Gründe, oder die vermittelnden Ursachen aufgezeigt werden, weil dabei immer weiter zurückgefragt werden kann, sondern erst, wenn die Nothwendigkeit des Geschehens um eines zu erfüllenden Zweckes willen dargethan wird. Die Theologie schiebt diese Zwecke ihren übernatürlichen Willensmächten unter. Die Metaphysik überträgt sie bildlich oder nach einer schiefen Analogie auf ihren Causalprozess, obwohl sie ausserhalb eines persönlichen Denkens und Willens gar keinen Sinn haben. Die falsche Generalisation des Zweckbegriffs verursacht häufig eine vollständige Personificirung der Wesenheiten Kräfte oder Naturdinge in der metaphysischen Philosophie. Die mittelalterliche Alchymie verwischte die aristotelische Eintheilung des Beseelten und Unbeseelten*), indem sie auch der unorganischen Natur ein dunkles Leben zuschrieb. Die italienischen Philosophen des sechszehnten Jahrhunderts nahmen an, dass jedes Ding ausser der Theilnahme an dem allgemeinen Leben des Weltalls auch sein eigenes Lebensprincip habe, und selbst Baco von Verulam spricht gelegentlich von einer den mechanischen Bewegungen der Körper vorhergehenden Perception. Man weiss oft nicht, ob solche Aussagen als Metaphern gemeint sind, oder als wirkliche Erklärung gelten sollen. Spinoza verwarf entschieden den Zweckbegriff im Absoluten, weil dies nur nach seiner nothwendigen Natur, nicht nach Zwecken wirken könne, ohne den Charakter des Absoluten zu verlieren. Doch sind es nicht metaphysische Bestimmungen, sondern die positiven Wissenschaften, welche mit der ausschliesslichen Frage nach den Thatsachen und ihrem gesetzmässigen Zusammenhange den Zweckursachen die falsche Anwendung ausserhalb des menschlichen Handelns untersagt, und sie so

*) ἔμψυχα und ἄψυχα.

gut wie den Willen Gottes aus der wissenschaftlichen Naturbetrachtung verbannt haben. Ein jetziger Metaphysiker erkennt an: „Teleologische Erklärungsgründe sind in den Naturwissenschaften unzulässig. Die Naturgesetze sind die letzten Erklärungsgründe, die letzten Principien unserer Einsicht in die Natur der Dinge. Wenn Jemand heut zu Tage die Bewegung der Himmelskörper durch die Entelechien des Aristoteles oder die Intelligenzen des Fracastoro erklären wollte, so würde man ihn allgemein für desorientirt halten über die Zulässigkeit der hier geltenden Gründe."

Noch weniger ist die formale Logik, die Lehre von der Anwendung der Denkformen, geeignet auf irgend einem Gebiete des Wissens reale Erkenntniss zu gewähren. Sie ist eine specielle, im Occident von Aristoteles geschaffene Wissenschaft, die erste, welche eine positive Vollendung erhalten hat. Hervorgegangen aus der Ueberzeugung von der Gesetzmässigkeit des Denkens, nimmt sie ihre Regeln als Thatsachen hin, denen das Denken sich unterwerfen muss, und auch ohne sich ihrer klar bewusst zu sein folgt, wenn es sich nicht selbst widersprechen will, und bringt sie in ein geordnetes System, gleichsam eine Grammatik des Denkens, eine Anatomie der Begriffe. Aber die Scholastiker machten die Logik zum Mittelpunkte alles Wissens, und in Europa wie in Indien erschöpfte sich die Metaphysik in Versuchen, nicht nur die Einsicht in das Wesen der Dinge aus ihr herzuleiten, sondern ihre Gesetze sogar zu Eigenschaften und Ursachen der Dinge selbst zu machen, während doch der Inhalt jeder Erkenntniss aus der Erfahrung entnommen werden muss, und die Logik nur die Formen der Verbindung prüfen kann, in welche die Theile des Erkenntnissinhalts gebracht werden.

XX.

Seit Heraklit lehrte, dass der Streit der Schöpfer aller Dinge sei*), fanden metaphysische Systeme des Alterthums und der Neuzeit häufig in den Formen des Gegensatzes, bald in den Abstractionen von Form und Inhalt, Schein und Wesen, Endlichem und Unendlichem, bald in natürlichen Unterschieden von Trocknem und Feuchtem, Geradem und Krummem, Männlichem und Weiblichem, uranfängliche Principien der Dinge, Grundgesetze und Ursachen alles Seienden. In der Natur liegt freilich die wirkliche Bedeutung des Gegensatzes nicht in dieser Form, sondern in dem Zusammenwirken verschiedener Kräfte, welche die Betrachtung einander als Gegensätze gegenüber stellen mag. Hegel machte die Form seiner Dialektik, das Setzen eines Begriffs, das Entgegensetzen eines anderen und die Wiedervereinigung beider in einem höheren, zur bewegenden Macht der Welt, durch welche im Sein wie im Denken von der niedrigsten und abstractesten Kategorie an bis zur höchsten und concretesten jede weitere Bestimmung aus der vorhergehenden entwickelt werden sollte, wobei denn mit oft verspotteter Willkühr nicht bloss logisch entgegengesetzte Begriffe, sondern einfach thatsächliche Verschiedenheiten als Momente des Gegensatzes genommen wurden. Es liegt dieser Satzung offenbar die erfahrungsmässige Erkenntniss zum Grunde, dass überall verschiedene Bedingungen zusammentreffen müssen um neue Erscheinungen hervorzubringen, dass je mannigfacher sich die bewegenden Kräfte differenziren und durchkreuzen, desto complicirter und reicher auch die Veränderungen werden, welche sie bewirken, und namentlich auf die Geschichte menschlicher Theorien angewendet, dass in beständiger Wiederholung die gewonnenen Wahrheiten nach verschiedenen Seiten bald zu wirklicher Bereicherung, bald in unwahrer Einseitigkeit entwickelt werden, bis eine neue Theorie die

*) πόλεμος πατὴρ πάντων.

getrennten Richtungen in einer höheren Einheit zusammenfasst, einem Knotenpunkte, von welchem die vielfachen Strahlen der Geistesarbeit den abermaligen Ausgang nehmen. Dieses Gesetz der fortschreitenden Bewegung macht die Metaphysik zu einem ursächlichen Princip. Hegel selbst kritisirt die Lehre des Pythagoras, dass die Zahlenverhältnisse wohl in den Dingen enthalten und nachzuweisen, die Dinge jedoch nicht durch sie oder um ihretwillen seien. Dasselbe lässt sich von seiner Speculation sagen. Nicht Zahlen, nicht Vernunft, nicht Begriffe, nur Thatsachen haben Thatsachen zur Folge. Aber die metaphysische Abstraction wiederholt stets ihre Voraussetzung, dass gedachte Verhältnisse der Dinge die Dinge selbst hervorbringen sollen.

All diesen willkührlichen Speculationen gegenüber erklärt der Mann, der auch den Metaphysikern eine Autorität ist, Immanuael Kant: in der Metaphysik könne man auf mancherlei Weise herumpfuschen ohne eben zu besorgen, dass man durch den Probierstein der Erfahrung widerlegt und auf Unwahrheiten betreten werde, wenn man sich nur nicht selbst widerspreche; ob die Welt von Ewigkeit her sei, oder einen Anfang habe, ob die Materie ins Unendliche theilbar, oder aus einfachen Theilen bestehe, dergleichen Begriffe seien in keiner Erfahrung gegeben, man könne sich da nicht auf gemeinen Menschenverstand berufen, sondern erst, wenn man genöthigt sei die Metaphysik zu verlassen, und auf alle reine speculative Erkenntniss zu verzichten, wenn ein vernünftiger Glaube allein möglich und ausreichend befunden werde. Und indem er gegen die Idealisten, welche die Erkenntniss durch Sinne und Erfahrung für verworren oder leeren Schein erklären, nur in den angeblich klaren angeborenen Ideen des reinen Verstandes Wahrheit finden wollen, behauptet: „alle Erkenntniss von Dingen aus blossem reinem Verstande oder reiner Vernunft ist nichts als lauter Schein, und nur in der Erfahrung ist Wahrheit“, hält er es am Ende für „rathsamer, lieber alle Ansprüche auf Metaphysik gänzlich aufzugeben.“ Und doch versuchte selbst Kant, nachdem er in der Theorie erwiesen, dass die Ideen von Gott Freiheit Unsterblichkeit nur aus natürlichen Missverständnissen in dem Geschäft der Welterklärung entstanden, ob sie nicht in der Praxis, wo Handlungen geboten werden, einen positiven Werth und Gehalt haben möchten; Schleiermacher bezeichnete das wieder als willkührliche Phantasie.

XXI.

Beweisen konnte die Metaphysik ihre letzten Grundsätze und Ursachen und die Art ihres Wirkens niemals, sie erforderte in der That für ihre Ausgangspunkte einen Glauben, so gut wie die Theologie. Aber dieser Glaube war Jahrhunderte hindurch vorhanden. Man bestritt bestimmte Systeme oder einzelne Annahmen in ihnen, trotzdem war man überzeugt, auf dem richtigen und einzigen Wege zu sein um die absolute Wahrheit zu erreichen. Selten fand sich Jemand, der die Methode überhaupt verworfen hätte, und wer es that, gehörte der skeptischen Richtung an, die mit ihrer Entsagung auf eine allgemeine Theorie nur einen beschränkten negativen Einfluss üben konnte. Erst seit dem siebzehnten Jahrhundert war es nicht mehr der Skepticismus, sondern die positive Wissenschaft, die mit ihren Fortschritten der metaphysischen Philosophie ein Gebiet nach dem anderen entzog. Die Naturwissenschaften und später die Geschichtsforschung erweiterten allmälig ihre Resultate zu allgemeineren Conceptionen, auf welche sie dem metaphysischen Formelwesen keinen Einfluss mehr gestatten wollten. Die neueste Zeit hat sich, unbefriedigt und getäuscht durch die hohen Verheissungen und die geringen Ergebnisse, mit feindseliger Bitterkeit gegen die unerfüllbaren Ansprüche gewendet, als ob die Philosophie nicht bloss eine Einheit der Weltansicht, einen Zusammenhang des anderweitigen Wissens vermitteln, sondern aus sich selbst, unabhängig von der Erfahrung und dem Leben, den Reichthum inhaltvoller Ideen entwickeln und die Probleme der Wissenschaften lösen könnte. Mit Hohn hat man ihr vorgeworfen, dass trotz des Gaukelspiels ihrer technischen Virtuosität Alles, was wahr und richtig in ihren Constructionen sei, der Anschauung und dem gesunden Menschenverstände angehöre, und dass sie sich, sobald sie diese Quellen aller Erkenntniss verlasse, in absurde Irrthümer oder phantastische Spielereien verliere. Und Manche sind geneigt, die Geschichte der Philosophie als eine Geschichte der menschlichen Thorheit zu betrachten. Freilich können wir in den Voraussetzungen der metaphysischen Philosophie so wenig wie in denen der theologischen absolute Wahrheit erkennen, freilich müssen wir das ganze Streben nach absoluter Erkenntniss von Urwesen und Urkräften als ein ewig vergebliches und darum irriges betrachten. Aber um deswillen dürfen wir die geschichtliche Nothwendigkeit und Bedeutung dieser Richtung und die Grösse ihrer Leistungen nimmer verkennen. In den besten und hervorragendsten ihrer Vertreter war die höchste Function der menschlichen Intelligenz vorzugsweise lebendig, der construirende Geist, welcher eine die ganze Welt umfassende und abbildende Wissenschaft zu erbauen strebt. Auf dem Wege der strengen Wissenschaft von den einzelnen Erscheinungen bis zu den höchsten und allgemeinsten Ideen aufzusteigen, dazu fehlten die Mittel und Bedingungen, und doch konnte man der allgemeinen Ideen nicht entrathen. Wie im Leben das praktische Interesse, so treibt in der Wissenschaft das theoretische zu Entscheidungen, während die Entscheidungsgründe noch keineswegs vollständig in der Gewalt des Urtheilenden sind. Das nothwendige Streben der systematischen Theorie, Einheit und Zusammenhang in die Erkenntnisse zu bringen, liess die allgemeinsten abstractesten Bestimmungen den particulären vorausgehen, wie sich dies am meisten in den platonisirenden Systemen ausspricht, und stellte in dem festen Glauben an die Untrüglichkeit der Methode gleich den Priestern und Propheten die Resultate der Speculationen nicht als Hypothesen, sondern als unumstössliche Grundsätze und Bedingungen aller Wahrheit hin. Die positiven Wissenschaften waren bis in die neuesten Zeiten zu wenig entwickelt, um von ihnen aus auch nur den Versuch einer allgemeinen, die höchsten Interessen der Menschen umfassenden Theorie unternehmen zu können. Man griff daher zu Fictionen, um eine Einheit der obersten Grundsätze herzustellen, welche vorläufig die allein mögliche und genügende war, welche man aber freilich nicht als eine vorläufige, sondern als eine ewige und absolute betrachtete. Ein wissenschaftliches System geht stets aus der Ideenströmung seiner Zeit hervor, wird von ihr beherrscht, und muss ihr in seinen wesentlichen Grundlagen entsprechen, um auf sie wirken zu können. Es genügt nicht, dass etwas richtiges gesagt werde, es muss auch zur richtigen Zeit und auf die richtige Weise gesagt werden. Ein Bruchtheil Wahrheit ist in jeder gediegenen Ueberzeugung enthalten, in wie falsche Formen sie auch gekleidet sei. War der letzte Zusammenhang ein chimärischer, so haben die Philosophen alter und neuer Zeit über die höchsten Fragen, welche den Geist der Menschen bewegen, Worte der tiefsten und unvergänglichsten Wahrheit gesprochen. Es ist vollkommen richtig, dass das beste und eindringlichste, was sie gesagt, nicht aus den Grundlagen ihrer Systeme stammte. Aber das war doppelt nothwendig, so lange die Grundlagen das schwächste und zweifelhafteste in den Systemen waren. Männer von hohem Geiste schliessen sich nicht mit einer engen Logik in den Zirkel ihrer Systeme ein; ihre Anschauungen sind weiter als ihre Grundsätze. Die Grundlagen der Systeme müssen mit den Richtungen und Ideen der Zeit in einer gewissen Harmonie stehen, und in so ferne können wir auch in ihnen eine fortschreitende Entwickelung erkennen, aber in der That entscheiden nicht sie über den Einfluss und die Wirksamkeit der Systeme. Diese hängen weit mehr von dem Umfange der Erscheinungen ab, welche in das System hereingezogen werden, und andererseits von dem Geist und der Fülle der Anschauungen, welche darin niedergelegt sind. Ersteres befähigt das System als eine wirklich allgemeine Theorie zu dienen, Letzteres gewinnt ihm die Herrschaft über die Menschen. Die wahre Bedeutung eines Philosophen lag stets in universeller Bildung und genialem Blick.

XXII.

Von diesen Gesichtspunkten ausgehend, welche die Betrachtung der anderen philosophischen Richtungen selbst an die Hand giebt, will die positive Philosophie nichts anderes sein als die systematische Zusammenfassung der einzelnen Wissenschaften. Sie widerspricht jedem Versuche, die Philosophie als etwas für sich bestehendes, von den übrigen Wissenschaften unabhängiges, auf anderen, ihr ausschliesslich zukommenden Grundlagen beruhendes hinzustellen. Sie unterwirft das philosophische Denken denselben Regeln, beschränkt es auf dieselben Gegenstände, führt es auf dieselben Quellen zurück wie das wissenschaftliche Denken überhaupt, gesteht ihm weder eigene Organe, noch eigene Sphären zu. Sie will die Grundsätze der positiven Wissenschaften auf alle Zweige menschlicher Erkenntniss angewendet wissen, und erkennt darüber hinaus keine Wissenschaft und keine Philosophie an. Sich selbst stellt sie nur die Aufgabe, die speciellen Wissenschaften zu einer allgemeinen allumfassenden zu verknüpfen, sie in eine einheitliche Ordnung zu bringen. Während Theologie und Metaphysik, jede in ihrer Art, eine absolute Wahrheit für das Erkennen und eine absolute Ursache für das Dasein zu construiren suchen, die ausserhalb aller Erfahrung und sicherer als alle Wahrnehmung sein sollen, und für die sie sich zuletzt trotz aller Verhüllungen doch auf die Thatsachen, sei es der Offenbarung, oder der Anschauung, also auf Erfahrung berufen, entsagt die positive Philosophie jedem Anspruche auf absolute, von der Erfahrung unabhängige, a priori zu findende Principien, nimmt die Thatsachen als gegeben hin, und erkennt an, dass alles Wissen nur relativ ist, dass die allgemeinsten Theorien, wie die speciellsten Untersuchungen sich stets auf erfahrungsmässige Thatsachen beziehen müssen. Statt nach dem Woher und Warum der Dinge zu fragen, forscht sie nur nach den

Gesetzen, von denen die Erscheinungen beherrscht werden. Jede Wissenschaft, die einen positiven Charakter angenommen hat, beschränkt sich hierauf, und weist jene Fragen als gänzlich ausser ihrem Bereiche liegend zurück. Der Astronom erzählt nicht, woher der erste Anstoss der Bewegung und des Wirkens gekommen, sondern sucht zu bestimmen, welches die unveränderlichen Gesetze der einmal bestehenden Welt sind. In diesem Sinne sagte Laplace: Dieu — c'est une hypothèse, dont je n'ai pas besoin. Die Theologie will mit ihrem Warum auf Gott zurückgreifen; freilich kann man mit demselben Rechte fragen: warum oder woher ist Gott? als: warum oder woher ist die Welt? und Gnostiker wie Valentin haben in der That so gefragt. Die Metaphysik sucht eine letzte Ursache zu bestimmen, die angeblich nicht anders sein oder gedacht werden kann, oder deducirt aus einem inneren Wesen der Dinge, verborgenen Eigenschaften und Kräften, welche sie den Erscheinungen zum Grunde legt. Die positive Wissenschaft betrachtet die Speculationen über Ursachen und Wesen der Dinge, insoferne sie von den Erscheinungen getrennt und verschieden sein sollen, als eitle Träume, deren Resultate, so behutsam sie auch ausgeklügelt sein mögen, Erdichtungen bleiben; sie beschränkt sich lediglich auf den Zusammenhang, die Bedingungen und die Folgen der gegebenen Erscheinungen. Die Frage, warum Dinge dieser und jener Art, warum organische Wesen, warum überhaupt Etwas da ist, gehört nicht der Wissenschaft an, sie hat nur das Wie der Erscheinungen zu erklären. Diese selbst nimmt sie als Thatsachen hin. Freilich weiss sie, dass nicht bloss die Anschauung sich täuschen kann, sondern dass die Erscheinungen überhaupt eben so wohl durch die Beschaffenheit unserer receptiven Thätigkeit, wie durch ihr eigenthümliches Wesen bedingt sind, dass sie sich mit jeder Veränderung der betrachtenden Organisation ebenfalls ändern würden. Denken wir, dass wir mit einem Organ alle die unendlichen Schwingungen, welche als mechanische und elektrische Bewegungen, als Licht- und Schall-Wellen und als Wärmestrahlungen den Raum durchkreuzen, bloss als Schwingungen wahrnehmen könnten, welch' andere Gestalt würde die Welt uns darbieten als jetzt, da wir nur einen Theil der verschiedenen Schwingungen mit den getrennten Sinnen des Gesichts, des Gehörs und des Gefühls auffassen. Aber eben deshalb lehnt die positive Wissenschaft jede Untersuchung über das innere Wesen der Dinge oder das Ding an sich als völlig unzugänglich ab, und nimmt die Erscheinungen, wie sie für uns sind, wie sie sich der sorgfältigen methodischen Beobachtung darstellen, als die Thatsachen hin, auf welche sich direct oder indirect alles Denken beziehen muss. Jede Erscheinung, und in höchster Instanz die ganze Natur ist eine grosse Thatsache, die in ihren Wirkungen und Beziehungen der Beobachtung unterliegt, deren Zusammenhang durch unveränderliche Gesetze bestimmt wird. Diese Gesetze zu erkennen ist das letzte Ziel wahrer Wissenschaft. Die Naturwissenschaften sind längst dahin gelangt, von jeder vollendeten Arbeit zu verlangen, dass ihr Resultat sich in wenigen Worten wiedergeben lasse, welche als bleibenden Gewinn eine bestimmte Thatsache enthalten. Dieser Grundsatz ist Gemeingut aller positiven Wissenschaft. Jeder Satz, der sich nicht auf eine specielle oder allgemeine Thatsache zurückführen lässt, ist ohne reellen und verständlichen Sinn. Jedes Gesetz enthält eine allgemeine Thatsache, und die einzige wirkliche Erklärung eines Gesetzes besteht darin, dass es einem höheren allgemeineren Gesetze untergeordnet wird.

XXIII.

Die Grundlage jeder Wissenschaft ist die richtige Beobachtung, die Sammlung Beschreibung und Classificirung der ihrem Gebiete angehörigen, materiellen oder geistigen Thatsachen. Aber wie Baco von Verulam sagt, man kann eine Masse von Kenntnissen haben ohne eine Ahnung von Wissenschaft. Im Gegensatz zu empirischer Gelehrsamkeit, die sich auf Anhäufung und Ordnung von Thatsachen beschränkt, erbaut sich die Wissenschaft aus Gesetzen, und erkennt ihren Fortschritt hauptsächlich darin, die Zahl der unabhängigen getrennten Gesetze zu vermindern, wobei freilich trügerische Systematisationen zu vermeiden sind, nicht unbestimmte Allgemeinheiten für constatirte Gesetze genommen werden dürfen. Eine isolirte Erscheinung wird erst in die Wissenschaft aufgenommen, indem sie wenigstens durch eine Hypothese mit bekannten Gesetzen verknüpft wird. Die Wissenschaft erhebt über die Unabsehbarkeit der empirischen Erscheinungen, sie führt „durch die Wälder der Erfahrung zu dem Lichte der Gesetze.“ Auf der anderen Seite hat sie sorgfältig ihre Gränzen zu beachten, sowohl die gegenwärtigen, wo sich constatirte Gesetze und vorläufige Hypothesen scheiden, als die ewigen, welche durch die Gesetze des menschlichen Erkennens selbst gegeben sind. Denn wo die Sphäre des Wissens aufhört, da beginnt das Reich der Einbildungskraft. Je unklarer die Vorstellungen, je weniger das Einzelne erklärt und der Zusammenhang aufgefunden ist, desto mehr findet die Neigung zum Mysteriösen und Wunderbaren Spielraum und Befriedigung. Darin liegt der unversöhnliche Gegensatz der positiven Wissenschaft zur Theologie und Metaphysik. Die Grenzen des Glaubens werden immer weiter zurückgeschoben. Nicht bloss die Voraussetzungen einzelner Dogmen werden als unhaltbar nachgewiesen, die ganze Richtung des Denkens wird verändert; so weit die Erkenntniss der unwandelbaren Gesetze reicht, wird nach übernatürlichen Willensmächten, nach Zwecken Ursachen oder Wesenheiten nicht mehr gefragt. Es wird die Zeit kommen, da die Physiologie der Speculation keinen Raum mehr lässt, sagt ein berühmter Physiolog. Die Wissenschaft gebraucht auch Hypothesen, aber diese müssen der Art sein, dass ihre Bewährung durch thatsächliche Anschauung möglich bleibt. Die Hypothesen der Theologie und der Metaphysik, welche sich in keiner möglichen Erfahrung nachweisen lassen, verwirft sie als willkührliche Hirngespinnste. Im Kindesalter der Philosophie fingen die Menschen mit den höchsten Problemen

5*

an, sie speculirten über das Wesen Gottes, die Hoffnung oder gar die Beschaffenheit einer andern Welt. Die Metaphysik wollte über die letzten Ursachen der Dinge und die Principien absoluter Erkenntniss ins Klare kommen. Die positive Philosophie schneidet solche Untersuchungen als unzugänglich ab. Alle unsere Kenntnisse sind relativ, durch unseren Organismus und die Einwirkung der Dinge auf denselben bedingt. Die innere Natur der Dinge, das Wesen einer Kraft, den Grund, warum an gewisse Formen oder Organe gewisse Kräfte gebunden sind, können wir nicht weiter erklären. Wer es versucht, setzt ein Wort an die Stelle des anderen, giebt Bilder statt Begriffe, oder macht Abstractionen der Betrachtung zu realen Wesen. Es giebt keine Materie, die nur ausgedehnt, oder nur schwer wäre, obwohl der Mathematiker oder der Astronom sie mit vollem Recht nur unter diesem Gesichtspunkt betrachtet; es giebt keine Materie ohne Form, keine Materie ohne inwohnende Kräfte, und keine Kraft ohne eine Materie, an welche sie gebunden ist; wir können uns nicht einmal eine Vorstellung davon machen. Wir sehen überall Materie in bestimmten Formen, mit bestimmten Kräften, wir setzen sie auch da voraus, wo wir sie nicht unmittelbar nachweisen können, wie Newton den Aether im Weltraum, um Wirkungen entfernter Körper begreiflich zu finden; wir müssen uns begnügen, mit den perceptiven und reflectiven Fähigkeiten unseres Organismus die unveränderlichen Beziehungen der beobachteten Erscheinungen, die Bedingungen, unter denen sie wirken, und die Folgen, die sie hervorrufen, zu studiren. Auf diesen Grundlagen sind die einzelnen Wissenschaften in unaufhaltsamem Siegeslaufe construirt worden; sie haben den Menschen in Wahrheit zum Herrn der Welt gemacht, und ihn gelehrt die Natur zu beherrschen, indem er sich ihren Gesetzen unterwirft. Ihnen folgend sucht die positive Philosophie ihre einheitliche Weltanschauung nicht mehr in dem illusorischen Schein, als ob der Inhalt des Wissens sich aus absoluten Principien ableiten, oder als ob sich gar eine gleiche Methode für alle wissenschaftliche Untersuchungen a priori feststellen liesse. Methode und Inhalt einer Wissenschaft sind nicht zu trennen, die Methode muss sich nach dem Inhalte der Lehren richten. Nur gewisse Grundzüge der Proceduren, aus dem Verfahren der speciellen Wissenschaften entnommen, macht die positive Wissenschaft generalisirend für alle wissenschaftliche Forschungen geltend.

XXIV.

Statt von den höchsten und in Wahrheit zweifelhaftesten Sätzen eines Systems auszugehen soll in regelmässigem Fortschreiten von der gewöhnlichen Erfahrung und den untersten, fast mit der unmittelbaren Beobachtung zusammenfallenden Gesetzen zu den mittleren, und von diesen allmälig zu den höheren und allgemeinsten aufgestiegen werden. Dies geschieht durch die Induction, entweder die eigentliche Induction, welche aus den Verhältnissen bestimmter Thatsachen oder auch aus vielen Fällen das Gesetz beweist, oder die Abstraction, welche aus einem Falle zeigt, welche Gesetze bei einer bestimmten Behauptung vorausgesetzt werden, durch Zergliederung oder Absonderung einer Theilvorstellung vom zusammengesetzten Besonderen zum einfacheren Allgemeinen rückwärts geht. Daneben ist freilich auch und namentlich für specielle Forschungen von der logischen Deduction Gebrauch zu machen, um gewonnene Gesetze durch Folgerungen zu befruchten, die sich nicht selten als die wichtigsten Wahrheiten der Wissenschaft ergeben können; aber diese müssen gleich inductiven Hypothesen erst durch die Beobachtung verificirt werden, ehe sie als gesichert zu betrachten sind. Ein namhafter Metaphysiker meint: nothwendige Gesetze müsse man a priori zu der Wahrnehmung der Thatsachen hinzubringen, so seien Newton seine drei Gesetze der Naturphilosophie vor aller Induction evident, nicht erschlossen oder bewiesen. Das Beispiel ist unglücklich gewählt. Newton lässt es verächtlich dahingestellt, ob die Metaphysik seine drei Regeln beweisen könne oder nicht, er hat sie erfahrungsmässig aus strenger Beobachtung der versuchten Methoden gewonnen, und als allgemein gültig und zutreffend erfunden. Er gebrauchte sie, ehe er sie darstellte. Nur das Vermögen der menschlichen Intelligenz zu abstrahiren und zu generalisiren muss vorausgesetzt, das heisst als Thatsache hingenommen werden, alles Uebrige ist aus der Erfahrung entnommen.

Es mag sein, dass die Erfahrung nur vergleichungsweise Allgemeinheit, nicht apodictische Gewissheit giebt. Aber wir kommen über die Sicherheit der Erfahrung überhaupt nicht hinaus. Die Anschauung ist die Quelle und Grundlage aller Erkenntniss, die letzte Voraussetzung, deren jedes Beweisverfahren bedarf. Die logische Begründung der Sätze durch Schlüsse ist nur ein Erleichterungsmittel der Erkenntniss, keineswegs ein Mittel zu grösserer Gewissheit. „Wo die Anschauung nicht die Vernunft in einem sichtbaren Gleise hält — lehrt Kant — da bedarf sie gar sehr einer Disciplin, um sie von Ausschweifung und Irrthum abzuhalten, und den Hang zur Erweiterung über die engen Grenzen möglicher Erfahrung zu bändigen.“ Jede neue Annahme, durch welche die Wissenschaft erweitert oder berichtigt wird, ist zunächst eine Hypothese, die sich als ein sicheres Gesetz bewährt, wenn alle darunter zu subsumirende Fälle mit ihr und ihren Consequenzen übereinstimmen, wenn sie mit allen aus ihr zu erklärenden Erscheinungen im Einklange steht, und zu anderen Schlüssen führt, welche den erfahrungsmässigen Thatsachen entsprechen. Ob ein Gesetz durch Induction vollständig begründet erscheint, ist mehr eine psychologische als eine logische Frage. Auch der fundamentalste Glaubensartikel physikalischer Wissenschaft lässt keinen anderen Beweis zu, als dass ihm die beobachteten Thatsachen entsprechen, und dass sich die Erscheinungen danach vorher bestimmen lassen. Die alte Hypothese, dass die Erde und die übrigen Planeten sich um die Sonne drehen, blieb noch eine Hypothese, als Copernicus Kreisbahnen annahm; aber Kepler liessen die wenigen Minuten, um welche die Stellung des Mars von der Berechnung differirte, nicht ruhen, er versuchte es mit der elliptischen Bahn, und fand das Gesetz. Die Rechnung stimmte, Niemand zweifelt mehr. Nach Keplers und Newtons Gesetzen konnte Leverrier den Ort eines ferneren Planeten aufweisen, ehe ihn ein menschliches Auge gesehen. Indessen lassen sich nur in den einfachsten Fällen die Axiome unmittelbar zur Anschauung bringen. Jeder Mensch von gesundem Verstande besitzt hinlängliches Abstractionsvermögen, um ohne alle Vorbereitung zwei über einander gelegte Stangen als gerade Linien zu betrachten und einzusehen, dass diese in der Verlängerung immer weiter aus einander gehen, sich nie zum zweiten Male kreuzen werden. Im weiteren Fortgange und in den complicirteren Wissenschaften sind Vorkenntnisse nothwendig; die Anschauung muss künstlich ermöglicht, durch Construction Rechnung oder Experiment ersetzt werden. Die Laien müssen daher die Resultate der Wissenschaft auf Treu und Glauben hinnehmen, sich bei der Ueberzeugung beruhigen, dass die Gesetze durch die competenten Gelehrten festgestellt sind, und dass jeder die Wege ihrer Constatirung nachgehen kann, der die erforderliche Zeit und Arbeit darauf verwenden will. Ihre anschauliche Wahrheit und ihre praktischen Erfolge haben der positiven Richtung das Vertrauen der Völker gewonnen, wenn sie sich auch gegen den alten Glauben wendet. Nicht logisches Raisonnement, sondern die Menge unbestreitbarer Wahrheiten gewinnt die Ueberzeugung von unwandelbaren Gesetzen. Die Solidität und Wichtigkeit der speciellen Wissenschaften drängt den Scepticismus zurück, der an aller Wahrheit verzweifelt „und sieht, dass wir nichts wissen können.“ La nature confond les Pyrrhoniens, sagt Pascal.

XXV.

Gegen die Alleingültigkeit evidenter Gesetze verlieren die Hauptstreitpunkte der metaphysischen Weltanschauung ihre wesentliche Bedeutung. Die Fragen nach dem Verhältniss des Einzelnen und Allgemeinen, des Wirklichen und

Nothwendigen sind beseitigt. Weder entspringt das Allgemeine aus dem Besonderen, noch das Besondere aus dem Allgemeinen, sondern das Einzelne unterliegt den allgemeinen Bestimmungen. Das Nothwendige wird aus einer Wesenheit zur allgemeinen Regel, dem Naturgesetz. Der Gegensatz von Spiritualismus und Materialismus wird ein Wortstreit, der die Untersuchungen positiver Wissenschaft nicht trifft. Dynamik und Atomistik haben als abstrahirende Betrachtungsweisen eine relative Berechtigung für bestimmte Forschungen, sind aber als absolute Principien ebenso unhaltbar, wie der falsche Dualismus, der Kraft und Stoff, Form und Materie zu einer Art gespenstischer Wesen hypostasirt.

Die absoluten Wahrheiten, welche jedes theologische und metaphysische System proclamirt, ändern sich von Tage zu Tage, und nicht selten wird das, worauf am meisten Gewicht gelegt ward, am schnellsten verworfen. Ja selbst der diametrale Gegensatz der theologischen und metaphysischen Philosophie verschwimmt mit der Neigung zum Bildlichen und Mystischen, womit beide die Wesen ihrer Einbildungskraft und deren Wirkungsart zur Anschauung zu bringen streben, so unmerklich, dass wir häufig genug den Theologen zum Metaphysiker und den Metaphysiker zum Theologen werden sehen, dass man oft nicht weiss, mit wem von beiden man zu thun hat, und dass unter verschiedenen Formen eine mysteriöse Mischclasse der Theosophen auftritt, die sich weder von den Einen, noch von den Anderen scheiden lassen. Dagegen zeigen sich die positiven Wissenschaften in beständiger fortschreitender Entwicklung. Ihre Resultate sind für immer gesichert, ihre Wahrheiten gehen nie wieder verloren. Von ihnen gilt erst das Wort Schopenhauers: „eher mag man erwarten, dass Eulen und Fledermäuse die Sonne zurück in den Osten scheuchen werden, als dass die erkannte, und deutlich und rein ausgesprochene Wahrheit wieder verdrängt werde, damit der alte Irrthum seinen breiten Platz nochmals ungestört einnehme.“

Nach dem Vorbilde der exacten Wissenschaften beabsichtigt die positive Philosophie nur die vollständige genaue Systematisation der beobachteten Erscheinungen nach allgemeinen, unläugbar constatirten Gesetzen, und erkennt als die beste allgemeine Theorie in jeder Epoche diejenige an, welche das Ganze der correspondirenden Beobachtungen am besten darstellt. Wie Schleiermacher von der „Philosophie oder besser Wissenschaftslehre“ verlangt, dass sie von den Gründen und dem Zusammenhange aller Wissenschaften bis zu den Gründen aller wissenschaftlichen Aufgaben und der Methode ihrer Auflösung herabgeführt werde, wie Kant die Philosophie formell als System der philosophischen Erkenntniss, als systematische Einheit des Wissens, und materiell als die Wissenschaft von der Beziehung aller Erkenntniss auf die wesentlichen Zwecke der menschlichen Vernunft bestimmt, so will die positive Philosophie eine die wirkliche Welt umfassende und abbildende Wissenschaft sein, nicht aus eigenen Voraussetzungen oder Einbildungen etwas zu den einzelnen Wissenschaften hinzuthun, sondern ihnen gegenüber nur zusammenfassend die Richtung auf das Ganze vertreten. Wir erwarten keinen gottgesendeten Propheten mehr, der mit überirdischer Autorität verkünde, ich bin der Weg und die Wahrheit und das Leben, wir rechnen nicht auf einen neuen Metaphysiker, der ein geschlossenes System hinstelle gleich einem Stein der Weisen um alle Zweifel zu lösen und alle Leiden der Menschheit zu heilen; wir hoffen den fortschreitenden Ausbau des menschlichen Wissens und Lebens nur von der collectiven Anstrengung der jetzigen und kommenden Geschlechter. Die Philosophie soll sich nicht anmassen den speciellen Wissenschaften Resultate vorzuschreiben, sondern unter ihnen den Geist des Ganzen zur Geltung bringen, die Reaction des Allgemeinen auf das Einzelne darstellen. Wie in guten Zeiten der Wissenschaften Theorien Beobachtungen anregen, und neue Beobachtungen auf die Theorien zurückwirken, bereichert sich die Philosophie aus dem Gewinn der Detailstudien, und reagirt auf diese durch Aufstellung universeller Gesichtspunkte und durch Verknüpfung der Resultate. Kant sagt: der Philosoph solle nicht ein Arbeiter am Gebäude der Wissenschaften, nicht ein Gelehrter sein, der Thatsachen ordnet, sondern sich den Endzweck alles Wissens praktisch und theoretisch zum Gegenstande machen. Die Philosophie ist in der That eine Encyklopädie, nicht eine solche, die das Material äusserlich zusammenstellt wie ein Lexicon, aber eine Encyklopädie, welche die Wissenschaften organisch verbindet, ihnen als nothwendigen Theilen ihre Stellung zum Ganzen anweist. Die blosse, selbst vielseitige Gelehrsamkeit qualificirt nicht zum Philosophen. Der wahre Encyklopädist muss die Welt als ein Ganzes, harmonisch zusammenstimmend, erfassen. In diesem Sinne hat man den ächten Dichter einen Encyklopädisten genannt, in dessen Seele die Welt als Ganzes lebendig ist, wie beschränkt auch seine Kenntnisse von Einzelheiten nach den Verhältnissen seiner Zeit sein mögen. Mit dem meisten Recht liesse sich das von den Dichtern sagen, denen wir namentlich an grossen Wendepunkten der Zeiten begegnen, in deren Werken sich die bewegenden Ideen ihrer Welt vollständig wiederspiegeln, wie Homer, Dante, Shakespeare. Und in einem gewissen Maasse muss Jeder von einer zusammenhängenden Weltanschauung erfüllt sein, der sich theoretisch oder praktisch auf dem Schauplatze allgemein menschlicher Interessen bethätigen will, wie man das denn auch als Lebensphilosophie zu bezeichnen pflegt. Aber eine solche theoretische Grundlage, die vollkommen ausreicht, um grosse Werke der Politik, der Kunst, specieller Wissenschaften oder praktischer Weisheit zu tragen, macht noch keinen wissenschaftlichen Philosophen. Er muss nach dem Umfange dessen, was seine Zeit in den Kreis wissenschaftlicher Betrachtung zieht, eine encyklopädische Kenntniss von den wesentlichsten Resultaten und Methoden der einzelnen Wissenschaften besitzen, und je mehr er in seinem Haupte eine wirkliche tiefe Gelehrsamkeit „die Last für hundert Kameele“ mit dem einheitlichen Geist des Allgemeinen verbindet, desto wirksamer wird er die Idee des Ganzen vertreten, desto erfolgreicher an der

Gestaltung richtiger Theorien, wie an ihrer Verbreitung und Einführung in das menschliche Leben mitarbeiten können.

XXVI.

Im Alterthum war die Theologie die eine Wissenschaft, wie der Cultus die eine Kunst. Die Priester waren Besitzer und Lehrer dieser Philosophie, die Alles umfasste, was einer theoretischen Bearbeitung fähig schien. Das Wesen der Götter, der Ursprung der Welt, die Beziehungen der Menschen zu den Göttern und unter einander bildeten die hauptsächlichen, überall wiederkehrenden Gegenstände der Lehre, denen anderweitige Beobachtungen, wie sie durch praktische Bedürfnisse hervorgerufen wurden, äusserlich angefügt oder durch phantastische Speculationen verbunden wurden. Wo specielle Beobachtungen einen systematischeren Charakter annahmen, fragte man wenigstens bei den secundären Erscheinungen nicht mehr nach göttlicher Intervention; und je mehr man sich an die positive Erfahrung hielt, oder die Phänomene aus dem eigenen Wesen der Dinge zu erklären suchte, desto mehr verlor die Theologie ihren encyklopädischen Charakter. Sie ward eine Wissenschaft neben anderen. Mochte sie den höchsten Rang unter ihnen beanspruchen, einen reellen Einfluss konnte sie nicht mehr auf die übrigen ausüben. Endlich musste sie sich auf ihre älteste Domäne zurückziehen, die Religion in ihrem wirklichen Sinne als das Verhältniss des Menschen zu einem persönlichen Gott betreffend, und auf die Moral. Zuweilen nimmt die Theologie noch die Miene an, namentlich in England, als wären alle Entdeckungen Folgen ihrer Prämissen, als beschäftigte sie sich nur nicht mit den untergeordneten Wahrheiten oder hätte es bisher nicht an der Zeit gehalten sie auszusprechen; in der That beschränkt sie sich darauf, gelegentlich gegen die Thatsachen, welche eines oder das andere ihrer Dogmen unhaltbar machen, einen ohnmächtigen Widerspruch zu erheben, oder die eigenen Lehrsätze möglichst danach zu modificiren.

Die metaphysische Methode, die Erscheinungen aus dem inneren Wesen und den letzten Ursachen der Dinge abzuleiten, konnte consequenter auf alle Classen von Phänomenen ausgedehnt werden, regte mehr zu systematischen Untersuchungen an, und nahm leichter neue Theorien auf. Bei kräftigerem Erwachen des wissenschaftlichen Geistes verdrängte sie daher überall die Theologie aus der Stellung einer encyklopädischen Philosophie, indem sie sich zuweilen bei starkem Vorwiegen des religiösen Sinnes der Theologie unterordnete oder verband wie in Indien und in den früheren Jahrhunderten des Mittelalters, zuweilen vollständig von ihr emancipirte wie in Griechenland und in neueren Zeiten. Die griechischen Philosophen stellten unter der Eintheilung der logischen physischen und ethischen Wissenschaften umfassende Systeme auf, welche die Vorbilder aller occidentalen Metaphysik geblieben sind. Die Scholastik machte in der ersten Hälfte des Mittelalters fast nur einen formellen dialektischen Gebrauch von ihrer metaphysischen Weisheit. Stoffreicher geworden und reellen Studien zugewendet, machte sie diese Methode allgemein, und brachte die ungeheueren Encyklopädien hervor, von denen die ein und zwanzig Foliobände des Albertus Magnus das merkwürdigste Beispiel gaben, wie sich unter den Flügeln einer illusorischen Philosophie mit einer unermesslichen Gelehrsamkeit die absurdesten Annahmen und Erklärungen vereinigen liessen. Sie umfasste in der That den ganzen Umkreis des Wissens, und erzeugte der Aufgabe jeder Philosophie gemäss trotz zahlloser Gegensätze in einzelnen Lehren eine im Ganzen und Grossen sehr homogene Anschauungsweise. Doch musste sich die encyklopädische Metaphysik des Mittelalters in den höchsten Doctrinen der theologischen Dogmatik wenigstens äusserlich accommodiren, und in demselben Maasse, wie sie sich von dieser emancipirte, wurde sie selbst durch die positive Methode aus den speciellen Wissenschaften verdrängt. Heutigen Tages übt sie auf die Naturwissenschaften fast gar keinen Einfluss mehr. Hier ist der Riss vollständig eingetreten. Wenn die Metaphysik auf jene, als am Aeusserlichen und Vereinzelten hängen bleibend, geringschätzig herabsieht, so geben sie ihr diese Verachtung als einem Inbegriff leerer und unfruchtbarer Abstractionen in vollem Maasse zurück. Dagegen beherrscht sie noch sehr ausgedehnt die Lehren vom Menschen, als Einzelnem und in der Gesellschaft, die Psychologie, Moral und Politik. Wenn auch kein einzelnes System eine dauernde Herrschaft behauptet hat, wie die prätendirte absolute Wahrheit es immer von neuem verlangte, so haben doch die gemeinsamen und wesentlichen von den Metaphysikern ausgearbeiteten und verbreiteten Dogmen die Anschauungen der Denkenden und Gebildeten in so hohem Grade gewonnen, dass selbst diejenigen, welche die theologischen Lehren festhalten wollen, fast immer von den Voraussetzungen der Gegner ausgehen und mit deren Waffen streiten, während allerdings die Massen noch von den Grundsätzen der Theologie über das Wesen und die Bestimmung des Menschen beherrscht werden.

XXVII.

Die positive Methode der Erfahrung hat zwar in Wahrheit nicht nur von Anbeginn die Praxis des menschlichen Lebens geleitet, in welcher stets Routine und unbewusste Operationen den Theorien und Systemen vorangehen, sondern auch den Stoff geliefert, aus welchem Theologen und Metaphysiker ihre Speculationen erbaut und bereichert haben; aber bis in die neuesten Zeiten waren ihre Ergebnisse bei weitem nicht genügend, um aus ihr allein in regelmässigem Aufsteigen die allgemeinsten höchsten Theorien gewinnen zu können. Darum musste sie den anderen Methoden das Feld überlassen. Die Welt konnte nicht warten, bis die Philosophie die nothwendigsten Grundsätze wissenschaftlich construirte. Zu keiner Zeit konnte das Leben der Menschen in seinen wichtigsten Beziehungen ein blosses Problem und eine hypothetische Untersuchung bleiben. Da traten die früheren Philosophien ein, und proclamirten als göttlichen Willen oder als absolute Wahrheit die allgemeinen Grundsätze, welche den Bedürfnissen ihrer Zeiten entsprachen, ohne sich über deren Ableitung oder Begründung genaue Rechenschaft zu geben. In so ferne sie eine grosse dauernde Bedeutung erlangten, stimmten sie mit den Erfahrungen und Anschauungen ihrer Zeit überein, ohne dass sie meinten daraus zu schöpfen. Bewussten Einfluss auf die höheren Theorien gewann die Erfahrung erst spät. Auch in der Wissenschaft gehen einzelne Begriffe und Sätze den systematischen Versuchen vorher. Die wachsende Erfahrung reagirte stets auf die Theorien, führte sie der Realität näher, machte sie zu reineren Abbildern der wirklichen Welt. Aber sie selbst blieb auf die untergeordneten Details und die einfachsten Wissenschaften beschränkt, die höheren und complicirteren Wahrheiten schien sie den anderen Methoden überlassen zu müssen, bis sie endlich aus ihrer reicheren Entwicklung den Muth schöpfte jene für überflüssig zu erklären.

Der erste grosse Vertreter der positiven Richtung in der Philosophie ist Aristoteles. Freilich sucht er nicht nach Gesetzen — es gab zu seiner Zeit noch keine systematisch aus Gesetzen construirte Wissenschaft — sondern den metaphysischen Bestrebungen gemäss nach Begriffen und Ursachen, aber er nimmt entschieden den Ausgangspunkt aller positiven Wissenschaft: vom Einzelnen Anschaulichen zum Allgemeinen Nothwendigen fortzuschreiten. Ihm entsteht die Erfahrung aus der Wahrnehmung, der damit unzertrennlich verbundenen, das Gemeinsame auffassenden Vorstellungskraft und dem Gedächtniss, und nur aus der Erfahrung Kunst und Wissenschaft, indem der Geist (ähnlich der reinen Vernunft Kants das Vermögen der Principien) durch Zusammentreffen des Begriffs und der Thatsachen das Allgemeine in seiner Reinheit und Nothwendigkeit ergreift. Alle Wissenschaft setzt ihm eine schon vorhandene Kenntniss voraus, entweder ein Allgemeines, aus dem geschlossen, oder ein Besonderes, aus dem das Allgemeine abgeleitet wird. Viele Metaphysiker, namentlich platonisirende, haben sich mit diesem encyklopädischen Geiste, dem vorgeschrittensten Manne des Alterthums, nicht zurechtfinden können. Wäre sein Ruf nicht zu gross, so möchten ihn manche kaum als einen Philosophen betrachten. Hegel entschuldigt ihn förmlich, dass er empirische Anfänge nehme, raisonnire, von Erfahrungen spreche, die Nothwendigkeit der Gegenstände nicht aufzeige, da er doch bei diesem Verfahren tief speculativ sei, aus den empirisch zusammengebrachten Bestimmungen den Begriff herausarbeite. Ein Vorbild aller Encyklopädisten verband er mit den reichen Kenntnissen, welche ihn befähigten auf allen Gebieten des Wissens seiner Zeit selbständige Forschungen anzustellen, den umfassenden Geist des Allgemeinen und den wunderbaren Scharfblick, mit dem er überall das Zusammengehörige erkannte, das Wesentliche in den Erscheinungen auffasste, und bald in metaphysischen Formen, bald in thatsächlichster Klarheit Wahrheiten ausgesprochen hat, zu denen erst nach Jahrhunderten des Irrthums die neuesten Zeiten der Wissenschaft zurückgekehrt sind. Darum wird er ewig bleiben, wie ihn Dante genannt hat, il maestro di color' che sanno.*) Anfangs mit seiner Ontologie und der von ihm geschaffenen Logik, später auch mit der Fülle seiner realen Anschauungen hat er die wissenschaftlichen Bestrebungen des Mittelalters angeregt und beherrscht in einer Weise, wie nie ein anderer Mensch auf ein Jahrtausend gewirkt hat. An Thatsachen und speciellen Beobachtungen häufte die mittelalterliche Gelehrsamkeit allmälig ein gewaltiges Material zusammen, in der wissenschaftlichen Methode kam sie nicht über den Aristoteles hinaus.

XXVIII.

Erst das funfzehnte und sechszehnte Jahrhundert schuf mit dem mächtigen Aufschwung der Kunst und Industrie, den grossen mechanischen Erfindungen, der Entdeckung

*) Der Meister derer, die da wissen.

neuer Erdtheile, dem Eifer für das Studium des Alterthums und der innerlichen Richtung der Religiösität auf allen Gebieten des Lebens eine Vertiefung und Ausbreitung der Anschauungen, welche auch in den Wissenschaften die Fesseln der alten Autoritäten lösten und ermuthigten nach eigenen Grundsätzen zu denken. Es erwachte das allgemeine Interesse, die Welt in allen ihren Erscheinungen kennen zu lernen. Man war reich genug geworden, um sich mit den Thatsachen und ihren gesetzmässigen Bedingungen zu begnügen, nichts mehr über und hinter ihnen zu suchen. Die Naturwissenschaften, denen sich die positiven Geister mit Enthusiasmus zuwendeten, wurden die Wissenschaft der Welt. Mit den Naturgesetzen trat man dem Aberglauben der Zeit, den Vorstellungen von fremden gewaltigen Mächten, deren man nur durch Magie Herr werden könnte, entgegen. Die Wunder, welche bis dahin noch eine Rolle im täglichen Leben spielten, wurden bestritten, die Gesetze als das einzig Verbindende der äusserlichen Dinge anerkannt. Es war den Menschen, sagt Hegel, als habe Gott erst jetzt Sonne Mond Gestirne Pflanzen und Thiere geschaffen, als ob die Gesetze erst jetzt bestimmt worden wären. Seitdem gab der Ausdruck Natur schon die Vorstellung des Nothwendigen und Gesetzmässigen, während im Reiche des Geistes noch die Willkühr und das Gesetzlose zu Hause zu sein schien. Im siebzehnten Jahrhundert erkannte der tiefe Metaphysiker Spinoza, dass alles, was geschehe, nach ewiger Ordnung und festen Naturgesetzen vor sich gehe, an sich betrachtet daher nichts vollkommen oder unvollkommen zu nennen sei. Das encyklopädische Genie der neuen Richtung ward Baco von Verulam. Er machte die Fundamentalsätze der positiven Methode, von der klaren Beobachtung und Beschreibung der Thatsachen zu ihrer Erklärung durch die Auffindung ihrer wesentlichen Bedingungen bis zu den allgemeinsten Gesetzen fortzuschreiten mit voller Consequenz geltend. Metaphysische Abstractionen und anthropomorphische Zweckbegriffe verwies er als unfruchtbare und schädliche Illusionen aus der Naturbetrachtung. Die Wissenschaft sollte als ein Abbild der wirklichen Welt der Einheit der Natur entsprechen, auf das Ganze gerichtet, durch organische Verknüpfung die einzelnen zerstückten Kenntnisse berichtigen und befruchten. Er wollte in seiner Philosophie keine universelle absolute Theorie geben, sondern ein bewegliches Werkzeug zur Erweiterung des Wissens und damit der Macht des Menschen über die Natur, die wir nur beherrschen, indem wir uns ihren Gesetzen unterwerfen. Man hat gesagt, Baco's Induction sei nicht nach ihrem Wesen, sondern nur durch die Häufigkeit ihres Gebrauchs von der aristotelischen verschieden. Das ist indessen nicht ganz richtig. Der Unterschied ist kein bloss quantitativer. Aristoteles wollte durch Induction Begriffe nachweisen, die er als gegeben voraussetzte, und sie hatte ihm für die Naturforschung gar keine Bedeutung, Baco wollte die noch unbekannten Gesetze, die wirklichen Bedingungen der Erscheinungen finden. Die anstössige wegwerfende Weise, in der er häufig über den Aristoteles urtheilt, lässt sich nur dadurch erklären, dass er nicht sowohl den wahren, als den entstellten und missbrauchten Aristoteles der Scholastiker im Sinne hatte. Statt zu erkennen, dass kein Philosoph des Alterthums ihm näher verwandt war, bekämpfte er ihn als die Incarnation der metaphysischen Methode. Dazu kommt freilich, dass wir immer geneigt sind den Antagonismus gegen diejenigen zu übertreiben, die noch einen gefährlichen Einfluss besitzen; gegen andere sind wir gerechter. Und für Baco war Aristoteles ein lebendiger Gegner, obwohl er zwei tausend Jahre todt war. Baco selbst ist übrigens in seiner Stellung gegen Metaphysik und Theologie keineswegs klar, schwankt vielmehr häufig in seinen Concessionen gegen beide. Die Zahl der wirklich constatirten Gesetze war eben noch nicht gross. Trotzdem liegt seine wahre Bedeutung darin, dass er der Herold der positiven Philosophie ist. Consequenter und systematischer verfährt er in der Betrachtung der unorganischen Natur; für das Leben des einzelnen Menschen und der menschlichen Gesellschaft fehlte es zu sehr an allen nothwendigen Grundlagen um es nach positiver Methode systematisiren zu können. Indessen hat er auch hierfür im Einzelnen grossartige Anschauungen von tiefster Wahrheit hinterlassen, indem er aus einem Schatze lebensvoller Erfahrung auf die Bildung individueller und nationaler Charaktere durch natürliche und geschichtliche Einflüsse, durch innere Anlage und äussere Einwirkungen, auf die Bedeutung der Culturgeschichte, auf den nothwendigen Zusammenhang geistiger und materieller Zustände hinweist.

XXIX.

Seit dieser Zeit machten die speciellen Wissenschaften rasche und gewaltige Fortschritte, wie sie die Welt bis dahin nie gesehen hatte. Im siebzehnten Jahrhundert wurden Astronomie und Physik auf positiver Grundlage construirt, im achtzehnten die Chemie. Die concreten beschreibenden und classificirenden Wissenschaften der Geologie Botanik und Zoologie erhoben mit ihnen ihre Stimme gegen die Dichtungen der Theologie und die Illusionen der Metaphysik. Allmälig ging die positive Methode von der unorganischen Natur auf die organische über. Die kalten Stätten des Todes verlassend, trat sie in die Reiche des Lebens. Die Physiologen, die schottischen Moralphilosophen und die Oekonomisten gründeten ihre Lehren auf den Boden der Erfahrung, und traten mit exacten Untersuchungen an die Centralpunkte der menschlichen Existenz. Kant schaffte entscheidend Raum, indem er die Thatsachen der Erfahrung analysirte, als ihre nothwendigen Bedingungen die Fähigkeiten des menschlichen Verstandes und die Natur der äusseren Dinge fand, und damit die Illusionen einer Erkenntniss, die sicherer sein sollte als die Erfahrung, zerstörte. Seitdem sahen Metaphysiker wie Hegel und Historiker wie Niebuhr auch in den Geschicken der Menschen unwandelbare Gesetze. Johannes von Müller, der metaphysischen wie der blos kritischen Geschichtschreibung feind, wollte die Moral lediglich auf Physiologie Psychologie und das Studium der menschlichen Gesellschaft gründen. Die Ueberzeugung von der gesetzmässigen Verbindung aller Erscheinungen, das Vertrauen in die reellen und ausreichenden Resultate positiver Conceptionen brach sich auf allen Gebieten und in immer weiteren Kreisen Bahn. Aber eine einheitliche, rein auf dieser Methode fussende, encyklopädische Theorie gab erst August Comte in seiner positiven Philosophie.

Comte beschränkt sich nicht mehr auf einzelne Sätze oder einen bestimmten Kreis der Wissenschaften, sondern stellt mit voller Consequenz, die Scheidung zwischen den physikalischen und moralischen Disciplinen aufhebend, ein System der Philosophie auf, in welches nach den zusammenfallenden Gesichtspunkten ihrer historisch gewonnenen Positivität und ihrer entfernteren oder näheren Beziehung auf die unmittelbarsten allgemeinsten Interessen der Menschheit die sechs Grundwissenschaften eingeordnet werden, nämlich: Mathematik, Astronomie, Physik, Chemie, Biologie (Wissenschaft vom Leben) und Sociologie (Wissenschaft von der Gesellschaft). Die letztere, die von der thatsächlichen Untersuchung der einzelnen Gesellschaftssphären bis zu der idealen Conception der einheitlichen Menschheit aufsteigt, verhält sich schon an sich encyklopädisch zu den anderen Wissenschaften, indem sie einerseits diese zu ihrer vollständigen und systematischen Begründung voraussetzt, anderentheils ihnen durch Aufstellung der höchsten Grundsätze ihre Richtung auf die eigentlichen Endzwecke und ihr Verhältniss in dem Kreise alles Wissens anweist. So wird die Sociologie im hervorragenden Sinne zur philosophischen Wissenschaft, und die positive Philosophie hat nur von ihr aus eine systematische Encyklopädie der sämmtlichen Wissenschaften zu entwerfen. Das hat Comte gethan, und dadurch ist er der wirkliche Begründer einer neuen Theorie geworden, deren vollendeterer Ausbau seinen Nachfolgern, deren reelle Erweiterung dem Wachsthum der speciellen Wissenschaften in Thatsachen und Gesetzen überlassen bleibt. Seine späteren Schriften sind durch

6*

maasslose Breite, Sentimentalität und Selbstüberhebung — vielleicht Ursache und Wirkung einer einstigen Geisteskrankheit, deren er wiederholt gedenkt — fast unerträglich geworden. Auch sein grosses Hauptwerk, Cours de philosophie positive, leidet an augenfälligen Mängeln der Form und des Inhalts. Am schwersten hat sich der theoretische Irrthum gerächt, dass als Vorbereitung zur Philosophie die gelehrte Beherrschung der untergeordneten Wissenschaften nothwendig sei, was bei dem jetzigen Stande der Dinge völlig unmöglich ist. Die strengste Anforderung kann nicht mehr verlangen als allgemeine Uebersichten, Rechenschaft von den wesentlichsten Methoden und Resultaten der Naturwissenschaften. Nicht einmal die Hauptdisciplinen der Sociologie selbst, Recht Moral Oekonomie und Politik, kann ein Mensch wirklich bewältigen. Wir dürfen höchstens fordern, dass der Encyklopädist irgendeine der Wissenschaften wirklich studirt habe, damit er wisse, was zu gründlicher Kenntniss gehört, sich vor anmaasslichem Absprechen bewahre, nicht vorläufige Annahmen oder unbestimmte Allgemeinheiten mit wirklichen Gesetzen verwechsle. Comte selbst, ein ausgezeichneter Mathematiker, wohl bewandert in der Astronomie und Physik, hat sich durch das Ungenügende seiner biologischen und sociologischen Studien, durch seine Unkenntniss der Geschichte und die Missachtung seiner wichtigsten Vorgänger dahin verleiten lassen, dass er vorgebliche Thatsachen und Gesetze hinstellt, die den grössten Bedenken unterliegen, dass er in Auffassungen und Urtheilen sehr viel Halbwahres oder Ganzfalsches giebt, dass er voreilig und verfrüht ein sociales und politisches System entwirft, welches im Ganzen willkührlich, in Einzelheiten absurd ist. Aber — sagte Voltaire — c'est le privilège du vrai génie et surtout du génie, qui ouvre une carrière, de faire impunément de grandes fautes. Er hat, getragen von der höchsten Begeisterung für die Wahrheit, die Grundzüge positiver Philosophie für alle Gebiete des Wissens und des Lebens scharfsinnig und geistvoll entwickelt, sein encyklopädisches Werk bei der kraftvollsten Richtung auf ein Ganzes mit einer Fülle tiefer Einblicke und glänzender Gedanken ausgestattet, wie sie nicht leicht in den Schriften eines Mannes zu finden. Sein Name wird feststehn.

Er war der Stern der goldnen Morgenröthe,
Der Bote eines grossen hellen Tages.

Die deutschen Metaphysiker wissen mit Baco von Verulam nicht viel anzufangen; Comte haben sie bis jetzt ganz ignorirt. Sie betrachten solche Männer wie eine Art von Pfuschern, denen in der Geschichte der Philosophie kaum ein Platz gebührt. Wir werden gelegentlich die Sache umkehren und diese Metaphysiker für Pfuscher erklären, die über Zweck und Zusammenhang aller Wissenschaften urtheilen wollen, und kennen nicht eine einzige. Cardanus spottete über die grosse Kunst des Raymund Lullus, weil sie alles lehren wolle, und nichts wissen.*)

XXX.

Wenn wir nach Comtes Reihenfolge einen flüchtigen Blick auf die einzelnen Hauptwissenschaften werfen, so sehen wir die Mathematik systematisch und historisch an der Spitze aller. Von allen sonstigen Verhältnissen oder Eigenschaften der Dinge abstrahirend, betrachtet sie dieselben lediglich unter dem Gesichtspunkte der Quantität, der Raum- oder Zahl-Bestimmung. Sie ist die abstracteste, am wenigsten complicirte der Wissenschaften, beschäftigt sich mit den einfachsten Phänomenen, setzt keine andere Wissenchaft voraus, wird dagegen von jeder angewendet, da in allen ein grosser Theil der Gesetze nur durch die Zurückführung auf Zahlenverhältnisse vollständig bestimmt werden kann, und daher überall Aufgaben vorhanden sind, welche ihre Lösung von der Mathematik erwarten. Nach theologischen oder metaphysischen Ursachen ist in der Mathematik niemals gefragt worden. Sie hat es so unbedingt mit allgemeinen unverän-

*) Res prorsus risu digna, omnem velle tradere doctrinam, nullam nosse.

derlichen Verhältnissen gegebener Erscheinungen zu thun, dass von einer theologischen oder metaphysischen Mathematik nie die Rede sein konnte. Es gab nur eine positive, oder gar keine. Die Arithmetik wurde von den Indern und nach ihrem Vorgange von den Arabern ausgebildet, in Europa erst im Mittelalter wissenschaftlich behandelt. Die Geometrie, von den Aegyptern zu praktischen Zwecken des Landbaus der bildenden Künste und der Astronomie geübt, ward von den Griechen nach reicher Erweiterung im Einzelnen als die erste und einzige Wissenschaft ausser der formalen Logik in ein vollständiges wissenschaftliches System gebracht. Durch die Schärfe und Sicherheit ihrer Resultate hat die Mathematik philosophische Geister besonders angezogen. Thales und Pythagoras waren im Alterthum ausgezeichnete Mathematiker, wie Descartes und Leibnitz in der Neuzeit. Und während es noch keine andere exacte Wissenschaft gab, war sie als einzige Offenbarerin des positiven Geistes die Wissenschaft schlechthin. Von der Metaphysik ist vielfacher Missbrauch mit ihr getrieben worden, theils formell durch illusorische Anwendung angeblich mathematischer Deduction, theils materiell durch schiefe Uebertragung einer abstrahirenden Anschauung auf Grund und Wesen der Dinge. Andererseits verführte der metaphysische Wahn, dass die Schlüsse des Verstandes sicherer seien als die Anschauung der Sinne, die Mathematiker zu einer missverständlichen Bevorzugung der deductiven Methode. Auch der systematische Begründer der Geometrie, Euklides, stützte seine Axiome so weit irgend möglich auf Schlüsse, nur nothgedrungen auf anschauliche Evidenz. Man glaubte immer von neuem in der Mathematik eine Wissenschaft a priori zu haben, die von der Erfahrung unabhängig wäre. Noch gegen Kant's Behauptung, dass sie eine inductive Wissenschaft ist, die auf Anschauung und Construction beruht, deren Zuverlässigkeit gerade davon herrührt, dass sich „ihre Begriffe sofort in der Anschauung concret darstellen lassen, wodurch alles Ungegründete und Willkührliche alsbald offenbar wird," ist häufig gestritten worden.

Der Vorzug der Mathematik liegt nur in ihrer Einfachheit, wesshalb sich ihre Axiome verhältnissmässig leicht sowohl in der Anschauung demonstriren, als durch logischen Beweis aus anderen Sätzen ableiten lassen. Es bedarf nicht vieler Fälle, weil man sich gleich überzeugt, dass eine mathematische Construction allgemein genug ist um alle möglichen Fälle einzuschliessen, und weil daher das dem Beispiel incorporirte Axiom nicht bloss implicite erkannt, sondern auch sofort abstract ausgedrückt wird. Die mathematische Induction ist nicht sicherer, nur einfacher und leichter als die anderer Wissenschaften. Sextus Empiricus suchte in der That nachzuweisen, dass die Annahmen der Geometrie bloss erfahrungsmässig, und sogar wirklich unhaltbar wären, und Hobbes meint, die Menschen würden auch Euklid's Lehrsätze bestreiten, wenn sie ein Interesse dabei hätten.

XXXI.

Es folgt die Astronomie. Sie fügt zu der analysirenden und construirenden Methode der Mathematik die genaue Beobachtung der wechselnden Erscheinungen als die Basis aller Naturwissenschaft hinzu. Wie die Anfänge aller Wissenschaften ging sie von praktischen Bedürfnissen aus, der Nothwendigkeit der Zeitbestimmung. Der dominirende Einfluss, welchen die Rotation der Erde durch den Wechsel der Tages- und Jahreszeiten auf das menschliche Leben übt, lenkt auch bei den rohesten Völkern die Aufmerksamkeit auf die Phänomene der Astronomie; daher drängte sich die Ordnung und Regelmässigkeit in den scheinbaren Bewegungen der Himmelskörper überall sehr früh den Menschen auf, wie das auch jetzt in dem Eindruck hervortritt, den ausserordentliche Himmelserscheinungen auf die Massen hervorbringen. Die Astronomie mit ihrer mathematischen Grundlage war die erste und lange Zeit die einzige Erkenntniss der äusseren Natur, welche methodisch und bewusst wissenschaftlich behandelt wurde, und wie sie von Anfang an die Voraussetzung der positiven Richtung, sorgfältige und umfassende Beobachtung der Thatsachen, mit dem letzten Zweck derselben, die Erscheinungen vorherzubestimmen verband, so war sie auch die erste Naturwissenschaft, die ihre endgültige positive Gestalt erhielt, der dann die übrigen bald nachfolgten. Ohne die wirklichen Gesetze zu kennen gelangten die begabteren Völker des Alterthums durch aufmerksame Beachtung der Phänomene früh zu sehr genauen Bestimmungen über die complicirten Bewegungen der Himmelskörper. Bei den Aegyptern Babyloniern und Chinesen reichen astronomische Rechnungen mit Sicherheit bis gegen und in das dritte Jahrtausend vor unserer Zeitrechnung hinauf. Aber es fehlte viel, dass man sich mit den Resultaten der Beobachtung und den durch sie gerechtfertigten Hypothesen begnügt hätte. Nur die Details der Wahrnehmung oder Berechnung wurden der positiven Methode überlassen, darüber hinaus suchte man nach theologischen oder metaphysischen Ursachen. Auch war es keineswegs der theoretische Forschungstrieb, welcher der Astronomie eine allgemeine Theilnahme gewann. Vielmehr suchte man in ihr wie in anderen Künsten die Mittel zu einer geträumten Herrschaft über die Natur. Die subjective Anschauung des Menschen mit der objectiven Wahrheit der Dinge verwechselnd, betrachtete man das ganze Weltall als für den Menschen disponirt, fand überall geheimnissvolle Beziehungen, wollte aus den Constellationen der Gestirne oder aus ungewöhnlichen Himmelserscheinungen die Zukunft ergründen, die Eigenschaften und die Geschicke der Menschen vorher erkennen, oder durch kluge Berücksichtigung das Schicksal wenden. Im Alterthum war es fast nur der kleine Kreis griechischer Gelehrter, der sich in rein wissenschaftlichem Eifer den Illusionen der Sterndeuterei ferne hielt. Im christlichen Mittelalter und nach dessen Ende war die Astrologie allgemein verbreitet und anerkannt. Der phantastisch-mystische Hintergrund, auf welchem die Schicksale der Menschen und ein mitfühlendes Weltall in einander gewoben wurden, blieb, aber die thatsächlichen Unterlagen der Astrologie beruhten auf durchaus wissenschaftlichen astronomischen Beobachtungen und Rechnungen. An Reichthum und Genauigkeit des Materials war die Astronomie des späteren Mittelalters der des Alterthums weit überlegen, und dieses Material befähigte und nöthigte dann endlich zu allgemeinen positiven Conceptionen. Wie die Phantasie der Menge durch ihre schrankenlose Unendlichkeit, so ergriff die Astronomie die vorgeschrittensten wissenschaftlichen Geister durch ihre Maassverhältnisse und Gesetze. Im sechszehnten Jahrhundert war sie die einzige Wissenschaft, welche nach positiver Gestaltung ringen konnte. Damals gab sie die reinste Erkenntniss, das Vorbild alles Wissens, und darum erregte sie den hingebenden Enthusiasmus für die Wahrheit, in welchem Kepler's grosse Seele sich beschied: „wenn der allmächtige Gott 6000 Jahre auf einen Menschen gewartet hat, welcher sieht, was er geschaffen, so kann ich wohl auch 200 Jahre auf einen warten, welcher versteht, was ich gesehen.“ Er wurde schneller verstanden. Noch in seinem Jahrhundert kam der Mann, welcher mehr sah als Kepler. Newton entdeckte die Gesetze der Gravitation, welche die Bewegungen der Weltkörper erklären und vorherbestimmen lassen. Bis dahin griff man über der positiven Erkenntniss immer noch willkührliche Hypothesen aus der Luft, um die Bewegung der Planeten zu erklären. Wie das theologische Studium besondere Himmelswesen, so dichtete das metaphysische inwohnende Kräfte. Kepler supponirte einen Magnetismus der Sonne, welcher die Rotation der Planeten verursachen sollte; Descartes gab seine Wirbeltheorie. Nach Newton begnügte sich die Astronomie mit der Zurückführung ihrer Phänomene auf Maass und Vertheilung der im Weltraume angehäuften Materie. Einst hiess es: die Himmel erzählen die Ehre Gottes; heute sagt Comte, aujourdhui les cieux ne racontent plus d'autre gloire que celle d' Hipparque, de Kepler, de Newton et de tous ceux, qui ont concouru à en établir les lois. Mit dem Aufhören der theologischen und metaphysischen Erklärungsversuche verschwand auch die Astrologie, von der sich höchstens vereinzelte Reste als verächtlicher Aberglaube erhalten haben. Sie wich nur den erkannten Gesetzen. Je unregelmässiger und gesetzloser ein Phänomen erschien, desto allgemeiner war es Gegenstand abergläubischer Speculationen. Im Alterthum war Seneca wohl der einzige, von dem wir die Behauptung wissen, dass auch die Cometen sich in regelmässigen von der Natur vorgezeichneten Bahnen bewegten. Selbst Kepler, der die Astrologie verachtete, gab noch Vorbedeutungen und Einflüsse der Cometen zu, bei denen er eine Bewegung in gerader Linie annahm. Und sie behielten ihr Ansehen als Unglücksboten, bis Newton sie den Gravitationsgesetzen unterwarf, und Halley danach eine Cometenbahn berechnete.

XXXII.

Ausser der Erde und den Aërolithen sind alle Weltkörper für uns nur homogene gravitirende Massen, ausserhalb der Astronomie nur für Mechanik und Optik von Wichtigkeit. Die übrigen Theile der Physik und die Chemie setzen Verschiedenheit und Wechsel des Stoffs voraus. Alle wandelnden Erscheinungen der Natur, sowohl die, welche aller Materie gemeinsam sind, als die, welche von ihrer specifischen Qualität abhängen, können nicht ohne Bewegung gedacht werden, und wir dürfen wohl annehmen, dass die verschiedenen Anziehungskräfte in einem gesetzmässigen Verhältnisse zu einander stehen; freilich ist es noch nicht möglich Capillar-Anziehung, Endosmose, chemische Wirkung der Contactsubstanzen, electro-magnetische Processe und Massen-Attraction auf ein höheres Gesetz zurückzuführen. Wenn sich die Thatsachen der Astronomie trotz der früh beobachteten Regelmässigkeit und trotz der blossen Abhängigkeit von Maass und Schwere Jahrtausende lang richtigen Combinationen entzogen, so schlossen die physikalischen und chemischen Phänomene durch ihre grössere Complicirtheit bis in die letzten Jahrhunderte die Rückführung auf wirkliche

Gesetze aus. Dieser Complicirtheit konnte nicht die blosse Beobachtung der natürlichen Erscheinungen, sondern nur das Experiment Herr werden, die künstliche Herbeiführung oder Modificirung der zu untersuchenden Phänomene unter Ausschliessung aller Nebeneinflüsse zur Feststellung ihrer wesentlichen Bedingungen. Aber den Weg eines planmässigen Experimentirens nach leitenden Hypothesen zu wissenschaftlichen Zwecken betrat man sehr spät.

So lange der primitive Glaube lebendig war, welcher die ganze Natur mit Göttern oder Geistern bevölkerte, Dasein und Bewegung auf einzelne Willensacte zurückführte, war von einer methodischen Betrachtung physikalischer Phänomene gar keine Rede. Während man im täglichen Leben, zu medicinischen Zwecken, in einzelnen Industriezweigen, vor allen in der Mechanik mit praktischem Scharfsinn von Eigenschaften und Kräften der Stoffe auf dem Gebiete der Physik und Chemie Gebrauch machte, hatte man von einer derartigen Wissenschaft durchaus kein Bewusstsein. Es waren nicht die wichtigsten und allgemeinsten Thatsachen, sondern einzelne auffallende Erscheinungen, welche zuerst theoretische Beobachtungen und Speculationen anregten. Die alltäglichen, das Leben am meisten beherrschenden Verhältnisse wurden als gegeben hingenommen, und erst sehr spät genaueren Untersuchungen unterzogen. Die Erkenntniss der Natur kann sich nur auf erfahrungsmässige Thatsachen beziehen, ist ohne diese Grundlage nicht denkbar; aber diese positive Methode blieb Jahrtausende hindurch fast ganz auf die unmittelbare Wahrnehmung und die nächsten aus ihr abzuleitenden Sätze beschränkt. Was darüber hinausgeht und den Charakter einer zusammenhängenden Theorie trägt, alle höheren und allgemeineren Conceptionen wurden a priori construirt. Die Wissenschaft begann mit dem metaphysischen Stadium. Erdichtete Ursachen, supponirte Kräfte, mythische Eigenschaften oder Stoffe mussten die Erscheinungen erklären, so weit man sie eben kannte oder berücksichtigte. Daneben erhielten sich theologische Vorstellungen in allen Formen. Anomale Erscheinungen wurden direct göttlichen Interventionen zugeschrieben, wenn man ihre Verkettung nicht kannte. Und auch in den alltäglichen Naturereignissen gingen die mystisch-phantastischen Speculationen metaphysischer und theologischer Art leicht in einander über. Die nach dem alten Dualismus von der Erscheinung geschiedenen Wesenheiten, die dem Stoff gegenüber gestellten Kräfte, dämonisch gespensterhaft, schlugen in lebendige Geister um, mit deren Hülfe man der Natur Herr zu werden dachte. Das war die Quelle des magischen Aberglaubens, welcher das Mittelalter erfüllte. So lange man die wirklichen Bedingungen und Beziehungen der Phänomene nicht kannte, schien das Absurdeste möglich, das Heterogenste in ursächlichem Zusammenhange zu stehen. Gebete Zauberformeln astrologische Constellationen sollten physikalische und chemische Erfolge beeinflussen, mit ihnen glaubte man die Natur ungemessen modificiren zu können. Erst die Erkenntniss unabänderlicher Naturgesetze machte dem wüsten Wunderglauben, wie den grundlosen Speculationen ein Ende.

XXXIII.

Nach Diogenes Laertius sprach schon Thales von einer Beseelung des Magnets und des Bernsteins; schon da erschien eine Seele der Dinge als Ausdruck für das Princip bewegender Thätigkeit. Von dieser frühen Beobachtung der Anziehungskraft des geriebenen Bernsteins bis zur Erfindung der Electrisirmaschine hat man zahllose Theorien zur Erklärung der Thatsache aufgestellt. Erst nachdem man sich 2000 Jahre mit unfruchtbaren Versuchen abgequält, entsagte die neuere Physik den metaphysischen Speculationen über unzugängliche Causalverhältnisse, und begnügte sich die Umstände und Gesetze der Erscheinungen genau festzustellen. Den ersten umfassenden Ideen zu einer systematischen Physik begegnen wir beim Aristoteles. Seine Erfahrungen waren höchst dürftig und vereinzelt, und in der Physik sind die Angriffe Baco's gegen seine Methode, oder vielmehr gegen die Herrschaft, welche seine Autorität noch im siebzehnten Jahrhundert trotz der unendlich erweiterten Naturkenntniss übte, am meisten gerechtfertigt. Aus wenigen und ungenügenden Beobachtungen wurden unter teleologischen Voraussetzungen nach dem Schema der Gegensätze von Form und Stoff, von kalt und warm, von feucht und trocken mit formeller Dialektik und ohne Berücksichtigung der nächsten wirkenden Ursachen die allgemeinsten Grundsätze hergeleitet, und aus ihnen dann mit anscheinend richtiger Logik weiter geschlossen, ohne die Gegenprobe in realer Beobachtung zu suchen. Nicht bloss der formellen Methode, die ohne Zweifel Eigenthum des Aristoteles ist, sondern auch seinen einzelnen Annahmen, die er, wie die vier Elemente, zum grössten Theil nicht erfunden, sondern vorgefunden hat, in denen wir die Ansichten seiner Zeit erkennen müssen, begegnen wir überall im Mittelalter wieder. Die griechischen Gelehrten erweiterten den Kreis des Beobachteten auch in den physikalischen Wissenschaften. In Alexandrien hören wir zuerst von eigentlichen Experimenten; sie betrafen theils die Optik, theils chemische Zerlegungen. Dort kam man anscheinend im dritten Jahrhundert nach Christus auf den Gedanken der Metallverwandlung, dessen sich nach den Griechen zunächst die Araber bemächtigten. Nicht das theoretische Interesse, sondern die Arzneimittellehre und der Wunsch Gold zu machen erhob die hermesische Kunst oder die Alchymie zur bevorzugten Wissenschaft des Mittelalters. Der Name ist entweder von der semitischen Benennung Aegyptens, Chemi, oder von dem griechischen Worte χυμός*) abzuleiten. Die Alchymie vertrat auf der theologisch-metaphysischen Stufe die Chemie, und bereitete die positive Wissenschaft vor. Wie auf anderen Gebieten begann man mit den schwierigsten, oder unlöslichen Problemen. Metalle wollte man verwandeln und das Leben verlängern, aber von dem wirklichen Zusammenhange der gewöhnlichsten

*) Saft, Flüssigkeit.

chemischen Verbindungen hatte man keinen Begriff. Da mussten dann die kühnsten Dichtungen einer aprioristischen Phantasie eintreten, gänzlich gelöst von dem festen Boden der Thatsachen. In abenteuerlicher Weise verband sich der materialistische Hunger nach Gold mit einem weltverklärenden Idealismus, rohe Empirie in Betreff der einzelnen Erscheinungen mit mystisch-spiritualistischen Speculationen, wissenschaftliche Begeisterung mit phantastischem Aberglaubend mit betrügerischer Charlatanerie. Etwa im zehnten Jahrhundert kam die Idee einer ersten Materie auf, welche die Urkraft aller Dinge enthalten, durch ihre Berührung die Metalle in Gold verwandeln, alle Krankheit heilen, alle Unreinheit entfernen, das Leben zu ewiger Jugend verklären sollte. Sie wurde bald in festem Zustande als Stein der Weisen, bald in flüssigem als Tinctur der Philosophen gedacht, das Lebenselixir, wohl in der Regel gleichbedeutend mit dem trinkbaren Gold, in welchem eigenthümliche Gedankenreihen zusammentrafen. Aristoteles hat in seiner teleologischen Weltanschauung die wunderliche Vorstellung, dass die Natur immer nach der vollendetsten Form strebe, und daher Thiere oder Pflanzen, auch die Frau gegen den Mann als misslungene Versuche in ihrem Streben nach dem Höchsten zu betrachten seien. Das übertrugen die Alchymisten, denen auch ihr Mineralreich lebte, nur mit einer dunkleren unvollkommneren Vitalität als Pflanzen und Thiere, auf die Metalle; die niederen waren aufgehaltene Entwicklungen. Weil es den Menschen das kostbarste ist, musste auch die Natur überall nach dem Golde streben. Damit es aber seine volle Kraft in der geistigen und materiellen Welt offenbare, kam es darauf an das Gold trinkbar zu machen, denn nach dem alten alchymistischen Grundsatze wirken die Körper nur, wenn sie flüssig sind*), entsprechend dem Erfahrungssatze, dass zur Eingehung chemischer Verbindungen wenigstens ein Bestandtheil sich in luftförmigem oder tropfbar flüssigem Zustande befinden muss. So wurden durch willkührliche Uebertragun-

*) Corpora non agunt nisi fluida.

gen aus den verschiedensten Gebieten die Dichtungen der speculirenden Phantasie gerechtfertigt. Aber bei allen Irrthümern und Aberglauben wurde der Grund zur ächten Wissenschaft gelegt, eine Menge von Experimenten gemacht, ein grosses Material gesammelt. Um den Stein der Weisen zu finden wurden alle der Beobachtung zugänglichen Substanzen mit den wissenschaftlichen Hilfsmitteln der Zeit durchforscht. Baco von Verulam — der freilich noch die Hoffnung der Metallverwandlung theilt, und die Chinesen lobt, weil sie sich begnügten Silber machen zu wollen, was leichter sein dürfte als Gold — erkennt an, dass die Alchymisten trotz ihrer Absurditäten reiche und unerwartete Resultate für die Erforschung der Natur und den Gebrauch des Lebens gewannen. Böttger machte kein Gold aber Porcellan.

XXXIV.

Gegen die von utopischen Illusionen getragene Chemie trat im Mittelalter die Physik im heutigen Sinne durchaus zurück; doch zeigen die Werke der beiden grössten Vertreter der Naturwissenschaften, Albertus Magnus und Roger Baco, dass auch das physikalische Wissen an Reichthum der Beobachtungen und Einsicht in die Naturkräfte im dreizehnten Jahrhundert ungeheure Fortschritte gegen das Alterthum gemacht hatte. Namentlich der alte Mönch Baco verwies als ein ächter Vorgänger seines späteren Namensgenossen gegen Autoritätsglauben und dialektisches Raisonnement auf Selbstbeobachtung und Experiment und auf Nutzbarmachung des Wissens für das Leben; er sprach mit klaren Worten den obersten Grundsatz positiver Wissenschaft aus: dass nicht Schlussfolgerungen, sondern nur die Erfahrung sicheres Wissen und das Anschauen der Wahrheit gewähren können.*) Freilich dürfen wir weder in seinem Inhalte, noch in seiner Bedeutung ein unbestimmtes Ahnen des Richtigen mit wirklichem Wissen verwechseln. Auch bei den hervorragendsten

*) Duo sunt modi cognoscendi, scilicet per argumentum et experientiam; sine experientia nihil sufficienter sciri potest; argumentum concludit,

Geistern des Mittelalters fehlte jedes Bewusstsein der höheren Naturgesetze, und dieser Mangel liess neben feinen Beobachtungen und scharfsinnigen Combinationen eine unglaubliche Kritiklosigkeit in der Aufnahme angeblicher Thatsachen und die absurdesten Voraussetzungen über ihren Zusammenhang bestehen. Oft scheint es nach den Darstellungen der Zeit sehr zweifelhaft, ob Dinge wirklich gesehen und gemacht sind, oder nur der Phantasie als möglich vorschwebten. Welchen Berichten können wir vertrauen, wenn Albert der Grosse als thatsächlich erzählt: dass Roggen sich auf gutem Boden in Weizen verwandelt, dass aus einem abgeholzten Buchenwald durch Fäulniss ein Birkenwald hervorgeht, dass aus Eichenzweigen, die in die Erde gesteckt werden, Weinreben entstehen?

An die Stelle der aristotelischen Elemente, welche nicht wirkliche Stoffe, sondern Inbegriffe von Eigenschaften bedeuteten, trat allmälig die Vorstellung von der Heterogenität der Materie, von einfachen Grundstoffen und ihren Verbindungen. Aber fast nur die complicirtesten unzugänglichsten Phänomene der Chemie, wie vegetabilische Verbrennung oder Gährung, bieten sich von selbst der Beobachtung dar, die einfacheren, leichter zu studirenden bedürfen meist einer künstlichen Herbeiführung, und auch für diese war eine richtige Würdigung vor der schwierigen und späten Erkenntniss verschiedener Luftarten völlig unmöglich. Als daher das rein wissenschaftliche Interesse zunahm, und die einzelnen Disciplinen geschieden wurden, überholte die Physik die Chemie. Galilei begründete mit der Statik und Mechanik die positive Physik. Torricelli erwies die wägbare Natur der Luft, die man bis dahin für positiv leicht gehalten hatte. Angeregt

sed non certificat, neque removet dubitationem, ut quiescat animus in intuitu veritatis, nisi eam inveniat via experientiae. (Es giebt zwei Arten des Erkennens, nämlich durch Schlussfolge und Erfahrung; ohne Erfahrung kann man nichts genügend wissen; die Schlussfolge schliesst, aber macht nicht sicher, und entfernt den Zweifel nicht, so dass der Geist im Anblick der Wahrheit ruhig sein könnte, wenn er sie nicht auf dem Wege der Erfahrung findet.)

durch die Entwicklung der neuen Astronomie, gefördert durch die Vervollkommnung der Mathematik und die vermehrten Mittel der Forschung, wurde die physikalische Erkenntniss in immer weiterem Umfange auf positive Gesetze zurückgeführt, den festen Bestimmungen von Maass und Gewicht unterworfen. So erbauten sich die Theorien der Wärme, des Lichts, der Electricität in ihren vielfachen Formen, als deren eine endlich auch der Magnetismus erkannt wurde, dessen alle Arten der Materie fähig sind.

In der Chemie drehte sich die wissenschaftliche Forschung vorzüglich um den Verbrennungsprozess. Die metaphysische Theorie, welche erst um 1700 durch Stahl vollständig ausgebildet wurde, supponirte einen besonderen Brennstoff, Phlogiston genannt, eine leichtmachende „himmlische Feuermaterie", welche in allen Körpern stecken sollte. Beim Verbrennen wurde das Phlogiston im Glanze der Flamme augenblicklich frei, um zum Himmel aufzusteigen, oder sich mit der Luft zu verbinden; die Metalle verliess es, wenn sie rosteten, vererdeten oder verkalkten, wie man das nannte. Bleioxyd war Blei ohne Phlogiston, Blei dagegen das durch Phlogiston zusammengepresste und leichter gemachte Bleioxyd. In den nicht oxydirenden edlen Metallen war das Feuer so fest cohärent, dass sie sich nicht dephlogistisiren liessen. Erst Lavoisier fand nach der Entdeckung des Sauerstoffs statt des Brenngeistes eine stoffliche Bewegung. Seitdem es gelang Wasser und Luft zu zerlegen, trat der positive Begriff der Verbindung und Zersetzung an die Stelle des theologisch-metaphysischen der Entstehung und Vernichtung. Selbst nach der Verbrennung des Brennstoffs erhielten sich noch Wärmestoff und Lichtstoff und electrische Materie in physikalischen Theorien, nach der geometrischen Abstraction von blosser Ausdehnung der Körper nicht mehr positiv leicht, aber unwägbar unfühlbar untrennbar und doch körperlich. Baco von Verulam sprach es schon aus, dass die Wärme nicht Ursache oder Wirkung der Bewegung, sondern an sich Bewegung, nichts als Bewegung sei. Die Imponderabilien der

Physik und die Atome der Chemie, wenn sie aus Hülfsmitteln der Rechnung zu realen Wesen gemacht werden, zur Construction der Materie dienen sollen, sind metaphysische Mythen, Vorstellungen in Thatsachen eingekleidet, gleich den einstigen Atomen der Epikuräer, gleich den Monaden, welche Leibnitz und Herbart dichteten, gleich den religiösen Mythen zur Veranschaulichung theologischer Begriffe von der Schöpfung und Regierung der Welt.

Wenn theologische oder politische Mythen fallen, so ändern sich die gesellschaftlichen Zustände, welche von ihnen beherrscht wurden; Interessen werden verletzt und Reiche erschüttert. Naturwissenschaftliche Mythen haben keinen Einfluss auf den Lauf der Dinge, welche ihren Gegenstand bilden; und doch wurden sie schon mit blinder Leidenschaftlichkeit vertheidigt, im Mittelalter nicht selten mit offner Gewalt. So verdienstvolle Gelehrte wie Priestley und Cavendish wendeten sich verstimmt von der Chemie ab, als die phlogistische Theorie nicht mehr haltbar war. Noch in unserem Jahrhundert ignorirte ein Professor der Chemie in Aberdeen lange die epochemachende Entdeckung der alkalischen Metalle Kalium und Natrium, weil sie nicht in seine Lehre passte; endlich zur Rede gestellt, docirte er: „Potasche und Soda werden jetzt als metallische Oxyde betrachtet, sind in der That Oxyde der beiden Metalle, welche ihr Entdecker Potassium und Sodium genannt hat, ein gewisser Davy in London, ein rechter Störenfried in der Chemie.“ *)

XXXV.

Wenn die anfänglichen Speculationen, vom Menschen als dem Centrum aller Dinge ausgehend, in der Natur zunächst das Auffällige und Ungewöhnliche beachteten, überall Ausnahmen und Wunder fanden, die Kette der Naturbegebenheiten jeden Augenblick zerrissen wähnten, im Himmel

*) A very troublesome person in chemistry.

oder in der Erde Ursachen für erdichtete Störungen der Weltordnung suchten, so lenkten die Einzelbetrachtungen der Naturwissenschaften die Aufmerksamkeit auf die Dinge, wie sie an sich und in ihren Verhältnissen unter einander sind, lehrten, wie das Grosse und Geheimnissvolle einfach anschaulich in regelmässiger Bestimmtheit vor sich geht, und gestalteten allmälig die Anschauung des Weltganzen um, welche nach theologischen oder metaphysischen Zweckbegriffen Alles auf den Menschen bezog, als für ihn berechnet, für ihn wirkend. Dieser Begriff des Weltganzen, welcher sich von einem dumpfen Gefühl der Einheit der Naturgewalten zu dem bewussten Streben nach umfassender Erkenntniss des Zusammenhanges in der unendlichen Mannichfaltigkeit der Erscheinungen erhob, die Grundlage jeder Philosophie der Natur, folgte der Entwicklung der einzelnen Forschungen. Die älteste Anschauung, deren Spuren sich in den Theogonien und Kosmogoniendes Alterthums erhalten haben, betrachtete das Weltall und seine grossen Theile und Kräfte, Himmel und Erde, Licht, Finsterniss, unmittelbar als göttlich, heiligte schaffende und zerstörende Naturkräfte. Bei dem fortschreitenden Dualismus von Geist und Materie dachte man die Welt an sich als todt, nur durch die äussere Einwirkung der Gottheit bewegt und entwickelt. Die begränzte kugelförmige Welt der Alten liess sich folgerichtig von ausser- und überweltlichen Mächten umgeben. Mit der unendlichen Erweiterung des Weltraums verloren Götter und Geister den festen Boden des Fixsternhimmels, und neben der Unkörperlichkeit der oberen Welt konnte sich auch die materielle Hölle unter der Erde nicht behaupten. Die Verflüchtigung des Geisterreiches nöthigte dann wieder die bewegenden Kräfte in der Welt selbst zu suchen. Als endlich die Erde aus dem unbewegten Centrum des Weltgebäudes zu einem verschwindenden wandelnden Punkt im unermesslichen Universum ward, in dem

wie Gras der Nacht Myriaden Welten keimen,

da erschienen auch die Vorstellungen nicht mehr haltbar, welche den Wohnsitz des Menschen zum idealen Mittelpunkte

7*

der Schöpfung machten, und das All nach seinen Bedürfnissen erbauten. Diese Einsicht, wenn auch nicht häufig klar ausgesprochen, erklärt den Widerstand der Kirche gegen die neue Astronomie. Hätte es sich nur um die einzelnen Bibelstellen gehandelt, in denen die Stabilität der Erde und die Bewegung der Himmelskörper vorausgesetzt wird, so würde man wohl bald dem Cardinal Bellarmine gefolgt sein, welcher rieth, die heilige Schrift anders zu erklären, als bisher geschehen. Darein hat die Theologie sich immer leicht zu finden gewusst. Aber hier sah sie mit vollem Recht ihre ganze dogmatische Grundlage, den christlichen Heilsplan, den Rathschluss Gottes über die Erde, in Frage gestellt. Seit dem sechszehnten Jahrhundert schien die Erde so wenig ein ausschliesslicher Schauplatz der göttlichen Gnade zu sein, wie seit Christus die Juden das auserwählte Volk Gottes bleiben konnten. Diesem Ideenkreise entstammt noch heutigen Tages die absurde Controverse über das Bewohntsein anderer Weltkörper; sie gehört der Theologie an, nicht der Naturwissenschaft.

Aehnlich den symbolischen Mythen, welche, Sinnliches und Uebersinnliches verbindend, die Welt mit anmuthigen oder grauenhaften Gestalten erfüllten, suchte die Metaphysik hinter der wirklichen Welt eine innere ideale phantastische. Plato betrachtete die Welt als die Abspiegelung der Idee. Aristoteles suchte alle Erscheinungen auf ein vermeintliches Erklärungsprincip zurückzuführen, die bewegende Lebensthätigkeit der allgemeinen Weltkraft, ein unbewegtes Bewegen der Welt. Der mächtige Wissensdrang des sechszehnten Jahrhunderts personificirte in dem Streben nach einheitlichen Conceptionen die Wesen und Kräfte der Natur in einer Weise, die es häufig zweifelhaft macht, ob bildlich gesprochen ist, oder ob die Dinge wirklich als belebt und beseelt gedacht werden. Keppler supponirt nicht nur bewegende Geister*), sondern spricht auch von der Respiration,

*) Animae motrices.

sogar von der Seele, Gedächtniss und Einbildungskraft des Erdkörpers. Die hohlen Speculationen einer neueren Naturphilosophie wähnten die Welt vernunftmässig zu begreifen, indem sie ihre Erscheinungen mit abenteuerlich symbolisirender Sprache und unwillkührlicher Uebertragung der Nomenclatur aus einer Wissenschaft auf die andere in einen engen Schematismus von entgegengesetzter Polarität und ähnlichen Bildern zwängten. Je mehr solche Versuche das anwachsende Material der Beobachtungen berücksichtigen müssen, desto mehr verlieren sie den poetischen Reiz, der sie in den Anfängen bekleidet, wo sie nützlich und allein möglich sind, und desto mehr werden sie sophistisch und lächerlich.

XXXVI.

Die positive Methode lehnt jeden Versuch ab, die Vielheit der Erscheinungen durch willkührliche Annahmen auf eine chimärische Einheit der Zwecke oder Ursachen zurückzuführen. Die vereinzelten Anschauungen in kleine und grössere Gruppen zusammenfassend, steigt sie von ihnen durch Analogie und Induction zu den höheren und allgemeinen Gesetzen auf, und strebt durch sie die kosmischen Erscheinungen zu verstehen. Ihr ist derjenige der wahre Naturphilosoph, der die Fähigkeit besitzt im Grossen zu denken, dem das Ganze der Welt als eine lebendige Totalität zusammenhängender Phänomene gegenwärtig ist, der es versteht grosse Massen der Thatsachen von einem hohen Standpunkte zu übersehen und ohne dogmatisirende Willkühr nach klaren und einfachen Ansichten zu combiniren. Eine solche Einheit der Anschauung erstrebt die physische Weltbeschreibung; das objectiv Gemeinsame, den inneren Zusammenhang der Naturerscheinungen findet sie nur in ihrer Unterordnung unter die erkannten physikalischen und chemischen Gesetze. Eine Erklärung der Thatsachen darüber hinaus giebt es nicht. Was da ist, muss den gesetzmässigen Existenzbedingungen entsprechen; ob es ist, das kann nicht das Gesetz entscheiden, sondern nur die Erfahrung. Die Thatsachen aber sind sowohl für die Wissenschaft die nothwendige Grundlage, als für das menschliche Leben das Wichtigere. Die Gesetze sind nur da von Einfluss, wo es darauf ankommt die Erscheinungen vorher zu bestimmen, oder sie durch unsere Einwirkung zu modificiren. Und darin stimmen die Wissenschaft und das praktische Bedürfniss überall zusammen: je ferner uns die Erscheinungen sind, desto geringer und allgemeiner bleibt unsere Kenntniss von ihnen, aber desto weniger wirken sie auch auf uns, und desto weniger vermögen wir sie zu modificiren; je näher sie uns treten, desto complicirter werden sie, desto mehr durchkreuzen sich für uns die sie beherrschenden Gesetze, aber desto mehr wachsen auch unsere Hülfsmittel der Erkenntniss, desto wichtiger sind sie für unser Leben, und desto mehr vermögen wir sie innerhalb ihrer gesetzmässigen Gränzen nach unseren Bedürfnissen zu modificiren. Dem entsprechend schreitet die positive Wissenschaft von dem uns Fernen und Einfachen zu dem Nahen und Mannichfaltigen fort, und kann erst nach der Feststellung der allgemeinsten, überall wirksamen Gesetze hoffen, die specielleren und verwickelteren Erscheinungen vollständig zu erfassen. Wie die Regeln der Mathematik überall gelten, wo Raum- und Zahlverhältnisse in Frage kommen, wie die Gesetze der Mechanik, nach denen sich die Weltkörper bewegen, auch die tellurischen Erscheinungen beherrschen, hier aber die übrigen physikalischen und chemischen Gesetze hinzutreten, so sind den kosmologischen Gesetzen der anorganischen Natur auch die organisirten Wesen unterworfen, nur dass in der Biologie mit den neuen Phänomenen des Lebens auch neue Gesetze neben den vorigen auftreten. So geht die Forschung objectiv von aussen nach innen, von der Natur zum Menschen, so auch von der Betrachtung des Weltgebäudes zur physischen Erdbeschreibung, zu den concreten Wissenschaften der Geognosie und der Meteorologie über. Und wie räumlich, so muss sie auch zeitlich das Nahe und das Ferne verknüpfen. Das Erdenleben mahnt in jedem Stadium an früher durchlaufene Zustände. Der Geognost kann die Gegenwart nicht ohne die Vergangenheit fassen. Das Seiende wird erst als Werdendes und Gewordenes vollständig erkannt. Doch dürfen wir wissenschaftlich nicht zu grosses Gewicht auf die Geologie legen. Sie hat manche Irrthümer zerstört, namentlich mythologische Dichtungen von der Schöpfung auf ihren wahren Werth zurückgeführt, und hängt bis zu einem gewissen Grade unmittelbar mit der Erkenntniss der Erdoberfläche zusammen; aber darüber hinaus, und selbstständig genommen, dient sie mehr der Phantasie als der Wissenschaft. Denn beim Zurückgehen auf frühere Epochen, die nur vereinzelte Schlüsse aus Analogien der Gegenwart, aber keine Beobachtung zulassen, gelangen wir bald auf das Gebiet der blossen Möglichkeiten, welche für die Wissenschaft keinen Werth mehr haben, und zuletzt immer auf Punkte, wo wir gewisse Zustände und Verhältnisse annehmen müssen ohne uns weitere Rechenschaft darüber geben zu können. Die Nebeltheorie giebt der Phantasie ein einheitliches Bild von der Entstehung der Weltkörper, aber die Wissenschaft, welche die Fragen nach einem letzten Woher und Warum der Dinge als unzugänglich ausschliesst, hat sich wenig mit Hypothesen zu beschäftigen, die sich weder beweisen, noch genau bestimmen lassen. Was wir niemals wissen können, das liegt ausser dem Bereiche der positiven Forschung, und hat in der That auch keine erhebliche Bedeutung für uns. Letzteres ist die andere wesentliche Seite der ächten Wissenschaft, und diese praktische Richtung ist ein Hauptunterschied zwischen ihr und der des Alterthums. Sie ist nicht mehr eine blosse Zuthat und Verschönerung, sondern eine Nothwendigkeit des Lebens geworden. Plato bedauert es, dass die erhabene Wissenschaft der Geometrie auch zu praktischen Zwecken herabgewürdigt werde. Baco von Verulam erklärt es für das Ziel alles Wissens fruchtbar und nützlich zu sein; er will durch die Naturerkenntniss die Herrschaft des Menschen über die Dinge erweitern. Wissen ist Macht. Nicht als ob nach einem äusserlichen Nützlichkeitsprincip die wissenschaftliche Untersuchung sofort zu einem praktischen Resultate führen sollte; im Gegentheil muss die Arbeit der Forschung unbeirrt einzig und allein auf die Feststellung der Wahrheit gerichtet sein, und je höher und umfassender eine gewonnene Erkenntniss ist, desto weniger duldet sie eine unmittelbare Anwendung im Leben, desto weniger lassen sich ihre Folgen in allen Verzweigungen übersehen. Aber die Rücksicht auf das, was dem Menschen zu wissen frommt, soll in jeder Wissenschaft leitend sein, und entscheidet über ihre Würde und ihr Verdienst. Diesen Gedanken auch in den speciellen Untersuchungen lebendig zu erhalten ist vorzüglich die Aufgabe der allgemeinen, philosophischen Betrachtung. Und das hat die Naturforschung seit ihrer positiven Begründung in hohem Maasse erreicht. Heutigen Tages erscheinen Kunst Wissenschaft Industrie und menschheitlicher Verkehr so eng verbunden, dass es kaum möglich ist sie getrennt zu denken, dass jeder Fortschritt der einen Richtung in steter Wechselwirkung den der anderen fördert.

XXXVII.

Trotz der in verschiedenen Zeiten wiederkehrenden Versuche, alle Erscheinungen als homogen zu behandeln, alle Wesen als lebend und fühlend zu betrachten, unterschied der gesunde Menschenverstand stets die lebendige und leblose Natur, organische und unorganische Wesen. Im Lebendigen tritt die inwohnende Kraft gegen den Stoff am selbstständigsten und augenfälligsten hervor, und die Scheidung von Seele und Leib oder Geist und Körper ward sogar der Hauptgrund für die abstracte Trennung und Gegenüberstellung von Kraft und Materie.

Die Auffassung des Lebens, in besonderer Anwendung auf den Menschen die Anthropologie und Psychologie, ist eine so nothwendige Grundlage für jede umfassendere Weltanschauung, für die philosophischen Systeme und ihre Wirksamkeit, ein so wesentlicher Prüfstein für die Bildungszustände eines Zeitalters, eine so nothwendige Voraussetzung für die Erkenntniss der Gesetze der menschlichen Gesellschaft, dass die Biologie ein näheres Eingehen erfordert, ehe eine positive Betrachtung der Gesellschaft und ihrer Geschichte möglich ist. Astronomie und Biologie sind die beiden entgegengesetzten Pole der Naturwissenschaften, welche schon das Alterthum des praktischen Bedürfnisses wegen cultivirte, und durch astrologische Träume in eine erdichtete Verbindung brachte, ehe Physik und Chemie dazwischen traten, und eine positive Wissenschaft des Lebendigen ermöglichten.

Auch die unorganische Natur hat ihre Thätigkeit, ihr reges und bewegtes Schaffen, aber es ist nicht Leben. Das Organische ist etwas Anderes, eine in sich zusammenhängende Reihe von Erscheinungen, die von der unorganischen Welt durch besondere, darin wirkende Gesetze abgelöst ist. Pflanzen, Thiere, Menschen sind Individuen, das ist einheitliche Gemeinschaften, in denen alle Theile zu einem gleichartigen Zwecke zusammenwirken, oder nach einem bestimmten Plane thätig sind.

Bestimmte Formeln sind nothwendig, um das Wesentliche der Begriffe zu klarer Anschauung zu bringen, und um die hauptsächlichen Beziehungen der Vorstellung gegenwärtig zu erhalten; aber auch die präcisesten Formeln erschöpfen weder den ganzen Inhalt, noch den lebendigen Reichthum der Beziehungen. Auf keinem Gebiete hat sich die Philosophie mit grösserem Eifer abgemüht, Formeln zu erfinden, um die Erscheinungen in ihrer Totalität zu erfassen und in ihren tiefsten Gründen zu erklären, als auf dem des Lebens.

Die ältere Naturbetrachtung war stets geneigt, alle Phänomene nach Analogie des Lebens zu fassen, welches unmittelbar durch das eigene Gefühl bekannt war, und alle Dinge als lebendig oder beseelt anzusehen. Den ältesten Griechischen Philosophen war die Seele so viel als Princip selbständiger Bewegung, gleichartig in der Natur und im menschlichen Körper. Thales schrieb dem Magneten Leben und Seele zu.

Ebenso legten die Alchymisten des Mittelalters auch den Metallen ein eigenes, wenn auch dunkles, unvollkommenes Leben bei. Die ersten Philosophen der neueren Zeit, die Italienischen Naturphilosophen sahen überall Leben und Empfindung, in der ganzen Natur, wie in allen Einzeldingen mitfühlende, menschenähnliche Wesen. Ein Princip des Lebens durchdrang ihnen das Weltall, und jeder Körper hatte ausser seiner Theilnahme an dem Weltleben sein eigenes Lebensprincip. Selbst Baco von Verulam spricht nicht selten von dem Wirken der Natur als von einem bewussten. Die Naturwissenschaft kehrte erst mit den grossen Classificatoren des vorigen Jahrhunderts (Linné, Vicqd' Azyr, Jussieu) unwiderruflich zu der Unterscheidung des Aristoteles, den ἔμψυχα und ἄψυχα, dem organischen und unorganischen Reiche zurück.

Das spätere begriffsmässige Denken stellte in abstracter Scheidung das Leben, als beherrschende Macht, als besondere vom Körper getrennte Entität der Materie gegenüber, die dann als an sich träge und passiv betrachtet ward. Das Leben oder die Lebenskraft, welche für alles Unerklärliche eintreten musste, pflegte bald an einzelne Theile des Körpers, bald an besondere erdichtete Substanzen geknüpft zu werden. Paracelsus und van Helmont supponirten den Archeus als geistiges Urprincip des Lebens und bekleideten ihn mit einem astralischen Körper, in welchem er sich mit dem sichtbaren Leibe verbindet und dessen Erhaltung bewirkt. Cartesius erkannte nur das Denkende als wahrhaft lebendig an. Stahl und seine Schüler banden das Leben an besondere Theile, namentlich Blut und Nerven. Er definirte das Leben als die Erhaltung der corruptiblen Mischung, aus welcher der Körper gebildet ist. Aehnlich erklärt es Bichat als l'ensemble des fonctions qui résistent à la mort. Die physikalischen und chemischen Gesetze sind allerdings für organische und unorganische Körper dieselben. Es treten aber für die ersteren besondere Phänomene hinzu, die besonderen Gesetzen unterworfen sind. Das Leben ist eine ursprüngliche, sich vererbende Art von Bewegung, ein beständiges Handeln und Sich-Aendern. Das Criterium des Lebens ist die Erregbarkeit, die Reaction auf Reizung oder Erregung, an welcher man erkennt, ob ein organisches Gebilde lebt. Die Irritabilität kommt keineswegs den Nerven allein zu, wie ältere Theorien annahmen. Die unterscheidende Thätigkeit organischer Wesen ist die beständige materielle Erneuerung, die unaufhörliche Bewegung der Composition und Decomposition. „Das oberste Gesetz des Lebens ist die Umwandlung“, erklärte schon Paracelsus. Ohne sie, ohne die stetige Veränderung der Materie, und bis zu einem gewissen Grade auch der Form giebt es kein Leben für uns, weder in den inerten Körpern, welchen der Fetischismus intellectuelle und moralische Eigenschaften zuschrieb, noch in unvergänglichen und unveränderlichen Substanzen, an welche theologische Phantasien ein künftiges Leben knüpfen.

Das charakteristische Element alles Organischen, die Zelle, ist als solches erst vor wenigen Decennien durch Schwann für den thierischen Organismus nachgewiesen. Die Vegetation, bei Thieren und Pflanzen wesentlich identisch, ist die Kraftäusserung dieser primitiven Bildungstheilchen, der Zellen. Die Nerven üben nur einen moderirenden Einfluss auf die Vegetation. Es giebt nichts Organisches ohne die Zelle, und keine Zelle in der unorganischen Welt. Alles Leben ist an die Zelle gebunden, und die Zelle ist nicht etwa ein Gefäss des Lebens, sondern selbst der lebende Theil. Die Zelle entsteht nur aus der Zelle — omnis cellula e cellula, während man früher sagte, omne animal ex ovo*). Freie Kerne, plastische Lymphe oder Blastem, woraus man gelegentlich die Zellen durch eine Art von generatio aequivoca**) entstehen liess, existiren nirgends, und alle Specu-

*) Jedes Thier entsteht aus dem Ei.

**) Entstehung ohne Zeugung.

lationen über die ursprüngliche Entstehung des Organischen, wie der festen organischen Typen sind fruchtlos, da wir uns durch keine mögliche Erfahrung ein Bild davon machen können. Blosse Möglichkeiten aber haben keinen wissenschaftlichen Werth.

Der Unterschied zwischen Thier und Pflanze lässt sich für gewisse Zellengebilde kaum festhalten. Abgesehen von diesen bilden die Pflanzen die unterste Stufe der organischen Wesen. Die Pflanzen haben keine Nerven, die Bewegungen in ihrem Innern beruhen nur auf der Capillarität. Ernährung und Fortpflanzung sind bei Pflanzen und Thieren im wesentlichen gleich. Nur die Pflanzen ziehen ihre Nahrung direct aus der unorganischen Welt, sie sind die chemischen Laboratorien, in welchen die organischen Substanzen gebildet werden, deren die thierischen Körper zur Ernährung bedürfen. Die Thiere haben gleichsam ihre Wurzeln im Magen; ventriculus sicut humus*), sagten Hippokrates und Boerhave.

Aristoteles nahm Empfindung und Bewegung als unterscheidende Merkmahle des Thierreichs an. Allerdings kann die Empfindung bei manchen Organismen nur aus der autonomen Bewegung erschlossen werden, wo die Organe, an welche in der Regel die Empfindung gebunden erscheint, nicht vorhanden sind, sondern einfache Zellen ohne die Structur der Nerven deren Functionen zu üben scheinen. An sich genügt die Sensibilität, die vielleicht der thierischen Zelle überhaupt zukommt. So definirte Linné: vegetabilia crescunt, vivunt; animalia crescunt, vivunt, sentiunt**). Die Sensibilität lässt sich als allgemeine letzte Thatsache nicht weiter unterordnen oder erklären; ihre Phänomene gehen durch alle vitalen und mentalen Erscheinungen durch.

Ein Hauptmittel der biologischen Studien ist die Vergleichung. Daher ist die Classification von besonderer Wich-

---

*) Der Magen ist wie fruchtbare Erde.

**) Die Pflanzen wachsen und leben, die Thiere wachsen, leben und empfinden.

tigkeit. Die Classification bringt die Geschöpfe zuerst unter Titel für das Gedächtniss nach Aehnlichkeiten, dann unter Gesetze für den Verstand nach Verwandtschaft. Für die Klarheit und Präcision des Wissens, für das Gruppiren und Coordiniren der Dinge ist schon die Feststellung der Terminologie von grosser Bedeutung. Das Thierreich classificirte schon Aristoteles in mustergültiger Weise. Theophrast fügte die descriptive Botanik hinzu. Für die Erforschung der Gesetze des organischen Lebens bildet das Planzenreich nur eine Stufe, innerhalb deren die Coordination der Familien in Ermangelung eines hierarchischen Princips willkührlich bleibt.

Die Zoologie classificirt in Reihen nach der stufenweisen Entwicklung des Organismus, wie er vom Einfachen zum Differenzirten und Componirten, vom Homogenen zum Heterogenen fortschreitet. Je vollkommener die Individualität ist, um so mehr sind die Theile von einander und von dem Ganzen verschieden, um so inniger erscheint ihre Wechselwirkung; je höher der Organismus steht, desto mehr differenziren sich die Organe und ihre Functionen, während einzelne Organe bei niederen Classen mehr entwickelt sein können, als bei höheren. Die gleichmässige harmonische Entwicklung aller Empfindungsorgane entscheidet über die Classification. Die Mannichfaltigkeit möglicher Empfindungen nimmt in der Reihenfolge der Organisationen zu, wie die instinctive Sicherheit und Feinheit der Empfindung in einem beschränkten Kreise abnimmt. In der Wechselwirkung von Organ und Mittel sind die niederen Classen von weit wenigeren äusseren Existenzbedingungen abhängig, als die höheren, von diesen aber in viel intensiverem Grade; sie können sich weniger accommodiren und in ihrer Existenz modificiren. Das Thierreich zeigt eine unendliche Mannichfaltigkeit der Existenzarten, wie sie sich in der Bildung der menschlichen Gesellschaften wiederholt. Erst die vergleichende Methode hat in zahllosen Fällen Bedeutung und Functionen der Organe festgestellt, und die Gesetze der biologischen Phänomene erkennen lassen.

Die höchste allgemeine Qualität des thierischen Organismus ist das Bewusstsein. Es ist eine bei Menschen und Thieren gleiche Grundkraft. Theologischer und metaphysischer Hochmuth hat vergeblich durchgreifende Unterschiede in der Grundlage des Bewusstseins aufzustellen gesucht. Die Theologie griff zu einer unsterblichen Seele, welche sie den Thieren absprach, ohne erklären zu können, warum zu den höheren Functionen des Bewusstseins die besondere Seelensubstanz erforderlich sein soll, und zu den niederen nicht. Descartes, der das Denken als die Natur der Seele betrachtete, erklärte die Thiere für eine Art von Automaten, ihr Empfinden und Begehren für eine Eigenschaft der Ausdehnung, der Materie. Noch jetzt pflegt man das Selbstbewusstsein als specifisch verschieden vom Bewusstsein aufzufassen, und dieses den Thieren abzusprechen. Es ist indessen offenbar kein Bewusstsein ohne eine Art von Selbstbewusstsein denkbar, so unklar und dunkel es auch sein mag. Zu dem gebildeteren Selbstbewusstsein, welches sich selbst zum Object seines Denkens macht, sind ohne Zweifel so complicirte psychische Thätigkeiten erforderlich, dass es nur dem Menschen zukommt; aber das einfache Selbstbewusstsein, welches die Aussenwelt als etwas Fremdes wahrnimmt, erscheint in der geringsten Sinnesempfindung so gut wie im höchsten Denken. Das Persönlichkeitsgefühl ist gewiss bei den höheren Thieren stark ausgeprägt, wenn sie auch nicht darüber discutiren und nicht „ich" sagen können. Für instinctive, d. h. zweckmässige, aber nicht durch äussere Erfahrung bedingte Handlungen scheint der Grund in eigenthümlichen Empfindlichkeiten der Sinnesnerven und in präformirten Verbindungen der Bewegungsnormen, wie sie beim Menschen nur für innere Organe existiren, zu liegen, aber die Grundformen des Denkens, die Fähigkeit zu abstrahiren und zu generalisiren, erschienen auch bei den Thieren. Dass sie Schlüsse machen und Begriffe bilden, beweist ihr gleichmässiges Verhalten gegen Dinge von gleicher Art, mögen ihre Begriffe auch dunkel und von geringer Zahl sein. Selbst niedere Thiere modificiren ihr gewohntes Handeln nach besonderen Umständen.

Die Grunddispositionen sind Menschen und Thieren gemeinsam. Das Bewusstsein ist immer dasselbe; nur sein Material vermehrt sich, oder ändert sich in seiner Zusammensetzung, womit freilich keineswegs geläugnet werden soll, dass der quantitative Unterschied vollständig zu einem qualitativen wird. Comte folgert aus der Gleichartigkeit der Phänomene, dass moralische und intellectuelle Fähigkeiten, an welchen die Thiere gar keinen Theil haben, nicht als eigentliche Grundkräfte, sondern als componirte und reducirbare Erscheinungen zu betrachten sind.

Die erste tiefere Naturbeobachtung, Aristoteles, machte bei den organisirten Wesen neben dem Gedanken eines ununterbrochen fortschreitenden Entwicklungsganges der Natur vorzugsweise den Zweckbegriff geltend. Diese teleologische Naturansicht führte zu einer Art Geistigkeit der wirkenden Naturursachen. Denn der Zweck, insofern er nicht bloss mit der Wirkung aus gegebenen Ursachen identificirt wird, setzt eine Absicht voraus und kann in Wahrheit nur einem bewussten Willen beigelegt werden. Wenn auch Einzelne, wie Descartes und Spinoza, den Zweckbegriff in der Natur läugneten, so blieb doch die teleologische Weltbetrachtung bis in das vorige Jahrhundert herrschend. Was als bewusstlos wirkende Zweckmässigkeit organisirender Naturkräfte erscheint, beruht nur auf der Wechselwirkung der Dinge unter einander. Die Theile des Organismus müssen einander entsprechen, damit sie zusammen bestehen und zur harmonischen Erhaltung des Ganzen beitragen können; und ebenso müssen die äusseren Existenzbedingungen vorhanden sein, damit ein gegebener Organismus bestehen könne. Aber wir wissen nichts von Zwecken der Natur, nichts von Vollkommenheiten oder

Idealen, nach denen sie strebte, nichts von einer Bestimmung für eine künftige Welt. „Die Naturgesetze — sagt ein neuerer Philosoph — sind die letzten Erklärungsgründe, die letzten Principien unserer Einsicht in die Natur der Dinge; wir dürfen uns daher nie auf den Willen Gottes oder eine diesem gemässe Zweckmässigkeit bei der Erklärung der Naturerscheinungen berufen; teleologische Erklärungsgründe sind in den Naturwissenschaften unzulässig." So lange die dualistische Ansicht vom Uebersinnlichen, so lange die Annahme dunkler Kräfte ausser und über der Natur zugelassen wird, so lange bleiben mysteriöse Anschauungen von Natur und Geist, und aller Aberglaube möglich.

Die ältesten Speculationen über den Menschen gingen von religiösen und moralischen Gesichtspunkten aus, betrachteten den Einzelnen nur im Verhältniss zu Gott, zur Welt, zur menschlichen Gesellschaft. Daran schlossen sich allmälig Versuche zur Erklärung der Erscheinungen des Lebens und des Geistes.

Die Kenntniss der Naturseite des Menschen wurde, ehe sich der rein theoretische Wissenstrieb exacten Forschungen zuwendete, durch die Bedürfnisse der Heilkunde angeregt. Selbst die rohesten Zustände können dieser nicht entrathen. Auf den untersten Culturstufen ist die Arzeneikunst eine Art Zauberei, eine übernatürliche Disposition über Naturkräfte. Bei Negervölkern finden wir sie noch rein in diesem Stadium; und wie stark fanatische Aufregung, Einbildungen und erregte Phantasie auf den Körper zu wirken vermögen, können wir noch bei weit vorgeschrittener Entwicklung genugsam erkennen. So bald sich contemplative Classen aussonderten, fiel die Arzeneikunst diesen anheim, und verblieb ihnen längere oder kürzere Zeit, je nachdem sich das geistige und wissenschaftliche Leben der Völker stärker und dauernder bei ihnen concentrirte. Nicht bloss in Aegypten und Indien gingen die Aerzte aus der Priesterschaft hervor. Auch in Griechenland wurde die Heilkunst anfänglich von den Priestern des Aesculap, den Asklepiaden, in den Tempeln geübt, bis die Kasten- und Familien-Monopole verschwanden, und man statt der Tempel die Schulen der Philosophen besuchte. Während des ganzen christlichen Mittelalters war die Arzneikunst, abgesehen von jüdischen und arabischen Aerzten, fast ausschliesslich in den Händen der niederen Geistlichkeit.

Selbst wo die Grundlagen der Anschauungen und die allgemeineren Lehrsätze noch vollkommen mystisch, theologisch oder metaphysisch sind, kann sich die Medicin der Beobachtung der Natur, der Feststellung pathologischer und therapeutischer Thatsachen nicht entziehen. Sie ist so unbedingt auf die Naturforschung, auf die Sammlung von Erfahrungen, auf den gesetzmässigen Zusammenhang der Erscheinungen angewiesen, dass sie mindestens im Einzelnen und Concreten von theologischen oder metaphysischen Speculationen abführt. Die Aerzte sind daher auch, wie die Naturforschung überhaupt, der Theologie zu allen Zeiten verdächtig gewesen. Trotz Galen's fast christlicher Religiösität, trotz Haller's Vertheidigung des Glaubens, trotz Stahl's und Boerhave's Frömmigkeit galt das alte Sprichwort: wo drei Aerzte sind zwei Atheisten. Hippokrates verzeichnete bereits mit feiner und scharfer Beobachtung klinische Thatsachen, Verlauf und Symptome der Krankheiten, Einflüsse von Epidemien, Witterung und Jahreszeiten. Aber die Anatomie und Physiologie war noch ausserordentlich dürftig. Die Theorie blieb grossentheils den encyklopädischen Philosophen überlassen. Plato behandelte physiologische und medicinische Gegenstände durchaus aprioristisch, phantastisch. Die Krankheit war ihm nicht eine Reihe von Erscheinungen und körperlichen Zuständen, sondern etwas für sich bestehendes, äusserlich am Körper haftendes. Aristoteles sah Vieles, was man früher nicht gesehen hatte, aber aus ungenügender Beobachtung und geringer Erfahrung abstrahirte er die allgemeinsten Sätze, und nach willkührlichen Prämissen wurden Thatsachen erdichtet.

Als Praxagoras Venen und Arterien unterschied, liess er — wie mit ihm Aristoteles und Galen — Luft in den Arterien circuliren, welche die Temperatur des Bluts abkühlen und den Puls bewegen sollte; das luftige arterielle Blut musste die edleren Organe, das venöse die niederen ernähren. Wirkliche oder supponirte Kräfte und Säfte mussten Alles erklären. Galen, der die antike Medicin abschloss, vollendete dies System. Seine physiologischen Elemente und Qualitäten, seine Cardinalsäfte waren reine Hypothesen und Speculationen. Aber das ganze Mittelalter hielt daran fest. Wie bei den Alchymisten ein besonderes Ding dem Golde seine Farbe, ein anderes seine Unveränderlichkeit gab, so fasste die Medicin Leben, Gesundheit, Krankheit als besondere Existenzen, die an bestimmten Orten des Körpers ihr Wesen trieben.

Die Phänomene der Krankheit sind mit denen der Gesundheit gleichartig, und unterscheiden sich von ihnen nur durch die Intensität. Krankheit ist vorhanden, wenn einzelne Factoren des Organismus ihre Functionen einstellen, oder auf Kosten anderer parasitisch wuchern. Die Beobachtung der Krankheit vertritt häufig in der Biologie das Experiment, und gewährt Einsicht in die Functionen und Verhältnisse der Organe. Die Grundwissenschaften der Biologie, Anatomie und Physiologie sind von den praktischen Bedürfnissen der Medicin ausgegangen, haben aber ebenso auf dieselbe zurückgewirkt. Die bleibenden Fortschritte der Medicin haben sich immer an anatomische Entdeckungen geknüpft. Die Anatomie der Alexandrinischen Aerzte gewährte die Einsicht in den thierischen Organismus, mit welcher die Heilkunde des Alterthums abschloss. Vesal und die Italienischen Anatomen leiteten die Reformation der mittelalterlichen ein. Bichat gestaltete die ärztlichen Anschauungen der Neuzeit um, indem er die Medicin durch Bestimmung des eigentlichen Sitzes der Krankheiten auf die anatomische Basis stellte, und die Eigenthümlichkeiten der verschiedenen Gewebe in Krankheiten nachwies. Nachdem Schwann die Zelle als letztes Formelement aller biologischen Erscheinungen erkannt, hat Virchow die Krankheiten auf Veränderungen der Zellen zurückgeführt. Die Theorien der Humoralpathologen, welche das Blut oder andere Säfte als letzte Träger der Krankheiten betrachteten, sind damit beseitigt.

Die Anatomie ist längst eine vollständig positive Wissenschaft geworden. Freilich ist sie noch weit von ihrer Vollendung entfernt. Trotzdem das Mikroskop dem Messer mit grossem Erfolge zu Hülfe gekommen, und trotz der grossen Entdeckungen der neuesten Zeit bleiben noch zahllose Fragen ungelöst; aber man ruft keine theologischen oder metaphysischen Erklärungen mehr zu ihrer Lösung an, man erdichtet keine Wesen oder Substanzen mehr. Dagegen ist die Physiologie noch keineswegs vollkommen gegen die Eingriffe der alten Methoden gesichert. Selbst Bichat, der mehr umfasst, geleistet und angeregt hat, als vielleicht irgend ein reformatorischer Geist in einem gleich kurzen Leben, sprach noch bisweilen von vitalen Eigenschaften wie äusserlich trennbar, hinzugekommen zu der eigenschaftslosen Materie. Im Anfange dieses Jahrhunderts mussten noch vielfach metaphysische Umschreibungen und vor allem die vielberufene Lebenskraft zur Erklärung eintreten. Jetzt freilich betrachtet man unter den Sachverständigen allgemein die Lebenskraft nicht anders als die Ursäure, mit welcher man einst die Eigenschaft des Saueren erklärte, nur als eine Umschreibung der Unwissenheit. Aber in weiten Kreisen üben theologische und metaphysische Speculationen noch grossen Einfluss, und dies gilt vor allem an den Gränzgebieten der Physiologie, wo sich die Psychologie von ihr sondert, wo sich die intellectuellen und moralischen Phänomene mit den physischen berühren.

„Wenn Jemand heut zu Tage — urtheilt Apelt — die Bewegungen der Himmelskörper durch die Entelechien des Aristoteles oder die Intelligenzen des Fracastoro erklären wollte, so würde man ihn allgemein für desorientirt halten über die Zulässigkeit der hier geltenden Gründe.“ Aber die Theorien über die höchsten und wichtigsten Aeusserungen des Lebens werden noch von derartigen Vorstellungen beherrscht. Die Menschen bedürfen fester Ueberzeugungen. Der Glaube war überall früher als der Zweifel.

In Ermangelung jeglicher Einsicht in den wirklichen Zusammenhang der Erscheinungen wurde ein Glaube festgestellt, welcher nicht aus diesen Erscheinungen selbst, sondern aus fremdartigen Gründen, aus religiösen Annahmen, aus moralischen und politischen Bedürfnissen geschöpft ward, der durch spätere Zweifel und Forschungen lange Epochen hindurch wohl modificirt, aber nicht in seinen Grundlagen beseitigt ward, und der um so fester gewurzelt war, als er sich nicht bloss auf allgemeine Vorurtheile und überkommene Meinungen stützte, sondern auch mit den Interessen einflussreicher Classen, und mit den moralisch-politischen Zuständen der menschlichen Gesellschaft auf das engste verknüpft war.

Es bedarf überhaupt, um an die Stelle phantastischer Dogmen eine grossartige physische Weltanschauung zu setzen, nicht bloss einer Fülle von Beobachtungen, als Substrats für allgemeine Ideen, sondern auch einer Kräftigung der Gemüther, um nicht vor den drohenden Gestalten zurückzuschrecken, mit denen der alte Glaube die Eingänge zu neuen Regionen der Erfahrungswissenschaften zu versperren trachtet (Humboldt). Denn „immer und zu allen Zeiten stand die alte Lüge an der Thüre, wenn die junge Wahrheit Einlass begehrte“ (Liebig). Die Fortschritte des Wissens erfordern sowohl die Kraft des Charakters, wie die Anstrengung der Intelligenz. Und das gilt besonders da, wo ein fest geschlossener Kreis altehrwürdiger Glaubenssatzungen von der ganzen Wucht mächtiger Interessen getragen wird. Da ist die ganze Kühnheit eines Abälard erforderlich, um sich den ererbten Vorurtheilen gegenüber auf die Kraft der eigenen Einsicht zu stellen: Et si omnes fratres sic, at ego non sic.*) Und dem kühnen Neuerer donnert dann ein heiliger Bernhard

*) Wenn auch alle Brüder Ja sagen, sage ich dennoch Nein.

entgegen: Transgreditur fines, quos posuerunt patres nostri.*) Aber die Fortschritte des positiven Wissens drängen die Gränzen des Glaubens weiter und weiter zurück. Wir dürfen der Zeit entgegen sehen, da die Physiologie der Speculation keinen Raum mehr lässt.

Die metaphysischen Speculationen schlossen sich an die theologischen an, gaben verfeinerte Aequivalente für die älteren Dogmen. Wilde Völker nahmen Geister an, um sich von auffallenden Erscheinungen Rechenschaft zu geben. Wie sie zur Erklärung der unbekannten Naturkräfte überall Geister annehmen, so erblickte Thales Alles erfüllt von Dämonen. Wie sie dem menschlichen Organismus einen Geist beilegen, womit in der That nur die unbekannte Ursache der Erscheinungen bezeichnet wird, so schied die Metaphysik von Anbeginn dualistisch Geist und Körper, und raffinirte diese Trennung bis zu einem Gegensatze, welcher die künstlichsten Deutungen erforderlich machte, um nach der gänzlichen Lösung Zusammenhang und Wechselwirkung wieder möglich zu machen.

Die ähnliche Art des Philosophirens kehrt durch alle Zeiten wieder. In den unentwickelten Annahmen der Anfänge liefen die Begriffe von Leben, Seele, Geist und ihren Sitzen oder Substraten durch einander. Das Blut ist die Seele, heisst es im 5. Buch Moses. Die Unkörperlichkeit wurde nicht streng genommen, bedeutete nur so viel als ein feinerer, nicht mit den gewöhnlichen Sinnen wahrnehmbarer Körper, ein Hauch oder ein Atom. In den indogermanischen wie in den semitischen Sprachen ist das Wort Geist vom Wehen hergenommen. Auch die ältere Griechische Philosophie beschäftigte sich mit dem Stoff und dem kosmologischen Ursprunge der Seele. Anaxagoras dachte die Seele rein geistig, einfach und unvermischt. Aristoteles bemerkte schon: bei gänzlicher Trennung des Geistes vom Stoff, als nichts gemeinschaftliches habend, entbehre der Geist jedes Mittels der Einwirkung auf den

*) Er überschreitet die Grenzen, welche unsere Väter gesetzt haben.

Stoff. Plato beschäftigte sich in seiner bildlich poetischen Darstellung vorzugsweise mit dem kosmologischen Zusammenhange der menschlichen Seele. Aristoteles gab das auf, betrachtete die Seele nach ihrer Natur und in ihren Functionen und entwickelte in seinen Schriften ein vollständiges System der Anthropologie und Psychologie. Seele und Körper in ihrer Ungetrenntheit sind das Lebendige. Die Seele ist ihm das selbstthätige, bildende Princip des physischen Körpers, den sie zum Mittel ihrer Wirksamkeit hat, ähnlich wie bei Stahl die thätige, bewegende, intelligente Seele Einheit und Grund für alle Thätigkeit des Organismus ist, sich den Körper aufbauet und in ihm herrscht. Aristoteles machte Ernst mit der Unkörperlichkeit, und widersprach daher dem Streben, einen Ort für die Seele zu finden, weil das Unräumliche nicht an einen Raum gebunden werden könne. Nichts desto weniger kehrt dies Suchen nach einem nicht weiter theilbaren Sitz der Seele, nach ihrem mathematischen Punkte, durch alle Zeiten wieder. Einer rabbinischen Theorie wohnt die Seele in einem kleinen unverweslichen Knochen, Lus genannt, der sich im Rückgrat befinden soll, so hart und unverwüstlich, dass man Felsen mit ihm zerschlagen kann, der Stoff, aus welchem bei der Auferstehung der neue Leib gebildet wird. Descartes suchte die Seele in der Zirbeldrüse und Sömmering in dem Wasser der Hirnhöhlen. Gegen jenen protestirte Spinoza, wie gegen letzteren Kant, dass man keinen Wohnsitz der Seele annehmen dürfe, und erst kurz vor seinem Ende hat ein hervorragender Physiolog unserer Zeit, Rudolph Wagner, dem Versuch einen bestimmten Punkt der Seelensubstanz aufzufinden entsagt.

Plato nahm — wie manche Völkerschaften Amerikas — mehrere Seelen an, und verwies die denkende Seele in den Kopf, die empfindende in die Brust, die niedere sinnliche in den Bauch. Auch Aristoteles unterscheidet die vegetative, ernährende Seele, welche allem Organischen zukommt, die animalische, empfindende, welche die Thiere haben, und die verständige, denkende Seele des Menschen. Aber ihm schliesst die höhere Thätigkeit immer die niedere in sich; in der verständigen Seele ist ihm die ernährende und empfindende vorhanden. Er hielt die Einheit aufrecht, und schied nicht drei Seelen im Menschen. Darin sind ihm nur Einzelne gefolgt. Tertullian kennt nur eine Seele, ψυχή und νοῦς*) sind nicht zwei Substanzen, der νοῦς nur die höchste Kraft der Seele. So Thomas Aquinas: impossibile est, in uno homine esse plures animas per essentiam differentes, sed una tantum est anima intellectiva, quae vegetativae et sensitivae et intellectivae officiis fungitur**). Auch Stahl widersprach der Mehrheit der Seelen; neben ihrer Einheit gab es ihm keine Geister, welche ihre Befehle ausführen. Gewöhnlich wurden Seele und Geist als getrennte Wesenheiten aufgefasst, und in unklarem, vieldeutigem Verhältniss einander gegenübergestellt. So wenig bei der niederen sinnlichen Seele der Wechselverkehr zwischen Geist und Materie begreiflicher wird, so allgemein ward doch dieses Zwischenglied eingeschoben, hauptsächlich ohne Zweifel mit Rücksicht auf die Thierwelt, welcher die empfindende Seele als ein sterblicher Hauch zugesprochen ward, während der ewige, auf das Höhere, Uebersinnliche gewendete Geist dem Menschen vorbehalten wurde, und nicht die ähnlichen Lebensäusserungen modificirt hervorrufen, sondern als ein zweites, für sich bestehendes hinzutreten sollte. Diese Scheidung ging vom Mittelalter auf die Italienischen Naturphilosophen über. Telesius von Cosenza stellt die niedere Seele, als feinsten Theil des Körpers, neben die göttliche geistige Seele, welcher die intellectuellen und moralischen Phänomene angehören. Erst in neuerer Zeit fasste man Seele und Geist lieber als Stufen desselben übersinnlichen Wesens. Das Mittelalter betrachtete die Seele fast ausschliesslich in ihrer Beziehung auf Gott, erst an seinem Ende lebte die Psychologie wieder auf. Gegen die Metaphysik, welche die

---

*) Seele und Sinn.

**) Es ist unmöglich, dass in einem Menschen mehrere in ihrem Wesen verschiedene Seelen seien, sondern es ist nur eine intellectuelle Seele, welche die Functionen der vegetativen, sensitiven und intellectuellen versieht.

Seele zu einem unkörperlichen Gedankending, zu einem Princip verflüchtigte, hielt Tertullian die Körperlichkeit der Seele aufrecht. Nach dem Satze: nihil est incorporale nisi quod non est*), den er auch auf Gott anwendete, erklärte er im Interesse der persönlichen Unsterblichkeit, die Seele sei nihil, si non corpus**). Die älteren Kirchenväter, Clemens Alexandrinus, Justinus, Irenäus, stimmten ihm bei. Die spätere Theologie bekannte sich zu der spiritualistischen Auffassung, welche Cartesius systematisch vollendete. Während die neuere Chemie weiss, dass die Materie unvergänglich, nur ihre Form veränderlich ist, nahm die ältere Wissenschaft statt einer Bewegung der Composition und Decomposition ein absolutes Entstehen und Vergehen an, erklärte die Materie für vergänglich und im Gegensatze zu ihr den Geist, das Immaterielle, für ewig.

Je strenger die Immaterialität der Seele ausgeprägt ward, desto schwieriger wurde die Erklärung der Wechselwirkung zwischen Geist und Körper. Manche schoben nach dem Vorbilde des Paracelsischen Archeus wieder eine sinnlich-übersinnliche Substanz dazwischen, wie Jung-Stilling und Justinus Kerner; Andere erklärten den Geist selbst für einen nur nicht ganz gewöhnlichen Stoff. So kann sich Ennemoser einen absolut stofflosen Geist nicht wirksam denken, meint, das geistige Lebensprincip sei an den Stoff, als dauernden Träger, gebunden. Die Zerspaltung des Menschen in ein geheimnissvolles Doppelwesen rief die Fragen von der Entstehung oder Präexistenz der Seelen hervor, und Viele sahen sich genöthigt, für die Verbindung der Seele mit dem Körper, oder gar für jede Einwirkung des Geistes auf die Materie einen besonderen Schöpfungsact zu Hülfe zu rufen. Was in den Anfängen einfach hingenommen wird, oder worin der vage Glaube keine Widersprüche entdeckt, das verwickelt bei der Verfolgung in die Consequenzen oder in das Detail

*) Nichts ist unkörperlich, als was nicht ist.

**) Nichts, wenn nicht Körper.

die fortgeschrittene Speculation in unlösliche Schwierigkeiten. Aus dem Gegensatz zum Geiste entstand die Vorstellung von der Unthätigkeit oder Trägheit der Materie, und die eigentliche Bestimmung der selbstständigen Seelensubstanz ward, das Gegentheil der Materie zu sein, nichts mit ihr gemein zu haben.

Während die niederen Seelenthätigkeiten, Wahrnehmung, Empfindung, Gemüthsbewegungen mit dem Körper verbunden und nach alter Annahme den sogenannten Nervengeistern zugeschrieben wurden, welche als feiner Dunst vom Gehirn ausgehen und die supponirten Tuben der Nerven erfüllen sollten, wurde das Denken die alleinige Eigenschaft, die Substanz des Geistes. Den Stoff seiner Thätigkeit, die Ideen, durfte er nach dieser Trennung nicht mehr aus der Sinnenwelt entnehmen. Die ursprünglichen Principien, Begriffe und Wahrheiten mussten seinem Wesen nach in ihm selbst enthalten sein. Eine chaldäisch-rabbinische Theorie vertraut die Seele, ehe sie mit dem Körper vereinigt wird, einem Engel an, der ihr Himmel, Hölle und Erde mittelst einer Lampe zeigte, welche verlöscht, sobald das Kind das Licht der Welt erblickt. So bringt bei den Indern die Seele ihre Anschauungen des Uebersinnlichen aus einem früheren Zustande mit. So sind bei Plato die Ideen des Geistes Erinnerungen dessen, was er in seiner Vereinigung mit dem Göttlichen erschaute, ein Wiederbewusstwerden dessen, was sein ewiges Wesen ist. Die angeborenen Ideen mussten bis in das vorige Jahrhundert die höchsten Begriffe, die der Erfahrung und jedem weiteren Beweise entrückt sein sollten, Gott und Geist und Unsterblichkeit, die angeblich nothwendigen und ursprünglichen mathematischen, logischen und metaphysischen Wahrheiten erklären. Das kehrte noch in Schellings intellectueller Anschauung wieder. Mit sonderbarer Verkehrung wurden die letzten Resultate des Nachdenkens, die späten und im Laufe der Zeiten äusserst wandelbaren Ergebnisse der Speculation für angeboren und ursprünglich erklärt.

Freilich beruht in ihrem letzten Grunde und in ihrer Möglichkeit, wie die Theologie auf der Offenbarung ihres Gottes, so alle metaphysische Philosophie auf dem Gedanken, welchen Cartesius und Spinoza am schärfsten formulirten: quicquid clare ac distincte percipitur, verum est*), oder: id quod in intellectu objective continetur, debet necessario in natura dari**). Aristoteles, obwohl er die objective Existenz der Ideen für eine poetische Metapher, die allgemeinen Ideen für Producte der abstrahirenden Vernunft erklärte, betrachtete doch den Gedanken als Correlat der Thatsache, die subjectiven Distinctionen als mit den objectiven identisch. Die Analyse der menschlichen Vorstellung sollte unmittelbar die Natur der Dinge erklären. Dies führte bei den Griechischen Philosophen, die nur ihre Sprache kannten, deren Combinationen für ausschliesslich und allein möglich hielten, und ihre Vorstellungen durch die Sprachformen bestimmen liessen, zu unfruchtbaren Untersuchungen, die nicht auf die Thatsachen, sondern auf die gewöhnlichen Vorstellungen von ihnen gerichtet wurden. Der antike Scepticismus richtete sich gegen diese Annahme, und machte geltend, dass die Vernunft an sich kein Kriterium der Wahrheit enthält, dass die Sinne immer nur ihre Empfindung, nicht objective Bilder der Dinge geben. Spinoza deducirte so streng aus der Prämisse, „jede deutliche Idee ist nicht bloss subjectiv, sondern auch objectiv wahr", dass für die Metaphysik nur noch die Wahl zwischen Spinozismus und Scepticismus blieb. Mit dem Axiom, dass die Ordnung und Verbindung der Ideen auch die der Dinge ist, fällt die Möglichkeit einer dogmatischen Metaphysik; ohne dasselbe giebt es keine Kenntniss von Dingen an sich, kein Wissen ohne Erfahrung. Dann beschränkt sich alle Erkenntniss auf die exacte Wissenschaft, welche die Erscheinungen in ihrem Zusammenhange und in ihren Wirkungen auf uns verfolgt.

*) Was klar und bestimmt erfaſst wird (im Denken), ist wahr.

**) Was im Intellect objectiv enthalten ist, muss es nothwendig in der Natur geben.

Als klar und selbstverständlich, als angeborene Idee wurde dann zu allen Zeiten Vieles angenommen, was vollkommen unwahr und grundlos ist. Wie die Chemie hartnäckig den Irrthum festhielt, dass die Eigenschaften der Elemente denen ihrer Verbindungen gleichen müssten, nahm man als angebliches Resultat der Erfahrung an, dass die Eigenschaften der Wirkung auch der Ursache zukommen mussten, und gelangte zu der aprioristischen Voraussetzung, dass Geist und Materie, weil sie keine gemeinsame Eigenschaften hätten, auch nicht auf einander wirken könnten. Cartesius liess Denken und Ausdehnung, geistiges und natürliches Universum in Gott in ungetrennter Einheit vorhanden sein, und stellte für den Menschen den Zusammenhang zwischen sinnlicher Empfindung und Geistesthätigkeit durch den Willen Gottes her. Statt so die Einheit äusserlich hinzukommen zu lassen, setzte Spinoza in seiner Substanz von vorne herein Denken und Ausdehnung als identisch, nur durch den menschlichen Verstand geschieden, Geist und Körper als dasselbe Wesen, unter den Formen des Denkens und der Ausdehnung betrachtet. Damit vollendete er den Gedanken von der Identität des Denkens und Seins, welcher mit der Vorstellung von der unmittelbaren Verbindung der Idee und des Gegenstandes gegeben ist. Aristoteles folgerte bereits, dass die Seele das sein müsse, was sie erkenne. Den Alexandrinern wie den Scholastikern hatte die Seele die Begriffe der Dinge in sich, und erkannte sie in der Ordnung der Dinge wieder. Hegel machte diesen Satz zur Grundlage seines Systems.

Die positive Wahrheit dieser Identität besteht nur darin, dass vermittelst der Sinnesorgane das Bewusstsein die Erscheinungen in sich aufnimmt, und dass der innere Zusammenhang, die mannichfaltigen Beziehungen und Verhältnisse der Erscheinungen sich auf die in uns verlaufenden Denkformen übertragen. Begriff und Urtheil bezeichnen die Zusammengehörigkeit der Dinge oder ihrer Merkmale, in höchster Instanz das Walten derselben Gesetze in den Erscheinungen. Die subjective, logische oder psychologische

Nothwendigkeit im Denken ist nur ein Abbild der objectiven, in der Natur waltenden. Die Welt stellt sich uns in Gruppen ähnlicher Dinge dar, und das Gesetz der Association, welches die Vorstellungen beherrscht, lässt sie in einem natürlichen, der wirklichen Welt entsprechenden Zusammenhange entstehen. Manche Sätze erscheinen als nothwendige Gesetze jeder Welt, als unerlässliche Bedingungen der Denkbarkeit, wie die Sätze der Identität und des Widerspruchs, oder der Zusammenhang von Ursache und Wirkung, andere nur als Gesetze der Welt, wie sie nun einmal ist, weil die grossen allgemeinen Formen der Wirklichkeit überall wiederkehren, daher für selbstverständlich und nothwendig gehalten werden, wie die Gesetze der Schwere. Aber manche Annahmen galten zu Zeiten für nothwendig, die es keineswegs sind, und manche, die von sittlichen oder ästhetischen Rücksichten ausgehen, drücken nur aus, was nach unserer Ansicht sein soll, dessen Gegentheil der Gewöhnung absurd erscheint. Je beschränkter die Vorstellungskreise sind, desto leichter nehmen Vorurtheile und voreilige Meinungen den Schein vollkommener Evidenz an, und widerstehen unerschütterlich der besseren Erkenntniss.

Mit der Vollendung der abstracten Trennung von Geist und Materie nahm die Philosophie eine andere Wendung. Die willkührliche Satzung, dass Sein und Denken identisch, reichte nicht aus, um die Wechselwirkung, deren die gesunde Vernunft nicht entbehren konnte, nach der einmal angenommenen Trennung wieder begreiflich zu machen. Die Frage, wie überhaupt das Erkennen möglich, ward zum Kernpunkt der Philosophie.

Die eine Richtung, welche an der Metaphysik, der Erkenntniss a priori, festhielt, erklärte mit Leibnitz nur das Thätige, Vorstellende für wirklich, reell existirend, und vollendete den Spiritualismus mit der Sophisterei, die ganze Welt und den eigenen Körper für eine leere Täuschung, für einen blossen subjectiven Schein zu erklären. Fichte, Schopenhauer und manche Neuere treffen trotz aller Divergenzen in dieser

Grundtäuschung mit den Phantastereien der Neuplatoniker zusammen.

Die andere Richtung entsagte den ontologischen Untersuchungen, und strebte, Natur, Bedingungen und Gränzen der Erkenntniss exact festzustellen. An ihrer Spitze verwarf Locke die angebornen Ideen — womit man alsbald den Beweis für Gott und Unsterblichkeit in Frage gestellt fand — liess es dahin gestellt, ob die Kraft zu denken mit einem Theil der Materie verbunden, oder ob die Seele als etwas rein Geistiges im Körper zu betrachten, untersuchte Ursprung, Gegenstände und Sicherheit der Kenntnisse, und nahm als Quelle aller möglichen Erkenntniss Sensation und Reflexion an. Ihm folgend stellten die Schottischen Philosophen die Fragen nach der Verbindung von Seele und Leib zur Seite, und wollten durch die Beobachtung und Analysirung der einzelnen psychischen Erscheinungen zu den allgemeinen Gesetzen des Denkens aufsteigen. Die Philosophie ward zur Psychologie. Das erkannte die Philosophie des gesunden Menschenverstandes, die Aufklärung des vorigen Jahrhunderts, ganz deutlich. D'Alembert sagt von Locke: il réduisit la métaphysique à ce qu'elle doit être, en effet la physique expérimentale de l'âme. Das berufene System der Natur, in dem sich bereits eine Menge der fruchtbarsten Gedanken findet, von denen unsere neuere Philosophie gezehrt hat, folgerte gegen das Cartesische Dogma, dass was denkt von der Materie verschieden sein müsse: weil der Mensch, der doch Materie ist und alle seine Vorstellungen von der Materie empfängt, denken kann, muss die Materie der Modificationen fähig sein, die wir denken nennen; Seele und Körper sind ihm eins; die Seele lässt sich nur durch eine Abstraction des Denkens vom Körper unterscheiden, und ist nur der Körper selbst, in wie fern er gewisse Functionen verrichtet, wozu ihn seine besondere Natur und Organisation befähigt.

Wenn sich noch gegenwärtig die beiden Gruppen von Hypothesen gegenüberstehen, nach deren einer den geistigen Functionen eine besondere Substanz zu Grunde liegt, die

Seele, welche zwischen den Massen der Hirnsubstanz schweben, mit ihren Veränderungen Hand in Hand gehen, aber doch aus inneren Gründen willkührlich veränderlich sein soll, während nach der anderen die Seelenerscheinungen aus einer Summe in Hirn und Blut enthaltener Bedingungen resultiren, mit deren Entstehen, Entwicklung und Vergehen, Verstand, Empfindung und Wille kommen, schwinden und sich ändern, so erinnert freilich ein neuerer Physiologe: wer einen unumstösslichen Beweis für eine der beiden Anschauungen verlangt, wird eingestehen, dass der noch nicht geliefert ist.

Das Denken lässt sich aus Construction und Bewegungen des Gehirns nicht begreiflich machen. Das Bewusstsein ist eine letzte Thatsache, die nicht weiter zu erklären ist. Das Wie der psychischen Functionen ist so wenig erklärbar, wie überhaupt die Verbindung von Kraft und Stoff. Aber das Einschieben eines übersinnlichen Elementes, die Annahme einer besonderen activen Seelensubstanz macht nichts erklärlicher, führt vielmehr zu unlöslichen Widersprüchen. Wenn wir jede besondere Thätigkeit an besondere zellige Organe gebunden sehen, wenn die psychischen Thätigkeiten sich nur durch das materielle Substrat des Gehirns manifestiren, wenn sie zu dieser Manifestation die volle Integrität des Gehirns erfordern, wenn pathologische Veränderungen der Hirnsubstanz psychische Störungen bedingen, und wenn wir die geistigen Fähigkeiten mit ihrem Organ fortschreiten und schwinden sehen, so nöthigt gewiss Nichts zu der Annahme einer besonderen geistigen Substanz. Bei anderen Organen wird ihre Function einfach als Thatsache hingenommen, und es fällt Niemanden ein, dieselbe mit einer besonderen Wesenheit erklären zu wollen. Wird hier eine Ausnahme gemacht, und die Function in eine Substanz zurückverlegt, von der man nichts zu sagen weiss, als dass das Bewusstsein ihre Eigenschaft sei, so können wir darin nur einen Rest der menschlichen Neigung erblicken, hinter den Thätigkeiten eine abstracte Kraft zu erdichten und diese als ein reales, für sich bestehendes Wesen zu hypostasiren. Der Widerspruch gegen die besondere Seele, den man als Sensualismus oder Materialismus zu bezeichnen pflegt, beruht nicht auf einer besonderen Sympathie für die Materie, die man auch als etwas übersinnliches auffassen kann, wie es vielfach von den Vertheidigern der Seelensubstanz geschehen ist, sondern auf dem geistigen Bedürfniss nach Anschaulichkeit des Denkens. Wo eine anschauliche Erkenntniss nicht möglich ist, da muss man resigniren. Wenn jetzt übrigens Alle zugeben, dass der Geist das Gehirn als materielles Organ gebraucht, ist nicht abzusehen, warum es in höherem Grade materialistisch sein soll, die Verbindungen zwischen geistigen Manifestationen und Zuständen des Gehirns oder der Nerven im Detail aufzusuchen, soweit es die Mittel physiologischer Erklärung gestatten.

Gegen die metaphysische Psychologie, welche in Deutschland fortfuhr, die Seele als einfache, unräumliche, sich selbst gleiche, persönlich fortdauernde Substanz zu betrachten, und ihre Theorie aus dem Begriff des Ich zu deduciren, erhob Kant seine vernichtende Stimme. Wie er überhaupt keine menschliche Erkenntniss ohne und vor der Erfahrung zuliess, so wies er jeden Versuch zurück, von der Seele als einem Ding an sich irgend etwas a priori zu läugnen oder zu beweisen. Er erklärte, dass wir weder durch Erfahrung noch durch Vernunftschlüsse hinreichend belehrt seien, ob der Mensch überhaupt eine Seele — als inwohnende, vom Körper unterschiedene, von ihm unabhängig denkende, geistige Substanz — habe, oder ob nicht das Seelenleben eine Eigenschaft der Materie sei. Daher gab es ihm nur eine empirische Psychologie. Er längnete in Beziehung auf den Menschen, wie auf die Natur, dass der Geist durch Intuition Dinge oder Gesetze begreifen könne, welche den Sinnen unzugänglich sind. Indem er die Erkenntnisskräfte untersuchte, um die Gesetze des Erkennens festzustellen, unterschied er allerdings sogenannte reine Verstandsbegriffe, Raum und Zeit, von dem wirklichen, inhaltsvollen, auf Sinneswahrnehmungen beruhenden Denken. Aber diese waren ihm blosse Denkformen, er zeigte, dass mit den im Inneren vorgefundenen reinen Anschauungen keine Erkenntniss begründet werden kann, dass mit ihnen nur Gegenstände der Wahrnehmung oder Erfahrung zu erkennen sind, dass es keine Speculation giebt, sondern nur Forschung. Die Annahme der getrennten Erkenntnisskräfte war eine psychologische Anschauung seiner Zeit. Herbart und Beneke haben sie als falsch aufgezeigt. Raum und Zeit sind nicht erfahrungsfreie Verstandesbegriffe, sondern Abstractionen aus dem Neben-einander und Nach-einander der Erscheinungen, die sich in der Erfahrung des denkenden Subjects herausbilden. Kants Erkenntnisslehre genügt der fortgeschrittenen Wissenschaft nicht mehr; aber den weltgeschichtlichen Wahn eines Wissens vom Uebersinnlichen hat er zerstört. Wohl sind die Wiederbelebungsversuche der theologischen und metaphysischen Methoden aus Gründen, die grösstentheils ausserhalb des Gebietes der Wissenschaften lagen, mit augenblicklichen Erfolgen gekrönt worden, aber die Herrschaft über die Geister werden sie dauernd nicht wieder erlangen. In immer weiteren Kreisen dringt es durch: die Thatsache ist eine festere Autorität als die Speculation.

Statt der leeren und ohnmächtigen Abstraction des einfachen, einheitlichen Centrums erscheint die Seele der positiven Betrachtung als der Complex von Fähigkeiten und Kräften, welche ein bestimmter Organismus an den Tag legt. Die Seele, geistige Persönlichkeit, das Ich sind Collectivnamen für die Summe psychischer Thätigkeiten in einem Individuum. Wie die menschliche Natur ein höchst mannichfaltiges, durch die verschiedenartigsten Mächte bewegtes Wesen ist, so ist das Ich ein indirecter und abstracter Begriff, der sich mit dem Inhalt des Bewusstseins ändert, und der im Wahnsinn vollständig verrückt werden und verloren gehen kann. Wenn die Vorstellung der eigenen Persönlichkeit mit jedem Act des Bewusstseins, mit jeder psychischen Thätigkeit auftaucht, so wird sie doch erst als Object des Nachdenkens, durch das Unterscheiden der verschiedenen psychischen Acte zu einem klaren einheitlichen Begriff; nur die häufige Uebung und Wiederholung macht sie zur compactesten, sichersten, kräftigsten Vorstellungsmasse. Das eigentliche Centrum der Existenz ist aber weit mehr das Gefühl, als das Denken, welches die Metaphysik dazu macht.

Entscheidend für das Bilden und Festhalten der besonderen Seele waren stets die grossen Fragen der Unsterblichkeit und Freiheit.

Die religiöse Verbindung der Verstorbenen mit den Göttern, und die ästhetisch-moralische Anforderung, dass das Gute, Grosse, Werthvolle nicht untergehen dürfe, hat fast bei allen Völkern den Unsterblichkeitsglauben hervorgerufen, so verschiedene Formen er dann auch in seiner Ausbildung angenommen hat. Auf rohen Culturstufen ist das jenseitige Leben eine mehr oder weniger idealisirte Fortsetzung des irdischen, und die allgemeine Anschauung trennt sich selbst bei der vorgeschrittenen Bildung kaum von dieser Vorstellung, wenn auch mehr geistige Genüsse an die Stelle der sinnlichen treten. Bei den alten Deutschen, wie bei den Indianern und Mongolen hatte der Unsterblichkeitsglaube kaum etwas mit der Moral zu thun; nicht Gute und Böse, sondern Vornehme und Geringe, allenfalls Starke und Schwache schieden sich in der anderen Welt. Bei einigen Oceaniern haben geradezu nur die Adligen Theil an der Unsterblichkeit; das gemeine Volk hat keine Seele. Im Fortschritt der Civilisation wird die Fortdauer und das Schicksal der Seele mehr und mehr an das ethische Verhalten im Leben geknüpft. Freilich nicht rein; in der Regel werden neben die Moral willkührliche Bedingungen gestellt. In den Theokratien des Alterthums wurde neben der Tugend strenge Beobachtung von Ritualien und Ceremonien gefordert. Deren Vernachlässigung, selbst unwillkührliche Uebertretung, schuldlose Verunreinigung machten der Seligkeit verlustig. Fast überall fordern die Götter als Bedingung der Seligkeit, dass man an sie glaube, dass man gewisse Dogmen für wahr halte.

Ja wohl — spottete Diogenes — Agesilaus und Epaminondas bleiben im Schlamm stecken, aber jeder Lump in Athen, der sich in die Mysterien einweihen lässt, wird selig. In den Speculationen der indischen und ägyptischen Hierarchie ward der Glaube an die Unsterblichkeit in der Lehre von der Seelenwanderung zu einem System der fortschreitenden Reinigung entwickelt, an deren Ende die Vereinigung mit den Göttern stand. Das christliche Mittelalter ersetzte die Seelenwanderung durch das Fegefeuer. Die metaphysisch-theosophische Speculation, von Brahmanen und Buddhisten an, setzt in der Regel an die Stelle der persönlichen Unsterblichkeit das Hinschwinden in das All, die Vereinigung des endlichen Geistes mit dem Unendlichen.

Der Tropfen wird zum Meer, wenn er in's Meer gekommen,
Die Seele Gott, wenn sie in Gott ist aufgenommen.

Bei Plato ist nur der denkende Geist, als Theil der Weltseele, unsterblich; er vereinigt sich beim Tode mit Gott, und eine Bestrafung der Seele nach dem Tode ist nicht möglich, weil in Gott kein Leiden stattfinden kann. Auch Aristoteles sagt ausdrücklich, der Mensch habe nach dem Tode weder Gutes zu hoffen, noch Schlimmes zu fürchten. Nachdenken, Erinnern, Lieben und Hassen hören als Kräfte des leiblichen Organismus auf. Auch bei den Neuplatonikern kehrt die Seele zu Gott zurück, wie sie aus ihm ausgeflossen ist. Die meisten Philosophen griechisch-römischer Bildung sprechen vom Tode als völligem Ende, Auflösung, so Seneca, Epictet, Marc Aurel, gelegentlich Cicero.

Wie in anderen Punkten gehen auch in der Unsterblichkeitslehre bei höherem Spiritualismus die Dogmen der Theologen und Metaphysiker in einander über. Aehnlich den indischen Priestern sprechen die christlichen Mystiker, ein Eckart und Tauler, von der Unsterblichkeit als einem Erlöschen der Ichheit, einem Aufgehen in Gott, so dass für eine individuelle, persönliche Fortdauer kein Raum bleibt. Eine solche Sprache war allerdings der Kirche verdächtig, aber die fromme Hingebung, die erhabene Selbstlosigkeit liess das Anstössige der Ausdrucksweise vergeben. Des vollen Widerspruchs war sich die ältere Zeit nicht klar bewusst. Neuere Theosophen pflegen sich zweideutig auszudrücken, so dass man nicht recht weiss, ob man an ein Fortbestehen der Individualität, oder an ein Hinschwinden in das Unendliche denken soll.

Diese Auflösung der reellen persönlichen Unsterblichkeit ist ein speculatives Ergebniss der ascetischen Stimmung, welche in allem Irdischen, Sinnlichen, Persönlichen nur Abfall und Verderben, oder Trug und Schein, allein in dem Ueberirdischen, Geistigen Wahrheit und Leben findet. Die ältere, rohere Form der Ascetik ging wie aller Aberglaube von einem mystischen Zusammenhange zwischen der Natur und dem Menschen aus. Durch das Abwenden vom Irdischen, durch die Abtödtung des Sinnlichen sollte der Heilige Macht über die Natur, die Gunst der Gottheit, die höchste Herrlichkeit im Himmel und auf Erden gewinnen. Der tieferen Contemplation konnte die absichtliche Entsagung, die Selbstpeinigung und Kasteiung nur ein äusseres Hülfsmittel, ein Mittel der Zucht oder ein Gleichniss sein, um die Werthlosigkeit alles Irdischen dem Gemüth stets gegenwärtig zu halten. Das Wesentliche ist ihr die ausschliessliche Richtung auf das Göttliche und Wahre, gegen welches alles Andere nichtig ist. Das volle Schauen, das ewige Geniessen, welches hienieden nicht möglich ist, wird in das Jenseits verlegt. Das irdische Leben gilt ihr nur als Vorbereitung, ein allmäliges Absterben. Das Seelenleben ist so selbstständig, dass es sich bis zur Vernichtung gegen das physische Leben wenden kann, dem es doch seine Kräfte entsaugt. Diese Stimmung hat in gewissen Zeiten einen entscheidenden Einfluss auf die Denkweise und die Zustände der Völker geübt, vor allem bei den Indern und in einzelnen Perioden des Christenthums, aber als eine Entwicklung des theologischen und metaphysischen Geistes kehrt sie mit grösserer oder geringerer Stärke und Wahrheit überall wieder, wo sich die

9*

Contemplation nicht auf die Mannichfaltigkeit der realen Dinge, sondern auf die eine absolute Wahrheit des Uebersinnlichen richtet. Haben Buddhisten und christliche Mystiker praktisch und theoretisch die Verneinung des Willens zum Leben am höchsten getrieben, so bricht doch selbst bei den Griechen die ascetische Anschauung nicht selten mit grosser Gewalt durch. Wie im Vedanta die Befreiung, welche die wahre Erkenntniss bewirkt, erst durch den Tod, durch das Aufgehen des Ich im Brahma den vollen Abschluss erhält, so leben für Plato die Philosophirenden im Denken, als dem Ewigen, und ihr Ziel ist, sich vom Leibe zu trennen, ihm abzusterben, bis die Seele sich wieder dem Göttlichen vereint. Aristoteles soll der alten Ueberlieferung, deren Zeit und Urheber man nicht kannte, gedacht haben: das beste ist, nicht zu werden, nach diesem aber das heilsamste, einmal geboren, so bald als möglich zu sterben — fast wörtlich, wie Innocenz III. ausruft: „Glücklich sind zu preisen, die sterben, ehe sie das Tageslicht erblicken, die den Tod schmecken, ehe sie das Leben empfinden“. So ist für Seneca tota vita flebilis*), und felicissimis mors optanda**). Schon Heraklit sagt: τῷ οὖν βιῷ ὄνομα μὲν βιὸς, ἔργον δὲ θάνατος***). Den Alexandrinern war der Tod das wahre Leben. So erklärte Giordano Bruno das Leben für einen kurzen Todeskampf, für eine Agonie, so Schopenhauer für ein gehemmtes Sterben, einen aufgeschobenen Tod, in welchem nur die Resignation eine schmerzlose Ruhe gewährt.

Aber diese Unsterblichkeit, welche nur die Ruhe von der Qual des Daseins, das Aufhören des bewegten Lebens will, ist nicht die Fortdauer, auf welche die Menge der Menschen ihren Trost und ihre Hoffnung setzt. Die Meisten sehen in dem Erlöschen des individuellen Daseins, dem Eintauchen des Ich in das Unendliche, der unpersönlichen Ver-

---

*) Das ganze Leben beweinenswerth.

**) Für die Glücklichsten der Tod wünschenswerth.

***) Das Leben hat den Namen Leben, sein Werk aber ist der Tod.

einigung mit dem Göttlichen nur ein völliges Ende, eine Vernichtung. Ein solches Jenseits kümmert sie nicht. Culturhistorisch vermitteln diese Anschauungen in ihren mystischen Bildern, in ihrer Anlehnung an die ältere Vorstellungsweise nur den Uebergang von dem persönlichen Unsterblichkeitsglauben zum Aufgeben des Dogma, welches freilich zur Nothwendigkeit wird, sobald sich die Annahme der selbstständigen Seele als unhaltbar erweist.

Die Unsterblichkeit, welche die Gemüther der Völker bewegt, und eine welthistorische Macht geworden, ist eine persönliche, mit den erhöhten Wonnen und Schrecken des Lebens erfüllte. Nicht zwar ihren ersten Ausgang, aber ihre Entwicklung, ihre Gewalt und ihre Dauer hat die Unsterblichkeitslehre von der Theorie der Gerechtigkeit entnommen, welche das Gute belohnt und das Schlechte bestraft wissen will. Sie ist ein wesentlicher Bestandtheil der moralischen Weltordnung geworden. Die überirdische Ausgleichung soll die Disharmonie lösen, welche sich daraus ergiebt, dass die physische und moralische Verkettung der Dinge erfahrungsmässig nicht homogen ist, dass Glück und Tugend hienieden nicht mit einander verbunden sind. Luther sagt: „wer glaubt, dass ein Gott sei, der muss bald schliessen, dass es mit diesem Leben hier auf Erden nicht gar sei ausgerichtet, sondern dass ein anderes und ewiges Leben da vornen sei; denn das sehen wir in der Erfahrung, dass Gott dieses zeitlichen Lebens sich fürnehmlich nicht annimmt.“

Moralische und politische Rücksichten machen auch solche an der persönlichen Unsterblichkeit festhalten, welche einen Begriff von wissenschaftlichem Denken haben, und welche seit Kant anerkennen, dass sie sich nicht beweisen lasse. Ohne Zweifel hat diese Lehre auf die Moral der menschlichen Gesellschaft eine mächtige Wirkung geübt, ist in wilden Zeiten ein starker Zügel gegen rücksichtslose Roheit und Selbstsucht gewesen. Indessen ist ihr Einfluss häufig übertrieben worden. Auf der einen Seite hing derselbe wesentlich mit der äusseren Organisation der geistlichen Gewalt zusammen; auf der anderen wird er bei zunehmender moralischer und intellectueller Cultur mehr und mehr durch die Gewohnheiten der Ordnung und der Humanität ersetzt. Wenn Du kein Leben nach dem Tode annimmst — schrieb man an Spinoza — so sehe ich nicht ein, warum Du nicht stiehlst oder mordest. Spinoza antwortete, nach der Richtung seines Geistes fühle er keine Versuchung zu stehlen oder zu morden. Heutigen Tages macht man nur noch in sehr beschränkten Kreisen die Sittlichkeit von dem religiösen Glauben abhängig. Für sich selbst weisen die Meisten die Appellation an ein jenseitiges Gericht als Grundlage für ihr sittliches Verhalten zurück; aber für Andere, für die Menge erklären sie diese Garantie für unentbehrlich.

Die Religion hat lange Zeiten hindurch fast ausschliesslich das Bewusstsein der Solidarität und einer höheren Ordnung der Dinge bei den Menschen erhalten; dessen ungeachtet lässt sich nicht verkennen, dass die Beschäftigung mit dem individuellen Seelenheil an sich etwas antisociales enthält, von der menschlichen Gemeinschaft ablenkt, und den Einzelnen auf sich zurückweist. Nur künstlich, indem das Wirken für Andere als göttliches Gebot eingeschärft wird. ist das eigene Seelenheil wieder mit der Thätigkeit zum Wohle Anderer verknüpft. Gegen das tiefere Christenthum ist der Vorwurf eines materialistischen Egoismus, eines Bestimmtseins durch Furcht oder Hoffnung für das ewige Schicksal unbegründet. Die Gläubigen sind nicht fromm, um selig zu werden, sondern sie werden selig, weil sie fromm sind und ihren Geist auf das Ewige richten. Auf die Menge wirken aber offenbar diese äusserlichen Antriebe, und auf sie wird unzweifelhaft provocirt, wenn dem Glauben an Lohn oder Strafe nach dem Tode eine wesentliche moralische Wirkung zugeschrieben wird. Die Mystiker haben daher auch die Beschäftigung mit dem eigenen Seelenheil, das Verlangen nach der Fortdauer des Ich als etwas Egoistisches zurückgewiesen.

In einer Parabel der frommen Bourigeon hat ein alter Eremit einen Jüngling erzogen, dessen Sinn ganz zu Gott gewendet ist. Da erscheint ihm ein Engel und sagt ihm, er solle nicht mehr für den Jüngling beten, der sei ewig verloren. Der Greis wird traurig, und auf das Andringen des Jünglings erzählt er ihm, was geschehen. Dann sei jetzt nicht traurig, antwortet der Jüngling, lass uns um so mehr jetzt beten und Gott preisen, da ich es künftig nicht kann. Bei dieser Reinheit und Hoheit erkennt der Greis, dass ihn eine falsche Vision betrogen.

Die rohere Vorstellung trifft allerdings die Behauptung, dass sie durch die äusseren Folgen ihres Handelns bestimmt werde, dass sie in schrankenloser Genusssucht nicht an den Freuden dieses Lebens genug habe, sondern deren Fortsetzung in Ewigkeit verlange.

Cadono le città, cadono i regni,
E l' uom d' esser mortal par che si sdegni.
(Metastasio)*).

Wenn sich in Zeiten allgemeinen Unglücks und grosser Schicksalswechsel die Menschen nach Innen wenden, dann pflegen sie, an der Gegenwart verzweifelnd, ihren Glauben und ihre Hoffnung auf das ferne Ideal des Jenseits zu richten, da fühlen sie ihr Dasein durch ein höheres getragen, und finden in ihm ihren Frieden. Solche Richtungen sehen wir namentlich in dem späteren Römerthum und in verschiedenen Perioden des Mittelalters herrschend, als man das Ende der Welt nahe glaubte. In geringerem Maasse und auf das individuelle Seelenheil beschränkt kehren sie noch heutigen Tages als Reaction des aufgeschreckten Gemüths nach grossen Erschütterungen, nach Kriegen und Revolutionen wieder. Uebrigens wird die Wirkung des Glaubens auf die Gemüther gewöhnlich übertrieben; man folgert mehr, was

*) Es fallen die Städte, es fallen die Reiche,
Und der Mensch scheint es zu verschmähen, sterblich zu sein.

theoretisch geschehen könnte, als was wirklich geschieht. Herodot leitet die todesverachtende Tapferkeit der Geten aus ihrem Unsterblichkeitsglauben her, und doch war gewiss die Tapferkeit der Griechen, bei denen er diesem Glauben keine Wirksamkeit zuschreibt, nicht geringer. So ist der Trost, der im Unglück aus der Unsterblichkeit geschöpft werden soll, mehr ein in kalter Ueberlegung ausgeklügelter, als ein wirklich empfundener. Wenn in wahrer Herzenstrauer von der Antigone des Sophokles bis zu Bürgers Leonore verzweifelnde Seelen rufen „der Tod ist mir Gewinn", dann denken sie nicht an künftige Freude, dann verlangen sie nur ein Ende, das Ende der Mühen, (aerumnarum requies), welches Cäsars gewaltiger Geist nicht anders wie ein gequältes Frauenherz vom Tode will. Wer sich gewöhnt, den Einzelnen nur als ein Glied in der grossen Kette der menschlichen Zusammenhänge, als eine aufschlagende Welle im Strome zu betrachten, der wird leicht einen Trost darin finden, dass ihm nach den Aufregungen und Austrengungen des Lebens die Ruhe sicher ist. Schlafen und nicht träumen.

Der theologische Geist setzt die Getrenntheit und Unabhängigkeit der Seele vom Leibe, welche das Dogma der Unsterblichkeit verlangt, einfach voraus, die Metaphysik, in der alten Grundanschauung befangen, suchte aus der angeblichen Natur der Seele ihre besondere Wesenheit zu erhärten. So lange Orthodoxie und Scholastik wirklich herrschten, blieb dem denkenden Geiste nur eine formelle Thätigkeit, keine freie, aus dem Grunde schöpfende, auf das Höchste gerichtete. Das Heil der Wissenschaft war an den Untergang der Orthodoxie gebunden. Nachdem sie zuerst in Mathematik und Physik materiell frei und selbständig geworden, wo sie nicht unmittelbar mit den Gegenständen des Glaubens in Conflict kam, wagte sie endlich auch die letzten Voraussetzungen des Glaubens zu untersuchen. Kant zeigte, wie im Kindesalter der Philosophie die Menschen damit anfingen, die Erkenntniss Gottes und die Hoffnung oder wohl gar die Beschaffenheit einer anderen Welt zu studiren, über die wir nicht einmal meinen können, ohne den Weg zu Hirngespinnsten zu nehmen, und wies unerbittlich nach, dass die Unsterblichkeitslehre niemals bewiesen werden könne. Seitdem giebt es zwischen demGlauben an Autorität und dem Forschen nach Wahrheit keine Vermittlung mehr, sondern nur eine Wahl.

Lessing stellte die Bekümmerniss um das jenseitige Schicksal mit der Astrologie zusammen. Fichte wies den Gedanken einer künftigen Vergeltung mit schneidendem Hohn zurück, und wollte keinen anderen Lohn als das Nachwirken eines fördernden Thuns und Denkens in dem Zusammenhange der menschlichen Dinge, wenn auch der Urheber längst vergessen worden. Comte sagt: für die Menschen der Zukunft zu arbeiten, wie die der Vergangenheit für uns gearbeitet haben, Saaten auszustreuen, die den Kindern derer, die wir lieben, Blumen und Früchte tragen sollen, zu fühlen, dass man unser Andenken nicht vergessen wird, dass wir geliebt sein werden, wenn schon im stillen Lande, dass wir nicht gänzlich sterben, sondern in der Erinnerung derer leben, welche künftig das Leben der Menschheit bilden, das ist die reinste, freundlichste, uneigennützigste Form des Wunsches nach Unvergänglichkeit.

Wie die Anschauungen über die Natur der Seele, so wurden auch die Theorien der Willensfreiheit wesentlich durch die Lehren von der Unsterblichkeit und der überirdischen Vergeltung bestimmt. Von vorne herein nimmt das natürliche Gefühl die Freiheit oder die absolute Spontaneität des Willens an, weil es sich des Wollens jederzeit klar bewusst ist, aber nicht ohne tieferes Nachdenken, und nicht bis zu den letzten Gründen dessen, wodurch das Wollen bestimmt ist. Wenn der Geist als das Princip der Bewegung, als das Bewegende der todten Masse betrachtet ward, musste er in natürlicher Consequenz nur von sich abhängig sein, seiner Natur nach durch sich selbst allein bestimmt werden. Umstände und Antriebe sollten nur den Anlass für die Aeusserung des Willens geben, er selbst, durch nichts anderes als sein reines Wesen bestimmt, in jedem Augenblick völlig frei und unbedingt die Entscheidung geben. Die theologische Weltanschauung bedurfte der Freiheit, als Willkühr der Wahl so oder anders zu handeln, für jeden einzelnen Willensact, um dem Menschen die volle Verantwortlichkeit für sein Thun aufzuerlegen, und die göttliche Vergeltung in dieser oder in der anderen Welt daran zu knüpfen. Der Metaphysik konnte das von der Materie getrennte Denken nur von sich abhängen. Leibnitz machte es zum Wesentlichen und Charakteristischen seiner Monaden, Alles aus ihrem eigenen Wesen zu schöpfen, die vollkommene Spontaneität in sich zu haben.

Der Spiritualismus theologischer und metaphysischer Ascetik machte aus der Freiheit des Geistes etwas Anderes, nämlich sein ausschliessliches Bestimmtsein durch den Willen Gottes, oder durch sein ewiges Wesen, die reine Vernunft, im Gegensatz zu jedem Einfluss des Sinnlichen, der gegebenen Welt. In diesem Sinne wurde die Freiheit, als idealer Begriff, zur höchsten Bestimmung oder zur eigentlichen Natur des Geistes; sie war nicht mehr die Möglichkeit sich zu entscheiden, sondern das, wofür der Wille sich entscheiden sollte. Kant zeigte, dass eine solche Freiheit, und eine ursächliche Thätigkeit derselben nicht als möglich einzusehen ist, dass in der erfahrungsmässigen Welt, in der sinnlichen Existenz, der Wille stets durch einen Stoff des Begehrens bestimmt wird.

Von dieser Freiheit handelt es sich nicht, wenn von der Willensfreiheit im Gegensatz zum Determinismus die Rede ist. Ein tieferes Nachdenken lehrte, dass auch eine Freiheit in dem Sinne unbedingter Willkühr beim menschlichen Handeln nicht möglich ist. Wie die absolute Trennung des Geistes von der Materie überall zu unlöslichen Schwierigkeiten führte, so liess sich die unbefangene Anschauung die Einwirkung der Sinnenwelt auf den Geist niemals nehmen. Die gewöhnlichste Berechnung des menschlichen Handelns, die äusserliche Menschenkenntniss, jede Rücksicht auf das Thun Anderer setzt eine gesetzmässige Verbindung des Handelns voraus, urtheilt nach der Natur des Handelnden, den Umständen und den Antrieben, welche erfahrungsmässig auf das bestimmte Individuum oder auf die Mehrzahl der Menschen zu wirken pflegen. Jede Psychologie setzt voraus, dass die Freiheit nach psychologischen Gesetzen an bestimmte Normen gebunden ist. In der geistigen und moralischen Welt herrschen so gut wie in der physischen Welt feste Gesetze. Auch die psychischen Wirkungen sind nothwendige Folgen bestimmter Ursachen. Spinoza erinnerte, es sei nicht richtig, Freiheit und Nothwendigkeit einander entgegenzusetzen, der Gegensatz sei Freiheit und Zwang. Aehnlich schon Aristoteles: spontan oder freiwillig ist das, wovon das Princip in dem Handelnden selbst liegt. Absolute Freiheit des Willens enthält sogar einen logischen Widerspruch, denn wenn ein Mensch in demselben Augenblick, da er seiner Natur nach etwas will, auch das Gegentheil wollen könnte, müsste er zugleich so und anders sein; die präsumirte Eigenschaft gleichzeitig Verschiedenes wollen zu können ist ebenso unmöglich, als dass eine Figur zugleich ein Kreis und ein Viereck sein könnte.

Jeder Denker macht, um nicht in bodenlose Willkühr zu fallen, bei irgendeiner Nothwendigkeit Halt, der eine bei der inneren, nothwendigen Natur der Dinge, der andere bei dem Willen Gottes. Wie sehr auch falsche Voraussetzungen in grundlose Zweifel verwickelt haben, die tiefere Contemplation hat stets zu der Ueberzeugung einer Nothwendigkeit im menschlichen Thun geführt.

Prädestination, Fatalismus und Determination durch Antecedentien gelangen zu demselben Resultate. Wie die einzelne That durch ihre Folgen bindet, so bleibt der Mensch, was er seiner Anlage nach ist. Die Visionen der Apokalypse und Swedenborgs lassen den Menschen in Ewigkeit sein, was er hienieden war. Der Ungerechte sei ewig ungerecht, und der Unreine ewig unrein. Est quod futurus est*), sagt Augusti-

*) Er ist, was er sein wird.

nus. Das Harte und Schreckliche der äusseren Vorherbestimmung liegt darin, dass der Mensch nach dem Rathschluss Gottes ewig leiden soll, weil er auf Erden gethan, was er nach seiner Bestimmung thun musste. Denn die Unterscheidung zwischen dem Willen Gottes und seiner blossen Zulassung ist bei einem allwissenden und allmächtigen Wesen nur eine Sophisterei. Allmacht Gottes und menschliche Freiheit schliessen in der That einander aus.

Statt der unfassbaren Freiheit des absoluten Denkens, statt der äusseren Bestimmung durch eine ausserweltliche Macht, statt des mystischen Zusammenhanges zwischen Natur und Menschen findet die voraussetzungslose Beobachtung einen solidarischen Zusammenhang, in welchem die Dinge naturgemäss auf einander hinweisen und durch Wechselwirkung verknüpft sind. Der Mensch hat in sich selbst bewegende Kräfte mit eigenen Gesetzen; sein Leben ist eine fortlaufende Reihe sich bedingender Acte. Jede Handlung ist ein nothwendiges Ergebniss seines bisherigen Seins und Thuns. Sein gegenwärtiger Zustand enthält die Summe der Motive zu künftigen Handlungen in sich. Was wir sind, sind wir durch eine Verkettung von Umständen und Handlungen geworden. Wir nehmen Freiheit und Zufälligkeit an, wo wir den Zusammenhang gesetzlicher Nothwendigkeit nicht kennen, aber diese verbindet in der moralischen, wie in der physischen Welt Wirkungen und Ursachen, auch wo sie uns verborgen bleibt. Jeder Augenblick des Lebens ist durch den vorhergehenden bedingt; die Handlungen entwickeln sich nothwendig aus einander. In jedem Falle wird der Wille durch die eigene innere Organisation und durch die Beschaffenheit der äusseren Objecte bestimmt. Thatsachen und Verhältnisse in Verbindung mit dem individuellen Charakter des Handelnden enthalten den Bestimmungsgrund, welcher der Willensbestimmung vorhergehen muss. Der Mensch handelt aus seiner Natur heraus, wie sie im gegebenen Augenblicke ist, und diese bestimmt auch die Ideenverbindung, Erinnerung und Aufmerksamkeit. Alle Gedanken, Bestrebungen und Handlungen sind Wirkungen der menschlichen Kräfte und der äusseren Umstände, welche die Weise des Seins modificiren; sie werden bedingt durch das Maass der eigenen Kraft, der ursprünglichen Anlage und ihrer Entwicklung, und durch die Macht der auf ihn wirkenden Eindrücke. Alle Willensbestimmungen sind aus dem Zustande der wirkenden psychologischen Antriebe ebenso sicher vorherzusagen, wie physische Erscheinungen aus den vorhergehenden Constellationen.

Es hängt nicht von unserer Willkühr ab, etwas schön oder hässlich, angenehm oder unangenehm, wahr oder falsch zu finden, und ebenso wenig wie das Urtheil steht es in unserer Gewalt, augenblicklich Vorstellungen hervorzurufen oder festzuhalten. Nur durch Benutzung geläufiger Reihen oder Associationen gelangen wir von unwillkührlich auftauchenden Anfangsgliedern zu dem Endpunkte eines begehrten Seelenzustandes, und das um so leichter und sicherer, je mehr wir uns gewöhnt haben, alle Vorstellungen auf einen gewissen Gedankenkreis zu beziehen. Non enim cuiquam in potestate est, quid veniat in mentem*) — Augustinus. — Wenn einzelne Psychologen noch jetzt zu Gunsten der Aufmerksamkeit eine Ausnahme machen, und in ihr eine directe Willensmacht statuiren, Gefühle oder Gedanken festzuhalten, so ist das eine augenscheinliche Inconsequenz. Die Aufmerksamkeit ruht immer auf den intensivsten Vorstellungen oder Empfindungen, die sich unwillkührlich durch Stärke oder Neuheit aufdrängen; und nur durch die Präoccupation des Geistes, durch die Ausbildung fester Vorstellungsreihen oder Gruppen, welche dann andere Eindrücke ausschliessen, wird sie auf bestimmte Objecte gelenkt und bei ihnen festgehalten.

Bevor durch Uebung und Gewöhnung solche feste Reihen der Vorstellungen gebildet sind, bleiben die Reactionen auf äussere Eindrücke schwankend und unzuverlässig. Denn

*) Denn Niemand hat in seiner Gewalt, was ihm in den Sinn komme.

die Menschen werden ihrer Anlage nach durch sehr mannichfaltige Neigungen und Antriebe bestimmt, und wenn auch einzelne derselben in der natürlichen Anlage eine gewisse Präponderanz behaupten, so bedarf es doch einer geordneten Entwicklung, um den regelmässigen Einfluss zu sichern. Es ist daher von höchster Wichtigkeit, dass die Erziehung von früh an durch Beispiel uud Lehre in dem bildsamen Gemüth feste Vorstellungskreise entwickle. Vor der Entwicklung durch äussere Anregung entzieht sich die Seele nicht bloss unserer Kenntniss, sondern sie wird auch erst in ihrer Entfaltung, durch den Inhalt, mit welchem sie erfüllt wird. Je fester der Charakter sich ausbildet, desto unwandelbarer und nothwendiger wird aus seiner eigenen Natur heraus gehandelt. Absolute Freiheit würde den Charakter des Menschen aufheben. In der Nothwendigkeit des Handelns aus den Gesetzen seines eigenen Wesens liegt seine Würde und sittliche Bedeutung.

Anfänglich wirkt mehr das Aeussere, von dem eigenen Willen Unabhängige auf die Gestaltung des Inneren, erst allmälig und bei höherer Ausbildung wird das Eigene, Innere überwiegend, und lässt sich dann nur noch ausnahmsweise, durch mächtige Eindrücke erheblich modificiren. Das Temperament, die dem Individuum eigenthümliche Intensität, Schnelligkeit und Beharrlichkeit psychischer Prozesse, welche auf einer angebornen Verschiedenheit der nervösen Substrate und des Stoffwechsels beruhen muss, wirkt sowohl auf Gemüth und Charakter, wie auf die Intelligenz — Gedächtniss, Auffassung, Combinations- und Einbildungskraft — und lässt sich anscheinend durch körperliche und geistige Erziehung nur wenig ändern.

Wenn dem so ist, wenn auf die eigene Entwicklung nur in beschränkten Grenzen, nur spät und allmälig eingewirkt werden kann, wenn sie wesentlich von angeborner Anlage und äusseren Verhältnissen abhängig ist, und wenn die einzelne Handlung mit Nothwendigkeit aus dem Wesen des Menschen hervorgeht, wie es durch Geburt und Umstände geworden, dann ist es allerdings richtig, hoher Geist und sittliche Vollendung sind kein Verdienst. Man thut, was man thun muss. Es ist dasselbe, wie mit körperlicher Schönheit; sie ist kein Verdienst, aber sie gefällt doch, sie erregt Neigung und Bewunderung. Und wenn ein Mensch durch unermüdliches Bemühen, durch unabänderliche Richtung des Geistes auf hohe Zwecke etwas Bedeutendes geworden ist, und etwas Bedeutendes geleistet hat, da mag es kein Verdienst sein, da mag immer sein Thun und Sein mit Nothwendigkeit aus Anlage und Entwicklung hervorgegangen sein, er wird doch Liebe und Bewunderung hervorrufen, im Gedanken an ihn werden menschliche Herzen höher schlagen.

Auf der anderen Seite, wenn der Verbrecher in Folge egoistischer Anlage, ungezügelter Leidenschaft, unmoralischer Erziehung und äusserer Lebensverhältnisse nach physikalischer und mechanischer Nothwendigkeit handelt, da fragt man, wo bleibt die Gerechtigkeit der Strafe. Diese Erwägung mag zu fortschreitender Humanität führen, mag Gedanken der Milde und Versöhnung gegenwärtig halten, in dem Verbrecher mehr den Unglücklichen, Verwahrlosten als den Hassenswerthen, Verworfenen zu sehen, auch an die eigene Verschuldung der Gesellschaft erinnern. Aber die Gesellschaft hat keinen Grund den Schaden zu tragen, vielmehr das volle Recht, sich nach Kräften gegen antisociale Angriffe zu schützen. Zu diesem Zwecke mag sie versuchen, abzuschrecken, zu bessern, im Nothfall unschädlich zu machen.

In jedem Falle können Einwendungen aus dem Gebiete vermeintlicher gesellschaftlicher Zuträglichkeit nicht gegen die wahre Beschaffenheit der Dinge und ihre Anerkennung in Betracht kommen. Hegel bemerkt, dass sich seit mehreren Jahrhunderten bereits mit dem Ausdruck Natur die Vorstellung der Nothwendigkeit und Gesetzmässigkeit verbindet, während im Reiche des Geistes vergleichungsweise die Willkühr und das Gesetzlose zu Hause zu sein scheint. Mit Kants Grundsatz, dass auch in der Welt der Freiheit feste Gesetze walten, fällt der Unterschied in der Behandlung der moralischen und physikalischen Wissenschaften, und es vollendet sich die positive Methode der Philosophie.

Man thut häufig, als ob die positive Philosophie, die exacte Methode mit ihrer mechanischen Weltanschauung alles Allgemeine und Ideale ausschlösse, als ob sie im Einzelnen und Sinnlichen stehen bliebe. Das ist falsch. Alles Denken strebt nach Allgemeinheit. Nur gewissen Arten des Idealismus, dem theologischen Idealismus, welcher sein Ideal von einer ausserweltlichen Vorsehung herleitet und in einer ausserweltlichen Bestimmung erfüllt sieht, und dem metaphysischen Idealismus, welcher hinter den Erscheinungen einen übersinnlichen Kern und in seinen Abstractionen selbstständige Wesen annimmt, denen widerspricht sie. Erst die menschliche Betrachtung trägt in die Vielheit der Elemente und Kräfte, welche die Natur darbietet, Ordnung hinein, mag sie mit dem All oder mit dem Atom beginnen. Wir knüpfen die Bande der Welt. In uns entwickeln wir die Ideale des Wahren, des Guten und Schönen. Die Thatsachen des Geistes, die Offenbarungen des Bewusstseins, die Bewegungen des Gemüths stehen der positiven Anschauung ebenso fest, wie irgend welche physische oder sinnliche Thatsachen. Aber die übersinnlichen Erklärungsweisen geben keine anschauliche Erkenntniss. Das thut nur die mechanische. Und darum ist die Erkenntniss der Mechanik der Weltordnung das Ziel ihres Denkens. Das Leben ist ihr nur eine besondere Art der Mechanik, und zwar die allercomplicirteste Form derselben. Wo keine anschauliche Erkenntniss möglich ist, da muss man resigniren, und darf nicht meinen, durch Dichtungen oder durch Umschreibungen das Unerklärliche erklärlich zu machen, wie man im Leben auf die sehnlichsten Wünsche, auf die theuersten Hoffnungen des Herzens resigniren muss, wenn man sie als unmöglich oder unerreichbar erkennt.

Dass die Vereinzelung der Untersuchungen, die Theilung der Arbeit, welche das Geistige der theologischen oder metaphysischen Philosophie zuweist, und das Körperliche der Naturforschung überlässt, der Sache nicht vollständig gerecht werden kann, ist allerdings häufig erkannt worden. Schon Seneca klagte: Jeder denkt an die Theile das Lebens, Niemand an das Ganze. Bossuet wollte die connaissance de soi-même auf die Kenntniss des Körpers in allen seinen Organen, wie der Seele in allen ihren Fähigkeiten gestützt wissen. Aber um die biologischen Studien aus ihrer Zersplitterung zur Einheit zu erheben, musste erst durch die Ausdehnung der exacten Forschung die gemeinschaftliche Grundlage gewonnen und der physiologische Nachweis geführt werden, dass das Niedere die Basis des Höheren ist, welches dessen nicht entrathen kann und nur als dessen Function zur Erscheinung kommt. Nachdem die sensualistische Psychologie diese Annahmen in vager, mehr poetischer als wissenschaftlicher Weise geltend gemacht, begann Cabanis die psychischen Thatsachen nach inductiver und experimenteller Methode als einen Zweig der Biologie zu studiren, und consequent als Wirkungen und Functionen der Gehirn- und Nerven-Thätigkeit zu begreifen.

Wir vergessen leicht, wie spät sich diese Anschauungen in der Wissenschaft Anerkennung gewonnen haben. Aristoteles hielt die Rückenmarkssubstanz und das Knochenmark für identisch, und Praxagoras betrachtete das Gehirn als einen werthlosen Anhang des Rückenmarks. Allmälig beschränkte man die unmittelbare Wechselwirkung von Seele und Körper auf das Gehirn, betrachtete Rückenmark und Nerven nur als vermittelnde Glieder ihres Verkehrs, während man früher die Seele mehr als alle Theile des Leibes durchdringend, an keinen unabänderlichen Vermittlungsweg gebunden dachte. Noch Cabanis und Bichat bezogen die Leidenschaften direct auf die vegetativen Eingeweide. Erst Gall, der mit seiner Anatomie des Gehirns die Physiologie revolutionirt hat, wies nach, woran jetzt Niemand mehr zweifelt, dass alle psychischen Functionen ausschliesslich dem Gehirn zukommen, und dass andere Organe, Herz, Lunge, Magen, nur sympathisch auf die Eindrücke starker Bewegungen reagiren. Auf seine Anregung hat man auch die scholastischen Seelenvermögen,

Empfindung, Gedächtniss, Urtheil und Einbildungskraft, als getrennte Fähigkeiten aufgegeben. Man hat eingesehen, dass sie nur Modalitäten desselben Phänomens sind, und dass sie nur in verschiedenem Grade jeder wirklich elementaren psychischen Function zukommen.

Wie für das Leben überhaupt giebt es auch für den Nervenapparat keinen einzelnen, Bewegung und Empfindung beherrschenden Mittelpunkt. Er besteht in seiner complicirten und verschiedenartigen Structur aus einer zahllosen Menge mehr oder minder selbständiger Elemente, welche für die Einheit des Bewusstseins im Dienste des einheitlichen Organismus stehen, wie sie wiederum dessen lebendige Wirklichkeit bedingen.

Die sehr grosse Verschiedenheit in Gestalt, Volumen, Ausbildungsgrad und Verbindungsweise des Gehirns und seiner einzelnen Theile steht ohne Zweifel im unmittelbarsten Zusammenhange mit der psychischen Entwicklung und mit angeborenen Anlagen und Fähigkeiten.

Gall stützte sein Axiom, dass das Gehirn eine Gruppe von Organen mit besonderen Functionen ist, darauf, dass in allen Classen der Thiere gewisse Eigenschaften der Ausbildung gewisser Hirntheile entsprechen, dass die intellectuellen, und moralischen Eigenschaften so gut wie die äusseren Sinne besondere Nervenorgane haben müssen, dass die psychologischen Verschiedenheiten der Menschen nicht Verschiedenheiten in der allgemeinen Gehirnform, sondern nur in isolirten Theilen des Gehirns entsprechen, dass in demselben Menschen verschiedene Fähigkeiten sehr verschiedene Grade der Thätigkeit zeigen, dass man nach Ermüdung durch eine Beschäftigung für andere fähig bleibt, dass Wahnsinn sich häufig nur auf einen Kreis von Vorstellungen bezieht, und dass physische Gehirnverletzungen oft nur eine Fähigkeit modificirt und die übrigen intact gelassen haben. Aber sein Bemühen, die physischen Organe der geistigen Thätigkeiten zu localisiren, war nur eine wissenschaftliche Hypothese, ein Versuch aus leichten Gründen. Das Material, welches nur für eine rohe, nach der Natur der Phänomene schwer zu bestätigende Hypothese ausreichte, ward übereilt in den Schein einer Wissenschaft gekleidet. Seine Nachfolger haben für die Anatomie des Gehirns nichts mehr geleistet. Seine psychologische Eintheilung ist ausserdem willkührlich; es sind incongruente Erscheinungen, manche offenbar zusammengesetzte und reducirbare Functionen als Grundanlagen neben einander gestellt. Comte hat deshalb eine andere Eintheilung versucht, die psychologisch ohne Zweifel rationeller ist, indessen ganz des thatsächlichen Beweises entbehrt. Auch lässt sich schwer einsehen, wie von seinen Charaktereigenschaften die Klugheit neben den eigentlich intellectuellen Functionen, Muth und Festigkeit überhaupt isolirt bestehen sollen, statt der psychischen Action im Ganzen zuzukommen. Die Kranioskopen unterscheiden nur die grösseren Massen, Intelligenz, Gemüth und Charakter, aber ohne gehörige Rücksicht auf die Conformation das Gehirns; das kleine Gehirn dient nach unzweifelhaften Experimenten an Thieren nicht dem Willen und den Trieben selbst, sondern nur der zweckmässigen Combination, also der Ausführung der gewollten Bewegungen.

Wenn auch die praktische Anwendung der Principien noch sehr mangelhaft ist, so bestätigen doch Beobachtungen, Experimente, pathologische Erfahrungen, die allmälige Entwicklung und Rückbildung des Gehirns von der Kindheit bis zum Greisenalter, endlich die namentlich von Morton und seiner Schule angestellten Untersuchungen über Form und Grösse der Schädel bei verschiedenen Racen, dass die Aenderungen des Organs Veränderungen der Functionen zur Folge haben, und dass die fundamentalen Tendenzen der Intelligenz und der Affecte an verschiedene Theile des Gehirns gebunden sein müssen.

Die französische Psychologie des vorigen Jahrhunderts, namentlich durch Helvetius vertreten, dehnte das Dogma der Gleichheit auch auf die geistigen Anlagen der Menschen aus, und behauptete, dass alle Unterschiede lediglich auf der Er-

10*

ziehung und Ausbildung der von Natur gleichen Fähigkeiten beruhten. So weit die bisherige Erfahrung reicht, zeigen allerdings Gewicht, Ausbildung und Windungen des Gehirns bei sehr intelligenten, hervorragenden Männern keine Verschiedenheit von anderen normalen, wohl entwickelten Gehirnen. Gewiss haben Erziehung, Uebung und Gewöhnung sowohl bei Einzelnen, wie bei ganzen Classen und Völkern den tiefgreifendsten, im Durchschnitt die Wirkung der normalen Naturanlagen weit überwiegenden Einfluss auf die Entwicklung und auf die Richtung der geistigen Fähigkeiten. Auch die höchsten Anlagen gelangen ohne sie nicht zu einer bestimmten und wirksamen Entfaltung. Aber nicht bloss die Entwicklung, sondern auch die Entwicklungsfähigkeit, die angeborene Beschaffenheit der psychischen Anlagen und ihrer Organe ist bei Individuen und Racen von der höchsten Verschiedenheit, von weit grösserer ohne Zweifel, als sie in den physischen Organen, im Knochenbau, in der Physiognomie und der Haut obwaltet.

Die Structur eines Apparats zeigt, auch ausser dem Gehirn, selten seine Function an. Warum Oscillationen der Luft von bestimmter Geschwindigkeit als Schall oder Farbe empfunden werden, bleibt unzugänglich; aber ebenso wenig lässt sich beantworten, warum gewisse Drüsen gewisse Stoffe aus dem Blute aufnehmen. Beobachtung und Vergleichung können uns nur über das Dasein der Functionen und über die Bedingungen, unter denen sie eintreten, belehren. Die Existenz einer Erscheinung, oder was nur ein anderer Ausdruck dafür ist, unsere Wahrnehmung derselben muss als Thatsache hingenommen werden, nur für ihren Zusammenhang können wir die Gesetze aufsuchen. Dass ein kräftig und reich entwickeltes Organ zu höheren Leistungen befähigt, als ein schwaches und armseliges, erscheint auf jedem Gebiete der Mechanik wie des Lebens einleuchtend. Dass die Integrität des Gehirns überhaupt zu psychischen Leistungen nothwendig ist, steht durch die unzweifelhaftesten Thatsachen fest.

Die verschiedenen Bestandtheile des Nervenapparats sind die peripherischen Nerven, die weisse Markmasse des Gehirns und der Rückenmarkstränge, die Ganglien und die graue, gangliöse Substanz, namentlich in der Rindenschicht des grossen Gehirns. In der Structur der Empfindungs- und Bewegungs-Nerven, so wie der speciellen Sinnesnerven lässt sich kein Unterschied erkennen, so dass die Verschiedenheit der Funktionen auf den peripherischen Apparaten und auf den centralen Einrichtungen zu beruhen scheint, mit denen sie in Verbindung stehen, obwohl die Annahme chemischer und physikalischer Verschiedenheiten, namentlich der Elasticität, für die Fortpflanzung physikalischer Agentien nicht ausgeschlossen ist. Die Anwesenheit der Ganglien charakterisirt die centralen Organe. Sie sind von verschiedener Grösse und mit Fortsätzen in verschiedener Zahl versehen, die theils Ganglien unter einander verbinden, theils in die Axencylinder der Nerven übergehen. Nur in den Ganglien findet eine Uebertragung der Erregungen zwischen empfindenden und bewegenden Nerven statt. Abgesehen von dem Zusammenhange im Rückenmark, welcher die sogenannten Reflexbewegungen begründet, ist das Gehirn die Verbindung zwischen dem sensitiven und motorischen Apparat. Eine ununterbrochene Nervenleitung bis zum Gehirn ist nothwendig, damit eine Reizung in das Bewusstsein fortgepflanzt und damit eine gewollte Bewegung ausgeführt werde. Das ist durch Beobachtung bei Verletzungen und durch Experimente constatirt. Die graue, für mechanische Reizung völlig unempfindliche Rindensubstanz des Gehirns, welche bisweilen nur als Ernährungsorgan des Gehirns betrachtet wird, halten die meisten Physiologen jetzt für den eigentlichen Sitz der höheren psychischen Thätigkeiten. Pathologische Erfahrungen lehren, dass sowohl directe Veränderungen der grauen Hirnsubstanz, wie Störungen der Leitung zwischen ihr und den nächsten Ganglien psychische Störungen bedingen; und die bei Vögeln ausgeführte Entfernung des vorderen Gehirns hat Stupidität zur Folge.

Daneben sind freilich die übrigen Theile des Nervenapparats keineswegs inerte Werkzeuge, sondern ebenfalls von selbständigen Kräften bewegt. Durch Dubois - Reymond's Untersuchungen ist festgestellt, dass alle Nerven, und zwar nach der Lebensfülle des Organismus in höherem oder geringerem Maasse von elektrischen Strömen durchflossen und umkreist sind, dass dies auch bei jedem getrennten Stück eines Nerven stattfindet, so lange seine Reizbarkeit dauert, dass also die peripherischen Nerven nicht Leiter, sondern Erzeuger der Elektricität sind. Bei jeder Erregung der Nerven, bei der Empfindung und Bewegung im lebendigen Körper, wie bei der mechanischen Reizung ausgeschnittener Nerven findet eine Veränderung der elektrischen Zustände, eine Schwankung, Schwächung oder Unterbrechung der Elektricität statt, welche sofort wieder eintritt, wie die Reizung abnimmt, so lange nicht mit der Erregbarkeit die Leistungsfähigkeit des Nerven überhaupt aufhört. Vibrationen oder veränderte Stellung der molecularen Theile lassen sich in den Nerven so wenig nachweisen, wie im Kupferdrath bei der Leitung des elektrischen Stromes, müssen aber bei jeder Aenderung der Elektricitätsverhältnisse in den Axencylindern der Nerven angenommen werden. Es lässt sich schliessen, dass beim Empfinden und Wollen die elektrische Kraft des Nervenapparats eine anderweitige Verwendung nach innen erfährt, welche sie an der stärkeren Entlassung ihrer Wirkungen nach aussen hindert. Man hat diesen Wechsel der elektrischen Strömung und psychischer Acte mit dem Unterschiede der frei werdenden und latenten Wärme verglichen. Im thierischen Körper wäre die elektrische Grundkraft mit einem chemischen Apparat verbunden, vermöge dessen sie aus dem Zustande der Entbundenheit in den der Latenz übergeleitet werden kann und umgekehrt. Im wachen Zustande würde sich ein grösseres Quantum der Grundkraft im latenten, im Schlafe dagegen im entbundenen Zustande befinden.

Mit dieser Annahme stimmen einige der gewöhnlichsten Lebenserscheinungen, die sich sonst nicht leicht auf eine anschauliche Ursache zurückführen lassen, vollkommen überein. Die Nerven, von denen Athmungsbewegung, Herzschlag und Verdauung ausgehen, bedürfen keiner Ruhe, sondern wirken ununterbrochen fort, sei es, dass die Reizung und der Wiederersatz der Kräfte bei ihnen im Gleichgewicht steht, oder dass die periodischen Momente der Ruhe in ihrem kurzen rythmischen Verlauf zur Wiederherstellung des Gleichgewichts genügen. Die psychische Thätigkeit dagegen, Anstrengungen des Wollens und Denkens zehren physische Kräfte auf, und erfordern zeitweilige Ruhe, wie der Körper nach längeren Anstrengungen der Glieder. Die überschüssige Kraft, mit welcher die Pflanze neue Triebe hervortreibt, verwendet das Thier in dem Getriebe körperlicher und psychischer Thätigkeit. Der Ersatz der Kräfte, die Erhaltung der Erregungs- und Leistungsfähigkeit des Gehirns scheint langsamer stattzufinden als ihre Abnutzung, und dadurch periodisch eine Hemmung der Bewegungen in ihm zu entstehen, welche das Bewusstsein schwächt oder aufhebt. Im Schlafe tritt dann die Vermehrung der elektrischen Strömungen ein, welche die Nerven ernährt und kräftigt. Der Schlaf ist für Wachsthum und Gedeihen des Körpers nothwendig. Die Processe der Genesung und Heilung vollziehen sich am besten im Schlafe. Shakespeare nennt ihn den Balsam kranker Seelen, den zweiten Gang im Gastmahl der Natur, das nährendste Gericht beim Fest des Lebens. Nach grosser Erschöpfung durch lange Anstrengung oder durch heftigen Schmerz erfolgt die Ausgleichung in langem, tiefem Schlaf. Wenn zu feiner Auffassung und schneller Verarbeitung ein besonders reizbares Nervensystem nothwendig ist, so wird bei der Ueberschreitung gewisser Grenzen die Reizbarkeit zur Nervenschwäche, indem sie den Ernährungsprozess, die Wiedererstattung der Kräfte des Nervensystems hemmt. Eine Zeitlang kann die Geisteskraft auf ihre eigenen Kosten zunehmen. Aber übermässige Anstrengungen, allzulanges Wachen, Ueberreizung der Nerven führen durch Entkräftung des Gehirns zur Erlahmung, Dumpfheit, Unempfindlichkeit. Durch die anhaltende Unterdrückung der elektrischen Strömungen wird der Apparat mehr oder weniger untauglich. Im Tode versiegt der Elektricitätsquell im Nerven; nicht ein Quantum der Kraft geht verloren, wie bei jeder Erregung der Nerven, sondern die Fähigkeit selbst, die Elektricität zu reproduciren, die Reizbarkeit und die Reaction, womit dann die Desorganisation eintritt.

Dass in der Entwicklung des Organismus nach Erreichung der normalen Ausbildung die Ausgabe die Einnahme übersteigt, der Verbrauch der Nervenkräfte grösser ist als ihre Wiedererstattung, erklärt allein die Nothwendigkeit des Todes, da an sich nach den organischen Einrichtungen nicht einzusehen ist, warum nicht die Bewegung der Composition und Decomposition in vollkommenem Gleichgewicht verharren könnte.

Alle Thätigkeit der Nerven besteht im Uebergange aus dem erregbaren Zustande in den erregten und in der Rückkehr zu ersterem. Die Reizung oder Erregung ruft eine Spannung hervor, welche mit dem Wiedereintritt des erregbaren Zustandes ausgeglichen oder gelöst wird. Die Spannungen der sensibeln Nerven, welche entweder durch Einwirkungen der Aussenwelt oder durch innere Bewegungen erregt werden, gleichen sich zum Theil durch den Leitungswiderstand oder Vertheilung der Erregung aus; am häufigsten aber werden sie durch Uebertragung oder Ueberleitung der Veränderung auf motorische Nerven ausgeglichen, wo sich die Spannung dann in einer Bewegung des innervirten Gebildes löst, worauf die Nervenelemente in den erregbaren Zustand zurückkehren. Die Uebertragung der Spannung von einem sensibeln auf einen motorischen Nerven geschieht immer nur durch Vermittlung von Ganglien. Von den einfachsten Reflexbewegungen bis zu den durchdachtesten Combinationen sind die Bewegungen in verschiedenen Abstufungen von einer wachsenden Mitwirkung des Bewusstseins abhängig. Die andauernden Reflexbewegungen des Herzens, der Athmungs- und Verdauungs-Werkzeuge, welche sich fast ganz dem Willen, zum Theil selbst dem Bewusstsein entziehen, sind Folgen der beständigen, durch den Blutumlauf und Ernährungsprozesse entstehenden Reize, welche von den sensitiven auf die concurrirenden motorischen Nerven übertragen werden. Die Reflexbewegungen, welche durch heftige Erregungen sensibler Nerven, sei es durch äussere Sinneseindrücke oder durch Erschütterungen des Gemüths, hervorgerufen werden und sich in zitternder Unruhe des ganzen Körpers oder in Contraction einzelner Muskelgruppen zeigen, werden zwar von dem Bewusstsein wahrgenommen, kommen aber ohne dessen Mitwirkung zu Stande. Die meisten Bewegungen neugeborener Thiere müssen als Reflexbewegungen betrachtet werden. Die Uebertragung der Erregung von Empfindungs- auf Bewegungs-Nerven geschieht um so leichter, je reizbarer der betreffende nervöse Apparat und je intensiver die ursprüngliche Erregung ist. Der Reflexmechanismus bildet sich aber auch allmälig aus; häufig vorkommende Bewegungen fixiren sich in den Nervenelementen so vollständig, dass sie ohne Einfluss von Ueberlegung und Willen auf physische Reize maschinenmässig ausgeführt werden, als Nachwirkung früherer, nicht als Ausfluss gegenwärtiger Intelligenz.

Analog dem durch Versuche constatirten Vorgange der Reflexbewegungen muss die centrale Nerventhätigkeit aufgefasst werden. Die Erregungen der psychischen Centren sind Gefühle und Vorstellungen. Sie werden entweder durch Empfindungen der Sinne, oder durch die vorhergehende psychische Thätigkeit, eine Veränderung im Inhalt des Bewusstseins, hervorgerufen, und übertragen sich ebenso entweder auf die peripheren Bewegungsnerven, oder auf innere Bahnen in weiteren Reihen von Gefühlen und Vorstellungen.

Die Combination gewollter Bewegungen muss erst erlernt, in vielen Fällen durch Uebung erworben werden. Bei neugebornen Thieren tritt allerdings der Gebrauch der Glieder mit solcher Vollständigkeit und Sicherheit auf, dass die combinirten Bewegungen, welche noch nicht von der Erfahrung abgeleitet werden können, auf die unmittelbare Verbindung der Bewegungsnerven in den Centraltheilen zurückgeführt werden müssen, wie sie beim Menschen nur für innere Organe besteht. Für die rastlosen, auf kein bestimmtes Ziel gerichteten Bewegungen junger Thiere und Kinder glaubt ein englischer Psycholog Bain auf einen selbständigen, von Gefühl und Empfindung unabhängigen Bewegungstrieb recurriren zu müssen. Das erscheint indessen unnöthig. Wahrscheinlich kommt keine Empfindung ohne ein Gefühl der Lust oder Unlust, des Angenehmen oder Unangenehmen zu Stande, wenn wir uns auch später bei den meisten Empfindungen keines solchen Gefühls mehr bewusst werden. Die lebhaften Processe des Wachsthums, .und die Empfindung, welche jede Bewegung wieder hervorruft, bilden offenbar mit dem Gefühl der Lust, welche zur Wiederholung treibt, und mit dem Gefühl der Unlust, welche die unangenehme Lage zu verändern anregt, die Reize, welche immer neue Bewegungen anregen. Die neuen Lagen, in welche der Körper gebracht wird, führen neue Eindrücke mit sich, und verknüpfen im Bewusstsein die Empfindung, welche zur Bewegung reizt, mit der Empfindung, welche durch die Bewegung erreicht wird. Wie der Wille auf die Bewegung wirkt, warum der bewusste Reiz die bestimmte Bewegung zur Folge hat, darüber sagen Bewusstsein und Beobachtung nichts mehr aus. Indem Spannung und Lösung nicht in den peripheren Nerven verlaufen, sondern in die psychischen Centren treten, und dort als Gefühle oder Vorstellungen empfunden werden, wird aus dem physischen Reiz ein bewusster Trieb oder ein Begehren. Der Wille ist ein Begehren, welches sich in einer Handlung löst. Obwohl der Wille sich unmittelbar nur in der Bewegung der Glieder oder in der Regulirung des Gedankenlaufs bethätigen kann, tritt häufig nur das beabsichtigte Ziel klar in das Bewusstsein, und die Benutzung der Mittel, die in der That allein von der augenblicklichen Bewegung abhängt, kann fast unbewusst, automatisch erfolgen, wie die äusserst complicirten Bewegungen, welche das Schreiben oder das Clavierspielen erfordert. Aber der Vorgang bleibt der einfachen Bewegung, welche auf eine unmittelbare Erregung folgt, analog. Die Vorstellungen, welche eine psychische Spannung und damit den Trieb nach einer Lösung hervorrufen, können äusserst complicirt sein, sie können durch neue Vorstellungen modificirt werden, Mittel und Wege müssen vielleicht geändert werden, endlich findet die ursprüngliche Spannung in dem ausgeführten Wollen ihre vollständige Lösung. Immer wird die centrale Spannung, wenn auch noch so sehr durch die Association und Reproduction mannichfaltiger Vorstellungen gekreuzt, zuletzt auf periphere Nerven übertragen, und so der Kreislauf der Bewegung von der Peripherie durch das Centrum wieder zur Peripherie vollzogen.

Leidenschaften sind stehend gewordene Begierden, vielfach verknüpfte, erstarkte Vorstellungen, welche eine grosse Spannung setzen und damit einen mächtigen Trieb nach Ausgleichung hervorrufen, indem sie sich einseitig zum Gesammtinhalte des Bewusstseins verhalten und den Willen ausschliesslich beherrschen. Sie haben unmittelbar nichts mit der Stimmung, mit den Affecten der Lust und Unlust zu thun, die vorzugsweise durch die geförderte oder gehemmte Ausgleichung psychischer Spannungen bedingt werden. Man sagt sogar mit Recht: wo viel Affect, ist wenig Leidenschaft. Aber indem Empfindungen und Vorstellungen uns afficiren, jenachdem sie die Leidenschaft fördern oder hemmen, trägt die Heftigkeit der Leidenschaft dennoch bei, die Affecte zu steigern.

Wie die physischen Bewegungen durch das Begehren motivirt und durch die Vorstellung des Causalzusammenhanges im Bewusstsein geregelt werden, so nehmen auch Gedächtniss und Einbildungskraft Disciplin an, indem nach der Ausbildung fester Vorstellungsreihen die bekannten Zwischenglieder als Mittel gebraucht werden, um von den unwillkührlich auftauchenden Vorstellungen aus durch die geläufigen

Reihen zu den begehrten Vorstellungen als Endpunkten der Thätigkeit zu gelangen. Gleich der Uebung, durch welche combinirte Muskelbewegungen zur Fertigkeit werden, bilden gewohnte Associationen allmälig einen festen Bestand von Vorstellungen und Vorstellungsweisen, die in ihren Details nicht mehr klar zum Bewusstsein zu kommen brauchen, unter deren Voraussetzung aber, oder von denen aus alles Empfinden, Denken und Wollen geschieht. Darauf beruhen Takt, Gewissen, feste Grundsätze, „der Geist, aus dem wir handeln."

Von dem, was wir sind und was wir wissen, von den Vorstellungen, die wir in uns tragen, oder die sich in uns wach rufen lassen, ist in jedem Augenblick nur ein sehr geringer Theil im Bewusstsein gegenwärtig. Herbart nennt das die Enge des menschlichen Geistes. Das Maass dieser Enge ist verschieden; wie viele Gedanken und Beziehungen gleichzeitig im Menschen lebendig und wirksam sein können, hängt von dem geistigen Vermögen ab. Die Beweglichkeit des Geistes bildet das Gegengewicht. Beim Versuch ungewöhnlich viele Vorstellungen zugleich zu umfassen verlieren alle an Klarheit. Wenn ein Eindruck eine Menge von Vorstellungen hervorruft, wendet sich die Aufmerksamkeit einzelnen Seiten oder Theilen zu, während die übrigen nur dunkel dem Bewusstsein gegenwärtig sind und fragmentarisch zum klaren Ausdruck kommen. Jedes Unterscheiden oder Vergleichen von Wahrnehmungen, welches die Aufmerksamkeit auf einzelne Theile oder Complexe von Vorstellungen richtet und andere zurücktreten lässt, constituirt schon eine Analyse oder Abstraction, durch welche das Nachdenken zu Begriffen, als der Summa der wesentlichen oder charakteristischen Merkmale der Gegenstände, gelangt.

Die Empfindung und Anschauung ist schon kein blosses Leiden, sondern ein thätiges Erfassen, durch welches das Aufgefasste von dem Hintergrunde seiner Umgebung abgehoben wird. Beobachtung und Reflexion sind nicht zu trennen, der Geist ist zugleich activ und passiv, wenn auch in dem inneren Getriebe der Vorstellungen und des Denkens, wie in der Wechselwirkung zwischen der äusseren Welt und dem Menschen bald das leidende und bald das thätige Element überwiegt. Empfindung und Bewegung, Reception und Production, Wirkung der Welt auf den Menschen und des Menschen auf die Welt, theoretisches und praktisches Verhalten finden sich in dem Dualismus des Nervensystems, dem Kreislauf centripetaler und centrifugaler Strömungen, begründet und vorgebildet. Ihr inniges Verhältniss darf nicht zerrissen werden. Die Einheit beider, die Art ihrer Verbindung, die Kraft und Richtung des inneren Lebens und Strebens macht die Individualität aus, die wie ein eigenes Colorit über die ganze psychische Thätigkeit ausgebreitet ist. Die normale Gefühlslage, das individuelle Gleichgewicht, in welchem periphere oder psychische Spannungen sich lösen, kann durch starke Affecte und durch Geisteskrankheiten verändert und gestört werden. Wie im Traume die centrale und periphere Erregung der Empfindungscentren verwechselt, und Vorstellungen als unmittelbare Sinnesempfindungen genommen werden, wie heftige Affecte und körperliche Krankheiten das Bewusstsein alteriren, die Besonnenheit rauben, Illusionen hervorrufen können, so führen eigentliche Geisteskrankheiten, die von psychischen und von somatischen Ursachen ausgehen können, durch ungewöhnlich gehobenes oder ungewöhnlich deprimirtes Selbstgefühl, durch ungewöhnliche Erleichterung oder Erschwerung der Lösung psychischer Spannungen zu Wahnvorstellungen, in denen endlich selbst die sicherste und compacteste Vorstellungsmasse, das Bewusstsein der eigenen Persönlichkeit, untergehen kann. Bei psychischen Lähmungszuständen, Blödsinn, fehlt die centrale Erregbarkeit, und somit, da ohne Erregung keine Thätigkeit stattfindet, die geistige Thätigkeit.

Das erste Element alles geistigen Lebens sind die unmittelbaren Empfindungen, welche die Aussenwelt uns verursacht. Die Bewegung des Geistes beginnt mit ihnen und kehrt zu ihnen zurück, um immer Stoff und Ausgangspunkt für neue Entwicklung seiner Thätigkeit zu gewinnen. Das Denken kann den sinnlichen Anfang nie verläugnen, sich nie ganz von der Sinnlichkeit frei machen. Es entwickelt die höchsten Ideen und die allgemeinsten Gesetze aus dem wachsenden Schatze der von der sinnlichen Wahrnehmung anhebenden Erfahrung, und kann ihre Wahrheit wiederum nur dadurch erhärten, dass sich concrete Beispiele für sie in der Wirklichkeit nachweisen lassen. Jedes deutliche Vorstellen wird von etwas der Sinnlichkeit Angehörigem begleitet. Der hörende Mensch denkt in Klangzeichen, gehörten Lauten. Nur ein sehr einfaches, wenig entwickeltes Denken ist ohne die Sprache möglich. Taubstummen muss die Sprache mühsam durch Schriftzeichen ersetzt werden, um eine höhere psychische Ausbildung zu ermöglichen, und sie überwinden selten ihre Abneigung gegen das Denken. Nur durch die Sprache erhalten unbestimmte Gesammtvorstellungen, vage Combinationen, abstrahirte Begriffe Deutlichkeit und Klarheit. Auf der anderen Seite kann der Geist nicht unvermittelt auf den Geist wirken, sondern bedarf zur Mittheilung von Gefühlen und Vorstellungen sinnlicher Zeichen. Die unwillkührlichen Mienen und Gesten, vor allem die mannichfachen Bewegungen der Respirationsorgane drücken die Eigenthümlichkeiten innerer Unruhe, die Gemüthsbewegungen der Freude und des Schmerzes mit lebhafter Energie und mit reichen Modulationen aus. Aber bestimmte Vorstellungen und Gedanken lassen sich, abgesehen von nachahmenden Bildern und conventionellen Zeichen, nur durch die Sprache mittheilen.

Die zur Hervorbringung von Lauten erforderlichen Muskelcombinationen entstehen zuerst durch die zufällige Einwirkung sensitiver Reize auf motorische Nerven. Indem die eigenen Laute gehört werden, associiren sich die einzelnen Schallvorstellungen mit den bestimmten Bewegungsempfindungen, welche bei ihrer Hervorbringung eintreten. Wahrnehmung der Lautcombinationen und nachahmende Bewegungen sind zum Erlernen des Sprechens nothwendig.

Aber die Ausbildung der Sprache, wie der Begriffe gehört nicht mehr dem Individuum, sondern der collectiven Entwicklung der Menschen an. Man muss das Individuum verstehen, um die Gesetze der Gesellschaft zu erkennen. Die Anthropologie ist die nothwendige Grundlage der Sociologie. Denn die Gesellschaft besteht aus Individuen und Alles geschieht in ihr durch das combinirte Handeln von Individuen. Die socialen Phänomene sind Phänomene des Lebens und seine complicirtesten Offenbarungen. Sie können daher ohne die Kenntniss der menschlichen Natur nicht vollständig gewürdigt werden. Umgekehrt wird das Individuum erst durch die Gemeinschaft verständlich. Wenn auch die Anlage vorhanden sein muss, so kommt doch Vieles nur in der Gemeinschaft zur Erscheinung und zur Entwicklung. Der Mensch wird erst in der Gesellschaft zum Menschen. Die moralischen und intellectuellen Studien bleiben ungenügend, wenn sie auf das Individuum beschränkt werden. Ihre Gesetze lassen sich nicht von dem Einzelnen ableiten, sie gehören der Sociologie an.

Zweites Buch.

Die Kastenstaaten.

Indien.

I.

Ich beginne mit Indien. Es ist das entlegenste östlichste Land, in welchem ein Volk der kaukasischen Race seine Heimath und den Boden seiner Entwicklung gefunden hat. Es hat erst spät, und so weit es als Repräsentant eines besonderen eigenthümlichen Culturzustandes in den Kreis unserer Betrachtung fällt, nur in untergeordneter Weise Einfluss auf andere Völker geübt, oder von ihnen erfahren. Den gleichzeitig blühenden Nationen des Alterthums, selbst seinen Nachbarn, ist es nur in geringem Grade bekannt geworden, wie es von ihnen wenig Notiz nahm. Es bildet eine Welt für sich. Der Zeit nach ist allerdings die indische Cultur keineswegs die älteste. Die ägyptische steht ihr weit voran. Aber in völliger Selbständigkeit, in der Entwicklung rein aus sich heraus sind sich beide gleich. Diese Völker sind zu durchaus ähnlichen Einrichtungen und Lebensformen gelangt, zu einer Organisation, auf welche bis zu einem gewissen Grade jede ursprüngliche, auf sich selbst beruhende Entwicklung hinweist, welche bei ihnen in ungehemmter Fortbildung die vollständigste festeste Form gewonnen hat, nach allen Seiten ausgebildet, das ganze Leben der Gesammtheit und der Einzelnen beherrschend. Das Kastenwesen mit dem Vorherrschen theokratischen Einflusses charakterisirt diese älteste Civilisation.

Was trotz der Nachfolge in der Zeit die vorgängige Schilderung Indiens anräth, ist einestheils, dass uns hier das

11*

Ganze der philosophischen und socialen Theorien in zusammenhängenden umfassenden Darstellungen einer reichen Litteratur vorliegt, während wir die theoretischen Grundlagen der ägyptischen Cultur aus einzelnen Bruchstücken und aus ihren Erfolgen erschliessen müssen, und andererseits, dass wir bei den Indern noch vorhergehende Zustände erkennen, und so die Ausbildung des späteren gesellschaftlichen Organismus verfolgen können, dass wir ihn werden sehen, während uns das ägyptische System fast nur als fertig und bestehend erscheint. Nicht als ob die indischen Weisen je die Absicht gehabt hätten, das Werden ihrer Einrichtungen geschichtlich darzustellen, sich selbst zur Anschauung zu bringen oder Anderen zu überliefern. Das lag ihnen sehr ferne. Sie betrachteten die Zustände ihres Volkes als völlig ausserhalb einer geschichtlichen Entwicklung liegend, von Ewigkeit her gegeben, von den Göttern geordnet, oder durch die Natur gesetzt, nicht als geworden, nicht als allmälig reifendes Menschenwerk. Aber dieses regsame hochbegabte Volk hat bei früher Neigung zu theoretischen Speculationen und bei ehrfürchtiger Heilighaltung des Alterthums von seinen Urzeiten an reichhaltige Ueberlieferungen aufbewahrt, welche die späteren Fictionen seiner Gelehrten Lügen strafen und uns seine wechselnden Zustände in allmäligem Fortschreiten von den einfachsten Lebensverhältnissen her bis zu den reich entwickelten Formen seiner Blüthezeit erkennen lassen. Einen so tiefen Einblick in die verschiedenen Epochen seiner Zustände gewährt uns kein anderes Volk des Alterthums. Fast nur bei den Deutschen können wir in ähnlicher Art die Fortbildung von den Anfängen roher Lebens- und Anschauungsweisen her überblicken und den Weg verfolgen, auf welchem sie zu einem grossen Culturvolke herangebildet worden. Für die meisten Völker beginnt die Geschichte in weit späteren Perioden. Aber bei den Deutschen beruht die Erkenntniss der ältesten Zeit auf den Schilderungen Fremder und auf Rückschlüssen aus späteren Verhältnissen; bei den Indern lehren uns die eigenen und gleichzeitigen Geisteserzeugnisse des Volkes sein frühestes Leben und Denken kennen. Die deutsche Civilisation beruht in hohem Maasse auf der Durchdringung einer kräftigen Volksindividualität mit den Elementen einer früheren fremden Cultur; die indische ist eine durchweg einheimische, von auswärtigen Einflüssen unabhängige. Hier sehen wir die moralische und sociale Geschichte eines Volkes in ihren grossen Zügen urkundlich vor uns, und dass diese nicht mehr auf vagen Annahmen und zweifelhaften Voraussetzungen, sondern auf nachweisslichen Thatsachen beruht, macht sie besonders geeignet, falsche Hypothesen zu berichtigen und durch Vergleichung auch über den Bildungsgang anderer Völker Licht zu verbreiten.

II.

Wenn von Indien als einem Lande alter Bildung die Rede ist, so ist nur Vorderindien gemeint, das Land, welches sich vom Himalajagebirge bis zum Meere, vom Flussgebiet des Indus bis zur Mündung des Ganges ausdehnt, nebst der sich nach Süden erstreckenden Halbinsel Dekhan. Rechnet man, wie es geographisch und ethnographisch für das Alterthum geschehen muss, Kabulistan westlich vom Indus bis zum Hindukusch hinzu, so ergiebt sich ein Gebiet von etwa 70000 geographischen Quadratmeilen, das ist eine Ausdehnung, welche sämmtlichen Ländern des mittleren und westlichen Europa wenig nachsteht, und nach Clima, Bodenbeschaffenheit und Erzeugnissen grosse Verschiedenheiten darbietet. Die Vorstellung dieses weiten Raumes und seiner zum Theil sehr dichten Bevölkerung muss schon den Irrthum ausschliessen, die Länder und Völker Indiens zu sehr als eine gleichartige Masse zu betrachten. Auch die Völker gleicher Abstammung zeigten jederzeit bedeutende Unterschiede in Sitten und Zuständen.

Die alte Bevölkerung Indiens, das heisst, wie sie vor den geschichtlichen, nicht über unsere Zeitrechnung zurückgehenden Einwanderungen der Hunnen, der mohamedanischen Völker aus Persien, der Mongolen und der Europäer bestand zerfällt zunächst in zwei grosse Massen. Die eine, unzweifelhaft der kaukasischen Race angehörig, die alleinige Trägerin der indischen Cultur, hat sich über Hindustan und Bengalen vollständig ausgebreitet, auch manche Küstenstriche des westlichen Dekhan in ausschliesslichen Besitz genommen, in den übrigen Küstenländern der Halbinsel dagegen sich nur mit anderen Stämmen gemischt. Die zweite Hauptmasse, die Urbevölkerung des Landes, hat sich im nördlichen Indien nur am Himalaja und zu beiden Seiten des Vindhjagebirges erhalten, welches Indien vom mittleren Laufe des Ganges bis zur Westküste hin durchzieht. Im Dekhan bildet sie die grosse Mehrzahl der Einwohner. Ihre Zustände sind höchst verschieden. Im Norden und in einigen Gebirgsgegenden des mittleren Dekhan sind sie von indischer Cultur, Sitte und Sprache völlig unberührt geblieben; einige Stämme leben in harter Unterdrückung, andere unabhängig in wilder Rohheit. Im übrigen Dekhan haben sie die Einrichtungen der kaukasischen Einwanderer angenommen, ihre Sprachen indessen im Wesentlichen beibehalten. Die einzigen sicheren Hülfsmittel alter Geschichte und Ethnographie, vergleichende Sprachforschung und Physiologie, sind auf diese Völker noch nicht hinlänglich angewendet, um über ihre Race und Verwandtschaft ein sicheres Urtheil fällen zu können. Die Sprachen der civilisirten dekhanischen Völker, Malabarisch, Karnata, Tuluva, Telinga, Tamul, durch die Einwirkung des Sanskrit gebildet und bereichert, aber in ihrem Ursprunge durchaus davon unabhängig, sind unter einander nahe verwandt, ob aber auch mit den Sprachen der rohen Völker des Dekhan und des Vindhjagebirges, erscheint noch nicht genügend erwiesen. Einige wollen alle diese Völkerschaften als die Nachkommen der schon dem Herodot bekannten, nach ihm nur durch Sprache und glattes Haar von den afrikanischen Negern verschiedenen schwarzen Inder betrachten, Andere mindestens die civilisirten Dekhaner und die körperlich besser gebildeten der uncivilisirten, wie das Hirtenvolk der Tuda, zu einem besonderen Stamme der kaukasischen Race machen.

Einige behaupten, Andere bestreiten die Verwandtschaft der dekhanischen und der Vindhja-Stämme. Vivien de St. Martin hält die Urbevölkerung Indiens für mongolisch (tübetanisch) was Lassen entschieden verwirft. Nach manchen Beschreibungen möchte man schliessen, dass diese Völker gleich den Bewohnern der malayischen Halbinsel, der Sunda-Inseln und Australiens der malayischen Race angehören, die in Farbe, Körperbau und Gesichtsbildung ziemlich abweichende Charaktere zeigt, negerähnliche bis zu solchen, die an europäische Züge streifen, während doch vermittelnde Uebergänge gegen eine Trennung der Race sprechen. Die Mittheilungen neuerer Beobachter, wie des amerikanischen Missionar Mason, scheinen in der That für einzelne nichtarische Dialekte Vorderindiens und eine unzweifelhaft nicht mongolische Sprache Hinterindiens, das Talaing, einen gemeinsamen Ursprung darzuthun.

Oertliche Einflüsse, Clima, Nahrung und Lebensweise bringen nicht selten so erhebliche Unterschiede in der Körperbildung hervor, dass unzweifelhafte Stammgenossen kaum noch als verwandt erscheinen. Selbst in europäischen Städten hat man hierüber eigenthümliche Erfahrungen gemacht. In Indien sind die Dschats nach ihrer Lebensart und nach dem Grade ihrer Freiheit oder Unterdrückung ausserordentlich verschieden, und bei den Sikhs, die sich erst seit wenigen Generationen von ihren Landsleuten ausgesondert haben, soll bereits ein besonderer scharf ausgeprägter Typus hervortreten.

III.

Die Inder kaukasischer Race, nach der Bezeichnung der Perser Hindus genannt, bilden das äusserste Glied der indogermanischen Völkerfamilie. Die Sprachen aller dieser Völker stammen zwar nicht von der alten Sprache der Inder, dem Sanskrit, ab, weisen aber auf eine Quelle mit demselben hin, und dieser gemeinsamen Quelle steht das Sanskrit so nahe, wie ausser ihm von allen bekannten Sprachen nur etwa die älteste Sprachform der Iranier, die sogenannte Zendsprache.

Die jetzigen Dialekte Hindustans haben sich in mehrfachen Zwischenstufen aus ihm entwickelt, stehen ihm aber eben so ferne, wie die heutigen europäischen Sprachen den einstigen Schwestern des Sanskrit, auf welche ihre Wurzeln hindeuten. Am nächsten verwandt mit dem Sanskrit ist die Zendsprache und das Altpersische der achämenidischen Inschriften. Physiologisch findet, sich allerdings der Unterschied, dass nach dem Verhältnisse zwischen dem Längen- und Querdurchmesser des Schädels die Inder, wie die Celten und Germanen, zu den Langköpfen, die Perser dagegen gleich den slavischen Völkern, die auch nach einer Notiz Diodors einst von Medien auswanderten, zu den Kurzköpfen gehören. Mit diesen iranischen Völkern können wir die Hindus nach den Bezeichnungen, die sie sich selbst beilegten, als Arier zusammenfassen. Vielfache Uebereinstimmungen in Sitten, Sagen und Lehren bestätigen ihren uralten nahen Zusammenhang. Mit Folgerungen aus derartigen Aehnlichkeiten ist freilich oft grosser Missbrauch getrieben worden, indem man einen gemeinschaftlichen Ursprung oder Uebertragung von einem Volke zum anderen aus Anschauungen und Einrichtungen hat beweisen wollen, die eben so wohl ganz unabhängig von einander dem Boden ähnlicher Zustände entspriessen konnten. Hier indessen finden sich so durchgehende und specielle Aehnlichkeiten, dass ein gemeinsamer Ursprung von Ueberlieferungen und Gebräuchen vor der späteren Trennung der Stämme unzweifelhaft angenommen werden muss, zumal hiermit das unwiderlegliche Zeugniss der Sprachverwandtschaft im Einklange steht. Es ist mehr als eine Hypothese, dass die Stammväter der Iranier und Inder noch in Verbindung blieben, und Sprache, Religion, Kunstfertigkeiten und Einrichtungen des Lebens mit einander fortbildeten, als sich die Vorfahren der Griechen und Römer, der Celten und Germanen bereits von dem gemeinschaftlichen Stamme gelöst hatten.

Die indischen Arier haben keinen einheitlichen Staat gebildet, auch weder sich, noch ihrem Lande zur Unterscheidung von anderen Völkern einen gemeinsamen Namen gegeben. Sie sind das Volk schlechthin, die eigentliche Menschheit; die übrigen Völker sind Barbaren, Mledscha. Im Gegensatz gegen diese bezeichneten sie sich, die Beobachter des Gesetzes, als Arja, das ist die Würdigen, Trefflichen, und ihr Land, vorzugsweise das Gebiet zwischen dem Himalaja (Wohnung des Schnees) und dem Vindhjagebirge als Arjavarta. Entsprechende Formen finden wir in Iran, Airjana. Im Zend heisst Airja ehrwürdig; Anairja bezeichnet bald nicht arisches Land, bald schlechte, von Ahriman geschaffene Dinge überhaupt. Medien hiess Arjaka, und nach Herodot nannten sich die Meder Arier (Ἄριοι). Bei den Indern wurden ebenso wiederum die höheren Klassen im Gegensatze gegen die niederen Arja genannt. In den vedischen Hymnen werden die Herren als Arja den dienenden Dasju, und später die drei höheren Kasten „die Zweimalgeborenen“ der niederen, den Çudra, als Arja gegenübergestellt.

Die Inder betrachteten sich durchaus als Autochthonen, als eingeborene Besitzer ihres Landes. Nirgends ist in ihren Sagen von einer Einwanderung die Rede. Dessenungeachtet weisen unzweifelhafte Andeutungen auf wiederholte Einwanderungen und allmälige Ausbreitung von Nordwesten nach dem Süden und Osten hin. Der indische Olymp, der Berg Meru und sein Götterhimmel, welcher in der späteren Auffassung als der Mittelpunkt der Erde erscheint, wird von den ältesten Sagen in den hohen Norden verlegt. Manche Ueberlieferungen bezeichnen die Indusländer als frühere Wohnsitze des Volkes; die heiligen Orte rücken allmälig von Westen nach Osten, vom Indus zum Ganges vor. Am Indus erhielten sich bis in späte Zeiten arische Stämme in Zuständen, wie sie die ältesten Schilderungen für das ganze Volk annehmen lassen. Welchen Umfang diese dem Volke zuschreiben, lässt sich nicht mit Bestimmtheit feststellen. Der ursprüngliche Zusammenhang mit den iranischen Völkern rechtfertigt es, die Gränzgebiete von Balkh und Kabulistan, die Gegenden des alten Paropamisus, als Ausgangspunkt der arischen Wanderungen nach Indien anzusehen. Einige der ältesten Lieder enthalten bestimmte Andeutungen eines nördlichen Ursprungs ausserhalb Indiens; die Jahre werden, wie es nur in kälteren Climaten zu geschehen pflegt, nach Wintern gerechnet, die Götter werden um Schutz gegen Wölfe angerufen, Löwen werden erwähnt, aber nicht Tiger und Schlangen; auch das Pferdeopfer erinnert an scythische Gebräuche. Wenn neuere Naturforscher, wie Agassiz, darauf hingewiesen haben, dass die ursprünglichen Gebiete der Menschenracen mit denen bestimmter Thierarten zusammenfallen, und wenn hiernach die Völker und Faunen in Europa, den Küsten des Mittelmeers und Vorderasien bis gegen die Gränzen Indiens hin einem Reiche angehören, so kann auch dies bestätigen, dass Indien nicht der älteste Wohnsitz eines kaukasischen Volkes war, sondern von Iran aus durch dasselbe besetzt wurde. Die Reste der schwarzen Urbevölkerung wären dann bei dem Vordringen der Arier auseinander gesprengt und in die Gebirge zurückgedrängt worden.

IV.

Die Quelle für die ältesten Zustände des Volkes, von denen sich eine Ueberlieferung erhalten hat, sind die vier Veda, die heiligen Schriften der Inder, Lieder-Sammlungen von gewaltigem Umfang. Der Rigveda enthält über 1000 Hymnen, der Samanveda etwa 1500. Sie enthalten Loblieder, Gebete, liturgische Vorschriften, Zauberformeln, Sittensprüche, Belehrungen über Götter und Welt, meistens metrisch, zum Theil auch in Prosa abgefasst, sind aber nicht ausschliesslich religiösen Inhalts; es kommen auch scherzhafte Gedichte in den Veden vor; manche geben kurze Erzählungen, handeln von Kriegsruhm und Heldenthaten. Auch abgesehen von dem Atharva-Veda, der ausdrücklich einer späteren Zeit und einem individuellen Namen, wenn nicht als Verfasser, doch als Empfänger der Offenbarung, zugeschrieben wird, für weniger heilig gilt, und nicht wie die drei anderen Veda commentirt ist, gehören die einzelnen Stücke der Veden nach

Form und Inhalt sehr verschiedenen Zeiträumen an. Sie wurden lange nur mündlich überliefert, ehe sie gesammelt und niedergeschrieben wurden.

Nach der Darstellung der ältesten Vedentheile erscheinen die Inder in viele kleine Stämme zertheilt, in beständigen Kämpfen begriffen, in unruhigem Treiben und Drängen, als ihre Wohnsitze, so weit sie sich erkennen lassen, hauptsächlich die Gebiete des Indus und seiner Zuflüsse. Der Ganges soll in den Veden nur einmal genannt werden. Aehnlich den Deutschen bei ihrem ersten Auftreten in der Geschichte finden wir sie in einem Zwischenzustande von Nomadenthum und Ansässigkeit. Sie treiben schon Ackerbau, kennen befestigte Plätze, wechseln aber trotzdem leicht und häufig ihre Wohnsitze, und ihr Reichthum besteht vornehmlich in ihren Heerden. Derartige Uebergangszustände werden noch heutiges Tages an turkomanischen Stämmen und an den Kaffern im südlichen Afrika beobachtet. Es scheint die gewöhnliche Art, wie Hirtenvölker zum Pflanzerleben übergehen. In der Sanskritsprache erinnern noch viele Ausdrücke an das ehemalige Nomadenleben, dem sie entlehnt sind. Goga, der Fürst, bedeutet den Kuhhirten, Gavischti, der Kampf, ist ursprünglich Begehren nach Kühen; Duhitri, die Tochter, die griechische θυγάτηρ, heisst eigentlich die Melkerin. Auch in den verwandten Sprachen lassen sich gleiche Wurzeln für die Namen der wichtigsten gezähmten Thiere, aber nur für eine einzige Kornart nachweisen, auf den gemeinschaftlichen Ausgang vom Hirtenleben hindeutend, während der Ackerbau erst nach weiterer Trennung der Völker eine gestaltende Macht wurde.

Die kriegerischen Stämme der Inder standen unter kleinen Fürsten oder Häuptlingen. Diese erscheinen indessen nicht, wie die Patriarchen der hebräischen Sage als alleinige Eigenthümer einer Menge von Knechten gegenüber, vielmehr waren die Verhältnisse wohl ähnlich wie bei den meisten Nomadenstämmen der Araber und Berber. Hier pflegt es zwar erbliche Fürsten oder Stammhäupter zu geben, aber mit beschränkter Macht, von den übrigen Familienhäuptern des Stammes, namentlich den reicheren und angeseheneren derselben nicht wesentlich verschieden, in gemeinschaftlichen Angelegenheiten an ihren Rath gebunden. Meistens werden, wie in den sogenannten Klanverfassungen sesshafter Völker, die sich in Schottland bis in das vorige Jahrhundert erhielten, und sich als eine der ursprünglichsten, aus Familienverbindungen erwachsenen Organisationen in allen Erdtheilen wiederfinden, die Fürsten als Stammesälteste, und alle Stammgenossen bis zu den besitzlosen und daher strenge untergeordneten herab als Verwandte betrachtet, wenn auch die Art der Verwandtschaft längst dem Gedächtniss entschwunden, oder selbst ein Theil des Stammes nachweislich fremder Abkunft ist. Nehmen derartige Nomadenstämme feste Wohnsitze, so geht ihre Organisation unmittelbar in eine Klanverfassung über. Auf Stamm, Familie und Geschlechtsverband wird in der Regel bei nicht ganz rohen Hirtenvölkern in Folge ihrer engen und ausschliesslichen Genossenschaft grosses Gewicht gelegt. Dies gilt von den Indern in hohem Maasse und hat sich bei ihnen durch alle Zeiten erhalten. Aufbewahrung der Stammbäume und Geschlechtsregister findet sich als uralte Sitte; berühmte Geschlechter der späteren Zeit, wie die Ranva, aus denen kurz vor unserer Zeitrechnung eine Dynastie hervorging, kommen schon in den Veden vor; mächtige Radschputenfamilien lassen sich noch heut zu Tage Stammbäume anfertigen, die bis in die Zeiten der Heldengedichte hinauf geführt werden.

Gewinnen einzelne Stämme grössere Ausdehnung, oder werden mehrere, wie es am gewöhnlichsten zu kriegerischen Unternehmungen oder in Folge derselben geschieht, zu einem grösseren Ganzen dauernd vereinigt, so nehmen mächtigere Familien und untergeordnete Häuptlinge die Stellung eines Adels ein, welcher im wesentlichen die Befugnisse ausübt, die im kleineren Verbande jedem Familienhaupte zukamen. Macht und Ansehn des Adels concentrirt sich vornehmlich bei den Häuptern der adligen Geschlechter; ihre Angehörigen, jüngere Söhne und Brüder pflegen von den übrigen Stammgenossen nicht eben unterschieden zu werden, die Kräfte ihrer Person und ihres Besitzes wachsen der Macht des Familienhauptes zu. So gestaltet behauptete in den Indusländern, bei den freien Indern der griechischen Schriftsteller ein kriegerischer Adel, Geschlechtshäupter an der Spitze ihrer Hintersassen, entweder beschränkten Fürsten gegenüber eine selbständige Macht, oder handhabte die Regierung der Staaten unmittelbar ohne eine königliche Gewalt. Diese republikanischen, aus den Verhältnissen der Vorzeit in einfacher Erweiterung hervorgewachsenen Gemeinwesen widersprachen indessen der herrschenden indischen Anschauungsweise; das Ramajana beklagt das Unglück eines Landes, das keinen König hat. Gewöhnlich führen grosse Unternehmungen und Verbindungen der Stämme, welche die Zeit stürmischer Kriegszüge überdauern, neue Organisationen herbei.

V.

Die spätere Theorie behauptet das Gegebensein der Kasten mit dem Ursprunge des menschlichen Geschlechts. Entsprechend jedoch ihrer Unmöglichkeit unter kleinen wandernden Stämmen, ist in den älteren Stücken der Veden von einer Kasteneintheilung durchaus nicht die Rede. In einem einzigen Hymnus des Rigveda wird der Kasten gedacht, dieser gehört aber unzweifelhaft einer späteren Periode an. Es werden nur zwei Klassen der Menschen erwähnt, die Arja als vollberechtigte Glieder des Stammes und die Dienenden. Dies ist der erste Unterschied der sich entfaltenden menschlichen Gesellschaft. Er tritt nach der nothwendigen Natur der Dinge überall ein, sobald ein Volk den ersten Schritt zur Cultur thut, sobald es Eigenthum erwirbt, das heisst, Eigenthum nicht in dem Sinne, wie es auch dem rohesten unentbehrlich ist zur Befriedigung unmittelbarer Bedürfnisse, Eigenthum an der Frucht, die gebrochen wird, an dem Thier, welches der Jäger erlegt, oder an den ursprünglichen, nothdürftigen Werkzeugen, sondern Eigenthum in dem höheren

Sinne, da es fruchttragend das dauernde Mittel zur Befriedigung der Bedürfnisse, die fortströmende Quelle des Unterhalts und des Genusses wird. Solches Eigenthum besteht zuerst in gezähmten Thieren, dann in ertragfähigem Boden. Wenn ein Volk sich so weit erhoben hat, dass derartiges Eigenthum Mittel und Bedingung der Existenz geworden ist, entsteht der Unterschied zwischen Reichen und Armen, das ist solchen, die Eigenthum besitzen, welches ihnen und ihren Familien den Unterhalt gewährt, und solchen, die des Eigenthums gänzlich oder in ausreichendem Maasse entbehren. Letztere sind, wenn sie nicht in den elenden, auch für den Aermsten unvergleichlich viel schlechteren Zustand eigenthumsloser Völker zurücksinken wollen, oder wenn schon der Raum fehlt sich ohne Eigenthum von Jagd und Fischfang zu nähren, mit Nothwendigkeit auf die Ersteren angewiesen. Das ist der Grund der Abhängigkeit der Besitzlosen von den Besitzenden, welche sich in verschiedenen Formen durch die Weltgeschichte hinzieht, und die materielle Grundlage jeder gesellschaftlichen Organisation bildet. Je weniger entwickelt die Industrie, je geringer der Umfang der Bedürfnisse ist, desto werthloser ist die Arbeit, und desto grösser die Abhängigkeit des Besitzlosen von dem Besitzenden. Die wenigen bekannten Bedürfnisse zu befriedigen reicht für den Eigenthümer geringe Arbeit hin, und hat der Reiche sich und die Seinigen durch Anwendung dienender Kräfte von der eigenen Arbeit befreit, so kann ihm der Zuwachs neuer Arbeitskräfte wenig Nutzen oder Genuss gewähren; höchstens vermehrt die Zahl der Abhängigen seine Macht und sein Ansehn.

Eine stattliche Gefolgsschaft von Angehörigen, Clienten, Dienern oder Sclaven giebt in gewaltthätigen Zeiten Kraft zur Vertheidigung und zum Angriff, und pflegt eine Sache des Ehrgeizes oder der Eitelkeit für die Grossen zu werden. Ihr Umfang hängt davon ab, wie viele Leute der Gebieter ernähren kann. Materieller persönlicher Vortheil erwächst aus der Benutzung anderer Menschen erst, wenn Luxusbedürfnisse, Industrie und Verkehr sich in reicherem Maasse entwickeln. So lange die Erzeugnisse der Arbeit sich nicht verwerthen lassen, ist es schwerer einen Herrn als einen Diener zu finden, und der Dienende ist daher factisch an seinen Herrn gebunden, wenn ihm auch rechtlich die Freiheit zusteht ihn zu verlassen. „Armuth macht den Freien leibeigen," sagt ein Sprichwort der Neger. Zwischen den Unterordnungsverhältnissen bei sclavenlosen Hirtenstämmen oder in Klanverfassungen und den Zuständen milde behandelter Sclaven ist der thatsächliche Unterschied oft sehr gering. Auf entwickelteren Culturstufen, bei schärferer Ausprägung der rechtlichen Begriffe und ihrer mächtigeren Rückwirkung auf das Leben tritt der Unterschied zwischen freien Arbeitern und Sclaven schneidender hervor, in früheren Zeiten, bei schwankenden, unklaren Rechtsanschauungen gehen beide Zustände oft fast unmerklich in einander über. Die Abhängigkeit in der einen oder anderen Form wächst allgemeiner und ursprünglicher aus der Unterordnung unter Familien- oder Stammhäupter und aus dem Uebergewicht des Reichthums über die Armuth hervor, als aus Krieg und gewaltsamer Unterwerfung. Selbst wenn der Krieg längst eine anerkannte und gewöhnliche Ursache der Sclaverei geworden ist, wird sie durch den Hunger eben so sehr aufrecht erhalten, wie durch die Gewalt der Waffen. In den Anfängen des deutschen Mittelalters waren nicht selten Freigelassene oder ihre Kinder genöthigt in die Knechtschaft zurückzukehren, weil sie kein anderes Mittel hatten ihren Unterhalt zu finden. Als ein englischer Regierungsbeamter in Avora auf der Goldküste eine Anzahl von Sclaven im Namen der Königin für frei erklärte, fragten die Sclaven vorsichtig, ob die Königin Victoria ihnen zu essen gäbe, und da dies verneint ward, erklärten sie, lieber bei ihren Herren bleiben zu wollen.

Unter den Indern hat die Sclaverei nie erheblichen Umfang gewonnen, die arbeitende Bevölkerung bestand aus den niederen, aber persönlich freien Kasten, nicht aus Sclaven. In den Ländern am Indus, welche in Sitten und Einrichtungen dem Alterthum näher blieben, fanden die Griechen bei und nach den Zügen Alexanders gar keine Sclaven, und so scheint es in den alten Zeiten überhaupt neben den dienenden Stammgenossen keine eigentlichen Sclaven gegeben zu haben. Kriegsgefangene mochten in den erbitterten Fehden, von denen der glühende Feindeshass vedischer Lieder Zeugniss giebt, selten gemacht, dann aber zur Auslösung geschont werden.

Feste Standesunterschiede gab es in den Zeiten der Veda nicht weiter; namentlich kennen diese noch keinen abgesonderten Priesterstand. Brahma, später zum Gotte hypostasirt, bedeutet in den Veden Gebet oder Andacht, und Brahmana den, der das Gebet an die Götter spricht. Aus der hervorragenden Bedeutung derer, die das gemeinschaftliche Gebet und sonstige gottesdienstliche Ceremonien verrichteten, erklärt sich die Uebertragung des Wortes auf die spätere Priesterkaste. In den Veden kommt der Ausdruck Brahmana überhaupt nicht häufig vor, und bezeichnet nicht eigentlich, wenigstens keineswegs immer einen Priester, sondern es verbindet sich der Begriff besonderer Heiligkeit und Gotteserkenntniss damit.

Wer das Böse abgethan, wer frei von Selbstsucht ein stilles Leben führt, sich aller Lust entschlägt, wer das Diesseits und Jenseits erkennt, und die Bande seines Geistes gelöst hat, „nur diesen nenn' ich Brahmana.“ Zuweilen wird sehr mystisch davon gesprochen. Gewöhnlich heisst in der vedischen Sprache der, welcher die Opfer verrichtet, und die Gunst der Götter vermittelt, Purohita, das ist: der beim Opfer voransteht. Bei dem tiefen religiösen Gefühl, welches seit den ältesten Zeiten das ganze Leben des Volkes durchdrang, wurde diesem Amte früh eine hohe Würde zu Theil; auch den Göttern wird ein Purohita zugeschrieben, der Priester als sein Stellvertreter auf Erden gepriesen, Glück und Unglück der Könige von dem Halten eines Priesters abhängig gemacht. Dessen Ansehn und Gewicht bei Göttern und Menschen beruht aber auf seiner Kenntniss der heiligen Gebräuche, der wirksamen Gebete und Ceremonien, nicht auf seiner Geburt. In einem Hymnus des Rigveda tritt ausdrücklich ein Bruder des Königs Çantanu als Purohita auf, gerade wie nach der isländischen Edda der jüngere Sohn des Jarl, des freien Edeln, die Runen und Religionsgeheimnisse lernen, dadurch die Elemente beherrschen und die Sorgen der Menschen lindern, der ältere aber das Schwert führen und mit den Waffen das Land erobern soll. Aus der erst später erfolgten Sonderung der Kasten erklärt es sich, dass einzelne Geschlechter der historischen Zeiten sowohl in der Priester- wie in der Kriegerkaste erscheinen, und dass in den Dichtungen der Sage dieselben Personen bald als Könige, bald als Brahmanen dargestellt werden. Geschlechter, die durch ihre Lieder berühmt sind, kommen schon in den vedischen Zeiten vor, wie die Kuçika, Bhrigu und Atri, Priestergeschlechter erst in denen der epischen Gedichte, so die Vasischtiden, die Gotama.

VI.

Wenn wir uns von den socialen Verhältnissen und dem Leben dieses hohen Alterthums nur sehr allgemeine Vorstellungen in dürftigen Umrissen machen können, bieten uns für die religiösen Anschauungen des Volkes schon die Veden ein äusserst reiches Material dar, und bei der tiefeingreifenden Bedeutung der Religion für das indische Volksleben nicht bloss der Theorie nach, sondern in der That und Wahrheit, so wie andererseits wegen des klar vorliegenden Entwicklungsganges, den wir hier beobachten können, ist es nöthig schon auf die Götterlehre der frühesten Ueberlieferung näher einzugehen. In unverkennbaren Zügen offenbart sich noch als Grundlage des polytheistischen Systems ein allvergötternder Fetischglaube, dieser älteste Glaube, der in jedem Dinge ein nach menschlicher Art lebendes und wirkendes Wesen sieht, der sich überall von willkürlich handelnden Mächten umgeben fühlt, bis er sich allmälig, vertrauter geworden mit seiner näheren Umgebung, auf einzelne fernere imponirende Gegenstände concentrirt, und den übrigen das ihnen zugeschriebene Leben und seine Verehrung entzieht. Die Naturdinge, welche als die grössten allgemeinsten Fetische übrig bleiben, Himmel und Erde, und die, an denen am leichtesten die Vorstellung des lebenden beseelten Dinges in die einer Wohnung, eines Symbols, einer Erscheinungsform des vom Dinge getrennten Gottes übergeht, wie Sonne, Sterne, Luft, treten in den ältesten vedischen Hymnen hauptsächlich hervor. Was in Naturdingen und Naturkräften gross und gewaltig ist, wird verehrt, und besonders ist es das Lichtelement, dem sich der früheste Cultus zuwendet. Die Götter heissen die Leuchtenden, Deva, dasselbe Wort wie das griechische θεός, das lateinische deus. Den westlichen Ariern sind die indischen Deva zu bösen Geistern geworden, was sich bei manchen einzelnen Gestalten wiederholt; selbst Arjaman, der iranische Ahriman, erscheint in den Veden als eine hochgestellte Macht des Lichts. Die Naturmächte werden zwar personificirt und die vermenschlichten Wesen mit Legenden und Mythen umgeben, aber die Personificirung bleibt durchaus oberflächlich und schwankend im Vergleich gegen die Mythologie der epischen Gedichte. Die Naturseite überwiegt in hohem Maasse; die Götter herrschen nicht als persönliche Wesen über die Natur, sondern sie sind Natur, die Natur ist ihre Offenbarung, sie besteht aus Gottesmächten, und aus ihr tritt überall dem Menschen göttliches Sein entgegen. Von einem wahrhaft sittlichen Walten der Götter ist noch selten die Rede.

Ein durchgehendes System giebt es in den Veden nicht, die Gruppirung und Rangordnung der Göttermengen ist sehr verschieden. Zuweilen werden acht, zuweilen zwölf Götter als die höchsten bezeichnet. Oft erscheint bereits an der Spitze des indischen Pantheons eine oberste Dreiheit als Vorläuferin der späteren Dreieinigkeit, Trimurti, das Entstehen, Bestehen und Vergehen darstellend. Dann ist Indra die schöpferische lebenwirkende Kraft des Lichtes, der leuchtende blaue Himmel, auch in der Sonne und im Blitz erscheinend, Varuna, der griechische Uranos, die ernährende, bewegende

Macht der flüssigen Elemente, der Gott des allumfassenden Himmelsgewölbes der Luft und des Meeres, Agni das verzehrende Feuer, in welchem die Materie wieder leuchtend zum Himmel aufsteigt und sich, den Kreislauf der Dinge vollendend, mit Indra vereinigt. An diese drei Götter wendet sich eine grosse Zahl der vedischen Lobgesänge und Gebete, vor allen an Indra, der als Schöpfer der Welt, als König der Götter, als Hort seiner Verehrer und als Vernichter ihrer Feinde am meisten hervortritt. „Er, der die schwankende Erde fest machte, der die entflammten Berge beruhigte, der das weite Firmament ausspannte, der den Himmel wölbte, er, Menschen, ist Indra. Er, ohne den die Menschen nicht siegen, den sie um Beistand anrufen, wenn sie im Kampfe sind, der zerschmettert, die ihm widerstreben, und den Uebermüthigen keinen Erfolg verleiht, er, Menschen, ist Indra.“ So geht es durch eine Reihe von Versen fort; in einem anderen Gesange heisst es: „Du, Indra, bist König, die Götter sind deine Unterthanen. Du bist der Hort der Guten, der Besitzer des Ueberflusses, der Erlöser von Sünden, du bist treu, der Erforscher aller Dinge mit deinem Glanze, der Spender der Kraft. Sei du, Indra, alle Zeit unser Helfer, der Erhalter unseres Volkes, der Verleiher der Stärke für die, welche dir angehören.“ Er ist der Beschützer der Frommen, die Zuflucht der Helden. „Wo die Feinde sich sammelten, sind sie erschlagen, vernichtet schlafen sie in der tiefen Grube. Verzehrer der Feinde, zermalme sie mit deinem weitschreitenden Fuss, deinem gewaltigen weitschreitenden Fuss! Verstöre die Macht der Bösen, schleudere sie in die schreckliche Grube, in die öde schreckliche Grube!“ Neben ihm wird Agni „das Leben aller lebenden Wesen, der alle Dinge weiss, der weise“ um Ueberfluss und Segen angerufen, und Varuna, der König, ohne den Niemand herrschen kann: „lass uns nicht vor der Zeit die Gegenden des Lichts verlassen, zerstreue die übles sinnenden, dass wir leben.“ Ausser den höheren werden eine Menge untergeordneter Götter verehrt, meist Naturgewalten, die regellos unter einander, so wie mit

12*

jenen die Bedeutungen tauschen, einzelne Seiten der oberen Gottheiten darstellen, verschwimmend in einander übergehen. Die Ursprünglichkeit und hohe Bedeutung des Sonnencultus bezeugt schon die Mannigfaltigkeit der Namen, unter denen die Sonne erscheint. Diese werden aber derartig specialisirt, und bezeichnen so verschiedene Wirkungskreise dass nicht sowohl der Sonnengott verschiedene Namen hat, als vielmehr die Sonne mehrere getrennte Gottheiten repräsentirt, wie sie auch eine besondere Offenbarungsform Indras ist. Sie erhielt früh ein zahlreiches Gefolge; die Morgenröthe, die Himmelstochter Uschas, wird neben ihr angerufen, die beiden Açvin reiten ihr vorauf, gleich den griechischen Dioscuren — fratres Helenae, lucida sidera *) — Helfer in der Noth, Retter der Schiffenden im Sturm. Von den Planeten soll nur die Venus in den Veden erwähnt werden, in späteren Vorschriften treten auch die übrigen auf, und erhalten eine der Ausbildung der Astronomie und Astrologie entsprechende Bedeutung. „Von den Planeten hängt ab der Könige Erhebung und Fall, das Sein und Nichtsein der Welt, deshalb sind sie sorgfältig zu verehren.“ Durch derartige hyperbolische Wendungen darf man sich freilich bei den Orientalen nicht über die wirkliche Stellung täuschen lassen, die einem Gegenstande zukommt; womit sich die heiligen Schriften der Inder oder der Perser eben beschäftigen, das wird maasslos erhoben, und wollte man sich an einzelne Ausdrücke halten, so könnte man leicht ganz untergeordnete Wesen für die höchsten und wichtigsten erklären. Selbst das Pferd, welches geopfert wird, feiern vedische Hymnen in wunderlicher Verkehrung wie eine Art göttlichen Wesens: „Männer dienen dir, Halbgötter haben deine Freundschaft gesucht, Götter selbst deine Stärke bewundert.“ Diese Uebertreibungen einer ungezügelten Phantasie sind es vorzüglich, welche allzuhäufig Verse von ergreifender Erhabenheit und von einfach naiver Innigkeit mit ungereimten und abenteuerlichen Vorstellungen unterbrachen.

*) Die Brüder der Helena, leuchtende Gestirne. Horaz.

VII.

Den lichten wohlthätigen Gottheiten gegenüber treten wilde dunkle feindselige Naturmächte, wie Sturm, Hagel und an ihrer Spitze Vitra, der schwarze genannt, die dunkle, den Regen zurückhaltende Wolke, welche Indra im Kampfe mit dem Blitzstrahl spaltet. Wie aber in den Veden die sittliche Bedeutung der Götter überhaupt durchaus zurücktritt, so erscheinen auch die finsteren Mächte als Naturübel, nicht als Repräsentanten des Bösen; einen ethischen Charakter erhielt der mythologische Gegensatz von Licht und Finsterniss erst später. Zuweilen ist von Sündenbekenntniss, Vergebung und Erlösung von der Sünde die Rede, doch ohne tiefere Ausbildung und Anwendung, meist in kurzen Anrufungen oder in einfach kindlicher Weise: „ich habe manche Fehler begangen, züchtiget mich, wie ein Vater sein unartiges Kind züchtigt, greift mich nicht, wie der Vogelsteller einen Vogel greift.“ Die Bösen und Sünder, Verächter der Religion und der Götter sind gewöhnlich nur Bezeichnungen für die Feinde.

In einzelnen, namentlich späteren Liedern der Veden kommt bereits die Idee einer höheren Einheit, eines einigen Seins und Lebens, eines Urgöttlichen, als dessen verschiedene Daseinsweisen die besonderen Gottheiten gefasst werden, zum Bewusstsein, und solche Stellen sind es, welche für die geistigere Theologie und die Philosophie der Folgezeiten als Anknüpfungspunkte dienen. Diese berufen sich auf die Veden, und können mit Fug manche Stellen für ihre Glaubenssätze anführen, aber so wenig irgend Jemand, der nichts von der weiteren Entwicklung des Christenthums wüsste, sondern nur die Schriften des neuen Testaments kennte, auf Grund dieser zu der Dogmatik des Petrus Lombardus oder Melanchthons gelangen würde, ebenso wenig sind die ausgebildeten Lehren der späteren Brahmanen in den Veden enthalten. Aehnliche Einheitsgedanken, bald mehr theologisch, bald mehr metaphysisch gestaltet, treten selbst bei Völkern auf, deren Geistesbildung einer sehr viel tieferen Stufe angehört, als die der

Inder in den vedischen Zeiten. Ein langjähriger und sorgfältiger Beobachter der Negervölker in Guinea, Cruikshank, bezeugt, dass er auch hier neben dem rohesten Fetischglauben dunkeln und abstracten Vorstellungen von einem höchsten Wesen begegnete, welches den einzelnen Dingen göttliche Macht verleihe, und den Menschen in der Wahl der Gegenstände seiner Verehrung leite. Wie es aber schon bei dem individuellen Menschen einen grossen, gewöhnlich in dem Streben, die Mannichfaltigkeit der Erscheinungen in eine beherrschende Einheit zusammenzufassen, nicht genug beachteten Unterschied macht, ob er sich in einzelnen Augenblicken des Nachdenkens oder der Begeisterung zu gewissen Vorstellungen erhebt, oder ob diese Vorstellungen in Fleisch und Blut übergegangen sind, sein wirkliches Leben und Denken bestimmen, so gilt dieser Unterschied in noch viel höherem Grade, wenn ein ganzes Volk als eine Einheit betrachtet wird. In den vedischen Hymnen erscheinen tiefere philosophische Ideen so wenig hervortretend und so wenig entwickelt, dass sie zu den Zeiten, da diese Hymnen den religiösen Geist des Volkes darstellten, kaum bei Einzelnen und gewiss nicht in weiterem Kreise eine tiefgreifende Bedeutung gewonnen haben können. Wenn daher auch noch in neueren Werken von einer innerlicheren, tiefsinnigeren metaphysischen Lehre der Veden gegenüber dem angeblichen Abfall und der Verflachung einer späteren vorweltlichen Götterlehre gesprochen wird, so können wir dies Gerede nur als eine Reminiscenz der allmälig weichenden Anschauungsweise betrachten, welche überall das Höhere und Tiefere in die Zeiten der Anfänge zurückverlegen, den sogenannten Geist in seiner Reinheit den Ursprüngen der Völker vindiciren wollte. Dass manche Irrthümer späterer Zeiten den früheren fehlen, ist freilich richtig, denn wo überhaupt keine Gedanken, sind auch keine irrige Gedanken. Erweiterte Speculationen, tiefer eingehende Untersuchungen fördern neben Gediegenem und Wahrem auch Falsches und Verkehrtes zu Tage, an dessen Beseitigung dann lange Zeiträume vergeblich arbeiten können. Wollte man aber die Abwesenheit des Irrthums zum ausschliesslichen Criterium der Vernunft machen, so könnte man den Blödsinn für die höchste Vernunft erklären. Der unbefangenen Betrachtung zeigen die Veda nach der überwiegenden Masse ihres Inhalts, sowie nach dem, was als besonders charakteristisch und bedeutungsvoll für das wirkliche Leben erscheint, nach Gebräuchen Cultusvorschriften und der Mehrzahl der Gebete, ein sehr beschränktes Gottesbewusstsein. Um ein wahrheitsgetreues Bild zu geben, muss man sich an das halten, was sich als allgemein angenommen darstellt, was lebendige Wirksamkeit verräth, und was den im Ganzen vorwaltenden Anschauungen entspricht. Wenn man Einzelnes herausgreift, und das Uebrige unberücksichtigt lässt, kann man aus Allem Alles machen. Tiefe grossartige Gedanken über Gott und Welt finden sich schon in den Veden, aber vereinzelt und in wenig entwickelter Gestalt, mehr Anregung für die zukünftige Contemplation als eine vollständige Philosophie.

VIII.

Dass in grossen Sammlungen unzusammenhängender Stücke, deren Ursprünge räumlich und zeitlich weit aus einander liegen, verschiedene und widerspruchsvolle Anschauungsweisen hervortreten, versteht sich von selbst; das ist bei den heiligen Schriften aller Völker der Fall, selbst wenn sie einem ververhältnissmässig so beschränkten Kreise, einem nach Sitz und Lebensweise so eng verbundenen Volke angehörten wie die Ueberlieferungen der Israeliten. Eine gewisse Mannichfaltigkeit und Vieldeutigkeit erscheint sogar als wesentliche Bedingung für ein dauerndes und allgemeines Gelten heiliger Schriften; nur dadurch finden individuelle Stimmungen und Richtungen in ihnen genügende Anhaltspunkte für die jeweiligen geistigen Bedürfnisse; abweichende Meinungen können sich auf sie und einen angeblichen tieferen verborgenen Sinn ihrer Worte berufen, statt dass sie sonst genöthigt sein würden sich von ihnen abzuwenden. Man kann Einzelnes fallen lassen oder zurückschieben, ohne sich von dem Ganzen loszusagen. Für ihre bleibende Autorität überwiegt dieser Vortheil die Gefahr, welche daraus entspringt, dass die auf sie gegründete Homogenität der Ueberzeugungen oft eine mehr scheinbare als wirkliche ist, dass verschiedene Ansichten sich mit gleichem Recht auf ihre Aussprüche stützen können, und dass ihr Ansehn leicht durch Sectenbildung in Frage gestellt wird.

An einigen Widersprüchen nimmt der unkritische Verstand früher Culturstufen keinen Anstoss, ertragen doch selbst in vorgeschrittenen Zeiten Theologie und Wissenschaft, und nicht etwa bloss bei den ungebildeten Massen, deren so starke, dass sie den Gegnern niemals verborgen bleiben. In Schriften, deren Ursprung sich in ein graues Alterthum verliert, entzieht sich das Widersprechende um so leichter dem Auge, da sie nie eine systematische Darstellung ihrer Theorie, eine vollständige Dogmatik enthalten. Ihre einzelnen Theile gehen zwar von einem System aus, setzen eine universelle Theorie voraus, die der menschliche Geist bei seinem Denken einmal nicht entbehren kann, wenn sie auch sehr wenig klar und consequent ausgebildet zu sein braucht, aber sie geben ihre dogmatische Grundlage nicht im Zusammenhange, sondern lassen sie nur andeutungsweise oder in schärfer entwickelten Einzelheiten erkennen. Dadurch gewinnt die erklärende Auslegung heiliger Schriften auf der einen Seite eine sehr hohe Wichtigkeit, weil die in ihnen gesuchte theoretische Grundlage für das menschliche Wissen und Handeln nicht offen zu Tage liegt, sondern sich dem ungeweihten Blicke entzieht, und auf der anderen einen fast unbeschränkten Spielraum, da sich ihre einzelnen Bestimmungen auf verschiedenartige Grundanschauungen zurückführen und im Fortschritt der Zeiten mit Lehren vereinigen lassen, die nicht bloss tiefer erfasst und reicher entwickelt, sondern in der That von ganz anderer Beschaffenheit sein können, als die, deren Ausflüsse sie ursprünglich waren. Die Geschichte aller Religionen bestätigt die Allgemeingültigkeit dieser Sätze.

So behaupteten sich auch die Veden unter gänzlich veränderten Verhältnissen und bei weit fortgeschrittener Bildung als Quelle und Inbegriff der höchsten Weisheit. Die unermessliche theologische und philosophische Litteratur der Brahmanen hat sich bis in die späteste Zeit an sie angeknüpft, sich als Erläuterung und Ausfluss der Veden dargestellt. Die Vorstellungen, welche dem alten Volksleben entsprachen, traten allmälig in den Hintergrund. Die Stelle der alten Naturgötter nahmen neue Götter ein, bei denen geistiges Wesen und sittliche Bedeutung überwogen; die alten Götter blieben, erhielten auch Cultus und Verehrung, verloren aber ihre hervorragende Bedeutung und ihren Rang als die höchsten. So konnte namentlich Indra seine alte Stellung nicht behaupten; dem unruhigen kriegerischen Treiben der kleinen Stämme entsprechend war das höchste Wesen der alten Zeit in menschlicher Gestalt vorzugsweise der Gott der Schlachten, der kämpfende siegverleihende, der Streiter wider die Mächte der Finsterniss. Seine Waffe ist der Donnerkeil, gestaltet wie der Streithammer Thors. Er hilft den Helden, die ihm das Opfer bringen, und führt die guten Streiter in seinen Himmel auf dem Berge Meru, während nach der alten Vorstellung die Weiber und Knechte, und die auf ihren Betten sterben, zu Jama in die Unterwelt gehen. „Indra verleiht denen, welche in der Schlacht gefallen, die Welten, in denen alle Wünsche gewährt werden; sie sind seine Gäste; weder durch Opfer, noch durch Geschenke an Brahmanen, noch durch Busse und Wissenschaft erreichen die Sterblichen in solcher Weise den Himmel, wie die in der Schlacht gefallenen Helden“, heisst es noch in einer Stelle des Mahabharata im directen Gegensatz gegen die spätere Anschauung der geistlichen Contemplation, nach welcher die Heiligen und Reinen Brahma angehören, Erkenntniss Busse und Weltentsagung mit Gott vereinigen. Auf das Geistige, Ueberirdische sind die alten Veden noch wenig gerichtet. Die Gegenstände ihrer

Gebete, die Verheissungen für treue Gottesverehrung sind weltlicher Natur, Reichthum, grosse Fülle des Reichthums, langes Leben, Sieg, Ehre und Vernichtung der Feinde, ein Feindeshass, der an Kraft und Gluth des Ausdrucks kaum hinter dem alttestamentlichen „Wohl dem, der deine jungen Kinder nimmt und zerschmettert sie an einen Stein," und ähnlichen energischen Wendungen des jüdischen Zornes zurücksteht. Obwohl der Cultus überwiegend häuslich und patriarchalisch war, geht schon die Idee der Religion und ihrer Gebräuche als eines allgemeinen Bandes der Welt auf, das Opfer wird als eine ununterbrochene Kette heiliger Handlungen dargestellt, welche die lebenden Menschen mit ihren Vorfahren und alle mit der Gottheit verbindet. „Ich sehe mit dem Geiste als Auge die, welche früher dieses Opfer geopfert." Aehnlich werden nach den schönen Todtengesängen die Abgeschiedenen zu den Göttern und ihren Vätern versammelt; sie gehen heim zum Himmel „dort, wo die Frommen weilen."

> Geh' hin, geh' hin auf jenen alten Pfaden,
> Auf welchen unsre Väter heimgegangen.

Der Todte wird der mütterlichen Erde übergeben:

> Oeffne dich, Erde, thu ihm nichts zu Leide,
> Empfang' ihn freundlich und mit liebem Grusse.
> Umhüll' ihn, Erde, wie den Sohn
> Die Mutter hüllt in ihr Gewand.

Er lässt das Ueble „und nimmt Gestalt, umstrahlt von lichtem Glanze."

Aber neben tiefen und grossartigen Gedanken, neben schwungvoll erhabener Sprache und neben zarter Sinnigkeit des Empfindens begegnen uns in anderen Stücken niedrige roh sinnliche Vorstellungen, wüster Aberglaube, groteske Bilder. Das Wesen der Götter erscheint noch so wenig tief erfasst, von so geringer selbständiger Erhabenheit, dass sie bisweilen als ihrer Natur nach sterblich betrachtet werden, und nur durch den Göttertrank Amrita die Unsterblichkeit gewinnen. Das Opfer war nicht bloss ein Zeichen der Huldigung oder eine Hingebung des Opfernden, sondern wurde als etwas angesehen, wodurch den Göttern eine Wohlthat erzeigt und wofür Gegendienste gefordert wurden, so namentlich das uralte Somaopfer. Soma war ein berauschendes Getränk, aus Pflanzensäften bereitet, galt als der concentrirte Lebenssaft der Natur, der ausgepresste Weltsame, wurde ursprünglich wohl mit dem aus der lebendigen Kraft des Wassers gezogenen Amrita identisch gedacht, und selbst wieder zu einem göttlichen Wesen gestempelt. Der Somatrank wird häufig als Labsal und Wirkungsmittel der Götter dargestellt, und Indra kameradschaftlich dazu eingeladen: „bereitet ist der Somatrank, o Indra, dir, er fülle dich mit Kraft; trinke den trefflichen, Unsterblichkeit verleihend und erfreuend; komm her, Indra, trinke mit Lust vom Gepressten, berausche dich, o Held, die Feinde zu tödten; setze dich auf meine Decke; hier, o Guter, ist Trank gepresst, trinke dir den Bauch recht voll; dir, o Furchtloser, spenden wir.“ Diese Götter konnte die geistigere Folgezeit nicht als die höchsten verehren. Sie mussten in das zahllose Heer der himmlischen Schaaren zurücktreten, die für die tiefere Auffassung in ebenso weitem Abstande als erschaffene Wesen der göttlichen Dreieinigkeit untergeordnet waren, wie die Engel oder Heiligen der christlichen Kirchen. Seitdem sollte Indra durch die Kraft Brahmas seine Thaten verrichtet, die Erde gestützt und den Himmel befestigt haben. Endlich aber entschwand er als Gott der Schöpfung gänzlich aus dem Bewusstsein.

IX.

Der geläuterten geistigeren Vorstellung ward Brahma der höchste Gott, der Schöpfer des Himmels und der Erde, „der Gründer und Lenker der Welt“. So erscheint er in dem Gesetzbuch des Manu und in den ältesten Commentaren der Veden, den Upanischaden. Bald darauf scheint sich im Anschluss an die alte Dreiheit, welche das Werden, Anfangen, Sein und Aufhören, als Wesen der Welt darstellt, das

System der drei grossen Götter, Brahma, Vischnu und Çiva, ausgebildet zu haben, wie es in den epischen Gedichten herrscht. Dieses System, in welchem die Dreieinigkeit, Trimurti, bildlich dargestellt als ein Leib mit drei Köpfen, als wesentliche Einheit, als dreifache Weise eines einigen Seins aufgefasst wird, ist das eigentlich orthodoxe der indischen Religionslehre geblieben, ist aber von Alters her sehr verschiedenartig ausgelegt und gedeutet worden.

Das Wort Brahma bezeichnet zwei wohl zu unterscheidende Begriffe, eine metaphysische Wesenheit und eine theologische Persönlichkeit. In ersterer Bedeutung ist Bráhma (neutrum) anknüpfend an das vedische Wort für Gebet, Andacht, dann Versenkung in das Göttliche, der Urgrund aller Dinge, das wahre Sein, das All-Eine, aus welchem sich die Welt entfaltet, bald mehr als bestimmungslose ruhende Einheit, bald mehr als vernunftgemässe, in der Welt wirkende Kraft gefasst, aber kein selbstbewusster persönlicher Geist; einen solchen monotheistischen Begriff haben höchstens Brahmanen der Neuzeit nach Berührung mit dem Muhamedanismus oder Christenthum allegorisch deutend in das alte Bráhma hineintragen wollen. In der zweiten Bedeutung ist Brahmâ (masculinum) die höchste Person der Dreieinigkeit, der Gott der Schöpfung. An ihn hält sich die Religion der tiefer Gebildeten, namentlich der Brahmanen, für das Volk aber ist er ein zu jenseitiges, zu metaphysisches Wesen. Wie seit der Schöpfung aus der Welt hat er sich gleichsam aus dem Bewusstsein des bewegten Lebens zurückgezogen. Brahmâ ist nie ein Volksgott geworden; er ist von der Mythenbildung sehr wenig berührt worden, wird selten bildlich dargestellt, hat fast nie einen Tempel, wird nur durch Gebet und Andacht verehrt. Wie die Christen seit alter Zeit Gott unmittelbar keine Kirchen weihten, wie man noch heutigen Tages in Predigten katholischer Geistlichen der Vorstellung begegnet, Gott sei zu hoch und unnahbar, um ohne näher stehende Mittelspersonen angegangen zu werden, so musste Brahma dem Indischen Volke durch das Walten untergeordneter

Mächte ersetzt werden. Die höchste Stelle im Cultus und in der allgemeinen Verehrung des Volkes nahmen die beiden anderen Personen der Dreieinigkeit ein, Vischnu der Gott des Erhaltens, der Regierer der Welt, und Çiva, der Gott des Vergehens, der Zerstörung. Zur Zeit der epischen Dichtungen herrschte die Verehrung des Vischnu vor. Das Dogma von seinen heiligenden welterlösenden Menschwerdungen, den Avataren, deren später eine geordnete Reihe angenommen wurde, bildete sich damals aus. In der theosophischen Episode des grossen Heldengedichts, der Bhagavadgita, erklärt Vischnu: „Wenn in der Welt die Frömmigkeit sinkt, und gottloses Wesen zunimmt, dann lasse ich mich selbst geboren werden.“ Diese Lehre gab zu unzähligen Mythen und Uebertragungen alter Heldensagen auf den Gott Veranlassung. Die höchste seiner Avataren war die Erscheinung als der Held Krischna; in dieser Form ward er am häufigsten verehrt; dass auf einzelne Legenden christliche Vorstellungen eingewirkt haben, kann als möglich zugegeben werden; die Darstellung des Krischnakindes mit der göttlichen Mutter erinnert wenigstens an die christliche Mutter Gottes; die Aehnlichkeit mit der Verkündigung der Geburt Christi scheint mir nicht gross, Krischna wird nicht unter den Hirten verkündet, sondern verkündet sich selbst unter den Hirtinnen; das Ganze ist aber ziemlich unerheblich, da jedenfalls das Dogma von der göttlichen Menschwerdung in Indien weit älter ist als das Christenthum.

X.

Die getrennte Verehrung dieser beiden Hauptgottheiten nahm allmälig einen so ausschliesslichen Charakter an, dass schon Megasthenes, der sich als Gesandter des Seleucus um 300 vor Christus längere Zeit in Indien aufhielt, die Verehrer des Vischnu in den östlichen Ebenen und die des Çiva in den Gebirgsgegenden unterschied, und dass sich später ein grosser Theil des Volkes in die Secten der Vischnuiten und Çivaiten trennte. Dabei wurde in der Regel die Idee der Dreiheit festgehalten, so dass immer der höchste Gott als Inbegriff der drei Hauptgötter gedacht, daher auch wohl wie die Trimurti mit drei Köpfen abgebildet wurde. Çiva erscheint oft als der grauenvolle Gott des Unterganges; wo er aber ausschliesslich als der höchste Gott verehrt wird, nimmt er auch die Attribute der anderen Götter an, und wird, indem die Zerstörung für neues Leben Raum schafft, Gott des Schaffens und Zeugens. Das vorwiegende Element der Zerstörungsgewalt entspricht zwar in gewisser Hinsicht der späteren philosophischen Vorstellung von der Nichtigkeit des Daseins und der Nothwendigkeit der Vernichtung, im Ganzen nahm aber der Çivacultus einen roheren Charakter an, Formen, die in ihrer Mischung von Grausamkeit und Wollust an die Baals- und Molochs-Dienste Vorderasiens erinnern, und die von den Brahmanen verworfen werden. Priester, die nicht zur Brahmanenkaste gehören und daher von den Brahmanen als Eindringlinge verabscheuet werden, versehen den Dienst bei solchen Tempeln. Da diese Ausartungen vorzugsweise in Dekhanischen Ländern vorkommen, wo sich die Arier mit Indern anderen Stammes gemischt haben, scheinen der rohere Charakter dieser Völker oder Ueberreste früherer Gottesdienste auf den Cultus eingewirkt zu haben.

Die Griechen bezeichneten den Vischnu nach der Heldengestalt des Krischna und nach einzelnen Thaten und Symbolen desselben als Hercules; wie sie darauf gekommen den Çiva als Dionysus zu betrachten, ist nicht klar; die Stadt Nysa, welche sie für den Geburtsort ihres Gottes ausgaben, hat sich in indischen Schriften nicht ermitteln lassen; vielleicht erinnerten sie nur die Feierlichkeiten und Processionen der Çivaiten an die Feste des Dionysus. Auf das starke Hervortreten dieser beiden Götter und ihres Cultus scheint der Buddhismus, dessen älteste Schriften noch den Indra, aber nicht den Vischnu erwähnen, einen erheblichen Einfluss geübt zu haben, indem die Brahmanen es gegenüber dem gefährlichen Umsichgreifen der neuen Lehre für nöthig halten mochten, dem tieferen Bedürfnisse und der wankenden Ehrfurcht der Massen mächtigere und imponirendere Göttergestalten hinzustellen, als die alten unbestimmten Naturgötter.

Neben den drei grossen Göttern mischen sich in der Dichtung wie im polytheistischen Glauben des Volkes zahllose Schaaren untergeordneter Götter, bald mehr sinnlich, bald mehr geistig vorgestellt, in zufälliger individueller Weise in das menschliche Leben, nehmen am Kampfe Theil, helfen den Frommen, vergelten Gutes und Böses, und haben in grösserer oder geringerer Ausdehnung ihren Cultus, treten sogar an einzelnen Orten mit überwiegendem Ansehn hervor. Durch die specielle Ausbildung solcher localen Gottesdienste, die verschiedenen Auffassungen der grossen Götter in ihrer Verbindung oder Trennung, die Mischung der verschiedenen Systeme und die Hineintragung fremdartiger theologischer oder philosophischer Gedanken sind eine Menge religiöser Secten entstanden. Wilson zählt ihrer mehr als vierzig auf. Endlich werden den männlichen Göttern weibliche Gottheiten als passive Ergänzung des activen Elements zur Seite gestellt. Selbst Brahmâ hat seine Gattin, Sarasvald, die Göttin der Ordnung, der Harmonie, der Poesie und Erkenntniss. Vischnu zur Seite steht Lakschmi, die Göttin der Liebe, der Ehe, der Fruchtbarkeit und des Reichthums; ihr Symbol ist die Lotosblume, welche in der indischen Kunst und Poesie eine grosse Rolle spielt. Neben Çiva werden in seinen mehrfachen Bedeutungen verschiedene entsprechende Wesen genannt. Die neuen Götter höheren Ranges sind wie die Gattinnen Brahmas und Vischnus, im Gegensatze gegen die alten Naturgötter überwiegend Abstractionen und Personificationen sittlicher Natur, so Ganaça, Gott der Künste und der Klugheit, Kama, Gott der Liebe.

XI.

Den grossen Umschwung im indischen Leben und Denken bezeugen uns die beiden berühmten epischen Gedichte, des Ramajana und Mahabharata. In ihren Schilderungen sind die kleinen Stämme der Urzeit, ihre Kämpfe und Wanderungen völlig verschwunden. Grosse geordnete Reiche haben sich gebildet, die Kastenunterschiede bestehen, die Einrichtungen und Anschauungen der späteren Zeit erscheinen in ihren Grundlagen. Freilich dürfen die Dichtungen des Alterthums niemals als reine und directe Quellen für die Sitten und Zustände betrachtet werden, welche sie darstellen; der Dichter ist der Sohn und der Repräsentant seiner späteren Zeit, er theilt die Stimmungen und Anschauungen seiner Umgebung, und je weniger reflectirt diese sind, je unmittelbarer sie noch im Gefühle wurzeln, je lebendiger sie das ganze Bewusstsein erfüllen, desto unbefangener werden sie auf die Vorzeit übertragen. Das wahre volksthümliche Epos übt keine Kritik. Was es für gut und wahr und schön hält, das wendet es unbedenklich auf die ideale Vergangenheit an; in dieser ist Alles grösser und herrlicher, als in der gesunkenen Gegenwart. Daher der elegische Zug der Klage über den Verlust einer höheren schöneren Zeit, welcher dem ächten Epos eigenthümlich ist, der Gegensatz der gottähnlichen Helden, an deren Umgang sich die Unsterblichen erfreuen, und der schmählichen Epigonen, οἷοι νῦν βροτοί εἰσ' *). Daher sind grosse Katastrophen, Untergang der Reiche und Vernichtungskämpfe der Helden durchgehends der Inhalt epischer Gedichte, wie es in einem alten Liede heisst:

Wir höreten von Helden oftmals singen,
Und wie sie hohe Burgen brachen,
Wie stolze Königreiche untergingen,
Und wie sich liebe Zeltgenossen schieden.

Bei den Indern wird durch die besonders hervortretende Richtung, Sitten und Lehren als uranfänglich gegeben, als ewig und unveränderlich zu betrachten, so wie durch den ausgesprochenen didaktischen Zweck der Gedichte die Vermischung des Späteren mit dem Früheren noch befördert; aber dessen ungeachtet legen diese Epen nicht nur ein unmittelbares Zeugniss für die Art und Weise ab, wie ihre

*) Wie nun Sterbliche sind. Homer

Zeit das Alterthum des Volkes betrachtete, sondern die Sage hat in ihnen auch manche Züge bewahrt, die in der That und ausschliesslich dem Alterthum angehören, und welche die spätere Bearbeitung trotz des Widerspruchs gegen ihre Theorie nicht ausgetilgt hat. Ausserdem enthalten sie, wenn auch in mythischer Form, historische Thatsachen, welche theils für die Urgeschichte des Volkes die wichtigsten Anhaltspunkte gewähren, theils Schlüsse auf seine früheren Zustände rechtfertigen, als die Voraussetzungen, unter denen die überlieferten Thatsachen allein möglich erscheinen.

Das ältere Gedicht ist das Ramajana. Es ist mehr aus einem Gusse, weniger überarbeitet als das Mahabharata, obwohl sein Held Rama augenscheinlich erst durch eine spätere Hand zu einer Verkörperung Vischnus erhöht worden ist. Sein Gegenstand ist in geordnetem Fortschritt der erste Zug der arischen Inder nach Lanka (Ceylon), welcher aber noch nicht die dauernde Eroberung der Insel herbeiführt. Da diese in der zweiten Hälfte des sechsten Jahrhunderts vor Christus von den südlichen Reichen aus erfolgte, mögen einzelne Unternehmungen nach jenen Gegenden schon in älterer Zeit stattgefunden haben. Das Ramajana kennt arisches Land noch nur im Norden des Vindhjagebirges, südlich davon ist Waldwildniss, bewohnt von Affen, Riesen und Dämonen, welche die wilden Urbewohner repräsentiren. Der indischen Ansicht gilt der angebliche Dichter des Epos, Valmiki, als ein Zeitgenosse des Rama, und dieser wegen des höheren Alters des Gedichts irriger Weise für älter als der grosse Krieg des Mahabharata. Wie Ovid vom Homer*) sagt, heisst es von diesem Werke:

So lang' es Ströme geben wird und Berge auf der Erde stehn,
So lange wird von Ramas Zug Valmikis Lied nicht untergehn.

*) Vivet Maeonidas, Tenedos dum stabit et Ida,
Dum rapidas Simois in mare volvet aquas.
(Der Mäonide wird leben, so lange Tenedos und der Ida stehen werden, so lange der schnelle Simois seine Wasser ins Meer wälzen wird.)

Das zweite Epos ist eine viel wichtigere Quelle für unsere Kenntniss des indischen Alterthums. Es besteht aus sehr verschiedenen wenig zusammenhängenden Bruchstücken, und giebt selbst zu verstehen, dass es nicht auf einen Verfasser zurückzuführen, vielfach vermehrt und überarbeitet ist. Es wird nämlich dem fabelhaften Vjasa, d. h. der Anordner, zugeschrieben, dem zum Vater der erste Astronom, zur Mutter die Sage, Satjavati, eigentlich die Wahrhafte, gegeben wird. Er soll auch die Veden gesammelt und das älteste Purana seinem Schüler Suta — so heisst der Barde — mitgetheilt haben. In dem Gedichte wird angegeben, dass es nicht die erste, von einem Schüler des Vjasa bei dem Opfer eines Königs vorgetragene Rhapsodie, sondern eine Wiederholung bei dem Opferfeste eines Brahmanen sei und dass es ursprünglich aus 24,000 Distichen bestehe, während es in der That 100,000 enthalten soll. Sein eigentlicher Inhalt ist der Kampf und Untergang der alten Königsgeschlechter, der Kurus und Pandus, aber es verbreitet sich über die ganze Vorwelt, alle Interessen des jetzigen und künftigen Lebens, will ausdrücklich ein Lehrbuch sein, und enthält neben seiner Erzählung sehr lange Abschnitte rein dogmatischen, gesetzlichen und philosophischen Inhalts. Ohne Zweifel haben sich im Mahabharata Dichtungen erhalten, welche einer sehr alten Zeit angehören und lange mündlich überliefert worden sind. Ihre alterthümlichen Züge, ihre von den neueren Theilen sehr abweichende Färbung haben die späteren Bearbeiter nicht zu verwischen gewagt. So finden sich in den lose verknüpften Abschnitten und Episoden sehr von einander abweichende Anschauungen vertreten. Die wesentliche Redaction des Gedichts in seiner jetzigen Form scheint erst im vierten Jahrhundert vor Christus erfolgt zu sein, früher schwerlich, aber wohl auch nicht später, da sie vor der grossen Verbreitung des Buddhismus und vor der vollständigen Ausbildung der Secten der Çivaiten und Vischnuiten angenommen werden muss. Freilich haben einzelne Abänderungen, namentlich in Bezug auf die Verehrung des Krischna, der aus dem Stammeshelden der Jadava zur Hauptverkörperung des Vischnu geworden, und manche Hinzufügungen didaktischer Stücke, zum Theil von grossem Umfange und hoher Wichtigkeit, gewiss noch mehrere hundert Jahre später stattgefunden.

XII.

Die langen Kämpfe der beiden Dynastien bezeichnen nach der jetzt allgemein angenommenen Deutung grosse Eroberungskriege der arischen Inder unter einander. Das alte Geschlecht der Kurus beherrscht die früher eingewanderten, daher dunkleren Inder, welche zuerst in den Ebenen des Ganges civilisirte Reiche gegründet haben. Die Pandus und ihr Haupt Ardschuma sind die Weissen, also die später eingewanderten Arier, welche, mehrmals vertrieben und wiederkehrend, unterstützt von einem Theile der älteren Stämme, deren Repräsentant Krischna, der Schwarze, ist, endlich nach vielen Schicksalswechseln in der grossen Schlacht die Herrschaft gewinnen. Nach der Weise des Orients, wo das besiegte Volk sich zum Troste den Sieger anzueignen pflegt, wie die persische Sage Alexander den Grossen zum Abkömmling des Darius macht, werden die Pandus zu ächten Nachkommen und legitimen Erben der Kurus gestempelt, und ehe sie die herrschenden werden, müssen sie die altindische Sitte und Kriegskunst annehmen. Die Söhne Pandus werden am Hofe der Kurus erzogen; „sie lernten alle Veda und die verschiedenen Waffen“, den Inbegriff alter Erziehung für Fürsten und Edle,

Speere werfen und die Götter ehren.

Nach dem Siege ordnet die neue Dynastie das Reich in der gesetzlichen Weise. Dann ziehen sich die Söhne Pandus zurück, durchpilgern die Erde, gelangen endlich zum Berge Meru und nehmen ihre Sitze im Himmel ein, wo sie die übrigen Helden des grossen Krieges wiederfinden. Es ist ein wahres Symbol des indischen Volkes, wie zum Schlusse des vielbewegten Gedichts seine streitbaren Helden, von aller lebendigen Thätigkeit abgewendet, in vertiefter Entsagung zu betenden Büssern und Träumern werden.

Neben manchen entsprechenden Namen legt die Sage hier ein ausdrückliches Zeugniss für die National-Verwandtschaft der indischen und der westlichen Arier ab; es tritt nämlich als Bruder des Königs Çantanu Bahlika auf, der seine Verwandten verlässt, und in der Ferne ein grosses Reich stiftet. Bahlika heissen aber bei den Indern die Baktrer, das einzige iranische Volk, welches in altindischen Schriften erwähnt wird. So hat sich die Scheidung der Hauptzweige des arischen Stammes in der Ueberlieferung erhalten.

Die orthodoxe Chronologie — denn bei den Indern gilt die Orthodoxie nicht blos in der Religion, sondern eben so wohl in Kunst und Wissenschaft — setzt die grosse Schlacht des Mahabharata als das Ende des dritten Weltalters, des Dvagara-Juga, Zeitalter des Zweifels, und lässt die jetzige vierte Periode, das Kali-Juga, Zeitalter der Sünde, mit der Herrschaft Parixits, eines Enkels der Pandus, beginnen. Nach ihrer Angabe fällt der Anfang des Kali-Juga in das Jahr 3102 vor Christus; die daneben aufgestellten Listen von Regierungsjahren füllen aber einen solchen Zeitraum bei weitem nicht aus. Eine Zusammenzählung würde das Jahr 1915, eine andere 1432 vor Christus für das Ende des grossen Krieges ergeben; der Astronom Varaha Mihira und die Chronik von Kaschmir trennen dieses daher auch von dem Anfange des Kali-Juga. Glücklicherweise giebt eine von dem geltenden System unabhängige Ueberlieferung in dem Kalender der Veden die Solstitial- und Aequinoctialpunkte beim Ende des grossen Krieges, und diese so, wie sie nach astronomischer Berechnung um 1400 vor Christus gewesen. Hierdurch haben wir einen festen Anhaltspunkt für das Zeitalter gewonnen, mit welchem die alten Heroengeschlechter untergehen, und die grösseren Staatenbildungen beginnen, den einzigen sicheren Punkt der alten indischen Chronologie. Welche Zeiträume vorher verflossen, wann die ersten arischen Einwanderungen in Indien erfolgten, wie lange die zertheilten Stämme in den Gegenden des Indus wanderten, in welcher Zeit sie sich bis zum Ganges ausbreiteten und sich zu grossen

Staaten consolidirten, dafür fehlt es an jedem Maassstabe. Gelehrte Speculationen haben völlige Freiheit, Jahrhunderte oder Jahrtausende dafür zu berechnen.

XIII.

Den Schauplatz der Thaten des Mahabharata bilden die weiten Ebenen des Ganges und der Dschamuna. Auch die sonstigen Ueberlieferungen weisen auf diese Gegenden als den ersten Hauptsitz der indischen Cultur hin; Magadha mit der Hauptstadt Pataliputra, (bei Megasthenes Palibothra) in der Nähe des jetzigen Patna, wird als das grösste ältere Reich und als das am frühesten nach dem indischen Gesetz eingerichtete betrachtet. Ausgedehnte fruchtbare Stromländer erscheinen seit den Anfängen der Geschichte überall als die ursprünglichen selbstständigen Sitze höherer Civilisation. In ihnen haben sich die ältesten Reiche entwickelt, welche dann ihre Macht und ihren Einfluss weit über die Grenzen des anfänglichen Gebietes hinausgetragen haben. So das Nilthal Aegyptens, das Mesopotamien des Euphrat und Tigris, das Stromgebiet des Yangtsekiang und Hoangho. Die Leichtigkeit des Anbaus, die hervorragende Fruchtbarkeit, der Reichthum an Producten hat diesen Ländern auch in den Folgezeiten trotz vielfacher Umwälzungen, trotz des Wechsels der Dynastien und Hauptstädte, trotz des Eindringens und der Unterwerfung durch fremde Eroberer ihre Blüthe und Bedeutung erhalten, wenn sie nicht endlich, wie Mesopotamien durch die Mongolen und Türken, ungeachtet ihrer trefflichen Natur gewaltsam zur Einöde gemacht wurden. In den Anfängen aber erzeugten diese Eigenschaften die ersten Bedingungen höherer Cultur, Festigkeit der Wohnplätze und Dichtigkeit der Bevölkerung. Während in anderen Gegenden, ehe ein kunstvollerer Ackerbau dem Uebel zu begegnen weiss, die Erschöpfung des Bodens zu Ortsveränderungen nöthigt, und so die Stämme, welche bereits den Landbau mit der Viehzucht verbinden, in halbwanderndem Zustande erhält, machen die weithin befruchtenden Ueberschwemmungen der Ströme den ununterbrochenen Anbau desselben Bodens möglich, und so ihre Anwohner zu einem wahrhaft ansässigen Volke. Der Reichthum des Landes zieht eine stärkere Bevölkerung an und befördert ihr Wachsthum. In Wechselwirkung damit steigt der Werth des Bodens, er wird das wichtigste und kostbarste Eigenthum. Zu der natürlichen Verbindung dauernder Nachbarschaft tritt das Bedürfniss der Vereinigung zu gemeinsamen Arbeiten, wie sie die Beförderung und Regulirung der Bewässerung durch Anlegung von Dämmen und Canälen erfordert, und zu gemeinschaftlichem Schutze gegen innere und äussere Feinde. So entstehen ausgedehntere und dauerhafte Organisationen. Dichte Bevölkerung, Vereinigung der Arbeitskräfte und grosse Ergiebigkeit des Bodens befördern zugleich die anfängliche Scheidung von Reichen und Armen, indem die Thätigkeit des Arbeiters einen grossen Ueberschuss über seinen nothwendigen Bedarf erzeugen, der Ertrag der Arbeit gross und ihre Belohnung gering sein kann. Dadurch wird die Differenz zwischen den verschiedenen Volksklassen, ihrer Lebensweise und ihrer Bildung stark und stetig. Die höheren Stände erhalten Musse von der gewöhnlichen Ernährungsarbeit, die erste Bedingung geistiger Cultur; die Abhängigkeit und Unterwürfigkeit der niederen wird eine feste und strenge. Erst wenn die drängende Noth des Daseins befriedigt ist, macht sich die Sehnsucht nach Verschönerung und Bereicherung des Lebens in fruchtbringender Weise geltend; aber zu grosse Abstände, zu schwere Lasten schliessen die Armen und Niedrigen von der Theilnahme an geistiger und materieller Erhebung aus. So wirken die Verhältnisse des Landes gleichmässig auf die innere Gestaltung und den äusseren Umfang der Gesellschaft. Die Flüsse endlich, die wichtigsten Verkehrsstrassen, ehe die ausgebildetere Schifffahrt das Meer zum grossen Verbindungswege der Völker machte, erweitern und befördern auch zwischen entlegeneren Theilen ihres Gebietes jede Art des Verkehrs, des friedlichen wie des feindlichen. Mächtigere

Centralpunkte assimiliren sich die schwächeren Nachbarn und allmälig pflegt das ganze Stromland zu einem Ganzen zusammen zu wachsen. So erzählt die glaubhafte, nüchterne Geschichtschreibung der Chinesen, wie schon seit den Zeiten des Kaisers Yao im dritten Jahrtausend vor Christus um den mächtigen Kern des Reiches Nebenländer sich ansetzten, die Anfangs unter eigenen Fürsten in geringer Abhängigkeit von dem Centrum standen, nach und nach aber mehr mit diesem verschmolzen und in die feste Organisation des Ganzen hineingezogen wurden. Selbst wenn die Stromgebiete längere oder kürzere Zeit politisch getrennt waren, bildeten ihre Bewohner doch nach Sprache, Sitten und Einrichtungen eine im wesentlichen homogene Bevölkerung.

Alles dies gilt in hohem Maasse von den Ländern des Ganges und seiner Nebenflüsse; als „die historische Mitte“ bezeichnet Carl Ritter diese Gegenden, „die mittlere Erde“ nennt sie das Mahabharata. Die Sage hat die Erinnerung bewahrt, dass die Bildung umfangreicherer Staaten mit den grossen Kriegen im Zusammenhange stand. Um jene Zeiten unterwarf nach dem Epos der gewaltige Tyrann Dscharasandha, der gemeinsame Sohn zweier Königstöchter (wie in der nordischen Mythologie der weise Gott Heimdallur von neun Riesenjungfrauen geboren wird) von 100 Königen sechsundachtzig seiner Herrschaft, und nach dem endlichen Siege ordneten die Pandus das weite Reich. Von diesem Mittelpunkte aus verbreitete sich die höhere Civilisation in den Formen, welche sie hier angenommen, über die arischen Reiche des nördlichen Indiens, und unterwarf sich dann auch die Küstenländer des Dekhan nebst Ceylon, so dass nur die schwer zugänglichen Gegenden des mittleren Dekhan und des Vindhjagebirges im Besitze der rohen Urbevölkerung blieben. Das Gesetzbuch des Manu bezeichnet gleich dem Ramajana nur das eigentliche Hindustan als Arjavarta, das jüngere Epos überträgt die erweiterte Geographie auf die alten Zeiten, und lässt schon Könige des Südens am grossen Kriege Theil nehmen. Das Ramajana erwähnt dort nur heiliger Einsiedler unter den fabelhaften Wesen der Wildniss, die nach Art der Wilden bald den Missionaren der Cultur feindlich entgegentreten, bald scheu vor ihnen zurückweichen. Im Mahabharata finden die Pandus auf ihren Pilgerfahrten nicht mehr die Heiligen der Vorzeit, sondern nur noch Denkmäler, Legenden und Reliquien von ihnen. Die Colonisationen im Süden trugen nach den Traditionen bald mehr den priesterlichen, bald mehr den kriegerischen Charakter. An der West-Küste drangen die Arier massenhafter und anscheinend früher vor, an der östlichen blieb die Zahl der Einwanderer verhältnissmässig gering, aber ihre Sitten und Gesetze wurden bei den Eingebornen vollständig eingeführt. In Ceylon sollen nur 700 Krieger eingewandert sein.

XIV.

Als die Bewegung zum Stillstande gekommen, und die Wanderungen der kriegerischen Stämme an den Ufern des heiligen Ganges ihr Ziel gefunden, konnte unter der zahlreichen und in ausgedehnter Verbindung stehenden Bevölkerung das Gesetz seine Wirksamkeit beginnen, welches Adam Smith in seinem grossen Werke als die Grundlage des Nationalreichthums nachgewiesen hat, und welches für jede Entwicklung des menschlichen Lebens und Denkens die gleiche Gültigkeit hat, das Gesetz der Theilung der Arbeit. Nicht als ob die Begründer der socialen Ordnung Indiens sich dieses Gesetzes bewusst gewesen wären, aber wir müssen erkennen, dass seine Anwendung ein mächtiges Element in dieser kunstvollen dauerhaften und fruchtbaren Organisation war. Diese selbst konnte in ihrer consequenten und umfassenden Ausbildung nicht das Werk weniger Individuen oder einiger Menschenalter sein, sondern erforderte zu ihrer theoretischen Entwicklung und praktischen Durchführung eine so gewaltige Arbeit, wie sie nur den collectiven Anstrengungen von Jahrhunderten möglich war. Daher gehören die ursprünglichen grossartigen Organisationen und die aus ihnen erwachsene frühe Blüthe der Cultur gerade diesen ausgedehnten und fruchtbaren Stromländern an, in denen eine zahlreiche, durch keine Naturhindernisse geschiedene Bevölkerung hinreichende geistige und physische Kräfte zur gemeinsamen Arbeit hervorbringen konnte, und zugleich abgeschlossen oder mächtig genug war, um nicht durch Angriffe der Nachbaren in der selbstständigen Entwicklung gehemmt, oder eingreifend beunruhigt zu werden, während andere ebenso begabte Völker, welche bei geringerer Ergiebigkeit ihres Landes zerstreuter lebten, oder durch natürliche Scheidungen in kleineren Stämmen vereinzelt gehalten wurden, erst von Fremden lernen mussten, oder vieler Jahrhunderte mehr bedurften, ehe sie eine jenen entsprechende Stufe der Bildung gewannen.

Die erste folgenreiche Theilung der Arbeit betraf die Ausscheidung einer besonderen contemplativen Classe, oder in ihrer politisch-socialen Bedeutung betrachtet, die Trennung der geistlichen und weltlichen Gewalt. Die letztere, ausgebildet durch die nothwendige Unterordnung und Concentration, welche die früheste, grössere Massen vereinigende Thätigkeit, die kriegerische, erfordert, hatte wie überall die erste Gründung ausgedehnterer Gesellschaften geleitet. Durch Krieg und Eroberung waren die grösseren Reiche entstanden, und so fiel nach der Natur der Sache, nach der Analogie der Geschichte und nach der ausdrücklichen Ueberlieferung die Herrschaft in diesen Reichen zunächst den Führern des Krieges anheim, den Königen und ihrem kriegerischen Gefolge. Auf die weitere Entwicklung aber gewann die geistliche Gewalt einen überwiegenden Einfluss und behauptete ihn durch alle Folgezeiten. Die ausgedehnten inneren Verbindungen, die anerkannte Verwandtschaft der indischen Staaten unter einander und ihre Isolirtheit gegen fremde ebenbürtige Völker mussten nach der Consolidation der grösseren Reiche die kriegerische Thätigkeit zurückdrängen. Das heisse, erschlaffende Clima war energischen praktischen Anstrengungen nicht günstig Die herrliche Natur des Landes, die üppige, wenig Arbeit erfordernde Beschaffenheit des Bodens begünstigte die intellectuelle Entwicklung des regsamen geistig begabten Volkes. Dazu kam, dass von den Urzeiten her die niederen arbeitenden Classen nicht in persönlicher Sclaverei standen, und daher den Trägern der geistlichen Gewalt als wirksame Stütze gegen den herrschenden Kriegerstand dienen konnten. Alles dies erklärt genügend das erste Emporkommen der Theokratie, die sich dann mit einer Weisheit wie nur je eine Macht auf Erden, zu behaupten und die ganze Theorie des Lebens und Denkens in die vollendete Harmonie zu bringen wusste, welche allein einer socialen Ordnung Festigkeit und Dauer zu verleihen vermag.

XV.

Wie und wann das gesellschaftliche System, welches wir als das indische schlechthin zu betrachten pflegen, im Einzelnen ausgearbeitet und durchgeführt worden, darüber haben wir keine Nachrichten. Grosse sociale Umgestaltungen erfordern stets und namentlich in den Anfängen der Civilisation, wo der Fortschritt noch weit zögernder von statten geht, so viele Zeit, erfolgen so langsam und allmälig, dass sie sich den Augen der Mitlebenden fast gänzlich entziehen. Selbst die genauere Beobachtung vorgeschrittener Völker wird erst bei der Vergleichung längerer Zeiträume der eingetretenen Veränderungen bewusst, und vermag dann wohl anzugeben, was sich seit den Zeiten der Väter in den Lebensformen geändert hat, aber selten den Zeitpunkt und die Ursache des Umschwungs näher zu bezeichnen, wenn er sich nicht etwa an grosse geschichtliche Ereignisse knüpft, besonders an politische Krisen, die tiefer im Gedächtniss der Menschen zu haften pflegen, als der Wechsel in den socialen Einrichtungen und Sitten, welcher doch in der That nicht bloss von weit höherer Wichtigkeit ist, sondern auch viel mehr jene Thatsachen bestimmt und bedingt, als von ihnen bestimmt wird. Die Inder haben indessen der politischen Geschichte eben so wenig Aufmerksamkeit gewidmet, wie der socialen. Auf den ersten Blick erscheint dies auffallend, da die Bedingungen, welche ein klares Bewusstsein über die Vergangenheit und ihre geschichtliche Aufbewahrung zum Bedürfniss der Völker zu machen pflegen, thatenreiche Zeiten, gesetzlich regierte Staaten, geordnete Zeitrechnung, ausgebildete Sprache und Schrift, entwickelte Geistesbildung, früh vorhanden waren. Aber die contemplative Classe der Brahmanen, welche allein durch Kenntnisse und Gewohnheit des Nachdenkens zur Geschichtschreibung befähigt gewesen wäre, hatte sich einer Geistesrichtung ergeben, welche geschichtlicher Untersuchung und geschichtlichem Interesse durchaus entgegen gesetzt war. Wies schon das geschichtslose Kasten- und Familienwesen stets auf die sagenhaften Stammväter zurück, und schmälerte mit der Vorliebe für die Göttergeschichten das Wunderbare und Mythische der Vorzeit den Sinn für die nüchterne Wirklichkeit der historischen Zeiten, so trug die Religiosität der Theorie, welche alles Gute und Grosse nicht menschlicher Arbeit, sondern göttlicher Offenbarung zuschrieb, der Idealismus, welcher sich, unbefriedigt von der Gegenwart, stets der fernen Vergangenheit, als der Zeit, in welcher das Erstrebte wirklich gewesen, zuwandte, endlich auch das mehr oder minder bewusste Streben die Heiligkeit der priesterlichen Vorschriften durch ihre Zurückführung auf das Alterthum zu erhöhen noch mehr dazu bei, Gesetze, Einrichtungen, Kenntnisse, selbst Künste und Fertigkeiten des täglichen Lebens, Alles, woran sich die höchsten Interessen des irdischen und überirdischen Daseins knüpften, als von Ewigkeit gegeben, unabänderlich geregelt, der menschlichen Thätigkeit entzogen zu betrachten, das unwandelbar Ewige in phantastischer Beschaulichkeit hoch über den Wechsel des Lebens zu stellen, und die Thaten der Geschichte als werthlos gleichgültig, meist sogar störend von den Gegenständen der ernstesten und eifrigsten Betrachtung auszuschliessen. Dies erklärt, dass es zu einer pragmatischen Geschichtschreibung, zu einer wirklich historischen Behandlung grösserer Epochen bei den Indern niemals gekommen ist. Sie haben uns sorgfältig überliefert, was gedacht, nie, was gethan worden. In ihren Chroniken überbietet die Vorliebe für das Wunderbafte und Phantastische noch die Dichtungen, aus denen sie ihre Anfänge zu entlehnen pflegen, und deren Thaten sie auf die Schauplätze ihrer Beschreibungen übertragen. Wunder und Ungeheuerlichkeiten werden auch in die späteren Zeiten ungescheut eingeführt, Namen, Zahlen und Begebenheiten willkürlich durcheinander geworfen. Sie haben für geschichtliche Wahrheit gar keinen Sinn. Die Gelehrten, welche den unglücklichen Wilford bei zwanzigjährigen Forschungen mit ihren Lügen unterhielten und ihm seine ungereimten biblischen Hypothesen bestätigten, haben sich wahrscheinlich durchaus kein Gewissen daraus gemacht den Mann so schmählich zu belügen. Dass es ihm ernstlich um Wahrheit zu thun war, haben sie sich schwerlich vorgestellt, es vielleicht sogar für ihre Schuldigkeit gehalten ihm für sein Geld zu sagen, was er zu hören wünschte. Auch andere Völker des Orients, welche Kindern gleich leicht die Bilder der Phantasie mit wirklich gesehenen vermischen, bleiben theils aus Hochmuth, theils aus einer Art von Höflichkeit dem Fremden nicht gerne eine Antwort schuldig. Erst die buddhistischen Schriftsteller, obwohl sie in den älteren Perioden die Brahmanen fast durch ungeheuere Zahlen und Namenregister überbieten, und auch der Wunder und des Abenteuerlichen genug enthalten, machen für die Geschichte ihrer Kirche und der Zeiten, die damit in Verbindung stehen, durch Zusammenhang und relative Zuverlässigkeit ihrer Berichte eine rühmliche Ausnahme.

XVI.

So fehlt es für die Jahrhunderte nach den grossen Kriegen des Mahabharata an allen genaueren Berichten. Wir können nur annehmen, dass die grosse Umgestaltung und definitive Organisation der indischen Staaten mit jenen Kriegen begonnen, und vor dem sechsten oder siebenten Jahrhundert vor unserer Zeitrechnung ihren Abschluss erreicht hat. Dieser Zeit nämlich gehört das Gesetzbuch des Manu an, und da einestheils die detaillirte Ausführung seiner Vorschriften schon ein längeres Bestehen der entsprechenden Einrichtungen voraussetzt, andererseits ohne ein solches längeres und anerkanntes Bestehen die Verfasser nimmer hätten wagen können, ihr Werk in den Anfang, nicht etwa des jetzigen Weltalters, sondern aller Zeiten zu verlegen, und es den Manu, als ersten Menschen, ersten Heiligen, ersten Gesetzgeber, von Brahma lernen zu lassen, müssen die darin als ewig und seit der Schöpfung gültig hingestellten Sitten und Gesetze mindestens mehrere Generationen vorher in ihren Hauptzügen theoretische Anerkennung und praktische Wirksamkeit erlangt haben. Die Annahme, dass es zu irgend einer Zeit möglich gewesen eine neue gesellschaftliche Ordnung durch den Willen eines Gesetzgebers ins Leben zu rufen, oder mit einem Schlage durchzuführen, wird jetzt wohl nicht leicht mehr gefunden. Von dem Glauben an eine gesetzgeberische Allmacht das wirkliche Leben nach Willkür zu gestalten ist man zurückgekommen. Die Gesetzgeber und Reformatoren des Alterthums waren weise genug, keine neue Fundamente legen zu wollen, sie bestanden, selbst wo sie wirklich Neues gaben, beharrlich darauf, nur das Alte in ursprünglicher Reinheit oder in seiner wahren Bedeutung wiederherzustellen, höchstens gaben sie eine Ergänzung früherer Offenbarungen zu. Moses erneuerte den Bund, den sein Gott mit Abraham geschlossen; Zoroaster vollendete das dem Dschamschid offenbarte Gesetz; Confucius protestirte, um die Lehre der weisen Vorfahren in alter Reinheit zu verkünden; auch Christus wollte das Gesetz nicht auflösen, sondern erfüllen. Das indische Gesetzbuch behauptet selbst in seiner Form uralt und von Ewigkeit her gegeben zu sein. Es ist nicht das Werk eines Gesetzgebers, sondern eine priesterliche Privatarbeit, welche als älteste heiligste Autorität für Recht und Sitte in ganz Indien zur Geltung gelangt ist. Eine Analogie bietet das angeblich wieder gefundene alte Gesetz, welches der Hohepriester in Jerusalem zu den Zeiten des Königs Josia zum Vorschein und zur Anerkennung brachte.

Es scheint indessen nicht, dass das Gesetzbuch des Manu gleich dem Werke der jüdischen Priester in irgendeinem Staate als wirkliches Reichsgesetz eingeführt wäre. Man begnügte sich mit dem moralischen Ansehn. Auch die zahlreichen späteren Gesetzbücher Indiens, welche in der Entwicklung der Rechtsbegriffe und Schärfe der Form grosse Fortschritte zeigen sollen, sind Privatarbeiten, welche in grösseren oder kleineren Kreisen als Autoritäten gebraucht werden. Die officielle Gesetzgebung scheint sich stets auf einzelne Verordnungen beschränkt zu haben. Die gelehrten Inder geben übrigens zu, dass viele Vorschriften Manus veraltet seien, sie rechtfertigen dies damit, dass dieselben nur für die früheren Weltalter gegeben, daher für das jetzige nicht mehr gültig seien. Manu stellt die bürgerliche Ordnung, das System der vier Kasten in der vollständigsten Ausbildung dar, wie es sich in vielen Theilen Indiens bis auf den heutigen Tag behauptet hat. Die Kastenunterschiede werden nicht als im Laufe der Zeiten entwickelt betrachtet, noch auf die Willkür eines Gesetzgebers zurückgeführt, wie etwa Eintheilungen des Volkes in verschiedene Stände von den Persern dem Dschamschid, von den Römern dem Romulus zugeschrieben werden, sondern sind durch die Natur selbst gesetzt, bei der Schöpfung begründet. Die Brahmanen (Priester) sind aus dem Munde Brahmas entsprossen, die Kschatrija (Krieger) aus seinen Armen, die Vaiçja (Bauern) aus den Hüften, die Çudra (Dienende) aus den Füssen des Gottes.

XVII.

„Da der Brahmane aus dem vortrefflichsten Theile entsprossen, da er zuerst geboren, und da er den Veda besitzt, ist er von Rechts wegen das Haupt dieser ganzen Schöpfung.“ Dieser Satz und das Uebergewicht des Priesterstandes in der socialen Ordnung ist nicht so ruhig und sanft in das Leben eingebildet worden, wie noch hin und wieder nach poetischen Schilderungen von dem stillen Pflanzenleben und der weichen Sanftheit des Volkes angenommen zu werden scheint. Es hat gewaltige Anstrengungen und blutige Kriege gekostet, ehe die indischen Gregore und Innocenze ihre Ansprüche gegen die vorher allein an der Spitze der Gesellschaft stehenden Krieger durchsetzten. Das Andenken an die grossen Kämpfe, in denen die Priester ohne Zweifel die niederen Classen gegen Könige und Adel aufriefen, hat sich in vielen Spuren erhalten. Die indische Darstellung berichtet von ihnen als Auflehnungen der Kschatrija gegen das von Anbeginn bestehende Gesetz und verlegt die meisten in ein früheres Weltalter; wir sind berechtigt in ihnen die Kämpfe zu sehen, welche der Durchführung der neuen Organisation vorhergingen, oder sie begleiteten. Vielfach knüpft die Sage diese Kämpfe daran, dass die Könige den Brahmanen ihr Eigenthum, die heiligen Kühe, rauben wollten; die Priester vernichten dann durch Wunder die Heere der Fürsten. Ein und zwanzig Mal muss nach dem Mahabharata Rama Paraçu (Rama mit dem Beil) in langen Zwischenräumen die ganze, sich immer wieder auflehnende Kriegerkaste erschlagen, und nur einige Kschatrija werden gerettet, da ihr Dasein durch die Weltordnung verlangt wird. Einmal leben Brahmanen republikanisch in 64 Dörfern, aber es entstehen Streit und Unordnung, daher muss aus Ehen der Brahmanen mit übrig gebliebenen Kschatrijafrauen eine neue Kriegerkaste hervorgehen. In einer alten Schrift wird geklagt: „nach Vertilgung der Kschatrija entstand eine grosse Veränderung in der Welt, sie schützten die Gesetze, jetzt wurden die Schwachen von den Mächtigen bedrängt, Niemand war seines Eigenthums sicher, Çudra und Vaiçja bemächtigten sich der Frauen der vornehmsten Brahmanen, die Erde, von Uebelthätern bedrängt, drohte sich in die Tiefe zu versenken, da gewährte ihr Kaçjaga (Lichtgott) den Wunsch, dass die geretteten Kschatrija wieder Könige werden und sie beschützen sollten.“ Das ist eine ächt orientalische Weltanschauung, die moralische Ordnung ist wie die natürliche ein für allemal gegeben, ihr wesentlich gleich; beide stehen in unmittelbarem Zusammenhange; so erzählt der chinesische Schuking von der

Regierung des Kaisers Tschowsin: „Die Unordnung ward endlich so gross, dass die Sonne gar nicht mehr aufging, Mond und Sterne nicht mehr schienen.“ Nicht durch Wunder vermittelt, oder durch einen Gott bestimmt, sondern nach ihrem eigenen Wesen nimmt die Natur, im Grunde dem menschlichen Geiste gleichartig, an den Handlungen der Sterblichen Theil; die Erde droht sich zu versenken, die Sonne mag nicht mehr scheinen über den Greueln der Anarchie.

Seit der wirklichen Begründung des Kastensystems in den Indischen Ländern ist es von innen heraus nur durch den Buddhismus ernstlich bedroht, aber nie wirklich gestürzt worden. Selbst Versuche dazu scheinen in späteren Zeiten kaum gemacht zu sein. Aus geschichtlicher, wahrscheinlich naher Vergangenheit gedenkt das Gesetzbuch noch mit zürnender Verachtung des mächtigen Königs Vena, der eine Verwirrung der Kasten verursachte; freilich als er das unternahm, „da war sein Verstand durch Ausschweifungen geschwächt.“ Wie wiederholt sich diese Wendung conservativen Zornes aller Orten! nur der Wahnsinn kann sich auflehnen gegen das ewige Gesetz der heiligen Ordnung; aber wie verschieden ist der Inhalt dieser göttlichen Ordnungen. Die chinesische Geschichte erwähnt mit umgekehrter Missbilligung des Versuches eines Kaisers ein erbliches Kastenwesen einzuführen. Auch Fürsten werden als unsinnige Revolutionäre behandelt, wenn ihre Reformen scheitern. Von späteren Classenkämpfen, von Insurrectionen der niederen Stände gegen die sociale und politische Herrschaft der höheren findet sich seit der theoretischen und praktischen Vollendung des Systems in den indischen Ländern keine Spur.

XVIII.

Die feste Ordnung der Kasten ist die entwickelte Ausbildung der natürlichen Hinneigung zur Erblichkeit der Stände und Berufszweige, wie sie überall hervortritt, sobald sich bemerkbare Unterschiede im Leben der Menschen gebildet haben. Erziehung und Beispiel pflanzen von selbst den Beruf innerhalb der Familie fort; der Sohn ergreift das Geschäft des Vaters, weil er kein anderes gelernt hat. In den Lebenskreisen, wo die häusliche Erziehung die alleinige oder überwiegende und die Ausbildung eine beschränkte ist, also auch jetzt noch bei der ungeheuren Mehrzahl, sehen wir dies ohne irgendeinen gesetzlichen Zwang als durchgehende Regel, wenn nicht etwa äussere Umstände zum Verlassen des gewohnten Kreises nöthigen. Und selbst da, wo universellere Bildung und reichere Mittel die freie Wahl ermöglichen, treten weit in den meisten Fällen die Söhne in die Berufssphäre der Väter ein. Frühe Eindrücke Gewohnheit und äusserliche Vortheile geben hinlängliche Veranlassung dazu. Durch besonderes Talent oder ausgeprägte Neigung werden äusserst Wenige zu einer bestimmten Thätigkeit getrieben. In den Anfangszeiten der Cultur giebt es weder öffentlichen Unterricht, noch schriftliche Unterweisungen, und hier sind daher Anschauung und Ueberlieferung der nächsten Umgebung die ausschliesslichen Mittel der Bildung für die gewöhnlichen Geschäfte. Führte dies schon eine Continuität der Lebensbeschäftigungen in den einzelnen Familien herbei, so trug das Vorherrschen des alten Geschlechts- und Stammeslebens, wie es aus Nomadenzeit oder Clanverfassung in die Anfänge erweiterter Verbindungen übergegangen war, noch mehr dazu bei, Künste und Fertigkeiten in engeren Kreisen abzuschliessen. Die religiöse Theorie, welche alle Erscheinungen des Lebens wie der Natur auf göttliche Willensmächte zurückführte, bekleidete, je mehr sie in den Vordergrund trat und andere Erklärungsweisen ausschloss, in desto höherem Grade das factisch Bestehende mit dem Charakter geheiligter Nothwendigkeit. Was nach dem Willen der Gottheit in das Leben getreten war, das konnte nicht zufällig menschlicher Willkür unterworfen sein; es durfte nicht geändert, musste als gegebene Ordnung erhalten werden. Die Thatsachen beherrschten die Gesetze, ehe die Gesetze auf die Thatsachen wirkten. So begann das Alterthum fast überall mit der Erblichkeit des Berufs, und hielt an ihr fest, bis eine höhere Entwickelung Künste und Wissenschaften zu einer Stufe erhob, auf welcher der Einzelne, der sie besass, mehr galt als Abkunft und Zunft. Je fester aber durch Religion und Gesetz die alte Sitte eingewurzelt war, desto schwerer wurde eine freiere Gestaltung. Ist irgendeine Richtung im Denken oder Leben der Völker einmal einseitig ausgebildet, künstlich befestigt, als bewusstes System in die täglichen Gewohnheiten eingearbeitet, so bedarf es gewaltiger Anstrengungen, um von ihr loszukommen, und oft scheint die Befreiung nur noch durch fremde Einwirkung möglich. Der lebendige Wechselverkehr verschiedener Völker hat stets am besten vor den Gefahren einer einseitigen Cultur bewahrt, durch welche die Völker, die sich furchtsam oder hochmüthig gegen alles Fremde abschlossen, wenn sie kleiner waren wie die Israeliten und Aegypter, der Vernichtung, wenn sie durch ihre Masse gegen materiellen Untergang geschützt wurden, wie die Chinesen und Inder, einer unfruchtbaren Stagnation entgegen geführt sind. Zu den Einseitigkeiten, welche Anfangs verlockend und naturgemäss scheinen, sich aber bei consequenter und tiefer Entwicklung in ihrer inneren Unwahrheit schneidend und feindselig gegen das Leben kehren, und dennoch dem Wechsel der Zeiten mit beharrlicher Festigkeit trotzen, gehört ganz besonders das Kastenwesen. Die beiden glänzenden Völker, bei denen dieses System zu vollendeter Ausbildung und wirklicher Beherrschung des socialen Lebens gelangt ist, die Inder und Aegypter, haben sich nie darüber zu erheben vermocht.

XIX.

Das Priesterthum war der Beruf, welcher am frühesten eine specielle Ausbildung, einen umfassenderen Unterricht erforderte. Seine weitläufige Wissenschaft, seine vielfachen Rücksichten und Vorsichten die rechte Versöhnung der Götter herbeizuführen und ihre Hülfe zu gewinnen setzten eine Einweihung in die Ueberlieferungen, ein gründliches Lernen von

Gebeten, Formeln und Gebräuchen schon in Zeiten voraus, da der Umfang der Kenntnisse, welche zu den sonstigen Künsten und Fertigkeiten des Lebens nöthig waren, noch so gering war, dass kaum eine theoretische Unterweisung, sondern nur eine empirische Aneignung der Handgriffe stattfand. Während daher für andere Berufszweige eine durchgreifende Theilung der Arbeit, oder eine kastenmässige Sonderung noch keineswegs zum Bedürfniss geworden, trat für das Priesterthum bereits die Nothwendigkeit einer zusammenhängenden Organisation ein, deren Abgeschlossenheit durch die Continuität seiner Traditionen, durch das Gefühl höherer Würde und durch die geistige Ueberlegenheit, welche die Gewohnheit des Nachdenkens verleiht, gemehrt werden musste. Die Erkenntniss des Vortheils, welchen ein festgeschlossener Organismus für die Erhaltung und Erweiterung der Macht gewährt, erhält erst später einen erheblich mitwirkenden Einfluss, wenn sie bereits durch die Erfahrung gelehrt ist. In den Anfängen einer gesellschaftlichen Ordnung tritt das Moment klarer berechneter Absicht durchaus zurück gegen die Wirksamkeit instinctiver Antriebe, wie sie aus dem Gesammtcharakter der Menschen und ihrer Verhältnisse hervorgehen, und des praktischen Sinnes für das, was die Nothwendigkeiten des Augenblickes erfordern. Selbst bei weit vorgeschrittener Entwicklung und bis in die neuesten Zeiten herein müssen wir anerkennen, dass die wahrhaft grossen durchgreifenden Bewegungen des socialen Lebens zwar die Resultate der zum Grunde liegenden Theorien und Tendenzen gewesen, in den Einzelheiten ihres wirklichen geschichtlichen Verlaufes aber viel mehr durch äusserliche, ihnen fremde Leidenschaften und Interessen, als durch die unmittelbar auf ihre Realisation gerichteten Bestrebungen beherrscht worden sind.

Die spontane, auf der Natur der Sache beruhende Hinneigung des Priesterthums zu einer festen kastenartigen Organisation zeigt das allgemeine selbstständige Auftreten derselben bei den verschiedensten Völkern. Die Magier bei den

14*

Medern und Persern, die Leviten der Hebräer, die Druiden in Gallien, bis zu einem gewissen Grade auch wohl die etruskischen Priestercollegien haben sich erblich abgeschlossen, während bei den übrigen Classen dieser Völker die Spuren eines Kastenwesens entweder gar nicht nachzuweisen, oder doch frühzeitig verwischt und zu keiner vollständigen Entwicklung gelangt sind. Die Priesterclasse hat hier ihrem Einflusse nicht das genügende Uebergewicht über die kriegerischen Interessen erworben, um das ganze Volk nach dem Vorbilde des eigenen Standes zu organisiren. Selbst bei den rohen Negerstämmen an der Westküste Afrikas, wo von geschiedenen Berufszweigen im Uebrigen gar nicht die Rede war, standen ihre Priester, die Fetischmänner, in weitverzweigtem und fest geordnetem Zusammenhange. Wenn sie sich nicht streng erblich absonderten, vielmehr ihre Schüler auch unter den Söhnen Anderer wählten, so lag das an dem geringen Werthe, welchen sie den Familienbanden beilegten. So wenig unter der Leitung dieser Menschen, in deren Augen nur das Grobsinnliche Werth hatte, an die Pflege irgendeiner Kunst und Wissenschaft, oder an Fortschritte der Cultur zu denken war, so vollständig beherrschten ihre Rathschläge Orakel Gottesurtheile und Zaubereien aller Art bis in das Einzelnste das ganze Volksleben, so unmöglich war es auch denen, welche ihre Künste durchschaueten, oder welche unter der Anwendung derselben litten, dieser organisirten Macht Trotz zu bieten. Und wenn auch ihr Verfahren gelegentlich als grausam, ungerecht und betrügerisch erkannt wurde, so blieb doch nicht nur der Glaube und die Anhänglichkeit der Massen unerschüttert, sondern auch die Einsichtigeren betrachteten das System als nothwendiges Werkzeug der bürgerlichen Regierung, den Fetischismus als moralische Macht. Als in einem grossen öffentlichen Prozesse unter Leitung der Engländer in Cap Coast zahllose Gewaltthätigkeiten und Betrügereien enthüllt wurden, ward die Macht der Fetischmänner in diesen Gegenden gebrochen, ward der Altar eines sehr angesehenen Landesfetisches fast ganz verlassen, aber die meisten Neger waren niedergeschlagen über den Ausgang, sie fühlten sich haltlos und verlassen nach der Zerstörung ihres lange gehegten und gepflegten Glaubens: „was können wir jetzt thun in Noth und Krankheit, an wen können wir uns wenden — unsere Priester haben uns betrogen!“

XX.

Die Völker, welche durch intellectuellere Anlage und günstigere Naturumgebungen zu einer glücklicheren Entwicklung berufen waren, sind nicht etwa durch Stufen hindurch gegangen, auf denen wir jetzt Völker sehen, die wir als wilde zu bezeichnen pflegen. Beide haben sich unzweifelhaft einmal in ähnlichen Zuständen befunden, aber die Wilden sind nicht auf diesen Ausgangspunkten stehen geblieben, sondern haben dieselben in ihren Mängeln und auf eine falsche, die Erhebung darüber immer mehr ausschliessende Weise ausgebildet, während die Culturvölker andere, höherer Entwicklung fähige Richtungen eingeschlagen haben. So hat denn auch die Theorie und die Praxis des indischen Priesterthums niemals dem raffinirten Aberglauben und dem rohen Treiben jener Fetischmänner geglichen; es hatte eine höhere geistige Wendung schon zu Zeiten genommen, da seine Anschauungen vager und schwankender sein mochten, seine Organisation jedenfalls lockerer und unvollkommener war als bei den Priestern in Guinea. Aber die Grundlagen der Entwicklung, die Bedürfnisse, welche sie hervorriefen, waren dieselben. Die Vermittlung der Gunst der Götter, der ursprüngliche priesterliche Beruf, ward in Folge weiterer Speculationen über das Wesen und Wirken der göttlichen Mächte bei den Indern früh eine so schwierige Kunst, dass die Häupter der Stämme und Familien ihr nicht mehr, wie in der Einfachheit der älteren Zeiten, genügen konnten, dass sie vielmehr eine specielle Ausbildung erforderte. Die hohe Bedeutung, welche der genauen Beobachtung besonderer Formen und Gebräuche, der rechten Art der Anrufungen und Darbringungen für die Erreichung der gesuchten Erfolge zugeschrieben wurde, rief das priesterliche Amt der Purohita oder Brahmana in das Leben. Der Wettstreit der Opfer und Gebete erscheint im Mahabharata ebenso entscheidend für den Ausgang der Schlachten als der Kampf der Waffen. Das tiefgläubige, ausschliesslich religiöse Bewusstsein, welches nirgends feste unabänderlich wirkende Gesetze in den Bewegungen der Welt und der Menschen kannte, nahm die unmittelbare Intervention göttlicher Willensacte nicht bloss für grosse allgemeine Interessen, sondern auch für die kleinen Angelegenheiten des täglichen Lebens in Anspruch. Seit diese in den Kreis der priesterlichen Thätigkeit fallen, ward es nothwendig, dass sich eine zahlreiche Menge dem heiligen Berufe widmete. So entstanden Priesterschulen und Corporationen bei grösseren Heiligthümern. Zunächst nicht um ihrer Heiligkeit willen, sondern um ihren Beruf gehörig erlernen und ausüben zu können, musste den Priestern Musse verschafft, das heisst, es musste für ihren Unterhalt gesorgt werden, ohne dass sie an den materiellen Arbeiten des Volkes Theil zu nehmen brauchten. Dies geschah theils durch freiwillige Geschenke und Gaben derer, die der geistlichen Dienste bedürftig waren, theils durch eigenen Besitz, der ausgedehnt genug war, um sie bei Cultivirung durch fremde Hände zu ernähren. Es war nicht Trägheit, welche die Priester von der physischen Arbeit der übrigen Stände befreiete. Sie übernahmen der Pflichten und Lasten genug. In der Folge allerdings wurde diese Exemption zu einem Privilegium, welches die Absonderung der contemplativen Classe von den anderen verschärfen musste. Für die exclusive Richtung des verwandtschaftlichen Zusammenhaltens, aus welcher bei der Nothwendigkeit einer festen Organisation die erbliche Abschliessung der Priesterkaste hervorging, finden wir ein Vorbild bereits in den Familientraditionen des höchsten Alterthums. Wie früher erwähnt, wurden von den vedischen Zeiten her Geschlechter als berühmt durch ihre Lieder genannt. Dabei ist nicht an die Anerkennung eines poetischen Familientalentes zu denken. Die heiligen Lieder

der Veden wurden nicht gedichtet, sondern nur gelernt, offenbart von den Göttern. Sie waren ein geistiges Eigenthum des bevorzugten Geschlechts, ein wohl zu bewahrender Schatz, welcher seine Besitzer mächtig bei den Göttern und angesehen bei den Menschen machte. Bildung und Wissen gingen wie jeder andere Besitz als rechtmässiges Erbe von dem Vater auf den Sohn über, und waren mehr wie jeder andere geeignet das Bewusstsein ununterbrochener Continuität in den Familien zu wecken und zu erhalten.

XXI.

In dem Amte und der Wirksamkeit eines wahren Priesterthums liegt stets das Moment der Zauberei enthalten, nicht der schwarzen Zauberei, welche sich an die bösen unheimlichen Mächte der Natur und des Geisterreiches wendet, sondern der legitimen, welche sich durch Hülfe der Gottheit die Gottheit selbst dienstbar zu machen weiss. Innerhalb der Sphäre, für welche der Gläubige seine Hülfe in Anspruch nimmt, muss der Priester kraft seines Amtes, oder kraft der Heiligkeit seines persönlichen Wissens und Lebens Wunder thun können, und dadurch die Garantie gewähren, dass seine Kunst nicht vergeblich ist, dass die Götter seinem Rufe folgen. Sein Opfer muss auf die Gottheit wirken, sein Gebet darf nicht ein Hauch sein, den der Wind verweht, „ein Ruf in den Wald.“ In den Dingen, wo seiner Intercession keine höhere Macht zugeschrieben wird, braucht man keinen Priester mehr, nur noch einen Menschen, der geschickt ist zu lehren zu rathen oder zu trösten. So lange die Vermittlung eines unmittelbaren göttlichen Eingreifens in die Einzelheiten des Lebens durch das Priesterthum geglaubt, und dieser Glaube nicht etwa in Augenblicken des Besinnens den Forderungen der Consequenz zugegeben, sondere wirklich danach gelebt und gehandelt wird, so lange erstreckt sich die priesterliche Wunderthätigkeit auch auf das irdische Thun und Treiben. Sie muss in dieser Welt Erfolge herbeiführen, die ohne ihre Hülfe der gewöhnlichen Menschenkraft unerreichbar wären.

Wird im Fortschritt der Zeit der Wirkungskreis des Priesters auf das Uebersinnliche, Jenseitige beschränkt, so werden allerdings für die weltlichen Interessen keine Wunder mehr von ihm verlangt, aber in der Sphäre des Ueberirdischen muss er noch Wunder verrichten, über höhere Mächte verfügen können, oder er ist kein Priester mehr. Der römisch-katholische Priester verwandelt nicht bloss die Hostie in Fleisch und Blut, er hat auch den Himmel in seiner Gewalt, und die göttliche Allmacht ist an seine Entscheidung gebunden; wem er die Sünden vergiebt, dem sind sie vergeben. Wie man es auch wendet, und zur Rechtfertigung Hypothese auf Hypothese thürmt, die Sache bleibt doch: der Priester ist ein Zauberer, der über seinen Gott disponirt. Wird das nicht mehr geglaubt, so fällt der eigentliche Unterschied von Priesterthum und Laienthum.

Die Brahmanen behaupteten im weitesten Umfange die wunderkräftige Gewalt, welche durch das Studium der heiligen Schriften, die vollkommene Beobachtung des Gesetzes, die Versenkung in die reine Contemplation, durch strenge Busse und Askese erworben werden konnte. Nach Erzählungen aus dem Alterthum gewannen Helden der Vorzeit eine Macht, welche den Göttern selbst furchtbar ward und sie vollständig in den Dienst des Zaubers zwang. Viçwamitra, der einst die Brahmanen vergeblich bekämpft, gewinnt dann nach ihrer Weise durch Kasteiungen und tausendjährige Busse unendliche Hoheit; die Götter zittern vor seiner Uebermacht, sie zu brechen senden sie ihm endlich ein schönes Mädchen, und es gelingt ihn von seinem heiligen Thun abzuwenden. Eines Tages will Indra einen Asketen mit dem Donnerkeil zerschmettern, aber der erschafft durch seinen starken Willen einen Riesen, der augenblicklich bis zum Himmel wächst und den Indra fressen soll; der Gott erschrickt und lässt dem zürnenden Heiligen seinen Willen. Ja zur vollendeten Ruchlosigkeit kann die einmal erarbeitete Zauberkraft angewendet werden. Zwei Helden, die sich durch nichts von der Selbstqual abziehen lassen, erzwingen sich das Zugeständniss, dass sie, unbesiegbar, nur durch die eigenen Hände fallen können; dann verüben sie alle Frevel, zerstören Altäre, tödten Priester, verjagen Götter aus dem Himmel; endlich muss wieder die Schönheit in das Mittel treten, Brahma sendet den Brüdern eine Nymphe, um die sie sich gegenseitig erschlagen. Solchen Vorstellungen zum Grunde liegt wieder die dunkle Annahme einer höheren Macht, die über den Göttern selbst waltet, in Gestalt eines unabwendbaren Schicksals oder eines abstracten Urgrundes des Daseins, dessen Wirken unbestimmt bleibt, dem aber der Mensch durch völlige Hingebung näher tritt, und an dessen Allmacht er dann Theil hat. Wären die Götter absolut das Höchste, so würde es einen unauflöslichen Widerspruch enthalten, ihre Macht in einem Maasse gewinnen zu können, welches über diese Macht selbst hinausginge. Jedenfalls mussten solche Uebertreibungen dem Ansehn der Götter schaden, und wohl mochte diese Erkenntniss mitwirken, als man bei der höheren Auffassung der vornehmsten Götter, neben welcher keine derartige Ausschweifungen der Phantasie mehr möglich waren, nicht die alten Götter ersten Ranges mit der grösseren Erhabenheit bekleidete, sondern neue Gestalten über sie erhob, die sich gleichsam bis dahin im Hintergrunde gehalten und nun die ihnen zukommende Stelle einnahmen.

XXII.

Die Geschichte der Wunder zeigt ein durchgehendes Gesetz der Abnahme und Einschränkung. Es ist damit in Indien wie bei anderen Völkern. In den Anfängen der Zeiten verrichten Götter persönlich, oder ihre auserwählten Freunde und Priester Wunder, die nicht nur eclatant von dem gewöhnlichen Laufe der Dinge abweichen, sondern auch von gewaltiger allgemeiner Bedeutung sind. Sie entscheiden über das Schicksal der Welt oder eines ganzen Volkes. So erhält Gott bei den Hebräern den Noah, bei den Indern den Manu in der grossen Fluth. So schafft Ormuzd den Ariern der Zendbücher neue Länder, nachdem die alten von Ahriman mit Verderben geschlagen worden. So führt Jehovah sein Volk aus Aegypten, speiset es in der Wüste mit Brod vom Himmel, und dictirt ihm seine Gesetze. So ist Krischna persönlich der Sieger im Mahabharata. In der Folge lenken die Götter zwar noch die Geschicke der Völker, aber nicht mehr in der unzweifelhaften handgreiflichen Weise. Sie stärken den Arm des Siegers, senden Verderben über ihre Feinde. Sie walten überall, aber man sieht nicht mehr ihr Wirken. Die Dinge gehen der Art nach vor sich, wie sie auch ohne göttliche Einwirkung geschehen würden. Die Götter bedienen sich keiner ausserordentlichen Mittel mehr. Auch ihre Offenbarungen erfolgen nicht leicht mehr in äusserlicher Erscheinung, meist nur durch Träume Visionen oder innere Lenkung des Geistes. Wenn dagegen noch auffällige Wunder berichtet werden, so pflegen sie von untergeordneter Bedeutung zu sein. Entweder haben sie einen bloss didaktischen Zweck, oder sie dienen zur Verherrlichung des Wunderthäters und seines Gottes, oder sie bringen einen weltlichen individuellen Nutzen; es wird etwa ein Kranker geheilt, ein Todter auferweckt, was für den Betroffenen wichtig genug, jedoch von keinem allgemeinen Interesse ist. Endlich hört bei zunehmender Gewöhnung an den gleichmässigen gesetzlichen Verlauf der Dinge, bei dem beobachteten Zusammenhange von Wirkungen und Ursachen der Glaube an Wunder in der Praxis fast ganz auf, wenn auch die theologische Theorie ihre Möglichkeit nicht bestreitet, vielmehr ihre Abwesenheit als einen Mangel zu betrachten, aus der Abnahme der Frömmigkeit, dem Schwinden des rechten Glaubens oder der alten Heiligkeit im Leben zu erklären pflegt. Die indischen Brahmanen, bei denen die Phantasie durch das Vorherrschen des inneren Lebens, die Vorliebe für allgemeine abstracte oder mystische Speculationen, das Zurücktreten des praktischen Handelns besonders üppig entwickelt, und der Wunderglaube durch Detailforschungen wenig gestört ist, erfüllen auch noch die späteren Zeiten mit zahllosen Wundergeschichten, geben indessen das Zurückstehen gegen die ältere Vergangenheit vollkommen zu, und sehen darin ebenfalls den fortschreitenden Verfall der Welt, welchen Manu unter dem Bilde des Stieres darstellt, der im ersten Weltalter auf vier Beinen, im zweiten auf drei, im dritten auf zwei, im Verderben der jetzigen Zeiten nur noch auf einem Beine steht. Daneben musste jedoch die geistigere innerlichere Richtung der späteren Zeit eine veränderte Anschauungsweise in Betreff irdischer Wunderwerke herbeiführen. Die Ertödtung des Sinnlichen, die Versenkung in das Geistige Ewige hatte ein höheres Ziel, die unmittelbare Vereinigung mit dem Göttlichen. Der Heilige, welcher diese erreichte, könnte wohl Wunder thun, aber welche Veranlassung hätte er dazu? Er enthält sich aller Werke, die ihm nur die Ruhe der Seele stören würden. Durch Meditation und Askese nach sinnlicher Gewalt ringen zu wollen, würde dem Wesen dieser Frömmigkeit widersprechen, und den Zweck verfehlen, weil sie nicht rechter Art wäre.

XXIII.

Die Brahmanenkaste, obwohl nach dem Sinne ihres Namens, wie nach der Geschichte ihrer Entwicklung aus dem Priesterthum hervorgegangen, erhielt nach vollendeter Constituirung eine andere Bedeutung. Zwar blieb der eigentlich priesterliche Beruf des Religionsunterrichtes und des Gottesdienstes, „Anderen beim Opfer zu helfen und die Veda zu lehren", gesetzlich ihr ausschliessliches Eigenthum. Auch ging das Bewusstsein Pflichten gegen Andere zu haben nie völlig verloren. „Um dieses Ganze zu erhalten wies das höchst glorreiche Wesen denen, die von seinem Munde seinen Armen Hüften und Füssen entsprossen, besondere Pflichten an." Aber die Ausübung der priesterlichen Functionen, die Obliegenheiten einer Vermittlung für Andere traten bei dem stolzen Gefühl an der Spitze der ganzen Weltordnung zu stehen durchaus zurück. Im Sinne des Alterthums ist das Höhere nie um des Niederen willen da. Die Brahmanen waren sich selbst Zweck, ihr höchster Beruf die eigene Seligkeit. Nicht des äusseren Amtes, sondern der inneren

Vollendung wegen mussten sie in allem ihrem Thun zahllose kleinliche und peinliche Vorschriften befolgen, sich endlich von der Welt zurückziehen und ganz der Meditation widmen. Dass die Menge der Brahmanen früh sehr gross war, weit grösser, als die Bedürfnisse des umfangreichsten Gottesdienstes es erforderten, geht aus vielen Bestimmungen des Gesetzbuches hervor, wenn wir auch von den Zahlenverhältnissen der Bevölkerung nichts wissen. In jetziger Zeit sind sie aus manchen Gegenden fast ganz verschwunden, während sie in anderen den grösseren Theil der Einwohner ausmachen, offenbar eine Folge von Vertreibungen und Auswanderungen während der verschiedenen Fremdherrschaften, unter denen sich die übrigen Kasten in manchen Landstrichen zum Islam bekehrten. Die grosse, verhältnissmässig geringe Arbeit erfordernde Fruchtbarkeit des Bodens und die mässigen Bedürfnisse des Volkes machten es möglich eine sehr zahlreiche Classe von den Arbeiten des bürgerlichen Erwerbes zu dispensiren, und die religiöse Schonung, welche ihnen widerfuhr, so wie die ihnen vorzugsweise gestattete Vielweiberei musste ihre Zunahme befördern.

In der Institution einer Priesterkaste, welche auf der einen Seite einen mächtigen socialen Einfluss in Anspruch nimmt, auf der anderen in frommer Entsagung und einsamer Vollendung der inneren Heiligkeit ihr Ideal sieht, liegt stets ein Dualismus, welchen das Gesetz und die Schriften der Brahmanen nicht verläugnen. Theils behauptet auch neben der härtesten Theorie von der Nichtigkeit alles Irdischen und von der zunehmenden Verschlechterung der Welt, welche ihrem Ende entgegen reift, die natürliche Ansicht ihr Recht, dass langes Leben, Wohlhabenheit, zahlreiche Nachkommenschaft ein Glück und Gnadengeschenke der Gottheit sind, von denen die vorzüglichste Classe der Menschheit nicht ausgeschlossen sein darf, theils ist zur dauernden Behauptung von Macht und Ansehn die Heiligkeit allein nicht genügend, sondern ein die Selbstständigkeit sichernder Besitz, eine Stellung politischen Einflusses und die Entfaltung eines der

Menge imponirenden Glanzes wenigstens bei einer Fraction der geistlichen Classe unumgänglich nothwendig. Die Vorsorge für das leibliche Wohlergehen, für Ehre und Reichthum der Brahmanen kleidet das Gesetzbuch meistens in Vorschriften für die übrigen Classen. Diesen macht es Ehrfurcht, Folgsamkeit und Freigebigkeit gegen die vornehmste Kaste zur höchsten Pflicht. Von überschwenglicher Freigebigkeit, ungeheuern Schenkungen frommer Könige werden in Chroniken und Legenden maasslose Berichte gegeben. Den Fürsten wird gerathen, Brahmanen vorzugsweise zu Rathgebern Beamten und Richtern zu machen. Wenn sich dagegen das Gesetz an die letzteren wendet, wird die geistige Seite ihres Wesens hervorgehoben und gegen weltliches Treiben geeifert. „Der Brahmane soll weltliche Ehre wie Gift meiden, lieber Geringschätzung suchen, als ob es Nectar wäre, nicht viel mit der Welt umgehen, nicht Reichthum erstreben, nicht bei einem Fürsten in Dienstbarkeit treten.“ Strenge Beobachtung des Gesetzes, ein reiner sündenloser Wandel, Seelenruhe, Sanftmuth, Schonung der Natur werden unter allen Umständen eingeschärft, und auf gründliches Studium mit grossem Ernste gedrungen. „Ein ungelehrter Brahmane ist wie ein Elephant von Holz, oder eine Antilope von Leder, er hat eben nur den Namen.“ Es ist indessen ein Ausweg getroffen; um auch für den Einzelnen die Widersprüche der weltlichen und geistigen Pflichten zu vereinigen. Nachdem nämlich die Lehrjahre vollendet, soll der Brahmane sich verheirathen und die irdischen Pflichten seines Standes erfüllen, wenn er aber älter geworden, soll er sein Vermögen seiner Familie überlassen, sein priesterliches oder weltliches Amt aufgeben, sich in die Einsamkeit zurückziehen, jedem sinnlichen Genusse aller Sorge für den Körper entsagen, und gänzlich der heiligen Meditation leben. Je vollständiger die Sinnlichkeit und jedes Gefühl von Lust und Schmerz ertödtet, je ausschliesslicher die Contemplation auf das abstract allgemeine und göttliche concentrirt wird, so dass endlich gar nichts einzelnes und bestimmtes mehr gedacht werden soll, in desto höherer

Weise wird die vollendete Heiligkeit und schon vor dem Tode die Vereinigung mit dem göttlichen Sein erreicht, welche das letzte Ziel des Lebens ist.

XXIV.

In welchem Umfange diese Vorschriften beobachtet worden, ob es namentlich auch durch die Mitglieder der vornehmen reichen Familien, die Priester der grofsen Heiligthümer, die hohen Würdenträger geschehen, das läfst sich nicht beurtheilen. Auf die Gesetzbücher des Orients darf kein zu grofses Gewicht gelegt werden, sie geben stets mehr eine Darstellung dessen, was die ideale Theorie begehrte, als von dem, was im wirklichen Leben befolgt ward. Indessen leidet es keinen Zweifel, dafs das indische Anachoretenwesen früh eine grofse Ausdehnung und Ausbildung erhielt. Die Schaaren derer, welche unter Kasteiungen, Fasten und Beten theils ganz einsam, theils neben einander in Wäldern, Wüsten und heiligen Gegenden wohnten, oder als Pilger das Land durchzogen, waren zu allen Zeiten ungemein zahlreich. Und in Bedürfnifslosigkeit, Unbeweglichkeit, Absterben des Gefühls fast bis zu gänzlicher Erstarrung haben es bekanntlich die sogenannten Gymnosophisten und Säulenheiligen zu einem unerhörten Grade gebracht. Die Griechen fanden die speculative Richtung des Lebens so überwiegend und die Zahl der für den eigentlichen Gottesdienst bestimmten Personen verhältnifsmäfsig so gering, dafs sie ganz richtig die Brahmanen mehr als Philosophen, wie als Priester betrachteten. Aus den Beamten machten sie gar eine besondere Kaste, was nach Ausweis der indischen Litteratur durchaus unrichtig ist. Indessen bestätigt diese Darstellung immer, was schon nach der allgemeinen Hinneigung zur Erblichkeit als höchst wahrscheinlich betrachtet werden mufs, dafs sich nämlich ein grofser Theil der Aemter regelmäfsig in den Händen bestimmter Familien befand, wenn sie auch keinen gesetzlichen Anspruch darauf hatten. Die Brahmanen waren keineswegs ausschliefslich zu gewissen Aemtern berechtigt, es wird den Königen nur gerathen sie vorzugsweise zu berücksichtigen, und von den guten und weisen Fürsten gerühmt, dafs es geschehen. Aber der grofse Einflufs, welchen sie auf alle Klassen des Volkes übten, und welchen auch die Herrscher, die sich ihrer persönlichen Neigung nach wohl hätten davon emancipiren mögen, aus Politik schonen mufsten, sicherte ihnen den Besitz einer Menge von Stellen; zu denen, welche eine genaue Gesetzkenntnifs erforderten, waren sie ohnehin vorzüglich befähigt. Immer blieb jedoch der Antheil an der unmittelbaren politischen Gewalt, welchen ein Theil der Brahmanen in weltlichen Aemtern und in dem Rathe der Könige übte, etwas zufälliges und untergeordnetes, so natürlich er auch aus dem vorherrschenden, durch Sitte und Religion tief eingewurzelten Einflusse der geistigen Gewalt folgte, und so sehr er wiederum den Nachdruck des moralischen Einflusses verstärken mufste.

Wenn gleich das Vorherrschen der intellectuellen Thätigkeit das unterscheidende Merkmal und die sociale Bedeutung der contemplativen Classe constituirt, und wenn dieses gleich durch Erzählung Uebung und Gewöhnung gefördert werden kann, so überwiegen doch der menschlichen Natur nach die auf die weltlichen Bedürfnisse der Individuen oder der Gesellschaft gerichteten Triebe und Neigungen das intellectuelle Leben zu sehr, als dafs es jemals bei der Mehrzahl der Einzelnen zur wirklichen Oberherrschaft gelangen könnte. Das brahmanische Gesetz war weise genug, die gänzliche Zurückziehung auf das beschauliche Leben nur von dem vorgerückteren Alter zu fordern. Den Jahren der Jugend und der Kraft ward die praktische Thätigkeit zugewiesen, welche in dem politischen und socialen Wirkungskreise neben dem eigentlich priesterlichen einen weiten Schauplatz fand. Dafs daneben die Macht und das Ansehn der Kaste nicht nur im allgemeinen Interesse priesterlicher Herrschsucht, sondern auch zur schnödesten Befriedigung des individuellen Egoismus vielfach mifsbraucht worden ist, unterliegt keinem Zweifel. Die hochmüthige Verachtung anderer, die Selbstüberhebung, welche kraft göttlichen Vorrechts auf alle Güter der Erde gerechte Ansprüche zu haben glaubte, auch die Ansicht durch spätere Bufse und genaue Beobachtung des Ceremonialgesetzes begangene Sünden gut machen zu können, mufsten bei einem Volke, das in überreicher Natur früh üppige Lebensgenüsse kennen lernte, zu allen Zeiten viele Mitglieder der bevorzugten Kaste zu rücksichtsloser Verfolgung selbstsüchtiger Zwecke leiten. Erzählungen Ermahnungen und Vorschriften der heiligen und profanen Litteratur bestätigen, was sich aus der Natur der Menschen und der Verhältnisse schliefsen läfst. Freilich dürfen wir daraus, dafs in dramatischen Possen häufig ein schonungsloser Spott über Brahmanen ergossen wird, dafs auch in gröfseren Dramen ein Brahmane, der einem Hofnarren ähnlich als Begleiter des Königs auftritt, halb witzig, halb lächerlich, ein Gemisch von Schlauheit und gutmüthiger Einfalt, eine stehende komische Figur ist, nicht folgern, dafs der Stand verhafst oder verachtet gewesen. Mit demselben Rechte könnten wir aus den Narrenfesten unseres Mittelalters den gleichen Schlufs auf den christlichen Klerus ziehen. Und doch wissen wir, dafs seine Macht und sein Ansehn niemals gröfser war als in den Zeiten, da diese anstöfsigen Parodien das Heilige und seine Diener unter allgemeinem Jubel grausam verhöhnten. Aber im Glanze ihrer unerschütterten Autorität durfte die Kirche sich gelegentlich Dinge sagen und gefallen lassen, die sie in den Tagen ihres Verfalles nimmer ertragen könnte.

XXV.

Die Zeiten der dauernden Fremdherrschaften, welche die Brahmanenkaste des politischen Einflusses gänzlich beraubten, und den socialen auf enge und untergeordnete Kreise beschränkten, depravirten ihren moralischen Charakter in weitem Umfange. Eine grofse, auf das Allgemeine gerichtete Thätigkeit, in welcher Individuen oder Klassen ihren Beruf und ihre Befriedigung suchen, verleiht ein Gefühl der Würde und eine Gewöhnung, sich mit den Interessen eines gröfseren

Ganzen zu beschäftigen, welche die rein egoistischen Affecte in Schranken halten. Ihr Verlust giebt den blofs persönlichen Interessen die Herrschaft, und diese sind bei der Mehrzahl stets auf den Besitz und Genufs sinnlicher Güter gewendet. Nur bei einer verschwindenden Minderheit gewinnt die contemplative Richtung wirklich das Uebergewicht. Auf die vornehmste Kaste der Inder übte die Herrschaft roher und rücksichtsloser Eroberer um so mehr eine demoralisirende Wirkung, je greller ihre Erinnerungen und Ansprüche mit den factischen Zuständen contrastirten. Die demüthigende Unterwerfung unter eine Gewalt, der sie sich geistig überlegen fühlten, und die sie als aufserhalb ihrer Lebensform und ihres Gesetzes stehend verabscheueten, rief die kriechende und intriguante Schlauheit hervor, welche selbst den Verfolgungen des Islam und der Grausamkeit der Mongolen Widerstand zu leisten wufste, und sich für die Bedrückung der Gewalthaber auf Kosten derer zu entschädigen suchte, die sich noch leiten und beherrschen liefsen. Dessenungeachtet ist der Sinn für höhere Bestrebungen unter der Ungunst der Zeiten nie ganz erstorben. Heutigen Tages lauten die Berichte über die Brahmanen ziemlich verschieden. Nicht selten mögen Hafs oder Gunst die Schilderungen färben. Doch scheint es auch, dafs districtweise erhebliche Unterschiede Statt finden. In manchen Gegenden des Dekhan und Bengalens wird über ihr habsüchtiges wollüstiges betrügerisches Treiben geklagt, und namentlich das Küstenland Orissa, von Alters her ein indisches Böotien, als Sitz des faulen üppigen Brahmanenthums geschildert. Im mittleren Hindustan wird ihnen durchgängig ein weit besseres Zeugnifs gegeben. Es wird anerkannt, man finde unter ihnen die einfachsten harmlosesten uneigennützigsten Menschen; sie bekümmern sich wenig um das, was in der Welt vorgeht, studiren ihre alte Geschichte Dogmatik und Metaphysik, rathen den Laien, die sich in religiösen Angelegenheiten an sie wenden, und lassen sich vor Europäern nur sehen, wenn nach ihnen gesendet wird, wahrhaft nach dem Spruche aus der Nachfolge Christi lebend: Dränge dich nicht zu den Grofsen, und vor den Vornehmen erscheine nicht, aufser wenn du mufst.

Wir dürfen uns die Brahmanen, wie die Priesterschaften des Orients überhaupt keineswegs als durchgängig in äufserer Würde und Hoheit lebend vorstellen. Es war wie bei der Geistlichkeit des christlichen Mittelalters. Nur ein Theil lebte gleich den weltlichen Grofsen reich und vornehm, die Mehrzahl durchaus nicht. Das indische Gesetz gestattet es ausdrücklich den Brahmanen, welche nicht im Stande sind sich und ihre Familie von eigenem Besitz, von den Einkünften eines Tempels oder eines Amtes, durch Lehr- oder Opferdienst zu erhalten, den Lebensberuf einer anderen Kaste zu ergreifen. Sie dürfen Kriegsdienste thun, Ackerbau Viehzucht Handel und Gewerbe treiben, nur zu dem traurigen Loose des persönlich dienenden Çudra sollen sie sich nicht erniedrigen, nicht, wie es bei Manu heifst, von der Arbeit des Knechts das Leben des Hundes leben. Das Gesetzbuch hält es aber sogar für nöthig wiederholt zu ermahnen, ein Brahmane solle nicht krumme Wege gehen, nicht seines Unterhaltes wegen zum Umgang mit dem Pöbel seine Zuflucht nehmen, nicht um eine Mahlzeit zu erhalten seine Familie und Ahnen herpreisen. Solche Warnungen sind nicht für Prälaten geschrieben. Auf ähnliche Verhältnisse läfst sich schliefsen, wenn der iranische Vendidad den Hund mit dem Priester vergleicht, und von dem nützlichen Hausthier rühmt: „wie ein Priester ifst er, was er findet, wie ein Priester ist er wohlthuend und glücklich, mit allem vergnügt, wie ein Priester geht er zu allen, die ihn suchen“. Die Geistlichen, welche derartige Schilderungen im Auge haben, lassen sich nur mit den Kapuzinern und ähnlichen mit den niederen Volksklassen und nach deren Art lebenden Mönchen namentlich des südlichen Europa, zusammenstellen. Aber man setzte allerdings voraus und man verlangte, ganz abgesehen von individuellem Eigennutz, dafs ein Theil der Kaste reich sei, weil der Reichthum Anseln und Macht verleiht. Die Brahmanen wufsten in ausgezeichnetem Maafse zu beurtheilen und zu berücksichtigen, was auf die Gemüther der Menschen Eindruck macht. Dafür sprechen ihre Gesetze nicht minder wie ihre religiösen Feste und ihr Cultus, dafür und zugleich für ihren hohen Natursinn auch die Auswahl ihrer heiligen Orte. Wo immer eine Gegend in besonderer Anmuth glänzt, oder durch erhabene Gröſse imponirt, da findet man sicher ein brahmanisches Heiligthum, oder wenigstens die Weihe einer alten Erinnerung.

XXVI.

Die indischen Priester haben nicht die Ausübung der weltlichen Gewalt in Anspruch genommen. Zu dieser war die Kriegerkaste berufen. Wohl mögen, wie anderwärts Geistliche oder Philosophen, Manche eine Concentration aller Gewalt bei der contemplativen Classe geträumt, auch zu den Zeiten der Kämpfe zwischen Brahmanen und Kschatrija darauf hingearbeitet haben; die Sagen von den Brahmanen-Republiken könnten auf solche Prätensionen gedeutet, und der Abschluſs, welchen die sociale Ordnung mit dem Gesetzbuch Manus erreicht, als eines der groſsen Compromisse betrachtet werden, mit denen weltgeschichtliche Parteikämpfe zu enden pflegen. Aber das Resultat der Entwicklung war eine vollständige Scheidung der geistlichen und weltlichen Gewalt. Wenn die gesellschaftliche Organisation Indiens als eine theokratische bezeichnet wird, so darf darunter nur verstanden werden, daſs in dem Leben des Volkes das priesterliche, meditative Element das Uebergewicht gewonnen, ihm den wesentlichen Charakter aufgedrückt, und den Einfluſs der kriegerisch-politischen Thätigkeit zurückgedrängt hat. Es war eine wahrhaft geistliche Gewalt, welche durch moralische und religiöse Motive wirken sollte. Ihr stärkster Hebel war die Theorie der Unsterblichkeit, welche kaum jemals bei einem Volke tiefer und allgemeiner wirksam geworden ist, und zwar in der Form der vervollkommnenden Seelenwanderung. Auf die weltliche Regierung sollte der Priesterstand nur lehrend und rathend einwirken; wenn seine Mitglieder unmittelbar

15*

an ihr Theil nahmen, so geschah es nicht kraft ihres Standes, sondern vermöge königlichen Auftrags; ihre politische Gewalt war abgeleitet und abhängig von der weltlichen Autorität. Diese gebührte von Rechts wegen der Kriegerkaste und ihren Häuptern, den Königen. Die Kschatrija waren der kriegerische Adel des Volkes, dem Grundbestandtheil nach ohne Zweifel auf die Stammhäupter und Fürstengeschlechter der nomadischen Zeit zurückzuführen, die reicheren Grundbesitzer. welche, durch die Gröfse ihres Eigenthums von der gewöhnlichen Erwerbsarbeit befreiet, die ruhmvolle Thätigkeit des Krieges als ihren ausschliefslichen Beruf betrachteten, und sich nach dem eigenen Hochmuth ihrer Familientraditionen sowohl, wie nach der priesterlichen Theorie von der göttlichen Einsetzung der Stände als besondere Kaste von der niedrig gebornen, zur gemeinen Arbeit verurtheilten Menge ausschieden. Eben so hob sich die Adelskaste des deutschen Mittelalters durch Beibehaltung der kriegerischen Lebensweise von dem Stande der Gemeinfreien ab. In Zeiten, welche nur das Kriegshandwerk als unbedingt ehrenvolle praktische Beschäftigung, und die regelmäfsige Arbeit als ein Uebel oder eine Schmach betrachten, bildet die Verschmähung der industriellen Thätigkeit, die alleinige oder vorzugsweise Handhabung der Waffen, und das damit nothwendig verbundene sociale und politische Uebergewicht zwar den hervorstechenden Charakter des Adels, aber seine wirkliche Grundlage ist der Reichthum. Der Krieg vermag nicht dauernd zu ernähren. Eigener oder der Vorfahren Ruhm begründet keinen Stand. Nur durch Reichthum kann eine weltliche Classe Macht und Ansehn behaupten. Und so lange die Industrie wenig entwickelt, eine erhebliche Werthserzeugung aufserhalb des Ackerbaus nicht möglich ist, kann der Reichthum fast nur im Grundbesitz bestehen. Jeder weltliche, einer alten Civilisation angehörende Adel ist daher ein Grundadel, und nur ein solcher ist ein eigentlicher Adel. Denn jeder ursprüngliche Adel, der sich innerhalb eines Volkes entwickelt hat, und nicht etwa durch Unterwerfung eines fremden Volkes entstanden ist, wobei die Eroberer sich als ein bevorzugtes, zur Herrschaft berufenes Geschlecht zu betrachten pflegen, trägt ein mystisches Element in sich. Seine Entstehung verliert sich in das Dunkel der Vorzeit. Er ist da, ohne daſs sich sein Ursprung nachweisen läſst, und wird daher von der theologischen Anschauungsweise auf eine göttliche Einsetzung zurückgeführt. So leiteten sich bei den Griechen die alten Fürsten- und Adels-Geschlechter, ἡμιθέων γένος ἀνδρων*) im Gegensatz gegen die γηγενεῖς, die erdgeborne Menge, durch ihre Abstammung von den Göttern her. Die Inder lieſsen ihre Kschatrija abgesondert und geschlossen aus den Armen Brahmas hervorgehen. Ihre alten Geschlechter reichten über die Bildung der geordneten Staaten in die Zeiten der Veden und des Nomadenthums hinauf. Nachdem sich einmal ein besonderer Stand gebildet, können auf der einen Seite Einzelne sogar in groſser Zahl ohne Reichthum ihren Adel behaupten, und auf der andern Einzelne durch Kriegsruhm oder Reichthum die Aufnahme in den Adel unter den Augen der Menschen erlangen, ohne daſs dessen Wesen dadurch geändert wird. Letzteres wird aber um so schwerer, je strenger sich der Stand abgeschlossen, je fester er sich auf Geburt und göttliches Recht gegründet hat, und wenn es überhaupt geschieht, so müssen in der Regel Generationen vergehen, und die Zeit jenes mystische Halbdunkel der angebornen Autorität hinzubringen, ehe das neu aufgenommene Geschlecht das Ansehn des alten Adels erhält. Wenn sich in historischen Zeiten auf höheren Culturstufen durch Reichthum oder durch Aemter und Würden Aristokratien bilden, welche vom Grundbesitz unabhängig sind, so nehmen diese zwar die socialen und politischen Vorrechte jenes ursprünglichen Adels in Anspruch, können zuweilen eben so hochmüthig und gewaltthätig auftreten, bleiben aber doch dessen abgeschwächtes Nachbild, erreichen nie die unantastbare Heiligkeit, die zu bekämpfen ein Frevel gegen die Gottheit ist. Der neueren

---

*) Das Geschlecht halbgöttlicher Männer. Homer.

Nobilität der Römer fehlte dies Moment der alten Patricier; sie konnte sich nicht rühmen, den Göttern näher zu stehen als das übrige Volk.

XXVII.

Es ist theils der geringen Berücksichtigung, welche die theologische oder politische Geschichtschreibung den Besitzverhältnissen, der Basis jeder socialen Ordnung, geschenkt hat, theils einem gewissen Idealismus, welcher bei der Geringschätzung der industriellen Arbeit nicht ihre Frucht, den Reichthum, als Grundlage des vornehmsten Standes anerkennen mag, zuzuschreiben, dafs überall von dem nothwendigen Besitze des herrschenden Adels wenig die Rede ist, und das gröfsere Gewicht stets auf seine sonstigen Vorzüge und Vorrechte, den Ruhm der Vorfahren, die Führung der Waffen, die Handhabung der politischen Gewalt, gelegt wird. So wird auch in dem indischen Gesetze nirgends ausdrücklich gesagt, dafs die Kriegerkaste reich sei, oder gar reich sein müsse. Nach Reichthum soll die industrielle Kaste der Vaiçja streben. Aber gelegentliche Bemerkungen des Gesetzbuchs setzen es überall stillschweigend voraus, wie es durch die Schilderungen anderer Schriften klar bezeugt wird, dafs die Kschatrija wesentlich reich waren, das heifst, dafs sie hinlänglich ausgedehntes Grundeigenthum besafsen, um es durch die niederen Kasten bebauen zu lassen, um diese in dauernder socialer Abhängigkeit zu erhalten und selbst ihrem gesetzlichen Berufe leben zu können. Dieser war neben den moralischen Pflichten „die Veden zu lesen, zu opfern, den Brahmanen Almosen zu geben und sich vor den Reizen des sinnlichen Vergnügens zu hüten“ der kriegerisch-politische, die Vertheidigung des Volkes gegen äufsere Feinde und die Erhaltung der inneren Ordnung. Die weltliche Gewalt concentrirte sich bei dem Haupte der Kriegerkaste in den einzelnen Staaten, dem Könige. Der Orient ist in seinen grofsen politischen Organisationen fast nie über die ursprüngliche Form einer Heerverfassung hinausgegangen. Wie Vereinigungen zu grofsen kriegerischen Unternehmungen die ersten umfangreichen Staatskörper gründeten, und wie die Energie der kriegerischen Action die unbeschränkte Herrschaft eines einzigen Willens erfordert, so blieb die Gewalt des Heerführers stets das Muster der königlichen Machtvollkommenheit, welche in Krieg und Frieden den unbedingten Gehorsam der militärischen Disciplin in Anspruch nahm. Auch die indischen Denker, welche in der Staatskunst früh klar und scharf bestimmte Anschauungen entwickelten, haben nie versucht, der höchsten weltlichen Gewalt durch staatliche Formen und Einrichtungen Schranken zu setzen. Neben der weiten Ausdehnung der Reiche, welche die regelmäfsige Theilnahme einer Classe des Volkes an der höchsten Regierung erschwerte und die Concentration der Macht für die kriegerische Leitung der grofsen Massen unentbehrlich machte, erklärt die selbstständige Ausbildung der weltlichen Gewalt auf der militärischen Grundlage und die theologische Ehrfurcht für das Alte und Hergebrachte, dafs in der politischen Organisation keine Aenderung erstrebt ward. So erhielt sich in den normalmäfsigen indischen Ländern der absolute Despotismus der Könige durch alle Zeiten. Er war durch keine gesetzliche Gewalt beschränkt. Die geistliche Gewalt übte nur durch Rath und Lehre einen moralischen und religiösen Einflufs. Sie legte dem Willen des Königs nach dem Gesetze keine irdischen Fesseln an, sie bedrohte ihn nur mit der Hölle oder einer schlimmen Wiedergeburt. Aber der Despotismus der orientalischen Reiche stand nicht wie das römische Imperatorenthum im Widerspruch mit den sittlichen Begriffen der Völker, sondern ward, selbst wenn er zur Befriedigung rein persönlicher Interessen und Leidenschaften mifsbraucht wurde, seinem Wesen nach als eine nothwendige, in der göttlichen Weltordnung gegründete Institution betrachtet. Dies mäfsigte ohne Zweifel die Praxis der Herrschaft. Eine Gewalt, die sich mit dem populären System des Lebens und Denkens in Harmonie weifs, kann milde geübt werden. Dazu stand sie hier unter dem Einflusse eines sanften Volkscharakters und eines Priesterstandes, der ihr die Achtung vor dem ewigen, jeder Willkür entzogenen Gesetz und die Sorge für das allgemeine Beste zu einer religiösen Pflicht machte. Während der Brahmane hauptsächlich der Gottheit und sich selbst ein heiliges Leben schuldig ist, werden bei den Königen und ihrer Kaste weit mehr die Pflichten gegen Andere und die Welt hervorgehoben und sehr ernstlich eingeschärft. Dieses Pflichtgefühl spricht sich auch sowohl in den Schilderungen von vielen Herrschern, wie in ihren Werken auf das lebhafteste aus. Der mächtige König Açika, der im dritten Jahrhundert vor Christus fast das ganze eigentliche Hindustan unter seinem Scepter vereinigte, sagt in einer Inschrift: „es giebt keine höhere Pflicht als für das Heil der Welt zu sorgen, mein ganzes Streben ist dahin gerichtet, dafs ich meine Schuld gegen die Geschöpfe abtrage, sie hienieden glücklich mache, und dafs sie jenseits den Himmel sich gewinnen". Freilich wird andererseits in dem priesterlichen Gesetze die unbedingteste Ehrfurcht vor dem Könige gelehrt, der kein blofser Sterblicher, sondern eine Gottheit in menschlicher Gestalt sei, aber die Vergötterung der weltlichen Gewalt geht lange nicht so weit wie etwa in den ägyptischen Darstellungen und Inschriften. Vergehen gegen die Brahmanen ziehen den Zorn der Götter die Strafe des Himmels auf sich, Empörung gegen die weltliche Gewalt wird nicht mit der Hölle bedroht, sie setzt nur irdischer Rache aus. „Wer verblendet Hafs gegen den König äufsert, wird sicherlich umkommen," aber auf sehr natürlichem Wege, „denn, heifst es bei Manu, von Stund an wird der König auf sein Verderben denken".

XXVIII.

Die Praxis gewaltsamer Staatsumwälzungen scheint eine zu gewöhnliche, vielleicht auch der Priesterkaste zu oft förderliche, oder von ihr selbst begünstigte gewesen zu sein, als dafs die priesterliche Moral sie grundsätzlich verwerfen konnte. Die Doctrin begnügte sich die weltliche Gewalt als Institution mit der göttlichen Weihe zu bekleiden, gab aber die einzelne Person ihrer Träger ohne Bedenken Preis. Bei dem Glauben an das unmittelbare und stete Wirken höherer Mächte mufsten sogar erfolgreiche Auflehnungen oder Usurpationen als dem göttlichen Willen entsprechend, und die Unterwerfung unter die Gewalt, für welche das Schicksal gegen die Legitimität des ererbten Rechts entschieden hatte, als eine Pflicht betrachtet werden. Daher werden denn auch die Könige, welche dem Wechsel des Geschicks erliegen, regelmäfsig als ungerecht oder gottlos geschildert. Nach der bei den Indern, wie bei den meisten anderen Völkern beliebten Theorie, das Unglück als Folge einer Schuld anzusehen, wird der Sturz der Könige von ihren Vergehen hergeleitet, auch wohl in der eigenthümlichen Ausbildung dieser Ansicht, wenn das Leben des Gefallenen den traurigen Ausgang nicht zu verdienen schien, auf eine Verschuldung der Vorfahren, oder die eigene in einem früheren Dasein zurückgegangen. So wurden die Usurpatoren nicht nur als Vollstrecker des rächenden Schicksals, sondern auch als Wiederhersteller des gebrochenen Gesetzes gerechtfertigt. Dies geschah jedoch keineswegs immer. Sie werden oft persönlich gemifsbilligt, selbst Stifter mächtiger Dynastien als gemeine Räuber dargestellt. Die gewaltsamen Aenderungen der Staaten und ihrer Herrscher durch äufsere Kriege oder innere Revolutionen waren sehr häufig. Länder wurden getrennt und vereinigt, selten behaupteten sich Staaten lange Zeit hindurch in demselben Umfange, wenn auch manche Landschaften nach den Verhältnissen ihrer Lage oder Gränzen regelmäfsig in festem Zusammenhange blieben, und manche trotz augenblicklichen Zurücktretens immer wieder Kern- und Mittelpunkte gröfserer Reiche wurden. Eben so rasch wechselten die Familien der Fürsten. Es läfst sich häufig das überall wiederkehrende Schicksal der Dynastien erkennen, dafs auf einen oder einige bedeutende Regenten, die einen mächtigen Staat gegründet, eine Reihe von Nachkommen folgt, die der Mühe und Anstrengung überhoben zu sein, sich thatlos dem Genusse des Glanzes und der Ueppigkeit überlassen zu dürfen glauben, bis sie gänzlich gestürzt werden, oder den gröſsten Theil ihrer Herrschaft verlieren. Auf ein kleineres Gebiet beschränkt, und um der Selbsterhaltung willen zu kräftigen Anstrengungen genöthigt, erwacht dann wohl wieder die alte Energie. So behauptete sich manches Geschlecht, nachdem ein groſses Reich zerfallen, lange und kraftvoll in einer geretteten Provinz. Von den Einzelheiten dieser vielfachen Umwälzungen, von den näheren Umständen, unter denen Länder erobert oder verloren, Throne gegründet oder gestürzt wurden, wissen wir fast gar nichts. Und wir können dieses Fehlen der politischen Geschichte wohl verschmerzen. Denn diesen Umwälzungen lagen keine Ideen zum Grunde, sie bezeichnen keine Fortschritte der Entwicklung. Die Personen und die Gebiete der Gewalthaber wechselten, aber die Grundsätze blieben dieselben. An dem System der socialen Ordnung und der theoretischen Denkweise gingen alle diese Wechsel spurlos vorüber. Sogar das tägliche Leben der gröſseren Volksmasse scheint in der Regel durch Kriege oder Revolutionen wenig afficirt worden zu sein. Ihre Wirkungen beschränkten sich vornehmlich auf die höheren Classen, namentlich die Kschatrija, deren Beruf Krieg und Politik war, deren tägliche Beschäftigung das Waffenhandwerk bildete.

XXIX.

Der König, als Haupt der Kriegerkaste, muſste ihren Waffen ein Feld der Thätigkeit anweisen. Darum ist es seine gesetzliche Pflicht stets auf Erweiterung seines Reiches durch Krieg und Eroberung zu denken Der Staat soll ein erobernder sein, wie sich dies überall ergeben muſs, wenn die kriegerische Thätigkeit als die höchste, eigentlich allein voll berechtigte Seite des praktischen Lebens, die industrielle Arbeit als etwas untergeordnetes, nur durch die Noth gebotenes betrachtet wird. Die Beschränkung auf die Vertheidigung ist nur ein Nothbehelf, ein Staat, dessen weltliches Regiment auf den Krieg basirt ist, strebt seiner Natur gemäſs über seine Gränzen hinaus. Er ist aggressiv, bis ihn eine stärkere

Gewalt nöthigt sich defensiv zu verhalten. Mit eigenem Willen würde er sich keine Schranke setzen, ehe er die ganze Welt, oder was ihm davon des Beherrschens werth scheint, seiner Herrschaft unterworfen. Die Gedanken der indischen Eroberer gingen nicht über die Gränzen Indiens hinaus. Die arischen Stämme, welche im mittleren Indien die ersten grofsen Staaten gegründet, unterwarfen sich nach den Zeiten des Manuschen Gesetzes noch östlich Bengalen und die Ebene des Bramaputra, südlich die dekhanische Halbinsel und Ceylon, aber in diesen Ländern fanden sie nur rohe Völker, von denen sie keine neue Culturelemente empfangen konnten. Mit civilisirten Völkern sind sie nur in feindliche Berührung gekommen, wenn sie von ihnen angegriffen wurden. Die Wirkungen solcher Angriffe erstreckten sich aber erst in sehr später Zeit auf die inneren Länder, von den Feldzügen der Perser und Griechen wurden nur die Gränzländer am Indus berührt, welche ohnehin das brahmanische Gesetz nie vollständig angenommen haben, und deshalb von den orthodoxen Indern als entartet betrachtet und gemieden wurden. Seit der Consolidirung ihrer Staaten fehlte den indischen Kriegen aus diesem Grunde fast gänzlich das culturhistorische Interesse, das fördernde Moment, welches die Kriege anderer Völker in reichem Maafse geboten haben, indem sie durch das Zusammenführen verschieden gearteter Civilisationen und die Erweiterung der Ideenkreise der freieren und höheren Entwicklung den mächtigsten Anstofs gaben. Die auswärtige Politik und das Völkerrecht, denen das indische Gesetz eine der socialen Stellung der Kriegerkaste entsprechende Aufmerksamkeit widmet, hat nur die Beziehungen der indischen Staaten unter einander im Auge. Die völkerrechtlichen Bestimmungen zeichnen sich durch ihre Humanität aus. Sie halten den Gesichtspunkt fest, dafs ein gemeinsames Band der Moral auch die Feinde umfafst, dafs der Krieg nur eine Sache der Kschatrija ist, und für die übrigen Classen möglichst geringe Uebel herbeiführen soll. Daher sollen friedliche Bürger, namentlich Bauern nicht belästigt, keine Aecker verwüstet, keine Bäume abgehauen werden. Unterworfenen Ländern sollen ihre Einrichtungen belassen werden. Auch Krieger sollen nicht getödtet werden, wenn sie sich ergeben, wenn sie wehrlos geworden oder im Schlafe überfallen sind. Der Gebrauch vergifteter Waffen wird untersagt. In der Praxis hat es freilich an Plünderungen und Länderverthei-lungen unter die Sieger nicht gefehlt; und die Schilderungen des Megasthenes, nach denen die Bauern neben Heereszügen und Schlachten ruhig und unverletzlich ihre Felder bestellen, sind ohne Zweifel stark idealisirt. Er selbst kann übrigens keine erheblichen Kriege in Indien gesehen haben, da zu seiner Zeit das Reich Tschandragugtas die Länder vom Himalaja bis zum Vindhjagebirge umfaſste.

In Betreff der auswärtigen Politik weiſs schon das alte Gesetz des Manu, daſs ihre Erfolge, wie die des praktischen Lebens überhaupt, nicht auf überlegener Intelligenz, geistreicher Bildung, gelehrten Studien beruhen, sondern auf den Eigenschaften des Charakters, Entschlossenheit, Beharrlichkeit und auf dem gesunden Menschenverstande, welcher die Umstände zu beobachten und zu benutzen weiſs. Muth und Standhaftigkeit sind die ersten Tugenden des Königs in seinen Beziehungen zu fremden Mächten; er soll sich durch kein Fehlschlagen ermüden lassen, unerschrocken seine Pläne wieder aufnehmen. Genaue Beachtung der Stärke und Mittel des Feindes, sorgfältige Rüstung, vorsichtige Anlage fester Stützpunkte für den Fall einer Niederlage werden empfohlen. Es findet sich schon die für jede Eroberungspolitik gültige Regel, daſs das Nachbarland stets als Object des Angriffes zu betrachten, der Nachbar des Feindes der natürliche Bundesgenosse ist, bis er selbst zum Nachbar wird und dann seine Stunde kommt. Die Politik gegen den Feind kennt keine Rücksichten der Moral; gerecht ist, was zum Zwecke führt. Manche Rathschläge erinnern durchaus an Macchiavelli. Die staatsmännische Weisheit des indischen Priesters zieht wie der groſse Italiäner die Anwendung der List der Gewalt vor. Das Loos der Schlachten ist ungewiſs, man setze daher nicht unnöthig oder leichtsinnig sein Schicksal auf das Spiel. Zeitgewinnende Unterhandlungen, kluge Verbindungen, Trennung feindlicher Bündnisse, Unterstützung der Mifsvergnügten, Aufreizung oder Bestechung der feindlichen Anführer und Rathgeber führen sicherer zum Ziel, oder bereiten wenigstens die entscheidenden Schläge der Waffen vor.

XXX.

Wichtiger indessen als Krieg und Politik bleibt dem Gesetze der königliche Beruf für die innere Staatsverwaltung. „Hätte die Welt keinen König, so würde sie überall aus Furcht zittern, und der Regierer des Weltalls schuf daher den König zur Aufrechthaltung dieser religiösen und bürgerlichen Ordnung.“ Er steht an der Spitze einer zahlreichen, wohl geordneten und gegliederten Beamtenhierarchie, umgeben von Ministern für die einzelnen Zweige der Regierung. Ueber Städte, Districte, Provinzen sind Verwaltungsbeamte gesetzt. Neben ihnen giebt es Richter und Steuerbeamte. Eine geheime Polizei, welche dem Könige über Alles Bericht erstatten soll, vervollständigt den administrativen Mechanismus. Die Polizeispione sind schon dem Manu und Megasthenes bekannt. Der König, welcher sich möglichst genau um die Einzelnheiten der Verwaltung und der Rechtspflege bekümmern soll, ist moralisch für das Wohlbefinden des Volkes verantwortlich. Als Lohn für seine Bemühungen zieht er die Steuern ein. Ihm gebührt in allen Dingen unbedingter militärischer Gehorsam. In der Auswahl der Beamten ist er unbeschränkt, es versteht sich jedoch von selbst, dafs die meisten und namentlich die vornehmeren aus der Kriegerkaste genommen wurden, und wenn den Brahmanen gestattet wird sich als Kschatrija zu ernähren, so ist dabei wohl eben so sehr an Civilämter, wie an den wirklichen Kriegsdienst zu denken. Dafs die Stellen der Richter, welche gelehrte Kenntnifs des Rechts und der Sitte erforderten, vorzugsweise in den Händen der Priesterkaste gewesen zu sein scheinen, ist schon früher bemerkt.

Die Kriegerkaste theilte mit dem Könige den Beruf die weltliche Ordnung zu erhalten, aber die Masse der Kschatrija war nicht auf die Regierung, sondern auf den Krieg angewiesen. Wenn Megasthenes behauptet, dafs die Kriegerkaste besoldet worden, so verwechselt er die Kaste mit den Dienst thuenden Kriegern. Nur die letzteren, welche als zahlreiche Garden die Person des Königs umgaben, Städte und feste Plätze besetzt hielten, empfingen Naturalverpflegung und Sold. Die Mehrzahl des Kriegeradels lebte im Frieden auf seinen Gütern, oder von deren Einkünften, und wer seinen Unterhalt nicht davon, oder durch den Dienst des Königs gewinnen konnte, der durfte unbeschadet seiner Standesrechte einen bürgerlichen Erwerbszweig ergreifen. Die Uebung in den Waffen, die Ausbildung der kriegerischen Tüchtigkeit war die Pflicht dieses Adels, aber doch wie der Unterricht überhaupt eine Privatsache. Von Staats wegen wurde nicht dafür gesorgt. Wir dürfen indessen keineswegs annehmen, dafs die Führung der Waffen, wie es allerdings die Theorie des Gesetzbuchs ausspricht, auf die Kriegerkaste beschränkt war. Wenn die Spartaner ihre leibeigenen Heloten, wenn der Adel des Mittelalters seine hörigen Knechte mit in das Feld führte, so geschah das Gleiche unzweifelhaft in Indien mit den niederen, aber persönlich freien Volksclassen. Die Kerntruppen bestanden aus den Kschatrija, die vornehmsten Waffen, namentlich die Streitwagen, und die Führerstellen waren ihnen in der Regel vorbehalten. Aber selbst dies mufs von Alters her zahlreiche Ausnahmen erlitten haben. Wären nicht die niederen Kasten in Menge und mit Auszeichnung in den indischen Heeren vertreten gewesen, wären sie wirklich auch nur von den Führerstellen consequent ausgeschlossen worden, so hätte nimmer die grofse Zahl von Königsgeschlechtern aus ihnen hervorgehen können. Schon Manu mufs die Existenz von Çudrakönigen anerkennen. Freilich wird sie gemifsbilligt; ein Brahmane soll nicht wohnen, wo ein Çudra herrscht — das ist natürlich nicht beobachtet worden. Die glänzendsten Dynastien der älteren Zeit, die Nanda und die

Maurja, welche im dritten Jahrhundert vor Christus zum ersten Mal Hindustan zu einem Reiche vereinigten, sind aus der niedrigsten Kaste hervorgegangen. Das beweist, wie viel strenger die Theorie als die Praxis war. Im germanischen Mittelalter hat es — abgesehen von der Kirche — niemals ein unadliger Mann zum Fürsten gebracht, in Indien sind die Stifter zahlreicher Dynastien aus dem Stande der Bauern und Knechte entsprossen. Daſs diese nur glückliche Krieger sein konnten, ergiebt sich aus der Natur der Sache, und wird von der Geschichte, wo sie näher von ihnen spricht, überall bestätigt. Eine charakteristische Ausnahme macht die brahmanische Kanva-Dynastie; ihr Stifter war kein Kriegsheld, sondern der Minister des letzten Çunga. Er ermordete seinen Herrn und usurpirte dessen Thron, den sein Geschlecht übrigens nicht lange behauptete. Die weltliche Macht ruhte in den Händen kriegerischer Çudra fester als in denen der brahmanischen Weisheit, wenn auch entschiedener gegen das Gesetz. Aber trotz vielfacher Ausnahmen im Einzelnen war das Gesetz der socialen Ordnung in den Sitten und Meinungen des Volkes so fest gewurzelt, daſs der Wechsel der Herrscher keinen Einfluſs darauf übte. Die Regierungen der Çudrakönige änderten nichts in den Verhältnissen der Kasten, in ihrer regelmäſsigen Ordnung und ihrem Beruf. Selbst buddhistische Regenten, welche die Kasteneintheilung theoretisch verwarfen, lieſsen sie in der Praxis bestehen.

XXXI.

Die dritte Kaste bildeten die Vaiçja, die Ackerbauer. Es waren, wie aus ihrem Namen erhellt, die kleineren Grundbesitzer, welche selbst ihr Eigenthum bebauen, von ihrer Arbeit leben muſsten. Ob dieser Grundstock der ländlichen Bevölkerung in den Zeiten, da das Volk in seinen neuen Wohnsitzen ansässig wurde, aus den ärmeren, aber vollberechtigten Mitgliedern der alten Stammgenossenschaften, oder aus den eigenthumslosen Knechten hervorging, läſst sich nicht ermitteln. Wahrscheinlich nahm sie aus beiden Classen Bestandtheile auf. Wenn auch manche Geschlechter als unzweifelhaft adlig, durch Ansehn und Reichthum hervorragend, in die neuen Staatenbildungen eingingen, und dem entsprechend ausgedehnte Ländereien in Besitz nahmen, so blieb bei anderen der Unterschied zwischen adligen und bäuerlichen Grundbesitzern gewiſs lange schwankend. Manche mochten zum Bauerstande herabgedrückt werden, andere zu Macht und Ehre aufsteigen, ehe sich die gröſseren Grundbesitzer als kriegerischer Adel kastenmäſsig von den kleineren abschlossen. Jedenfalls aber muſs die feste Scheidung beider Classen schon in der frühen Zeit erfolgt sein, welche noch keine erhebliche Industrie auſser dem Landbau kennt, in welcher noch keine weitere Arbeitstheilung eingetreten ist, sondern jede Familie wesentlich sich selbst für den ganzen Umfang der Lebensbedürfnisse genügt. In den Zeiten des Gesetzbuchs hatte die dritte Kaste bereits eine ganz andere Bedeutung erhalten. Da umfaſste sie die selbstständige industrielle Bevölkerung in den verschiedenen Berufszweigen, den weltlichen Mittelstand im Gegensatz gegen die von der bürgerlichen Arbeit eximirte Kriegerkaste nach oben und gegen die für Unterhalt oder Lohn arbeitenden Knechte nach unten. Die Vaiçja betreiben auſser Ackerbau und Viehzucht Handel, Handwerke, Künste und Gewerbe aller Art. Es ist indessen nicht bloſs der Name, in welchem sich die ursprüngliche Bedeutung der Kaste erhalten hat; auch dem Range nach wurde die ländliche Arbeit immer als die vorzüglichste und ehrenvollste betrachtet. Die älteste und nothwendigste Arbeit hat sich überall zuerst Achtung und Anerkennung errungen, nur ausnahmsweise haben ansässige Völker die Arbeitsscheu so weit getrieben, daſs sie auch den Ackerbau als Sache der Sclaven und des freien Mannes unwürdig betrachtet hätten. Die meisten haben, wenn sie auch die kriegerische Thätigkeit als den höchsten Beruf betrachteten, doch die persönliche Beschäftigung mit dem Landbau nicht bloſs dem Freien, sondern selbst dem Adel ohne Nachtheil an seiner Ehre gestattet.

Andere Industriezweige haben, je concentrirter die Thätigkeit der Völker auf den Krieg gerichtet war, desto später eine untergeordnete und lange zweideutig gebliebene Anerkennung gefunden. Bei den Indern hat die mächtige contemplative Classe, der ausschliefslichen Berechtigung der Krieger entgegen wirkend, früh die Arbeit als etwas nothwendiges und darum von den Göttern geordnetes, ihnen wohlgefälliges erkannt, jeder nützlichen Thätigkeit eine gewisse Berechtigung verschafft, und die arbeitenden Classen vor der vollständigen socialen Unterdrückung bewahrt, welche bei anderen Völkern die stärkere kriegerische Entwicklung herbeigeführt hat. Die richtige Schätzung der Arbeit ging hier mit dem priesterlichen Interesse, in den niederen Classen eine Stütze gegen die Krieger zu finden, Hand in Hand, um jene nicht in die Sklaverei herabsinken zu lassen, sondern ihnen eine gesellschaftliche Selbstständigkeit zu sichern. Der Vorliebe der theologischen Anschauung für das Alte und Herkömmliche ist es zuzuschreiben, dafs der Landbau stets die vornehmste Industrie blieb. Während es als der gottgeordnete Beruf der Vaiçja hingestellt wird, nach Reichthum zu streben, und während Handel und Gewerbe schon hinlänglich entwickelt waren, um in weit gröfserem Umfange Reichthümer zu erzeugen und zu vermehren als der Ackerbau, wurden die Bauern nach wie vor als die vorzüglichste Classe der Vaiçja betrachtet. Die Brahmanen und Kschatrija, welche zur Ergreifung eines bürgerlichen Erwerbszweiges genöthigt sind, sollen sich am liebsten mit Ackerbau und Viehzucht beschäftigen, obwohl ihnen andere Gewerbe nicht verboten sind. Die Bauern werden der besonderen Vorsorge der Regierungen, der achtungsvollen Berücksichtigung und Schonung der vornehmeren Classen empfohlen, gelegentlich gar als deren Ernährer und Wohlthäter bezeichnet. Die religiösen Pflichten, zu opfern, die heiligen Schriften zu lesen und den Brahmanen Geschenke zu geben, liegen den Vaiçja wie den Kschatrija ob.

XXXII.

Megasthenes stellt die Kaufleute und die Handwerker als besondere Kasten neben den Bauern dar. Das ist zwar irrig, beweist aber, wie sehr die Abgeschlossenheit und Erblichkeit der Berufszweige, nachdem diese sich bei der fortschreitenden Theilung der Arbeit einmal gesondert hatten, auch innerhalb der einzelnen Kasten zur Volkssitte ward. Es ist nie gesetzlich vorgeschrieben worden, dass die Söhne dem speciellen Beruf des Vaters folgen sollten, aber der natürlichen Neigung zur Nachahmung und Fortpflanzung der überlieferten Thätigkeit innerhalb der Familien gemäss und in Folge der durchdachten Consequenz, mit welcher die priesterliche Weisheit die einmal geltend gewordenen Grundsätze bis in das Einzelne und Individuelle hinab verfolgte, wurde es sowohl empfohlen, wie andererseits nach allen Darstellungen allgemein üblich, dass der Sohn nicht ohne Noth von dem väterlichen Beruf abwich. Dies hatte ohne Zweifel für die Ausbildung technischer Fertigkeiten seine Vortheile, namentlich in den Anfängen der Industrie, aber nachdem eine gewisse Stufe erreicht war, auf welcher man sich allenfalls zufrieden geben konnte, musste es das Festhalten der natürlichen Trägheit an den gewerblichen Traditionen in hohem Grade befördern, und in Verbindung mit der religiösen und bürgerlichen Sanction alles Alten und Hergebrachten weiteren Fortschritten hemmend entgegen treten. Der Productenreichthum des Landes, die Leichtigkeit den nothwendigen Lebensunterhalt zu gewinnen, und die geringen Bedürfnisse der niederen Classen forderten nicht zu Kraftanstrengungen auf, das erschlaffende Clima und die beschauliche Richtung des Volkes wendeten von praktischer Energie ab, die Meditation der Weisen und Gelehrten beschäftigte sich zu ausschliesslich mit den Interessen des Himmels oder des Staates, um ihre etwaigen Kenntnisse für die Entwicklung der Industrie nutzbar zu machen. Am meisten zeigt sich dies bei dem Ackerbau. Er ist auf einer sehr niedrigen Stufe stehen geblieben, wird bis auf den heutigen Tag in der einfachen Weise, mit den geringen Mitteln betrieben, wie vor Jahrtausenden. Wozu auch mehr? Feigenbäume Bananen und Reispflanzungen geben auf beschränktem Raume und bei geringer Arbeit Nahrungsstoff genug um eine Familie zu erhalten. Weizen und Gerste, vor Alters wie heutigen Tages in vielen Landstrichen das Hauptnahrungsmittel des Volks, während in anderen der Reis, gedeihen in ungeheurer Ueppigkeit. Daneben wirken die sehr hohen Naturalabgaben, welche schon nach Manu von dem Bruttoertrage der Ländereien erhoben wurden, und sich zu Staats- und Gemeindezwecken immer mehr gesteigert haben, kostspieligen oder mühsamen Verbesserungen entgegen, da sie den Gewinn derselben zu sehr schmälern, um neue Anlagen lohnend erscheinen zu lassen. In manchen Gegenden wirthschaften gar ganze Ortschaften gemeinschaftlich, von dem Ertrage der Erndte werden die Steuern an die Staatsbeamten entrichtet, dann an den Priester den Astrologen den Arzt die Handwerker, Musiker und Tänzerinnen der Gemeinde die bestimmten Antheile gegeben, und der Rest unter die Bauern vertheilt. Von solchen Fesseln würde sich auch eine thatkräftigere Arbeitslust schwer befreien. Von anderen Gewerben lässt sich weniger bestimmen, seit wann und wie sie vor Alters betrieben worden. Aber die Industriezweige, durch welche die indischen Länder sich ausgezeichnet, scheinen sehr früh den hohen Grad ihrer Ausbildung erreicht zu haben. Ihre Webereien in Wolle Baumwolle und Seide, ihre Farbestoffe ihre Räucherwerke ihre Metallarbeiten ihr Stahl und Zinn waren Handelsartikel, welche von Phöniciern Babyloniern und Persern, wie in der Kaiserzeit von den Römern aus Indien geholt wurden. Eine directe Handelsverbindung mit Aegypten scheint nicht stattgefunden zu haben. Mit China war sie uralt. In alten Zeiten trieben auch die Inder selbst Seeschifffahrt, diese wurde aber von den Brahmanen verboten, offenbar um keine genauere Verbindung und Bekanntschaft mit fremden Völkern aufkommen zu lassen. Im

16*

Innern war der Handelsverkehr sehr lebhaft. Die Gesetzgebung regelte Maasse und Gewichte, liess dieselben, wie die zum Umlauf bestimmten edeln Metalle prüfen, strafte Fälschungen, erhob Taxen von Handelsgeschäften, bestimmte zuweilen auch die Tarife der Frachten und die Preise mancher Waaren. Als Tauschmittel wurden zwar seit den ältesten Zeiten die edeln Metalle benutzt, aber wirkliche Münzen zu prägen lernten die Inder erst von den Griechen, bis dahin wurden die Metalle im Verkehr gewogen, freilich wurden schon Metallstücke zum bequemeren Gebrauch mit Gewichtsstempeln versehen. Nur in diesem Sinne spricht Manu von Geld. Trotz des Reichthums an Gold und Silber und der grossen Quantitäten, welche davon verarbeitet wurden, scheint wenig als Tauschmittel coursirt zu haben. Die Naturalwirthschaft überwog in allen Verhältnissen, im Handel und Wandel, wie in der Staatsverwaltung. Wie schwer baares Geld zu erhalten war, beweist die Höhe des Zinsfusses; das Gesetz erlaubt nach Verschiedenheit der Kasten bei Darlehen zwei bis fünf Procente monatlich.

XXXIII.

Die drei höheren Kasten wurden der vierten, den Çudra, gegenüber mit dem Ehrennamen des Volkes im engeren Sinne als Arja bezeichnet, auch die Zweimalgeborenen genannt. Diesem aus der Lehre von der Seelenwanderung entnommenen Ausdruck liegt offenbar die Vorstellung zum Grunde, dass die Seele, welche durch ihre Sündenschuld bis in Thierkörper hinabgesunken, beim Wiederaufsteigen zur Menschengestalt nicht unmittelbar als ein Mitglied der berechtigten Kasten geboren werden könne, sondern zuvor mit dem Körper eines ausser dem Gesetz stehenden oder höchstens eines Çudra bekleidet werden müsse, um dann einer besseren Wiedergeburt theilhaftig zu werden, in welcher allein die Möglichkeit gegeben war, die ewige Seligkeit zu erringen. Im Geheimen nahm wohl der geistliche Hochmuth an, dass nur der Brahmane Aussicht habe zur Vollendung einzugehen, dass also jede Seele um zur wahren Vereinigung mit dem Göttlichen zu gelangen, endlich in der Gestalt eines Brahmanen geboren werden müsse. Das wird indessen nicht leicht direct ausgesprochen, die gewöhnliche Darstellung ist, dass es dem Brahmanen leichter wird den Himmel zu erwerben; die Kschatrija oder Vaiçja kostet es unerhörte Anstrengungen der Meditation und Askese, um die Gnade vor Gott zu gewinnen, welche dem Brahmanen durch seine Geburt zu Theil wird.

Die Çudra sind der Theorie nach nicht zum Handwerk bestimmt, wie man dieser Annahme noch häufig begegnet, sondern zum Knechtsdienst. „Eine Pflicht legte der höchste Regierer den Çudra auf, den vorerwähnten Classen zu dienen.“ Es gab in Indien auch Sklaven; durch Kriegsgefangenschaft, zur Strafe für manche Verbrechen und in Folge von Schulden konnten Freie zu Sklaven werden. Aber die Sklaverei war sehr wenig ausgebreitet und hatte keine sociale Bedeutung. Sie war kein nothwendiges Element in dem gesellschaftlichen System. Die geringe Zahl der Sklaven, welche in den Häusern der Reichen gehalten, auch wohl zu öffentlichen Arbeiten verwendet wurden, hätte man leicht entbehren können. Die eigentlich arbeitenden Classen waren frei, und darin glich die indische Organisation viel mehr als die griechische oder römische der unsrigen. Aber die Kluft, welche in der Theorie und in dem durch sie gebildeten und geleiteten Gefühl die niederen Kasten von den höheren trennte, war eine tiefere und unübersteiglichere, als sie häufig bei anderen Völkern zwischen Herren und Sklaven stattfand. Hier musste nicht selten anerkannt werden, dass der Sklave dem Herrn ebenbürtig, nur durch die Ungunst des wechselnden Schicksals seinem Loose verfallen war. Bei den Indern dagegen war die dienende Kaste durch Gott und Natur zur Niedrigkeit verurtheilt; nach höherem Rathschluss sollte ihr Geschick ein übles sein, es wäre kein Verdienst gewesen, dasselbe zu verbessern oder zu lindern. Die finstere religiöse Ansicht, dass dem Sünder das Leiden gut sei, und die eben so grausame Theorie, das Unglück — selbst der Geburt — als Folge der

Schuld zu betrachten, musste die Rücksichts- und Mitleidslosigkeit steigern, welche stets durch die Gewohnheit Andere als eine wesentlich verschiedene Art anzusehen begründet wird. Das Gesetz bezeichnet die Çudra als Verächtliche und Verworfene, schon die Namen, welche man ihnen giebt, sollen Verachtung ausdrücken. Die Veda zu lesen ist ihnen verboten. Ein Brahmane soll kein Geschenk von ihnen annehmen. Aber wenn sie gesetzmässig und tadellos leben, in demüthiger Unterwürfigkeit den anderen Kasten und vorzüglich den Brahmanen dienen, wird ihnen die Aussicht auf eine bessere Wiedergeburt gewährt. Für dieses Leben giebt es keine Hoffnung. Und so tief war der Glaube an die Nothwendigkeit, die Idee der Unsterblichkeit und einer jenseitigen Vergeltung selbst in die Masse des Volkes gedrungen, so vollständig beherrschten die religiösen Anschauungen das innerste Leben, dass auch die zahlreiche Classe, welche unter der priesterlichen Theorie litt, die göttliche Fügung unverbrüchlich anerkannte, und sich nimmer dagegen auflehnte. Sollte doch ihre Geduld in einer anderen Welt gelohnt werden. Aber man urtheile nicht zu hart über diese Priester; sie sind ja nicht die Letzten geblieben, welche diejenigen auf den Himmel verwiesen, denen sie die Erde zur Hölle gemacht.

XXXIV.

Die grosse Mehrzahl der Çudra stand in festen Dienstverhältnissen, wie diese überall die Regel bilden müssen, wo die Geldwirthschaft noch wenig entwickelt ist. Die Naturalverpflegung setzt nothwendig eine dauernde Verbindung zwischen denen, welche Dienste leisten, und denen, welche sie empfangen, voraus. Von wechselnden, vorübergehenden Dienstleistungen kann eine grössere Zahl von Menschen sich erst ernähren, wenn Geld das regelmässige Aequivalent der Arbeit bildet. Das bürgerliche Gesetz band den Çudra nicht an die Person oder die Scholle seines Herrn, und es war ohne Zweifel ein grosser Vorzug vor den Sklaven und Leibeigenen anderer Völker, dass er wenigstens rechtlich nicht gezwungen werden konnte bei einem grausamen Herrn auszuhalten. Aber das natürliche Gesetz, welches den Armen von dem Besitzenden abhängig macht, hinderte namentlich die ländlichen Arbeiter den Boden zu verlassen, welcher ihnen ihren Unterhalt gewährte. Und diese bildeten, wie sich von selbst versteht, bei weitem die Mehrheit. Bei der alten Sitte Indiens und des Orients überhaupt sich mit einer grossen Schaar von Dienern zu umgeben, und Rang und Reichthum in der Menge des Gefolges zur Schau zu tragen, war die Zahl der Çudra, welche im persönlichen Dienste der Bequemlichkeit und des Luxus ihr Unterkommen fand, gewiss nicht gering; aber die eigenliche Masse musste nach volkswirthschaftlicher Nothwendigkeit zu producirender Arbeit verwendet werden. Der ergiebigste Boden konnte nicht neben Brahmanen und Kschatrija auch noch einen nationalökonomisch in das Gewicht fallenden Theil der niedrigsten Classe als blosse Consumenten ernähren. Die wirthschaftliche Thätigkeit aber ist fast ausnahmslos in allen Ländern selbst bei sehr entwickelter und verbreiteter Cultur überwiegend auf den Landbau gerichtet, und musste dies namentlich bei einem Volke sein, wo zwar die Reichen und Vornehmen erhebliche Ansprüche eines verfeinerten und üppigen Lebens machten, die Bedürfnisse der Menge indessen sich zu allen Zeiten auf ein äusserst geringes Maass des Nothwendigen beschränkten, und alle über die Erzeugung der Nahrungsmittel hinausgehende Industrie daher nur ein wenig ausgedehntes Feld hatte. Die mit dem Ackerbau beschäftigten Çudra lebten in der Regel nicht in den Häusern der Grundbesitzer, sondern in eigenen Hütten, auf ausgedehnteren Territorien in Dörfern zusammen. Gewöhnlich mussten sie einen bestimmten Theil der gewonnenen Feldfrüchte an die Eigenthümer des Bodens liefern, so dass sie sich in einer Art von Pachtverhältniss befanden, zwar schwerer belastet, in einer gedrückteren und unsicherern Stellung als die ärmeren Vaiçja, aber doch in einer ähnlichen Lage. Die Naturalabgaben der Bauern waren von einer Pachtentrichtung nicht wesentlich verschieden. Zuweilen werden sie geradezu als eine solche dargestellt, und alles Land als eine Art von Lehen, der König als der eigentliche Obereigenthümer betrachtet.

Das Gesetz musste es indessen nicht bloss als Thatsache, sondern auch als theoretisch zulässig anerkennen, dass Çudra über die Dienstbarkeit hinaus sich erhoben und selbstständig Handwerk und Industrie betrieben. Es soll freilich nur im Nothfall geschehen, in Ermangelung eines nährenden Dienstes. Es ist nicht gut, wenn ein Çudra Reichthümer aufhäuft, „denn er wird hochmüthig werden und durch Nachlässigkeit oder Uebermuth selbst Brahmanen Unzufriedenheit verursachen.“ Das Gesetz ist besorgt für den armen Çudra, er könnte Schaden an seiner Seele nehmen. Indessen wird die höhere Rücksicht auf das Wohlbefinden und den Vorrang der besseren Kasten nicht verhehlt. Die indische Staatsklugheit wusste, dass Reichthum und sociale Unterordnung nicht mit einander bestehen können. Die gesetzliche Missbilligung des Reichthums der Çudra mochte wohl manchmal der priesterlichen oder militärischen Habsucht als Vorwand dienen, durch Beraubung derselben dieser Missbilligung praktische Wirksamkeit zu verschaffen, wozu die häufigen Vermögensstrafen und Confiscationen auch ohne offene Gewalt Gelegenheit boten. Wir sehen, dass schon zur Zeit des Gesetzbuchs die Industrie geeignet war, neben dem Grundbesitz eine andere Art von Reichthum zu erzeugen, und dass es auch wohlhabende Çudra gab. Die Beschränkung, welche die Theorie festhielt, bestand also wesentlich darin, dass die Çudra nicht selbstständig den Landbau betreiben, kein Grundeigenthum erwerben sollten. Auch hiervon machten natürlich diejenigen eine Ausnahme, welche es im Kriegsdienst bis zu königlicher Macht brachten; aber diese Ausnahmen waren, wie das Fürstenthum der Çudra selbst, etwas, was nicht sein sollte, der Schlechtigkeit der Zeiten und der Sünde der Menschen zuzuschreiben. Die auffallende Erscheinung, dass in der indischen Geschichte weit häufiger Könige aus der Kaste der Çudra als der Vaiçja auftreten, scheint anzudeuten, dass die

Vaiçja in ihrer besseren Lage sich strenger an die ihnen vom Gesetz angewiesene Lebensaufgabe hielten, die Çudra aber häufiger im Kriege Befreiung aus ihrer Gedrücktheit suchten; vielleicht wurden sie auch als Hintersassen der Kschatrija mehr zum Kriegsdienste herangezogen, als die in keiner Privatabhängigkeit stehenden Vaiçja, zunächst ohne Zweifel in untergeordneter Stellung.

XXXV.

Mit den Çudra schloss das System der wirklichen Kasten ab. Ausser diesen gab es noch Mischkasten, aus unerlaubten Verbindungen verschiedener Kasten hervorgegangen, denen die Theorie zuweilen bestimmte Beschäftigungen zuweist, die aber von keiner erheblichen Bedeutung sind. Als unbedingt verboten gilt jede Verbindung eines niedrigeren Mannes mit einer Frau aus höherer Kaste. Das Umgekehrte ist erlaubt. Das Gesetzbuch enthält jedoch über die zugelassenen gemischten Ehen zwei verschiedene Theorien. Die eine, welche die herrschende geworden zu sein scheint, betrachtet die Kinder als ebenbürtig und der Kaste des Vaters angehörig, allenfalls mit einem leichten Makel behaftet, der indessen ihre bürgerliche Stellung nicht wesentlich berührt. Besser freilich ist die Verheirathung Gleicher. Wenigstens die erste Frau soll ebenbürtig sein, und zwischen Kindern aus mehreren Ehen wird denen der vornehmeren Frau ein Vorzug im Range und im Erbrecht eingeräumt. Die andere Ansicht, welche aber nur in einzelnen Gegenden zur Geltung gekommen scheint, betrachtet auch die Kinder aus solchen Ehen als unrein und ausser den wahren Kasten stehend. Allgemein gilt dies von den Kindern einer höheren Frau und eines geringeren Mannes und von ihren Nachkommen. Nach dem Abstande der Eltern ist ihr Rang sehr verschieden. Die Barden und Wagenlenker der alten Könige, welche in den epischen Gedichten eine hervorragende Rolle spielen, werden von einem Kschatrija und einer Brahmanin hergeleitet, waren daher unreinen Blutes, und durften die Veden nicht lesen, standen aber dessen ungeachtet in hohem Ansehn. Gänzlich ausgestossen und ausser dem Gesetze sind die Tschandala, nach der Theorie Abkömmlinge eines Çudra und einer Brahmanin. Ihnen sind die unreinen Beschäftigungen der Jagd und des Fischfangs zugewiesen, sie werden zu Henker- und Schinderdiensten gebraucht, sie dürfen nicht innerhalb der Ortschaften wohnen, ihre Berührung verunreinigt. In Wahrheit sind diese Unglücklichen ohne Zweifel Reste der vorarischen Urbevölkerung, in solchen Gegenden, wo die niederen Kasten aus den bekehrten Eingebornen gebildet werden, Stämme der unterworfenen Race, welche das Gesetz der Einwanderer nicht annahmen. Nur an der dekhanischen Ostküste werden die Tschandala Paria genannt. Zu ihnen wurden die verworfenen Kinder einer Brahmanin von einem Çudra vorkommenden Falls verstossen, aber das hat gewiss häufige Ausnahmen erlitten. Die glänzenden Çudrakönige werden die schönen Töchter der Brahmanen und Kschatrija nicht von ihren Harems ausgeschlossen und eben so wenig geduldet haben, dass deren Kinder als Tschandala behandelt wurden. Was über die Abstammung und Beschäftigung anderer Zwischenkasten und einzelner Berufsclassen angegeben wird, ist von geringer Bedeutung, schwankend und widersprechend, oft augenscheinlich erdichtet um historisch gewordene Zustände theoretisch zu erklären. In diesen Beziehungen war die Praxis nach Ort und Zeit gewiss sehr verschieden. Die Theorie der Hindus betrachtet auch alle fremden Völker, Mledscha, Barbaren genannt, bald als hervorgegangen aus der Vermischung reiner Kasten oder reiner mit unreinen, bald als Völker ursprünglich reinen Stammes, welche aber durch Vernachlässigung der heiligen Pflichten entartet sind. Die Stärke der Antipathie und die Anerkennung der Uebermacht mögen für die Classificirung der Nationen maassgebend gewesen sein. Die herrschenden Mongolen oder Europäer konnten nicht den Tschandala gleichgestellt werden. Die Lehre, welche alle Völker von den Stammvätern der vier Kasten herleitet, wird indessen häufig vergessen, und neben dem reinen Volke der Arja, welches eigentlich allein erschaffen worden, sind eben andere da, ohne dass ihr Ursprung weiter erklärt wird, ebenso unbefangen, wie die hebräische Genesis den Sohn des alleinigen Stammvaters Adam sich vor anderen Menschen fürchten, oder neben den Kindern Gottes plötzlich die Töchter der Menschen auftreten lässt.

XXXVI.

Der berühmte Kenner des indischen Alterthums Lassen, welcher im Uebrigen die Entwickelung des Kastensystems innerhalb des einen Volkes von innen heraus scharf betont, neigt sich zu der Annahme, dass die Çudra auch in den ächt arischen Ländern nicht arischer Herkunft, sondern von der Race der Urbewohner Indiens seien, und Andere haben dies auf seine Autorität hin apodiktisch behauptet, zum Theil offenbar unzulässigen Systematisirungen zu Liebe, wenn etwa den drei Formen des Seins und den drei grossen Göttern auch drei Kasten entsprechen sollen, und darum die vierte wegescamotirt wird. Mir scheint es unrichtig. Die Çudra stehen nicht ausserhalb, sondern bilden einen wesentlichen und nothwendigen Theil des socialen Systems, weshalb sie denn auch als ursprünglich gegeben, nicht als gemischt oder entartet angesehen wurden. Eine solche Berufsclasse konnte zu keiner Zeit entbehrt werden. Die Existenz einer nicht arbeitenden Priester- und Kriegerkaste setzt eine Classe von Dienenden, seien es besitzlose Freie oder Sklaven, nothwendig voraus. Freilich brauchten sie nicht gleich von der übrigen niederen, aber unabhängigen und Eigenthum besitzenden Bevölkerung streng gesondert zu sein. Erst allmälig werden Sitte und Gesetz auch diesen Ständeunterschied geheiligt und befestigt haben. Dass die alte dienende Classe der vedischen oder nomadisirenden Zeit zum grossen Theil in die neue Kaste, welche die gleiche Bestimmung hatte, überging, ergiebt sich fast von selbst, und ebenso natürlich erscheint es, dass nach der vorwiegenden Tendenz das factisch Bestehende zum Recht zu machen beim Abschluss des Kastenwesens diejenigen Familien des Volkes, welche sich zu der Zeit nicht im eigenthümlichen Besitze von Grund und Boden befanden, nun auch rechtlich von der Classe der Grundbesitzer ausgeschlossen und in die Kaste der Besitzlosen verwiesen wurden. Dagegen kann ich mir durchaus keine Vorstellung davon machen, dass plötzlich oder allmälig die Gesammtheit der alten Dienenden aus ihren Verhältnissen getreten, darin durch eine fremde Race ersetzt und ihrerseits in eine höhere Classe aufgerückt wäre. Weder bei der ersten Einwanderung, noch nach der festen Niederlassung scheint mir ein solcher Uebergang möglich. Anders war es, als die Zustände im mittleren Indien sich vollständig consolidirt hatten, und nun von dort aus arische Krieger und Priester, das ausgebildete System im Kopfe, auszogen, um sich andere Länder zu unterwerfen und dort ihre Staatenbildung einzuführen. Im östlichen Dekhan und in Ceylon, wo die Zahl der Eroberer gering war, und die Eingebornen vielleicht auch bildsamer und gelehriger waren, als sich nach den Resten der Vindhjastämme von der Urbevölkerung Hindustans annehmen lässt, wurden die beiden unteren Kasten aus der unterworfenen Bevölkerung gebildet, und wohl auch, wie es bei solchen Verschmelzungen zu geschehen pflegt, wo die Sieger sogar die Sprache der Besiegten annehmen, manche Eingeborne in den Adel der oberen Kasten aufgenommen. Einige haben zwischen den Çudra und den drei höheren Kasten physiologische Unterschiede finden wollen; gewöhnlich wird dies indessen nur ganz allgemein behauptet, und wenn auf Einzelnes eingegangen wird, so ist von dunklerer Farbe, schlechterer Figur und Gesichtsbildung und solchen Dingen die Rede, die nichts für einen Racenunterschied beweisen, sondern sich lediglich aus der Lebensweise erklären lassen. Irgend ein entschiedenes Merkmal habe ich nirgends angegeben gefunden. Andere bestreiten auch durchaus solche Unterschiede und meinen, dass sich selbst bei den Tschandala, deren Mehrzahl doch fast unzweifelhaft anderen Ursprungs ist, keine charakteristische Abweichungen im Körperbau mehr nachweisen lassen. Allerdings geschieht in alten Zeiten auch eines Volkes der Çudra Erwähnung, und das Mahabharata bezeichnet die Mädchen, welche aus diesem Lande als Tribut gesendet werden, als schwarz und langhaarig, indessen scheint es doch bedenklich, daraus die Uebertragung eines Volksnamens auf die dienende Kaste zu folgern. Wenn sich gleich eine Bedeutung des Wortes Çudra im Sanskrit nicht nachweisen lässt, so spricht doch der Umstand, dass die Çudra im Cingalesischen Xudra, das ist die Kleinen oder Niedrigen, genannt werden, mehr dafür, dass der Name von einem Begriff, als von einem Volke entlehnt worden. Noch misslicher scheint es aber aus den schwarzen, langhaarigen Mädchen des Gedichts auf einen Racenunterschied des angeblichen tributpflichtigen Volkes zu schliessen. Wollte man auf solche gelegentliche Bemerkungen Gewicht legen, so liesse sich dagegen eine buddhistische Schrift anführen, welche gegen die Trennung der Kasten ausdrücklich hervorhebt, dass zwischen Çudra und Brahmanen kein Naturunterschied obwalte. „Die Çudra haben keine anderen Füsse als die Brahmanen“, schliesst diese Polemik. Die Inder nahmen von Physiologie und Racenverschiedenheit wenig Notiz, darum ist auf derartige Anführungen nicht viel zu geben. Es soll durchaus nicht bestritten werden, dass auch in den arischen Gegenden fremde Elemente, vielleicht sogar in sehr bedeutender Menge, in die Kasten aufgenommen wurden, und natürlich fanden diese am leichtesten Eingang in die niedrigste Kaste, aber ich bin überzeugt, dass dies für die Bildung des Systems von keinem erheblichen Einflusse war, dass vielmehr die Çudra so gut wie die übrigen Kasten aus der inneren ständischen Gliederung des Volkes hervorgingen.

XXXVII.

Die Buddhisten, welche das Göttliche und Naturgemässe der Kasten bestritten, erzählten ihren Ursprung ganz rationalistisch: im Anfange wuchs Reis, der ohne Pflege alle Tage geschnitten werden konnte; die Menschen holten sich jeden Morgen und Abend ihren Reis; Einige holten sich aus Bequemlichkeit Vorrath für mehrere Tage, so wurde der Reis hier und da verwüstet; da bestimmten sie Gränzen und sprachen: dies ist dein und dies ist mein; bald aber geschahen Eingriffe in fremden Reis; zur Erhaltung der Ordnung wählte man einen König und gab ihm einen Antheil von dem Ertrage, dies ist der Ursprung der Kschatrija; einige von Krankheit und Kummer geplagte Menschen zogen sich in die Einsamkeit zurück, und kamen nur in die Dörfer um zu betteln; sie verfassten Gebete und die Veden, so entstanden die Brahmanen. — Gleich dieser Dichtung setzte man in Europa vor nicht gar langer Zeit ganz allgemein einen ursprünglichen glücklichen Zustand der Gleichheit voraus, den die Menschen zu ihrem Unglück verlassen, aus dem sie durch irgend eine Noth gedrängt, oder in unbegreiflicher Verblendung zu künstlichen Organisationen und trennenden Einrichtungen fortgegangen wären. Wunderte sich doch Mably, wie man je das Eigenthum habe einführen, einen so ungeheuern Fehler habe begehen können! Wie die ältere Geologie es liebte, die Formationen der Erdoberfläche und den Wechsel ihrer Bewohner aus gewaltigen Revolutionen und einzelnen plötzlich eintretenden zerstörenden Katastrophen herzuleiten, während die neuere Wissenschaft erkannte, dass die meisten Erscheinungen sich weit besser durch das allmälige lange fortgesetzte Wirken der Naturkräfte, wie wir sie noch jetzt in regelmässiger Thätigkeit sehen, erklären lassen, und demgemäss jenen gewaltsamen Umwälzungen einen beschränkteren partielleren Wirkungskreis anwies, so führte auch die historische Anschauung der Vergangenheit die ersten, wesentlichsten Grundlagen socialer und politischer Bildungen auf singuläre, willkürliche, meist störende, den regelmässigen Lauf der Dinge unterbrechende Einflüsse zurück statt auf die naturgemässe Entwicklung der Zustände und Ansichten, wie sie den fortschreitenden Bedürfnissen, Neigungen und Kenntnissen der Menschen entsprachen. Namentlich für durchgreifende ständische Unterschiede suchte man den Grund stets in willkürlichen Acten eines Gesetzgebers, in zufälligen

Revolutionen oder in fremder Unterjochung. Letztere Ansicht theilte auch der grösste Geschichtsforscher unserer Zeit, Niebuhr, dessen unvergängliche Bedeutung nicht in dem Scharfsinn und der Gelehrsamkeit seiner historischen Kritik, noch weniger in einzelnen Resultaten derselben, sondern in der eminenten Fähigkeit besteht, welche er besass, sich eine klare Anschauung von dem Ganzen der gesellschaftlichen und staatlichen Verhältnisse eines Volkes oder einer Zeit zu machen. Er hatte das lebendige Gefühl der Zustände, welches nach Goethe mit der Fähigkeit es auszudrücken den Dichter macht, und welches dem Historiker gleich unentbehrlich ist, um auf der einen Seite ein plastisches Bild seines Gegenstandes zu entwerfen und auf der anderen nach den allgemein gültigen Gesetzen, welche die Erscheinungen des politischen Lebens beherrschen, zu beurtheilen, welche Züge der Ueberlieferung wahr sein können, und welche nicht. Allerdings liess sich Niebuhr bei der Annahme, dass jede strenge kastenartige Aristokratie die Folge einer Eroberung sei, wohl weniger durch einen Rest jener Theorie von der ursprünglichen Gleichheit, als durch einzelne geschichtliche Beispiele leiten, namentlich die Einwanderungen griechischer Stämme und die Niederlassungen der germanischen Völker, welche analoge Gestaltungen zur Folge hatten; hier gab es aber bei den Siegern sowohl, wie bei den Besiegten bereits vor der Eroberung ausgeprägte Ständeunterschiede. Andere sind viel weiter gegangen. Man hat eine grössere Zahl von Classen oder Kasten mit wiederholter Unterjochung erklärt, eine angebliche Eroberung über die andere gethürmt. Man hat aus den Brahmanen der Inder, aus den Magiern der westlichen Arier eigene Volksstämme gemacht, man hat gar von erobernden Priestervölkern gesprochen. Hegel erklärte sich mit seinem wahrhaft geschichtlichen Geiste energisch gegen solchen Unsinn. Allmälig sind diese Hypothesen mehr und mehr der Erkenntniss gewichen, dass das menschliche Leben nicht mit der Unterschiedslosigkeit der abstracten Gleichheit beginnt, dass zu den Unterschieden des Geschlechts und des Alters, des Befehlens und Gehorchens innerhalb der Familie beim erweiterten Zusammensein alsbald die Unterschiede des Besitzes und des Berufs hinzutreten, und dass diese Verschiedenheiten sich im ungestörten Verlaufe der Zeiten in allmäliger gleichmässiger Ausbildung der Theorie und Praxis auch innerhalb eines und desselben Volkes zu der Festigkeit und Härte eines geschlossenen Kastensystems entwickeln können. Für diese Wahrheit lässt sich kaum irgendwo ein so positiver Nachweis führen, wie in Indien bei der urkundlichen Verfolgung des arischen Volkes durch die Stadien seiner Geschichte.

XXXVIII.

Das Bild dieses eigenthümlichen und reichen Lebens würde besonders unvollständig bleiben ohne ein näheres Eingehen auf die metaphysischen und ethischen Anschauungen des Volkes. Denn wohl bei keiner anderen Nation haben die philosophischen Ideen einen ausgedehnteren Wirkungskreis erhalten, sind tiefer in das Volksbewusstsein eingedrungen und zu einer intensiveren Herrschaft über das wirkliche Leben gelangt, als hier. Nicht als ob sich die eigentliche Menge theoretischen Speculationen ergeben, die Philosophie zur täglichen Beschäftigung gemacht hätte, ein Volk von Denkern sind die Inder so wenig geworden, wie jemals ein anderes, aber die sittlichen Anschauungen, welche aus jenen Theorien hergeleitet und von ihnen bestimmt wurden, beherrschten in ausgedehntestem Maasse das Leben und Streben des Volkes. Hervorgegangen aus der meditativen Richtung, welche sich früh bei der vornehmsten und intelligentesten Classe ausprägte, beförderten sie durch theoretische Begründung und Befestigung diese Geistesrichtung nicht bloss unter der eigentlich contemplativen, sondern auch unter den übrigen Kasten und drückten dem Thun und Denken des Volkes den quietistischen, nach innen gewendeten Charakter auf, welcher jede äussere Bethätigung, jede frische praktische Anstrengung der Kräfte mehr und mehr ausschloss. Die Wirksamkeit, welche eine Philosophie rein theoretisch als Wissenschaft des Allgemeinen übt, beschränkt sich zunächst immer auf den kleinen Kreis derjenigen, für deren Intelligenz durch Anlage oder Gewöhnung eine tiefere Erfassung der Erscheinungen und die Forschung nach ihrem vorausgesetzten Zusammenhange zum Bedürfniss wird; nur für diese ist eine gründliche Ausführung, eine systematische Durcharbeitung nothwendig. Die Menge der Uebrigen gebraucht zwar auch eine Theorie als Grundlage ihrer Vorstellungen, dazu genügen aber einige wenige Lehrsätze, auf welche man recurrirt, wenn man sich einmal besinnt, die man auf Treu und Glauben annimmt, ohne sich um ihre weitere Begründung und Entwicklung viel zu bekümmern, deren Consequenzen man mehr oder weniger unbewusst gelten lässt. Mit solchen Fundamentalsätzen geht es wie mit den socialen Verhältnissen eines Volkes; sind sie einmal gewonnen, so reichen sie für lange Zeit aus, verändern sich nur sehr allmälig und unmerklich, wenn auch inzwischen die wissenschaftliche Begründung eine ganz andere geworden, die Speculation der Theoretiker eine andere Wendung genommen hat. Weiter und unmittelbarer wirkt ein System, welches die Ethik zum Hauptgegenstande macht, oder in so fern es sich damit beschäftigt, directe Grundsätze für das Handeln zu proclamiren, welche das praktische Leben die Moral der Menschen und die Anschauungen, welche diese bestimmen, regeln sollen. Dies bestätigt die Geschichte der Religionen und Philosophien auf jedem Blatte. Nur ausnahmsweise, zu besonderen Zeiten, namentlich wenn die alten Theorien erschüttert sind, und sich neue Wendungen in der Geistesrichtung eines Volkes vorbereiten, erwacht ein allgemeineres Interesse für rein theoretische Speculationen. Wenn sonst auch die Begründer und Fortbildner der Systeme von der Meditation über den allgemeinen Zusammenhang der Dinge ausgingen, nur von dem Streben geleitet, für die Erscheinungen der Welt, das Denken und das Sein, eine Harmonie zu finden, welche ihnen die vorgefundenen Theorien nicht mehr gewährten, so concentrirte sich doch nicht bloss bei der äusserlichen Verbreitung neuer Lehren das Hauptinteresse auf die ethische Seite, die Fragen nach der sittlichen Weltordnung und dem, was unmittelbar damit zusammenhängt, sondern die Auffassungen dieser Materien sind es auch, welche die wesentlichsten Unterschiede der wechselnden theologischen oder metaphysischen Systeme constituiren. Dies zeigt sich denn auch bei Betrachtung der indischen Philosophie. Für die bekannteren und wichtigeren Systeme bilden ethische Rücksichten fast durchgängig die Ausgangspunkte. Um die Frage, was soll ich thun, dass ich selig werde, drehten sich die metaphysischen Speculationen, wie die tiefere Theologie. Bei den indischen Denkern verband sich das Streben der Intelligenz, einem letzten Grunde aller Erscheinungen, einem wahren Wesen und ursächlichen Zusammenhange der Dinge auf die Spur zu kommen unmittelbar mit dem Ringen nach sittlicher Vollendung. Beides fiel unzertrennlich zusammen. Die Contemplation war ihnen eine Angelegenheit des Herzens. In ihrem theoretischen Forschen suchten sie den Frieden, Frieden für ihre Seele.

XXXIX.

Durch die vorzugsweise Bedeutung der Ethik hat sich von je her in der theologischen und metaphysischen Weisheit beurkundet, dass die wahre und wirkliche Wissenschaft des Allgemeinen, die eigentliche Philosophie, welche den speciellen Wissenschaften Zusammenhang verleiht und den Centralpunkt für die zerstreueten Kenntnisse abgiebt, nur die Wissenschaft ist, welche das gemeinsame Leben der Menschen zu ihrem Gegenstande macht, und dass auch sie den wahrhaft wissenschaftlichen Charakter erst erhalten wird, wenn sie thut, was die übrigen Wissenschaften längst gethan haben, nämlich die Gesetze festzustellen sucht, von denen die Erscheinungen und Bewegungen der menschlichen Gesellschaft beherrscht werden, endlich entsagend den Hypothesen göttlichen Willens und ontologischer Ursachen, die nichts beweisen und nichts erklären.

Wenn man von der Entwicklung der Moralphilosophie und ihrer psychologischen Grundlage, der angenommenen Natur und Bestimmung des Menschen, absieht, könnte man in der That versucht sein zu meinen, die Unterschiede der metaphysischen Systeme seien nicht sehr erheblich, ihre Grundanschauungen zu allen Zeiten und bei allen Völkern so ziemlich dieselben geblieben. Dies ist bis zu einem gewissen Grade richtig. Der Kreis der ontologischen Entelechien, der Begriffe und Abstractionen, welchen die Metaphysiker das wahre Sein zugeschrieben, welche sie als Grund und Ursache der Erscheinungen betrachtet haben, ist nicht weit. Begnügt man sich daher die verschiedenen Systeme, wie es in kurzen Compendien geschicht, auf einige Sätze zurückzuführen, die man allenfalls als ihre Ausgangspunkte oder charakteristische Grundlage bezeichnen kann, so nehmen sie sich indifferent und gleichförmig aus. Leben und Bedeutung gewinnen sie erst durch die weitere Ausführung, durch die Art und Weise, wie der Inhalt des menschlichen Denkens und Wissens, der Zeit ihrer Entstehung und dem Zustande der positiven Kenntnisse entsprechend, in ihnen verarbeitet ist. Freilich haben sich die Philosophen selbst sehr gewöhnlich hierüber getäuscht, und ihre Erfolge der ewigen Wahrheit ihrer letzten Sätze zugeschrieben, während sie der Schönheit ihrer Darstellung oder dem Reichthum ihrer von dem Gerüste des Systems völlig unabhängigen Anschauungen zukamen.

Die indische Philosophie gelangte bei ihrer Vertiefung in allgemeine Speculationen früh zu dem einigen abstracten Sein, welches die Metaphysik in einer oder der anderen Form zum Grunde der Welt und ihrer Erscheinungen in der Materie und im Denken macht. In der Entwicklung ihrer Gedanken von der vagen, in vereinzelten Anschauungen stehen bleibenden Form ihres ersten Auftretens bis zu der umfassenden Ausbildung der späteren, allseitig ausgeführten Systeme hat sie fast alle wesentlichen Richtungen erschöpft, welche die Metaphysik des Occidents in ihrem drittehalbtausendjährigen Gange eingeschlagen hat. Schon in einzelnen Liedern der

17*

Veden erscheint als dunkler Grund der Welt ein allumfassendes bestimmungsloses Sein, reine Einheit, blosses Es, Tad. „Es athmete ohne zu hauchen, ausser ihm war nichts, was später war.“ Dieses höchste Sein, welches kein weiteres Prädicat zulässt, wird nur begriffen, wenn nichts mehr gedacht, wenn von allem bestimmten endlichen Dasein abstrahirt, wenn alles Fühlen und Denken in dem Aussprechen des mystischen Wortes ôm concentrirt wird. In den Upanischaden werden diese Gedanken weiter entwickelt und namentlich auf die Ethik angewendet. Die ältere Philosophie, die Mimansa, schliesst sich exegetisch erläuternd und auslegend an Stellen der Veden an, erst die spätere, der Vedanta, giebt ein selbstständiges, wissenschaftlich philosophisch begründetes System. Die verbreitetste orthodoxe Metaphysik ist in Indien, obwohl sie, wie jede consequente Metaphysik, die persönlichen Götter ausschloss oder zu untergeordneten Wesen herabsetzte, mit der Theologie nie in ernstlichen Conflict gerathen. Sie ward als eine andere tiefere Ausdrucksweise der religiösen Wahrheit betrachtet, trat als esoterische Weisheit neben die exoterische theologische Philosophie, und beide liessen sich trotz des Widerspruchs ihrer eigentlichen Principien nicht nur ruhig gewähren, sondern wurden vielfach mit einander verschmolzen. Dass die Gelehrten und die Priester in überwiegender Mehrzahl derselben Kaste angehörten, und dass sie daher dieselben äusseren Interessen zu verfolgen hatten, macht dies erklärlich. Die herrschende Metaphysik griff die Grundlagen der socialen und politischen Zustände niemals an. Sie nahm sie als gegeben ewig und nothwendig, so gut wie die Theologie. So vertrugen sich beide im Reiche der Gedanken, und auch die Darstellung liess Vermittlungen zu. Bald spricht die Philosophie von ihren unpersönlichen Kräften und Wesen, als ob sie Leben Gefühl und Willen hätten, bald wendet die Theologie auf ihre persönlichen Gottheiten die metaphysischen Begriffe und Bestimmungen an. In der christlichen Scholastik war es nicht anders. Die poetisch-mystische Vermischung beider zeigt, dass sie gleich sehr das Erzeugniss der Einbildungskraft sind, dass für beide die Phantasie den Zusammenhang ergänzen muss, welchen die wissenschaftliche Erkenntniss nicht herzustellen vermag. In der That gleicht auch darin jede metaphysische Philosophie der Religion, dass ihre letzten Voraussetzungen nicht bewiesen werden können, sondern geglaubt werden müssen. Ich weiss, dass ich die wahre Philosophie habe, sagt Spinoza; wer sie richtig fasst, wird auch ihre Wahrheit erkennen, aber wem lässt sie sich beweisen? Durch die Phantasie muss die Intelligenz bestochen und zur Anerkennung der unbegründeten Hypothesen genöthigt werden. Darum neigt die Metaphysik, so bald sie über die bloss logische Begriffsbestimmung hinausgeht, nicht nur bei den Indern, sondern überall zur bildlichen dichterischen Darstellungsweise. Platos Dialoge sind so gut wie die Schriften der deutschen Naturphilosophen nach Inhalt und Ausdruck wahre Poesie. Giordano Bruno fasst häufig seine Speculationen in Verse; selbst Fichte, der scharfe energische Dialektiker, griff endlich zu Sonetten, um für die Grundlage seiner Anschauungen den adäquaten Ausdruck zu gewinnen, und seine Verse:

Nichts ist als Gott, und Gott ist nichts als Leben,

oder:

— Es sterbe was vernichtbar,
Und ferner lebt nur Gott in meinem Leben,

die hätten nicht bloss vor 2000 Jahren in Indien geschrieben werden können, es ist da fast wörtlich so geschrieben worden.

XL.

In den Puranas, voluminösen populären Sammlungen, welche in den Zeiten unseres Mittelalters verfasst worden sind, laufen philosophische Entwickelungen und theologische Dogmatik, Dichtungen und Geschichte, Chronologie, Legenden und Genealogien von Göttern und Menschen beständig durch einander. Aber in den wissenschaftlichen Werken ist es oft nicht viel anders. Metaphysische Begriffe gewannen früh auch in der populären Vorstellung neben und über den Göttern Geltung. Ein solcher Begriff ist namentlich das Schicksal, welches unabänderlich und unbedingt über Götter und Menschen herrscht. Obwohl nicht selten als grausam und ungerecht angeklagt, ist es doch das Schicksal, welches eigentlich den gerechten Zusammenhang der Welt aufrecht erhält. Es wacht speciell über die Heiligkeit der Eide, lenkt die Gottesurtheile und waltet über die Wiedergeburten nach der Reinheit oder Verschuldung des vergangenen Lebens. Wie sich das Verhängniss vollzieht, durch welche Mittel es seine Rathschlüsse in der Welt der Erscheinungen realisirt, das lässt sich natürlich nicht erklären. Immer ist es eine unpersönsönliche, geheimnissvolle Macht, unnahbar wie der Tod in dem berühmten Verse des Aeschylus, der allein von allen Göttern kein Geschenk nimmt*). Ein ähnlicher abstracter Begriff ist der Geist, der bei Manu als höchstes Wesen von den persönlichen Göttern unterschieden wird; „die Sünder sprechen in ihrem Herzen, Niemand sieht uns, aber die Götter beobachten sie, ebenso der Geist, der in ihnen wohnt“. Er ist ein schweigender aufmerksamer Beobachter und strenger Richter in der Seele des Menschen. Besonders aber ist es der vage und vieldeutige Begriff des Bráhma, welcher früh der Götter- und Schöpfungslehre zum Grunde gelegt, von der philosophischen Speculation nach den verschiedensten Richtungen entwickelt und endlich zur leersten Abstraction verflüchtigt wurde. Es ist das wahrhaft Göttliche, der in sich selbst beruhende Urgrund aller Dinge, die Welt im Keime, wie die Welt das auseinander gefaltete Bráhma ist. Bald wird es mehr materiell gefasst, als dem Wesen nach eins mit der sichtbaren Welt, bald mehr geistig, als Grund des Denkens. Bald ist es ursprüngliche Kraft, in Allem wirkend, und Alles beseelend, bald blosse Einheit im Gegensatz zu der Vielheit der Erscheinungen, bald das leere Sein, welches in keiner Weise bestimmt werden darf, weil an jeder Bestimmung etwas Verneinendes haftet, und welches sich daher von

*) Μόνος θεῶν γὰρ θάνατος οὐ δώρων ἐρᾷ.

dem Nichts nicht mehr unterscheiden lässt, bald ist es gleich dem Spinozistischen Ein und All das Urwesen, in welchem alles Geistige und alles Körperliche enthalten sein soll. Aber das Werden der Welt aus dem Bráhma kann eben so wenig begreiflich gemacht werden wie das Hervorgehen der Einzeldinge aus Spinoza's Substanz, und so ist die indische Philosophie auf denselben Ausweg gekommen, wie der Idealismus Fichte's, die Wahrheit der Welt gänzlich zu läugnen. Das höhere Vedanta-System erklärt die Welt für ein Traumbild, den Glauben an ihre Wirklichkeit für eine Täuschung. Freilich lässt sich der Ursprung dieser Einbildungen eben so wenig begreifen. Daher wird in ewig wechselnden Windungen gerungen, das Unerklärliche zu erklären, die Erscheinungen der Vielheit, seien sie eine Täuschung oder Wahrheit, aus dem einigen Sein abzuleiten. „Wie die Spinne die Fäden aus sich herausgehn lässt, so entkeimt das Weltall dem ewigen Wesen. Wie der Seidenwurm sein Gespinnst aus sich herausspinnt, so schafft der Geist sich selbst an verschiedenen Geburtsstätten. Wie die Wellen und der Schaum im Meere entstehen und zerfliessen, so verwandelt sich Brahma in die Weltgestaltungen." Bei Manu schafft Bráhma als Urmaterie das Wasser, und legt zeugenden Samen hinein, daraus bildet sich ein goldenes Ei, aus dem der Gott Brahmâ geboren wird. Dieser schuf aus dem zertheilten Ei gleich dem Mosaischen Gotte am Anfange der Dinge Himmel und Erde; dann liess er aus sich Seele Geist und Sinne hervorgehen. In anderen Darstellungen ist es Maja, die Sehnsucht und auch die Täuschung, der Schein, was Brahma zur Entfaltung treibt. Diese Sehnsucht nach dem, was nicht ist und eigentlich auch nicht sein sollte, das Streben Gestalt und Realität zu gewinnen, die Werdelust, wird nicht selten als ein weltliches sündliches Moment im Brahma betrachtet. Zuweilen wird Maja, in der Mythologie zu einer Göttin des Scheins, Mutter der Liebe und Sehnsucht geworden, dualistisch als eine Doppelseite Brahmas und als Ursprung des Bösen dargestellt. Mit ihr erzeugt Brahma die Welt und ihre Gestaltungen. Die Bildung der Welt ist bald ein Spiel, ein vorübergehender Traum Brahmas, bald eine Qual, ein Vorbild der indischen Askese, eine Selbstpeinigung, in der Brahma aus seiner ewigen Wahrheit in die nichtige unwahre Welt übergeht. Der Vedanta giebt dies Ungöttliche, Unwahre im reinen Brahma nicht zu, die Maja bethört nicht Brahma sich zu entfalten, sondern den Menschen das Scheinbare für wirklich zu halten. Nur Brahma existirt wirklich; die Welt ist ein Traumbild, nicht von Brahma geträumt, sondern von uns. Aber die Täuschungen Brahmas und des menschlichen Geistes fliessen beständig in einander. Wie wären sie auch scharf zu trennen? Der Geist des Menschen ist eins mit Brahma, eine Theiloffenbarung von ihm, ein Funke der Weltseele, nur getrübt durch die Sinnentäuschung. Wenn von dem höchsten Wesen in anthropologischer oder theologischer Weise gesprochen wird, wenn von dem Wollen oder Träumen Brahmas, von seinem Thun oder Leiden die Rede ist, so dürfen wir uns dadurch nicht irren lassen, als ob dabei an einen persönlichen Gott zu denken wäre. Es sind das nur Bilder, Ausdrucksweisen um sich verständlich zu machen, gerade wie Hegel von Gott oder einem Weltgeist redet. Für ein selbstbewusstes Wesen ist in der indischen Metaphysik so wenig Raum, wie in den Systemen des modernen Pantheismus. Wird Brahma auch Geist genannt, und ihm ein Denken zugeschrieben, so ist es nur das unpersönliche Denken ohne einen Denkenden, von dem Jacobi sagte, dass es nicht Wesenheit genug an sich habe um ein Hirngespinnst daraus zu weben. In einzelnen Systemen allerdings wird eine Vereinigung des Pantheismus und Theismus versucht. Die Sankhja lässt aus dem ursprünglichen Sein als abgeleitete Wesen gleich den übrigen Geschöpfen, gleich Menschen und Thieren auch Götter hervorgehen, die zwar einen gewissen Einfluss auf die Welt üben, aber doch nur von geringer Macht und Bedeutung sind, ähnlich wie die Stoiker und die Epikuräer neben den ursprünglichen metaphysischen Kräften Götter, als geschaffene untergeordnete Wesen, zuliessen oder wenigstens nicht läugneten. Solche Ansichten liessen sich mit der gewöhnlichen Götterlehre am leichtesten vereinigen, wenn die Bedeutung der Götter auch dabei abgeschwächt wurde. Einige gewannen in der That neben pantheistischer Anschauung einen ursprünglichen ausserweltlichen Gott, indem sie Bráhma nicht ganz, sondern nur theilweise, etwa zum vierten Theil, in die Welt übergehen, das unentfaltete Brahma als Geist mit dem entfalteten, dem lebenschwangeren Weltkeim, zusammen bestehen liessen. Aehnliche wirre Vorstellungen von einem zugleich inner- und ausserweltlichen Gotte fehlen auch bei uns noch in neueren Zeiten nicht; Moriz Carrière könnte bei indischen Philosophen ein Vorbild finden. Ob indessen diesem unentfalteten Theile Brahmas schon unmittelbar ein persönliches Bewusstsein zuzuschreiben, oder ob dieses nicht erst durch weitere Modification entsteht, scheint zweifelhaft.

XLI.

Trotz der Mannichfaltigkeit der theoretischen Speculationen über Ursprung und Zusammenhang der Dinge, und trotz der Verschiedenheit, welche sich daraus für die Begründung der wissenschaftlichen Ethik ergab, blieben die ethischen Resultate im wesentlichen stets dieselben, und schlossen sich der Entwicklung an, welche schon die religiöse Moral der Priester genommen hatte. Das Ziel aller menschlichen Weisheit ist die Vereinigung mit dem Göttlichen Ewigen. Völlig erreicht wird es erst im Tode, aber der Mensch kann ihm schon hienieden so nahe kommen, dass der Uebergang in das jenseitige Leben ein fast unmerklicher, das irdische Dasein kaum noch getrübt wird durch die Schlacken der Endlichkeit. Nur die Mittel, das Ziel zu gewinnen, änderten sich im Laufe der Zeiten, und wurden mit der fortschreitenden Entwicklung immer innerlicher und geistiger. Als das theologische Gottesbewusstsein noch die höchste Bildung der Inder beherrschte, wurde die Gnade der Götter durch die äusserliche Beobachtung ihrer willkürlichen Satzungen, durch Opfer und Gebete, durch gottgefällige Selbstpeinigung und Entsagung gewonnen. Solche Dinge behielten auch später ihren Werth, theils für diejenigen, die der höheren geistigeren Erhebung nicht fähig oder würdig waren, theils auch in den Augen der meisten Philosophen als eine Art Vorbereitung, nicht mehr als an sich gut oder nothwendig, aber als Mittel, um die weltliche Gesinnung, die Affecte der Erde zu ertödten und den Geist für die wahre Erkenntniss empfänglich zu machen. Das Wesentliche, unmittelbar zum Göttlichen Führende, mit ihm Einende ist die Erkenntniss der Wahrheit, alles Andere diesem einen Zwecke untergeordnet. Wie indessen in dem, was die Christen Glauben nennen, das rechte Wissen mit der rechten Gesinnung zusammenfällt, wie Spinoza das Erkennen des Göttlichen mit der Liebe zum Göttlichen gleichbedeutend setzt, so umfasst auch bei den Indern die richtige Erkenntniss ebensowohl das Wollen wie das Denken. Beides vereinigt sich in der reinen Versenkung in das Göttliche. Darum kann wechselnd bald das eine, bald das andere als Grund oder als Folge, als Mittel oder als Zweck dargestellt werden. Diese Anschauungen, so wenig sie im Grunde mit den religiösen Vorschriften und der Werkheiligkeit des priesterlichen Gesetzes zusammenstimmen, traten dennoch schon in den theologisch gefärbten Vorläufern der consequenteren Philosophie, den alten Upanischaden, auf. In einer solchen heisst es: wer alle sinnlichen Dinge im Geiste vernichtet, Begierden und Leidenschaften unterjocht, nichts mehr sieht und betrachtet, der begreift den einen ewigen Geist, der dem reinen Raume gleicht, das ungetheilte seiende Wesen, den Träger des Alls, den Geist, der die Zweiheit überwunden hat. Eine andere lehrt: wer alle Wesen in Gott sieht, und Gott in allen Wesen — für den ist der Unterschied zwischen Grossem und Geringem, zwischem dem Endlichen und Unendlichen überwunden. Man wird an Jacob Böhmes Lieblingsvers erinnert:

Wem Zeit ist wie Ewigkeit,
Und Ewigkeit wie die Zeit,
Der ist befreit
Von allem Streit.

Seine mystisch dunkle, bilderreiche, zum Grübeln anregende, positiver Kenntnisse und klarer Bestimmungen ermangelnde Darstellungsweise hat vielleicht unter allen Lehrgebäuden des Occidents die meiste Aehnlichkeit mit den Formen indischer Philosophie, und das Wort des sterbenden Theosophen „nun geh' ich ein in's Paradies“ mochte auch der letzte Hauch von dem Munde manches frommen Brahmanen sein, mit dessen pantheistischer Anschauung sich der Glaube an eine persönliche Unsterblichkeit eben so wenig vertrug. Denn die Seele des Weisen kehrt zu Brahma zurück, nicht mehr für sich existirend, sondern eins mit dem göttlichen Urwesen, von dem sie ausgegangen ist und in welches sie sich wieder auflöst. Eine persönliche Fortdauer würde das Nichtige Unwahre der von dem göttlichen Sein getrennten Erscheinung bewahren. Es sind durchaus ähnliche Ideen und Ausdrucksweisen, wie wir sie bei christlichen Mystikern finden; Bestimmungen von Tauler oder Meister Ekkhart über Gott Seele und Welt könnte man neben Ausführungen indischer Philosophen stellen, und Niemand würde leicht erkennen, was den Einen oder den Anderen angehörte. In der älteren Auffassung war das menschliche Leben nicht an sich von dem göttlichen abgewendet und ihm entgegen gesetzt, sondern der Mensch und die Natur wurden erst durch die Sünde befleckt und verderbt. Die Sünde brachte den Zwiespalt in die Welt, und nur das sündliche Moment in ihr, nicht die Welt an sich war zu überwinden, um das göttliche Leben wieder herzustellen. Hierauf war das Sündenbewusstsein und das Erlösungsbedürfniss der älteren Zeit gerichtet. Allerdings war bei Priestern und Laien die Gesinnung nicht selten, welche mit der äusserlichen Gesetzesbefolgung genug zu thun glaubte, und sich hochmüthig als rein und sündenlos rühmte, aber bei tieferen Gemüthern brach früh das Gefühl der Sündhaftigkeit und die Nothwendigkeit geistiger Bekehrung mit ergreifender Energie hervor. Zum Feuer und zu den Gewässern wird gebetet das Sündhafte und Schuldvolle zu entfernen. „Führe uns auf dem rechten Wege, o Gott, du kennst alle unsere Thaten, lösche aus unsere Sünden", schliesst die Isa-Upanischad. Bei Manu tilgen zwar Gebete und Studium die Sünden, wie eine Flamme das Holz verzehrt, aber das Wahre und Wesentliche ist doch die heilige reine Gesinnung. „Wer sich durch Sinnlichkeit befleckt, dem können weder die Veda, noch Freigebigkeit, noch Opfer, noch Askese Glückseligkeit gewähren;" und mit dieser Reinheit des Lebens wird es sehr ernst genommen, schon sündliche Begierden verdüstern sofort die Erkenntniss; „alles göttliche Licht, welches der Veda mitgetheilt hat, steigt zu den Göttern auf. Durch die Sünde eines einzigen Gliedes verliert der Mensch die Erkenntniss von Gott, wie sich das Wasser durch eine Oeffnung aus einem Gefässe verliert."

XLII.

Auf die Ueberzeugung von der Unvollkommenheit und Sündhaftigkeit der Menschen ist auch die Annahme des göttlichen Weltplanes gebauet, zu welcher die indische Contemplation früh gelangt, und aus welcher sich die fast in allen Systemen herrschende Lehre von der Seelenwanderung entwickelt hat. Die theologische Forschung setzte bei ihrer Gottheit wie bei dem Handeln der Menschen Zwecke und Absichten voraus; so sollte denn die Schöpfung dienen die Geister zur Gottheit zu führen. Die Erde war der Ort der Prüfung und Läuterung. Da man aber den Abfall der Menschen vom göttlichen Gesetze nicht wohl mit ursprünglicher Vollkommenheit vereinigen konnte, griff man häufig zu einer weiteren Hypothese, die freilich im Grunde die Schwierigkeit nicht hob, sondern nur weiter zurück verlegte. Göttliche Geister hatten sich in hochmüthiger Verblendung wider das höchste Wesen aufgelehnt, und waren zur Strafe an Orte der Qual verstossen. Um sie zurückzuführen wurde das Schöpfungswort gesprochen; die gefallenen Geister wurden als Menschen auf die Erde gesendet, um in langen Wanderungen Busse zu thun, sich zu reinigen und wieder zu erheben. Offenbar war es nun der Widerspruch zwischen dem

Ideal des reinen und frommen Menschen, welcher doch allein als geeignet erschien seine Bestimmung zu erfüllen und zur Gottheit einzugehen, und der schuldvollen Unvollkommenheit der meisten Sterblichen, was die Seelenwanderung schon in den vedischen Zeiten als Ausweg ergreifen liess, um die Absicht der göttlichen Weisheit nach und nach für alle Seelen zu erreichen.

Wer sich im Leben nicht zu der Reinheit des Wandels und der Erkenntniss erhoben hatte, welche den Himmel öffnete, oder wer gar tiefer gesunken war durch schwere Verschuldung, der musste neue Wanderungen beginnen. Nach den gewöhnlichen Darstellungen müssen die Seelen der Unweisen Unfrommen zuerst in einer der Höllen — es werden deren ein und zwanzig angenommen und weitläufig ausgemalt — Qualen leiden, wozu sie bei Manu wie in Dante's Hölle mit einem besonderen Körper bekleidet werden, dann werden sie wieder auf die Erde geboren nach Verdienst in höheren oder niederen Gestalten, bis sie endlich gereinigt und der ewigen Seligkeit würdig sind. „Wie der Mensch ein altes Kleid ablegt und ein neues anzieht, so geht die Seele aus dem Körper in eine andere Gestalt über.“ Um die Verbindung der immateriellen Seele mit dem irdischen Leibe begreiflich zu machen bekleidet schon eine Upanischad gerade wie Jung Stillings Geisterkunde die Seele mit einem feinen ätherischen Körper, einem Mitteldinge zwischen Geist und Materie; mit diesem steigen die Seelen der Gestorbenen zum Monde auf, kommen im Thau oder Regen wieder herunter, gehen so in Pflanzen und durch diese wieder in Menschen oder Thiere ein, bis der Kreislauf geschlossen ist. Durch Hinweisung auf ein früheres Leben wurden dann nicht bloss höhere und niedere Geburt, sondern auch fernere Schicksale des Lebens gerechtfertigt, und die Verknüpfung namentlich unglücklicher Ereignisse mit angeblichen Verschuldungen eines früheren Daseins gab zu zahllosen Dichtungen Veranlassung. Uebrigens wurden nach Manu wie bei den Hebräern Sünden der Väter an den Kindern heimgesucht, durch gewisse Vergehen konnte aber auch umgekehrt das Seelenheil der Vorfahren gefährdet werden; in so hohem Grade wurde die Familie als ein Ganzes betrachtet, und das Gefühl dieser Einheit aufgerufen um das Gesetz einzuschärfen. Am Ende der Dinge aber soll der erlösende Gott Vischnu noch einmal auf Erden erscheinen, und unter seiner Herrschaft werden sich alle noch Lebende bekehren. Dann wird die gegenwärtige Schöpfung vergehen und nur noch der Himmel sein mit seligen Geistern.

Diese Ansichten bestanden fort, nur Grund und Ursache wurde umgedeutet; an die Stelle des göttlichen Rathschlusses trat die Nothwendigkeit des absoluten Wesens, wie für die Entfaltung der Welt im Ganzen so für die Bestimmung der einzelnen Seele in ihren Wanderungen. Dem metaphysischen Denken war die menschliche Seele aus einem Geschöpfe der Götter ein Ausfluss eine Theiloffenbarung Brahmas geworden, und seine ewige Bestimmung war nicht mehr die persönliche selige Fortdauer im Anschauen der Gottheit, sondern die Rückkehr zu Brahma, das Aufgehen in das Unendliche, ein Verschwimmen des Tropfens im Meere. Sündlich gottwidersprechend war nun nicht mehr das einzelne frevelnde Beginnen, sondern alles endliche Dasein war schon an sich etwas Sündliches, mit dem Merkmal der Nichtigkeit behaftet, vom Göttlichen in seiner Reinheit getrennt. So lange daher der menschliche Geist in seiner Vereinzelung beharrt, ist er dem Unendlichen entfremdet, und je mehr er sich durch sinnliche Neigungen und weltliches Treiben in das endliche Dasein versenkt, oder — nach der anderen Wendung der Philosophie — je mehr er sich täuschen lässt das Traumbild der materiellen Welt für etwas Wahres und Wirkliches zu halten, desto grösser wird die Schranke zwischen seinem Sein und dem göttlichen Sein. Wer aber die Nichtigkeit der sinnlichen Existenz erkennt, sich selbst und die Welt in seinem Denken auslöscht, aufgeht in den Gedanken „ich bin Brahma“, der wirft die Schranke nieder und gelangt zur Einheit mit dem Unendlichen; gereinigt von dem Ungöttlichen Sinnlichen

Dunkeln, ist sein Denken göttliches Denken. Von einer specifischen Einwirkung der Gottheit, einer besonderen Inspiration kann hier nicht mehr die Rede sein; das Wahre im menschlichen Denken ist überall göttliche Offenbarung, und je wahrer es ist, desto reiner und unmittelbarer ist es göttliches Denken und Wirken. Von dieser Vorstellung ist es nur noch ein Schritt zu der letzten Consequenz des Gedankens, dass Gott in Allem und nichts ausser Gott ist, und die indische Philosophie hat sich eben so wenig wie die strenge Prädestinationslehre im Christenthum oder die prästabilirte Harmonie europäischer Metaphysiker gescheuet diese Consequenz zu ziehen, nämlich wirkliche Selbstbestimmung und Willensfreiheit gänzlich zu läugnen. Wirkliche Persönlichkeit, eigentliches Selbstbewusstsein giebt es nicht mehr. Durch den Menschen und in ihm wirkt nur Brahma. Das menschliche Thun ist Gottesthat, sein Dasein nur eine nothwendige Evolution des Unendlichen.

XLIII.

Diese Consequenz der Lehre ging weder in das Volksbewusstsein über, welches an menschlicher Willensfreiheit, an persönlicher Zurechnung und Vergeltung von Gutem und Bösem festhielt, noch wurde sie auch nur unter den Philosophen allgemein. Die Sankhja behauptete gegen diese Nichtigkeit aller Existenz die Wirklichkeit und Selbstständigkeit sowohl des intelligenten Princips, der menschlichen Seele, als des materiellen, der sinnlich wahrnehmbaren Natur; beide bestehen ihr von Ewigkeit her. Und so liess sie die Seelen auch im Tode nicht hinschwinden in das bestimmungslose All, sondern sie beharrten in wahrhafter Existenz und bekleideten sich in steter Verwandlung immer von neuem mit Körpern aus dem materiellen Stoff. Die praktische Lehre der Abstraction und Entsagung blieb auch hier dieselbe. Schmerz und Sehnsucht und alle Störung des höheren Geisteslebens stammen aus der Sinnenwelt, der Mensch muss daher streben, sich von den Banden des Körpers zu befreien, und wenn er erkennt, dass sein wahres Wesen für sich neben Körper und Natur besteht, wenn er dahin gelangt den eigenen Leib aufzugeben, ihm nur noch passiv als Zeuge und Zuschauer zuzusehen, sich nicht mehr durch ihn stören zu lassen, dann erreicht er den höchsten seligsten Zustand der Freiheit und Erkenntniss. Die Sankhja nahm es mit der Geistigkeit ihrer Lehre so ernst, dass sie die äusserlichen Büssungen und das Studium der Veden für unnütz zu erklären wagte. Indessen ein System, welches eine endlose Wiederholung des Lebens in dem Schmerze und den Kämpfen der Welt in Aussicht stellte, entsprach zu wenig den Wünschen des Herzens, als dass diese Theorie sehr allgemein hätte werden können. Man wollte ja Ruhe finden. Die Sehnsucht nach Ruhe charakterisirt in hohem Grade das indische Volk, auf dessen Leben die contemplative Classe einen so überwiegenden Einfluss gewonnen. Das sind hier nicht Eingebungen des Augenblicks. Wenn Luther auf dem Friedhofe sprach: invideo quia quiescunt*), wenn der geistreiche Lichtenberg sich sehnte „wieder einzugehen in den Schooss des mütterlichen All und Nichts, in welchem er geruht, als der Haimberg angespült wurde, als Cäsar und Lucrez schrieben, als Spinoza den grössten Gedanken dachte, der je dem Hirn eines Sterblichen entsprungen“: so waren es vorübergehende Stimmungen, wie sie zu Zeiten jedes tiefere Gemüth ergreifen, aber bei den Indern ward, seit die Heldenzeit verklungen, dies Gefühl für alles ernste Denken vorherrschend. Es quält sie die Angst nicht sterben zu können, immer in neuen Gestalten leben zu sollen in der Qual und Unruhe der Welt. Ihren Weisen genügt keine Seligkeit als die Vernichtung. Selbst aus dem niederen Volke sah man noch heutigen Tages Pilger still und gelassen hinziehen, um unter den Rädern des geweihten Wagens von Dschaganatha oder in den Fluthen des heiligen Ganges einen von dem gegenwärtigen Leben, oder gar von aller Wiedergeburt erlösenden Tod

*) Ich beneide sie, denn sie ruhen.

zu finden. Gänzlich verworfen wird von der orthodoxen Philosophie das atomistische System des Logikers Kanada, und gar die Lehre des Materialismus, welche in einem Drama aus der Zeit unseres Mittelalters mit den Worten charakterisirt wird: „nur was man sehen kann, hat Wahrheit, mit dem Tode ist Alles aus, ein anderes Leben giebt es nicht, und Umarmung eines schönen Weibes ist besser als Kasteiung des Körpers.“ Der Buddhismus dagegen, dessen sociale und weltgeschichtliche Bedeutung wir noch weiterhin betrachten müssen, schliesst sich in seiner Metaphysik und seiner Moral für die Weisen unmittelbar an die herrschende Richtung an, daher auch Buddha trotz der heftigen Kämpfe gegen seine Nachfolger bei den Brahmanen in hohem Ansehen geblieben ist. Denn das Nichts — Nirvana — der Buddhalehre, in welches die Seele des Heiligen und am Ende der Dinge die ganze Welt aufgelöst werden soll, ist in der That von dem leeren abstracten Sein der Brahmanen kaum verschieden. Allerdings existirte nach Buddha die Welt der Erscheinung, das begränzte endliche Dasein; es gab sogar keine Schöpfung, die Welt bestand von Ewigkeit her, und die Frage nach dem Woher ward abgelehnt, aber sie ist mit der Verneinung behaftet, ihr Sein ist daher kein befriedigendes und berechtigtes, Zweck und Ende ist das Nichtsein. Aus dem Widerspruch der positiven Existenz und der inwohnenden Negation, in welchem die Natur pulsirt, aus dem Glauben des sinnlichen Menschen, in der Welt volle Realität und Befriedigung finden zu können, aus der dadurch bedingten Sehnsucht und Leidenschaft entsteht der Schmerz, welchem alles Dasein unterworfen ist. Wer sich durch Unterdrückung der Leidenschaft von den Banden der Welt befreiet, und ihre Nichtigkeit erkennt, der überwindet den Schmerz. Er erreicht die Ruhe des Nirvana; sein Geist bedarf keiner Wiedergeburt mehr, der Tod löscht ihn aus. Wenn der Einzelne durch Tugend und Erkenntniss von der Seelenwanderung erlöst wird, geht die Welt durch zunehmende Verschlechterung der Auflösung in das ersehnte Nichts entgegen. Das Positive in ihr sinkt mehr und mehr, bis sie gänzlich hinschwinden wird. Als Symbol dieser Abnahme wird die menschliche Lebensdauer gebraucht; im Anfange lebten die Menschen wie in der Mosaischen Sage ausserordentlich lange, im Laufe der Zeiten wird das Leben bis auf zehn Jahre herabsinken, zuletzt gegen das Eintreten der Weltvernichtung werden Geburt und Tod fast zusammenfallen.

XLIV.

Dem Spiritualismus der indischen Philosophie, welcher die innere Vollendung, die Verklärung zum sittlichen Ideal fast ausschliesslich im Auge hatte, blieb über das Verhältniss zur äusseren Welt nicht viel zu sagen. Für den vollkommenen Weisen war mit der Verzichtleistung auf die Welt, der Erkenntniss ihrer Nichtigkeit und der Betrachtung des Wahren Alles erschöpft. Nur für die weniger consequenten Lehren und für die Vorstufen der höchsten Erkenntniss waren nähere Bestimmungen erforderlich. Diese Gebote tragen den Grundanschauungen entsprechend einen negativ quietistischen Charakter. Seelenruhe Sanftmuth Geduld demüthige Ergebung in das Schicksal, Schonung der Natur, namentlich der Thiere und Pflanzen, sind die Tugenden, welche der Brahmane aus Ehrfurcht übt gegen das unendliche Wesen, dessen Kraft in allen Dingen ist, der Buddhist aus Mitleiden, um den Schmerz des Daseins nicht zu vermehren. Seine Weltverachtung, seine Ruhe des Ertragens sind nicht in dem Stolze einer stoischen Seele begründet; es ist das weiche Dulden eines gequälten Herzens, die schwermüthige Stimmung, welcher die Welt nichts gewähren kann. Das Herausbilden dieser Richtung lag in dem Wesen des Buddhismus. Dagegen erklärt es sich weniger aus seiner Grundanschauung, als aus den äusseren Verhältnissen seiner Entwicklung, dem bewussten Gegensatze gegen eine ältere, bereits sehr ausgebildete Theorie und dem Streben sich dieser gegenüber Geltung und Anerkennung zu gewinnen, dass er weit mehr als die brahmanische Philosophie das Verhalten gegen andere Menschen hervorhob. So wurde hier die Ausbreitung der Lehre, die hingebende Thätigkeit für das Seelenheil Anderer eine hohe Tugend, hier die Milde und Liebe selbst gegen Feinde besonders eingeschärft. Als ein Schüler Buddhas lehrte: wenn ein Frommer beschimpft wird, so denkt er, es sind gute Leute, dass sie mich nicht schlagen, schlagen sie ihn, so denkt er, sie sind sanft, weil sie mich nicht tödten, tödten sie ihn, so denkt er, sie sind gut, weil sie mich mit so wenig Schmerz von diesem unreinen Körper befreien, da pries ihn der Meister als Befreieten Getrösteten, zum Nirvana Gelangten. Das war 600 Jahre vor Christus. Dem schuldlos Leidenden wird der Sandelbaum als Vorbild aufgestellt; wie er die Axt, die ihn fällt, mit Wohlgeruch netzet, so soll der Fromme dem Feinde, der ihn vernichtet, nicht nur vergeben, sondern für ihn beten im Untergange.

Christliche Missionare, meist von vielem Eifer, aber von wenig Einsicht und geringer Bildung, sprechen mitleidig bedauernd von der Unfähigkeit dieses Volkes, sich von ihrem Lichte erleuchten zu lassen. Das ist der Hochmuth der beschränkt barbarischen Gesinnung, welche in dem Vorurtheil von der Unübertrefflichkeit der eigenen angelernten Weisheit jede andere verachtet ohne sie kennen zu lernen, und in unwesentlichen Aeusserlichkeiten befangen nicht einmal fähig ist die Uebereinstimmung der fremden Grundanschauung mit dem eigenen Vorstellungskreise aufzufinden. Das Christenthum hat keine Aussichten in Indien. Aber der Grund ist, dass seine Moral und Dogmatik keinen zur Bekehrung genügenden Fortschritt gegen die Wissenschaft des Allgemeinen enthält, zu welcher die indische Contemplation gelangt ist. Diese befindet sich nicht auf dem Standpunkte der occidentalen Naturreligionen, welche die geistige Macht des Christenthums überwand. Sie ist selbst eine durchaus spiritualistische Philosophie, und die Hypothesen des Christenthums von einer sittlichen Weltordnung, einem göttlichen Heilsplane, der Nichtigkeit der sinnlichen Natur, der Erlösungsbedürftigkeit des sündhaften Menschen, der Einheit seines Geistes mit dem

18*

göttlichen, alle diese Vorstellungen, aus denen die christliche Religion ihre Kraft zog, sind ihr längst geläufig gewesen. Die Geistigkeit des Christenthums findet in ihr so gut das vollendete Gegenbild, wie Fichte's Weltverläugnung oder Schopenhauers nihilistische Ethik. Fand doch die romantische Schule bei Betrachtung der indischen Litteratur die Religiosität und Glaubensinnigkeit des Orients so überlegen, dass Schlegel Europa für „klimatisch unfähig zur Religion" erklärte. Nicht die Theologie oder Metaphysik, sondern die Industrie und die Wissenschaften Europas sind es, deren Ueberlegenheit dereinst die traurige Stagnation brechen, und eines der reichsten Länder der Erde in den Kreis der vorgeschritteneren Civilisation hineinziehen wird. Die Erkenntniss bricht sich bereits in Indien selbst Bahn; gebildete und einsichtige Hindus haben wiederholt beim englischen Parlament um Einführung von Schulen und Beförderung wissenschaftlichen Unterrichts nach europäischer Weise petitionirt, aber sie verbitten sich Missionare und Christenthum. Weit zurückgeblieben hinter den Nationen des Occidents in der Entwicklung praktischer Thätigkeit und positiven Wissens, kann sich dieses Volk in theologischer und methaphysischer Weisheit jedem gegenüber mit vollem Rechte auf seine alten Schriften berufen, und fragen wie die nordische Edda: was wisst ihr mehr?

XLV.

Unmittelbarer und directer als in den gesellschaftlichen und staatlichen Zuständen, wie mächtig auch deren Entwicklung durch die theoretischen Speculationen befördert und modificirt wird, lässt sich die vorherrschende Einwirkung der contemplativen Classe und ihre überwiegende Richtung auf das Abstracte und Allgemeine in den Bildungen der Kunst und Wissenschaft erkennen. Schon die Grundlage und die Bedingung aller geistigen Entwicklung, die Sprache, trägt in vorzüglichem Grade dieses Gepräge. Die Sanskritsprache — die vollkommene — zeigt in der ausserordentlich reichen und consequenten Ausbildung ihrer Formen in der Fülle ihres Organismus, in ihrem gewaltigen Wortreichthum namentlich für Alles, was das innere Leben, geistige Begriffe Beschaulichkeit Nachdenken und Wissen angeht, dass sie unter der durchdachten Pflege der Meditation erwachsen ist, dass sie durch die Hände einer geistigen Classe ihre Ausbildung erhalten hat. Die Sprache war den Brahmanen göttliche Offenbarung, die Beschäftigung mit ihr etwas Heiliges. Ihre grammatikalische Bearbeitung ward früh zu einer Wissenschaft ausgebildet. Berühmte Grammatiker wie Panini wurden als Heilige verehrt. Auch die gewandte Handhabung der Sprache, die Kunst der Darstellung, Logik und Rhetorik, wurden Gegenstände eifrigen Studiums. Es giebt indische Werke über den Styl voll scharfsinniger und feiner Beobachtungen, dem Quintilian ebenbürtig. Die Logik pflegt, wie in den Schulen der Griechen und unseres Mittelalters, im Anschluss an die Grammatik behandelt zu werden. Excerpte aus den Aphorismen des Kanada werden noch jetzt als Handbücher der Logik gebraucht. Seine Kategorien mit endlosen Untereintheilungen Begriffsentwicklungen und Distinctionen lassen sich freilich mit der Schärfe und Einfachheit der Aristotelischen Logik nicht vergleichen. Im täglichen Leben wurde das Sanskrit allmälig durch abgeleitete Dialekte verdrängt. Die Prakritsprachen, welche schon zu Buddhas Zeiten (im sechsten Jahrhundert vor Christus) vorherrschten, und die neueren Sprachen Indiens sind in ähnlichem Entwicklungsgange aus ihm entwickelt, wie die jetzigen europäischen Sprachen aus ihren untergegangenen Muttersprachen. Die Formen wurden abgeschliffen, die Wortbildungen verändert; was anfänglich als eine Verdrehung und Verderbniss der Sprache erschien, wurde durch den Gebrauch sanctionirt, ging in eine neue Grammatik und Litteratur über und bildete eine andere Sprache. In den Kämpfen mit den Buddhisten, die sich sowohl in ihren heiligen Schriften, wie in der officiellen Sprache ihrer Könige des Prakrit bedienten, führte der neue Aufschwung des Brahmanenthums das Sanskrit in das öffentliche

Leben zurück, und es spielte bis zu den Zeiten der Mahomedaner in ganz Indien die Rolle wie das Lateinische im Mittelalter Europas. Die Sprache der Philosophie und der Wissenschaft blieb es sogar noch später.

Die Schrift, deren Gebrauch bei den Priesterschaften des Orients zur Sicherung ihrer Traditionen ausnahmslos im Gebrauch war, ist ohne Zweifel in Indien selbstständig erfunden worden. Weder mit den ägyptisch-semitischen Systemen, noch mit dem Chinesischen hat das indische Alphabet in Form oder Anordnung irgend eine Aehnlichkeit. Während jedem anderen bekannten Schriftsystem erkennbar und nachweislich eine Bilderschrift zum Grunde liegt, findet sich bei den Indern keine Spur einer vorangegangenen Hieroglyphenschrift. Eine frühere Sylbenschrift glaubt man in dem indischen Alphabet erkennen zu können. Beispiellos und schwer begreiflich wäre es zwar, doch lässt sich die Möglichkeit nicht läugnen, dass dem Scharfsinn eines Denkers ohne die Vorstufen der gewöhnlichen Entwicklung die ungeheuere Erfindung gelungen wäre, den Reichthum der menschlichen Sprache in eine geringe Zahl von Lauten aufzulösen und deren Zeichen zur Fixirung der Worte anzuwenden. Indessen könnte auch eine anfängliche Bilderschrift und nach Annahme des neuen Systems die Erinnerung derselben verloren gegangen sein. Das Material, auf welches die Inder zu schreiben pflegten, war vergänglich, dichtes Baumwollenzeug oder starke Baumblätter. Die Sitte Inschriften in dauerndes Material zu graben scheint spät entstanden zu sein; die ältesten erhaltenen Inschriften gehören dem buddhistischen Könige Açoka an; die frühesten Sanskrit-Inschriften werden von den brahmanisch-gesinnten Sinha- und Gupta-Königen herrühren aus der Zeit des ersten Jahrhunderts vor und des zweiten oder dritten nach Christus. Wann die Schrift erfunden worden, lässt sich nicht ermitteln. Die älteren Lieder der Veden sind gewiss mündlich überliefert worden, selbst die vedischen Kalenderbestimmungen können früher berechnet als niedergeschrieben sein, aber die alten Commentare der Veden, die frühe Sorgfalt, welche auf die Feststellung vedischer Texte verwendet wurde, und die allgemeine Schriftkenntniss, welche die Vorschriften des Gesetzbuchs voraussetzen, indem Manu nicht bloss den Brahmanen, sondern auch den Kriegern und Bauern das Lesen der Veden befiehlt, und es den Çudra ausdrücklich zu untersagen für nöthig findet, zwingen zu der Annahme, dass die Erfindung der Schrift der Abfassung des Gesetzbuchs um Jahrhunderte vorausging. Die grosse Verbreitung der Schreibkunst bestätigt auch Megasthenes, da er allgemein an den Landstrassen Wegweiser fand, auf denen die Ortschaften und ihre Entfernungen verzeichnet waren.

XLVI.

Die bildenden Künste, welche erhebliche physische Anstrengungen und mechanische Fertigkeiten erfordern, beschränkten sich lange auf das wirkliche praktische Bedürfniss. Man legte früh Gewicht auf Landstrassen Bewässerungsanstalten Festungen, man bauete auch weitläufige Paläste und Tempel, aber erst in verhältnissmässig später Zeit suchte man durch die Architektur ästhetische Zwecke zu erreichen, auf Gefühl und Einbildungskraft zu wirken. Die gewaltigen imponirenden Werke der indischen Baukunst gehören erst den Zeiten nach Ausbreitung des Buddhismus an. Die Buddhisten scheinen zuerst für Anschauungen und Begriffe einen architektonischen Ausdruck gesucht zu haben; ihre hochstrebenden kuppelgedeckten Denkmäler, ihre Grotten und Felsenklöster erregten den Nacheifer der Brahmanen. Die weiten Säulenhallen der Felsentempel und die sonstigen Prachtbauten sind schwerlich vor unserer Zeitrechnung entstanden. Die Reliefs an den buddhistischen Denkmälern mit Abbildungen Buddhas und Scenen aus seinem Leben werden auch die ältesten erhaltenen Sculpturen sein; indessen beweist der überreiche Schmuck der Felsentempel und ihre vorgeschrittene Technik, dass die Sculptur als Dienerin der Baukunst lange vorher in Uebung gewesen. Die indische Kunst ist vielfach überladen phantastisch, unnatürlich in ihren Formen, grotesk in ihren Zusammenstellungen, doch sollen sich manche Sculpturen zu hoher Schönheit erheben. In menschlichen Darstellungen gerathen ihr dem Volkscharakter entsprechend ruhige weiche weibliche Formen besser als bewegte kräftige männliche. Götter und Helden tragen zuweilen einen durchaus weiblichen Ausdruck. Buddha pflegt um die hohe Beschaulichkeit anzudeuten in sich versunken dazusitzen, und sieht oft wie schlafend aus.

Eine hervorragende Rolle spielt in der indischen Cultur die Kunst, welche am reinsten und vollständigsten die Anschauungen und Ideale eines Volkes ausspricht, und andererseits am mächtigsten bestimmend auf die Vorstellungen und die ganze Bildung desselben einwirkt, die Poesie. Sie vermittelte die Resultate der Speculation nicht nur in Zeiten und für Volksclassen, deren geringes intellectuelles Bedürfniss, unzugänglich dem rein theoretischen Nachdenken, durch die Kunst Anregung und Befriedigung empfängt, sondern übte auch auf die vorgeschrittene Bildung und Wissenschaft einen entscheidenden Einfluss. An die heiligen Lieder der Veden und die Mythen der Heldengedichte knüpfte sich noch die theologische und metaphysische Dogmatik der spätesten Zeit. Bei geistig begabten Völkern verinnerlicht sich das Gefühl, wenn das äusserliche Leben eine schwache Entwicklung findet; die mangelnde Bewegung der Wirklichkeit sucht Ersatz im Reiche der Träume, und die Phantasie treibt um so zügelloser ihr Spiel, je weniger sie durch thatsächliche Forschungen und positives Wissen in Schranken gehalten wird. Die vagen Hypothesen von göttlichen Mächten oder willkürlich definirten metaphysischen Kräften lassen Raum für alle Schöpfungen der Einbildungskraft.

Leicht bei einander wohnen die Gedanken,
Doch hart im Raume stossen sich die Sachen.

Aber die Sachen und ihre Sprödigkeit berücksichtigen die indischen Dichter und Weisen nicht. Dies erklärt auf der einen Seite die beständige Vermischung der wissenschaftlichen Speculation und der Dichtung, auf der anderen den

Charakter der indischen Poesie. Ohne plastischen Formensinn, ohne das Maassvolle des Menschlich-Schönen und Erhabenen verlieren sich ihre Gestalten in das Phantastische und Ungeheuerliche; ihre Ideale sind Abstractionen, typische Gebilde ohne Wahrheit und Leben. Eine rühmliche Ausnahme machen die Dramen; die dramatische Dichtung wird durch ihre Bestimmung mehr an die Wirklichkeit gewiesen, und ausserdem fiel ihre Blüthe mit der Sakontala und dem Mrikkhatalika in Zeiten, welche durch innere und äussere Kämpfe lebhaft bewegt wurden, und in mannichfachen Richtungen dem geistigen wie dem materiellen Streben kräftigere Impulse verliehen (die ersten Jahrhunderte unserer Zeitrechnung). Das indische Drama ist wie jede Gattung der dortigen Kunst eine durchaus einheimische Erfindung; es bildete sich allmälig aus der Verbindung von Tänzen und pantomimischen Darstellungen, welche früh bei religiösen Festen üblich waren, mit Musik Gesang und erläuternder Erzählung. Die ältesten Schauspiele hatten Göttergeschichten zum Inhalte. Vor Açoka lassen sie sich nicht nachweisen. Die Brahmanen indessen, die auch hier keinen Fortschritt anerkennen wollten, verlegten Ursprung und Vollendung der dramatischen Kunst in das hohe Alterthum, und gaben ihr zum Schöpfer einen Heiligen, Bharata; der Name bedeutet einen Schauspieler, bezeichnet also klar die Erfindung im theoretischen Interesse.

Die sehr umfangreiche didaktische Poesie gehört ihrem Wesen nach unmittelbar der Theologie oder Metaphysik an. Wirklich schön, poetisch in unserem Sinne finde ich nur das lyrische Element in der indischen Dichtung. Hier ist menschliche Wahrheit, innige zarte Empfindung, tiefes Gefühl für die Natur, deren polytheistisch beseeltes Leben dem Menschen nicht fremd, sondern als verwandt und angehörig mit hingebender Liebe umfasst wird. Der vorherrschende Grundzug der Lyrik bestätigt wiederum, wie sehr alles Fühlen des Volkes durch die philosophische Speculation bestimmt wurde. Ueberall tritt uns die Nichtigkeit des Daseins entgegen. Die abstracte Lehre von der Unwahrheit aller Erscheinungen hat zwar die Annahme reeller Wirklichkeit nicht verdrängen können, aber sie hat die Dichtung und das Leben mit dem stetigen Gefühl des Unwerths oder der Endlichkeit aller irdischen Dinge erfüllt. Zuweilen wendet sich dieses Trauergefühl mit energischer Verachtung gegen die Herrlichkeit der Welt:

Wo sind der Erde Herrscher hin
Mit Heer und Macht und Wagenburg?

meist sehnt es sich klagend hinweg aus dem Elende des irdischen Wechsels nach der Ruhe des Jenseits:

Wer diese unheilvolle Welt mit ihrer Nichtigkeit verlässt,
Mit Alter, Krankheit, Noth und Tod, der findet seinen Frieden erst;
Hienieden weilt das Unglück nur;

oder klagt über die Vergänglichkeit, die Unbeständigkeit des Guten und Schönen, aller irdischen Freude:

Wie dort am Lotosblatte sich ein Tropfen Thaues zitternd hält,
So ist dem steten Falle nah des Menschen zitternd Erdenglück;
Und wie im weiten Ocean ein Splitter Holz den andern trifft,
So finden hier auf Erden sich die Wesen einen Augenblick —

von einer Welle zusammengeführt, von der nächsten aus einander gerissen auf ewig. Oft wiederkehrende Symbole für das Leben des Menschen sind dieser Thautropfen am Blatte, eine Schaumblase im Wasser, das rückkehrlose Hinrollen der Stromeswelle:

er stirbt, und wird nicht mehr gesehn.

Vor einem halben Jahrhundert waren es zuerst die Werke der Dichtung, welche ein allgemeineres Interesse für die indische Welt erregten. Theils in der Freude über den neu gewonnenen Schatz, theils in der Stimmung der damaligen Zeit, ihrer Vorliebe für das Mystische Verschwimmende und Extravagante, übertrieb man ihren poetischen Werth. In der That sind uns meistens die Gestalten dieser ausschweifenden Phantastik zu fremd zu formlos und unnatürlich, um unsere Theilnahme zu gewinnen. Aber wie das Studium der alten Sprache Indiens, des am reichsten ausgebildeten und am vollständigsten erhaltenen von allen alten Zweigen des gemeinsamen Sprachstammes der ganzen Sprachwissenschaft einen neuen Charakter aufgedrückt und den Beweis für die ursprüngliche Verwandtschaft der indisch-europäischen Völker geführt hat, so wird die indische Literatur ihren unvergänglichen Werth behaupten, für das lichtverbreitende Studium einer uralten, hoch vollendeten, religiösen und socialen Organisation.

XLVII.

In der Wissenschaft überwog die Beschäftigung mit der Theorie des Allgemeinen zu sehr. als dass neben den theologischen oder metaphysischen Speculationen die speciellen Wissenschaften zu grosser Bedeutung hätten gelangen können. Ihr Zustand bestätigt aber in klarer Weise die Comtesche Architektonik der Wissenschaften. Nur die Mathematik hat eine wahrhaft positive Gestalt gewonnen, und anscheinend auch nicht früh. Die berühmtesten Mathematiker lebten mehrere Jahrhunderte nach Christus. Die erste Anregung einer wissenschaftlichen Mathematik mag von den Griechen gekommen sein, aber jedenfalls haben die Inder sie selbstständig und mit Eifer ausgebildet, namentlich die Arithmetik. Varaha Mihira, im vierten oder im sechsten Jahrhundert, gebrauchte zuerst das Ziffersystem, welches die Araber von den Indern und wir von den Arabern erhalten haben. Für die einfachen, jeder willkürlichen Modification entzogenen Zahlen- und Grössen-Verhältnisse hat die Theorie, wo immer man anfing sie systematisch zu betrachten, stets nur die sie beherrschenden Gesetze zu entdecken gesucht, aber die Thatsachen als feststehend angenommen ohne nach dem Woher oder Warum zu fragen. Den Satz, dass zwei mal zwei vier, oder dass die Winkel eines Dreiecks so gross wie zwei rechte sind, hat kein Priester göttlicher Einwirkung unterworfen, kein Philosoph von metaphysischen Ursachen abhängig gemacht. Wohl haben schon Chinesen und Pythagoräer den Zahlen geheimnissvolle Kräfte beigelegt, weltschaffende Potenzen aus ihnen gemacht, und oft genug sind mathematische Formeln zu philosophischen Spielereien verwendet worden, aber nie hat man umgekehrt metaphysische Begriffe zur Erklärung für die Gesetze der positiven Wissenschaft eingeführt.

Die zweite in der Reihe, die Astronomie, betrifft Erscheinungen, welche zwar bei allen Völkern die empirische Betrachtung auf sich ziehen, und durch ihre Regelmässigkeit die Annahme hervorrufen, dass ihnen unabänderliche Gesetze zum Grunde liegen, welche aber doch so complicirt und so schwierig zu übersehen sind, dass die wahren Gesetze für die Bewegungen der Weltkörper erst in den letzten Jahrhunderten entdeckt werden konnten. Bis dahin waren die Gesetze, welche die wissenschaftliche Astronomie den beobachteten Erscheinungen unterschob, nur Hypothesen, theils falsch, theils nicht genügend constatirt. Wenn daher auch einzelne wissenschaftliche Geister in wahrhaft positiver Weise die Astronomie auf Beobachtung der Thatsachen und Erforschung ihrer Gesetze zu gründen strebten, und wenn es auch scharfsinnigen, obwohl irrigen Combinationen gelang die Phänomene gewissen Regeln zu unterwerfen und danach mit einem bedeutenden Grade von Präcision voraus zu bestimmen, so bildeten doch die angenommenen Gesetze weder ein so zweifelloses, noch ein so vollständiges System, dass sie die theologischen oder naturphilosophischen Hypothesen verdrängen konnten, welche dem Gange der Gestirne einen unmittelbaren und mächtigen Einfluss auf die Schicksale des Menschen zuschrieben. Die hervorragende Rolle, welche die Himmelskörper bei dem Uebergange des Fetischismus in den Polytheismus spielten, und das hohe Ansehn, welches sie in den ältesten polytheistischen Systemen als göttliche Wesen oder deren Verkörperungen Sinnbilder und Wohnstätten genossen, befestigten die früheren Theorien, und liessen die positiven Forschungen als etwas Unheiliges Irreligiöses erscheinen. An den Lauf der Gestirne wurde in Indien wie überall in sehr früher Zeit die Zeiteintheilung geknüpft. Namentlich diente der Mond von Alters her zu ihrer Bestimmung; sein Name bedeutet fast in allen indo-europäischen Sprachen den Messer. Die älteste Eintheilung der Ekliptik in die 28 Mondhäuser entlehnten die Inder von den Chinesen, die Bilder unseres Thierkreises erhielten sie zur Zeit der Seleuciden aus dem vorderen Asien. Genauere astronomische Beobachtungen lassen sich erst in den letzten Jahrhunderten vor Christus nachweisen. Als Orakel wurden die Sterne früh befragt, schon Manu kennt Sterndeuterei, missbilligt sie aber, und schliesst die Astrologen von den Opfern aus. In späterer Zeit ist dessen ungeachtet die Astrologie sehr ausgebildet und sehr allgemein geworden. Fast in jeder Hindu-Gemeinde wird ein Astrolog gehalten, der vielfach um Rath gefragt wird und für alle wichtigeren Vorhaben die günstige Zeit bestimmen muss. Die wissenschaftliche Astronomie gehört erst einer ziemlich späten Zeit an. Im vierten Jahrhundert nach Christus wurde im Occident Arjabhata als der Erste genannt, der in Indien über Astronomie geschrieben, und er scheint nicht lange vor dieser Zeit gelebt zu haben. Indische Angaben setzen ihn auffallender und irriger Weise mehrere hundert Jahre später. Er kannte das Fortrücken der Aequinoctialpunkte, berechnete das siderische Jahr bis auf etwa 3 Minuten richtig, und nahm die Axendrehung der Erde an. So vorgeschrittene Ansichten blieben indessen auf einen engen Kreis specieller Gelehrsamkeit beschränkt. Sie gingen weder in die Anschauungen des Volkes, noch in die Orthodoxie der philosophischen Systeme über. Hier erhielt sich unverändert die Vorstellung von der Erde, als dem unbeweglichen Centrum des Weltalls. Die Erde ruht auf einem ungeheueren Elephanten, der Elephant ruht auf einer ungeheueren Schildkröte; worauf aber diese Schildkröte ruht, „danach wird ein frommer Brahmane nicht fragen.“ Die Speculation muss irgendwo einen Punkt als gegeben hinnehmen, über ihn hinaus wird das weitere Forschen für unfromm und gottlos erklärt. Die innere Antipathie der wahrhaft theologischen Richtung gegen die positive Wissenschaft verläugnet sich nirgends. In der Schasta des Brahma wird das weitere Grübeln über die Schöpfung ausdrücklich untersagt: „Forsche nicht nach über das Wesen und die Natur des Ewigen, noch über die Gesetze, nach denen er regiert, beides ist eitel und strafbar; genug, dass du seine Weisheit Macht und Güte in seinen Werken schauest, das sei dir Heil.“ Es erinnert an die energische Wendung in der Nachfolge Christi: Was hilft dir alles Wissen? Hebe dein Auge zu Gott empor, und bete für deine Sünden.

XLVIII.

Die eigentlichen Naturwissenschaften sind trotz des lebhaften Naturgefühls der Inder sehr wenig ausgebildet worden. Von einer wissenschaftlichen Physik oder Chemie kann nicht die Rede sein. Zwar haben sie vielfach gute Beobachtungen gemacht, und im Einzelnen sogar überraschende Resultate gefunden, aber das geringe Interesse der contemplativen Classe für das reale Dasein, die ungestört waltende Phantasie und die Gewöhnung, alle Erscheinungen sofort in einen erdichteten Zusammenhang mit den allgemeinen Speculationen zu bringen, liessen es weder zu einer hinlänglich umfassenden und zusammenhängenden Constatirung der Thatsachen, noch zu der Vorstellung ihres gesetzlichen Verlaufs kommen. Wenn Combinationen versucht werden, sind sie völlig willkürlich, und gehen von theologischen oder metaphysischen Theorien aus. Was sich diesen nicht einfügen liess, blieb rein empirisch. Zu den vier Elementen des Aristoteles, Luft Feuer Wasser Erde, nehmen sie ein fünftes, den Aether, an, und lassen ihnen die fünf Sinne entsprechen. Erst wo die Kräfte der Natur unmittelbar in das menschliche Leben eingreifen, finden sie tiefere Beachtung. Zum Zwecke der Arzneikunde wurde namentlich das Pflanzenreich eifrig durchforscht, und die Kenntniss officineller Pflanzen gewann einen grossen Umfang. Gegen manche Krankheiten, welche die Aerzte Europas nicht zu heilen wissen, z. B. den Diabetes mellitus, sollen die Inder specifische Mittel besitzen. Ausser der Arithmetik haben die Araber viele medicinische Kenntnisse von den Indern erhalten und nach Europa gebracht. Die Arzneiwissenschaft ist theoretisch und praktisch bedeutend entwickelt, hat eine reiche, freilich noch sehr wenig bekannt gewordene Literatur, und wurde von Alters her durch Brahmanen geübt. Der religiöse Hintergrund fehlte ihr nicht; Amrita und Soma sind Urbild der Medicin, und Zauberkünste vertreten häufig die Stelle natürlicher Heilmittel. Das Gesetzbuch behandelt die Aerzte verächtlich und hängt ihnen den Makel einer unreinen Abstammung (von einem Brahmanen und einer Vaiçjafrau) an, weil Krankheiten, wie das Uebel überhaupt als Folge der Sünde und die Beschäftigung damit als Verkehr mit dem Unreinen betrachtet wurden. Manu zählt eine Reihe von Krankheiten als directe Folgen bestimmter Sünden auf. Die Behauptung der Herkunft zeigt, dass die Arzneikunde, wie die Astrologie der indischen Sitte gemäss in einzelnen Brahmanengeschlechtern erblich ward. Der Gedanke, dass die Erscheinungen des Lebens gleich den Bewegungen der Planeten unabänderlichen Gesetzen unterworfen sind, konnte bei dem Mangel physikalischer und chemischer Vorkenntnisse kaum entstehen. Dem physiologischen Studium der körperlichen Organe und ihrer Functionen trat schon die Scheu vor jeder Berührung des Todten und der daraus folgende Ausschluss der Anatomie entgegen. Ausserdem steht aber die Gesammtheit der Lebenserscheinungen in einem zu unmittelbaren und engen Zusammenhange, als dass ein erfolgreiches positives Studium der äusserlicheren Phänomene möglich wäre, so lange die Speculationen über das eigentliche Wesen des Menschen und der Welt in so eminentem Grade von theologischen und metaphysischen Theorien beherrscht werden, wie es in Indien der Fall war.

Seitdem die Zeit tieferer wissenschaftlicher Forschungen

gekommen, das Bedürfniss erwacht war, von den allgemeinen Speculationen über das Wesen des Alls zu den Einzelheiten der Erscheinung überzugehen, und sich die Thatsachen, welche die Beobachtung der Natur und des Lebens gefunden, im Detail und in realem Zusammenhange klar zu machen, wurde auch das natürliche Leben des Menschen in seinem normalen Verlaufe und dessen pathologischen Störungen Gegenstand ernster Studien; aber die indische Wissenschaft hatte bereits einen so ausgeprägten und festen Charakter angenommen, dass die allgemeine philosophische Theorie unabänderlich der Ausgangspunkt aller Erkenntniss blieb, und durch keinen Fortschritt speciellen Wissens wesentlich modificirt werden konnte. So blieb auch bei der Betrachtung des individuellen Menschen die geistige und sittliche Auffassungsweise durchaus vorherrschend, die Beschäftigung mit der Naturseite und ihre Rückwirkung auf die Theorie zurückdrängend. Und wie die theologische und metaphysische Philosophie überall von dem Ganzen und Allgemeinen auszugehen und nach den darüber angenommenen Hypothesen das Einzelne und Specielle zu bestimmen pflegt, ohne dass Letzteres an sich irgend hinreichend erforscht wäre, unterwarf auch hier die Speculation den einzelnen Menschen vollständig der vorausgehenden Theorie einer allumfassenden Weltordnung, welche nicht bloss die Menschen der Vergangenheit Gegenwart und Zukunft, sondern alle lebenden Wesen, Natur und Welt zu einem harmonischen, von der Erkenntniss des Geistes und der Liebe des Gemüths zu umfassenden Ganzen verband.

XLIX.

Aus dem Geiste dieser Weltordnung, nicht nach der Beobachtung und den Bedürfnissen des Individuums ward das Ideal der gesellschaftlichen Organisation gestaltet, deren Ausbildung und Erhaltung die welthistoriche That und der sociale Beruf des indischen Priesterthums war. Freilich hatte in dem göttlichen Weltplane der Einzelne seine Berechtigung und ewige Bestimmung, war diese in der vergeistigten Contemplation auch nur das endliche Hinschwinden in das ἓν καὶ πᾶν, die all-einige Substanz, aber in der irdischen Ordnung galt er nur als Glied des Ganzen in der Stellung, welche ihm vom Schicksal angewiesen, nicht von ihm gewählt war. Den Grundsatz der Zusammengehörigkeit und Solidarität der Menschen, auf welchem jede menschliche Gesellschaft und die Möglichkeit ihrer Entwicklung beruht, hat die geistliche Gewalt bis zur völligen Unterdrückung individueller Selbstständigkeit und freier Bewegung durchzuführen gesucht. Ihre eigenen Träger sind in der persönlichen Unterordnung unter allgemeine Zwecke oder Interessen mit leuchtendem Beispiel vorangegangen. Die hervorragenden Geister, welche in Wort und That für ihr grosses System thätig gewesen, die Vorkämpfer und Begründer der socialen Ordnung, die Verfasser der heiligen Schriften, des alten Gesetzes, der grössten Dichtungen, haben mit solcher Selbstverläugnung gehandelt, dass sie nicht einmal ihre Namen der Mit- und Nachwelt überliefert haben. Von ihnen selbst gilt, was sie in einem schönen Gedichte sagen:

Menschen hohen Geistes irren
Auf der Erde verhüllt umher.

Unbekannt und unerkannt sind sie ihre Wege gegangen. Nicht den eigenen Ruhm suchten sie. Diesen einzigen äusseren Lohn geistiger Thaten haben sie verschmäht, zufrieden mit dem Bewusstsein unvergänglichen Wirkens für ihre Welt.

Es ist sehr ungerecht, wenn man das merkwürdige Gesetzbuch, welches den Abschluss der dauernden Organisation Indiens bezeichnet und beständig deren Grundgesetz geblieben ist, für ein Werk erklärt hat, das ohne Berücksichtigung des eigentlichen Volkes im Interesse des Despotismus und der Priester verfasst worden. Ohne Zweifel ist die Lehre, welche die weite Kluft zwischen der Hoheit der vornehmen und der Zurücksetzung der niederen Classen nicht als eine gesellschaftliche Einrichtung, sondern als Naturnothwendigkeit und göttliches Gesetz hinstellt, vielfach missbraucht worden, um geistliche Ueberhebung oder weltliche Tyrannei zu rechtfertigen und grausamer Unterdrückung der Armen und Schwachen zur Entschuldigung zu dienen; aber das Gesetz ist nicht dazu geschrieben. Es schärft den Priestern Demuth und Entsagung ein, wie den Königen Gerechtigkeit und Milde. Gewiss ist dieses Werk, wie nur irgendeines auf Erden, mit gutem Gewissen abgefasst worden, in dem Gefühl der Nothwendigkeit, in der Ueberzeugung von der ewigen Wahrheit seines Inhalts. Wie sehr dies der Fall, zeigt unwidersprechlich die Menge und Schwere der religiösen Pflichten, welche der bevorzugten Priesterkaste auferlegt werden, und wie sehr diese Vorschriften in Fleisch und Blut der contemplativen Classe übergegangen, lehrt ihre unverbrüchliche Beobachtung selbst von denen, für welche sie nach der metaphysischen Verflüchtigung oder Vergeistigung der ursprünglich zum Grunde liegenden theologischen Ideen ihre eigentliche Bedeutung verlieren mussten. Allerdings entspricht das indische Gesetzbuch nicht entfernt den Anforderungen, welche wir an die Vollständigkeit und Präcision derartiger Arbeiten stellen. Die Gesetze des hohen Alterthums, mögen sie an die Namen Manu Zoroaster oder Moses geknüpft sein, sind viel mehr Ideale, welche die Verfasser ihrem Volke aufstellten, als dass sie zur unmittelbaren praktischen Anwendung bestimmt oder brauchbar wären. Aber das Buch des Manu umfasst in der That alle Interessen und Verhältnisse der menschlichen Gesellschaft. Nur behandelt es, entsprechend seiner erklärten Absicht eine Richtschnur der religiösen und bürgerlichen Ordnung zu sein, neben den Satzungen der Religion vorzugsweise und mit besonderer Berücksichtigung dasjenige, was direct den Organismus der Gesellschaft angeht.

Wie die gesetzgeberischen Versuche der germanischen Völker, nachdem sie zuerst die Länder des römischen Reichs in Besitz genommen, fast ausschliesslich die Rechtsmaterien von öffentlichem Interesse betrafen, die Verhältnisse des Einzelnen zur Gesammtheit, Heerverfassung und Strafrecht, nur beiläufig privatrechtliche Bestimmungen, an die wir bei Werken der Gesetzgebung zunächst denken, so beschränkte sich das indische Priesterthum zwar nicht gleich jenen kriegerischen Nationen auf die eine Seite des Gesellschaftslebens, die staatliche oder politische Ordnung im engeren Sinne, aber doch wesentlich auf die Constituirung der Gesellschaft und ihrer Grundlagen, Familie Stände Staat.

I.

Der ursprüngliche Kreis, zu welchem menschliches Gefühl und Bedürfniss die Individuen vereint, die Familie, war von Alters her so fest geschlossen, die Einheit der Stämme und Geschlechter in den frühesten Anschauungen des Volkes so tief gewurzelt, dass die priesterliche Gesetzgebung den engen Zusammenhang, die Continuität und Solidarität der Familien voraussetzte, als in der Natur der Dinge begründet, von Ewigkeit her bestehend, und nur einzelne Anwendungen oder Consequenzen dieses Grundsatzes hervorhob. Die Glieder der Familie waren über das Grab hinaus verbunden in dem Schicksal ihrer Seelen, wie auf Erden in ihrem Eigenthum und ihrem Erbrecht. Das Verhältniss zwischen Eltern und Kindern ist durch sich selbst so nothwendig gegeben, dass es kaum besonderer Bestimmungen bedarf. Entschieden geltend macht sich dagegen der priesterliche Einfluss in der Stellung der Frauen. In der Lehre wie in der Poesie wird ihnen eine Aufmerksamkeit gewidmet, welche ihrer socialen Bedeutung entspricht, und im Ganzen werden die geschlechtlichen Verhältnisse zart und sittlich aufgefasst. Freilich hat sich die unwürdige Ansicht roher Zeiten, welche die Frau als eine Art Eigenthum des Mannes, das schwächere Geschlecht als eine Beute des stärkeren, diesem physisch und sittlich nachstehend, zu betrachten pflegt, in manchen Spuren erhalten. Die Heiligkeit und Unverletzlichkeit der Ehe wird fast nur gegen die Frau betont, ihr werden vorwiegend Pflichten, dem Manne Rechte in der Familie beigelegt. Das Weib soll nie nach Unabhängigkeit streben, stets von dem Vater, dem Manne, den Söhnen oder Verwandten abhängen.

„Ein tugendhaftes Weib wird ihren Gatten noch als einen Gott verehren, sollte er auch die Gesetze nicht beobachten, in eine andere Frau verliebt sein, oder gar keine guten Eigenschaften haben.“ Eine buddhistische Schrift deutet das sittliche Zurückstehen des weiblichen Geschlechtes an, indem sie dem weichlichen und sinnlichen Manne eine Wiedergeburt als Weib androht. Aber Manu schärft dem Manne die zarte und achtungsvolle Behandlung der Frau auf das dringendste ein. Wie den Göttern als nothwendige Ergänzung ihres Wesens weibliche Gottheiten von rein sittlicher Bedeutung zur Seite gestellt wurden, dem Brahma die Sarasvati als Göttin der Harmonie, dem Vischnu die Lakschmi als Göttin der Liebe und der Ehe, so ward stets in der Liebe das psychische Element entschieden hervorgehoben. Die Poesie stellte in der Sita Damajanti Sakontala typische Vorbilder der Keuschheit Treue und Unschuld auf. Wenn auch im Mrikkhakatika geklagt wird:

Des Meeres Wellen sind beständiger,
Das Abendroth nicht so vorübereilend
Als eines Weibes Liebeszärtlichkeit,

so verherrlichen doch gerade die grossen Dramen in verklärtester Gestalt die aufopfernde Liebe der Frauen, die Zartheit und Unschuld der Mädchen. Die indische Dichtkunst stellt die Frau so hoch und rein, wie die Poesie des europäischen Mittelalters, und schildert ihre Behandlung wahrhaft ritterlich. Freilich blieb das Leben hier wie dort weit hinter dem Ideal zurück.

Die Brahmanen konnten oder wollten die althergebrachte Sitte der Vielweiberei nicht gesetzlich abschaffen, aber obwohl den höheren Kasten mehrere Frauen erlaubt blieben, wurde die Monogamie entschieden empfohlen und sogar vorherrschende Sitte, wie sie dies übrigens bei den zahlreichsten Classen aller orientalischen Völker ist. Für die grosse Masse ist die Polygamie nach dem Zahlenverhältniss der Geschlechter nicht möglich, wenn nicht ausgedehnte Sclaverei und besonders blutige Kriege, wie etwa bei den Negervölkern Guineas, die männliche Bevölkerung fortwährend decimiren. Eigentliche Harems wurden nur von den Fürsten gehalten. Die strenge Absperrung der Frauen, welche sonst im Orient seit den ältesten Zeiten üblich ist, findet in Indien nicht statt. Die Ehe ist unbedingt löslich, das Gesetzbuch sorgt aber für die unschuldige Frau, indem es vorschreibt, dass der Mann der ohne hinlänglichen Grund entlassenen Frau den dritten Theil seines Vermögens als Strafe geben, oder wenn er kein Vermögen hat, sie lebenslänglich unterhalten soll. Die Verführung einer Frau wird in der Regel nur gleich einer Eigenthumsbeschädigung mit einer Vermögensbusse geahndet, in gravirenden Fällen jedoch, namentlich wenn ein Vornehmerer durch einen Geringeren beleidigt worden, an Leib und Leben gestraft. Umgekehrt wie nach der christlichen Theorie kann sich die geschiedene Frau wieder verheirathen, der Tod dagegen löst für die Frau das Band der Ehe nicht. Die Wiederverheirathung der Wittwe wird bei Manu durchaus verworfen, als etwas Viehisches bezeichnet. Die grausame Sitte der Wittwenverbrennung kennt das Gesetzbuch noch nicht. Nach den genauen Vorschriften des Rigveda über das Begräbnissceremoniell setzt sich die Wittwe auf den Scheiterhaufen des Mannes, wird dann aber wieder herabgeführt und in sinnigen Versen aufgefordert zurückzukehren in die Welt des Lebens. Die Vertheidiger der Sitte berufen sich auf eine nachweislich corrumpirte Vedenstelle; sie lesen, die Wittwe solle in das Feuer schreiten, während der richtige Text nur sagt: um das Feuer. Im Mahabharata verbrennt sich zwar die Madri aus grosser Treue mit dem todten Gemahl, sonst leben aber selbst Königinnen in hoher Achtung fort. Die Griechen fanden die Sitte wenigstens in der Kriegerkaste allgemein herrschend, und sie ist erst dem Einschreiten der Engländer in ihren Besitzungen gewichen. Ueberall sind die Mängel und Schroffheiten in diesem Systeme eben so fest gewurzelt wie das Anziehende und Grossartige.

LI.

Die Gliederung der Stände in ihrer strengen, erblichen Abgeschlossenheit haben wir bereits als den eigentlichen Mittelpunkt des indischen Gesellschaftslebens in allen seinen Beziehungen betrachtet. Und wie überall die Lebensverhältnisse der Völker und ihre Denkungsweise in ihrer Verbindung und Wechselwirkung die staatlichen Ordnungen und Formen beherrschen, so war auch der indische Staat ein so unverkennbares und unmittelbares Resultat der socialen Organisation und der ethischen Weltanschauung nebst ihrem Einflusse auf den Charakter des Volkes, dass darüber wenig zu sagen bleibt. Der Staat war eben nicht der Augenpunkt der höchsten Interessen. Er war nur das Mittel die religiöse und bürgerliche Ordnung, welche dem Volksgeiste als unabänderliches Ideal vorschwebte, in dem Kreise seiner Macht gegen innere und äussere Störungen aufrecht zu erhalten, oder wo sie verletzt war, wieder herzustellen. Dies war die Aufgabe eines besonderen Standes, der Kriegerkaste, und namentlich ihres Hauptes, des Königs. Er stand als unbeschränkter Gebieter an der Spitze der Regierung. Die geistliche Gewalt sollte nur einen moralischen berathenden Einfluss üben, und die Träger der weltlichen Macht, selbst die hervorragendsten Mitglieder der Kriegerkaste nahmen nur als Diener oder Beamte des Königs, niemals selbstständig oder aus eigenem Rechte an den Functionen der Staatsgewalt Theil. Den niederen Ständen irgendeinen Einfluss auf die Handhabung der Regierung einzuräumen konnte Niemandem einfallen. Von politischen Parteien, von Classenkämpfen um gesetzmässigen Antheil an der Staatsleitung, überhaupt von einer Verfassung der Staaten war gar nicht die Rede, sondern nur von ihrer Verwaltung. Wie sich diese nach der indischen Staatskunst gestaltete, ist daher noch in einigen Punkten zu erörtern.

Auf den ersten Blick erscheint es auffallend, dass den Gemeindeverhältnissen eine höchst geringe Aufmerksamkeit geschenkt wird. Denn ihre Wichtigkeit für geregelte Zustände konnte unmöglich verkannt werden, und die indischen Gemeinden haben sich augenscheinlich sehr früh zu abgeschlossenen Organismen gestaltet. Aber das Gemeindewesen gehört zu den Gegenständen, deren speciellere Ordnung hauptsächlich auf Herkommen und Gewohnheit beruht, daher erst spät, bei grösserer Complicirtheit der Verhältnisse und Interessen ausdrückliche gesetzliche Bestimmungen zu erfordern, und dann mehr der localen, als der allgemeinen Gesetzgebung anheim zu fallen pflegt. Das Gesetzbuch des Manu verweist ausdrücklich auf die Einrichtungen und Gebräuche der einzelnen Landschaften, und gerade in dieser Beziehung mochten sich verschiedenartige Gestaltungen entwickelt haben. Das Gemeindeleben war von Alters her im Orient sehr unabhängig, und ist es bis auf den heutigen Tag geblieben; so verwalteten auch in Indien die einzelnen Dörfer und Städte ihre Angelegenheiten selbstständig. Die Centralregierung bekümmerte sich wenig darum. Bei der grossen Einfachheit des Lebens, den geringen Ansprüchen, welche die niederen Classen, namentlich die ländliche Bevölkerung an Nahrung Kleidung und Wohnung machten, genügte jede Gemeinde ihren eigenen Bedürfnissen. Mit dem Staate standen sie fast nur durch das System der öffentlichen Lasten und Abgaben in Verbindung. Zu öffentlichen Arbeiten an Landstrassen Canälen Bauten aller Art, wie zum Kriegsdienste wurden die Einzelnen wahrscheinlich ohne feste Regel nach Willkür und Bedürfniss herangezogen. Die Steuern waren früh wohl geordnet. Die wichtigste und allgemeinste blieb stets die Grundsteuer. Sie wurde vom Bruttoertrage erhoben, ihr Betrag wird bei Manu und von Megasthenes verschieden angegeben; die jetzigen Hindus behaupten, dass sie sich unter ihren einheimischen Regierungen regelmässig im Frieden auf den sechsten, im Kriege auf den vierten Theil des Ertrages belaufen habe, in den Zeiten der Fremdherrschaft ist sie bis auf Zweidrittel angewachsen, ein Betrag, dessen Höhe nur bei der ausserordentlichen Fruchtbarkeit des Bodens und

Herabdrückung der arbeitenden Classen zur äussersten Armuth möglich ist. Der Versuch der Engländer die Naturalabgaben in Geldsteuern zu verwandeln ist durch Betrug und Wucher der Steuererheber nur zu grösserer Bedrückung ausgeschlagen. Neben der Grundsteuer kommen Zölle Kopfsteuer Verkehrs- und Luxus-Abgaben vor. Die Beamten bestritten aus den Einkünften ihres Bezirks die Verwaltungskosten und lieferten die Ueberschüsse an höhere Beamte ab, um für die Hofhaltung das Heer den Cultus oder öffentliche Anstalten verwendet zu werden. Die Brahmanen waren gleich der Kirche des Mittelalters für ihre Person und ihr Eigenthum steuerfrei.

LII.

Die sonstige Verwaltung war umfassend geregelt; eine geordnete Beamtenhierarchie handhabte die Sicherheitspolizei, überwachte Handel und Verkehr, sorgte für Strassen und Bewässerungsanstalten. Die Griechen, denen eine stabile und umfangreiche Ordnung stets imponirte, und die daher geneigt waren die indischen Zustände in einem zu idealen Lichte zu betrachten, schildern die Regierung als strenge geordnet, in den buddhistischen Legenden erscheint sie sehr willkürlich. Ohne Zweifel liess die Theorie in der Behandlung der niederen Classen der Willkür der Beamten einen ziemlich weiten Spielraum, und ebenso unzweifelhaft trat auch gegen theoretische Vorschriften nicht selten ein willkürliches Eingreifen und Durchgreifen der Grossen, namentlich der Fürsten nach den Bedürfnissen oder Leidenschaften des Augenblicks ein. Aber mochten auch Einzelne ungerechter Gewalt als Opfer fallen, so scheint doch im Ganzen die Praxis der Regierung nicht drückend oder grausam gewesen zu sein. Die Dramen des Kalidas verherrlichen die Frömmigkeit und Gesetzesachtung der Könige unter dem milden Einflusse heiliger und würdevoller Brahmanen.

Ein vorzügliches Augenmerk wurde von früh her auf die Rechtspflege gerichtet, und die Sorge dafür den Königen zu einer hauptsächlichen Pflicht gemacht. Zwar das eigentliche Privatrecht, so weit es nicht das Recht der Personen in Familie und Kaste betrifft, wird im Gesetzbuch wenig erwähnt; das lebte als Gewohnheitsrecht in dem Bewusstsein des Volkes, ohne dass es einer Codification bedurfte. Megasthenes und Strabo bemerken auch ausdrücklich, dass sich die indischen Richter keiner geschriebenen Gesetze bedienten. Aber die Formen der Rechtspflege waren früh sorgfältig ausgebildet. Das prozessualische Verfahren war mündlich und öffentlich. In der Beweistheorie spielten die Gottesurtheile eine grosse Rolle, zum Theil sehr ähnlich den Gottesurtheilen des christlichen Mittelalters. Ein wichtiges Beweismittel war auch der Eid; in dem alten Buche des Manu finden sich Verwarnungen gegen den Meineid, so umständlich und detaillirt wie in der preussischen Gerichtsordnung. Das Strafrecht wird ziemlich ausführlich behandelt, freilich nicht abgesondert oder systematisch. Wie überhaupt rechtliche sittliche religiöse ceremonielle und wirthschaftliche Vorschriften durch einander gehen, und die uns geläufigen Scheidelinien dieser Sphären fast gar nicht vorhanden sind, so werden auch unter dem Gesichtspunkte der Strafbarkeit Verstösse aller Art gegen das, was die Gesetzgebung als wesentlich in der Ordnung der Dinge betrachtet, in die gleiche Kategorie gestellt. Neben dem eigentlichen Criminalrecht erscheint ein System geistlicher aussöhnender Bussen, welche auch die weltliche Strafe abwenden, aber freilich nicht selten der Art sind, dass ihre wörtliche Vollziehung unzweifelhaft den Tod herbeiführen müsste. Namentlich bei diesen Büssungen tritt ähnlich der griechischen Ansicht vom Ethos die Anschauung hervor, dass die That an sich, auch die unbeabsichtigte und unbewusste die sittliche Weltordnung verletzt, und daher auch an dem unschuldigen Vollbringer als ein Frevel heimgesucht wird, bis sie gesühnt ist. Verbrechen werden in der Regel an Mitgliedern der niederen Kasten weit härter gestraft als an denen der höheren, nur beim Diebstahl steigt die Höhe der zu entrichtenden Geldbusse mit der Kaste des

Schuldigen. Als Strafen kommen Geldbusse Gefängniss Verbannung körperliche Züchtigung Verstümmelung und Tod vor. Bei Brahmanen sollen gesetzlich die drei letzteren Strafgattungen nicht angewendet werden. Das Gesetz lässt bei den meisten Verbrechen in der Art und dem Maasse der Strafe dem Ermessen des Richters einen sehr weiten Spielraum, doch kaum vager, als es noch vor zwei Menschenaltern allgemein in Deutschland der Fall war, da nach einer schwankenden und willkürlichen Praxis mässige Gefängnissstrafen verhängt wurden, wo ein veraltetes, aber unzweifelhaft geltendes Gesetz Tod oder Verstümmelung androhte. Freilich scheinen selbst die unbedingten Vorschriften nicht immer beobachtet zu sein; im Mrikkhakatika verurtheilt der König einen Brahmanen zum Tode, obwohl der Richter ausdrücklich erklärt, dass er nach dem Gesetze nicht hingerichtet werden dürfe.

Die grösseren Städte die Handelsplätze und die Höfe der Könige waren die Sitze des regeren Verkehrs, der Künste und Wissenschaften, des Luxus und der Industrie. Die indischen Dramen und Legenden, wie die fremden Berichterstatter älterer und späterer Zeiten schildern das Leben der Reichen und Vornehmen als üppig glänzend und prächtig. Megasthenes fand das Reich des Tschandragugta, welches fast ganz Indien nördlich vom Vindhjagebirge umfasste, sehr blühend. Er schätzt die Kriegsmacht des Königs auf 630,000 Mann und 9000 Elephanten. Freilich war das Jahrhundert des Tschandragupta und Açoka vielleicht die Zeit der dauerndsten und höchsten Blüthe, welche Indien gesehen. Aber auch die Mohamedaner fanden bei ihren ersten Einfällen das Land sehr reich. Die heilige Stadt Mathura, wo indische Fürsten und Grosse sich Wohnungen zu halten pflegten, soll tausend Marmorpaläste und zahllose Tempel gehabt haben, als Mahmud sie verwüstete und ungeheuere Schätze fortschleppte. Die staatlichen Verbindungen waren selten von langem Bestande. Sie beruhten fast nur auf der Persönlichkeit des Regenten, nicht auf Gegensätzen der Nationalität oder auf wesentlichen organischen Einrichtungen. Städte Provinzen Länder gingen aus einer Hand in die andere über, grosse Reiche zerfielen und wurden gegründet, ohne dass die Lage Anderer als der eigentlichen Machthaber dadurch erheblich berührt wurde. Sorgte der Sieger nur für leidliche Ordnung, so söhnte man sich bald mit ihm aus. Das Interesse für den Staat war durchaus gering. Die Griechen konnten hier die ihnen in Aegypten auffallende Erscheinung wieder finden, dass Niemand sich um die Politik bekümmerte, Jeder nur mit seinen Privatangelegenheiten beschäftigt war.

LIII.

Seit seiner vollständigen Consolidation ist in dem indischen Leben nur einmal von innen heraus eine historische Bewegung eingetreten durch den Buddhismus, erst spät ist es erschüttert und endlich zum grössten Theil gebrochen worden durch die Invasionen fremder Völker.

Im Buddhismus erreichte die Metaphysik den Punkt, wo sie sich negirend gegen die unter dem Einflusse der theologischen Philosophie ausgebildete sociale Ordnung wendete. In seiner metaphysischen Grundlage, in seiner Theorie von der Nichtigkeit der Welt und der Bestimmung des Menschen zur Auflösung in die selige Ruhe des Nichts unterscheidet er sich nicht wesentlich von den orthodoxen Systemen brahmanischer Philosophen; er ist ebenso sehr die äusserste Consequenz wie die Negation derselben; aber während diese meistens die Vorschriften des religiösen Gesetzes und sämmtlich die auf die theologische Ueberlieferung gestützte Ordnung der Gesellschaft unangetastet bestehen liessen, zog der Buddhismus kühn die praktischen Consequenzen der geistigen Lehre, vor welcher die priesterlichen Satzungen und das Kastenwesen ihre Bedeutung verlieren mussten. Es ist charakteristisch, dass sein Stifter im Gegensatz gegen die sonstigen Heiligen und Weisen nicht der Kaste der Brahmanen angehörte. Çakjamuni, nach seinem Durchdringen zur reinen Erkenntniss Buddha, das ist der Erleuchtete, genannt, war ein Königssohn, geboren um 620 vor Christus. 28 Jahre alt zog er sich von der Herrlichkeit der Welt zurück zu den Einsiedeleien berühmter Brahmanen. Hier lebte er lange der einsamen Meditation, ehe er als Reformator auftrat und Schüler um sich sammelte. Er fand bald grossen Anhang und starb in hohem Alter 543 vor Christus. Die Geschichte des Buddhismus bietet eine auffallende Aehnlichkeit mit dem Christenthum dar. Gleich dem Heilande des Occidents wanderte Buddha mit seinen Jüngern im Lande umher, that Wunder und lehrte. Auch von ihm mochte man sagen: er predigte gewaltig, nicht wie die Schriftgelehrten und Pharisäer. Wie Christus gegen das werkheilige Judenthum, wie die Reformation gegen die römische Kirche drang Buddha gegen die äusserlichen Satzungen der Brahmanen allein auf die Heiligkeit der inneren Gesinnung; Reue und Sündenbekenntniss sollten alle Ceremonien Gebete Opfer und Büssungen ersetzen. Er predigte dem Volke eine einfache praktische für Alle gleichmässige Moral, und war selbst das hohe Vorbild seiner Lehre, der Demuth, der Geduld und der Keuschheit. Die reizende Gopa war ihm stets nur eine Schwester. Versuchungen irdischer Macht und Herrlichkeit vermochten ihn nicht in die Welt zurückzuführen, deren Reize und Schrecken er als täuschenden Traum erkannt hatte. Von den Auserwählten, welche zur Befreiung von allem Schmerz und aller Leidenschaft, so wie von der nochmaligen Wiedergeburt gelangen wollten, verlangte er völlige Entsagung der Welt, Armuth und Keuschheit; aber dieser Befreiung konnte Jeder ohne Rücksicht auf seine Geburt theilhaftig werden. Die Lehre von der gleichen Berechtigung aller Menschen, der Gedanke einer universellen Belehrung und Bekehrung ohne Rücksicht auf Kaste und Nationalität ist hier zuerst aufgetreten. Aus dem Zusammenleben der Frommen, die in Entsagung und Erkenntniss weiter gekommen, Bhikschu (Bettler) genannt, entwickelte sich das buddhistische Klosterleben und allmälig ein neues Priesterthum dem Laienstande gegenüber, ehelos, hierarchisch geordnet, mit strenger Disciplin und minutiösem Ceremoniell. An die Person Buddhas knüpfte sich zuerst ein Cultus der Erinnerung, ein ausgebildeter Reliquiendienst. Bald nahm indessen die geistige Lehre wenigstens für das Volk aus dessen Religionen wieder göttliche Mächte auf, die nach und nach an Bedeutung gewannen und im schneidenden Contrast zu der ursprünglichen Theorie endlich sogar zur Annahme eines höchsten persönlichen Wesens, Adibuddha, führten, als dessen vornehmste Offenbarung nun Buddha betrachtet wurde. Eine zahllose Sectenbildung konnte dabei nicht fehlen trotz der Bestrebungen der vier grossen Synoden die Einheit der Lehre zu erhalten oder wieder herzustellen. Bald nach Buddhas Tode berief sein berühmtester Schüler Kaçjaga das erste Concil, auf welchem seine Aussprüche und Lehren gesammelt wurden. Das dritte Concil, welches 246 vor Christus unter dem grossen Könige Açoka einige Jahre nach seiner Bekehrung abgehalten wurde, fand bereits 17 verschiedene Secten vor; dort wurde ausdrücklich die Verbreitung der Lehre unter fremden Völkern beschlossen, und seitdem entwickelten die Buddhisten ihre grosse Missionsthätigkeit, die sich allmälig über das ganze östliche Asien erstreckte. Auf der vierten Synode, welche in der ersten Hälfte des ersten Jahrhunderts nach Christus unter dem mächtigen Barbarenkönige Kanischka in Kaschmir stattfand, wurde der Canon der heiligen Schriften endgültig festgestellt. Damit hörten die allgemeinen Concilien und ihre gesetzlichen Beschlüsse auf, es folgten nur noch Privatarbeiten und Commentare. Der Glaube nahm bei den einzelnen Völkern sehr verschiedene Gestalten an, und der allgemeine Zusammenhang ging verloren. Die chinesischen Buddhisten nehmen unrichtiger Weise seit Buddha eine ununterbrochene Reihe von Patriarchen an.

LIV.

Während Buddha selbst noch die Geburt in einer höheren oder niedrigeren Kaste aus der Reinheit oder Sündhaftigkeit eines früheren Lebens erklärte, während Açoka trotz seiner Bekehrung den Vorrang der Brahmanen anerkannte, bekämpften die späteren Buddhisten entschieden das Kastenwesen. Ohne Zweifel trug diese Lehre der Hebung und Befreiung für die niederen Klassen in hohem Grade zur Verbreitung des Buddhismus bei, forderte aber auch die Anhänger des alten Systems und namentlich die Brahmanen, deren Ansehn sich schon durch die offene Verläugnung ihrer Götterlehre schwer bedroht sah, desto energischer zum Widerstande heraus. Mit der Dynastie der Çunga im zweiten Jahrhundert vor Christus trat die brahmanische Reaction ein, und machte sich in blutigen Verfolgungen Luft; buddhistische Geistliche wurden ermordet oder vertrieben, ihre Klöster zerstört. In den folgenden Zeiten schöpfte der Brahmanismus wahrscheinlich auch aus der wiederholten nationalen Erhebung gegen die einbrechenden Fremdherrschaften neue Kraft. In solchen Zeiten pflegt sich der Volksgeist mit Vorliebe seinen alten Institutionen zuzuwenden. Eine Reihe von Jahrhunderten dauerten die religiösen Kämpfe fort. Brahmanisch gesinnte Könige wechselten in den verschiedenen Staaten Indiens mit buddhistischen ab, schon in der Sprache ihrer Inschriften kenntlich, indem sich Jene consequent des Sanskrit, Letztere nach dem Beispiele ihrer Heiligen und Gelehrten der Volkssprachen bedienten. Endlich aber bewährte sich das System der alten Ordnung als zu fest gegründet um der Neuerung zu weichen. Der grosse Kampf endete mit der völligen Vernichtung des Buddhismus im eigentlichen Indien. So hat er es hier nicht zu einer neuen Organisation der Gesellschaft gebracht, sondern nur die Bedeutung, eine mächtige geistige Bewegung hervorgerufen zu haben. In dem Ringen mit dem gefährlichen Gegner wurden die Kräfte des Geistes zu höheren Anstrengungen aufgerufen, und die Erfolge dieser Anstrengungen zeigten sich in der grösseren Vertiefung der brahmanischen Religion und Philosophie, wie in dem Aufschwunge der Künste und Wissenschaften. Ihre reichste Blüthe fiel in diese Zeiten, und nach dem Untergange des Buddhismus ist auf allen Gebieten die Stagnation eingetreten.

Nur in zwei der äussersten Grenzländer indischer Cultur, aber nicht rein arischer Bevölkerung, in Nepal am Fusse des Himalaja und auf der Insel Ceylon, hat sich der Buddhismus behauptet. Seine grösste Verbreitung hat er unter anderen Raçen gefunden. In den meisten Ländern Hinterindiens und bei einem Theile der Mongolen haben die buddhistischen Missionen die einzigen Keime der Bildung und milderer Sitten gepflanzt. In China hat sich trotz des Widerstandes der Anhänger des Confucius die Hälfte seiner ungeheuren Bevölkerung zum Buddhismus gewendet. Den grössten äusseren Glanz hat er in Tübet erreicht. Hier ist es der Autorität einer fremden höheren Bildung nach der Bekehrung des rohen Volkes gelungen, die geistliche Gewalt auch mit der weltlichen Herrschaft zu bekleiden, obwohl die letztere in der That jetzt durch die chinesischen Statthalter ausgeübt wird. Die ersten christlichen Reisenden, welche in diesen buddhistischen Kirchenstaat eindrangen, waren von der Aehnlichkeit der Einrichtungen Gebräuche Ceremonien dieser Hierarchie mit denen der römischen Kirche so betroffen, dass sie glaubten, einen Spuk des Teufels, eine von der Hölle veranstaltete Persiflage des Christenthums annehmen zu müssen.

Wie verschieden sich der Buddhismus auch als Volksreligion und in den Formen seines Auftretens gestaltet hat, so ist der Kern seiner ethischen Weltanschauung doch derselbe geblieben, der er im Heimathlande geworden. Die Eingeweihten, welche das Inhaltsleere und Substanzlose aller Erscheinungen erkannt haben, streben durch Unterdrückung der Sehnsucht und der Leidenschaften in der Weltentsagung andächtiger Meditation nach der Auslöschung des denkenden Wesens. Die Laien haben sich durch Beobachtung einer milden schonungsvollen quietistischen Sittenlehre für ein höheres Dasein vorzubereiten. Verdienstliche Tugenden sind Vorbereitung des Glaubens und Handlungen der Wohlthätigkeit, an Landstraſsen schattengebende oder fruchttragende Bäume zu pflanzen, Brunnen zu graben, Herbergen und Spitäler für Menschen oder Thiere anzulegen.

Die Gebote und Sittensprüche der Buddhisten zeugen von tiefem Nachdenken, sie sind zum Theil sehr schön und ernst gefafst. Die eigentlich speculativen Schriften bewegen sich in einem engen Gedankenkreise, und sind daher durch ihre Wiederholungen ermüdend. Ueberall ist die trübe schwermüthige Stimmung der Negation vorherrschend. In der Beschränkung auf ihre mystische Ethik als das Eine, was Noth thut, haben sich die Buddhisten mit Künsten und Wissenschaften wenig beschäftigt. Nur was unmittelbar mit dem System ihrer Lehre im Zusammenhang stand, haben sie cultivirt, von den Künsten die Architektur und im Anschlusse daran die Sculptur für ihre Denkmäler Klöster und Tempel, von den Wissenschaften die Geschichte ihrer Kirche. Gänzlich werthlos für die älteren Zeiten, sind ihre Geschichtswerke für die Schicksale des Buddhismus und seiner Zeitgenossen von hoher Wichtigkeit, ihre Nachrichten ziemlich zuverlässig; es treten zwar auch in den historischen Zeiten Götter und Genien in ihren Erzählungen auf, aber die Wunderberichte sind kaum ausschweifender als die Legenden der Christen oder Mohamedaner. Gegen den Staat sind die Buddhisten gleichgültig, fügsam gegen jede Regierung. Mit Ausnahme der priesterlichen Regenten Tübets sind ihre Fürsten nicht den Moralgesetzen der Heiligen, sondern nur denen der Laien unterworfen. Sie werden als Schutzherren des Glaubens betrachtet. Ihr Ideal ist der erste königliche Bekenner, Açoka. Kriege sind allein zur Vertheidigung erlaubt. Aber es fehlt viel, dass die Praxis des Lebens den Vorschriften der Theorie entspräche. Auch die reinste und sanfteste Moral hat eine sehr beschränkte Wirksamkeit ohne die geordneten Zustände und die milderen Gewohnheiten einer vorgeschrittenen Civilisation. Diese hat der Buddhismus den Ländern Hinterindiens nicht bringen können; ihre Völker sind rohe Barbaren geblieben, und ihre Fürsten grausame Despoten. In Hindustan, wo er, zur Herrschaft gelangt, unter einem begabten und gebildeten Volke eine Regeneration des Lebens und Denkens, eine freiere, dem Fortschritt günstigere Organisation der Gesellschaft hätte hervorrufen können, ist er nicht zu positiven Schöpfungen gekommen, sondern auf der Stufe der Negation und Opposition stehen geblieben, welche für jedes neue System im Anfange seiner Bahn die überwiegende Aufgabe bildet.

LV.

In der Berührung mit fremden Völkern war die Rolle der Inder im friedlichen, wie im feindlichen Verkehr stets eine passive. Sie suchten keine Verbindung mit anderen, nicht einmal zum Zwecke der Eroberung. Freilich betrachteten sie sich, wie alle Nationen des Alterthums und selbst der neueren Zeiten, bis tiefere Erkenntniss gegenseitige Anerkennung verbreitet hat, als das auserwählte, allein berechtigte Volk, ja als das Volk an sich, aber während dieser Hochmuth kriegerischere Stämme zu dem Versuche spornte, ihr vermeintliches Uebergewicht durch die Unterjochung anderer zu bethätigen, trieb er die Inder nur zur selbstgenügsamen Abschliefsung. Andere kamen zu ihnen, um sich durch den Handel mit ihren Waaren zu bereichern, oder um in ihrem Gebiete Eroberungen zu machen. Bei der Abgeschlossenheit der Lage und der weiten Entfernung von allen civilisirten Ländern blieb der auswärtige Verkehr lange Zeiten hindurch auf den Besuch von Kaufleuten beschränkt, welcher zwar für die indischen Handelsplätze und die Produktion der Ausfuhrartikel, namentlich die Baumwollen-Industrie, von grosser Bedeutung war, einen Austausch der Cultur und fördernden Einfluss fremder Bildung aber nicht vermitteln konnte. Viele Jahrhunderte war Indien den Völkern des Occidents ein Land der Sehnsucht der Wunder und überschwenglichen Reichthums. Die Phönizier Babylonier Perser, seit Alexander die Griechen und von frühen Zeiten her die Chinesen standen in Handelsverbindung mit den Indern. Die erste historisch sichere Nachricht von einem auswärtigen Kriege betrifft den Feldzug des Darius Hystaspes, welcher das indische Vorland bis an den Indus zur persischen Satrapie machte. Bei der eintretenden Schwäche des Reiches scheint diese Provinz wenigstens zum grössten Theil bald verloren gegangen zu sein. In der Schlacht von Arbela erscheinen zwar indische Hülfstruppen, aber in geringer Stärke, mit nur 15 Elephanten. Auch Alexander der Grosse drang nicht über das Pundschab hinaus; nach dem Vertrage mit Poros (der Name bezeichnet die Dynastie der Paurava) scheint er hier keine unmittelbare Herrschaft, sondern nur eine Anerkennung seiner Oberhoheit beabsichtigt zu haben. Schon Seleucus trat die indischen Besitzungen an Tschandragupta ab. Die Könige des griechisch-baktrischen Reiches unterwarfen sich wieder einen Theil dieser Grenzgebiete. Weit tiefer eingreifend waren die Eroberungen der nördlichen Barbaren, Indoscythen genannt, deren Eindringen durch die grosse Völkerbewegung der finnisch-uralischen Stämme in Hochasien veranlasst wurde. Zuerst gründeten die Saker, höchst wahrscheinlich kaukasischer Race, um 100 vor Christus ein ausgedehntes Reich. Ihr Besieger war Vikramäditja, der Wiederhersteller einer grossen indischen Macht. In rührendem Andenken hat das gequälte Volk diesen König behalten, der die erste verhasste Fremdherrschaft brach. Wenn die Bedrängniss gar zu hart und der Druck unerträglich wird, dann sollen durch die Gnade der Götter Vikramäditja und sein Minister Bhatti wiedergeboren werden, um der Tyrannei ein Ende zu machen. Noch zu den Zeiten der unduldsamen und raubsüchtigen Mohamedaner soll ihr Erscheinen allgemein erwartet worden sein. Er wird in vielen Sagen gefeiert, sein Hof als Sammelplatz der Künste und Wissenschaften geschildert, der Aufschwung des nationalen Lebens jener Zeiten vorzugsweise an seinen Namen geknüpft. Bald darauf unterwarfen sich die Juetschi, Indoscythen mongolischer Race, später die weissen Hunnen genannt, das Land in noch weiterem Umfange, namentlich unter dem Könige Kanischka. Ihr Regierungs- oder Ausbeutungs-System war durchaus roh; ähnlich wie in den Reichen Tschingiskhans führten Generale an der Spitze ihrer Kriegsschaaren in den eroberten Provinzen ein ungeregeltes Regiment. Nach Kanischkas Tode zerfiel das schlecht verbundene Reich, und in den einzelnen Ländern erhoben sich nach und nach wieder einheimische Regenten, zum Theil gleich Vikramaditja als Beförderer der Dichtkunst Gelehrsamkeit und brahmanischen Religion berühmt. Ausserhalb Indiens und mit Unterbrechungen in Kaschmir behaupteten die Juetschi bis gegen Ende des sechsten Jahrhunderts nach Christus ihre Macht. Die Erhebung gegen sie war der letzte siegreiche Aufschwung indischer Kraft. In den folgenden Jahrhunderten verdumpfte mit der geistigen Bewegung auch die Energie der Kriegskunst und Politik. Die Araber fanden nur schwachen Widerstand, als sie die Indusländer unterwarfen, und Streifzüge bis zu den Ufern des Ganges machten. Völlig niedergeworfen wurde ein grosser Theil der alten Staaten durch den Ghasnividen Mahmud. Die schlecht bewaffneten und schlecht geordneten Heeresmassen der Inder zerstoben bei jedem Zusammentreffen vor der Wucht seiner kriegsgewohnten Schaaren. Vergeblich flehten Priester und Volk, sie wollten ja Alles thun und geben, was er fordern würde, nur die Heiligthümer ihrer Väter und die alten Götter sollte er ihnen lassen. Dass sie dem heidnischen Aberglauben entsagten, sei eben das Einzige, was er begehre, antwortete der furchtbare Eroberer; und die Verwüstung ging ihren Gang. Seitdem waren Afghanen und Mongolen in tumultuarischem Wechsel die Herren des Landes, bis im sechszehnten Jahrhundert die Nachkommen Timurs eine dauernde Herrschaft gründeten, die erst dem Eindringen der Engländer erlag. Ein Theil des Volkes hat sich zum Islam bekehrt, der andere hat in einem schlauen beugsamen aber zähen Widerstande seine Religion und seine Sitten durch alle Zeiten grausamer und willkürlicher Bedrückung behauptet. Ihre Kräfte einzig auf die Bewahrung des Alten und Hergebrachten richtend, haben die Hindus eben so wenig Elemente der Regeneration und des Fortschritts aus sich entwickeln, wie von ihren barbarischen Herren erhalten können. Die geringen Reste der Bevölkerung, welche sich unabhängig erhielten, nahmen unter dem Drange der Umstände neue, auf

20*

Krieg und Vertheidigung gerichtete Organisationen an; so entstand in den Radschputenstaaten eine Art feudalmässiger Bundesverfassungen. Ausgedehntere Bedeutung konnten diese Bildungen nicht gewinnen.

LVI.

Werfen wir einen Rückblick auf die Grundlagen und die Geschichte des betrachteten Systems, um uns in seiner Entwicklung und seinem Absterben die Wirksamkeit allgemein gültiger Gesetze des Völkerlebens zu vergegenwärtigen, so sehen wir diese Organisation hervorgegangen aus den beiden Factoren jeder gesellschaftlichen Ordnung, aus den praktischen Verhältnissen den Sitten und Gewohnheiten, in denen sich das ursprüngliche Leben des Volkes bewegte, und aus den theoretischen Speculationen, deren Ausbildung der besonderen contemplativen Classe anheim fiel. Die priesterliche Theorie hat eben so wenig die Gliederung des Besitzes und der Stände erschaffen, wie die sociale Ordnung als Quelle der religiösen Anschauungen betrachtet werden kann. Beide sind neben einander gleich ursprünglich und spontan aus den Anlagen und Bedürfnissen der menschlichen Natur unter dem Einfluss der gegebenen äusseren Naturbedingungen erwachsen. Aber ihre Entwicklung erfolgte unter steter Wechselwirkung. Weder würde die brahmanische Speculation ausserhalb des beginnenden Kastenwesens, noch die praktische Lebensordnung ohne den Einfluss des Priesterthums den Inhalt und die Form gewonnen haben, welche sie mit einander erreichen. Ueberwogen bei der Constituirung der bürgerlichen Gesellschaft im Anfange die unbewussten natürlichen Tendenzen und die Einflüsse der äusserlichen Umgebungen, so gewann später die durchdachte zweckbewusste Theorie in ihrer folgerichtigen und selbstständigen Entwickelung eine desto eingreifendere Wirksamkeit. Eine gewisse Harmonie der Verhältnisse, welche das äussere Leben beherrschen, und der Anschauungen, welche den Speculationen der Intelligenz zum Grunde liegen, erfordert jede dauerhafte gesellschaftliche Ordnung. Diese stürzt unausbleiblich zusammen, wenn jene dauernd auseinander gehen. Je vollständiger sie sich entsprechen, je umfassender sie bis in das Einzelne hinab in einander gearbeitet sind, je inniger die allgemeinen Theorien die Praxis des Lebens durchdringen, desto fester und unerschütterlicher besteht die auf ihnen ruhende sociale Ordnung. Bei den Indern war diese Harmonie in einem wunderbaren Maasse erreicht. Alles stimmte zusammen im Grossen wie im Kleinen. Das System der contemplativen Classe beherrschte nicht nur die allgemeinen Institutionen der Gesellschaft, sondern auch die Einzelnheiten im Leben der Individuen und der Familien. Die Speculation identificirte sich vollkommen mit dem Leben und liess nirgends eine Lücke. Wo sie sich in metaphysischer Vertiefung vom Hergebrachten lösen zu müssen schien, wendete sie sich nicht feindlich gegen die Ordnung, sondern zog sich aus dem Leben zurück; im Leben und für das Leben des Volkes liess sie die alten Gebräuche und Einrichtungen bestehen, fuhr sogar fort sie als nothwendig zu betrachten. Die Buddhisten, welche die Consequenzen der metaphysischen Speculation in der Praxis ziehen wollten, fanden keinen genügenden Stützpunkt, um das alte Regime aus den Angeln zu heben und dadurch für eine neue Organisation Raum .zu schaffen. Die Brahmanen haben die Grundsätze, auf welchen jede Möglichkeit einer ausgedehnten Gesellschaft und damit einer höheren menschlichen Entwicklung beruht, die Grundsätze der Zusammengehörigkeit der Solidarität und Continuität in der Familie dem Berufsstande und dem Ganzen der menschlichen Gesellschaft mit der äussersten Consequenz und dem glücklichsten Erfolge geltend gemacht. Sie haben diese Grundsätze für den Einzelnen in der Seelenwanderung über das Dunkel des Grabes hinaus, für die Gesellschaft in einem allumfassenden Weltplane zur absoluten und ewigen Nothwendigkeit erhoben. Sie haben durch ein ruhiges, wohl geordnetes, den Arbeiten und Künsten des Friedens geneigtes Regiment ihr Volk zu einer hohen und reichen Entwicklung geführt. Aber indem sie in ihrem politischen und socialen Systeme alles Gewicht auf die Seite der Ordnung legten, verloren sie die Idee des Fortschritts gänzlich aus den Augen. Sie hielten die unerschütterliche Stabilität, das unverbrüchliche Festhalten an den einmal erarbeiteten Resultaten für eine so nothwendige Bedingung des geordneten Daseins, dass je mehr diese Resultate befriedigen konnten, desto mehr jeder ferneren Bewegung oder Reform Feindseligkeit und Misstrauen entgegen gesetzt wurden. Wird es schon dem Einzelnen schwer eine alte Gewohnheit abzulegen, so kostet es eine gewaltige Arbeit, in den festgewurzelten Anschauungen und Einrichtungen eines Volkes neue Richtungen wach zu rufen, und das Durchdringen neuer Elemente wird um so schwieriger, je einseitiger die Grundlagen und je entwickelter die Consequenzen der gewonnenen Cultur geworden sind. Die Folgerungen weniger und abstracter Grundsätze lassen sich leicht in eine geschlossene Harmonie bringen, mit der sich das Nachdenken begnügt, in deren unverändertem Kreise es seine dauernde Ruhe findet; mannichfaltige und vielseitige Anschauungen rufen dagegen in der Durcharbeitung Widersprüche und die unruhige Gährung hervor, welche das intellectuelle Leben in Bewegung setzen, wie die materiellen Bedürfnisse das praktische. In der theologischen oder metaphysischen Theorie der Inder überwog das Allgemeine und Abstracte mit dem Streben nach selbstgenügsamer Ruhe und mit Entfremdung vom Leben so sehr, dass die speciellen Wissenschaften ihren bewegenden und treibenden Einfluss wenig offenbaren konnten. In der Praxis vereinigte sich mit den conservativen Interessen der höheren Classen die Bedürfnisslosigkeit und das leichte Befriedigtsein der niederen, welches als Hauptgrund der Veränderungslosigkeit bei den Bevölkerungen des Orients betrachtet werden muss. Besonders gefördert wurde diese Unbeweglichkeit durch die Ausbildung des Kastensystems und die mit ihm gegebene Abgeschlossenheit der Familien Stände Berufszweige, so wie des ganzen Volkes gegen die Fremden, wodurch im Grossen wie im Einzelnen die befruchtende Berührung und Wechselwirkung verschiedener Anschauungs- und Lebenskreise gehemmt, die äussere Anregung zu neuen Formen der Thätigkeit ausgeschlossen, die natürliche Neigung zum Hergebrachten und Gewohnten künstlich befestigt wurde. Wir sahen, wie in den Kämpfen gegen den Buddhismus, die einzige Geistesbewegung, welche erregend in die Masse des Volkes eindrang, und in dem Ringen gegen die ersten Fremdherrschaften die Anstrengung der Kräfte wider diese Feinde auf allen Gebieten der Thätigkeit ein neues Leben und glänzende Erscheinungen der Künste und Wissenschaften hervorrief. Aber während eine mächtige Bewegung einzelne Zweige der Cultur ergriff, schloss man sich im Ganzen gerade in diesen Kämpfen nur noch fester an die alten Grundlagen der brahmanischen Theorien und Ordnungen an. Die wiederhergestellte Herrschaft des ausschliesslichen Princips der Ordnung und Festigkeit in den allgemeinsten und wesentlichsten Dingen hemmte allmälig auch jede Entwicklung und jeden Aufschwung in den übrigen, und liess endlich die Stagnation eintreten, welche mit der Uebung des Fortschritts auch die Möglichkeit desselben mehr und mehr verschwinden machte.

LVII.

Wenn wir nicht ohne ein Gefühl der Wehmuth die endliche Unfruchtbarkeit den Stillstand und den Verfall einer so reichen grossartigen Civilisation betrachten können, oder wenn wir uns die Bewegungsgesetze klar zu machen suchen, nach denen die Entwicklung auf dem eingeschlagenen Wege diesen Ausgang nehmen musste, drängt sich wohl die Frage auf; könnten auch wir, die jetzt am meisten vorgeschrittenen Völker der Erde einem ähnlichen Niedergange entgegen reifen? Die Befürchtung läge nicht ferne, wenn die mächtigen Anstrengungen, in denen sich die Gewalthaber dieser Zeit fast ausnahmslos vereinigen, auf dem religiösen socialen und politischen Gebiete die alten Theorien und Ordnungen zu erhalten oder wiederherzustellen wirklichen Erfolg haben könnten.

Denn dazu müssten nicht nur die entgegengesetzten, bisher wesentlich negativen Theorien auf diesen Gebieten, die revolutionairen Ideen im weitesten Umfange, dauernd unterdrückt, sondern es müsste auch der Geist der Arbeit und des Forschens ausgerottet werden, welcher in der materiellen und intellectuellen Entwicklung unserer Tage, in der Industrie und Wissenschaft das eigentlich bewegende Element bildet. Dazu müsste im letzten Grunde eine furchtbare Verengung in den Bedürfnissen Bestrebungen Anschauungen und Beziehungen der modernen Völker hergestellt werden. Beschränkte Vorstellungskreise nehmen am leichtesten den Schein vollkommener Evidenz an, widerstehen in ausschliesslicher Einseitigkeit besserer Erkenntniss, lassen gleichgültige Aeusserlichkeiten oder gar inhumane Barbarei als heilige Gewissenspflicht empfinden, führen zu bloss formalen Principien, zu socialen und politischen Idealen, die in ihren Abstractionen auf individuelle Befriedigung und wirklichen Lebensgenuss keine Rücksicht nehmen. Aehnlich wirkt die Beschränkung von Bildung und Wohlstand auf wenige Bevorzugte und die Ausschliessung der Mehrzahl, anfangs unumgänglich, in künstlicher Fortsetzung und Ausbildung erdrückender Schranken der Entwicklung des Ganzen entgegen. Sie rächt sich an denen selbst, zu deren Gunsten jene Schranken errichtet wurden, durch Erstarrung des Geistes und Erschlaffung des Charakters. Wenn eine solche Verengung und Verödung eintreten könnte, dann würde allerdings nichts mehr der allgemeinen Verdumpfung entgegen stehen. Aber das ist nicht möglich. Die vielseitigen Interessen, und die harte Energie, mit welcher sie sich herausgearbeitet haben

aus Elend Fesseln Geistesnacht und Noth

zu ihren gegenwärtigen Zuständen, lassen bei den Völkern des Occidents dauernde Erschlaffung und Stillstand nicht zu; und wenn sich ein Volk zum Schlummer neigt, der ein Todesschlaf werden könnte, so werden bei einem anderen Funken geschlagen, die endlich auch dort wieder neues Leben anfachen, wo es zu ersterben drohte. Die Industrie und positiven Wissenschaften haben eine Ausdehnung und Bedeutung gewonnen, dass sie sich weder entbehren noch unterdrücken lassen. Das wissen auch ihre Gegner und Verächter sehr wohl, sie meinen nur, sie in gewissen Schranken halten und mit den alten Theorien versöhnen zu können. Allein die heutige Industrie verträgt sich so wenig mit der socialen und politischen Ordnung des Mittelalters, wie die positive Wissenschaft mit seiner Theologie. Darum mögen die Vertreter des unwiderbringlich verfallenden kirchlich-feudalen Systems, Fürsten Adel und Priester, wohl noch eine Zeitlang die Reste der alten Ordnung mit Hülfe derer stützen, welche die Anarchie der Auflösung fürchten, dauernd werden sie weder den Untergang jener, noch den Sieg neuer Theorien und Gestaltungen des Lebens hindern können.

Irridere licet, sagt Tacitus bei dem vergeblichen Versuch des römischen Tyrannen, eines Geschichtschreibers Urtheil zu unterdrücken. Ja, wir dürfen getrost verlachen die Verrücktheit derer, die da wähnen, mit ihrer vergänglichen Macht über die oberflächlichen Erscheinungen des Augenblicks auch die Zukunft in dem tiefen Grunde ihrer unabwendbaren Entwicklung beherrschen zu können. Irridere licet.

Aegypten.

LVIII.

Das andere Land, in welchem das Kastenwesen unter vorwiegendem Einflusse des Priesterthums zur vollendeten Ausbildung gelangt, ist Aegypten. Die auffallende Aehnlichkeit, sowohl in dem Ganzen der socialen Organisation wie in vielen Einzelheiten der Einrichtungen, Ansichten und Werke veranlassten früh die Annahme eines directen Zusammenhanges zwischen Indien und Aegypten, und unter dem Einflusse des verbreiteten Irrthums, dass eine Kasteneinrichtung sich nicht aus der natürlichen Entwickelung innerhalb eines Volkes erklären lasse, sondern stets eine fremde Eroberung voraussetze, glaubte man die Aegyptische Cultur auf eine Indische Colonisation zurückführen zu dürfen. Bohlen brachte für diese Hypothese scharfsinnige Argumente bei, soll sie aber später selbst aufgegeben haben. Ihre gänzliche Unhaltbarkeit ist klar, seitdem die späte Zeit der höheren Indischen Civilisation im Vergleiche mit dem Alter der Aegyptischen erkannt worden. Kein Volk hat sich unzweifelhafter rein innerhalb einer Nationalität entwickelt. Es bildete sogar eine Race für sich, zu der ausser den Aegyptern vielleicht noch die oberhalb wohnenden, jetzt theils mit Arabern, theils mit Negern stark gemischten Aethiopen (Kuschiten) gehörten, mit specifischen Eigenthümlichkeiten, die sich auf ihren Denkmälern, wie an ihren Mumien erkennen lassen. Wenn sie sich auch im Ganzen durch Knochen- und Schädelbau dem

Semitischen Zweige der Kaukasischen Race anschliesst, mit dessen Sprachen wahrscheinlich auch die Aegyptische am nächsten verwandt sein wird, so unterscheidet sie sich doch augenfällig von den übrigen Semitischen Völkern durch das Vortreten des unteren Theiles des Gesichts und der Backenknochen, durch die Kürze der Nase, durch die Breite und die negerartige schiefe Stellung der Zähne. Auf ihren Gemälden schieden sich die Aegypter durch ihre Physiognomien und durch braunröthliche Farbe von den gelb dargestellten Semiten. Blumenbach glaubte in Aegypten zwei Racen, eine kaukasische und eine Negerrace, zu erkennen, und die Lehre von einem herrschenden und einem unterjochten Volke berief sich darauf, aber neuere und umfassendere Forschungen wollen nichts davon wissen. Morton fand nur innerhalb des eigenthümlich Aegyptischen Typus, dass die Schädel aus Ober-Aegypten eine niedrigere, schmalere Stirn zeigten als die aus Gräbern von Memphis, und damit hängt vielleicht die Unterscheidung zwischen schwarzen und gelben Aegyptern, also von dunklerer und hellerer Hautfarbe, zusammen, die in alten Contracten bei der üblichen, genauen Beschreibung der handelnden Personen vorkommt. Der erste Stammsitz der Race mag das Gebirgsland von Nubien oder Abyssinien gewesen sein, die Stätte, wo eine dichtere, ackerbauende Bevölkerung die Keime der Civilisation entwickelte, war ohne Zweifel das untere Nilthal. Für die Annahme einer alten Cultur Aethiopiens fehlen alle Gründe; die frühesten Denkmäler in Aethiopien gehören alten Königen Aegyptens an, einheimische lassen sich nicht vor der Aethiopischen Dynastie nachweisen, welche im achten Jahrhundert vor Christus Aegypten beherrschte, die Pyramiden und Gräber von Meroe fallen sogar nicht lange vor unsere Zeitrechnung. Die Aegypter selbst betrachteten sich, wie alle alten Völker durchaus als Autochthonen. In Aegypten, dem Mittelpunkte der Erde, „dem Lande der Reinheit und der Gerechtigkeit“, bildete der Schöpfer Amon-Harseph die ersten Menschen aus dem Stoffe, welchen der Sonnengott zubereitet. Wie in der hebräischen Ueberlieferung wird der Mensch aus der Erde geschaffen. Diodor hält es bei der grossen Fruchtbarkeit des Bodens nicht für unwahrscheinlich, dass dort in den Zeiten der stärker wirkenden Naturkräfte Menschen entstanden und erzählt als Beleg dazu, dass noch zu seiner Zeit Mäuse aus dem Nilschlamm hervorgingen, deren vordere Gliedmaassen sich bereits bewegten, während die hinteren Theile noch blosse Erde wären.

LIX.

Wenn wir also zur Erklärung der gleichen Erscheinungen in Indien und Aegypten nicht den Einfluss fremder Eroberung oder Civilisation, sondern nur die Wirksamkeit derselben Entwicklungsgesetze annehmen dürfen, so tritt uns die Aehnlichkeit der gegebenen Grundlagen sogleich entgegen. Wie dort die Ebene des Ganges, ermöglichte und veranlasste hier das Nilthal mit seiner üppigen Fruchtbarkeit und der Leichtigkeit des Anbaus das feste Zusammenwohnen einer dichten Bevölkerung und die Ausscheidung einer contemplativen Kaste, welcher die abgeschlossene Lage des Landes und das dadurch begünstigte Zurücktreten der kriegerischen Thätigkeit in langen Zeiten der Ruhe eine ungestörte Entwicklung und einen überwiegenden Einfluss auf die Leitung des Volkes erhielt. Auch hier concentrirte sich die geistige Thätigkeit, das Wissen und die höhere Bildung des Volkes bei dem Priesterstande. Die vorwaltende Geistesrichtung der beiden Kastenvölker zeigt allerdings neben der Uebereinstimmung der festen socialen Ordnung den durchgreifenden Unterschied, welcher sich schon in dem ausspricht, was uns von ihnen erhalten und überliefert ist. Das Indische Leben hat sich überwiegend nach innen gewendet, der geistigen Ausbildung und tief innerlichen Vollendung die höchsten Kräfte gewidmet, und seine glänzendste Hinterlassenschaft ist das unmittelbarste Erzeugniss geistiger Thätigkeit, die unendlich reiche Litteratur, ihre Gesetzbücher, Philosophie und Poesie. Die Aegypter, gleich den Völkern der eigentlich Semitischen

Race, zeigen sich viel weniger geneigt zur gänzlichen Vertiefung in allgemeine Speculationen, mehr zu praktischer Thätigkeit gewendet, von früh her strebend ihr Wissen und Können objectiv in äusseren Werken darzustellen. Wir brauchen in Betrachtung ihrer gewaltigen Denkmäler nicht auf einen besonderen Bausinn der Gallschen Phrenologie zurückzugehen. Die localen Verhältnisse erklären hinlänglich die frühe Ausbildung der exacten Wissenschaften, der Mathematik und Astronomie, und technischer Fertigkeiten. Sehr verschieden von dem weiten Flussgebiete des Ganges wird das schmale Thal Aegyptens von den Wassermassen des Nil so gewaltig überfluthet, dass es grosser, collectiver Anstrengungen bedurfte um die Heerden und die Wohnsitze der Menschen gegen die andringenden Gewässer zu schützen. Ungeheuere Dämme, Aufschüttungen und künstliche Uferbefestigungen waren zur Sicherung der Städte erforderlich, dann auch Canäle um entferntere Ländereien zu bewässern oder den Abfluss des Wassers zu reguliren. So lernte man früh in Werken des Friedens Massen zu bewegen, grossartige Entwürfe auszuführen, Kräfte und Lasten zu berechnen, genau und solide zu arbeiten. Da kann es bei dem umfassenden Einflusse der religiösen Vorstellungen und ihrer Durchdringung aller Lebensverhältnisse nicht Wunder nehmen, dass man die erworbene Kunstfertigkeit in Dienste der Religion verwendete, sie den Göttern und dem Jenseits weihte, und zu allen Zeiten mit Vorliebe die Künste cultivirte, in denen schon die ältesten Ahnen, durch sie verherrlicht und dem Gedächtniss überliefert, so Grosses geleistet hatten. So entstanden die staunenswerthen Tempel und Gräber, in denen diese todte Nation sich verewigt hat.

Durch die Fülle der Denkmäler, ihre Bildwerke und Inschriften, so wie durch die in den Gräbern erhaltenen Urkunden sind wir über das äusserliche Leben des Volkes, Kunst und Handwerk, Beschäftigung und Gebräuche, Kleider, Waffen und Werkzeuge sehr genau unterrichtet, wissen von seinen Göttern, dem religiösen Ceremoniell, seinem Himmel und seiner Hölle, haben auch eine Menge von Namen und Thatsachen der politischen Geschichte, das heisst der Könige und ihrer Kriege, überliefert erhalten, aber von dem tieferen Zusammenhange der theologischen oder metaphysischen Speculationen, so wie von der inneren Gestaltung des Lebens nach Recht und Sitte besitzen wir nur spärliche zweifelhafte Nachrichten, und kaum dürftige Spuren von einer geschichtlichen Entwicklung der Ideen und der gesellschaftlichen Ordnung. Hier erscheinen die Gedanken und Einrichtungen des Kastenwesens fest und unveränderlich gleich den Steinen, die von ihnen reden. Ist es in Indien das Wachsthum und die Vollendung einer ursprünglichen Cultur, was hauptsächlich das Interesse auf sich zieht, so gebührt es den Aegyptern vornehmlich wegen des grossen, weitreichenden Einflusses, den sie auf die Bildung der Völker geübt haben, die den Fortschritt in der Geschichte des Alterthums darstellen. Theils um diese culturhistorische Bedeutung in den richtigen Zusammenhang zu bringen, theils um manchen lange gehegten Vorurtheilen zu begegnen ist es nöthig auf einige Aeusserlichkeiten der Aegyptischen Geschichte einzugehen.

LX.

Bei allen Völkern ist es eine der frühesten wissenschaftlichen Aufgaben gewesen den Wechsel der Jahreszeiten und die durch ihre Wiederkehr gegebene Zeiteinheit mit den astronomischen Erscheinungen in Uebereinstimmung zu bringen. Die Mondphasen boten sich durch ihre augenfällige Regelmässigkeit am leichtesten für die Zeiteintheilung dar. In den Indo-Germanischen Sprachen ist der Name des Mondes durchgehends vom Messen entnommen. Auch die Aegypter rechneten in den ältesten Zeiten nach einem Mondjahre von zwölf Monaten zu 30 Tagen, die sie, wie die Bilder ihres Thierkreises in die drei Dekaden, in drei zehntägige Wochen theilten. Aber die vollständige Abhängigkeit des bürgerlichen Lebens und seiner Geschäfte von dem jährlichen Steigen und Fallen des Nilwassers machte ihnen vor allen Völkern das Bedürfniss einer mit diesen Erscheinungen besser harmonirenden Zeitrechnung fühlbar, und so gingen sie sehr früh — Biot nimmt unter den astronomischen Constellationen, bei denen die Aenderung wahrscheinlich erfolgte, das Jahr 1780 vor Christus an, Lepsius glaubt den Wechsel viel höher hinaufrücken zu müssen — durch Einschiebung von fünf Tagen am Schlusse ihres alten Jahres zu einem Sonnenjahre von 365 Tagen über. Obwohl sie inne wurden, dass auch dieses Jahr nicht mit dem wirklichen Sonnenjahr stimmte, sondern um etwa sechs Stunden zu kurz war, behielten sie es stets für die bürgerliche Zeitrechnung bei und brachten dieses mit dem ersten Tage ihres Monats Thot beginnende Jahr nicht durch Schalttage in Uebereinstimmung mit dem wahren Sonnenjahr. Gegen letzteres verschob sich daher ihr Jahr, und die an den Sonnenlauf gebundenen Jahreszeiten und Feste fielen fortrückend auf verschiedene Tage und Monate ihres Kalenders. Hiernach rechneten sie, dass sich der Kreislauf des Kalenders in 1461 Jahren vollendete, oder dass 1461 ihrer bürgerlichen Jahre 1460 richtigen Sonnenjahren gleich wären, und anknüpfend an das Zusammentreffen des Sirius, ihrer Sothis, mit der Sonne nannten sie diese Zeit von 1460 Jahren eine Sothisperiode. Mit dem Jahre 1322 vor Christus, in welchem der Sirius am ersten Thot unmittelbar vor der Sonne aufging, begann eine neue Sothisperiode, deren Schluss noch im Jahre 138 nach Christus festlich begangen wurde.

Während 12 Sothisperioden, oder 17520 Jahre herrschten nach Manetho, dem Priester von Heliopolis, der im dritten Jahrhundert vor Christus unter Ptolemäus Philadelphus eine Geschichte seines Vaterlandes für die Griechen schrieb, Götter und Halbgötter in Aegypten. Nach ihnen regierten 350 Jahre lang „die Todten“, Diodor nennt sie Heroen. Dann folgten seine dreissig Dynastien menschlicher Könige, beginnend mit Menes, dem Gründer von Memphis, und vielleicht dem ersten Beherrscher von ganz Aegypten; denn möglicher Weise dauerte bis zu ihm die Theilung des Landes in mehrere unabhängige Reiche, an der wir für die ältesten Zeiten nicht zweifeln können. Manethos Geschichtswerk, nach des Josephus Ausdruck aus den heiligen Büchern übersetzt, gründete sich ohne Zweifel auf die alten Annalen des Reiches und der Tempel. Seine Königslisten sind uns in mehreren Versionen erhalten, aber theils aus Missverständniss, theils durch das Bestreben der christlichen Compilatoren sie mit ihrer biblischen Chronologie in Uebereinstimmung zu bringen sehr verwirrt worden. In letzterer Absicht ging namentlich Eusebius zu Werke; Niebuhr nennt ihn gelegentlich einen abscheulichen Fälscher. Es ist zwar nur eine Hypothese, aber eine sehr scharfsinnige Hypothese, auf welche Lepsius die Richtigkeit seiner Wiederherstellung der Manethonischen Chronologie und zugleich deren strenge Authenticität stützt. Er setzt nämlich den König Menes auf 3892 vor Christus, und folgert: hätte diese Zeit nicht historisch festgestanden, sondern wäre durch Rückrechnung und Erdichtung willkürlich bestimmt worden, so würde man den Menes offenbar gleich auf die Halbgötter haben folgen und mit ihm die neue Sothisperiode beginnen lassen, diese fiel auf 4242 vor Christus, also 350 Jahre vor Menes; da man nun diese 350 Jahre zwischen der Sothisperiode, welche die Herrschaft der Götter beschloss, und der ersten menschlichen Dynastie nicht mit erdichteten Namen, sondern mit den unbestimmten Todten ausfüllte, und den Anfang der eigentlichen Geschichte nicht auf den Anfang der Sothisperiode zurückschob, musste die Zeit des Menes und seiner Nachfolger wirklich überliefert und urkundlich festgestellt sein.

LXI.

Mag indessen die genaue Zeitbestimmung noch Bedenken unterliegen, so kann doch nach der Entzifferung uralter Urkunden und zahlloser Inschriften, welche einen erheblichen Theil der Namen und Zahlen Manethos unwidersprechlich bestätigen, nicht mehr bezweifelt werden, dass Aegypten im vierten Jahrtausend vor Christus, also zu der Zeit, da nach der hebräischen Sage Adam lebte, und lange vor der Sündfluth Noahs ein geordnetes und civilisirtes Reich bildete. Der erste hervorragende Mittelpunkt dieses Reiches war Memphis. In seiner Umgebung sind die ältesten Monumente des menschlichen Geschlechts errichtet, die Pyramiden, die Felsensphinx, die derselben Zeit angehörenden Gräber, deren Räthsel sich unserem Jahrhundert erschlossen haben. Wir können sie mit Sicherheit dem vierten Jahrtausend vor Christus zuweisen. Die älteren Annahmen, welche die Pyramiden in die Zeit der sinkenden Cultur herabrücken und berechnen wollten, dass zu jenen Zeiten Unter-Aegypten ein Meerbusen oder ein Sumpf gewesen, sind falsch. Das Missverständniss Herodots die Erbauer der drei grössten Pyramiden, Cheops, Chefrau und Mykerinos — nach den Denkmälern Chufu, Schafra und Menkera — erst vor die Aethiopen zu setzen, die im achten Jahrhundert vor Christus in Aegypten herrschten, mag dadurch veranlasst sein, dass auch auf die vierte Dynastie, welcher jene angehörten, ein Aethiopischer Einfall folgte. Einige ältere und kleinere Pyramiden rühren vielleicht schon von Königen der dritten Dynastie her. Die Zeiten, in denen so ungeheuere Kräfte auf die Errichtung eines königlichen Grabes verwendet waren, hatten sich in der späten Erinnerung des Volkes als Zeiten des Unglücks und der Bedrückung erhalten, so dass eine Sage die Pyramiden den verhassten Hyksos zuschrieb. Erst die zwölfte Dynastie machte, nachdem Ober-Aegypten eine Zeitlang von der Memphitischen Herrschaft unabhängig gewesen, Theben zum Hauptsitze des Reiches, welcher dann erst in späten Zeiten wieder nach Unter-Aegypten verlegt wurde. Ihr König Sesurtosen — etwa um 2300 vor Christus — bauete den ältesten Tempel zu Karnak, an dessen Heiligthümern dann bis in die Griechen- und Römerzeit fortgebauet ist. Um den Beginn der Römischen Kaiserzeit war Theben bereits in einige Dörfer zerfallen, doch finden sich an den Ruinen der Umgegend noch hieroglyphische Kaisernamen bis auf Decius — 250 nach Christus. Etwa hundert Jahre später zog sich Athanasius nach seiner dritten Absetzung in die Thebaische Wüste zurück; Tempel und Gräber wurden als Eremitenwohnungen, Kirchen und Klöster benutzt.

Die Zeiten des alten Reiches, das heisst vor dem Einfall der Hyksos, scheinen vorherrschend friedlich gewesen zu sein, erst die Könige der zwölften Dynastie kriegerisch. Diese dehnten ihre Herrschaft südlich in Nubien aus, dem Lande der Put, wo sich von ihnen und ihren durch die Hyksos zurückgedrängten Nachfolgern Inschriften gefunden haben. Der König Sesurtosen soll auch Feldzüge in Asien gemacht haben, vielleicht schon zur Abwehr der vordringenden Hyksos. Der Einfall dieser Nomaden in Aegypten — mag man sie nun Araber, Syrer, Hebräer, Phönizier oder Philister benennen — war möglicher Weise der Auslauf einer grossen Wanderung der Semitischen Völker, welche, gedrängt durch die Bewegung der Arischen Stämme, von Osten her gegen das Mittelmeer vorrückten. Die Phönizier sollen ursprünglich am Persischen Meerbusen gewohnt, und nach Herodot um 2700 vor Christus die Stadt Tyrus gegründet haben; das wäre denn etwa 500 oder 600 Jahre vor dem Eindringen in Aegypten gewesen. Die Hyksos eroberten Memphis und dehnten sich bis in das Thebaische Land aus. „Das ganze Land erschien ihm spendend, leistete Dienste und lieferten alle guten Erzeugnisse Unterägyptens“, heisst es von ihrem Könige Apepi in einem alten hieratischen Papyrus des Britischen Museums. Als ihren Hauptplatz aber befestigten sie im nördlichen Aegypten Avaris, nach Ewald Stadt oder Lager der Hebräer, und vielleicht identisch mit Pelusium, als Ort der Peluschti oder Philister, deren Andenken sich in dem Hirten Philitis des Herodot und in einer Inschrift zu Medinet-Abu bei den Aegyptern erhalten hat. Durch die Hyksos sind nach Manetho die Tempel und Monumente des alten Reiches, natürlich mit Ausschluss der Pyramiden und Gräber, fast gänzlich untergegangen. Sie herrschten 430 Jahre in Aegypten. Dann brach Amosis, das Haupt des neuen Reiches, ihre Macht, und stellte die einheimische Herrschaft in dem grössten Theile des Landes wieder her. Achtzig Jahre später, wahrscheinlich um 1600 vor Christus, vertrieb sie Thutmosis oder Thutmes III. nach langem Widerstande auch aus ihrem letzten Besitze Avaris.

LXII.

Auf die kriegerischen Anstrengungen gegen diese Nationalfeinde folgten die Zeiten der grössten Kraftentwicklung und des höchsten Glanzes, nach aussen in ruhmvollen Kriegen, im Innern in den prachtvollsten Monumenten sich aussprechend. Schon Thutmes III. machte, nachdem er seine Schwester, die Königin Hatasu, die wahrscheinlich als seine Vormünderin regierte, gestürzt, und Avaris erobert, während seiner langen Regierung Feldzüge bis nach Mesopotamien, und hat an seinen Tempeln weitläufige Verzeichnisse von den erfochtenen Siegen, der gewonnenen Beute, den erhobenen Tributen hinterlassen. Sein Nachfolger Amenhotag II. rühmt sich sogar Ninive (Nenii) erobert zu haben, mit dieser Behauptung stimmt· indessen der weitere Inhalt der Inschrift nicht recht, nämlich dass die Bewohner der Stadt auf ihren Mauern erschienen seien den König zu greifen. Die Ruhmredigkeit der Könige nahm es mit der Wahrheit in der Regel nicht sehr genau. Hätten wir eine Assyrische Inschrift aus jener Zeit, so würden wir wahrscheinlich lesen, dass die „elenden“ Aegypter vollständig geschlagen worden. König Thutmes macht eine seltene Ausnahme, wenn er bekennt die Stadt der Maketaner nicht eingenommen zu haben, „denn siehe, die Bewohner hatten ihre Feste verschlossen.“ Was als Tribut von Assyrien ausgegeben wird, beschränkt sich stets auf Stücke Lapislazuli und einige Vasen, braucht also nicht eben als Zeichen der Unterwürfigkeit angesehen zu werden. Dauernde Folgen hatten offenbar diese Unternehmungen nicht. Sie waren immer von neuem gegen dieselben Völker gerichtet, unter denen die Phönizier (Pun) Syrer (Cheri) Chaldäer (Cheta) wie die Namen Mesopotamien (Naherina) Assyrien (Assuri) Babylon (Babeli) häufig wieder-

21 *

kehren; die Deutung mancher anderer Namen erscheint noch zweifelhaft. Nur Aethiopien (Kusch) wurde von Ramses II. wirklich unterworfen, wie seine dortigen Monumente erweisen. Gegen Asien wurden die Grenzen des Reiches nie erheblich verändert. Die Aegypter scheinen es nicht verstanden zu haben über fremdartige Völker eine dauernde Herrschaft zu organisiren. Sie begnügten sich auf ihren Zügen Beute zu machen, Tribute einzutreiben und Siegeszeichen zu errichten.

Der Glanzpunkt der Aegyptischen Geschichte ist Ramses II. aus der neunzehnten Dynastie, zubenannt Meiamun (geliebt vom Amon) wahrscheinlich im vierzehnten Jahrhundert vor Christus. Nach Lepsius starb er 1326, nach anderer Rechnung 1297; die Mariettesche Entdeckung der Apisgräber bei Memphis und der vielen dortigen Inschriften wird vielleicht die Chronologie bis auf ihn hinauf vollständig feststellen. Er ist unter dem Sesostris des Herodot, Sethosis oder Sesoosis des Diodor zu verstehen. Der Vergleich der Monumente mit ihren Berichten, namentlich die ihm zukommende Eroberung Aethiopiens macht dies unzweifelhaft. Die falsche Benennung scheint auf einer Verwechslung des Ramses mit seinem Vater Soti oder Sethos zu beruhen, der ebenfalls ein grosser Krieger war, und viele Bauten begonnen hat, welche der Sohn vollendete. Josephus bezeichnet in den Manethonischen Fragmenten, welche er in seiner Streitschrift gegen den Apio mittheilt, zweimal die Namen Sethosis und Ramses als identisch. Freilich ist bei ihm die Liste der Könige sehr verwirrt. Nach dem Bericht des Tacitus nannten ihn die Priester dem Germanicus mit seinem richtigen Namen Ramses. Hier wie beim Diodor liess man ihn bis nach Baktrien und Indien vordringen, dem Herodot wurde nur erzählt, dass er Vorderasien durchzogen und einen Einfall in Thracien gemacht habe. Ein Mehreres wissen auch seine Inschriften nicht. Indessen scheint er ebenso durch die Grösse seiner Siege, wie durch seine Werke im Innern alle seine Vorgänger verdunkelt zu haben. Die kriegerischen Unternehmungen dauerten nach Diodor neun Jahre, auch auf seinen Monumenten ist kein Kriegsbericht aus späterer Zeit als dem achten Jahre seiner Regierung gefunden. Dann beschäftigte er sich mit Werken des Friedens. Seine Züge hatte er benutzt grosse Massen von Menschen nach Aegypten zu verpflanzen, und diese verwendete er nun die Canäle zu graben, deren Zahl so gross war, dass sie den Gebrauch der Pferde in Aegypten behinderten, Städte anzulegen, und die unglaubliche Menge von Tempeln und Denkmälern aller Art zu errichten, die seinen Namen auf die Nachwelt gebracht haben. Er rühmte sich keinen einzigen Aegypter zu seinen Arbeiten genöthigt zu haben. Ihm gehört endlich auch der prachtvollste aller Tempel an, das Ramesseum, welches Diodor dem Osymandias zuschreibt, eine Name, der sonst nirgends vorkommt und nicht erklärt werden kann; man hat den Bibliotheksaal mit seinen Göttern wiedergefunden, und noch heute sieht man in einer grossen Schlachtscene an der Seite des Königs den Löwen, von dem die Priester vor 2000 Jahren erzählten, einige hielten ihn für einen wirklichen, zum Kampfe abgerichteten Löwen, andere für ein Symbol des königlichen Charakters. Dass Ramses 66, sein Vater Sethos 59 Jahre regiert habe, erscheint nach dem natürlichen Laufe der Dinge nicht wahrscheinlich, nach der Menge und Grösse seiner Werke muss seine Regierung allerdings eine lange gewesen sein; vielleicht sind in den 66 Jahren schon beide Könige zusammen geworfen, dafür könnte sprechen, dass Diodor seinem Sethosis nur 33 Jahre giebt, also die Zahl halbirt.

Der Griechische Memnon könnte aus dem Beinamen Meiamun geworden sein; dass die Griechen diesem Heros zahlreiche Denkmäler zugeschrieben, lässt sich daraus erklären, dass aus dem Aegyptischen Mennu (ein Monument) ein Memnonium in der Bedeutung als Werk des Memnon gemacht wurde, wie ein ähnliches Missverständniss aus dem Worte Mere (ein See) den See des Möris machte, der nach Lepsius' Entdeckung dem Amenemha III. aus der zwölften Dynastie des alten Reiches angehörte. Die sogenannte

Memnonssäule gehört nicht dem Ramses, sondern dem Könige Amenhotag III. an.

LXIII.

Unter den Nachfolger des grossen Ramses, Menegtah, also wahrscheinlich kurz vor oder nach 1300, fällt ein Ereigniss, welches seiner welthistorischen Bedeutung wegen schon hier erörtert werden muss, die Bildung des Israelitischen Volkes durch Moses. Josephus hielt die Hyksos für Juden, und suchte darzuthun, dass auch nach Manetho die Vertreibung der Hyksos und der Auszug der Juden für identisch gehalten werden müsse. Aber Manetho erzählte als sehr verschiedene, durch mehrere Jahrhunderte, die Blüthe des Reichs, getrennte Ereignisse die Besiegung der Hyksos durch Amosis und Thutmosis, und die Auswanderung des Moses unter Menegtah. Die Darstellung der letzteren lautet beim Diodor ganz ähnlich. Nach der Aegyptischen Sage habe man wegen einer Pest, oder irgend einer Aeusserung des göttlichen Zornes die den Göttern verhassten Menschen, welche Manetho als unreine und aussätzige Aegypter, Diodor gewiss richtiger als Fremde bezeichnet, vertreiben wollen; diese hätten sich empört, die Nachkommen der alten Hyksos aus Syrien zu Hülfe gerufen, und eine Zeitlang die Oberhand in Aegypten gewonnen, endlich aber sei ihre Vertreibung gelungen; der Priester Osarsiph aus Heliopolis habe sich den Aufständischen angeschlossen, seinen an den Osiris erinnernden Namen abgelegt, sich Moses genannt, und als Führer und Gesetzgeber der Vertriebenen den Staat in Palästina gegründet. Die Jüdische Erzählung führt die Auswanderung auf die schwere Bedrückung des Volkes in Aegypten zurück. Damit können wir die Arbeiten zusammenstellen, die Ramses durch die nach Aegypten geschleppten Asiaten ausführen liess und so werden wir in den ausziehenden Hebräern entweder zurückgebliebene Reste der alten Hyksos, oder Semitische Gefangene des Ramses annehmen dürfen, mögen sie nun von den Aegyptern vertrieben sein, oder sich durch selbstgewählte

Auswanderung dem Joche entzogen haben. Zwischen beiden Anschauungen schwankt auch die Mosaische Sage von den Leiden des Volkes und seiner Befreiung. Vielleicht war es eine allegorische Darstellung der zeitweise verlornen Gewalt, wenn die Sage Herodots den Nachfolger des Ramses das Augenlicht verlieren und erst nach zehn Jahren durch göttliche Gnade wieder erhalten liess, ebenso wie später der König Anysis die Zeit der Aethiopenherrschaft in den Sümpfen des Delta erblindet durchleben musste. Dass die Auswanderung der Israeliten erst in diese Zeit, nicht in die des Thutmosis zu setzen, wird durch die Angabe der Bibel entschieden, dass sie die Städte Pithom und Ramses bauen mussten, welche von Ramses Miamun gegründet wurden.

Nach dem Tode des Ramses folgte auf den glänzenden Aufschwung der Aegyptischen Kraftentwicklung ein rasches Sinken, sowohl des kriegerischen Geistes, wie der Kunst. Die meisten späteren Monumente stehen hinter der Grösse und der bewunderungswürdigen Ausführung der Werke des Sethos und Ramses weit zurück. Durch Kriegsthaten zeichnen sich fast nur noch Ramses III. und viel später der König Scheschenk aus, der Sisak der Bibel, welcher zur Zeit Rehabeams Jerusalem plünderte. Aethiopien ging sehr bald wieder verloren, und im achten Jahrhundert herrschten sogar drei Kuschitische Könige über Aegypten, jedoch ganz nach der Weise des Aegyptischen Gesetzes. Der Priesterkönig Sethos, von der beleidigten Kriegerkaste im Stiche gelassen, entging mit Noth dem Angriffe der Assyrer. Ueber diesen haben wir die verschieden gefärbten Berichte dreier Nationen. Nach der Jüdischen Ueberlieferung schlug der Engel Jehovahs zur Rettung seines Volkes das Assyrische Heer, nach der Aegyptischen führten die vom Ptah gesendeten Mäuse durch Zernagung der Waffen seinen Rückzug herbei; zu Herodots Zeit stand noch im Ptahtempel die Statue des Sethos, eine Maus in der Hand und mit der Inschrift: wer mich sieht, der sei fromm. König Sanherib dagegen behauptet in einer entzifferten Keilinschrift, er habe die Aegypter geschlagen, Judäa unterworfen, viele Einwohner weggeführt, nur Jerusalem seinem Könige gelassen.

Nach dem bald darauf eingetretenen Zerfalle stellte Psammetich mit Hülfe der in das Land gezogenen Griechen und Karer die Reichseinheit wieder her, und es folgte eine regsame, unternehmungslustige Restaurationsperiode. Necho breitete sich noch einmal in Syrien aus, aber die Niederlage bei Circesium machte allen Entwürfen auf Asien ein Ende; der König von Aegypten zog nicht mehr aus seinem Lande, sagt die Bibel nach dem Siege Nebukadnezars. Amasis sah am Ende einer langen und glücklichen Regierung bereits das Verderben nahen, welches wenige Monate nach seinem Tode hereinbrach. Ohne bedeutenden Widerstand erlag das Land dem Kambyses. Bei der Schwäche des Persischen Reiches erhoben sich wieder einheimische Könige, aber die zweite Persische Eroberung unter Artaxerxes Ochus machte 340 vor Christus der Selbstständigkeit Aegyptens für immer ein Ende. Zwar wurde es durch die Ptolemäer ein eigener Staat, indessen ihre Regierung hatte durchaus den Charakter einer Fremdherrschaft. Griechisches und Aegyptisches Wesen gingen getrennt neben einander her. Für die Eingebornen blieben die alten Sitten und Einrichtungen bestehen, so weit es sich mit der Veränderung der politischen Gewalt vertrug, aber mit dem Uebergange der Herrschaft an eine fremde Bildung und mit der Ausbreitung anderer Nationalitäten trat das Aegyptische Element mehr und mehr zurück. Die Kasten verloren ihre Bedeutung, und erloschen zur Römerzeit, ohne dass die Geschichte davon weiss.

LXIV.

Dass die theoretischen Speculationen während einer viertausendjährigen Geschichte auch bei dem stabilsten Priesterthume nicht dieselben blieben, versteht sich von selbst. Auch fehlt es nicht an nachweisbaren Spuren stattgehabter Aenderungen. Aber gerade diese Aenderungen machen das Verständniss der Aegyptischen Glaubenslehre noch schwieriger und unsicherer. Bei dem Verluste der Aegyptischen Litteratur besitzen wir aus keiner Zeit ein zuverlässiges System ihrer Theologie oder Metaphysik; die älteren Griechischen Berichte sind sehr äusserlich und fragmentarisch, die späteren, namentlich der Neuplatoniker schieben offenbar aus den eigenen Anschauungen Manches unter, was sich vielleicht aus der alten Lehre herleiten liess, indessen von den Aegyptern selbst schwerlich so aufgefasst oder entwickelt worden ist, und die monumentalen Inschriften sind zwar untrügliche Documente für die Bedeutung der Götter, deren Namen, Titel und Anrufungen sie enthalten, geben aber nie ein dogmatisches System in vollständigem Zusammenhange, und weichen in der Darstellung und Zusammenstellung der Gottheiten nach Ort und Zeit auf das mannichfaltigste von einander ab.

Die tiefere Contemplation blieb nicht bei den einzelnen Göttern stehen, welche dem praktischen wie theoretischen Bedürfnisse der Menge genügten, sondern ging in der Forschung nach dem Wesen und dem Werden der Dinge auf einen letzten Urgrund der Welt und der Götter zurück. Denn die Götter des Polytheismus waren endliche, begrenzte Wesen, und mussten gleich der Welt abgeleitet und erklärt werden. Kosmogonie und Theogonie fallen daher zusammen. Als Grundwesen, Inbegriff und Bedingung alles Daseienden wurde die vierfache Gottheit angenommen: Geist und Materie, Zeit und Raum (Kneph und Neit, Sevek und Pascht). Aber diese Vier waren Eins, von Ewigkeit her verbunden in einer einigen, ersten Gottheit, genannt Amon, der Verborgene, den die fromme Scheu nicht auszusprechen wagt, im Gegensatz gegen die offenbarten, sichtbar gewordenen Götter, die Hori. Diese Urgottheit ist bei den Neuplatonikern die ganz abstracte Einheit metaphysischer Bestimmungen, zusammengesetzt, aber untheilbar, unentstanden und gestaltlos, aber die Keime aller künftigen Entwicklung in sich enthaltend. An der Spitze der Viereinigkeit stand Kneph, auch Amon-Kneph genannt, der verborgene Urgeist. Er ist nach Jamblichus „der Geist, der sich selbst begreift“, die Hauptperson der Gottheit, vor und über der Welt. Das Wort Kneph wird, wie das Griechische πνεῦμα, von einer Wurzel abgeleitet, die wehen bedeutet. Ebenso ist es im Hebräischen mit dem Geist Gottes, der auf dem Wasser schwebt. Der Geist wurde luftartig gedacht, wie ein Hauch, zwar sehr fein, aber doch räumlich. Die Annahme eines Geistes, der ernstlich unkörperlich, und doch ausser den Dingen reell bestehen soll, ist überhaupt eine moderne Abstraction, dem Alterthum fremd; in der gegründeten Besorgniss, den sogenannten reinen Geist zu einem blossen Begriff oder Princip der Dinge ohne selbstständige Existenz verflüchtigt zu sehen, verlangte noch Tertullian, dass sowohl Gott wie die Seele des Menschen körperlich gedacht werden müssten, und Origenes erklärt ausdrücklich, das Wort unkörperlich, auf Gott angewendet, bezeichne nur eine feinere Substanz.

Wie Kneph ein stoffartiger Geist ist die Neit eine beseelte Materie. Sie wird als Wasser gedacht, welches mit Erdtheilen gemischt ist, oder die übrigen Elemente aufgelöst enthält. Wie Kneph vom Wehen, wird der Name Neit vom Fliessen abgeleitet, entsprechend der Griechischen Rhea. Sie ist natürlich ihrem Begriffe nach der eigentliche Grundstoff der Welt; daher heisst sie die grosse Mutter, und daher ihre berühmten Worte: ich bin Alles, was da war, was da ist und sein wird. Ihr Symbol ist der Geier, als Zeichen der Mütterlichkeit, weil man glaubte, es gebe nur weibliche Geier. Von dem Sevek und der Pascht ist in der Urgottheit wenig zu sagen; die Kategorien der Zeit und des Raumes erhalten erst Bedeutung in der entfalteten Welt. Da wird die Pascht, die dunkle, unnahbare Göttin des Raumes, zur Hüterin der Weltordnung, Göttin des Schicksals und der Nothwendigkeit.

LXV.

So war in der Urzeit Gott und Welt eins, und der pantheistischen Weltanschauung waren auch in der weiteren Entfaltung Gott und Welt, Stoff und Geist nicht entgegengesetzt, sondern eines Wesens. Nach Porphyrius ging das Weltei aus dem Munde der Urgottheit hervor, und diese blieb nun übrig, das Weltall umfassend. Daher ward Kneph, der Repräsentant der Urgottheit, als eine Schlange dargestellt, welche die Weltkugel einschliesst. Nur zum Theil ging also die Gottheit in die Welt über, deren grosse Körper und Kräfte nun das erste innenweltliche Göttergeschlecht bildeten, die acht alten Götter, welche unter dem Namen der Kabiren, das bedeutet die Mächtigen, auch bei den Phöniziern und bei einigen Pelasgischen Stämmen verehrt wurden. Sie gehen je zwei aus den vier Personen der ewigen Urgottheit hervor, sind also im Laufe der Zeiten entstanden, und zwar nach und nach in langen Zeiträumen, die als Perioden ihrer Herrschaft über die Welt dargestellt werden. Es ist mit Recht bemerkt worden, dass die Aegyptischen Epochen der Weltentstehung in theologisch-metaphysischer Weise den gewaltigen Zeiträumen entsprechen, nach welchen die jetzige Naturwissenschaft bei der Bildung der Weltkörper rechnet. Aus dem Urgeist wurden der zweite Kneph, Amon Harseph (der erzeugende Gott) oder Amon Ment (der Schöpfer) und Ptah, das Urfeuer, der Griechische Hephaistos. An diesen zweiten Amon, nicht an die Einheit der Urgottheit, ist überall bei dem Amonsdienste zu denken. Er ist der selbstbewusste, nach Zwecken handelnde Schöpfergeist. Er heisst der Gemahl seiner Mutter, nämlich der Neit, weil er als Entfaltung der Urgottheit aus ihr hervorgegangen ist, und wiederum in ihr und aus ihr, der Urmaterie, die Welt bildet. Wenn bei diesen ältesten Gottheiten von Vermählung oder Erzeugung die Rede ist, so sind sie darum nicht menschenähnlich zu denken; sie sind durchaus kosmischer Natur, Erzeugnisse der Speculation über die Entstehung der Welt und ihrer Kräfte. Jene Bezeichnungen sind nur bildlich gemeint, Wendungen der Sprache, die nach einem adäquaten Ausdruck der Gedanken ringt. Dargestellt wird Amon als Widder, weil der Widder ein altes Symbol der Lebenskraft der schaffenden Natur ist. Ptah leuchtete als Urfeuer in dem dunkeln Raume, ehe Sonne und Mond waren. Er ist der zweite Weltbildner, der die materiellen Einzeldinge kunstreich schafft. Die Neit schied sich in Himmel und Erde, beides weibliche Gottheiten. Die Erde, Anuke, aus den gröberen Theilen der Urmaterie hervorgegangen, wurde als kugelförmiges Centrum der Welt gedacht, eingeschlossen vom Himmelsgewölbe, der Pe, aus der feineren Materie gebildet, jenseits welcher der eigentliche Wohnsitz der Götter ist. Die untere Wölbung der Erde wurde als die Unterwelt vorgestellt, und die Mitte der Erde trennte die beiden Raumgöttinnen, Sate, die Helle, und Hathor, oder Tag und Nacht. Die beiden grossen Götter der Zeiteintheilung endlich, die Sonne, Re oder Ra, und der Mond, Joh oder Jah, wurden als Emanationen des vorweltlichen Zeitgottes Sevek betrachtet.

Wir können diese acht Götter ohne Zweifel als den ersten Kreis der Erscheinungen und Kräfte betrachten, auf welche sich die Vergötterung der Naturdinge concentrirte. Sonne und Mond, Himmel und Erde sind ja überall die grossen Fetische gewesen, welchen sich die allgemeine Verehrung zuwendete, und in deren Betrachtung der Alles vergötternde Fetischismus zu dem ausschliesslicheren und abstracteren Polytheismus überging. Und als man sich gewöhnt hatte die Körper, welche einst die Götter selbst waren, mehr als Symbole, Wohnungen oder Wirkungskreise der davon getrennten göttlichen Wesen zu denken, gesellten sich zu ihnen leicht andere Wesen, denen keine körperliche Erscheinungen unmittelbar zum Grunde lagen, wie die weltbildenden Kräfte Harseph und Ptah. Der Anthropomorphismus, welcher schon die Fetische nach Menschenart willkürlich handeln liess, schritt mit der Entwicklung der Ideen vom Menschen selbst gleichmässig fort, und machte aus den bloss gewaltigen mehr und mehr sittliche Mächte. So ward der Sonnengott, welcher die Tages- und Jahreszeiten regelte, der Erde Wachsthum und Gedeihen verlieh, und daher bei fast allen Völkern eine hervorragende Rolle spielte, der geistige Aufseher der Welt, der über- wie der unterirdischen, deren Götter in Aegypten nicht getrennt wurden. Die Unterwelt wird sogar bisweilen als seine eigentliche Wohnung betrachtet, und daher die Hathor seine Gattin, die ihn in ihren Armen empfängt und des Morgens zu seiner Thätigkeit über der Erde entlässt. Als Spender des Lichts wurde er auch zum Urquell der Offenbarung, die durch Vermittlung der jüngeren Götter den Menschen geworden. Der Mond aber, als höchster nächtlicher Gott, ward der eigentliche Todtenrichter im Schattenreich, daher stehend der Richter genannt, Hagi oder Agi. Die Urgottheit und ihre vier Elemente gingen der Zeit nach gewiss nicht den erscheinenden Göttern voraus, sondern waren Erzeugnisse der späteren Contemplation, welche die Mannichfaltigkeit der Dinge und der Götter auf einen einigen Urgrund des Seins zurückzuführen strebte. Die Theorie war hinlänglich schwankend und vage um sehr verschiedenartigen Auffassungen Raum zu gewähren; der metaphysische Geschmack konnte die persönlichen Götter, der theologische die begrifflichen Abstractionen in den Hintergrund schieben.

LXVI.

Der überwiegenden kosmischen Bedeutung der frühesten Götterbegriffe ist es zuzuschreiben, dass man sich nicht begnügte sie durch Ausstattung mit sittlichen Eigenschaften dem veränderten Bedürfniss anzupassen, sondern ihnen neue Götter von geistig-sittlicher Bedeutung zur Seite stellte, welche allmälig immer mehr hervortraten. Die Erinnerung dieser Zeitfolge haben die Aegypter in der Unterscheidung der älteren und jüngeren Göttergeschlechter bewahrt. Wann der Kreis der acht Kabiren abgeschlossen wurde, und wann sich die Verehrung den neueren Göttern zuwendete, lässt sich nicht ermitteln. Der Hyksoszeit kann in dieser Beziehung schwerlich ein erheblicher Einfluss zugeschrieben werden, denn einmal erscheinen schon in den Gräbern der Pyramidenzeit die Götter des dritten Geschlechts, namentlich Anubis als Gott des Grabescultus, und andererseits ist gerade während der Blüthe des neuen Reichs unter der achtzehnten und neunzehnten Dynastie die höchste Gottheit, welcher die Nationalheiligthümer von Theben fast ausschliesslich geweiht sind, eine Combination aus dem Kabirenkreise, nämlich Amon-Ra, der Schöpfergeist (Amon Harseph) als Sonnengott, symbolisirt als der Widder in der Sonnenscheibe, oder als der Widder mit dem Kopfschmuck der Sonne.

Das zweite Geschlecht begreift zwölf Götter. Vier davon gelten als irdische Verkörperungen der Urgottheit, die acht anderen sind Gottheiten der bürgerlichen Gesellschaft, des Priesterthums, der Schrift und Gelehrsamkeit, der Dichtkunst, der Arzneikunde, der Wahrheit und Gerechtigkeit. Göttin der letzteren ist die sehr häufig vorkommende Ma oder Me mit dem Artikel Tma geschrieben, die Griechische Themis. An der Spitze dieser acht steht Thot, der Leuchtende, von den Griechen Hermes genannt, der Stifter und Vorsteher des Priesterthums. Mit seiner Hülfe wurde vom Osiris der erste menschliche Staat geordnet, und er offenbarte das älteste geschriebene Gesetz dem Könige Menes. Was die vier Götter betrifft, so nahmen die beiden Hauptpersonen der Urgottheit, sowohl Kneph als der gute Geist, Hornophra, bei den Griechen Agathodämon, wie die Neit unter dem Namen Netga, Neit oder Gewässer des Himmels, irdische Gestalt im Nil an. Der Strom, an den die Existenz des Landes gebunden, war der grosse Nationalfetisch, und in ihm wohnten nun die beiden speciellen Landesgottheiten, welche auch nach ihm Okeamos und Okeama genannt wurden. Denn der Nil hiess bei den Aegyptern Okkam (Okeanos), der Name Nil, Neilos, kommt vom Semitischen Nahal, und bedeutet den Fluss. Neben ihnen wird Sevek zum irdischen Zeitgott Seb, und die Pascht unter dem Namen Reto (Leto) zur Wächterin der Ordnung auf Erden, oder eigentlich in Aegypten; denn nach Vollendung des Weltalls wird Aegypten der Schauplatz der Götter- und Weltgeschichte. Wir können diese vier Götter als beschränktere, locale Gottheiten ansehen, denen ihr Platz neben und nach den grossen Mächten des Weltalls angewiesen wurde, und die gleich jenen in der Urgottheit ihr metaphysisches Vorbild erhielten. Die acht Götter wurden als Nachkommen der vier und der Kabiren betrachtet. Neben diesem zweiten Geschlechte entstanden untergeordnete Gottheiten, Geister und Dämonen in grosser Zahl, die Erde brachte Ungeheuer und Riesen hervor, und Netge gebar die Götter des dritten Geschlechts, namentlich den Osiris, Arueris (Herakles), Typhon, am häufigsten Seth genannt, die Isis und die Nebthi oder Nephthys (Hestia, die Göttin des häuslichen Heerdes); Kinder des Osiris waren wieder Horus und Anubis.

Die Herrschaft des guten Nilgottes war das goldene Zeitalter der Erde. Aber allmälig entwickelte die Zeit ihren zerstörenden Charakter, Seb lehnte sich mit den ungeregelten Kräften der Erde, den Giganten, gegen die schaffenden und erhaltenden Götter auf, und verführte viele Geister zum Abfall. Erst nach langem Kampfe ward er besiegt und in den Tartarus gestürzt, die Erde aber durch eine grosse Fluth gereinigt. Das ist die Aegyptische Sündfluth. Dem Herodot versicherten die Priester anscheinend auf besondere Nachfrage, dass seit dem Menes keine grosse Fluth oder geologische Veränderung in Aegypten stattgefunden habe. Der Götterkrieg scheint ein Mythus, der erfunden wurde um den Ursprung des Bösen und den Ursprung des menschlichen Geschlechts zu erklären. Denn um sich auf der Erde zu reinigen und zu entsühnen wurden die von Seb verführten Geister in die jetzt geschaffenen Menschenleiber eingeschlossen und zur Leitung den jüngeren Göttern übergeben, welche nun den Aegyptischen Staat einrichteten.

LXVII.

Die Götter des dritten Geschlechts hatten wie die acht des zweiten gesellschaftliche Aemter und Wirkungskreise, Osiris ist der König des menschenbewohnten Landes, zugleich der Gott des Weinbaus, Arueris und Typhon sind die Götter der Kriegerkaste, Isis ist die Göttin des Ackerbaus, Nebthi der Familie; sie unterscheiden sich aber von den älteren

Gottheiten durch ihre menschlichen Schicksale. Sie sind auf der Erde geboren, haben gearbeitet und geduldet, sind gestorben und erst nach dem Tode zu den Göttern eingegangen. Ihre Seelen wohnen in den Gestirnen, ihre Leiber liegen in Aegypten begraben, sagt Plutarch. An diese ganz anthropomorphisch gedachte Göttergeneration knüpfte sich vornehmlich der mythologische Theil der Aegyptischen Glaubenslehre. Sie waren nicht mehr kosmische Begriffe oder sittliche Abstractionen, und die Vorliebe der Völker für concret ausgeführte Gestalten, welche kräftiger zur Einbildungskraft reden, und den Anschauungen der nicht theoretischen, wenig an begriffsmässiges Denken gewöhnten Classen näher stehen, erklärt es, dass sie im Cultus allmälig die älteren Götter verdrängten. Wenn sie dann selbst wieder um tieferen Religionsansichten zu genügen mit kosmischen Attributen bekleidet und zu den höchsten Gottheiten erhoben wurden, so stimmte das allerdings mit ihrer irdischen Geschichte wenig überein, aber man konnte sich helfen, indem man bald den älteren Göttern die Schöpfung, den jüngeren die Erhaltung und Regierung der Welt zuschrieb, bald die letzteren für die wahren und ewigen Gottheiten erklärte, und dann ihre Erscheinungen auf der Erde entweder als zeitliche Incarnationen betrachtete, oder als bildliche Darstellungen verborgener Wahrheiten auslegte.

Nach der Sage unternimmt Osiris, das Vorbild der Könige, nachdem Aegypten geordnet worden, grosse Züge nach dem Orient um auch die übrige Erde zu civilisiren. Inzwischen vertreibt sein Bruder die zurückgelassene Isis, die ihre Kinder zur Reto flüchtet, und ermordet hinterlistig den zurückkehrenden Osiris. Der wird nun Beherrscher der Unterwelt, König im Reiche der Schatten, wie er bisher die Oberwelt regierte. Seinen vom Typhon zerstückten Leichnam sucht die treue Isis im Nil und im Meere wieder zusammen ihn zu beerdigen. Mit ihrer Hülfe wird Horus der Rächer seines Vaters, wie er stehend genannt wird, und tödtet den Typhon. Dann herrscht Isis, und nach ihrem Tode, das heisst, nachdem sie vom Osiris in die Unterwelt entführt worden, Horus, der letzte der Götterkönige, über Aegypten. Isis wird von ihrer Mutter, der Netge, gesucht, wie sie einst den Osiris suchte, und die Wiedergefundene bleibt die Hälfte der Zeit im Himmel, die andere in der Unterwelt. Zum Andenken an das Suchen und Finden erst des Osiris, dann der Isis sind drei grosse Weihefeste gestiftet, die berühmtesten der Mysterien, die sich von Aegypten aus über Asien und Griechenland verbreitet haben. Auf einem See hinter dem Tempel wurden bei nächtlicher Weile die Schicksale des Osiris, und wahrscheinlich auch die der Seele nach dem Tode, Himmel und Hölle, dramatisch dargestellt; Herodot erkannte in dem Aegyptischen Gesange des Maneros, das ist der Geliebte, die Gesänge der Phönizischen und Griechischen Weihedienste wieder. In Phönizien, auf Kreta und Cypern waren sie dem Adonai geweiht, dem Herrn, der in ausdrücklichen Zeugnissen für den Osiris erklärt wird, und woraus der Griechische Adonis, wie der Kleinasiatische Atlas, das heisst der Vermisste, geworden ist. Bei den Griechen aber wurde aus dem Beinamen des Osiris Ti-en-osc, was dem Hauptnamen ungefähr gleich den Vergeltungübenden bedeutet, der höchste Gott der Mysterien Dionysos. Auf ihn wurden der Zug über die Erde, der Weinbau, Zerstückelung und Höllenfahrt übertragen; Herodot nennt auch den Osiris stets Dionysos, obwohl er sonst als höchster Gott ebenfalls mit dem Zeus identificirt wurde. Die Klage der Phönizischen Mysterien Ai linu (wehe uns) und ihr Freudenruf Jacho (er lebt) wurden in Griechenland zu Namen des Gottes Linos und Bakchos. Geheime Orden führen bis in die Neuzeit ihre Ursprünge auf die Aegyptischen Mysterien zurück. Es waren Feste und Spiele im Dienste bestimmter Gottheiten, wobei die Eingeweihten nach den leicht zu erlangenden Sühnungen und Weihen zu gottesdienstlichen Verrichtungen gelassen wurden, welche sonst nur dem Priesterstande zugänglich waren. Daher wurden überall die Götter der Mysterien besonders populär. An speculative Geheimlehren ist nicht zu denken, wenn auch den Geweihten höherer Grade gewisse Aufschlüsse und Deutungen der Symbole gegeben wurden. Der Weihedienst des Osiris war die älteste Feier der Unsterblichkeitslehre. Das Fest des wiedergefundenen oder wiedererstandenen Gottes scheint mit der Wiederkehr der Sonne nach dem Wintersolstitium in Verbindung gestanden zu haben, und seine Begehung am sechsten Januar war die Veranlassung, dass die morgenländische Kirche lange Zeit das Weihnachtsfest oder die Erscheinung Christi an diesem Tage feierte.

LXVIII.

Wohl mag im Osiris das Andenken eines alten Königs bewahrt sein, und der Heroencultus seine Erhebung zu den Göttern veranlasst haben, aber gewiss ist es unzulässig in seinem Sagenkreise die Geschichte eines Königshauses finden zu wollen. Es ist eine willkürliche Dichtung, ersonnen in dem theoretischen Interesse zu erklären, wie der Ordner der Oberwelt zum Herrscher im Reiche der Todten geworden. Die Sage, welche den Typhon zum bösen Princip, zum zerstörenden und verheerenden Gott der Gluthhitze stempelte, trägt sogar Spuren der späten Erfindung. Typhon hat seinen Sitz in der Sonne neben dem Osiris behauptet, und mag anfänglich höchstens dem furchtbaren Kriegs- und Feuergotte der Phönizier, dem Baal-Chamman oder Moloch, entsprochen haben. In dem bereits erwähnten Londoner Papyrus heisst es von dem Hyksoskönige: er wählte sich den Gott Typhon — hier Sutech genannt — zum Herrn, und diente keinem anderen Gotte, welcher in Aegypten war. Der Dienst des Sutech wird dabei nicht getadelt, vielmehr sein Tempel gelobt. Er erscheint aber auch noch im neuen Reiche als verehrter Kriegsgott. In Thebaischen Tempeln unterweist er den König Thutmes III. im Bogenschiessen und segnet den grossen Ramses. Erst eine spätere Hand hat seine Verehrung verworfen, und seine Zeichen auf Denkmälern des Sethos ausgetilgt. Die Typhonssage erinnert so lebhaft an die Geschichte des Ramses, dass man versucht sein könnte dieser einen unmittelbaren Einfluss auf ihre Ausbildung beizumessen, namentlich da König Ramses als ein Hauptverbreiter des Osiriscultus erscheint. Denn gleich dem Gotte giebt Ramses dem Lande Gesetze, durchzieht siegreich den Orient und wird bei seiner Rückkehr von dem in Aegypten gebliebenen Bruder hinterlistig überfallen; freilich ward er des Empörers Herr, während die Sage, welche den Tod des Osiris brauchte, die Rache seinem Sohne überlassen musste.

Mit der Verdammniss des Bruders schritt die Erhebung des Osiris ebenmässig fort. In den Gräbern der Pyramidenzeit erscheint er selten und in untergeordneter Stellung, keineswegs als König der Unterwelt; das wird er erst in den Darstellungen des neuen Reichs, und hier wiederum noch lange nicht zum höchsten Gott des Aegyptischen Pantheons. Das System der Götter liess sowohl während seiner allmäligen Ausbildung, wie in seiner letzten Gestalt sehr verschiedenartige Combinationen zu. Veränderte Anschauungen und Parteinahme der einzelnen Priestercollegien für ihre specielle Gottheit stellten bald diesen, bald jenen Gott an die Spitze des Weltalls, übertrugen ihm die Functionen und Attribute der Machtfülle, mit denen sonst andere Gottheiten bekleidet waren, und liessen diese schon in alter Zeit nicht selten in eine so untergeordnete Stellung zurücktreten, dass sie in ganz monotheistischer Weise nur noch als Diener und Gehülfen eines einigen höchsten Wesens erschienen. Den Pyramidenkönigen scheint der Sonnengott, der Gott im Glanze, wie er gewöhnlich heisst, der höchste Gott gewesen zu sein. Ihm errichtete König Schafra den ungeheuren Felsensphinx zu Gizeh als dem Hüter der Welt; denn der Löwe ist in höchster Potenz der Wächter, wie sonst der Hund oder der Schakal. In seiner Stadt Heliopolis, hieroglyphisch Ta-Ra oder Pa-Ra, Haus der Sonne, genannt, behauptete er diese hervorragende Stellung anscheinend bis in späte Zeit. In Memphis wetteiferte der Ptah an der Spitze der Kabiren mit ihm, aber schon früh schloss sich seinem uralten Heiligthume der Tempel des Mondgottes an, und dieser muss in besonde-

22*

rem Zusammenhange mit dem Ptah gedacht worden sein; denn sein heiliger Stier, Apis, der Richter, nach seinem Herrn genannt, wurde nicht nur im Tempel des Ptah inaugurirt, sondern heisst auch in häufigen Inschriften der lebende oder der wiedererstandene Ptah. Wenn wir erwägen, dass der Name des Mondgottes Joh oder Jah wesentlich übereinstimmt mit dem Israelitischen Jehova, den die neuere Sprachforschung Jahve und Diodor Jao nennt, dass sogar zweimal in Gesängen des zweiten Buches Moses die Bezeichnung Jah statt Jehovah gebraucht wird, dass auch sein Name den Lebendigen zu bedeuten scheint, dass er der Richter der Lebenden und der Todten und zugleich ein Offenbarer des göttlichen Gesetzes war, endlich dass die Hebräer seit ältester Zeit stets geneigt waren ihren Gott unter dem Bilde des Stiers zu verehren, so liegt es nahe diesem Gotte eine specielle Einwirkung auf die Ausbildung des Jehovahdienstes beizumessen. Nach der gnostischen Secte der Ophiten war Jao ein Genius des Mondes.

In Theben war während der Glanzzeiten der achtzehnten und neunzehnten Dynastie Amon-Ra die dominirende Gottheit; und nicht selten ward er in wahrhaft monotheistischer Weise zum Herrscher der Welt erhoben. In einer Inschrift des Taharak heisst er: der Schöpfer der Creaturen, der wahrhaftig lebende König, der Herr des Himmels und der Erde. Die Redewendungen und Ausdrucksweisen der Aegypter stimmen vielfach mit den heiligen Schriften der Hebräer so auffallend überein, dass sich ein ursprünglicher Einfluss der Aegyptischen Anschauungen auf die Jüdische Litteratur nicht verkennen lässt. Amenhoteg IV. suchte den Amonsdienst zu stürzen und den Sonnendienst an seine Stelle zu setzen; er veränderte seinen eigenen Namen, und löschte den des Amenhotag III. an vielen Orten aus wegen des darin enthaltenen Wortes Amon. Die Gestalt und den Namen des Gottes liess er häufig ausmeisseln. Aber König Horus zerstörte seinen Sonnentempel, und stellte den Amon wieder her. Mit dieser oder einer ähnlichen Verfolgung mag es zusammenhängen, wenn in der Stammtafel eines priesterlichen Sarges beim Forterben des Amtes vom Vater auf den Sohn der älteste Vorfahre als Priester des Amon, zwei Nachfolger als Priester des Ment, alle späteren wieder als Amonspriester bezeichnet werden; der verfolgte Amon flüchtete unter den im Grunde gleich bedeutenden Namen Ment.

Osiris war in den Thebaischen Gräbern schon längst der König und Richter der Unterwelt; in Unterägypten wurde sein Cultus unter dem Namen Sarapis, das ist Osir-Hapi, Osiris als Richter, durch Ramses II. und seinen vor ihm verstorbenen Sohn Schaamdjom eingeführt. In dem von ihnen gegründeten Serapeum zu Memphis fand Mariette neben den colossalen Sarkophagen der Apisstiere ein reich geschmücktes Osirisgrab. Hier wird der Gott, wie in der Folge sehr gewöhnlich, mit dem Stierkopf dargestellt, und führt die Titel: Hapi, der wiederauflebende Ptah und Ptah-Sokar-Osiris. Auch bezeugt Strabo, dass sein Tempel dem des Ptah angeschlossen sei. Offenbar wurde also sein Cultus mit den alten Hauptgöttern von Memphis, dem Ptah und dem Mondgott, in Verbindung gesetzt, und des letzteren Name, Amt und heiliger Stier auf ihn übertragen. Im Laufe der Jahrhunderte ward dann Osiris und vorzüglich in der Form des Sarapis die am höchsten und allgemeinsten verehrte Gottheit Aegyptens. Und als die Zeiten kamen, da monotheistische Anschauungen nicht mehr ein Vorrecht der Denker und Weisen blieben, sondern die Völker ergriffen, wurde er in den Augen Vieler zum einigen Gott. Aus Griechischer Zeit finden sich häufig die Worte: es ist nur ein Gott Sarapis.*) Neben diesem starken Hervortreten der monotheistischen Idee waren des Osiris blutiger Tod, seine Höllenfahrt und Auferstehung Aehnlichkeiten genug, um die Weisheit eines Römischen Kaisers zu dem Schlusse zu führen, die Christen seien Sarapisdiener. Auf Philä erhielt sich die Verehrung des Osiris bis in das sechste Jahrhundert nach Christus. Je

*) Εἷς Ζεὺς Σέραπις.

höher und geistiger die Götterbegriffe waren, desto schwerer wichen sie der neuen Religion.

LXIX.

Die Aegyptische Lehre vom Wesen und der Bestimmung des Menschen tritt uns vornehmlich in ihren Gräbern entgegen. Sie ist daher am vollständigsten erhalten, so weit sie das Schicksal der Seele nach dem Tode betrifft. Ihre vollendete Gestalt empfing sie in der Annahme der Seelenwanderung, welche den Schlussstein in dem Glaubensgebäude einer göttlichen Weltordnung und eines göttlichen Heilsplans bildete. In den Ueberresten des alten Reiches findet sich noch keine Spur von der Seelenwanderung. Nicht der auferstandene Gott Osiris, sondern der Grabeswächter Anubis wird angerufen ein gutes Begräbniss zu gewähren; auch heissen die Verstorbenen noch nicht, wie später stets die Osirianischen und die Gerechtfertigten. Die Idee des Todtengerichts hatte noch nicht die nachmalige Ausbildung erhalten. Die Gänge und Kammern der Pyramiden enthalten weder Inschriften noch Abbildungen, und die der gleichzeitigen Gräber beschränken sich auf Darstellungen aus dem irdischen Leben oder Verehrung der Götter. Wie sich diese Zeiten die Fortdauer der Seele dachten, ist daher nicht mit Sicherheit bekannt. Wahrscheinlich nahmen sie ein Schattenreich als Sammelplatz der Seelen nach dem Tode an, wie es die Völker dachten, auf deren Glauben die Aegyptischen Lehren direct oder indirect eingewirkt haben, die Hebräer, die Phönizier, die Griechen; und gewiss stand das Schicksal der Seele in genauer Verbindung mit dem Begräbniss des Leibes. In diesem Sinne fleht die unstäte Seele des Patroklos klagend zum Achill, er möge ihr endlich durch die Bestattung die Thore des Hades erschliessen; in diesem belegt die Hebräische Inschrift eines bei Sidon gefundenen Sarkophags den Störer der Grabesruhe mit schwerem Fluche. So sorgten die Aegypter seit der ältesten Zeit durch die Einbalsamirung und die Beisetzung des Leibes in möglichst unzugänglichen Gräbern für ihre unsterbliche Seele. Die Könige thürmten Pyramiden über ihren Särgen auf, Privatleute versteckten ihre Mumien in tief eingehauenen und fest verschlossenen Felsenkammern. Welche Rücksichten dabei noch sonst zu beobachten waren, haben erst die neuesten Untersuchungen gelehrt. Die vermauerten, zu den Grabkammern führenden Gänge der durchforschten Pyramiden sind ganz genau gegen Norden gerichtet, und steigen gegen den Horizont in Winkeln auf, die zwischen etwa 26 und 28 Graden schwanken; sie wurden offenbar so angelegt, dass zur Zeit der Erbauung der Polarstern bis in das Innere gesehen werden konnte. Die Maasse der Pyramiden schienen lange incommensurabel, neuerdings hat Röber nachgewiesen, dass allen Verhältnissen der äusseren und inneren Theile bis zu den Särgen hinab quadratische Beziehungen zum Grunde liegen. Die architektonischen Maasse wurden auf ein angenommenes Normalquadrat bezogen. Bei der grössten Pyramide löst die Quadratwurzel der Zahl 20, bis auf den genauesten Bruchtheil berechnet, alle Längenmaasse zu runden Summen auf. Dies beweist neben einem uralten Zahlenmysticismus die bedeutenden mathematischen Kenntnisse, welche die Aegypter schon im vierten Jahrtausend vor Christus besassen. In den Tempeln vor den Pyramiden und in den Vorhallen anderer Gräber wurden für die Todten oder den Todten Opfer gebracht; noch unter den Ptolemäern waren Priester bei den alten Königsgräbern angestellt, und zahllose Grabschriften aus allen Zeiten ordnen Gaben für die Todten an.

Nach der Lehre von der Seelenwanderung, welche mit dem neuen Reiche auftritt, hatte die Sorge für den Leichnam keine Bedeutung mehr, die Seele hatte mit dem verlassenen Leibe nichts zu thun. Dessen ungeachtet fuhr man fort nach der alten Sitte mit den Mumien die umständlichsten Ceremonien vorzunehmen und riesige Gräber mit verborgener Pracht zu schmücken. Freilich sollten die Seelen nicht darin bleiben, dennoch nannten die Aegypter ihre Gräber die ewigen Wohnungen, ihre Häuser auf Erden blosse Herbergen. Die

Theorie der späteren Zeit liegt klar zu Tage. Die Seelen präexistirten vor ihrer Erscheinung auf der Erde als sündige Geister, die zur Entsühnung für eine Prüfungszeit in irdische Leiber eingeschlossen wurden. Auf dem Wege der Milchstrasse stieg der sündige aber unvergängliche Geist herab; hier wurde er unter dem Einfluss der Gestirne mit einem gröberen Stoffe bekleidet, der vergänglichen Seele, als Sitz des Gemüthes, der Leidenschaften und Begierden, durch diese ward er erst befähigt die Verbindung mit dem schweren Erdenleibe einzugehen. Ein nicht gefallener, reiner Geist wurde dem Menschen für die irdische Laufbahn als Begleiter und Schutzgeist beigegeben. Der Tod befreiete aus dem Gefängniss des Körpers. Nun ward die Seele zum Todtengericht in die Unterwelt hinab geführt. Rein befunden liess sie in der Sphäre der Planeten die niedere Hülle ihres vergänglichen Theiles zurück, und stieg zu den Göttern und den vollendeten Geistern in den Himmel auf. Hier sehen wir in zahlreichen Darstellungen die Schaaren der Verklärten in den himmlischen Regionen lustwandeln, Blumen pflücken, baden, jubeln und die Götter verehren, gerade wie Pindar die elyseischen Gefilde besingt, und ebenso entsprechend dem methodistischen Gesange:

They are all robed in spotters white,
And conquering palms they bear.*)

Nur tragen die Aegyptischen Seligen nicht den Palmzweig, sondern die Straussfeder als Zeichen der Gerechtigkeit. Die nicht im Gericht bestandene Seele musste die Wanderung von neuem beginnen; nach dem Maasse ihrer Verschuldung ward sie mit einem Menschen-, Thier- oder selbst Pflanzen-Leibe verbunden. In einem alten Bilde wird eine Seele als Schwein auf die Oberwelt zurückgetrieben. Die Strafzeit der Wanderungen konnte 3000 Jahre dauern, aber durch heiligen und tugendhaften Wandel abgekürzt werden Nach Pindars

*) Gekleidet sind sie All' in fleckenloses Weiss und tragen Siegespalmen.

pythagoreischer Lehre waren drei unbefleckte Wanderungen zur Erreichung der Seligkeit nothwendig. Daneben erscheinen aber auch unterweltliche Strafen, ähnlich den Indischen oder Dantes Höllen. Rothe Dämonen misshandeln die schwarzen Seelen und halten ihnen ihre Sünden vor. Wie auf christlichen Gemälden werden Seelen aufgehängt, in Kesseln gesotten, gehen ohne Kopf, oder schleppen ihr Herz hinter sich her. „Diese leiden unanschaubare Qual.“ *) Wahrscheinlich war diese Hölle gleich der Indischen schweren Sündern zwischen ihren Wanderungen bestimmt: ganz unverbesserliche wurden schwerlich angenommen. Denn anscheinend sollten am Ende der Dinge alle Geister geläutert sein. Nach der Pythagoreischen Lehre lässt sich schliessen, dass die Aegyptische Metaphysik ebenfalls nach Reinigung aller Geister eine Rückkehr und Auflösung der Welt in die Gottheit annahm.

LXX.

Ein besonderes Interesse gebührt dem sogenannten Todtenbuch. Es ist das älteste grössere Litteraturwerk nicht nur Aegyptens, sondern der Menschheit, welches uns erhalten ist, und dient zugleich zum redenden Zeugnisse, theils wie ähnliche Formen die grübelnden Speculationen über die Unsterblichkeit an den verschiedensten Orten annahmen, theils in wie hohem Grade die Aegyptischen Glaubenslehren auf die religiösen Vorstellungen des Judenthums und Christenthums eingewirkt haben. Es ist eine Schrift, welche in ausführlicher oder abgekürzter Recension, aber seit den ältesten Zeiten des neuen Reiches unverändert, den Todten in das Grab gelegt zu werden pflegte, und stellt in dramatischer Weise die Schicksale der Seele nach dem Tode dar, die handelnden Personen redend einführend, und den Text mit vielen Abbildungen erläuternd, voll sinniger und poetischer Anschauungen. Stücke daraus finden sich häufig auf die Särge gemalt oder eingegraben, und einzelne Scenen bilden

---

*) Τοί δ' ἀπροσόρατον ὀκχέοντι πόνον. Pindar.

einen hervorragenden Theil der Malereien und Sculpturen in den Gräbern. Natürlich wird vorausgesetzt, dass der Verstorbene gerecht erfunden wird und zum Himmel eingeht. Das Todtenbuch beginnt mit der Leichenfeier, deren vollständigem Ceremoniell und den Todtenopfern, wobei Abschnitte davon vorgelesen und wahrscheinlich zum Theil gesungen wurden. Nach der Bestattung geht der Verstorbene aus dem Grabe hervor, und betet die untergehende Sonne an, die in enger symbolischer Verbindung mit dem Abscheiden des Menschen steht. Dann redet ihn Thot an: er habe für ihn gekämpft, er habe die Frevler zurückgedrängt, er rechtfertige ihn gegen seine Feinde an dem Tage, da die Worte derer gerichtet werden, die sich an ihm versündigt. Stimmen fallen mit einer Art von Litanei ein: gerechtfertigt ist er gegen seine Feinde, zurückgedrängt hat sie Thot. Nach abermaliger Rede des Thot wird in mehrfacher Wiederholung gebetet: ach, es gehen umher die frommen Seelen im Hause des Osiris, ach, lasst auch einhergehen die Seele dieses Verstorbenen im Hause des Osiris. Andere Stimmen antworten: nicht ist er abgewiesen, nicht ist er zurückgegangen, er schreitet einher gepriesen, und er erscheinet geliebt, er ist gerechtfertigt, und sein Befehl wird vollbracht im Hause des Osiris. Nun spricht der Todte selbst, auch er stehe vor dem Herrn der Götter, auch er betrete das Land der Gerechtigkeit, und schliesst: gelobt seist du, Osiris, weil du bewilligt hast, dass ich gehen durfte mich mit der Abendsonne zu vereinigen, dass mich empfingen die Herren der Welt, die zu mir sagten: willkommen! willkommen in der Vereinigung! die mir einen Sitz bereiteten an dem grossen Orte.

So geht es fort auf dem nächtlichen Wege des Sonnengottes durch die Regionen der Unterwelt mit ihren Schrecknissen, bis sich im Osten die reine Seele als Sperber mit dem Menschenkopf erhebt um sich zum ewigen Lichte emporzuschwingen. Die Hauptscene der unterirdischen Fahrt ist das Seelengericht im Palaste des Osiris. Hier vollziehen Anubis und Ma, die Göttin der Gerechtigkeit, die Sündenwägung; auf der einen Schaale der Wage liegt das Herz oder die Thaten des Verstorbenen, auf der anderen ein Bild der Ma oder eine Straussfeder, ihr Symbol und ihre Hieroglyphe. Der Mondgott Joh schreibt das Resultat auf eine Tafel, das hat er von seinem einstigen Richteramt behalten. Osiris thront mit Geissel und Krummstab als Zeichen der Heiligkeit und der Macht an der Spitze der zwei und vierzig Todtenrichter, und verkündet den Ausspruch. Die Seele knieet vor dem Tribunal, und preist die Götter: gelobet seid ihr, Herren der Gerechtigkeit. Dann sagt sie vor jedem der Richter einen Spruch die Hauptsünden von sich abzulehnen. Ohne Zweifel sind diese zwei und vierzig Sprüche, die neben den Richtern verzeichnet stehen, aus noch älteren Geboten entnommen, die Staat und Familie, sittliches und religiöses Leben betrafen. Ich habe mein Beten nicht sehen lassen, spricht die Seele, ich bin kein Heuchler gewesen, ich bin kein Trunkenbold gewesen, ich habe nicht das Eigenthum Gottes geraubt, ich habe Niemanden geängstigt, ich habe mein Ohr nicht von den Worten der Wahrheit abgewendet, ich habe nicht die Binden der Todten abgerissen. Dann finden sich auch folgende Erklärungen: ich habe nicht Gott verachtet in meinem Herzen — ich habe nicht auf Gott geschmäht — ich habe nicht auf den König geschmäht, ich habe nicht auf meinen Vater geschmäht — ich habe Niemanden absichtlich getödtet — ich habe nicht gestohlen — ich habe nicht die Ehe gebrochen — ich habe nicht gelogen — ich habe nicht verläumdet. Offenbar haben wir hier die Vorbilder des Hebräischen Dekalogs. Bibelgläubige Theologen wagen nicht zu bestreiten, dass diese Sprüche älter sind als Moses. Nach ihnen musste sich also der Gott der Juden persönlich in Bewegung setzen um seinem Volke Gebote zu offenbaren, welche den Aegyptern längst bekannt waren. Aber auch diese hatten sie von ihren Göttern gelernt. Selbst die steinernen Tafeln fehlen nicht. Der Sonnengott, der dreimal grosse Thot, noch spät im Occident so berühmt als Hermes Trismegistus, hatte den Inhalt der heiligen Bücher in Tagen der Urzeit auf heilige Stelen eingegraben, und Joh, der zweimal grosse Thot, hatte sie in Aegyptische Hieroglyphen übersetzt. Jedem alten Volke war das eigene Wissen göttliche Offenbarung und die Offenbarung eine historische Thatsache.

Den König konnte Moses nicht gebrauchen, er strich ihn also, und erst die Interpretation des protestantischen Katechismus hat die Obrigkeit wieder an ihre Aegyptische Stelle neben die Eltern gesetzt. Moderne Theologen und theologische Juristen suchen aus den heiligen Büchern der Juden einen Codex des Servilismus zu machen; die Bibel selbst ist nicht von einem Ende zum anderen ein Buch der Könige.

LXXI.

Neben tiefen und scharfsinnig ausgeführten Religionsbegriffen begegnen wir in Aegypten selbst bis zu den spätesten Zeiten sehr rohen Vorstellungen. Namentlich war es der Thierdienst, welcher schon den Völkern des Alterthums höchst anstössig war, und den heftigen Abscheu der sonst toleranten Perser gegen das Aegyptische Volk hervorrief. Bei den gebildeteren Classen galten gewisse Thierarten als heilig, wie sie nach wirklichen oder angedichteten Eigenschaften in einen symbolischen Zusammenhang mit bestimmten Gottheiten gebracht waren, und wohl nur der Apisstier wurde allgemein als eine wirkliche Incarnation der Gottheit betrachtet. Das religiöse Gesetz befahl nur die Schonung, Pflege und Bestattung der heiligen Thiere, und auch diese nicht durchgehend, denn das Krokodil, welches als gefürchtetes Raubthier dem zerstörenden Zeitgotte heilig war, wurde zwar in der Nähe seines Tempels geschont, überall sonst aber nach besten Kräften verfolgt. Dagegen lässt sich nicht bezweifeln, dass von den niederen Volksclassen einzelne Thiere, besonders Katzen, als unmittelbare Erscheinungen des Göttlichen, als Schutz- und Hausgötter verehrt wurden. Nur dürfen wir daraus keine zu nachtheiligen Schlüsse auf die Bildung und die Redlichkeit der Priester ziehen, welche derartige, mit ihrer besseren Erkenntniss in offenbarem Widerspruche stehende Ausschreitungen duldeten, oder sogar begünstigten. Im Grunde ist die fetischartige Verehrung und Behandlung, welche den Reliquien oder Bildern von Schutzheiligen in manchen Ländern des christlichen Europa sehr allgemein zu Theil wird, wenig davon verschieden, und an mehr als einem Orte könnte die Verhöhnung eines wunderthätigen Klotzes denselben Ausbruch des Fanatismus zur Folge haben, wie bei dem Aegypter, dem man seine Katze erschlug. Ob sich in dieser Heilighaltung und göttlichen Verehrung der Thiere Reste eines alten Fetischdienstes erhalten haben, oder ob es eine Entartung war, die aus der symbolisch-allegorischen Darstellung der Götter in Bild und Hieroglyphe geflossen, wird sich nach dem Inhalte der überlieferten Thatsachen schwerlich mit Sicherheit beurtheilen lassen.

Wie sich nun auch die tieferen Speculationen mit den roheren Vorstellungen abfinden, oder beide neben einander hergehen mochten, jedenfalls war durch alle Volksclassen die Herrschaft des religiösen Systems über das ganze Leben, Fühlen und Denken eine so vollständige, alle Verhältnisse im Grossen und im Kleinen durchdringende, wie vielleicht nirgends mehr. Den in ähnlicher Weise das Detail des Lebens umfassenden Fetischglauben mancher Völker einer niedrigeren Culturstufe übertraf sie in der organisirten Regelmässigkeit und Intensivität, andere geistigere Religionen aber, die wie die Indische oder das Christenthum ohne Zweifel Einzelne weit tiefer und inniger ergriffen, in der Ausdehnung ihrer Wirksamkeit über das tägliche Leben aller Volksclassen. Herodot fand, dass auf der einen Seite die Aegypter unter allen Sterblichen den Göttern die grösste Verehrung bewiesen, und auf der anderen, dass bei sämmtlichen übrigen Völkern für Zeichen und Vorbedeutungen nicht so viel beobachtet und gesammelt würde wie hier. Zahllos waren die religiösen Ceremonien, die zu beobachtenden Gebräuche, die Opfer und Gebete, welche den Menschen von der Geburt bis zum Grabe geleiteten. Die Heiligungs- und Reinigungsgesetze, die Vorschriften über Beschneidung, Waschungen, Fasten, Kasteiungen und Vermeidung des Unreinen gingen, wie in Indien, von der Betrachtung des Lebens als einer Büssungszeit aus, und waren auch hier für die Priester am strengsten und umfangreichsten. Die Theorie der Askese und der Entsagung scheint indessen keine besondere Ausbildung oder Bedeutung gewonnen zu haben, wie überhaupt das Aegyptische Priesterthum mehr zur äusseren Thätigkeit, wie zur Verinnerlichung und systematischen Vollendung hinneigte. Aus der frühen und vorzüglichen Ausbildung, welche das christliche Anachoretenwesen und Mönchsthum in Aegypten fand, möchte man schliessen, dass auch den älteren Zeiten Einsiedelei und Zurückziehen von der Welt nicht fremd gewesen. Doch fehlen Nachrichten darüber. Zu regelmässigen und einflussreichen Erscheinungen hat jedenfalls diese Richtung nicht geführt. Die öffentlichen Feste, Wallfahrten und Processionen waren zahlreich und von gewaltigen Menschenmassen besucht, die Opfer ungemein häufig, von mannigfaltigster Art und Bedeutung. Bei den Sühnopfern erinnert der Fluch, welcher über den Kopf des Opferthieres gesprochen ward, „wenn ein Unglück über die Opfernden oder das Land kommen solle, möge es dieses Haupt treffen“, an den Israelitischen Sündenbock, der die auf sein Haupt gelegte Schuld des Volkes mit sich in die Wüste trägt.

Orakelwesen, Astrologie und sonstige Zeichendeuterei waren in so hohem Grade ausgebildet und so beständig in Uebung, dass nicht bloss öffentliche Unternehmungen und Angelegenheiten von allgemeinem Interesse, sondern auch die Handlungen des täglichen Lebens, Reisen, Rechtsstreitigkeiten, Heirathen und Krankheitsheilungen, unverbrüchlich an den Stand der Gestirne oder andere Vorzeichen geknüpft wurden. Als die schöpferische Thätigkeit auf anderen Gebieten längst erlahmt, als Wissenschaften und Künste zum Stillstande gekommen waren, fuhr man fort zum Zwecke der Deutung für künftige Fälle merkwürdige Erscheinungen auf Erden oder am Himmel zu sammeln und genau zu beobachten, was sich darauf ereignete. Ueberall wurden ursächliche Zusammenhänge angenommen, und in dieser harmonischen Ordnung widersprach noch keine Wissenschaft dem theologischen Dogma. Die positivste, erfahrungsmässigste Wissenschaft der Aegypter, die Astronomie, war als Beobachtung der unmittelbaren göttlichen Weltregierung in dem beseelten, gotterfüllten Weltall nur ein Theil der Theologie. Die Gottheiten, welche sich in dem regelmässigen Laufe der Gestirne offenbarten, beherrschten folgerichtig auch die mit ihnen wechselnden Jahreszeiten, Temperaturverhältnisse, meteorologischen Erscheinungen und ihre Einflüsse auf das vegetabile und animalische Leben. Dies wurde in der Sterndeuterei und Tagwählerei auf die Ereignisse des menschlichen Lebens übertragen, und so allmälig die verschiedenartigsten irdischen Begebenheiten gleich den Jahreszeiten mit den Phönomenen des Himmels ursächlich verknüpft. Daher konnte der Mensch in den Gestirnen und anderen Zeichen die Schicksalsschlüsse lesen, welche bald der unabänderlichen Nothwendigkeit des Geschicks, bald dem zweckbewussten Walten der vorsehenden Gottheit zugeschrieben wurden. Der bestimmende Einfluss, welchen die Gestirne bei dem Wege der Seelen durch ihre Regionen auf die Bildung des Charakters übten, konnte neben sonstiger Astrologie leicht auf Horoskopstellung oder Nativitätsberechnung führen. Freilich widersprach diese äussere Vorherbestimmung der Zurechnungsfähigkeit des Menschen. Die steten Probleme theologischer Lehren: naturgesetzliche Nothwendigkeit, göttliche Vorsehung und menschliche Freiheit zu vereinigen, konnten auch der Aegyptischen Dogmatik nicht entgehen. Wie sie dieselben löste, wissen wir nicht — wahrscheinlich gleich dem Koran durch Machtsprüche, welche für das praktische Bedürfniss genügten, wenn sie auch theoretischer Anfechtbarkeit unterliegen mochten.

LXXII.

Jedes theologische System, welches seine Ausbildung einem alten und kräftig organisirten Priesterthum verdankt, legt grosses Gewicht auf Ritualien, Cultusvorschriften und Ceremonialgesetze, und stellt ihre minutiöse Befolgung mit Recht und Sittlichkeit auf die gleiche Stufe. Das geht durch alle ursprüngliche Lehrgebäude des Orients durch, wir finden es gleichmässig bei Indern und Aegyptern, Ariern und Semiten, Persern und Juden. Wie der Grund dieser endlosen Festsetzungen die grübelnde Frömmigkeit war, die in ihrer Consequenzmacherei nie genug thun konnte um den Ansprüchen der Gottheit zu genügen und die eigene Heiligkeit zu bewähren, so war ihre Folge überall eine formelle Gesetzesübung und äusserliche Werkheiligkeit, die sehr wirksam sein konnten um ungeregelte Kräfte an Zucht und Ordnung zu gewöhnen, aber freilich mit ethischer Gesinnung nicht in nothwendigem Zusammenhange standen. Mehr darf indessen auch nicht zugegeben werden. Es sind leere Abstractionen, die im Gegensatze zu dem bevorzugten Monotheismus den polytheistischen Religionen sittliche Gedanken und sittlichen Einfluss absprechen wollen. Je mehr sich der Mensch in der Entwicklung seines Fühlens und Denkens über das bloss sinnliche Dasein zur Achtung sittlicher Eigenschaften erhob, desto mehr wurden auch die nach seinem Bilde geschaffenen Ideale, die Götter, aus bloss gewaltigen, in der Natur wirkenden Mächten zu sittlichen Wesen und Förderern sittlicher Bildung. So war es auch in Aegypten. Die Bedeutung der jüngeren Götter, der Sündenfall der empörten Geister, die Betrachtung des Lebens als einer Prüfungs- und Sühnungszeit um die verlorene Seligkeit wieder zu gewinnen, die Idee des Gerichts und der Seelenwanderung, die Sprüche des Todtenbuchs, endlich manche speciell überlieferte Einrichtungen und Anschauungen beweisen unwidersprechlich, dass die Aegyptische Moral nicht nur wie jede andere Aeusserung des intellectuellen Lebens im engsten Zusammenhange mit der Theologie stand, sondern auch, dass sie keineswegs bloss auf äusserliches Handeln, vielmehr sehr wesentlich auf die innere Gesinnung, die Reinheit und Heiligkeit des Herzens gerichtet war. Und die Resultate dieser priesterlichen Moral im öffentlichen und Privatleben dürfen wir keineswegs gering anschlagen. Die Griechen fanden in Aegypten eine rühmliche Weisheit und Humanität der Sitten und Einrichtungen, so fremdartig ihnen auch Vieles erschien. Freilich wird auch hier bei weitem nicht Alles dem Ideal entsprochen haben, welches einheimische Priester entwarfen, und fremde Reisende zuweilen verwirklicht wähnten. An Schroffheiten und Härten, wie sie in unantastbarer, angeborner Bevorzugung der Einen und strenger Unterordnung der Anderen, welche durch frühere Verschuldung schon in der Geburt zur Niedrigkeit verurtheilt sind, ihre natürliche Veranlassung und Entschuldigung finden, wird es sicher nicht gefehlt haben. Die ungeheueren Werke der älteren Zeit setzen eine rücksichtslose Verwendung von Menschenglück und Menschenkraft voraus. Aber dennoch tritt uns ein wirklich humanes Wesen und Streben entschieden entgegen. Gottesfurcht, Gerechtigkeit, Milde, Wohlthätigkeit sind die Tugenden, die überall hervorgehoben werden. Von dem alten Schriftgelehrten Raaa rühmt seine Grabschrift: er gab Brod den Hungernden, Wasser den Durstenden, Kleider den Nackten. Auch die Sklaven, deren Zahl und Bedeutung übrigens (ausser etwa nach grossen Kriegszügen) nicht erheblich war, wurden durch die Gesetze geschützt, ihre Tödtung gleich der eines Freien gestraft. Die Milde erstreckte sich sogar auf die Thiere, wozu die religiöse Scheu vor den vielen heiligen Arten wesentlich beitragen musste; die Sorgsamkeit der Aegyptischen Hirten erregte Bewunderung. Neben Darstellungen Getraide austretender Rinder findet sich ein Vers: „dreschet ihr Ochsen, dreschet für eueren Herrn, dreschet auch für euch selber", entsprechend dem Hebräischen Gebote: Du sollst dem Ochsen, der dir drischt, nicht das Maul verbinden. Die Aegyptische Gerechtigkeit hat ihre Augenbinde über die civilisirte Erde verbreitet. Von der Stellung der Frauen nach der Theorie und im wirklichen Leben wissen wir wenig, doch können wir schliessen, dass sie eine verhältnissmässig freie und würdige war. Dafür spricht besonders die entschiedene Hinneigung zur Monogamie:

den Priestern war durchweg nur eine Frau erlaubt, und in einem Theile des Landes war die Polygamie überhaupt verboten. Wenn denn auch Harems und Concubinen bei den Vornehmen nicht fehlten, so war es wenigstens gegen die bessere Sitte. In den Darstellungen der Gräber steht das Bild der Frau stets neben dem Manne. Ihre Bestattung stand an Feierlichkeit, ihre Särge und Gräber an Schmuck nicht hinter denen der Männer zurück. Königinnen und Prinzessinnen wurden häufig Statuen errichtet; und in alter Zeit führten wiederholt Frauen die Regierung des Landes. Aus der kastenmässigen Vorliebe für das feste Zusammenschliessen der Familien und die Begränzung in engen Kreisen lässt es sich erklären, dass die Verheirathung von Geschwistern unter einander sowohl erlaubt als üblich war, und nach dem allgemein constatirten Gesetze, dass dauernde Fortpflanzung innerhalb beschränkter und abgeschlossener Verwandtschaft eine Entartung des Geschlechts zur Folge hat, mag diese Sitte nicht ohne Einfluss auf das geistige und physische Verkommen des Volkes geblieben sein.

LXXIII.

Die Grundlagen des bürgerlichen und staatlichen Lebens waren hier wie überall auf der einen Seite die Theorien, deren Träger und Bildner die Priesterkaste war, auf der anderen die materiellen Verhältnisse von Land und Leuten. Die Wechselwirkung und Durchdringung dieser beiden Potenzen gestaltete den Charakter und die sociale Ordnung des Volkes.

Die contemplative Classe im Besitze der höchsten und heiligsten Traditionen wie des einflussreichsten Ansehns schloss sich theils zur Bewahrung der Lehren und Gebräuche, theils im Gefühle der überlegenen Heiligkeit zuerst erblich ab, und gewann eine feste, consequent entwickelte Organisation, welche in ihrer anerkannten Nothwendigkeit und Göttlichkeit das Vorbild für die Ordnung der übrigen Stände ward. Am frühsten vollendet, erhielt sie sich am längsten. Als die übrigen Kastenunterschiede längst verwischt waren, behauptete die Priesterkaste noch ihr Ansehn, ihre Vorrechte und ihre innere Ordnung. Während in Indien wenigstens theoretisch die Brahmanen einen einzigen geistlichen Stand bildeten, nicht Vermögen, Amt und politischer Einfluss, sondern Weisheit und Heiligkeit über den Vorrang entscheiden, und die priesterlichen Würden jedem Mitgliede der Kaste zugänglich sein sollten, theilte sich die Aegyptische Priesterkaste, mehr zur praktischen Thätigkeit, als zu speculativen Theorien gewendet, auch gesetzlich in mehrere abgesonderte und erblich geschiedene Classen, so dass regelmässig Niemand aus der einen in die andere übergehen konnte. Clemens von Alexandrien giebt ihre Ordnung bei der Aufzählung der heiligen Bücher an. Den ersten Rang nahmen die Propheten, Spruchfasser oder Orakelertheiler ein; ihnen gehörten die zehn Bücher von den Göttern und den Gesetzen, also die eigentliche Theologie und Jurisprudenz. Die folgenden zehn Bücher der Stolisten enthielten die liturgischen Vorschriften, Ritualien und Ceremonien. Zehn Bücher der Schriftgelehrten (Hierogrammateis) und vier der Stundenbeobachter (Horoskopoi) umfassten die Kenntniss der Schrift und die exacten Wissenschaften, Mathematik, Kosmographie, Astronomie, Kalenderwissenschaft und Bestimmung der Feste. Dann folgten die Sänger, von deren zwei Büchern der Lobgesänge sich das eine auf die Götter, das andere auf die Könige bezog. Die unterste Stufe nahmen die Tempeldiener ein, denen die niederen Functionen beim Gottesdienste und die Begräbnisse oblagen. Die Griechen nannten sie Capellenträger, weil sie bei Prozessionen die Götterbilder in kleinen Capellen zu tragen hatten. Da ihnen die sechs medicinischen Bücher (über Körperbeschaffenheit, Krankheiten, Instrumente, Arzneimittel, die Augen und die Frauen) anvertrauet waren, werden auch die Aerzte dieser Classe angehört haben. Sie muss sehr zahlreich gewesen sein, und hat schwerlich in grossem Ansehen gestanden. Die vielen Contracte über Begräbnissplätze, die in den Gräbern gefunden werden, bestätigen ausnahmslos die Erblichkeit der besonderen Stellen in den Familien der Tempeldiener. Aber auch die höheren Priesterwürden waren nach dem Zeugnisse der Grabinschriften und der Griechen erblich. Dem Hekatäus, der sein Register von sechszehn Ahnen für einen stattlichen Stammbaum hielt, antworteten die Priester zu Memphis mit einer Reihe von 345 Oberpriestern, in welcher stets der Sohn auf den Vater gefolgt sein sollte. Dem Dienste der höheren Götter standen nicht einzelne Priester, sondern ganze Collegien vor, und im Anschlusse an die berühmteren Heiligthümer waren von Alters her Priesterschulen organisirt, deren ehrwürdigste die von Theben, Memphis und Heliopolis waren. Sie blühten noch zu den Zeiten Herodots; Strabo fand die alten Stätten der Weisheit leer und verödet. Sie beschäftigten sich aber nicht bloss mit der Ueberlieferung innerhalb ihrer Kaste, sondern gleich den Klosterschulen des Mittelalters nahmen sich auch diese Priester des bleibendsten Berufes der contemplativen Classe an für Unterricht und Bildung des Volkes zu sorgen. Sie unterwiesen die Jugend in der Religion, Geometrie und Arithmetik, auch wohl in der Astronomie. Platos Angabe, dass bis zu den untersten Classen hinab jeder Aegypter lesen, schreiben und rechnen lerne, mag etwas idealisirt sein.

LXXIV.

Der Priesterstand war der ausschliessliche Träger aller wissenschaftlichen Thätigkeit und der Pfleger des intellectuellen Lebens; dem entsprechend ist den Erfindungen, Künsten und Wissenschaften Aegyptens der religiös-priesterliche Charakter in einer Weise aufgeprägt, die ihren Ursprung nirgends verkennen lässt. Ein eigenthümliches Beispiel hiervon giebt die Schrift. Nicht aus Bedürfnissen des täglichen Verkehrs, denen sie erst spät diente, sondern aus dem Drange hervorgegangen wichtig geachtete Thaten oder Gedanken objectiv zur Anschauung zu bringen, und ihre Mittheilung über die Schranken des Raumes und der Zeit zu erheben, fehlt die Schreibkunst keinem einigermaassen in der Civilisation vorgeschrittenen Volke, und namentlich keiner ausgebildeten Priesterschaft des Orients. Da sie erst systematische Geistesarbeiten in grösserem Umfange möglich macht, und das Zusammenwirken räumlich und zeitlich getrennter Kräfte nach denselben Theorien und zu gleichen Zwecken sichert, ist sie ebenso Bedingung und Förderungsmittel, wie untrügliches Kennzeichen für die Cultur und das Streben des Volkes, dem sie angehört. Bei den Aegyptern hat der enge Zusammenhang der Schrift mit der Religion, in deren Sachen stets auch Geringfügiges für wesentlich und heilig gehalten, daher Alterthümliches, Hergebrachtes nur mit Schwierigkeit aufgehoben wird, in ihrer Ausbildung Reste früherer Stufen hartnäckig festgehalten, und so hemmend diese zähe Gewohnheit fortschreitender Verbesserung entgegentrat, so wichtig ist für das vergleichende Studium der dadurch gewonnene Blick in den normalen Gang ihrer Entwicklung und der urkundliche Beleg für die ungeheuere Schwierigkeit der Abstractionen, welche erforderlich waren um die Fülle der Vorstellungen endlich durch wenige Lautzeichen unzweideutig darzustellen. Den Ausgangspunkt Vorstellungen durch Bilder zur Anschauung zu bringen hatten die meisten Schriftarten nachweislich gemein; aber nur die Aegyptischen Hieroglyphen und die Amerikanischen Bilderschriften blieben dabei stehen mit Bildern zu schreiben. Die ausgebildetste der letzteren, die Aztekische Schrift bietet für die Aegyptische einen merkwürdigen Vergleich in ihrer anfänglichen Aehnlichkeit und späterem Auseinandergehn. Die Mexikaner, zum Aeusserlichen, Praktischen gewendet, drückten Thatsächliches, concrete sinnliche Dinge durch Bilder aus, welche meistens die Gegenstände in ihrer eigentlichen natürlichen Bedeutung wiedergaben. Nur Dinge, die sich nicht unmittelbar malen liessen, wurden symbolisch oder durch conventionelle Figuren dargestellt. Diese Schrift gab in der Regel nur den Gedanken des Schreibenden ohne Rücksicht auf die sprachliche Form oder den Laut der Worte. Sie waren allerdings auch darauf gefallen Gegenstände als blosse Laute zu verwenden, aber dies geschah wohl nur bei ihren Namen, die stets aus Appellativwörtern bestanden und daher durch Bilder geschrieben werden konnten. Sollten nicht Thatsachen wiedergegeben werden, so mussten besondere Zeichen ausser der eigentlichen Schrift ausdrücken, was gemeint war. In dieser Art wurden Gesetze und Anweisungen als solche bezeichnet; neben Abgabenverzeichnisse malte man einen aufgehängten Mann zum unzweideutigen Zeichen, dass ihre Uebersendung nicht eine historische Notiz, sondern eine ernste Aufforderung an die Empfänger enthielt. Lieder, welche dergestalt nur durch Hauptworte und deren Verbindung geschrieben waren, konnte natürlich Niemand lesen, der sie nicht schon kannte.

LXXV.

In Aegypten dagegen strebte die gotterfüllte Contemplation religiöse Gedanken und Resultate ihrer Speculationen zur Anschauung zu bringen. Die bildliche Sprache, welche jeder anfänglichen Culturstufe eigen ist, bis von der fortschreitenden Reflection und Abstraction adäquate Ausdrücke gefunden werden, begegnete sich mit der mystisch symbolisirenden Geistesstimmung, welche überall in den sinnlichen Dingen eine tiefere Deutung suchte. Die ganze Natur war eine Hieroglyphe, die Räthsel aufgab und Räthsel löste. Der Eingeweihte sah in dem Bilde nicht den natürlichen Gegenstand, sondern einen symbolischen Sinn. Clemens Alexandrinus hat ein Beispiel reiner Ideenschrift durch Bilder aufbewahrt; gezeichnet waren: ein Kind, ein Greis, ein Sperber, ein Fisch, ein Nilpferd, und das bedeutete: Jung und Alt! die Götter hassen die Schamlosigkeit. Solche Inschriften trug vielleicht die Bekleidung der Pyramiden. Welche Ideenassociationen zwischen dem Bilde und seiner Bedeutung obwaltete, lässt sich häufig nicht erkennen. Uns ist der Gedankengang solcher Zeiten zu fremd. Zuweilen mochte schon in früher Zeit eine etymologische Rücksicht, oder eine blosse Aehnlichkeit des Lautes die Verbindung vermitteln. Jedenfalls erscheint es begreiflich, dass, wenn man sich einmal gewöhnt hatte, von der natürlichen Bedeutung der Dinge abzusehen, die weitere Abstraction auch die symbolische Bedeutung fallen liess, und sich nur noch an den Laut der Gegenstände hielt. So gelangte man von der Vorstellungsschrift zur phonetischen, und indem man anfänglich den ganzen Laut, dann nur noch den Anfangslaut der Worte berücksichtigte, zu einer Buchstabenschrift, in welcher das Bild nur als der Anfangsbuchstabe seines Gegenstandes zählte. Dieser bald symbolische, bald phonetische Zusammenhang zeigt sich in den Hieroglyphen der Götter, die entweder allein statt der Namen, oder zur Unterscheidung neben das Götterbild gesetzt wurden. Den weltüberwachenden Sonnengott bezeichnete symbolisch das geflügelte Auge, oder der Löwe, den schaffenden Amon-Harseph der Widder; letzterer, als Bild des geistigen Gottes, bedeutete dann auch den Geist überhaupt, mit dem er den Anfangsbuchstaben B gemein hatte. Wenn ein Weberschiff (Net) die Neit, oder ein Schild (Okham) die Okeame charakterisirte, scheint die Aehnlichkeit des Wortlautes maassgebend gewesen zu sein. Sab aber hatte mit seiner Hieroglyphe, der Gans, nur den Anfangsbuchstaben S gemeinschaftlich. Auf die Ausbildung der Lautschrift haben ohne Zweifel die Namen einen besonderen Einfluss geübt Da sie nicht durch Bilder oder Symbole wiedergegeben werden konnten, musste das Bedürfniss sie darzustellen vorzugsweise die Aufmerksamkeit auf die in ihnen enthaltenen Lautelemente lenken. Dafür spricht auch die Analogie mit der Aztekischen Schrift. Und es fehlt nicht an positiver Bestätigung. Wir haben viele Beispiele, dass fremde Namen, in ihre Sylben zerlegt, durch Bilder mit ihrem vollen Wortlaut geschrieben wurden. Als man aber schon allgemein mit Buchstaben-Hieroglyphen schrieb, behielt man dennoch die Sitte bei die zu einem Namen gehörenden Buchstaben in eine Umfassungslinie einzuschliessen, was allerdings nöthig war, so lange man es besonders hervorheben musste, dass Bilder nur als Buchstaben gelten und erst zusammen ein Wort ausmachen sollten, aber offenbar überflüssig, seitdem andere Worte eben so mit Buchstabenbildern geschrieben wurden.

Gleich dieser Gewohnheit wurde manches Andere aus den früheren Schreibweisen festgehalten, obwohl die Buchstaben vollständig hinreichten Alles auszudrücken. Mancherlei Thätigkeiten, Beziehungen, Titulaturen, Fürwörter pflegten fortdauernd durch ideographische Bilder geschrieben zu werden, so auch die Monate durch die Symbole der drei Jahreszeiten (Wasser, Garten und Tenne) unter Hinzufügung der Zahlen eins bis vier innerhalb derselben. Das Ziffersystem war dem Römischen durchaus ähnlich. Ferner behielt man eine beschränkte Anzahl von Sylbenzeichen neben den Buchstaben im Gebrauch. Eine Erinnerung an die alte Ideenschrift war es endlich, wenn den Lautbezeichnungen der Worte noch das natürliche oder symbolische Bild ihres Gegenstandes, zuweilen auch ein Zeichen ihrer Gattung, gleichsam die Kategorie, in welche der Begriff gehörte, beigefügt wurde. Gelegentlich stehen sogar statt sinnlicher Dinge ihre Abbildungen allein ohne Lautschrift, so namentlich in Verzeichnissen der Gräber, wo dann wieder Sachen, die sich nicht wohl unmittelbar darstellen lassen, wie Wein, Milch, Wachs halbsymbolisch durch Gefässe verschiedener Form bezeichnet werden. Zu diesem Festhalten des Alterthümlichen trug indessen ausser der conservativen Religiosität wesentlich der Umstand bei, dass die Hieroglyphen nicht bloss zur Schrift, sondern zugleich zum künstlerischen Schmuck der Gebäude und Denkmäler bestimmt waren, als integrirender Bestandtheil der Architektur. Grosse und kleine Räume, Pyramiden und Obeliske, Tempel und Paläste, Mauern, Säulen und Gesimse, Gräber und Särge mussten mit ihnen bedeckt werden, selbst Flächen, die nach ihrer Vollendung nie wieder ein menschliches Auge erblicken sollte. Es war derselbe Trieb gewissenhafter Vollendung, in welchem die Sorgfalt der Gothischen Baukunst auch unzugängliche Räume mit ihren Sculpturen schmückte. Diesem Zweck der Zierde diente die Mannichfaltigkeit der Bilder, und eine gewisse Freiheit ihrer Stellung und Auswahl in hohem Maasse.

Die Complicirtheit der Hieroglyphenschrift und die Schwierigkeit ihrer Handhabung wurde dadurch gesteigert, dass es für die einzelnen Buchstaben eine Menge von Bildern gab, durch deren Anfangslaut sie bezeichnet werden konnten, deren Wahl aber nicht der Willkür überlassen, sondern für die meisten Fälle herkömmlich geregelt war. Man zählt ungefähr tausend hieroglyphische Zeichen. Diese Zahl ist in der hieratischen Schrift etwa auf die Hälfte reducirt. In dieser bequemeren Cursivschrift wurden die Bilder zu blossen Figuren und conventionellen Zeichen zusammengezogen. Die demotische Schrift, welche seit dem siebenten Jahrhundert vor Christus auftritt, beruht auf demselben Princip; mit ihr wurde aber ein anderer Dialekt geschrieben, als die Volkssprache sich geändert und von der alten, in Religion und Wissenschaft beibehaltenen Sprachform getrennt hatte. Den wichtigen und doch verhältnissmässig einfach erscheinenden Schritt für jeden Buchstaben ein Zeichen festzusetzen und so aus der Menge der möglichen ein einziges Alphabet zu schaffen that man nicht. Erst als das alte Aegypten sich auflöste, wurden die Griechischen Buchstaben angenommen und mit einem halben Dutzend Zeichen für Aegyptische Laute vermehrt. Mit diesem Alphabet ist die Koptische Bibelübersetzung aus dem dritten christlichen Jahrhundert geschrieben. Ihre Sprache soll noch dem Altägyptischen sehr ähnlich sein.

LXXVI.

Man schrieb von Alters her in diesem Lande sehr viel. Es gab früh eine Menge geschriebener Gesetze. Ueber Land und Leute, Besitz und Einkünfte wurde Buch geführt. Was am Himmel und auf Erden Aufmerksamkeit erregte, ward verzeichnet. Die Könige, die Tempel, auch vornehme Privatpersonen hatten ihre Schreiber. In Prozessen fand ein Schriftwechsel Statt, der bis zur Replik und Duplik ging. Angestellte Schreiber nahmen unter Zuziehung von Instrumentszeugen die Contracte auf, in denen die handelnden Personen, ihre Erklärungen und die Gegenstände der Rechtsgeschäfte umständlich beschrieben wurden. Aus den vielen Urkunden, die in Gräbern gefunden sind, lassen sich manche Einrichtungen und Formen des Privatrechts erkennen. Die gebräuchlichen Formeln, die Einleitungen und Titulaturen waren weitschweifig; man hatte einen vollständigen schwülstigen Curialstyl ausgebildet. Eine wirkliche Art von Litteratur bilden die Inschriften in ihrer endlosen Menge. Ein grosser Theil derselben ist religiösen Inhalts; es sind Anrufungen und Lobpreisungen der Götter, Gebete an sie und ihre Antworten, ceremonielle Anordnungen, Widmungsreden und Lobeserhebungen der Erbauer, der Todten, vor Allem der Könige, zuweilen poetisch, meist von maassloser Ruhmredigkeit. Andere sind geschichtlicher Art. Die Könige berichteten an Tempeln und Palästen von ihren Kriegsthaten, ihren Triumphen, dem Wohlstande und dem Glücke ihres Landes und von sonstigen Ereignissen ihrer Regierung; fremde Gesandtschaften treten darin häufig auf; im Tempel zu Karnak ist die ganze Urkunde eines Friedens- und Freundschaftsvertrages, den der grosse Ramses mit den feierlich eingeführten Gesandten der Chaldäer (Cheta) abgeschlossen, in Stein gehauen, ein vollständiges diplomatisches Actenstück. Aehnlich beschrieben vornehme Aegypter in ihren Gräbern die Begebenheiten ihres Lebens. Ein interessantes Beispiel bietet das Grab des Ahmes, der in den ersten Zeiten des neuen Reiches im Dienste mehrerer Könige immer höher steigt, und zuletzt Oberbefehlshaber der Flotte wird. Jene zählen die gemachte Beute, die gefangenen oder erschlagenen Feinde auf, diese ihre Reichthümer, die Ehren und Geschenke, welche sie von ihren Königen erhalten.

Die Grundlage der Buchlitteratur bildeten die zwei und vierzig heiligen Bücher. Sie waren ohne Zweifel in verschiedenen Zeiten entstanden und gesammelt, von einigen werden sogar die Verfasser genannt, wie für die medicinischen Bücher

Nechepso, dennoch wurden sie in ihrer Gesammtheit als göttliche Offenbarung betrachtet, von Thot, dem grossen Hermes, der Priesterschaft übergeben. An sie schlossen sich in Form von Commentaren und Zusätzen die sogenannten hermetischen Schriften an; Georgius Syncellus behauptet, es habe ihrer 36,525 gegeben, Jamblichus begnügt sich mit einer weit geringeren runden Zahl. Wir mögen sie als scholastische Werke über Theologie und Wissenschaft denken, zum Gebrauche der Priester und ihrer Schulen bestimmt. Eine weitere Litteratur scheint es nicht gegeben zu haben. Weder von grösseren Dichtungen noch von Geschichtswerken findet sich eine Spur. Die geringen Bruchstücke historischen Inhalts, die sich auf Papyrus gefunden haben, gehen nicht über das hinaus, was Inschriften oder Annalen zu enthalten pflegen. Letztere wurden sowohl für das Reich, wie für einzelne Tempel geführt, und mögen vielleicht nach Art der Chroniken mit Erzählungen älterer Zeiten eingeleitet worden sein. Gegen die Annahme einer freien, auf das Volksleben wirkenden Litteratur spricht schon der stereotype Styl der Inschriften, deren Formen sich durch Jahrtausende fast unverändert erhalten haben. Der alte Ruhm Aegyptischer Weisheit gründete sich gewiss nicht auf ihre Bücher, sondern theils auf die Ehrwürdigkeit ihrer religiösen Ueberlieferungen, theils auf ihre mannichfachen positiven Kenntnisse und Entdeckungen, theils und vorzüglich aber auf die feste sociale Ordnung ihres ausgedehnten Staatswesens. Darum waren ihre hervorragenden Bewunderer die Freunde einer mystisch stabilen Ordnung, denen, wie Pythagoras und Plato, die theokratische Gesellschaft Aegyptens ein imponirendes Vorbild ihrer philosophischen Staatsideale war.

LXXVII.

Ueber den Zustand der speciellen Wissenschaften sind wir allerdings nur sehr fragmentarisch unterrichtet, indessen lassen sich aus zerstreueten Thatsachen und berichteten Einzelheiten manche Schlüsse ziehen. In der Mathematik und

Astronomie kann es nicht zweifelhaft sein, dass sehr bedeutende Fortschritte gemacht, zahlreiche und sorgfältige Beobachtungen gesammelt worden sind. Aber die theologische Geistesrichtung, welche überall unmittelbare Wirkungen göttlicher Kräfte voraussetzte, und mystische Speculationen über Gott, Welt und Menschen an die einfachsten Erscheinungen knüpfte, trat mit diesen willkürlichen Hypothesen und Anwendungen dem Forschen nach einem gesetzmässigen Zusammenhange der Dinge hemmend entgegen. So blieben die Thatsachen vereinzelt, die Kenntnisse empirisch. Resultate haben die Griechen vielfach von den Aegyptern erhalten, aber die wissenschaftliche Begründung, die systematische Verarbeitung gehört unläugbar erst ihnen an. Dass die angewendete Mathematik, die Mechanik erfolgreich cultivirt worden, beweisen die Bauten, Instrumente und Kriegsmaschinen der ältesten Zeiten. Welche Summe der Kenntnisse und der Technik muss vorausgesetzt werden, um ein Unternehmen zu entwerfen und auszuführen, wie den Möris-See, ein Bassin von 90 deutschen Meilen im Umfange mit dem zugehörigen System von Canälen, Deichen und Schleusen! Von ihrer sonstigen Physik wissen wir nichts. Aus vagen Andeutungen hat man geschlossen, dass ihnen die bewegende Kraft des Dampfes und explodirende Mischungen bekannt gewesen; die Nachrichten sind indessen unsicher und zweideutig. Ihre Destillirkunst, Metallgewinnung, Glasfabrikation, Farbenreichthum lassen schon in früher Zeit chemische Kenntnisse und Experimente annehmen. Die Wissenschaft ist nach dem einheimischen Namen Aegyptens, Chemi, benannt worden, und die alchymistischen Bestrebungen, welche das Arabische und und Europäische Mittelalter erfüllt, und durch zahlreiche Entdeckungen die positive Wissenschaft vorbereitet haben, nahmen hier ihren Ursprung. In der Verwendung des Naturwissens zu übersinnlichen Träumereien ist nirgends eifriger gearbeitet worden. Abergläubische Mystik, Zauberkünste, Alchymie, Astrologie und Zeichendeuterei aller Art verbreiteten sich ganz besonders von Aegypten aus über die sinkende

Römische Welt. Die Chiromantie, welche bis auf die neuere Zeit von den Zigeunern fleissig in Europa geübt worden, haben die Griechen früh von den Aegyptern gelernt; uns ist bemerkenswerth, dass der grösste Forscher des Alterthums, Aristoteles, nicht anstand zwischen der sogenannten Lebenslinie, welche in der inneren Handfläche um die Daumenwurzel läuft, und der menschlichen Lebensdauer einen reellen Zusammenhang anzunehmen. Die Phantasie sucht eben auf allen Gebieten die Lücken des positiven Wissens auszufüllen, so lange nicht die Gewöhnung nur nach den Gesetzen zu forschen, von welchen die Erscheinungen beherrscht werden, das willkürliche Erdichten ausschliesst. Wo dies nicht geschieht, bleibt neben tiefsinnigen Speculationen und mannichfaltigem Wissen immer noch Raum für rohe und absurde Vorstellungen. Je theologischer aber der Gedankengang ist, das heisst, je fester noch die Ueberzeugung von einem stetigen, unmittelbaren Eingreifen übernatürlicher, ungebundener Willensmächte wurzelt, desto leichter lässt sich Unsinniges glauben und Widersprechendes zusammen reimen. So konnte ein gelehrter Aegyptischer Priester mit ernsthaftem Gesicht Dinge vorbringen, bei denen der ehrliche Herodot nur noch meinte: er schien mir zu spassen.

Wegen Ausübung der Heilkunde waren die Aegypter früh berühmt, und sie wurde schon in einer Abtheilung der heiligen Bücher abgehandelt; doch übertraf am Hofe des Darius bereits der Griechische Arzt Demokedes seine Aegyptischen Collegen. Man trieb die kastenmässige Arbeitstheilung so weit die einzelnen Krankheiten besonderen Aerzten zuzuweisen. Einen sehr fördernden Einfluss musste dagegen die anatomische Kenntniss des menschlichen Körpers üben, welche ohne Zweifel durch die Leichenöffnungen zum Zwecke des Einbalsamirens veranlasst ward. Die höchst zweckmässige Anlegung der Binden bei den Mumien legt ein gutes Zeugniss für sie ab. So sehr auch das Aegyptische und das Griechische Wesen in der Ptolemäerzeit gesondert blieb, scheint doch die Heilkunst der Griechen durch die Studien

Astronomie kann es nicht zweifelhaft sein, dass sehr bedeutende Fortschritte gemacht, zahlreiche und sorgfältige Beobachtungen gesammelt worden sind. Aber die theologische Geistesrichtung, welche überall unmittelbare Wirkungen göttlicher Kräfte voraussetzte, und mystische Speculationen über Gott, Welt und Menschen an die einfachsten Erscheinungen knüpfte, trat mit diesen willkürlichen Hypothesen und Anwendungen dem Forschen nach einem gesetzmässigen Zusammenhange der Dinge hemmend entgegen. So blieben die Thatsachen vereinzelt, die Kenntnisse empirisch. Resultate haben die Griechen vielfach von den Aegyptern erhalten, aber die wissenschaftliche Begründung, die systematische Verarbeitung gehört unläugbar erst ihnen an. Dass die angewendete Mathematik, die Mechanik erfolgreich cultivirt worden, beweisen die Bauten, Instrumente und Kriegsmaschinen der ältesten Zeiten. Welche Summe der Kenntnisse und der Technik muss vorausgesetzt werden, um ein Unternehmen zu entwerfen und auszuführen, wie den Möris-See, ein Bassin von 90 deutschen Meilen im Umfange mit dem zugehörigen System von Canälen, Deichen und Schleusen! Von ihrer sonstigen Physik wissen wir nichts. Aus vagen Andeutungen hat man geschlossen, dass ihnen die bewegende Kraft des Dampfes und explodirende Mischungen bekannt gewesen; die Nachrichten sind indessen unsicher und zweideutig. Ihre Destillirkunst, Metallgewinnung, Glasfabrikation, Farbenreichthum lassen schon in früher Zeit chemische Kenntnisse und Experimente annehmen. Die Wissenschaft ist nach dem einheimischen Namen Aegyptens, Chemi, benannt worden, und die alchymistischen Bestrebungen, welche das Arabische und und Europäische Mittelalter erfüllt, und durch zahlreiche Entdeckungen die positive Wissenschaft vorbereitet haben, nahmen hier ihren Ursprung. In der Verwendung des Naturwissens zu übersinnlichen Träumereien ist nirgends eifriger gearbeitet worden. Abergläubische Mystik, Zauberkünste, Alchymie, Astrologie und Zeichendeuterei aller Art verbreiteten sich ganz besonders von Aegypten aus über die sinkende

Römische Welt. Die Chiromantie, welche bis auf die neuere Zeit von den Zigeunern fleissig in Europa geübt worden, haben die Griechen früh von den Aegyptern gelernt; uns ist bemerkenswerth, dass der grösste Forscher des Alterthums, Aristoteles, nicht anstand zwischen der sogenannten Lebenslinie, welche in der inneren Handfläche um die Daumenwurzel läuft, und der menschlichen Lebensdauer einen reellen Zusammenhang anzunehmen. Die Phantasie sucht eben auf allen Gebieten die Lücken des positiven Wissens auszufüllen, so lange nicht die Gewöhnung nur nach den Gesetzen zu forschen, von welchen die Erscheinungen beherrscht werden, das willkürliche Erdichten ausschliesst. Wo dies nicht geschieht, bleibt neben tiefsinnigen Speculationen und mannichfaltigem Wissen immer noch Raum für rohe und absurde Vorstellungen. Je theologischer aber der Gedankengang ist, das heisst, je fester noch die Ueberzeugung von einem stetigen, unmittelbaren Eingreifen übernatürlicher, ungebundener Willensmächte wurzelt, desto leichter lässt sich Unsinniges glauben und Widersprechendes zusammen reimen. So konnte ein gelehrter Aegyptischer Priester mit ernsthaftem Gesicht Dinge vorbringen, bei denen der ehrliche Herodot nur noch meinte: er schien mir zu spassen.

Wegen Ausübung der Heilkunde waren die Aegypter früh berühmt, und sie wurde schon in einer Abtheilung der heiligen Bücher abgehandelt; doch übertraf am Hofe des Darius bereits der Griechische Arzt Demokedes seine Aegyptischen Collegen. Man trieb die kastenmässige Arbeitstheilung so weit die einzelnen Krankheiten besonderen Aerzten zuzuweisen. Einen sehr fördernden Einfluss musste dagegen die anatomische Kenntniss des menschlichen Körpers üben, welche ohne Zweifel durch die Leichenöffnungen zum Zwecke des Einbalsamirens veranlasst ward. Die höchst zweckmässige Anlegung der Binden bei den Mumien legt ein gutes Zeugniss für sie ab. So sehr auch das Aegyptische und das Griechische Wesen in der Ptolemäerzeit gesondert blieb, scheint doch die Heilkunst der Griechen durch die Studien dieses Landes eine neue Wendung erhalten zu haben; dafür spricht die Blüthe gerade der Anatomie und der Chirurgie in den Alexandrinischen Schulen des Herophilus und Erasistratus.

LXXVIII.

Unter den bildenden Künsten nimmt die Architektur die früheste und die höchste Stelle ein. In ihr hat sich der Kunsttrieb des Volkes am grossartigsten entfaltet, Frömmigkeit und Ehrgeiz die gewaltigsten Schöpfungen ins Leben gerufen. Die Aegyptische Baukunst hat alle wesentlichen Formen der Kunst vorgebildet. Dass man in den Zeiten, da die Pyramiden aufgethürmt und der Felsensphinx hergerichtet wurde, auch andere Dinge zu bauen verstand, ergiebt sich von selbst; aber in den Stürmen der Hyksoszeit ist fast Alles untergegangen. Indessen beweisen die Felsengrotten von Benihassan, die architektonische Gliederung an dem Sarkophage des Pyramidenkönigs Menchara, viele acht- und sechszehnseitige Säulen, sowie ein Paar Tempelruinen, dass im alten Reiche der vollständige Dorische Baustyl angewendet worden ist. Später gab man diesen auf. Die Säulenmotive wurden nicht mehr aus den mathematischen Pfeilerfiguren, sondern aus dem Pflanzenreiche entnommen. Der Grundplan der grossen Tempelanlagen war, durch den Zweck geboten, wesentlich der gleiche, das eigentliche Heiligthum mit einer Anzahl von Nebengebäuden, umgeben von Säulenhallen und Vorhöfen für die Processionen, das Ganze eingefasst von mächtigen Mauern und Pylonen. Aber das Einzelne ist mit grosser Freiheit und Reichthum der Erfindung behandelt. Wie in der Gothischen Zeit gleicht kein Tempel dem anderen. Die endlose Menge dieser Denkmäler und die Schnelligkeit, mit der sie unter einzelnen Regierungen aus dem Boden gewachsen, ist nicht weniger staunenswerth als ihre Grösse und Erhabenheit. Wie die ältesten Säulen trägt die Aegyptische Erde auch die frühesten Gewölbe; seit der Pyramidenzeit schnitt man sie in Felsen, oder construirte sie durch wagerechte Blöcke, indem man die oberen über die unteren vortreten liess, und durch Ausschlagen der Ecken die Rundung hervorbrachte. Auch das Backsteingewölbe reicht mindestens bis gegen die Hyksoszeit hinauf, dagegen finden sich Keilgewölbe aus grossen Steinen erst in den letzten Jahrhunderten der Unabhängigkeit.

Sculptur und Malerei waren der Baukunst völlig untergeordnet, dienten fast ausschliesslich zum äusseren und inneren Schmuck der Gebäude. Erstere erreichte schon unter der zwölften Dynastie des alten Reiches eine merkwürdige Meisterschaft der Technik. Später waren die Zeiten des Sethos und Ramses, dann die des Psammetich ihre glänzendsten Epochen. Doch hemmten die conventionellen Schranken des Hergebrachten die freie Darstellung des Schönen. Die Malerei blieb höchst unvollkommen, ohne Licht und Schatten, wie ohne Perspective. Reliefs und Gemälde waren eine Art von Schrift, wie sie denn häufig die wirkliche Schrift ergänzten oder durch diese erläutert wurden. Sie sollten die überirdische Welt, Cultushandlungen, historische Begebenheiten oder Scenen des täglichen Lebens zur Anschauung bringen. Allerdings stellten sie die Ereignisse in der Regel nicht nach ihrem wirklichen thatsächlichen Geschehen dar, wenn sie aber von der Naturwahrheit abwichen, so geschah es nicht in künstlerischer Idealisirung, sondern um das Wesentliche der Handlung durch äussere Mittel auszudrücken. So liess man die Hauptperson der Darstellung in riesiger Grösse hervorragen, oder Götter und Könige persönlich verrichten, was unter ihrer Obhut oder nach ihrem Willen erfolgen sollte. Diese symbolische und allegorische Auffassung gab den Kunstwerken bei der ohnehin herrschenden Neigung zum Conventionellen einen einförmigen, stereotypen Charakter, und beeinträchtigte die Kunstwirkung in hohem Grade. Namentlich gilt dies auch von den Darstellungen der Götter; es war keineswegs die Absicht sie abzubilden, wie man sie allenfalls körperlich hätte denken können, ebenso wenig Ideale der Kunst zu schaffen, sondern man strebte ihre charakteristischen Eigenschaften bildlich hervorzuheben. Dadurch entstanden absichtliche Ungeheuerlichkeiten und monströse Häufungen von Symbolen. Um das chaotische Werden der Welt zu bezeichnen, bildete man den Ptah wie ein ungebornes Kind mit grossem Kopf und schwachen Beinen, und um ihn als schaffendes Princip zu symbolisiren gab man ihm dazu den Phallus. Vor diesem missgeschaffenen Gotte brach Kambyses in das historisch gewordene Gelächter aus, als er zum Entsetzen der Priester das Allerheilige des grossen Tempels zu Memphis betrat.

LXXIX.

Für die Begründung der gesellschaftlichen und der von ihr abhängigen staatlichen Ordnung mussten sich die priesterlichen Theorien und die materiellen Zustände des Volkes begegnen, die in ihrem Zusammenwirken dessen Charakter und Entwicklung bestimmten. Die ausserordentliche Fruchtbarkeit des Bodens, die Leichtigkeit des Feldbaus, bei welchem die Natur selbst den grössten Theil der Arbeit übernahm, die reiche und bequeme Gewinnung der nothwendigsten Bedürfnisse ermöglichten die sehr dichte Bevölkerung, die Entbindung zahlreicher Classen von materieller Arbeit und eine Verwendung von Kräften auf unproductive Unternehmungen, wie sie in diesem Maasse nirgends wieder vorgekommen ist. Die Mächtigkeit der Vegetation nach dem Austreten des Nil setzte die Alten, wie neuere Reisende in Erstaunen. Schon während der Ueberschwemmung wuchs im Wasser der essbare Lotus, aus welchem in grosser Quantität Mehl bereitet wurde. Vielleicht ward er künstlich cultivirt, denn jetzt findet er sich nicht mehr in Aegypten, während in manchen Gegenden Amerikas und Ostindiens solche Lotusarten wild wachsen. Für den Unterhalt einer Familie der Kriegerkaste wurden zwölf Morgen Landes als ausreichend betrachtet — den Aegyptischen Morgen kann man nach Herodots Maassangabe ungefähr mit dem Preussischen von 180 Quadratruthen oder dem vierten Theil einer Hectare vergleichen — und ein sehr reicher, vornehmer Mann wie der Flottenführer Ahmes hebt in der Lebensbeschreibung seines Grabes besonders hervor, dass der König ihm einmal einen und einmal fünf Morgen Landes zum Geschenk gemacht. Diodor bemerkt, dass die Auferziehung der Kinder bis zum erwachsenen Alter den Aegyptern so gut wie gar keinen Aufwand verursachte. Zu dieser Leichtigkeit der Ernährung kam die orientalische Bedürfnisslosigkeit, Genügsamkeit und Fügsamkeit des Volkes, die sich in den ruhig beschaulichen Physignomien der Statuen, wie in der behaglichen Freude am Besitz in den Grabesbildern charakterisirt. Unter der festen priesterlichen Disciplin musste bei diesem Volke das Streben nach Erweiterung des geistigen und materiellen Besitzstandes bald verloren gehen, als nach früher Erreichung befriedigender Zustände die contemplative Kaste selbst jeder wesentlichen Fortbildung des Vorhandenen entsagte. In den Anfängen hatte man Interesse und Freude an den industriellen Leistungen und Erfindungen, wie das ihre sorgfältige Darstellung in den Gräbern der Grossen beweist. Die gewerbliche Technik, welcher der Reichthum an nutzbaren Naturerzeugnissen vortreffliche Materialien bot, hatte bei der Musse, welche die Hervorbringung der Nahrungsmittel liess, und bei der Sorgfalt, welche die Theorie der praktischen Thätigkeit widmete, schon im alten Reiche die hohe Ausbildung gewonnen, durch welche die Aegyptische Industrie lange berühmt war. Ihre Gewebe, ihre Farben und ihr Papier haben der Vergänglichkeit getrotzt wie ihre Felsengräber. Aber erhebliche Fortschritte scheinen seit den ersten Zeiten des neuen Reiches in keinem Zweige gewerblicher Thätigkeit mehr gemacht zu sein.

Es liegt unstreitig eine Anerkennung der socialen und sittlichen Bedeutung der Arbeit darin, dass der Priesterstand, dessen überwiegender Einfluss Recht und Sitte des Landes gestaltete, eine sociale Ordnung in das Leben rief, welche die regelmässige Erwerbsthätigkeit nicht zur Sache der Sclaven machte, sondern die persönliche Freiheit der arbeitenden Classen zuliess. Und zugleich spricht dies für eine überwiegend friedliche Entwicklung aus Zuständen, in denen die Unterordnung der Armen und Geringen nicht bis zur völligen Knechtschaft ging. Die geistliche Gewalt an sich ist keine Freundin der Sclaverei. Nur in ihrem Eifer Alles auf göttliche Einsetzung zurückzuführen mag sie die einmal bestehende vertheidigen wie jeden herkömmlichen Missstand. Dagegen erkannte sie von jeher die Nothwendigkeit regelmässiger Ordnung. Diese verlangte zur Begründung ausgedehnter Gesellschaften Zwang und strenge Zucht. Die natürliche Sympathie reicht nicht über enge Kreise hinaus, und Theorien allein erbauen kein Gemeinwesen. Der angeborne Hang zur Müssigkeit, der allen uncivilisirten Völkern gemeinsame Widerwille gegen geordnete und anhaltende Beschäftigung, die individuelle Willkür und Rohheit mussten gebrochen werden, um den widerstrebenden Geist an Arbeit und Sitte zu gewöhnen. Da konnte dem guten Willen der Einzelnen kein grosser Spielraum gelassen werden. Wo der kriegerische Geist das Uebergewicht hatte, wurde die Disciplin des herrschenden Kriegerstandes weit straffer angespannt, Arbeit und Industrie aber, wenn nicht gänzlich den Sclaven aufgebürdet, verächtlich sich selbst überlassen. Das Priesterthum, dessen Organisation alle Classen des Volkes umfasste, ersetzte den militärischen Befehl durch strenge und minutiöse Regelung alles dessen, was gedacht, geglaubt, gehandelt, gearbeitet werden sollte. Dies erforderte unzweifelhaft weit grössere Anstrengung der Intelligenz, und nur unter besonderen Vorbedingungen konnte die vollständige Durchführung eines solchen Systems gelingen. Die hierarchische Ordnung der Priesterkaste selbst diente als Vorbild. Die Sorge für ihren Unterhalt, die grossen gemeinsamen Arbeiten sowohl für die Landescultur, wie für religiöse Zwecke, die frühe Vermehrung der Kunstfertigkeiten machten die Arbeitstheilung nothwendig, die ursprüngliche Abschliessung in Stamm und Familie, und die häusliche Ausbildung für den Beruf machten sie stabil. Die conservative Theorie des religiösen Festhaltens am Bestehenden und die conservative Praxis des

Beharrens in engen Kreisen trafen zusammen um die Erblichkeit der Beschäftigung zum Princip der bürgerlichen Ordnung zu machen.

LXXX.

Das Indische Kastenwesen ist weit mehr theoretisch, im Wege der Speculation ausgebildet worden; die heiligen Satzungen schieden die vier grossen Geburtsclassen, innerhalb derselben machte wohl die Sitte, aber nicht das Gesetz den Beruf erblich, und nicht nur standen die Geschäfte der niederen Kasten den höheren offen, sondern auch die der letzteren waren bis zu einem gewissen Grade den unteren zugänglich, und wurden noch mehr von ihnen usurpirt. Das Aegyptische System ging wesentlich von dem praktischen Gesichtspunkte der Erblichkeit des wirklichen Berufs aus. In jeder Familie erbte das specielle Geschäft fort, das Amt des Priesters, wie das Gewerbe des Handwerkers. Der Sohn musste in dem besonderen Stande des Vaters bleiben. Innerhalb der Priesterhierarchie waren die einzelnen Classen eben so stetig von einander geschieden, wie eine Kaste von der anderen. Es spricht sich in diesem Vererben der Thätigkeit der Gedanke aus, dass der Beruf gleich anderem Eigenthum nicht dem Einzelnen, sondern der Familie gehört, dass er, wie ein gesellschaftliches Amt, sowohl Recht als Pflicht ist, dass er auf der einen Seite von dem durch die Geburt Berufenen geübt werden muss, dass ihn auf der anderen kein Unberufener ergreifen darf. Aehnliche Ansichten liegen jedem geschlossenen Zunftzwange, so wie den socialistischen Theorien vom Recht auf Arbeit zum Grunde. Consequenter Weise sollte sich jeder Aegypter über seine Beschäftigung ausweisen, Niemand durfte mehrere Gewerbe betreiben, und der Müssiggang ward bestraft — das älteste Gesetz gegen Arbeitsscheu. Wahrscheinlich betrachtete auch die Aegyptische Philosophie, wie das Indische Gesetz es ausspricht, die Arbeit als den Rechtsgrund des Eigenthums. Gegen die Ueberlieferung der besonderen Berufsthätigkeit trat die Eintheilung des Volkes in die

24*

allgemeineren Kasten durchaus zurück. Auf den Denkmälern lassen sie sich gar nicht erkennen, und wir wissen nicht, worin ihre durchgreifenden Unterschiede bestanden. Die Griechen geben Zahl und Umfang der Kasten verschieden an; am einfachsten und wahrscheinlich am richtigsten zählt sie Diodor auf: Priester, Krieger, Bauern, Hirten, Handwerker. Klar ist nur, dass die beiden vornehmsten Kasten als geistlicher und weltlicher Adel von den übrigen gesondert waren. Ihnen gegenüber waren die niederen Kasten politisch unberechtigt, durch Strafgesetze von öffentlichen Aemtern und jeder Theilnahme am Staatswesen ausgeschlossen. Bei der durchgehenden Naturalwirthschaft und nach den häufigen Darstellungen gewerblicher Thätigkeit in den Gräbern lässt sich annehmen, dass ein grosser Theil der arbeitenden Classen nicht bloss Bauern und Hirten, sondern auch Künstler und Handwerker, in dauernden Dienstverhältnissen zu den Grossen und Reichen standen. Die Sclaven waren, abgesehen von den zu öffentlichen Arbeiten verwendeten Gefangenen, nur zu den eigentlich häuslichen Diensten bestimmt. Der freie Arbeiter aber musste in der Regel durch persönliche Verpflegung oder Lieferung von sonstigen Naturalien bezahlt werden. Denn die Geldwirthschaft war sehr wenig entwickelt. Abgaben, Pächte, Besoldungen, Emolumente wurden grösstentheils in Producten entrichtet und gewährt. Der Verkehr bestand überwiegend in Tauschhandel. Zwar bediente man sich des Goldes und Silbers häufig als Tauschmittel, die Metalle wurden aber nur in Ringe gegossen und gewogen. Höchstens als kleine Münze waren geringfügige Werthzeichen in Gebrauch. Geld zu prägen lernte man erst spät vom Auslande. Eine solche Schwerfälligkeit des Verkehrs befördert immer die Stabilität der Industrie. Für die Ausschliessung fremden Einflusses wirkten die abgeschlossene Lage des Landes und das geflissentliche Absperren des Kastenwesens zusammen. Von der Bedeutung und Ausdehnung des auswärtigen Handels wissen wir sehr wenig. Die Aegypter selbst gingen gewiss nicht leicht in das Ausland; ihre Schifffahrt, die auf dem Nil eine zahlreiche Classe beschäftigte, blieb stets sehr unvollkommen; zu grösseren maritimen Unternehmungen scheint sich Ramses II. so gut wie Necho fremder Seefahrer bedient zu haben. Dagegen sind die Syrischen Semiten früh zu Handelszwecken nach Aegypten gezogen. An der Richtigkeit der biblischen Angaben, dass schon in den Urzeiten Korn, später manche andere Waaren von dort her geholt worden, lässt sich nicht zweifeln. Den Indigo, den sie als Farbestoff angewendet, mögen die Aegypter durch Phönizische Caravanen erhalten haben; er könnte indessen auch gleich dem essbaren Lotus einst im Lande gebauet sein. An einen directen Verkehr mit Indien lässt sich nicht denken. Chinesische Porzellanflaschen, die in einem Grabe gefunden worden, hat man als Beweis für die Dimensionen des alten Welthandels angeführt; das Porcellan ist aber erst unter der Handynastie, wahrscheinlich nach Christus, erfunden, und ein Englischer Orientalist hat nachgewiesen, dass die Chinesischen Verse auf jenen Flaschen zur Zeit der Tangdynastie (618—907 nach Christus) geschrieben sind. Sie müssen also durch einen späten Zufall in das Aegyptische Grab gekommen sein, wahrscheinlich durch die Arabischen Schatzgräber, welche im dreizehnten Jahrhundert die Begräbnissstätten durchwühlten.

LXXXI.

Die Kriegerkaste war der grundbesitzende Adel, der weltliche Herrenstand. Sie scheint erst durch den grossen Ramses ihre gesetzliche Abschliessung erhalten zu haben. Herodot und Diodor schreiben ihm nicht nur die Organisation des Kriegswesens, sondern auch eine durchgreifende Agrargesetzgebung zu, wie die Genesis eine ähnliche an den Namen ihres Lieblingshelden Joseph knüpft. Jede dieser Darstellungen enthält unzweifelhaft Unrichtiges. Die Griechen erzählen nach der alten Theorie einer unbeschränkten Gestaltung der menschlichen Zustände durch den schöpferischen Willen des Gesetzgebers zunächst eine willkürliche und absurde Auswahl des Kriegerstandes. Nach Diodor schenkt dann der König seinen Kriegern Grund und Boden. Herodot berichtet von einer unmöglichen Confiscation und gleichmässigen Austheilung des ganzen Landes unter Einführung einer Grundsteuer. Die Hebräische Urkunde behauptet im Widerspruch mit der Thatsache des kriegerischen Grundeigenthums, der König habe bei Gelegenheit der Theuerung alles übrige Land an sich gebracht, und nur den Priestern eigenen Besitz gelassen. Gewiss liegen diesen Versionen Aegyptische Sagen zum Grunde. Aber kein König der Erde konnte durch seinen Machtspruch derartig in die wirthschaftlichen Verhältnisse eines Volkes eingreifen. Das Richtige lässt sich nur vermuthen. Wahrscheinlich hatte sich bei der Wiedereroberung des Reiches und in den kriegerischen Zeiten nach der Hyksosvertreibung der Grundbesitz in den Händen des Königs, der Priesterherrschaft und eines militärischen Adels concentrirt. In dieser Voraussetzung war es möglich die kleineren Eigenthümer zu Pächtern herabzudrücken, und den Stand der grösseren als eine Kaste abzuschliessen, deren eigentliches Merkmal der freie Grundbesitz, deren theoretischer Beruf die besondere Ausbildung für den Krieg, und deren Mitgliedern jede industrielle Thätigkeit gesetzlich untersagt war. Die Verhältnisse der ackerbauenden Bevölkerung sollen nicht drückend, die Pächte niedrig gewesen sein. Der fünfte Theil des Ertrages, welchen die Genesis angiebt, ist bei dem Aegyptischen Bodenreichthum nicht für eine hohe Pacht zu halten, wenn auch daneben die mancherlei Abgaben an die Priester in Betracht gezogen werden. Bei der Stabilität aller socialen Beziehungen werden sich die Verhältnisse der Bauern zu den Grundherren in eine Art von Gutshörigkeit oder Erbzinsbarkeit gestaltet haben. Auf den ausgedehnten Besitzungen der Könige nahm die Pacht anscheinend früh den Charakter einer Steuer an. Unter fest geregeltem Herkommen und bei geringer Ausbildung formeller Rechtsbegriffe fliessen Pacht und Grundsteuer überall in einander. So gelangten auch die übrigen Classen wieder thatsächlich zum Grundbesitz. Psammetich wies sogar den fremden Miethstruppen und der von ihnen abstammenden Mischbevölkerung Ländereien an. Der charakteristische Unterschied des Eigenthums der Kriegerkaste bestand seitdem in der Befreiung von der Grundsteuer. Es lässt sich kaum denken, dass der Priesterkönig Sethos den Versuch gemacht haben sollte den Kriegern ihre Güter zu nehmen; da Herodot bei dieser Angabe der Steuerfreiheit ihres Besitzes erwähnt, wird er sie wahrscheinlich zur Grundsteuer herangezogen und dadurch ihren Unwillen erregt haben. In der Folge war jeder Unterschied in den Besitzverhältnissen der Kriegerkaste und der unteren Classen verwischt; damit und mit dem Zurücktreten ihrer politischen Bedeutung unter der Fremdherrschaft hörte der Vorzug der Kaste auf. Die Priester behaupteten länger sowohl ihr Ansehn und ihre sonstigen Privilegien, wie die Steuerfreiheit für ihren persönlichen Grundbesitz und den ihrer Tempel. Nach den Gräbern und ihren Eigenthumsverzeichnissen zu urtheilen war bedeutender, auf Grundbesitz gegründeter Reichthum in Aegypten nicht selten. Der Viehbestand war gross. Der Schriftgelehrte Schafra-amh zählte in seinen Heerden mehr als tausend Stück Rindvieh und 760 Esel. So ungeheure Gütercomplexe aber, wie sie sonst im Orient und in den späteren Zeiten der Römerherrschaft vorkommen, finden sich nicht in den Händen der Aegyptischen Grossen.

Der wirkliche Kriegsdienst war hier so wenig wie in Indien auf die vornehme Kaste beschränkt. Ihre Mitglieder bildeten die Kerntruppen, die Leibwache der Könige, führten die Hauptwaffen, bekleideten die Befehlshaberstellen; sonst aber wurden wie überall die unteren Volksclassen zur Kriegführung herangezogen. Das beweisen nicht nur die Natur der Sache und die Zahlenverhältnisse Aegyptischer Heere, sondern auch die Erzählungen von Ramses II. und Thatsachen der späteren Zeit. Hätte die Kriegerkaste ausschliesslich die Waffen getragen, so würde sie sich nicht grollend zurückgezogen haben wie unter Sethos, oder ausgewandert sein wie unter Psammetich. Versuche die sociale Ordnung im Grossen umzugestalten sind nach ihrer vollendeten Constituirung nie gemacht worden; aber auch dem persönlichen Durchbrechen der gesellschaftlichen Schranken in einzelnen Fällen scheint die praktische Ständeordnung Aegyptens weit grössere Schwierigkeiten entgegen gestellt zu haben, wie die theoretische Indiens. Erst der vorletzte König Amasis ging durch eine Militärrevolution aus einer unteren Kaste hervor, während die Indische Geschichte von Çudrakönigen erfüllt ist. Die Kriegskunst war früh bedeutend entwickelt; schon in alter Zeit wurden Festungen nach sehr richtigen Grundsätzen erbauet, und Kriegsmaschinen angewendet, wie die Griechen sie erst spät construirt haben. Ihre wirkliche Kriegstüchtigkeit aber scheint die Kriegerkaste bald nach ihrer definitiven Organisation verloren zu haben. Seit der Niederwerfung der mächtigen Landesfeinde und den sich daran anschliessenden, grossen Feldzügen der Thutmes und Ramses trat die kriegerische Thätigkeit zurück. Uebung und Eifer nahmen ab. Dicht hinter den Ramessiden treten schon Gegenkönige aus der Priesterkaste auf, und bald konnte sich die Aegyptische Macht nicht mehr der früher unterjochten Aethioper erwehren. Sogar die Panzer, welche sie auf den alten Bildwerken tragen, legten die Heere ab, wie der Gegensatz gegen die geharnischten Soldtruppen Psammetichs erweist. Nur im Drange der Noth, in grossen Landescalamitäten nahm der kriegerische Geist wieder einen vorübergehenden Aufschwung, mit welchem dann eine höhere Regsamkeit der Kunst und des Verkehrs Hand in Hand zu gehen pflegte, so nach der Befreiung von der Aethiopischen Herrschaft, so nach der Anarchie, welcher die Restauration Psammetichs ein Ende machte.

LXXXII.

An der Spitze des Staates stand der König, als das natürliche Haupt der Kriegerkaste regelmässig dieser angehörend. Könige aus der Priesterschaft sind Ausnahmen. Seine Autorität war durch keine politischen Einrichtungen beschränkt. Er war der Gesetzgeber, das Haupt der Verwaltung und der Kriegsherr. Nirgends ist die übliche Vergötterung der Gewalt höher getrieben worden. Der König ist nicht nur beständig der Sohn des höchsten Gottes, sondern wird selbst geradezu als Gott bezeichnet. Der wohlthätige Gott, die lebende Sonne, der Herr beider Welten, der Lebenspender, der Hüter der Wahrheit, der Ewiglebende — das sind seine gewöhnlichen Epitheta. Nach Siegen, bei Triumphen, bei Einweihungen der erbaueten Tempel und sonstigen Cultushandlungen tritt er vor die Götter hin, spricht zu ihnen, und empfängt ihre Lobeserhebungen, Danksagungen und Verheissungen überschwenglicher Art. „Tritt heran, mein lieber Sohn, mein Herz ist voller Wonne, indem ich deine guten Werke schaue“ — „herrlich ist das Monument, welches du errichtet hast, und es erkennt mein Herz deine Grösse; wir schenken dir dafür die Lebensdauer der Sonne und die Jahre des Horus zum Königthum“ — „mein geliebter Sohn, mein Herz ist zufrieden gestellt ob allem, was du mir bereitet“ — „wir geben dir Millionen Jahre und himmlisches Leben“ — „wir schenken dir alle Siege und alle Eroberungen über alle Welten und alle Völker allzumal“ — „wir geben dir alle Länder zum Schemel deiner Füsse, und dass Libyen stöhne bei deinem Kriegsgeschrei“ — „ich gebe dir zu überwinden alle Völker, halte Aegypten zu deinem Thron und Nubien zum Schemel deiner Sandalen“ — „die Rückkehr ist in Wonne, denn du hast geschlagen die Länder, hast vernichtet die Könige, hast zerstossen die Herzen der Fremden“ — so sprechen die Götter zu den Königen. Noch pomphafter und bilderreicher lassen sie sich von den Ueberwundenen preisen, „den Grossen unter den Völkern, den Kleinen in Aegypten“, die zerschmissen sind unter ihren Sandalen, und nun ihr Antlitz nach Aegypten wenden. Der König „geht um wie ein brüllender Löwe, er steht allein in seiner Grösse, kein Anderer kommt ihm gleich.“ Auf den Bildern wirft er in riesiger Grösse die Feinde nieder, erstürmt ihre Städte, macht Gefangene, ergreift ganze Haufen um mit einem Streiche Dutzende von Köpfen abzuschlagen. In den späteren Zeiten treten die historischen Thatsachen mehr und mehr zurück gegen die Lobpreisungen königlicher Frömmigkeit und Freigebigkeit, gegen blosse Phrasen und religiöse Inschriften. Die idealisirten Erinnerungen der Epigonen schilderten die alten Könige als überaus gottesfürchtig und gesetzachtend. Ihr ganzes Leben, das häusliche wie das öffentliche, war umständlich geregelt. Ihre Zeiteintheilung, ihr täglicher Gottesdienst, moralische Vorlesungen, Geschäftsverwaltung, sogar ihre Erholungen, Speise und Trank waren durch Gesetz und Etiquette bis in das Einzelnste genau bestimmt. Dabei sollen sie sich glücklich geschätzt haben, dass sie nicht wie andere Sterbliche Leidenschaften und Versuchungen ausgesetzt wären, sondern nach den Vorschriften der weisesten Männer ein schönes und pflichttreues Leben führten. Die gewaltigen Kriegsfürsten der achtzehnten und neunzehnten Dynastie werden sicher nicht so zahm gewesen sein. Auch später wird es an Sultanslaunen, Unrecht und Gewaltthaten nicht gefehlt haben. Trotz der unbegränzten Liebe der Aegyter für ihre Könige waren Dynastienwechsel, Empörungen, Gegenkönige und Theilungen des Reiches keineswegs beispiellos. Auffallend ist bei der herkömmlichen Ehrfurcht für das Alte die Impietät, mit der die Könige häufig gegen die Monumente ihrer Vorfahren zu Werke gingen. Bald war es Religionshass, bald persönliche Feindschaft, welche die alten Namen zerstörte, öfter blosse Eitelkeit den eigenen Namen auf fremde Denkmäler zu setzen. Und dabei schonten sich nicht Bruder und Schwester, nicht der Sohn den Vater. Dessen ungeachtet können wir nicht zweifeln, dass die priesterliche Moral und die priesterliche Umgebung, namentlich seit die Kriegslust entschieden abgenommen hatte, einen mässigenden und ordnenden Einfluss auf die politische Gewalt übte, und dass unter diesem Einflusse im Ganzen Gesetz und Herkommen von oben her geachtet ward. Die Könige wurden von Alters her priesterlich geweiht. Auf Denkmälern nehmen gelegentlich Götter persönlich die Weihung vor, und verleihen dem Fürsten die Symbole des ewigen Lebens und der Beständigkeit, das gehenkelte Kreuz und den Nilmesser. In der Folge liessen sich die Könige für ihre Person förmlich in die Priesterkaste aufnehmen, damit ihnen kein Vorzug und keine Würde fehlte. Schon die Regenten der ein und zwanzigsten Dynastie nahmen den Titel als erste Propheten des Amon-Ra an. Dies geschah auch hin und wieder mit ihren Verwandten. Königssöhne bekleideten zugleich kriegerische und priesterliche Würden, und spielten bei Cultuseinrichtungen eine Rolle, wie schon der Sohn Ramses des Grossen. Bei Privatpersonen scheint eine solche Vermischung der Aemter früher nicht vorzukommen; erst in Griechischer Zeit nennt sich der Inhaber eines Grabes zugleich einen Feldherrn und einen Priester.

LXXXIII.

Dem Könige zur Seite stand ein berathendes Priestercollegium. Seine unmittelbare Bedienung bestand aus jüngeren Priestern. Zweitausend Krieger, die während ihres Dienstes besoldet wurden, bildeten jährlich wechselnd seine Leibwache. Die verschiedenen Zweige der inneren Verwaltung, Steuererhebung, Polizei und Gerichtswesen, waren sorgsam und umständlich geregelt. Sie wurden durch eine zahlreiche Beamtenhierarchie versehen. Das Reich war in sechs und dreissig Verwaltungsdistricte getheilt, denen Nomarchen vorstanden. Ausserdem hatten die Städte ihre Präfecten. Die Districtseintheilung wird auf Ramses II. zurückgeführt, kommt aber schon in älteren Inschriften vor. Die Gerichte bildeten Collegien, und ein oberster Gerichtshof wurde aus ein und dreissig Delegaten der drei grossen Priesterschaften von Memphis, Heliopolis und Theben gebildet. Die Richter bedienten sich geschriebener Gesetze. Aus einzelnen Angaben über das prozessualische Verfahren, über Verkehrsgesetze und über das Strafrecht, so wie aus den Formalitäten der Contracte lässt sich schliessen, dass die Gesetzgebung ausführlich und detaillirt, aber auch nicht selten auf grübelnde Spitzfindigkeit gestützt war. Die Strafbestimmungen waren zum Theil hart. Merkwürdig aber ist, dass hier mehrmals der Versuch gemacht ward die Todesstrafe abzuschaffen;

Sabako liess statt dessen gleich Kaiser Joseph II. die Verbrecher zu öffentlichen Arbeiten verurtheilen. Ein förmliches Gericht als Vorbild des unterirdischen ward über die Todten vor der Beerdigung gehalten. Gewiss war es in der Regel eine blosse Ceremonie, doch bestätigen Thatsachen die Griechische Ueberlieferung. Es ist ein Königsgrab gefunden, in welchem der Sarg leer, der Name der Hauptperson in den Inschriften, ihr Bild in den Reliefs und Gemälden ausgelöscht war. Aehnlich ist es einer unglücklichen Königin in den Gräbern des Felsenthals bei Qurnah ergangen. Indessen war es schwerlich ein gewöhnliches Todtengericht, sondern bedurfte einer Revolution um einen König der Ehre des Begräbnisses zu berauben.

Die Menge der Beamten in Staats-, Hof- und Kriegsdiensten war sehr gross. Ihre Titel und Würden erhellen aus den Gräbern, und reichen grossentheils bis in die Zeiten der Pyramidenkönige hinauf. Ausser den Richtern und Provincialbeamten finden sich Gelehrte und Schreiber des Königs, Vorsteher der Bücher — die Bibliothek des Ramses führte die Aufschrift Seelenheilanstalt*) — Oberste über die Getraidehäuser, Aufseher der Steinbrüche, Vorsteher des Palastes und der Dienerschaft, Träger des Wedels und des Sonnenschirms, Wagenlenker, Stallmeister, Hüter des Bogens, Anführer oder Oberste des Fussvolks, der Bogenschützen, der Reiterei und der Flotte. Die vornehmsten Beamten nennen sich Auserlesene des Königs, auch Augen des Königs. Wie die politische Ordnung überhaupt auf der socialen ruht, gehörten die Beamten unter Ausschluss der niederen, regierten Kasten den beiden herrschenden an. Die Gelehrten, die Schreiber und die Richter wurden nach der Natur der Sache regelmässig aus der Priesterkaste, als der Inhaberin der Gelehrsamkeit und Gesetzeskunde, genommen, wie die militärischen Befehlshaber aus der Kriegerkaste. Die sonstigen Aemter sowohl am Hofe wie die der Nomarchen wurden aus

*) Ψυχῆς ἰατρεῖον. Diodor.

Mitgliedern beider Kasten besetzt; ihre Inhaber führen in den Gräbern bald priesterliche, bald kriegerische Titel. In der Priesterkaste wurden die politischen Würdenträger ohne Zweifel nur aus den höheren Classen der Hierarchie gewählt; innerhalb der Kriegerkaste finden sich keine gesetzliche Unterschiede. Natürlich werden Geburt und Reichthum wie überall den Vorrang gesichert und das Aufsteigen zu hohen Würden erleichtert haben. Wir finden Aemter und grossen Besitz stets vereinigt; die hervorragenden Gräber, die durch ihre Pracht und Grösse, wie durch die Aufzählung der Besitzthümer den glänzenden Reichthum ihrer Eigner bekunden, gehören ausnahmslos geistlichen oder weltlichen Würdenträgern an. Wir finden auch häufig die Nachkommen in denselben Stellen wie ihre Ahnen, aber sie erbten dieselben nicht, sondern wurden ohne einen gesetzlichen Anspruch zu haben im dienstlichen Aufsteigen dazu befördert. Eine wirkliche Erblichkeit der Staats- und Kriegs-Aemter, wie sie die Feudalaristokratie des Mittelalters charakterisirt, hat Aegypten nicht gekannt. Höchstens einzelne Titel scheinen hin und wieder in einer Familie erblich gewesen zu sein. Die staatlichen Einrichtungen und ihre Handhabung, der regelmässige Gang der Verwaltung waren ebenso stabil wie die Sitten und Lebensweise des Volkes. Die gelegentlichen Thronumwälzungen gingen spurlos daran vorüber. Seit den Gesetzen des Ramses wurden fast nie mehr wesentliche Aenderungen versucht. Nach den ersten Jahrhunderten des neuen Reiches, dem heroischen Zeitalter der Wiederherstellung Aegyptens, war auch das feindliche Zusammenstossen mit dem Auslande in der Regel ohne erhebliche Bedeutung. Kriegerische Unternehmungen beschäftigten noch hin und wieder den Ehrgeiz der Könige und was sich von Kriegslust beim Adel erhalten hatte. Aber es waren vorübergehende Raubzüge gegen schwache Nachbaren, die das Leben der Nation wenig berührten. Zu wirklich nationalen Kraftanstrengungen war selten Veranlassung. Die politische Geschichte hatte daher kein Interesse mehr. Erst als Psammetich die Fremden in erheblicher Anzahl ansässig machte, und das Land dem Verkehr mit auswärtigen Völkern erschloss, kam mit dieser Durchbrechung der alten Ordnungen und Gewohnheiten des Lebens auch die äussere Geschichte in Bewegung. Die Revolution, welche den Amasis auf den Thron erhob, war eine nationale Reaction gegen die fremdenfreundliche Politik der Nachfolger Psammetichs. Aber diese Zeiten waren schon der Anfang der Auflösung. Von diesen alten Gesellschaften und den einseitigen Grundlagen ihrer Entwicklung ist der Satz Machiavellis richtig, dass die Staaten die Principien, auf welche sie gegründet worden, nicht verlassen können ohne unterzugehen.

LXXXIV.

Die priesterliche Staatskunst hat in dem günstigen Material dieses Landes eine Gesellschaft gegründet, die sich in ihrer strengen Gliederung durch ungewöhnlich lange Zeiträume behauptet hat. Weniger geneigt zu philosophischen Speculationen und zur heiligen Vollendung des eigenen Inneren als die Indische Priesterkaste hat die Aegyptische in der socialen Praxis ein festeres und dauerenderes Gebäude aufgeführt. Dabei ward die weniger spiritualistische Richtung durch die robustere Arbeitskraft des Volkes und durch den grossen Vorzug der Landesbeschaffenheit unterstützt. In Aegypten deckten sich der Staat und die Gesellschaft, für welche seine Formen bestimmt waren. Die Reichseinheit, zu welcher man in uralter Zeit gelangte, war durch den geographischen Zusammenhang und die Gleichförmigkeit der Verhältnisse so natürlich geboten, dass sie sich nach jeder Störung von selbst wieder herstellte, während Indiens weite und mannichfaltige Ländermasse keine dauernde Einigung gestattete, die politischen Gestaltungen daher wechselvoll waren, und die Berührungen der verschiedenen Staaten dennoch bei der wesentlich homogenen Bevölkerung unfruchtbar für den Fortschritt blieben.

Auch die Aegyptischen Priester haben für das eigene

Wohlbefinden gut gesorgt, die Hauptgegenstände des menschlichen Strebens, Herrschaft und Genuss, nicht ohne Erfolg gesucht. Sie werden des kein Hehl gehabt haben. Der Egoismus des Alterthums war naiv genug sich ohne Scheu auszusprechen. Zugleich rechtfertigte er sich vor dem socialen Gefühl dadurch, dass er nicht auf das Individuum allein, sondern auf die gemeinsamen Interessen des Standes, der Kaste gerichtet war. Eine solche Sympathie des Egoismus erhebt die sittliche Kraft und Würde der Vereinigten über das Trachten des vereinzelten Eigennutzes, wenn gleich die Härte und Rücksichtslosigkeit der Ansprüche der übrigen Gesellschaft gegenüber um so höher steigt, je mehr die Geltendmachung der gemeinschaftlichen Interessen den Charakter einer Pflicht und einer Tugend annimmt. Wenn aber auch die egoistischen Motive bei den Anstrengungen der geistlichen Classe erheblich mitwirkten, so dürfen wir doch keineswegs voraussetzen, dass dieselben in bewusster Weise ihre organisirende Thätigkeit geleitet hätten. Die Nothwendigkeit dem weltlichen Adel und der arbeitenden Masse gegenüber die Träger einer regelmässigen und wirksamen Gewalt mit den materiellen Mitteln einer unabhängigen und theilweise sogar glänzenden Existenz auszustatten konnte nicht verkannt werden. Hierin traf das Interesse der Kaste mit dem der öffentlichen Ordnung bis zu einem gewissen Grade durchaus zusammen. Der wahrhaft bestimmende und consequent verfolgte Gedanke aber war die Herstellung eines Kunstwerks, welches dem priesterlichen Ideale eines geordneten Volkslebens entsprach. Und in der That hat ihre zusammenwirkende Arbeit in die sich entwickelnden Zustände ein Kunstwerk hineingebildet von imponirendem Ebenmaass und musterhafter Ausführung. In diesem grossartigen Bau stimmten alle wesentlichen Grundlagen des menschlichen Lebens und Denkens harmonisch zusammen: Religion und Wissenschaft, Kunst und Industrie, sittliche, sociale und politische Ordnung. Das durchgeführte System sollte dauern bis an das Ende der Dinge, eine Entwicklung darüber hinaus nimmer Statt finden. Alles ward als fertig betrachtet, ein für allemal gegeben, unveränderlich. Dem religiösen Sinne war Grosses und Kleines, die allgemeinen Verhältnisse des Lebens und die unbedeutendsten Ceremonien oder Gebräuche, gleichmässig geheiligt. War doch Alles von Alters her überliefert; wie hätte man gering achten oder verwerfen dürfen, was die Heiligen und Weisen der Vorzeit auf unmittelbare Offenbarung der Gottheit, oder doch getrieben vom göttlichen Geiste, geordnet hatten? So wagte man nirgends das Hergebrachte zu ändern oder aufzugeben. Aber wie im physischen Organismus das Absterben und Auflösen eine eben so wesentliche Function des Lebens ist als die Neubildung und Ergänzung, und wie eine Unterbrechung jener eben so sicher den Tod herbeiführt als das Aufhören dieser, so ist auch im Leben der Völker ohne Absterben des Veralteten keine neue Gestaltung, keine Weiterbildung, kein Fortschritt möglich. Geist und Bewegung entweichen, nur die erstarrten Formen bleiben.

Die Priesterschaft, in deren Classen sich die wissenschaftliche Bildung ausschliesslich concentrirte, verlor nach dem Gesetze der Trägheit den Trieb zu den austrengenden Arbeiten des Fortschritts, als ihre intellectuellen und materiellen Bedürfnisse durch die gewonnenen Resultate befriedigt, ihre Ideale im Wesentlichen verwirklicht waren. Seitdem begnügte sie sich das Erarbeitete zu conserviren, verwendete ihre grossen Kräfte nur noch auf das Erhalten. Der frühere Eifer für Wissenschaft und Industrie erkaltete, und der Stillstand wurde zum Princip erhoben. Ein Punkt, wo das nothwendig geschieht, muss auf jedem Gebiete des Lebens und des Wissens eintreten, welches von einer consequenten theologischen Doctrin beherrscht wird. Die Thatsachen, welche ihr einmal ernstlich subsumirt sind, lassen keine weitere Erklärung und keine Fortbildung mehr zu. Die religiöse Theorie tritt früher oder später den treibenden Momenten, der positiven Forschung nach den Naturgesetzen und dem negativen Geiste der Kritik, unbedingt entgegen, und verbündet sich gegen beide mit der Gewohnheit und dem Interesse. Dazu kamen offenbar äussere Erschwerungen, die sich aus der eingeschlagenen Richtung ergaben. Die schwierige Handhabung der complicirten und mannichfaltigen Schrift, die unsystematische Masse der empirischen Kenntnisse, der vereinzelt beobachteten, direct göttlicher Einwirkung unterworfenen, durch keine allgemeinen Naturgesetze verbundenen Thatsachen, dann die umständliche Erlernung und zeitraubende Beobachtung endloser Ritualien und Gebräuche setzten der wissenschaftlichen Ausbildung Hindernisse entgegen, welche auch eine energische Intelligenz kaum überwinden konnte. Hand in Hand mit diesem fertigen, geschlossenen System ging als seine Folge und zurückwirkende Ursache das geflissentliche Absperren in Familie, Beruf, Kaste, Volk. Dadurch wurde die lebendige Ader des Verkehrs unterbunden, die Regsamkeit des erfindenden Geistes gehemmt, die befruchtende Berührung verschiedener Kreise und eigenthümlicher Civilisationen ausgeschlossen. Die Aegypter waren das gotterwählte Volk, welches allein im rechten Glauben und in rechter Ordnung wandelte; alle übrigen waren als unrein und barbarisch zu meiden, gehasst und verachtet. Die Fremden fanden nur besiegt, gefangen, dienend oder hülfeflehend in Aegypten eine Stelle, wie sie den untergeordneten Raçen, den Elenden, den Kleinen, den Zertretenen, zugewiesen war. Das ganze Volk war zu einem religiös conservativen Eifer erzogen, der sich noch spät in fanatischer Halsstarrigkeit erwies. Aber es fühlte sich unzweifelhaft in seinen alten Ordnungen befriedigt und zufrieden. Und auf die Aussenwelt, auf die Völker des Mittelmeeres, hat dieses mächtige Culturland Wirkungen geübt, deren Wellenkreise durch das Jüdische Priesterthum und durch Griechenlands Können und Wissen bis in die Neuzeit fortgeschlagen haben.

So hat die richtige Erkenntniss und consequente Ausführung der Grundlagen einer systematischen Ordnung hier ein Gemeinwesen von grosser Dauer und nachhaltiger Wirksamkeit geschaffen. Selten hat menschliche Arbeit ihre Zwecke vollständiger erreicht. Als aber die alten Formen von aussen her niedergetreten wurden, als die Nation durch das Eindringen der Fremden aus ihrer Abgeschlossenheit gerissen, und gewaltsam in den Verkehr der Welt hineingezogen wurde; da vermochte sie nicht mehr in die Nothwendigkeit neuer Lebensformen einzugehen. Sie konnte nur festhalten an dem einmal ergriffenen Banner.

Sie hat es nicht gelassen, bis sie erschlagen war. Sie ist gänzlich untergegangen. Das Indische Volk hat sich durch seine Masse erhalten, das Jüdische wenigstens in der Zerstreuung, das Aegyptische ist verschwunden. Selbst die kümmerlichen Reste der christlichen Kasten, bei denen man eine geringere Mischung mit den mohamedanischen Einwanderern voraussetzen könnte, haben die unterscheidenden Merkmale der Aegyptischen Raçe verloren, wie sie ihre alte Sprache vergessen haben. Kein civilisirtes Volk ist vollständiger gestorben. „Ein schreckendes Beispiel für die, welche die alberne Liebhaberei haben die orientalische Kasteneintheilung als etwas Vortreffliches zu schätzen.“ So urtheilte Niebuhr.

DIE

RELIGIÖSEN, POLITISCHEN

UND

SOCIALEN IDEEN

DER

ASIATISCHEN CULTURVÖLKER UND DER AEGYPTER

IN IHRER HISTORISCHEN ENTWICKELUNG

DARGESTELLT

VON

CARL TWESTEN

HERAUSGEGEBEN

VON

PROF. DR. M. LAZARUS

ZWEITER BAND

BERLIN
FERD. DÜMMLERS VERLAGSBUCHHANDLUNG
(HARRWITZ UND GOSSMANN)
1872.

Drittes Buch.

Die Nationen Vorder-Asiens.

25*

I.

Die westasiatische Ländermasse, welche sich vom Indus bis zum Mittelmeer und vom Persischen Golf bis zum Kaspischen See erstreckt, bietet die verschiedenartigsten Formationen dar, welche auf die erste Entwicklung der Völker beschleunigend oder retardirend einwirken. Dem entsprechend haben sich hier eine Menge von Nationen selbständig bis zu gewissen Culturstufen herangebildet, und dann in verschiedenen Stadien wechselseitig auf einander eingewirkt. In Aegypten gab es nur ein Volk und ein Reich, auch das weite Indien ward von einer durchaus homogenen, von einem ursprünglichen Centralpunkte ausgegangenen und gleichmässig verbreiteten Civilisation beherrscht. Im vorderen Asien berührten sich fortdauernd getrennte, eigenthümlich geartete Nationalitäten. Dies ist das entscheidende Moment in dem Contraste gegen die Kastenländer. Die nothgedrungene Berührung mit anderen Völkern gab dem Geiste der Feindseligkeit und der Verachtung, welche die religiöse Gesittung des Alterthums charakterisirt, eine andere Richtung. Die Aegypter und Inder konnten durch Absperren und Ignoriren lange Zeiten hindurch fremden Einfluss ausschliessen. So trat nach der Consolidirung der Staaten mit periodischen Ausnahmen die kriegerische Thätigkeit zurück, und überliess in der Regel dem Priesterthum den überwiegenden Einfluss auf die sociale und politische Gestaltung. Aber aus dem Völkerleben der Syrischen und Persischen Lande konnte sich Niemand zurückziehen. Wer nicht Andere suchte, der ward gesucht. Jede selbstständige Existenz musste sich kämpfend behaupten. Es galt „Amboss oder Hammer sein“. Die Religiosität dieser Völker, die ausgebildete Herrschaft religiöser Anschauungen und Gebräuche über alle Handlungen des öffentlichen und häuslichen Lebens war kaum geringer. Aber der Einfluss priesterlicher Theorien auf die Praxis des Lebens musste vor der dauernden Nothwendigkeit kriegerischer Anstrengungen zurücktreten. Nur sich selbst vermochten die Priesterschaften kastenartig zu organisiren, nicht die Völker. Die Concentration der Kräfte für die politischen Zwecke der weltlichen Gewalt, welchen rücksichtslos Alles untergeordnet ward, liess es nicht zur consequenten Ausbildung socialer Scheidungen kommen, welche für die Staatszwecke unwesentlich, oder sogar hinderlich waren. Wenn auch nicht der anfänglichste Wirkungskreis der contemplativen Classe, die Ausbildung und Handhabung der theologischen Systeme, so blieb doch ihre culturhistorische Wirksamkeit verhältnissmässig beschränkt; Industrie, Kunst und Wissenschaft erreichten durchgängig nicht dieselbe Stufe wie bei den Kastenvölkern. Dagegen gewinnt hier der internationale Verkehr eine stetige und hervorragende Bedeutung; die Bewegungen der Staaten entscheiden wesentlich über die Geschicke der Völker; die politische Geschichte tritt maassgebend in den Vordergrund. Die überall wiederkehrende, unwandelbare Ueberzeugung jeder alten Nation das auserwählte Volk der Gottheit, allen anderen überlegen, ja eigentlich allein berechtigt zu sein trieb im feindlichen Zusammentreffen dahin die göttliche Bevorzugung durch ausgedehnte Unterwerfung anderer, wo möglich durch Herstellung eines Universalreiches praktisch zu bethätigen. Die Assyrier und später die Perser haben diesen Gedanken kräftig verfolgt. Aber selbst die Juden glaubten sich mit ihren schwachen Mitteln zur Weltherrschaft berufen. Die Verfassung dieser Staaten, welchen Krieg und Eroberung nicht als gelegentliche, äusserlich hinzutretende Aufgaben, sondern als der wesentlichste Lebensberuf, die allein anerkennungswerthe Beschäftigung des Volkes, zumal seiner besseren Classen galten, war die reine Kriegsverfassung, das absolute Königthum des Heerlagers, wenig beschränkt durch sociale Einrichtungen und positive Gesetze, aber nicht weniger wie in den priesterlichen Kastenstaaten mit den religiösen Ideen verbunden und mit göttlicher Weihe bekleidet. Wie der Staat des Alterthums überhaupt nicht als ein abstractes, von aussen angefügtes Wesen aufgefasst ward, sondern wahrhaft eins war mit dem innersten Volksleben, dessen Blüthe und sittliche Bedeutung, so war der theokratische König das lebendige, persönlich gewordene Gesetz, der Repräsentant der Gottheit und der gottgebotenen Ordnung im Volke, und der Repräsentant des Volkes, dessen eigenthümliches, höheres Wesen im Gegensatz gegen alle übrigen Völker. In ihm trafen religiöses und bürgerliches Leben, Gott und Staat zusammen. Und weil diese Formen mit den idealen Anschauungen und den praktischen Bedürfnissen der Völker in lebendiger, harmonischer Wechselwirkung zusammen stimmten, haben sie dieselben durch lange, wechselvolle Zeiträume befriedigt, und ihre Stellung in der Weltgeschichte bestimmt.

II.

Schon beim ersten Dämmern der Geschichte finden wir im westlichen Asien neben einander die beiden grossen Zweige der Kaukasischen Raçe, den Semitischen oder Syro-Arabischen und den Indo-Germanischen. Den letzteren vertreten hier die Iranischen Völker oder die westlichen Arier, nach Sprache und Ueberlieferung die nächsten Verwandten der Inder. Wir dürfen die Gebirgsländer um den Hindukusch, den Paropamisus der Alten, als die ältesten historischen Wohnsitze der Arischen Stämme betrachten, von wo sich die östlichen über Indien, die westlichen über Iran ausbreiteten.

Unter dem Namen der Semiten begreift der jetzt übliche Sprachgebrauch die Völker, welche im Alterthum Mesopotamien, Syrien, zum Theil Kleinasien, Arabien und das nördliche Africa mit Ausschluss Aegyptens bewohnten, und welche durch die entscheidenden physiologischen Merkmale, Knochenbau, Schädelstructur, Gesichtsformation, Haar und Hautfarbe, so wie durch die Uebereinstimmung der Sprachen als unmittelbar zusammengehörig charakterisirt werden. Das zehnte Capitel der Genesis führt nur einen geringen Theil derselben auf den ältesten Sohn Noahs zurück, und macht selbst in diesem die Ansicht über die Stammverwandtschaft zweifelhaft, indem einmal Aramäer, Chaldäer und Assyrier in ihren Vätern Aram, Arpachsad und Assur von Sem hergeleitet, dann aber wieder Nimrod, Babylon und das von dort ausgehende, oder — denn die Interpretation der Stelle ist zweifelhaft — das von dorther colonisirte Assur auf Cham zurückgeführt werden. Der Name Sem soll Ruhm oder Erhabenheit bedeuten, wird also ähnlich wie der Name der Arier als eine ehrende Auszeichnung der darunter begriffenen Stämme zu betrachten sein. In der Ableitung der Israeliten aus diesem Kreise hat sich die Tradition ihrer Wanderung aus Mesopotamien gegen Westen erhalten; dagegen wurden die nächsten Stammgenossen, die Phönicier und andere gleichsprachige Syrer, nicht als Verwandte anerkannt, sei es aus Hass gegen diese Nachbaren, sei es, dass man sich um ihre Herkunft nicht bekümmerte. Ohne Zweifel haben sich in dieser alten Völkertafel einzelne historische Züge und richtige Ansichten über Nationalverwandtschaften erhalten; Vieles aber kann nur als willkürliche Dichtung betrachtet werden, ein Versuch den Kreis der bekannten Völker genealogisch zu classificiren, wobei in Ermangelung traditioneller Anhaltspunkte der Einbildungskraft freies Spiel gelassen wurde. Die beibehaltene Vorliebe des alten Nomadenlebens für Geschlechts- und Stammwesen, die lebhafte Phantasie, das Streben sich mit allen Erscheinungen kurz und bündig abzufinden hat bei den Semitischen Völkern in allen Zeiten zu ähnlichen Erklärungsversuchen geführt, denen keine Spur geschichtlicher Wahrheit zum Grunde liegt. So gaben die Araber den Sabäischen Religionen einen Stifter Namens Sabi, der ein Bruder Henochs sein und mit diesem unter den Pyramiden begraben liegen sollte; so machten sie aus den gleichbedeutenden Persischen Formen Sind und Hind zwei Brüder, Enkel Noahs, und liessen von dem einen die Bewohner der Indusländer, von dem anderen die entfernteren Hindus abstammen.

Die Semiten scheinen ursprünglich weiter im Osten ausgebreitet gewesen und durch das Vordringen der Arier nach Westen hingedrängt zu sein. Mit der alten Sage der Arischen Wanderungen stimmt überein, dass selbst die unmittelbaren Anwohner des Mittelmeeres ihren Ursprung fern im Osten suchten. Die Israeliten leiteten sich in der Genesis wie in dem späten Buch Judith aus Chaldäa her, die Phönicier sollen anfänglich am Persischen Meerbusen gewohnt haben. Der letzte Wellenschlag dieser Völkerwanderung war der Einfall der Semiten in Aegypten; mit ihrer Vertreibung begann der Rückstau, die Bewegung kam zum Stillstande, und allmälig consolidirten sich die Völker in festen Wohnsitzen. Wenn nach der Angabe der Melkarthpriester die Stadt Tyrus 2700 Jahre vor Christus gegründet ward, wenn die astronomischen Rechnungen der Babylonier bis auf 2200 zurückgingen, wenn die Juden ihren Stammvater Abraham gegen 2000 von Mesopotamien auswandern liessen, wenn in dieselbe Zeit die Herrschaft der Hyksos in Aegypten fällt, so können wir nach diesen zusammenstimmenden Daten die grosse Völkerbewegung etwa mit dem dritten Jahrtausend vor Christus beginnen lassen. Vielleicht fanden die Semiten in Vorderasien schon ältere Eingeborene vor. Nach Moses Choronensis gab es, als Ninus seine Stadt erbauete, in Assyrien ein älteres civilisirtes Volk, dessen Werke zerstört wurden; Fresnel glaubt auch in Babylon eine Urbevölkerung vor der Semitischen Einwanderung nachweisen und dieselbe mit den Resten einer Raçe im südlichen Arabien identificiren zu können, die der Aegyptisch-Nubischen verwandt sein soll. Die Geschichte beginnt indessen mit den Semiten.

III.

Wie Ursprung und Sprache waren auch die Anfänge der Religion diesen Völkern gemeinschaftlich. Ihr Polytheismus ging von dem Cultus der Himmelskörper, dem sogenannten Sabäismus, aus. Das Gefühl des Göttlichen concentrirte sich auf Sonne, Mond und Sterne, die überall früh als wirksame, handelnde Potenzen die Aufmerksamkeit auf sich zogen. Bei Vertiefung der Speculation wurden sie aus fetischartigen, beseelten Wesen mehr und mehr zu Behausungen, Werkzeugen oder Symbolen der von ihnen gelösten göttlichen Mächte, zuweilen sogar zu Vermittlern mit einem einigen Gott und Schöpfer. Bei den Nomadenstämmen Arabiens, deren Bedürfnisse und Anschauungen durch Jahrtausende dieselben geblieben sind, haben sich Formen des Sabäismus nicht nur bis auf den Islam, sondern hin und wieder bis auf den heutigen Tag erhalten. Von innen heraus entwickelt sich bei wandernden Völkern in ihrer nothwendigen Zersplitterung kein regelmässiges Priesterthum, die einfachen gottesdienstlichen Gebräuche werden von den Familien- und Stammhäuptern verrichtet, und es fehlt daher an einer Macht, welche neue Ideen ausarbeiten und in das Leben einführen könnte. In der Organisation grösserer ansässiger Gemeinschaften sondert sich eine contemplative Classe ab, und ihr genügen die einfachen, wenig ausgebildeten Theorien nicht mehr. Kosmogonische Erklärungsversuche, welche sich von Anbeginn in die religiösen Speculationen mischen, und das Streben ethische Eigenschaften in den Göttern auszuprägen führen zu dem ausgedehnteren Anthropomorphismus der entwickelteren Systeme. Aber wo immer die spärlichen Nachrichten Andeutungen geben, lassen sich auch bei den sesshaften Semitischen Nationen Spuren des alten Gestirndienstes sicher erkennen. Der höchste Gott wurde durchgängig als Sonnengott verehrt. Die Chaldäer blieben bis in die spätrömischen Zeiten die berühmtesten Astrologen. In Babylon standen die Hauptgottheiten in Verbindung mit den fünf Planeten, den zwölf Zeichen des Thierkreises und anderen ausgezeichneten Sternbildern. Auf den Assyrischen Sculpturen, Backsteinen, beschriebenen Thoncylindern, wie auf Wagen und Geräthschaften aller Art finden sich Gestirne als stets wiederkehrende Embleme.

In den Ländern Mesopotamiens, Syriens und Kleinasiens lässt sich auch die weitere Entwickelung der Religionen als wesentlich gleichartig erkennen. Allerdings wechseln die zahlreichen Götter an verschiedenen Orten mannichfaltig ihre Namen und Attribute, aber einzelne Grundzüge sind durchgängig dieselben. An der Spitze des Pantheons, als „Haupt der viertausend Götter, die Himmel und Erde bewohnen," steht meistens der Gott, den schon sein Name als ein Resultat speculativer Abstraction nachweist, Baal oder Bal, das heisst der Grosse oder der Höchste. Die gleichbedeutenden Sylben bal und gal finden sich vielfach in Phönicischen und Assyrischen Namen. Häufig wird er auch schlechthin der Herr genannt, Adonai, welcher Titel freilich auch anderen Göttern gegeben wird. Er ist der Schöpfer oder Ordner der Welt, in der Regel auch der Sonnengott; der Planet Jupiter ist ihm geweiht, und die Griechen pflegen ihn als Zeus zu bezeichnen. Auf den Assyrischen Inschriften heisst der höchste Nationalgott mit dem Namen des Landes Assar. Das scheint indessen nur ein besonderer Name des Bal zu sein; denn die Griechen nennen auch für Ninive stets den Belus, und in Inschriften wird das Wort Bal sehr gewöhnlich als Beiname Assars gebraucht. Er schwebt in Schlachten und Triumphen schützend über dem Könige, dargestellt als geflügelte menschliche Figur im Kreise der Ewigkeit. Ausserhalb Assyriens kommt der Name Assar (Azar oder Adar) nicht häufig vor, wahrscheinlich nur in Folge besonderen Assyrischen Einflusses. In Sepharvaim ward er Adramelech (Assar der König) genannt, auch sonst der König der Götter. Gewöhnlich aber bezeichnet Melech oder Moloch (der König) einen vom Baal verschiedenen, ebenfalls sehr allgemein verehrten Gott. Als Zeitgott, König der Ewigkeit, und Vater einer Reihe jüngerer Götter wird er von den Griechen Kronos genannt. Ihm gehört auch der Planet Saturn an. In einem grossen Theile Syriens ist er der furchtbare, zerstörende Gott des Krieges und des Feuers, dem die Menschenopfer gebracht, Kinder in die glühenden Arme gelegt wurden. Unter der Schaar der übrigen Götter wurde an manchen Orten vorzugsweise der Gott verehrt, den die Griechen als Hercules bezeichnen, obwohl sie anerkennen, dass er weit älter sei als ihr Heros. In Tyrus hiess er Melkarth, der thatenreiche, die Welt durchziehende Gott des Krieges, des Handels und der Schifffahrt. In Kleinasien trug er den Babylonischen Namen San, und mit dem Zusatze der Herr, Don oder Adon (Syrisch Adoni) Sandon. Seine dortige Einführung ist den Assyriern zuzuschreiben; viele Dynastien leiteten sich von ihm her, namentlich die älteren Lydischen Könige, die deshalb Herakliden genannt wurden, und die gleichzeitig vom Ninus abstammen wollten. Als Sonnengott verschmolz er nicht selten mit dem Baal, und die Griechen, denen er denn doch für den Herakles zu hoch erschien, identificirten gelegentlich den Gott, dessen Attribute der Löwe und der Bogen waren, mit ihrem Apollo.

IV.

Die physikalische Anschauung, welche die Bildung der Welt aus dem Zusammenwirken entgegengesetzter Kräfte erklärte, dem activen männlichen und dem passiven weiblichen Princip, Geist und Materie, Feuer und Wasser, stellte neben den weltordnenden Hauptgott eine die andere Seite des Dualismus repräsentirende Göttin. Sie war kosmogonisch die Urnacht oder der Urschlamm im Gegensatz zu dem geistigen Hauch, dem ersten Odem, der das Chaos gestaltete, die empfangende Erde gegen den befruchtenden Himmel, die Nacht gegen den Tag, der feuchte Mond gegen die glühende Sonne, mehr anthropomorphisirt die grosse Mutter der Götter, die Göttin der Geburten, die Himmelskönigin. Als weibliche Ergänzung des Baal wurde sie Baaltis oder Baltis genannt.

Sonst erscheinen die Namen Derceto, Atargatis, Athara, Astarte, Astaroth, Mylitta, Alita, Anaitis, in Kleinasien Ma und Cybele. Nach den unzweifelhaften Zeugnissen des Alterthums, wie sie Selden und Creuzer gesammelt haben, müssen alle diese Bezeichnungen als ursprünglich gleich betrachtet werden. Aber jenachdem an den Hauptorten ihrer Verehrung die eine oder die andere Bedeutung der Göttin ausschliesslicher betont ward und die übrigen zurückdrängte, nahm sie sehr verschiedene Formen, Eigenschaften und Attribute an, und so wurden allmälig aus der einen Gottheit mehrere getrennte Wesen, die dann wieder durch die Mythenbildung unter einander in verwandtschaftlichen oder geschichtlichen Zusammenhang gebracht wurden. Namentlich pflegte die Derceto, welche zu Askalon in Erinnerung an das Flüssige der Urmaterie mit dem Fischleibe gebildet ward, strenge von der Astarte gesondert zu werden. Wenn nach Diodors Angabe im Belustempel zu Babylon Rhea und Hera neben dem Baal standen, wird sich das Verhältniss der zwei Göttinnen schwerlich mit Sicherheit bestimmen lassen. Die Griechen identificirten die weibliche Gestalt als Göttermutter mit der Rhea, als Gemahlin des höchsten Gottes mit der Hera, als Mond- und Geburtsgöttin mit der Artemis, als Göttin der Liebe mit der Aphrodite, deren Name von der Taube, Pharadeth oder Apharadeth, abzuleiten ist, die wegen ihrer Gattenliebe und Fruchtbarkeit der Astarte heilig war. Freilich glich die Syrische Astarte-Mylitta nicht der reizenden Liebesgöttin der Hellenischen Kunst, sondern nur der kosmischen Aphrodite, deren Spuren sich beim Hesiod und in einzelnen Mysterien erhielten. An manchen Orten Kleinasiens trat der Cultus der weiblichen Gottheit, der Allmutter, so sehr in den Vordergrund, dass der männliche Gott gänzlich zur Seite geschoben wurde. Hier nahm die Göttin vorzugsweise ihren strengen, furchtbaren Charakter an. Auf die Religionen der Küstenländer übten die Aegyptischen Dogmen ohne Zweifel schon von den Zeiten her, da Semitische Stämme in Aegypten hausten, oder von dort zurückströmten, einen erheblichen

Einfluss. In Phönicien wurden die Kabiren verehrt, die auf Münzen in ihrer Aegyptischen Zwerggestalt erscheinen. Namentlich aber drangen die Mythen und Mysterien des Osiris überall in die Asiatischen Glaubenskreise ein. Die Rolle der Isis, zuweilen auch die ihrer Mutter Netga wurde auf die Semitischen Göttinnen übertragen, und die des Osiris auf Baal Adonai. Aus letzterem Namen machten die Griechen den schönen Jüngling Adonis, den Geliebten ihrer Venus. Neben der Sage vom Verlornen und Wiedererstandenen und neben der Gleichheit der Feier ist ausdrücklich überliefert, dass auf Cypern und spät in Alexandrien Osiris unter dem Namen Adonai verehrt wurde, und der alte gründliche Selden urtheilt denn auch: dass Osiris und Adonis identisch, sieht jeder. Die phantastisch fanatische Uebertreibung des Schmerzes und der Freude in den Osirisfesten, wie sie der Erregbarkeit und Empfindungsglut der Semitischen Völker entsprach, und die Verkehrung der bildlichen, kosmogonischen Gegensätze zum physischen Geschlechtsdualismus führte im Cultus zu den Ausschweifungen grausamer Raserei und sinnlichen Taumels, welche die Empörung der Juden und Griechen erregten. Blutvergiessen und Selbstverstümmelungen verbanden sich mit Orgien der Sinnlichkeit. Manche Tempel namentlich grosser Handelsstädte waren gewerbsmässige Stätten der Unzucht. In Babylon musste sich jedes Mädchen einmal im Heiligthum der Mylitta preisgeben, und selbst die Töchter der Vornehmen, die sich in stolzer Schaam tief verhüllt zum Tempel bringen liessen, durften sich dem abscheulichen Herkommen nicht entziehen. Mit dergleichen Gebräuchen ging die Herabwürdigung des weiblichen Geschlechts zum Mägdedienst und zur Haremswirthschaft Hand in Hand, wie sie sich durchgängig bei den Semitischen Völkern findet, und selbst in den schönsten Liebespoesien der Juden und der Araber eine eben so schlimme Theorie als Praxis kaum verläugnet.

V.

Auch die kosmogonischen Dichtungen, welche die Bildung der Welt nicht begriffs- und erfahrungsmässig zu erklären, sondern wie eine thatsächliche Geschichte zu veranschaulichen strebten, scheinen bis zu einem gewissen Grade ein Gemeingut dieser Völker gewesen zu sein. Die heiligen Schriften der Babylonier, der Phönicier und der Israeliten begannen gleichmässig ihre Nationalgeschichte mit der Entstehung der Welt. Zwar ist uns die Phönicische Kosmogonie aus zu früher Quelle und in zu absichtlicher Beziehung auf die Hebräische Sage überliefert um grosses Gewicht darauf legen zu können, doch scheint sie der Babylonischen entsprochen zu haben. Nach der letzteren waren Geist und Materie gleich ursprünglich und absolut. Schon das Chaos war von allerlei Ungeheuern bevölkert, welche starben, als Belus den Urstoff in Himmel und Erde schied, und das Licht hervorrief, gleichsam eine ältere geologische Epoche, deren Geschöpfe vor der jetzigen untergingen. Die ersten Menschen wurden natürlich in Babylonien geschaffen, anscheinend gleich in grösserer Zahl, und lebten gewaltig lange. Der aus dem Meere auftauchende Gott Oannes verlieh ihnen die Schrift, Künste, Wissenschaften und bürgerliche Einrichtungen. Da aber Sünde und Ungerechtigkeit überhand nahm, beschloss Gott die Menschen durch eine Sündfluth zu vertilgen. Nur der gute König Xisuthrus wurde mit einer Schaar auserwählter Frommer in einem Schiffe gerettet. Von dem ersten Menschen Alorus bis auf die Sündfluth lebten wie in der Genesis zehn Generationen, und nach der Fluth nahm die Langlebigkeit der Menschen rasch ab. Das Schiff strandete in Armenien, und von da zogen die Geretteten wieder nach Babylonien. Die Aehnlichkeit mit der Fluth Noahs ist augenscheinlich, und es ist mit Recht bemerkt worden, dass die Hebräische Sage auf einen Babylonischen Ursprung hinweist; denn die Arche ist ein Flussschiff mit glattem Boden, und sie wird aus dem Mesopotamischen

Fichtenholz, nicht aus Syrischen Cedern gezimmert; auch hier sammelten sich die Menschen zuerst in Sinaar (Babylonien) wo sie den grossen Thurm erbaueten.

Es ist eine der conventionellen Fabeln, durch welche die Jüdische Tradition denen anderer Völker als specifisch verschieden entgegengesetzt werden soll, dass nach ihr Gott die Materie aus dem Nichts geschaffen habe. Die christliche Speculation hat die Alleinigkeit Gottes und die Endlichkeit der Materie zum Dogma gemacht, in der Bibel steht nichts davon. Das Wort, welchem im ersten Verse der Genesis die prägnante Bedeutung des Erschaffens beigelegt zu werden pflegt (בָּרָא) wird von der Philologie aller Zeiten, in der Septuaginta und vom heiligen Hieronymus, von Grotius und von Gesenius, als machen oder bilden erklärt, und wird in demselben Capitel gebraucht, wo Gott einzelne Dinge aus dem schon vorhandenen Stoffe formt. Einzelne Kirchenväter geben auch zu, die Lehre von der Weltschöpfung aus nichts gründe sich mehr auf Schlüsse als auf Autorität, und Justinus scheint sogar die Materie für ewig gehalten zu haben. Und orthodoxe Exegeten, wie Baumgarten, die das Dogma für unzweifelhaft halten, erkennen an, dass die Worte des alten Testaments nicht dazu nöthigen. Einen bewussten Gegensatz zwischen dem Schaffen und dem Scheiden oder Ordnen der Welt haben die Schriften der Hebräer nicht aufgestellt. Für eine tiefere Entwicklung speculativer Lehren, für metaphysische Begriffsbestimmungen hatten die Semitischen Stämme wenig Sinn. Bis fremde Wissenschaft sich bei ihnen geltend machte, begnügten sie sich stets mit einfachen, leicht fasslichen Lehrsätzen. Von einem eigentlichen Weltplane, einer Heilslehre, einem ausgebildeten und wirksamen Unsterblichkeitsglauben, wie bei den Indern und Iraniern, ist in den Zeiten ihrer Selbständigkeit nirgends die Rede. Den Chaldäern war die Welt ihrer Natur nach ewig, keinem Verfalle ausgesetzt. Ihre Ordnung verdankte sie der göttlichen Vorsehung, und was sich am Himmel und auf Erden ereignete, geschah nach dem Rathschlusse der Götter, den der Kundige in den Gestirnen und anderen Naturerscheinungen zum voraus erkennen mochte. Mit der Astronomie, natürlich in astrologischer Färbung, haben sich die Chaldäischen Priester äusserst fleissig beschäftigt. Manche ihrer Resultate lassen sich vielleicht früher in Aegypten nachweisen, und die Aegypter erklärten gelegentlich Babylon für eine Aegyptische Colonie, aber wenn auch in manchen Einzelheiten eine Einwirkung stattgefunden haben mag, scheint sich doch im Ganzen die Astronomie Mesopotamiens schon nach der ganz verschiedenen Zeiteintheilung selbständig entwickelt zu haben. Für andere Wissenschaften haben diese Asiatischen Priester neben ihren religiösen Studien und Uebungen keine Zeit gehabt. Zum Theil müssen sie reich gewesen sein; bei manchen Heiligthümern stieg die Zahl der Priester und Sclaven hoch in die Tausende. Aber von ihrer Organisation und ihrer bürgerlichen Stellung haben wir fast gar keine Nachrichten. Meistens scheinen die Priesterthümer erblich gewesen zu sein. Von Babylon und Palästina wissen wir, dass es eine vollständig abgeschlossene, zahlreiche Priesterkaste gab, die den ersten Rang in Anspruch nahm, und von allen bürgerlichen Pflichten eximirt war. Diodor bemerkt, dass die Chaldäer keine Schulen hatten, sondern die Kenntnisse lediglich innerhalb der Familien fortgepflanzt wurden, und schreibt dem mit Recht die unwandelbare Festigkeit, wir mögen hinzufügen die Beschränktheit, ihrer Doctrinen im Gegensatze gegen die neuernde Beweglichkeit der Griechischen Philosophen-Schulen zu.

VI.

Geschrieben wurde bei den Mesopotamischen und Syrischen Völkern früh und viel. Wir finden zwei ganz verschiedene Schriftsysteme ausgebildet, die Babylonisch-Assyrische Keilschrift und die Phönicisch-Hebräische Buchstabenschrift. Die Keilschrift scheint in Babylonien erfunden und von einer hieroglyphischen Begriffsschrift ausgegangen zu sein. Sie war mit mancherlei Abweichungen in Babylonien, Assyrien, Armenien und Susiana im Gebrauch. Von den Persern wurde sie völlig umgestaltet und nur die Form des Keils beibehalten. Spuren der ursprünglichen Bilderschrift haben sich in einigen gebräuchlich gebliebenen, ideographischen Zeichen und hin und wieder auch in den Lautzeichen erhalten. Die Gestaltung der Zeichen aus lauter Combinationen des spitz zulaufenden Keils oder Nagels rührt ohne Zweifel von dem Material her, auf welchem in diesen Ländern zuerst und vornehmlich geschrieben ward. Die Schrift wurde nämlich in Lehm oder Thon eingedrückt und dann gebrannt; dazu war die Keilform sehr geeignet. Oeffentliche und Privaturkunden, Dogmen und Gebete, Ueberlieferungen aller Art, Lehrsätze und astronomische Berechnungen wurden auf Backsteine oder Thoncylinder geschrieben, von denen sich in den Ruinen Ninives ganze Archive gefunden haben. Eben so wurden zahlreiche Inschriften in Stein gehauen, auf kleine Würfel oder Cylinder, deren Zeichen fast nur durch das Mikroskop zu erkennen sind, auf die Alabastertafeln der Paläste oder im grössten Maassstabe auf die Felswände, welche die Assyrischen Könige überall im Reiche mit dem Ruhme ihrer Thaten bedeckten. Für vorübergehende Zwecke wurde die Schrift auf Palmenblätter eingeritzt. In den letzten Jahren hat die Entzifferung dieser höchst complicirten Schriftformen grosse Fortschritte gemacht, obwohl eine Menge von Zeichen noch gar nicht, oder doch nicht mit Sicherheit erklärt sind. Aehnlich wie in den Aegyptischen Hieroglyphen giebt es eine geringe Zahl determinirender Zeichen, die den Namen von Göttern, Menschen, Ländern, Städten, Flüssen vorgesetzt werden. Dann werden für eine Anzahl besonders häufig wiederkehrender Hauptworte, wie für Gott, König, Land, für Verwandtschaftsverhältnisse und Zeitbestimmungen, für Krieg und Schlacht, ideographische Zeichen, Monogramme, gebraucht. Bei weitem die meisten Zeichen sind phonetische, drücken aber nicht leicht einzelne Buchstaben, sondern durchgängig einen Consonanten mit einem vorhergehenden oder nachfolgenden Vocal aus; dadurch ist ihre Zahl sehr gross geworden. Wenn Sylben mit einem Consonanten anfangen und endigen, werden sie entweder mit zwei Sylbenzeichen und damit der mittlere Vocal doppelt geschrieben, oder es giebt für solche geschlossene Sylben wieder besondere Zeichen. Zu einer wirklichen Buchstabenschrift sind die Semitischen Keilschriftsysteme nicht ausgebildet. Da der Styl der religiösen und historischen Inschriften seit den ältesten Zeiten fast ganz unverändert geblieben ist, gelingt es mit Hülfe der Uebersetzungen auf den Denkmälern der Persischen Könige und bei der Verwandtschaft des Assyrischen mit den bekannten Semitischen Sprachen in der Regel, den ungefähren Sinn der Urkunden einigermaassen festzustellen. Aber eine kaum lösbare Schwierigkeit bietet die willkürliche, regellose Orthographie der Babylonischen und Assyrischen Namen dar. Sie sind durchweg aus Bezeichnungen und Beinamen von Göttern zusammengesetzt, und werden nun häufig nicht bloss mit Monogrammen geschrieben, deren phonetische Bedeutung zweifelhaft ist, sondern diesen werden noch Beinamen oder Attribute der Götter zugesetzt, die mit der Aussprache des zu schreibenden Namens gar nichts zu thun haben, während andrerseits wieder die wunderlichsten Abkürzungen vorkommen, Daher hat erst eine geringe Anzahl von Eigennamen mit Sicherheit bestimmt werden können. Anderes Material scheint verhältnissmässig spät zum Schreiben benutzt worden zu sein. Layards umsichtiger Aufmerksamkeit ist es nicht entgangen, dass erst in den Reliefs der letzten Assyrischen Dynastie, etwa seit 750 vor Christus die Schreiber auftreten, welche die Gefangenen, die Beute, die Köpfe der Erschlagenen verzeichnen; sie bedienen sich dazu langer Streifen, entweder von Leder, oder von Aegyptischem Papyrus. Mit dieser Erscheinung steht wahrscheinlich der Gebrauch einer der Phönicischen Buchstabenschrift gleichenden Cursivschrift im Zusammenhang. Sie findet sich seit derselben Zeit in Ninive, häufiger aus den Zeiten Nebukadnezars in Babylon auf Töpferwaaren, auf Ziegeln, auf Vasen und auf einigen Gewichten. Ein einziges der letzteren trägt zugleich in Keilschrift den Namen eines älteren Königs, der etwa gegen 900 vor Christus gesetzt werden kann. Wenn es indessen auch unzweifelhaft wäre, dass diese Cursivschrift aus so früher Zeit herrührte, so würde doch neben diesem einen Beispiele immer die Thatsache bestehen bleiben, dass die Keilschrift in Assyrien und Babylonien viele Jahrhunderte früher und weit umfangreicher im Gebrauch gewesen als die Cursivschrift.

VII.

Die zweite Schriftart, die Phönicisch-Hebräische Buchstabenschrift, ist ein glänzendes Denkmal für die lebendige, scharfe Fassungskraft, den klaren, praktischen Verstand des Volksstammes, welcher sich ein seinem Sprachorganismus so vollständig entsprechendes Werkzeug der Ueberlieferung zu schaffen gewusst hat. Die Zerlegung der Sprache in die einfachsten Lautelemente hat am frühesten in Aegypten stattgefunden, aber nur in der Semitischen und in der Indischen Buchstabenschrift ist das Princip für jedes dieser Elemente ein einziges Zeichen festzusetzen, selbständig durchgeführt worden. Alle Völker der Kaukasischen Rasse mit alleiniger Ausnahme der Inder haben sich das Semitische Alphabet angeeignet, und nur unwesentliche Aenderungen damit vorgenommen, nach dem Bedürfniss ihrer Sprachlaute einzelne Zeichen hinzugefügt oder weggelassen. Dass auch diesen Buchstaben eine Bilderschrift vorausgegangen, zeigt der erste Blick auf das Alphabet. Gegenstände, welche Jedem geläufig waren, die wichtigsten Thiere, wie Ochse und Kameel, das Haus, seine Thür und seine Umfriedigung, die einfachsten Werkzeuge, wie Schwert und Stab, oder Theile des menschlichen Körpers, Kopf, Hand, Auge und Mund, wurden gewählt, um durch ihren Anfangslaut die Buchstaben zu bezeichnen, und die ursprünglichen Bilder der Dinge, deren Name den Lautzeichen geblieben ist, in Figuren zusammengezogen, die höchstens noch eine entfernte Aehnlichkeit des Sachbildes tragen. Eine so bequeme, leicht fassliche Schrift war erst geeignet ein Gemeingut über den Kreis einer gelehrten Kaste hinaus zu werden, und eine bewegliche, fortschreitende, in weitem Umfange wirkende Litteratur hervorzurufen. Von der speciellen Ausbildung dieses Schriftsystems wissen wir historisch sehr wenig. Die bedeutungsvollsten Erfindungen gingen einen so langsamen Gang, dass ihre Entwickelung sich dem Auge der Geschichte entzog. Nach ihrer Vollendung erschienen sie den Völkern, die sie selbst gemacht hatten, so wunderbar, dass sie überall göttlicher Offenbarung zugeschrieben wurden. Indessen scheint es durchaus unzulässig, die Bildung der Schrift mit der Entwicklung der Sprache zusammenzustellen, und ihren Ursprung in Zeiten hinauf zu rücken, in denen sich der Semitische, der Aegyptische und der Arische Sprachstamm noch gar nicht geschieden hätte. Eine Vorbedingung der Buchstabenschrift zwar, die Wahrnehmung gesonderter articulirter Laute entwickelt sich schon mit der Sprache selbst, sobald bestimmte Formen sich ausprägen, und gewisse Grundsätze, wie die Flexion, angenommen werden, aber davon ist die Darstellung der elementaren Laute durch äussere Zeichen noch sehr verschieden. Dazu musste nicht nur das Bedürfniss erwacht sein, die Sprache aus dem Gebiete des Ohres in das des Auges zu übertragen, sondern dieses Bedürfniss suchte auch, wie noch in den meisten Schriftsystemen nachzuweisen, ursprünglich seine Befriedigung in Darstellung der Begriffe, nicht der Laute. Die Ausbildung der Schrift fällt im Vergleich mit der Sprache einem beschränkten Kreise und einer fortgeschrittenen Civilisation anheim; sie ist weit mehr eine bewusste That, eine Erfindung des zergliedernden, auf Mittel und Wege sinnenden Geistes. Einzelne Analogien können nur die Wirksamkeit derselben Entwicklungsgesetze, nicht einen realen Zusammenhang der Schriftformen darthun. Schon die Ausbildung zweier so verschiedener Gattungen wie der Keilschrift mit ihrem vorwiegend syllabarischen Charakter und der Phönicischen Buchstabenschrift innerhalb desselben Sprachstammes streitet entschieden gegen die Annahme einer nothwendigen schritthaltenden Verbindung von Sprache und Schrift.

Wahrscheinlich entstand das Phönicisch-Hebräische Alphabet in Aegypten oder dem angrenzenden Syrischen Küstenlande, und verdankte seinen Ursprung der Aegyptischen Hieroglyphik, nicht der babylonischen Keilschrift.

Wie frei und selbständig es auch für seine Sprache geschaffen worden, deutet es doch auf eine Ableitung aus einem fremden Systeme hin, da sich eine eigene vorhergegangene Bilder- oder Sylbenschrift nicht nachweisen lässt. Seine Zeichen drücken aber, gleich den Aegyptischen Consonanten nur den rein elementaren Laut aus, und vernachlässigen die Vocale gänzlich, wogegen diese in den phonetischen Zeichen der Keilschrift einen integrirenden Bestandtheil bilden, ja die ganze Vielfachheit ihrer Sylbenzeichen motiviren. Die allenfallsige Aehnlichkeit einiger weniger Buchstaben mit entsprechenden Keilformen kann gegen diesen durchgreifenden Unterschied wenig beweisen. Auch die zweisylbigen Worte, welche zur Bezeichnung eines Theils der Buchstaben dienen, Aleph, Gimel, Daleth u. s. w. sprechen gegen die unmittelbare Entlehnung dieses Alphabets aus einer Sylbenschrift. Ausserdem wurde zu allen Zeiten und an allen Orten in der Keilschrift von der Linken zur Rechten, in der Phönicischen nach Aegyptischer Weise von der Rechten zur Linken geschrieben. Das Zeugniss der Griechen für die Phönicier mag nicht sehr in das Gewicht fallen, da nicht selten das Land, aus welchem ein Erzeugniss oder eine Erfindung überbracht worden, als das Land des Ursprungs genannt wird. Wenn aber Moses um 1300 vor Christus zu setzen, wenn die Phönicischen Bücher des Sanchuniaton und Mochus in gleich früher Zeit entstanden, wenn sich keine Spur findet, dass damals mit einer anderen Schriftgattung geschrieben worden, wenn die Griechen die erste Bekanntschaft mit der Phönicischen Buchstabenschrift fast eben so hoch hinaufrücken, lässt sich schwerlich bestreiten, dass im Südwesten Syriens weit über ein Jahrtausend vor Christus die Buchstabenschrift geübt wurde. Dagegen taucht in Babylon und Ninive die Cursivschrift erst spät neben der Keilschrift auf, und letztere blieb lange daneben im Gebrauch, findet sich sogar auf Urkunden religiösen Inhalts noch aus der Zeit der Seleuciden, während umgekehrt die Keilschrift nur auf wenigen Assyrischen Monumenten der späteren Zeit Sarganas (Salmanassars) und Sanheribs in Syrien und auf Cypern erscheint. Endlich lässt sich bei dem Aufenthalte der Hyksos in Aegypten und der uralten Verbindung der Syrischen Stämme mit diesem Lande gar nicht denken, dass ihnen die Aegyptische Schrift unbekannt geblieben sein sollte. Und dahin weisen denn auch die historischen Ueberlieferungen. Den Hebräern ist die Schreibkunst seit der Aegyptischen Zeit geläufig, wogegen vorher nach der Genesis, welche in solchen Dingen die Züge der Zeitalter sehr bestimmt scheidet, entschieden nicht geschrieben wird; der Siegelring Juda's in der Geschichte mit der Thamar ist ein vereinzelter Anachronismus. Und wenn die Phönicier die Erfindung der Schrift dem Thot zuschrieben, so kann damit nur der Aegyptische Gott der Priester und der Schreiber gemeint sein, wie sie denn auch ausdrücklich den Thot einen Aegypter nannten. Nach dem allen scheint anzunehmen, dass die Semitische Buchstabenschrift von den Syrern nach dem unvollkommeneren Vorbilde der Aegyptischen ausgebildet worden, und dass sie von ihnen nach Mesopotamien übergegangen ist, nicht umgekehrt. Jedenfalls hat sie bei ihnen ihre welthistorische Bedeutung erhalten in dem unermesslichen Einfluss, welchen die Phönicische Verbreitung der Schreibkunst und die Hebräische Litteratur auf die Civilisation der vorwärts strebenden Völker der Geschichte geübt haben.

Babylonien und Assyrien.

VIII.

Für die Semitischen Völker wurde das reiche Stromland Mesopotamiens die Centralstelle, wo sich zuerst eine dichte, ackerbauende Bevölkerung sammelte, und ausgedehnte Reiche entstanden. Die Sage, dass in Babylonien die Bildung des Menschengeschlechts begann, hat für diese Völker ihren guten Grund, wenn wir Sesshaftigkeit und Getraidebau als den Anfang aller Civilisation betrachten müssen. Gegen Ende des vorigen Jahrhunderts machte Joseph Bankes mit einer Bengalischen Grasart den Versuch, und kürzlich gelang es in Frankreich aus Aegilops ovata durch lange fortgesetzte Cultur, nämlich durch wiederholte Auswahl der stärksten Samenkörner zur Aussaat in besonders gut vorbereitetem Lande, endlich Körner zu erzielen, die dem Waizen sehr ähnlich waren. Da ausserdem die Asiatisch-Europäischen Getraidearten in ihren jetzigen Formen (und sie waren schon vor 5000 Jahren in Aegypten dieselben) nirgends wild wachsen, dürfen wir mit Sicherheit schliessen, dass sie sich aus ähnlichen Gräsern unter besonders günstigen Verhältnissen, oder unter der pflegenden Hand des Menschen entwickelt haben. Für solche Entwicklungen war es ein guter Boden dieses reichste Kornland der Welt, wo der Waizen mehr als zweihundertfältige Frucht trug, und seine Blätter vier Finger breit wurden. Da die Bewässerung der Felder fast das einzige ist, was hier Mühe und Sorgfalt erfordert, folgte der

Anbau zunächst dem Laufe der Ströme, wohin er bei der jetzigen Verödung des Landes zurückgekehrt ist. Die wasserärmeren Gegenden mochten wie heutigen Tages das Erbe wandernder Stämme sein, während sich an den Flüssen schon längst volkreiche Städte erhoben. Aber auf einem üppigen Boden vermehrt sich nach der Besitzergreifung für den Ackerbau stets die Bevölkerung ungemein rasch. Das wachsende Nahrungsbedürfniss dehnt alsdann die bebaute Fläche immer weiter aus, und beschränkt das Weideland der Nomaden. Der Bauer Kain erschlägt den Hirten Abel. Die umherziehenden Horden müssen der concentrirten Macht des ansässigen Volkes weichen, und sich entweder gleichfalls zu der verachteten, regelmässigen Arbeit des Feldbaus bequemen, oder ihre Heerden in andere Gegenden führen, wo ihnen die Dünnheit der Bevölkerung oder eine der Bebauung widerstrebende Naturbeschaffenheit des Landes die Behauptung ihrer unstäten Fessellosigkeit gestattet. In Mesopotamien lässt sich das Wachsthum der Cultur in dem mächtigen Netze von Canälen erkennen, welches, hin und wieder noch jetzt sichtbar, das neue Land zwischen dem Euphrat und Tigris von den Kurdischen Gebirgen bis zum Persischen Meerbusen umspannte. Durch gewaltige Steindämme, deren feste Construction dem Sturm der Zeiten getrotzt hat, wurde das Wasser der Ströme in die Canäle hinaufgestaut, und durch die einfachen, noch üblichen Schöpfmaschinen über die Felder verbreitet. Solche Werke der Landescultur waren auch hier die frühen Resultate collectiver Arbeit.

Die Sage verlegt die Gründung der ältesten unter den vielen grossen Städten, deren Spuren sich in der Ueberlieferung und in den gewaltigen Ruinenhügeln des Landes erhalten haben, in die fernste Urzeit, und gewiss mit vollem Recht. In weiten Ebenen, wo keine Naturgränzen die Stämme scheiden und auf bestimmten Gebieten zersplittert erhalten, würden sich kleine Niederlassungen nicht gegen die Nomaden behaupten können, die, gleich dem Könige der Lüfte getrieben von der Raublust und Kampflust,*) stets bereit sind in augenblicklicher Vereinigung über die ackerbauenden Nachbarn herzufallen, welche sie wegen ihrer Arbeit gering schätzen, aber wegen ihrer Wohlhabenheit beneiden. Es finden sich ganz analoge Verhältnisse unter den Kaffern im südlichen Afrika. Hier entstehen nicht selten in wenigen Jahren Städte von zwanzig bis dreissig tausend Einwohnern. Anfänglich werden sie roh und lagerähnlich hergerichtet zur gemeinsamen Behauptung der Landschaft und zur Sicherung der Heerden. Aber wenn ihnen einige Ruhe gegönnt, und der Boden nicht zu schnell durch die schlechte Bewirthschaftung erschöpft wird, verbessern sich bald die Häuser, einige Industrie erwacht, und eine festere Ordnung des bürgerlichen Lebens bildet sich aus. Einer ähnlichen Nothwendigkeit der Dinge verdankten ohne Zweifel die ältesten Mesopotamischen Städte ihren Ursprung. Freilich ward ihnen durch die Gunst der Umstände eine ganz anders fortschreitende Entwickelung zu Theil. Der unerschöpfliche Reichthum des Bodens, die höhere Begabung des Volkes, die mehrere Anregung durch mannigfaltigere Naturproducte und der Ueberfluss an ebenso brauchbarem, als leicht zu bearbeitendem Baumaterial mussten den Niederlassungen bald eine festere und geordnetere Gestaltung verleihen. Sie erwuchsen zu mächtigen Reichen. Sie wurden des Nomadenthums vollständig Herr, wenn dasselbe auch nicht gänzlich verschwand. Wie noch jetzt in Mesopotamien und Persien wandernde Stämme zwischen der ansässigen Bevölkerung ihre umherschweifende Lebensart fortsetzen, und auf bestimmten Weiderevieren der Viehzucht obliegen, so mag es auch im Alterthum gewesen sein. Auf Assyrischen Bildwerken finden sich innerhalb der Städte Zelte mit ihren Bewohnern und deren häuslichen Beschäftigungen dargestellt. Das lässt auf die gelegentliche Anwesenheit von Nomaden schliessen. Aber jedenfalls wurden dieselben der überlegenen Macht der organisirten Reiche völlig

*) Egit amor dapis atque pugnae. Horaz.

unterthan, und ohne Zweifel durch Gewöhnung an die Getraideconsumtion auch wirthschaftlich von der ackerbauenden Bevölkerung abhängig, wenn sie auch durch Räuberei und Empörung bisweilen eine Gefahr für dieselbe wurden.

Waren die ersten grossen Ansiedelungen mehr spontan aus der Natur der Verhältnisse hervorgegangen, so mögen die folgenden in bewusster Absicht nach ihrem Beispiele, oder von ihnen aus durch Colonisation gegründet worden sein, wie ihnen denn vielfach bestimmte, wenn auch mythische Erbauer zugewiesen wurden. Allmälig wurde das ganze Land bis zu den Gebirgsgegenden aufwärts mit zahlreichen und grossen Städten bedeckt, deren Trümmer noch jetzt seine dichte Bevölkerung bezeugen. Als die Niederlassungen zu bedeutendem Umfange herangewachsen waren, als Arbeitstheilung und Industrie sich zu entwickeln begannen, als bürgerliche und staatliche Einrichtungen feste, wirksame Formen annahmen, konnte die Attractionskraft mächtiger Centralpunkte und die Ueberlegenheit einer concentrirten und organisirten Menschenmenge für die Arbeiten des Friedens, wie für Krieg und Eroberung nicht verborgen bleiben. Daher wurde während der Zeiten ihrer selbständigen Politik die Grösse und Festigkeit der Hauptstädte auf das sorgfältigste befördert, und andauernd in einer einzigen Stadt die ganze Kraft der Königreiche concentrirt, als diese schon ihre welthistorische Ausdehnung erlangt hatten. In welchen Verhältnissen zu einander ursprünglich die einzelnen Städte standen, ob es eine Zeit gab, da Stadt und Reich durchgängig identisch waren, das wissen wir nicht. Die Sage betrachtet vom Anfange an wenigstens das südliche Mesopotamien, Babylonien oder Sinaar, als ein einziges Reich unter der Herrschaft Babylons. Wie es als die älteste betrachtet ward, blieb es stets die dominirende Stadt dieses Landestheils, jede politische Bewegung, jeder Versuch die Unabhängigkeit gegen die später herrschenden Völker wieder zu gewinnen, ging lediglich von ihr aus. Sie bewahrte das Gefühl ihrer alten Grösse, die übrigen Städte hatten keine Bedeutung in der politischen

Geschichte. Ihr Besitz entschied über das Schicksal des Landes, und seit Xerxes ihre letzte Auflehnung zerstörend niederwarf, regte sich in der Provinz nichts mehr. An Grösse wurde Babylon unter allen Städten der Welt nur von dem jüngeren Ninive erreicht. Beiden Orten wird der ungeheure Umfang von zwölf deutschen Meilen zugeschrieben (480 Stadien) und die neueren Untersuchungen rechtfertigen diese Angaben vollständig, wenn es auch in Frage gestellt werden kann, ob die Ruinenhügel, welche das alte Ninive bezeichnen, von einer fortlaufenden Umwallung eingeschlossen waren. Die orientalischen Städte pflegten zwar zu allen Zeiten weitläufig gebaut zu werden, ausgedehnte Gärten und unbebaute Ländereien zu enthalten, trotzdem müssen diese Städte von einer gewaltigen Menschenmenge bewohnt gewesen sein.

IX.

Die Entwicklung der beiden Reiche nahm einen verschiedenen Gang. Assyrien überragte das ältere Reich an kriegerischem Glanze, an Dauer und Ausdehnung seiner Herrschaft. Babylonien ward wirthschaftlich und industriell das entwickeltste Binnenland Asiens. Wahrscheinlich schon in älteren Zeiten der Ruhe, jedenfalls während der langen Assyrischen Oberherrschaft, war die kriegerische Thätigkeit zurückgetreten. Das Priesterthum hatte sich kastenmässig abgeschlossen, und unter den friedlicheren Constellationen nahmen Gewerbthätigkeit und Handelsverkehr den Aufschwung, welcher dem natürlichen Reichthum und der günstigen Lage des Gebietes entsprach. Der Getraidebau war seit den grossen Bewässerungsarbeiten eben so ausgedehnt wie lohnend. Palmwein und Datteln, die ein wesentliches Nahrungsmittel in Vorderasien und Nordafrika sind, bildeten einen bedeutenden Handelsartikel. Die Pferdezucht war altberühmt, zur Perserzeit wurden Gestüte von vielen tausend Pferden gehalten. Die Industrie begriff namentlich Webereien in Wolle, Baumwolle und Seide, Färbereien, Metallarbeiten und manche kleinere Luxusgegenstände, wie Stickereien, Schnitzereien in kostbaren Steinen und Elfenbein. Die kunstvollen Teppiche und Gewänder Babylons wurden in die fernsten Gegenden ausgeführt. Die Metalle, deren Verbrauch zu allen Zeiten einen treffenden Maassstab für die Culturzustände der Völker abgiebt, verdienen eine besondere Erwähnung. Das leicht schmelzbare und leicht zu bearbeitende Kupfer findet sich am häufigsten und in grösseren Stücken gediegen vor. Es ist daher überall am frühesten in Gebrauch gekommen, und seine Nutzbarkeit nur selten einem ansässigen Volke unbekannt geblieben. Das Zeitalter der Bronce geht dem eisernen voraus. Verstand man erst das Kupfer zu verarbeiten, so musste man auch bald lernen, es aus Oxyden oder Erzen auszuschmelzen und alsdann diesen Process auf andere Metalle anzuwenden, die selten oder gar nicht in gediegenem Zustande gefunden werden. Nun liegen in den nördlichen Gebirgsgegenden Mesopotamiens noch jetzt ungewöhnlich reiche Kupfer-, Blei- und Eisenerze offen zu Tage. So musste hier leicht die Anregung zum Bau auf verschiedene Metalle entstehen, und vielleicht ist das Eisen nirgends früher verarbeitet worden. Nach der sogenannten statistischen Tafel zu Karnak wurden unter Thutmosis III. etwa um 1600 vor Christus sowohl Metallarbeiten mannichfacher Art, unter anderen kunstreiche Vasen, als auch gusseiserne Barren aus diesen Ländern nach Aegypten gebracht. Das Zinn, welches vor der viel späteren Entdeckung des Zinks ausschliesslich zur Härtung des Kupfers gebraucht wurde, und desshalb in den Zeiten, da die Bronce noch vielfach das Eisen vertreten musste, von besonderer Wichtigkeit war, holten die Babylonier wahrscheinlich zuerst aus Indien; noch das Griechische Wort *κασσίτερος* zeigt den Indischen Namen Kastira; später mochte es ihnen durch die Phönicier aus dem Occident zugeführt werden. Silber findet sich in den Kurdischen Gebirgen. Das Gold, mit welchem Jüdische und Griechische Berichte die Städte Babylon und Ninive in überschwenglichem Maasse ausstatten, musste wohl von aussen her durch Handel oder Raub erworben werden. Die edeln Metalle wurden zwar schon im Alterthum als eine zur Vermittlung des Verkehrs besonders geeignete Waare betrachtet, aber wie es noch jetzt im Orient der Fall ist, waren sie weit mehr ein werthvoller Besitz, ein Gegenstand der Consumtion, als dass sie der Circulation dienten. Sie wurden zu Kunstwerken oder Geräthen des Luxus verarbeitet, massenweise in den Schatzkammern der Könige, in den Tempeln und bei den Vornehmen aufgehäuft, der Umlauf war verhältnissmässig gering. Der bürgerliche Geschäftsverkehr hatte nicht die Ausdehnung und Regsamkeit des Geldes als gewöhnlichen Tauschmitttels zu bedürfen, dagegen fehlte denn auch rückwirkend die grosse fördernde Kraft, welche die Geldcirculation ähnlich den physischen Transportmitteln auf die Production übt, indem sie den Verkehr erleichtert und belebt, den Reichthum disponibel und beweglich macht. Die erste Prägung von Gold wird bald den Babyloniern, bald den Lydern zugeschrieben, aber eine Ausprägung grösserer Münzen scheint vor den goldenen Dareiken des Darius Hystaspis nicht in irgend erheblichem Umfange stattgefunden zu haben. Eine entwickelte Geldwirthschaft entstand erst in den Zeiten der Griechen und Römer. Ueberall wurden zuerst geringe Werthzeichen für den Marktverkehr und die kleinen Geschäfte des täglichen Lebens geschaffen. Der grosse Waarenhandel blieb im Orient weit über die Zeiten des Alterthums hinaus wesentlich ein Tauschhandel. Dabei gewannen die wenigen Centralpunkte des Verkehrs, die Stapelplätze, an denen die Waaren von verschiedenen Ländern her zum Austausch unmittelbar zusammen gebracht wurden, eine besonders weitgreifende Bedeutung. Durch die Gunst seiner Lage in Verbindung mit dem natürlichen Reichthum der Landschaft und der mächtigen Entfaltung seiner eigenen Industrie ward Babylon früh ein solcher Mittelpunkt des internationalen Handels, ein Weltbazar, wo sich die Producte aus den Ländern des Mittelmeers, von den Küsten des Persischen Meerbusens und aus Indien begegneten; man glaubt sogar eine Karavanenverbindung mit China annehmen zu müssen. Allerdings konnten nur Waaren von geringem Volumen und bedeutendem Werth die Kosten eines weiten Landtransportes tragen, und der Handel mit fernen Gegenden beschränkte sich daher vorzugsweise auf Gegenstände des Verbrauchs für die Reichen und Vornehmen, aber für die Kaufleute warf er sehr hohe Gewinne ab. Babylonien genoss ausserdem die Vortheile der Schifffahrt. Euphrat und Tigris haben in hohem Maasse den culturfördernden Charakter, welcher die Flüsse Europas und Nordamerikas auszeichnet, nämlich verschiedene Klimate und Productionskreise zu verbinden. Sie stellten eine Wasserstrasse her, welche die Bauhölzer, Bruchsteine und Erze der nördlichen Gebirgsländer nach Babylonien führte, und seinen Erzeugnissen die Seeverbindung mit den Küsten Persiens, Arabiens und Indiens eröffnete. So ward die Weltstadt Babylon der sprichwörtliche Sitz des Luxus und der Ueppigkeit, die Völkerverderberin, durch deren Künste barbarische Nationen die Kraft der Wildheit verloren ohne die Energie der Arbeit zu gewinnen. „Die Kaufmannsstadt und das Krämerland“ schilt Hesekiel in heiligem Zorn das gottverhasste Babel. Die Fortschritte gewerblicher Entwicklung fanden bei den theologisch-kriegerischen Anschauungen des arbeitsscheuen Alterthums keine Anerkennung. Assyrien ward, als Ninive zerstört und sein politisches Uebergewicht gebrochen war, eine verhältnissmässig unbedeutende Provinz; Babylonien blieb durch seine unerschöpflichen Hülfsquellen das wichtigste Land in der Oekonomie der grossen Reiche, denen es einverleibt wurde. Zur Perserzeit musste es den dritten Theil aller Naturalabgaben des Reiches aufbringen, ausserdem seinem Satrapen täglich eine Artaba voll Silber entrichten (so viel wie ein Berliner Scheffel). Die Stadt Babylon erlitt durch die wiederholten Verwüstungen nach ihren Aufständen einen schweren Stoss, und ihr Seehandel wurde durch die Dämme zerstört, mit denen die Perser bei ihren Belagerungsoperationen den unteren Lauf des Euphrat absperrten. Alexander der Grosse liess sie wegräumen. Als Seleucus seine neue Residenz Seleucia am Tigris gründete, und viele

Einwohner Babylons dahin übersiedeln liess, verödete ein grosser Theil der alten Stadt. Zur Römischen Kaiserzeit verfiel sie allmälig ganz und gar; dem heiligen Hieronymus ward erzählt, dass in ihren Mauern ein Wildpark für die Persischen Könige angelegt sei. Aber ein Hauptsitz der orientalischen Reiche blieb stets in der Nähe. An die Stelle Seleucias trat unter den Parthern und Neu-Persern Ktesiphon. Die Araber erbauten erst Kufah, dann Bagdad, während die Ruinen des alten Babylon immer noch als Steinbrüche benutzt wurden. Erst von der Zerstörungswuth der Mongolen hat sich unter der Türkischen Missregierung das verwüstete Mesopotamien nicht wieder erholen können.

X.

Von den westlichen Völkern wurden in älterer Zeit die Bewohner Mesopotamiens gemeinschaftlich Chaldäer genannt, dieser Name aber auch nicht selten den Angehörigen einzelner Landschaften beigelegt, so dass unter den Chaldäern bald vorzugsweise die Babylonier, bald im Gegensatze zu ihnen die nördlicheren Stämme namentlich der Gebirgsgegenden zu verstehen sind. In den letzteren haben sich noch jetzt die Reste des alten Volkes erhalten, obwohl, wie die Kurdischen Sprachen darthun, stark mit Persischen Elementen vermischt. Erst zur Römerzeit wurden die Babylonischen Priester, welche damals den Occident allein interessirten, schlechthin als Chaldäer bezeichnet. Eine einheimische Benennung der Priesterkaste ist dies nie gewesen. Vielleicht hiessen die Priester hier ursprünglich Magier. Wenigstens erscheint beim Jeremias, also vor der Perserzeit, im Babylonischen Heere ein Oberster der Magier (רַב מָג) und da unter den Iranischen Völkern zuerst nur die Meder, die nächsten Nachbaren und langjährigen Unterthanen Assyriens, ihre Priester Magier nannten, während sie bei den Persern erst durch Cyrus eingeführt wurden, und in den Zendschriften gar nicht vorkommen, scheint es fast, dass die Arier den Namen ihrer berühmten Priesterkaste von den Mesopotamiern oder Assyriern angenommen haben. In Babylon bewohnte die Priesterschaft einen besonderen Stadttheil Borsippa, sich auch räumlich von dem übrigen Volke scheidend.

Nach der Angabe des Babylonischen Priesters Berosus, der gleich dem Aegyptischen Manetho im dritten Jahrhundert vor Christus die Geschichte seines Volkes für die Griechen schrieb, folgte auf die sündfluthliche Dynastie des Xisuthrus eine Medische-Eroberung, die er an den Namen des Zoroaster knüpft. An ein organisirtes Iranisches Reich ist allerdings in diesen Zeiten nicht zu denken, aber ein Einfall Arischer Stämme in Mesopotamien bei dem Vorwärtsdrängen nach Westen ist sehr wohl möglich, und eine früheste historische Erinnerung an dieses Ereigniss kann um so eher zugegeben werden, da die Wiederherstellung der einheimischen Herrschaft beim Berosus ungefähr mit der Zeit zusammenfällt, bis zu welcher nach Kallisthenes die astronomischen Aufzeichnungen der Chaldäer hinaufreichten, etwa 2200 vor Christus. Einige Jahrhunderte später mag die Gründung Ninives stattgefunden haben. Sie würde auf 1900 fallen, wenn die Angabe des Ktesias, dass die Stadt 1300 Jahre bestanden, richtig ist, und wir an die Stelle seiner falschen Berechnung das wirkliche Jahr der Zerstörung 606 vor Christus setzen. Diese Zeitbestimmung erscheint durchaus wahrscheinlich; Rawlinson berechnet nach den Daten einer Assyrischen Urkunde die Erbauung eines dortigen Tempels auf das achtzehnte Jahrhundert, und im siebzehnten oder sechszehnten kommen die Namen Assyrier und Ninive auf Aegyptischen Inschriften unzweifelhaft vor. Wenn dagegen Manetho berichtete, dass schon die Hyksos in Aegypten durch Assyrische Waffen bedroht worden, so wird entweder eine der häufig stattfindenden Verwechslungen Assyriens und Babyloniens vorliegen, oder nur ganz allgemein an ein Nachdringen östlicherer Semitischer Stämme zu denken sein. Sehr verschieden von der Gründung der Stadt ist der Beginn der Assyrischen Oberherrschaft in Asien. Herodot giebt ihre Dauer auf 520 Jahre an; ebenso lange, 526 Jahre, herrschten nach Berosus die Assyrischen Könige über Babylonien. Danach lässt sich die Epoche der Eroberungen ungefähr bestimmen. Wir haben nämlich ein feststehendes Jahr, die Aera des Nabonassar, 747 vor Christus. Nun lässt sich zwar bei sorgfältiger Vergleichung der vorhandenen Data nicht annehmen, dass Babylon gerade in diesem Jahre seine Selbständigkeit wiedergewonnen; vielmehr bezeichnet dasselbe zunächst nur eine astronomische Epoche, die Einführung des beweglichen Sonnenjahrs. Aber unzweifelhaft war Babylon damals unabhängig, seit welcher Zeit, das lässt sich bis jetzt nicht entscheiden, sehr lange scheint es indessen nicht gewesen zu sein. Nehmen wir danach an, dass sich die Babylonier, und gleichzeitig die Meder einige Jahre oder Jahrzehnte vor 747 von der Fremdherrschaft befreieten, so können wir unter Hinzurechnung obiger 526 Jahre den Anfang der grossen Assyrischen Machtentfaltung gegen 1300 vor Christus setzen. Etwa zwei Menschenalter früher waren noch die Chaldäer die dominirende Macht in diesen Gegenden, wie die Feldzüge und Verträge des grossen Ramses beweisen.

Ninive war die nördlichste unter den grossen Semitischen Niederlassungen und die einzige am östlichen Ufer des Tigris. Diese Lage rechtfertigt wohl die Vermuthung, dass hier von Mesopotamien aus planmässig eine starke Colonie gegründet worden um die kriegerischen Bergvölker des Nordens im Zaume zu halten, und ein Bollwerk gegen die zurückgeworfenen Arier im Osten zu bilden. Jedenfalls hätte es einer solchen Absicht trefflich entsprochen. Weniger reich als das üppige Babylonien war die bergige Landschaft Assyrien immer fruchtbar genug einer ziemlich bedeutenden Bevölkerung auf verhältnissmässig engem Raume die Existenzmittel zu gewähren. Ueberlegene Mittel der Cultur und der Organisation hatte sie aus der alten Heimath überkommen. Aber es bedurfte einer kräftigen Concentration und beständiger Kriegsbereitschaft um diese Ueberlegenheit dauernd gegen streitlustige Nachbaren zu behaupten, die ihre

Tapferkeit und ihren Unabhängigkeitssinn zu allen Zeiten bewährt haben. Diesen Verhältnissen müssen wir es zuschreiben, dass Ninive allmälig zu einer weitherrschenden Macht erstarkte, die ihren politischen und kriegerischen Glanz über ein halbes Jahrtausend erhalten hat. Rom selbst hat der Zeit nach kaum mehr geleistet.

XI.

Die alte Fabel, dass Ninus und Semiramis die Stadt Ninive erbauet, und sofort durch ihre Eroberungen das Weltreich in seiner weitesten Ausdehnung gegründet, dass dasselbe unter schwachen und weichlichen Nachfolgern viele Jahrhunderte fortvegetirt und endlich unter Sardanapal ein Ende mit Schrecken genommen habe, lässt sich jetzt urkundlich widerlegen. Sie beruht auf der allgemeinen Sitte der orientalischen Phantasie einzelne mythische oder historische Namen, die auf irgend eine Weise durch geschichtliche Bedeutung, durch Dichtung, zuweilen durch reines Missverständniss in den Mund des Volkes gekommen, herauszugreifen und mit den Thaten oder Ereignissen der verschiedensten Zeiten in Zusammenhang zu bringen. Wir finden diese Sitte gleichmässig bei Persern, Juden und Arabern, im höchsten Alterthum wie in neuester Zeit. Gewöhnlich werden die bevorzugten Personen zugleich Helden, Gesetzgeber, Gründer von Städten und Denkmälern und mächtige Zauberer. Namentlich fehlt das letzte Attribut ihrer Grösse nicht leicht. Solche im Orient berühmte Namen sind Dschemschid, Rustem, Zoroaster, Nimrod, Nebukadnezar, Ahasverus, Salomo, Alexander der Grosse. Zu ihnen gehört vorzugsweise die Semiramis. Wie dem mythischen Dschemschid die Paläste des Darius und Xerxes zu Persepolis, dem Helden Rustem Bildwerke der Sassaniden, dem König Salomo die Stadt Ekbatana und das Grab des Cyrus, so werden der Semiramis die Städte und Canäle Babyloniens, die hängenden Gärten des Nebukadnezar, die Sculpturen und Inschriften des Darius am Felsen von Behistun (*ὄρος Βαγίσταvον* des Diodor) zugeschrieben, auf sie die Kriege und Eroberungen des ganzen Assyrischen Reiches übertragen. Ninus ist die Personification Ninives, in welcher die Gründung der Stadt und die Ausdehnung des Reiches combinirt ward. Seine Gattin Semiramis aber, entweder selbst die Göttin, oder nach der Griechischen Ausschmückung die Tochter der Göttin Derceto, war die göttliche Stammmutter der berühmten Dynastie der Dercetaden, die seit den Zeiten des beginnenden Glanzes bis um die Mitte des achten Jahrhunderts über Assyrien herrschte. Eine Königin Semiramis kennt Herodot nur fünf Menschenalter vor Nebukadnezar, und weiss nicht eben viel von ihr zu sagen. Ihr Name Samuramit hat sich in der That auf mehreren Inschriften zu Nimrud neben dem letzten Könige des Dercetadengeschlechts gefunden, den Rawlinson irrig Phallutha lesen und nach der Englischen Marotte überall biblische Namen zu finden mit Phul identificiren will. Sie lebte also in der ersten Hälfte des achten Jahrhunderts, und war die Gemahlin des letzten, nicht des ersten Königs der älteren Assyrischen Dynastie. Die historische Existenz einer anderen Semiramis muss durchaus bestritten werden.

Die Macht Ninives ist nicht an einem Tage aufgeschossen, sondern unter langen Anstrengungen sehr allmälig herangewachsen; darum hat sie von dem starken, kampfgestählten Centrum aus ungewöhnlich feste Wurzeln geschlagen. Nach den Angaben über die selbständigen Könige von Babylon und nach den Aegyptischen Urkunden bestand Assyrien Jahrhunderte lang neben anderen Staaten, bis um oder bald nach 1300 die Periode der Eroberungen begann. Seine Herrschaft erstreckte sich seitdem regelmässig über das ganze Mesopotamien und einen Theil Armeniens. Kriegerische Expeditionen wurden bald auch in fernere Gegenden unternommen. Ein König, der dem elften Jahrhundert angehören mag, rühmt sich vom Persischen bis zum Mittelländischen Meere zu herrschen, und spätere Inschriften gedenken der Eroberungszüge früherer Könige, aber an eine dauernde und geordnete Regierung ausserhalb der Gränzen Assyriens, Mesopotamiens und Armeniens ist für die älteren Zeiten gewiss nicht zu denken. Selbst das Abhängigkeitsverhältniss dieser Länder erscheint ziemlich lose. Denn während sich die Beherrscher Assyriens in den Aufzählungen ihrer Titel Könige von Babylonien (Sincar) und Armenien (Hurarda oder Hurasda) nannten, mussten sehr häufig Feldzüge dahin unternommen werden um Aufstände niederzuwerfen oder Tribute zu erheben. Und doch war die Unterthänigkeit der benachbarten Mesopotamischen und Armenischen Bergvölker um der eigenen Sicherheit willen durchaus nothwendig, wie denn auch die Assyrischen Heere ohne Zweifel aus diesen streitbaren Stämmen ergänzt wurden, und die regelmässige Herrschaft über die Ebenen und die Städte Mesopotamiens wegen ihrer reichen Hülfsquellen von so hohem, unverkennbarem Werthe, dass ihre Erhaltung der Ausgangspunkt der elementarsten Politik sein musste. Darüber hinaus können in den früheren Jahrhunderten nur grossartige Raubzüge angenommen werden. Noch später hat die Art und Weise, wie die Assyrier ihre Herrschaft wenigstens über entlegenere Länder übten, grosse Achnlichkeit mit dem Verfahren, welches in kleinerem Maassstabe von den Aschantis in Guinea berichtet wird, ehe die Engländer ihre Macht brachen; durch straffere Concentration den vereinzelten Nachbaren überlegen, liessen sie in den bezwungenen Landschaften einheimische Fürsten bestehen, und begnügten sich Tribute zu erheben, deren gewaltsame Beitreibung, so wie häufige Aufstände immer Gelegenheit boten ihre Heere in Uebung zu halten und zu bereichern. Ebenso wiederholen sich in den Assyrischen Annalen beständige Feldzüge gegen dieselben Völker und Städte. Diese werden sich grossentheils keineswegs als Unterthanen betrachtet, sondern nur der unmittelbaren Bedrängniss zugestanden, als Raub und Brandschatzung angesehen haben, was die Sieger als Tribut bezeichneten. Die Verhältnisse waren schwankend, abhängige und unabhängige Gebiete lagen durcheinander, und das Anerkenntniss der fremden Oberherrschaft richtete sich meistens nach der augenblicklichen Machtentfaltung, um so mehr, da nach Ausweis der königlichen Kriegsberichte die Heereszüge in der Regel nicht von langer Dauer waren, und daher eine Stadt von bedeutenden Vertheidigungsmitteln auch einem überlegenen Feinde gegenüber immer hoffen konnte eine Belagerung auszuhalten. In späterer Zeit wurde allerdings die Eroberungspolitik vervollkommnet; es wurden hin und wieder Besatzungen eingelegt, Städte erbauet, Assyrische Colonien gegründet um die Unterwürfigkeit eroberter Länder zu sichern, widerspenstige Bevölkerungen oder die vornehmeren Classen derselben aus der Heimath weggeführt, und in fernen Gegenden angesiedelt. Aber zu einer geordneten Verwaltung kam es nie. Die einzelnen Länder wurden sich selbst überlassen, gewöhnlich in der Ausdehnung, die sie vor der Einverleibung in das Reich gehabt hatten, von Unterkönigen regiert, welche zuweilen Assyrier und Angehörige des Königs waren, wie Sanherib nach der Wiederbezwingung Babylons dort seinen Sohn einsetzte, häufiger indessen eingeborne Fürsten. Die wirkliche Reichsgewalt beruhte in jedem Augenblick auf der Energie, mit welcher sie von dem Centralpunkte aus geltend gemacht wurde. Bei zeitweiser Erschlaffung waren die Unterthanen stets bereit sie in Frage zu stellen. Der Krieg war zum guten Theil Selbstzweck, und nicht bloss in der Theorie der Hauptgesichtspunkt der Politik. Wie er den Neigungen des Volkes entsprach, seinen Ehrgeiz und seine Habsucht befriedigte, so war er in der That nothwendig um das Uebergewicht der Assyrischen Heere durch stete Uebung zu erhalten. Daher wurden immer fernere Länder in den Kreis der Angriffe gezogen. Ausserdem mussten sich die Assyrischen Waffen selbst in den bestbezwungenen Provinzen häufig zeigen um den Gehorsam zu sichern oder wiederherzustellen.

XII.

Schon aus den früheren Zeiten haben sich eine Menge beschriebener Cylinder und Tafeln erhalten, gleichsam ein steinernes Archiv, aus dem sich vielleicht die Namen der

Könige und der von ihnen unterworfenen oder bekämpften Völker ziemlich vollständig werden entziffern lassen. Die ältesten ausgegrabenen Prachtbauten gehören zweien Königen an, deren lange Regierungen den höchsten Glanz des Reiches bezeichnen, und etwa um 900 vor Christus begonnen haben mögen. Der erste von ihnen ist Sardanapal, auf den Inschriften wird sein Name meistens Assardonpal gelesen, Assar, der höchste Herr, von Oppert: Assariddannupalla, das hiesse: Assar hat einen Sohn geschenkt. Er erbaute den nordwestlichen Palast zu Nimrud, am Einflusse des oberen Zab in den Tigris, wo lange Reihen von Bildwerken seine Kriegsthaten darstellen, und neben einer zusammenhängenden Beschreibung seiner Unternehmungen zahllos wiederholte Inschriften seine Titel, seine Vorfahren und seine Götter, die unterworfenen Völker und ihre Tribute herzählen. Hier werden sowohl Länder östlich vom Tigris, wie westlich vom Euphrat „bis nach Aegypten" aufgeführt. Er soll auch Kleinasien erobert haben, wo sich sein Name besonders erhielt. Vielleicht ist die Verbindung der Lydischen Herakliden mit Ninive auf ihn zu beziehen. Ein Denkmal von ihm, welches freilich Berosus dem Sanherib zugeschrieben haben soll, wurde den Macedoniern in Cilicien gezeigt mit der oft citirten Inschrift: Sardanapal, Sohn des Anakyndaraxos, baute Tarsus und Anchiala an einem Tage, nun ist er todt. Eine spätere Version setzt noch einige Zeilen hinzu, ungefähr des Inhalts, aimons et jouissons et faisons bonne chère. Sein Palast in Ninive ist nicht wie die übrigen durch Feuer zerstört, und die vortreffliche Erhaltung jener Sculpturen veranlasste die Vermuthung, dass er plötzlich und absichtlich verschüttet worden; daneben erhob sich eine mächtige Pyramide, deren Steine den Namen seines Sohnes tragen. Man ist versucht hier die Sage Diodors wieder zu erkennen, dass Semiramis den Ninus in seinem Palaste begraben und einen gewaltigen Hügel über ihm aufgeschüttet habe. Unglaublich erscheint ein solches Beginnen keineswegs; dazu hielt es seit der Zeit Sardanapals jeder bedeutende König für nöthig einen neuen

Prachtbau aufzuführen. Seinen Sohn hat Rawlinson anfänglich Temenbar, später Divanubara gelesen; auch letzterer Name erscheint bedenklich, mag indessen einstweilen zu seiner Bezeichnung dienen. Er hat den Palast in der Mitte des Ruinenhügels von Nimrud erbaut, und dort mehrmals eine chronologische Beschreibung seiner Thaten hinterlassen, die auf einem Basalt-Obelisk ein und dreissig Regierungsjahre umfasst. Alljährlich wiederholen sich Feldzüge, die der König bald persönlich, bald durch seine Feldherrn ausführte. Er eroberte Medien und Persien, und wenn in den Kämpfen mit den alten Iranischen Feinden die Assyrischen Waffen bis nach Bactrien und an die Grenzen Indiens getragen worden, wie die Griechen wiederum vom Ninus und der Semiramis berichten, so wird es unter diesem Könige gewesen sein. Denn auf seinen Denkmälern erscheinen zweihöckrige bactrische Kameele, der Indische Elephant, das Rhinoceros und fremdartig aussehende Menschen mit verschiedenen Affen. Die Phönicischen Städte, an ihrer Spitze Tyrus, waren ihm wie seinem Vater tributpflichtig. Viele andere Namen sind noch zweifelhaft. Wiederholte und hartnäckige Kriege wurden gegen die Könige von Hamath und ihre Verbündeten in Syrien geführt. Im sechsten Regierungsjahre erschlug ihnen Divanubara „durch die Gnade Assars, des grossen Gottes" in einer Hauptschlacht 20,500 Krieger, fünf Jahre später standen sie ihm schon wieder gegenüber. Ohne die Assyrischen Berichte würden wir gar nicht wissen, dass hier eine so bedeutende Macht bestanden. Erst Salmanassar (Sargana) eroberte die Stadt Hamath. Daneben wurden gelegentlich auch die alten Provinzen Armenien und Babylonien heimgesucht, und aus allen Gegenden grosse Beute von Menschen und Reichthümern nach Assyrien geschleppt.

Mit diesen beiden gewaltigen Fürsten erlosch die Thatkraft, zwar nicht des Volkes, aber des alten Königsgeschlechts. Es folgten noch drei oder vier Könige, zuletzt der erwähnte Gemahl der Semiramis, unter denen das Reich verfiel. Gegen die Mitte des achten Jahrhunderts machte sich Medien unabhängig, Babylon befreite sich von dem fünfhundertjährigen Joche, und bald darauf wurde die Dynastie der Dercetaden auch in Ninive selbst gestürzt. Von einem Angriff der bisherigen Unterthanen auf die Stadt, oder gar einer Zerstörung Ninives ist bei dieser Katastrophe nicht die Rede.

XIII.

Das Haupt der neuen Regentenfamilie war Sargana, beim Jesaias Sargon, sonst von den Juden Salmanassar genannt, was ein Beiname gewesen sein mag, und vielleicht „Oberherr von Assyrien" bedeutet. Dass er kein legitimer Nachfolger der früheren Könige war, giebt er selbst zu erkennen, indem er gegen die unwandelbare Sitte auf seinen Prunkinschriften nicht seinen Vater und Grossvater nennt, obwohl er gelegentlich im Allgemeinen von „den Königen meinen Vätern" spricht. Auch verlegte er seine Residenz vom Süden nach dem Nordosten Ninive's, jetzt Korsabad, wo er sich einen grossen Palast erbaute. Eine alte Arabische Geographie kennt die Ruinen von Korsabad noch unter dem Namen Sargon. Die kriegerische Tüchtigkeit und die überlegene Macht des Volkes war so wenig geschwunden, dass nur eine kräftige Hand die Zügel zu ergreifen brauchte, um den Glanz des Reiches vollkommen wiederherzustellen. Sargana unterwarf Armenien und Mesopotamien, wo sich nur in dem südlichsten Theil Babyloniens ein unabhängiger König erhalten zu haben scheint, besiegte die Meder, eroberte Susiana, brachte Syrien wieder in Abhängigkeit, nahm Hamath und Samaria ein, machte die Phönicischen Städte tributpflichtig, und unternahm mit ihren Hülfsmitteln einen Raubzug nach Cypern, wo ein Standbild von ihm gefunden ist, wie es die Assyrischen Könige in eroberten Städten aufzurichten pflegten. Mit der gleichen Energie führten seine nächsten Nachfolger Sanherib und Assarhaddon die Regierung. Nach Osten gewannen die Unternehmungen nicht wieder die Ausdehnung, welche sie zur Zeit Divanubara's gehabt hatten; hier mochte die allmälig besser zusammengefasste Macht der Meder zu einem unübersteiglichen Hinderniss erstarkt sein, dagegen scheint im Süden und Westen die Assyrische Herrschaft stetiger und regelmässiger geübt zu sein, wie im alten Reiche. Sanherib bezwang den Rest Mesopotamiens, warf eine Empörung seines eigenen Statthalters in Babylon nieder, brandschatzte Jerusalem, drang in Kleinasien ein. Die Verluste, welche er nach Jüdischen und Aegyptischen Berichten nicht durch die Tapferkeit dieser Völker, sondern durch das Einschreiten ihrer Götter in Syrien erlitt, änderten nichts in der Machtstellung des Reiches. Er ward von zweien seiner Söhne ermordet, und von dem dritten Assarhaddon, bis dahin Unterkönig in Babylon, gerächt. Sanherib führte die umfangreichsten aller Assyrischen Bauten zu Kujundschik aus. Assarhaddon, der letzte König, dessen Monumente bedeutende Kriegsthaten aufweisen, kehrte zu dem Sitze der früheren Dynastie zurück, und errichtete zu Nimrud seinen Palast grossentheils aus dem Material der älteren Gebäude. Mit diesen drei Herrschern erlosch auch in dem Hause Sarganas der Unternehmungsgeist. Auf Assarhaddon folgten nacheinander seine zwei Söhne, Sammuges und Sardanapal. Die gewöhnliche Ueberlieferung schloss mit dem bekannten Namen des letzteren die Geschichte Assyriens ab, in der That folgte noch die zwanzigjährige Regierung seines Sohnes, den ein Fragment des Abydenus Saracus nennt; die Assyrische Form des Namens könnte etwa Assarakha gelautet haben. Unter ihnen begann die Auflösung des Reiches, die Provinzen fielen ab, die Meder gingen zum Angriff über, der allerdings noch unter Sardanapal kräftig zurückgewiesen wurde. Dann trat ein Ereigniss ein, welches ohne Zweifel durch die Zerrüttung der Assyrischen Macht möglich geworden war, und ihren Untergang beschleunigte, die erste historisch beglaubigte Ueberschwemmung des vordern Asiens durch Scythische Völkerschaften, die erst nach länger als zwanzig Jahren aufgerieben oder vertrieben wurden. Inzwischen hatte Nabopolassar in Babylon eine bedeutende Macht gegründet. Nach der Niederlage der Scythen schritten er und sein Sohn Nebukadnezar, vereinigt mit dem medischen Könige Cyaxares — Huwakschatra nennt ihn die persische Keilschrift — zum entscheidenden Angriff auf das verhasste Ninive. In den Jahrhunderten der Assyrischen Kriege hatten die oft besiegten Völker endlich gelernt, ihre Kräfte zu sammeln und zu organisiren. Wie einst die Assyrier die Semitischen Völker, so hatten allmälig die Meder die Iranischen unter ihrer Hegemonie vereinigt. Sie konnten weit überlegene Streitkräfte gegen die Stadt führen, die jetzt gänzlich auf ihre eigenen Mittel beschränkt war. Dennoch unterlag sie erst nach langem und tapferem Widerstande. Die Israeliten werden nicht allein über ihren Fall gefrohlockt haben. Sie hatte sich lange mit dem Raube der Nationen bereichert, ihr Bestehen wäre eine Drohung und eine Gefahr geblieben. Darum ward sie von den Siegern vollständig vernichtet. Die Einwohner, welche die Katastrophe überlebten, wurden in Dörfer zerstreut. Die Paläste Sarganas und seiner Nachfolger tragen noch unter dem Sande der Wüste die Spuren des Feuers, durch welches sie zerstört wurden. „Assur war wie ein Cedernbaum auf dem Libanon, und höher geworden, denn alle Bäume auf dem Felde. Alle Völker wohnten unter seinem Schatten, und war ihm kein Baum gleich im Garten Gottes. Aber sein Herz erhob sich, dass er so hoch war. Darum musste er hinunter fahren in die Hölle. Die Völker erschraken, da sie ihn hörten fallen. Wer ist jemals so stille geworden?"

Mit dem Untergange der einstigen Beherrscherin waren für die Semitischen Länder überhaupt die Tage der politischen Grösse gezählt. Die Meder erbten mit der Landschaft Assyrien die Herrschaft über die engverbundenen Bergvölker Mesopotamiens und Armeniens, und dehnten sich bis an den Halys in Kleinasien aus. Das ebene Mesopotamien kehrte unter die Herrschaft Babylons zurück. Nebukadnezar unterwarf ganz Syrien, zerstörte Jerusalem und Tyrus, schlug die Aegypter. Die Babylonische Macht war nie so glänzend gewesen; aber sie war an diesen einzigen Namen geknüpft. Es war keine nachhaltige, ausgebildete Kraft, die sich unter einer schwächeren Hand erhalten, und in Zeiten der Gefahr wieder aufgerafft hätte. Wenige Jahrzehnte nach Nebukadnezars Tode ward die Stadt und ihr Reich ein Raub der Perser. „Ein Verächter wider den anderen, ein Zerstörer über den anderen.“

XIV.

Von den Gesetzen, den ethischen Begriffen, den bürgerlichen Einrichtungen, von der gewerblichen Oekonomie und dem häuslichen Leben dieser Völker wissen wir gar nichts. Die fragmentarischen Berichte der Juden und Griechen haben allerdings in unseren Tagen durch die Entdeckung der zahllosen Assyrischen Sculpturen eine reiche Ergänzung erhalten, aber wie die Geschichte und Litteratur des Alterthums überhaupt wenig Sinn hatte für die regelmässigen, aber unscheinbaren Verhältnisse, welche das Leben der Meisten bedingen und ihm seinen Charakter aufdrücken, so waren auch die idealen Darstellungen der Kunst lediglich den beiden Kreisen gewidmet, welche allein der Aufmerksamkeit würdig gehalten und als Gegenstände edler Thätigkeit betrachtet wurden, der Religion und dem Kriege, und mit ihnen dem höchsten Träger dieser grossen Lebensinteressen, dem Könige mit seinen Umgebungen und Beschäftigungen. Nur nebenher können wir aus dem Detail der Bildwerke die Resultate entnehmen, welche die Industrie in verschiedenen Zweigen geliefert hat. Mit diesen Abbildungen stimmen sowohl die Ueberreste Assyrischer Geräthschaften überein, wie der hohe Ruhm, dessen die Erzeugnisse babylonischen Kunstfleisses im Alterthum genossen. Wir sehen Mobilien, Hausgeräth, Vasen und sonstige Gefässe, Pferdegeschirr, Waffen, Kleider und Vorhänge eben so reich als geschmackvoll gearbeitet, gleich zierlich in den Formen und in den Ornamenten, mögen diese in Stickereien oder in getriebenem Metall ausgeführt sein. Kunst und Handwerk gingen in einander über, wie dies immer vorzugsweise der Fall zu sein pflegt, wenn sich zwar mit der fortschreitenden Arbeitstheilung besondere gewerbtreibende Klassen gebildet haben, ihre Thätigkeit aber nur in sehr beschränkten Kreisen in Anspruch genommen wird. So lange ihre Erzeugnisse wesentlich Luxusartikel sind, kommen Menge und Wohlfeilheit der Waaren weniger in Betracht. Solche Zustände sind der künstlerischen Vollendung und Schönheit der Arbeit günstig. Beiden Anforderungen zugleich wissen erst sehr entwickelte Zeiten der Gewerbthätigkeit zu genügen. In diesen Ländern beweist schon die Pracht und nothwendige Kostbarkeit der Producte, dass die Industrie fast ausschliesslich der beschränkten Zahl der Vornehmen und Reichen diente, nicht den gewöhnlichen Lebensbedürfnissen der Menge. Die weit überwiegende Mehrzahl der Bevölkerung hatte in ihrer orientalischen Genügsamkeit weder die Erzeugnisse technischen Kunstfleisses nöthig, noch konnte sie dieselben bezahlen. Es fehlte die vorwärts treibende Kraft, welche die wirthschaftlichen Bedürfnisse entfalten, wenn sie sich eines Volkes in weiterem Umfange bemächtigen. In Assyrien wurde ohne Zweifel viel durch Sclaven oder Fremde gearbeitet, da die Sclaverei während der langen glücklichen Kriege eine bedeutende Ausdehnung erlangen musste, und da wir wissen, dass sie fremde Handwerker, namentlich Waffenschmiede nach Ninive mitzuführen pflegten.

Von den Künsten gediehen Architectur und Sculptur zu hoher Entwicklung. Beide müssen als reine Töchter des Landes betrachtet werden. Die Baukunst war völlig durch das von der Natur dargebotene Material bedingt. Die Ebenen des Euphrat und Tigris bestehen aus so thonhaltigem Boden, dass sich überall Ziegelsteine in unbegränzten Massen anfertigen liessen, die für solidere Arbeit gebrannt, fast nur an der Sonne getrocknet, und durch das eben so reichlich vorhandene Erdpech trefflich verbunden wurden. Für kleine Dimensionen wendete man Gewölbe an, in grösseren wurde die Bedachung aus Holzwerk hergestellt. Diese Backsteinbauten liessen sich freilich in Pracht und Erhabenheit nicht mit den Werken der Aegypter vergleichen, aber massenhaft genug ward auch hier gebaut; zuerst ohne Zweifel in Babylonien. Die gewaltigen Mauern der Mesopotamischen Städte waren noch die Bewunderung später Zeiten. In dem Priesterquartier Babylons erhob sich die ungeheure, von dem Belustempel gekrönte Stufenpyramide, deren ruinenhafter Zustand die Sage vom Thurmbau und seiner göttlichen Zerstörung veranlasste. Erst Nebukadnezar vollendete das Werk. Man kann noch die Trümmer seines Ausbaus an den Stempeln der Ziegel von den alten, inschriftlichen Steinen des Unterbaus unterscheiden. Die Reste ähnlicher, kleinerer Pyramiden finden sich zahlreich in den Babylonischen Städteruinen. Manche Reisende haben die Vermuthung ausgesprochen, dass ihre Absätze den Priestern zum Schlafen in der Sommerhitze dienten, da die Sitte jener Gegenden in alter und neuer Zeit hohe Ruheplätze sucht, um dem Ungeziefer und den Dünsten der niederen Luftschicht zu entgehen. Der ursprüngliche Gedanke war gewiss ein religiöser, den Göttern Wohnungen zu errichten, die ihrem eigentlichen Sitze, dem Himmel näher waren, ebenso wie bei den gleichen Stufenpyramiden der Völker Centralamerikas. In Assyrien kommt diese älteste Bauart nicht vor. Dagegen ist der Schmuck der Babylonischen Architectur erst aus Ninive entlehnt. Die Bildnisse im Belustempel, deren Berosus, und die Jagdbilder, deren Diodor gedacht, entsprechen ganz den Assyrischen Sculpturen, und gehören erst der Zeit Nebukadnezars an. Auf keinem Denkmal der Stadt hat sich ein früherer Name gefunden. Eine von Rawlinson entdeckte Inschrift erwähnt, ganz entsprechend einer Notiz beim Josephus, der Vollendung des Baaltempels, der Mauern, einer Wasserleitung, des neuen Palastes und der hängenden Gärten, als von ihm ausgeführt. Er konnte mit Recht von dem prächtigen Babel sprechen, welches er erbaut. Man hat übrigens bemerkt, dass das Mauerwerk des Tempels solider und von besserem Material ist, als das des königlichen Palastes; die Priester liessen sich Zeit, der König hatte Eile, sein Werk fertig zu sehen.

XV.

Wie die Pracht Babylons dem Nebukadnezar, so gehörten die hervorragenden Bauwerke Ninives den mächtigen Kriegsfürsten von Sardanapal bis auf Assarhaddon an, ein Zeichen, dass regelmässig die im Kriege gewonnenen Kräfte, also wohl vornehmlich Sclavenarbeit, zu den grossen Bauten verwendet wurden. Der Styl der Assyrischen Paläste blieb stets derselbe. Man errichtete zuerst eine Terrasse oder Plattform von Backsteinen, dreissig bis vierzig Fuss hoch, und darauf führte man eine labyrinthische Menge von Sälen und Zimmern auf, zum Theil sehr lang, aber verhältnissmässig schmal, und mit sehr dicken Mauern. Die Säulen, von denen die Zimmerdecken getragen sein müssen, scheinen meist von Holz, allenfalls mit Metall bekleidet gewesen zu sein, doch sind auch Reste steinerner Säulen gefunden worden, und auf Architecturbildern kommen Säulen vor, die vollständig das Gepräge der sogenannten Jonischen Säulenordnung tragen. Ihre seltene Verwendung erklärt sich aus dem Mangel qualificirten Gesteins. Der untere Theil der Wände wurde mit grossen Platten von den weichen, leicht zu bearbeitenden Kalksteinarten der Assyrischen Gebirge bekleidet, und mit Reliefs geschmückt, deren Reihe im Palaste zu Kujundschik den Raum einer halben deutschen Meile einnimmt, obwohl erst ein Theil des ungeheuren Gebäudes durchforscht worden ist. Ueber den Platten waren die Wände bunt, zum Theil mit farbigen oder emaillirten Ziegeln belegt, zum Theil mit Gyps überzogen, worauf Ornamente von höchst eleganten Mustern gemalt wurden. Die Reliefs stellen die Kriegsthaten der Könige, Triumphe, Huldigungen, Jagden, Feste, Processionen, und namentlich in endloser Wiederholung religiöse Personen, Symbole und Ceremonien dar. Die Portale werden regelmässig von colossalen Thiergestalten, aufrecht stehenden Löwen oder Stieren mit Menschenköpfen und Flügeln, gebildet; unter den religiösen Wanddarstellungen spielen geflügelte und zum Theil adlerköpfige, menschliche Figuren eine Hauptrolle.

Das sind die Bildnisse und Symbole, von denen Hesekiel spricht, und die in die christliche Symbolik übergegangen sind.

Wir besitzen keine Monumente, die über Sardanapal, also etwa 900 vor Christus, hinaufreichen. Aber hier treten sie gleich mit solchem Glanz und solcher Vollendung auf, dass wir nothwendig eine vorhergehende, längere Entwicklung einheimischer Kunst annehmen müssen, wenn nicht die plötzliche Uebertragung einer ausgebildeten fremden Kunst vorausgesetzt werden sollte, wofür es an jeder Spur fehlt. Namentlich muss eine erhebliche Einwirkung Aegyptischer Kunst, an die allein gedacht werden könnte, entschieden in Abrede gestellt werden. Die Assyrischen Bildwerke, sowohl einzelne Figuren, wie grössere Compositionen zeigen in Styl und Behandlung, in Haupt- und Nebensachen einen so gänzlich verschiedenen Charakter, dass der ungeübteste Beschauer nie darauf verfallen wird, sie mit Aegyptischen zu verwechseln. Einzelne Unvollkommenheiten, wie der Mangel an Perspective und relativem Verhältniss, die vollen Augen in Profilbildern und dergleichen mehr, sind allen anfänglichen Kunstübungen gemeinsam, und können nichts für einen wirklichen Zusammenhang beweisen. Erst in den Gebäuden der letzten Dynastie haben sich allerlei kleine Gegenstände Aegyptischen Ursprungs gefunden, und mit dem dadurch bekundeten näheren Verkehr sind einige Specialitäten herüber genommen; so ist in diesen späteren Palästen häufig der Lotos als Ornament gebraucht, es finden sich liegende Sphinxe und den Aegyptischen gleiche Käferabbildungen, was früher nicht vorkommt. Aber darauf beschränkt sich die erkennbare Einwirkung. In allem Wesentlichen haben die neueren Monumente ganz den Charakter der älteren behalten. In den drei Jahrhunderten, aus denen sich Assyrische Denkmäler erhalten haben, sind manche Aenderungen eingetreten, sowohl in äusserlichen Dingen, in Waffen und Kleidern, in Wagen und Geschirr, in Zierrathen, in Formen der Schrift, wie in den religiösen Emblemen und Symbolen, und in manchen Sitten und Gebräuchen. Seit dem Beginn der letzten Dynastie gewinnt ein früher nicht vorkommender Feuerdienst bedeutende Ausdehnung; seine Ceremonien finden sich häufig abgebildet, und Feueraltäre wurden in den Palästen aufgestellt. Auch in der Kunst machen sich einzelne Modificationen geltend; die Reliefiguren treten in der späteren Zeit mehr aus der Fläche hervor, die Platten sind meist grösser, den geschichtlichen Darstellungen werden regelmässig Erklärungen beigefügt. Doch zeigen sich im Ganzen mehr Schwankungen der Technik, indem die Ausführung zuweilen sorgfältiger, zuweilen flüchtiger, die Behandlung bald freier und naturgetreuer, bald mehr conventionell ist, als dass sich irgend wesentliche Fortschritte, oder ein erheblicher Verfall in der Kunstthätigkeit wahrnehmen liessen. Zu allen Zeiten wussten die Assyrischen Künstler sowohl die Handlungen in der Hauptsache, als die Nebenumstände und Localverhältnisse deutlich und charakteristisch darzustellen.

XVI.

Dass ausser der Theologie und der theologisch gefärbten Astronomie irgend eine Wissenschaft cultivirt wäre, davon haben wir keine Kunde. Selbst die Babylonische Priesterkaste übte nicht einmal die Arzneiwissenschaft aus. Wie weit esoterische Lehren die kosmogonischen und mythologischen Dichtungen vertieften, lässt sich nicht bestimmen, die Darstellungen und Inschriften religiösen Inhalts bezeugen nur die beständige Anwendung von Ritualien und gottesdienstlichen Gebräuchen, welche alle Handlungen, Ereignisse und Pflichten des Lebens in unauflösliche Verbindung mit der Religion brachten, und ihrem Einflusse unterwarfen. Die religiöse Beziehung fehlt nirgends, weder bei alltäglichen Verrichtungen, noch bei den höchsten Interessen des staatlichen Lebens. Die mystischen Speculationen, welche im Römischen Reiche den Ruhm der Chaldäischen Weisheit begründeten, verdanken ihre Entwickelung wahrscheinlich einer späteren Zeit und der Vermischung mit den Systemen der Iranischen Magier. Einer eigentlichen Litteratur und ihrer ausgebreiteten lebendigen Wirksamkeit stand schon die schwerfällige Schrift und ihr steinernes Material hemmend entgegen, welche für höhere Gegenstände religiös festgehalten wurden, als für die vorübergehenden Zwecke des Lebens bereits Cursivschrift und Papier oder Leder in Gebrauch gekommen waren. Noch der vorletzte König Sardanapal gründete in Ninive eine thönerne Bibliothek, wie eine Tafel besagt, zur Erleichterung der Kenntniss der Religion. Darunter haben sich neben theologischen eine Menge Stücke grammatischen Inhalts gefunden, Sylbenverzeichnisse, Wort- und Zeichen-Erklärungen, die für die Entzifferung der Keilschrift von grosser Wichtigkeit sind. Auch Sprache und Schrift waren Theile der Glaubenslehre, die Grammatik ein Dogma. Wie unbeweglich dabei Sprache und Styl wurden, zeigen die stereotypen Wendungen der Inschriften. Noch die Assyrischen Versionen in der Felseninschrift des Darius bedienen sich fast ganz derselben Ausdrücke, in denen vierhundert Jahre früher Sardanapal und Divanubara von ihren Thaten erzählten.

Die höchste nationale Institution, das Königthum, war auch vorzugsweise mit religiöser Weihe bekleidet. Wie sich in ihm alle Macht und Herrlichkeit des Volkes concentrirte, so stand der König unter dem unmittelbarsten göttlichen Schutze, er repräsentirte die Gottheit auf Erden, und vertrat zugleich als der eigentliche Hohepriester das Volk vor der Gottheit. Göttliche Symbole und Attribute schweben über seinem Haupte, seine Kleider, Waffen, Geräthe, alle seine Umgebungen sind mit ihnen geschmückt, göttliche Gestalten dienen ihm, oder umstehen ihn bei Vornahme heiliger Handlungen. Sein Palast ist zugleich der Tempel, erfüllt von Götterbildern, Altären und heiligen Emblemen. Zahllose Inschriften bekunden seinen Eifer und seine Verdienste um die Religion. Die bedeutungsvollsten Ceremonien nimmt er selbst vor, aber nur vor den höchsten Erscheinungen des Göttlichen, vor der geflügelten Figur im Kreise, die als Bild Gottes zu den Persern überging, oder vor dem heiligen Baume, welcher das uralte, weitverbreitete Symbol für die innere Lebenskraft der schaffenden Natur ist. Bei den Indern und Persern ist es der Baum, aus welchem der lebendige Saft des Weltalls, Soma oder Haoma quillt; im Paradiese der Genesis finden wir ihn als den Baum des Lebens wieder; in den Syrischen und Kleinasiatischen Mysterien spielte er eine wichtige Rolle, und ward zu Zeiten unter grosser Feierlichkeit in den Tempel der Göttermutter gebracht. Eine so selbständige Macht wie in den Kastenstaaten haben die Priester offenbar neben den Assyrischen Fürsten nicht behauptet. Wie auf der einen Seite der König selbst die priesterlichen Functionen übt, so ist auf der anderen seine Umgebung nicht die priesterliche der Inder und Aegypter. In seinem Palaste waren dem absoluten, durch keine priesterliche Gesetzgebung und keine feste Ständeordnung gebundenen Herrscher die nächsten seine Sclaven, die ihm in Aegypten gar nicht nahen durften. Die orientalische Etiquette und Serailsregierung erscheint in Ninive vollständig ausgebildet, wie ihre Formen nicht nur in die folgenden Reiche übergegangen sind, sondern sich wesentlich bis auf den heutigen Tag erhalten haben. Dass Sclaven und Hausbeamte hier die wichtigsten Personen wurden, beweisen namentlich die Eunuchen, die auf den Assyrischen Bildwerken zahlreich und in hervorragender Stellung auftreten. Ursprünglich zur Bewachung der Frauen bestimmt, wurden sie in Krieg und Frieden die beständigen und nächsten Gefährten der Könige. Sie erscheinen nicht nur als die vornehmsten Hofbeamten, sondern sind auch ausgezeichnete Krieger, Befehlshaber in den Heeren, Aufseher über Tribute und Beute, Schreiber des Königs und mithandelnde Theilnehmer an gottesdienstlichen Ceremonien. Wenn wir sehen, wie die Könige sie fortdauernd und vorzugsweise zu Organen ihrer Regierung machten, lässt sich vermuthen, dass hierbei die politische Absicht obwaltete, dem Einflusse mächtiger Familien und dem Streben der geistlichen und weltlichen Grossen nach der Erblichmachung von Aemtern und Würden entgegen zu wirken.

Von einer regelmässigen Sorge des Königs für die Hand-

28*

habung von Recht und Gesetz, wie sie ihm die geistigere, mehr auf die moralische Ordnung gewendete Theorie der Kastenstaaten zur Hauptpflicht macht, findet sich hier nichts. Geschriebene Gesetze scheint es nicht in erheblichem Umfange gegeben zu haben; die Rechtsprechung wurde wahrscheinlich in kleineren Gemeinschaften nach Sitte und Herkommen geübt. Die Mächtigen und in höchster Instanz die Könige werden gelegentlich nach Willkür oder Bedürfniss eingegriffen haben, um Unrecht gut zu machen oder Unterdrückung abzuwenden; das ist im Orient zu allen Zeiten den Herrschern zum Ruhme gerechnet worden. Und sowohl in einzelnen Fällen, wie durch gegebene Beispiele verschafft das formlose, oft gewaltthätige und leidenschaftliche, aber doch uninteressirte Einschreiten einer ferner stehenden, höheren Macht, welches freilich in fester geordneten Zuständen eine unerträgliche Tyrannei sein würde, dem Recht des Schwachen Geltung gegen den Missbrauch der Gewalt. Die beständige Sorgfalt einer thätigen Regierung war nur auf zwei in engster Verbindung stehende Punkte gerichtet, auf die Erhebung der Abgaben oder Tribute, und auf den Krieg. In den grossen orientalischen Reichen pflegte das herrschende Volk steuerfrei zu sein; es wurden wohl den Königen Geschenke gebracht, es waren Dienste mancher Art zu leisten; vor allem lag ihm ja, wenn nicht ausschliesslich, doch vorzugsweise das Recht und die Pflicht der Kriegführung ob, aber eigentliche Abgaben wurden nicht entrichtet. Das war die Sache der besiegten und eroberten Länder. Diese mussten liefern, was sie Nützliches oder Kostbares zum Unterhalt und zum Luxus der Sieger beschaffen konnten. Das erobernde Volk zahlte keine Tribute, sondern erhob sie. Der Krieg durfte ihm nur Blut kosten, Schätze musste er ihm einbringen. Das grosse Gewicht, welches in Bildern und Inschriften auf Abgaben und Beute gelegt wird, die Kriegszüge, welche lediglich um ihrer willen unternommen wurden, die Brandschatzungen der unterwürfigen, die rücksichtslosen Plünderungen der widerspenstigen Städte beweisen, dass die für das Persische Reich constatirte Vertheilung der Lasten schon im Assyrischen hergebracht war. Nur war die Erhebung der Abgaben hier unregelmässiger, gewaltthätiger und roher. Sie erforderte fast überall zu ihrer Durchführung eine Armee, und diese sammelte Beute oder Steuer so gut für sich selbst, wie für den König.

XVII.

Das Assyrische Heerwesen erscheint wohl geordnet; bis auf die Griechische Zeit hat die Kriegführung im Orient kaum Fortschritte darüber hinaus gemacht. So wenig zuverlässig die Zahlenangaben sind, so ist es doch nach den Griechischen und Jüdischen Berichten, nach den Abbildungen und Inschriften der königlichen Paläste, und nach den gewaltigen Erfolgen der Assyrischen Waffen augenscheinlich, dass die Kriege mit grossen Massen geführt wurden. Man verstand mächtige Heere zu organisiren und zu bewegen, ungeheuere Märsche auszuführen, weit entlegene Länder zu erreichen. Das haben allerdings auch rohe Völker zu verschiedenen Zeiten sehr schnell gelernt, und in massenhafter Vereinigung unter besonderen Verhältnissen oder hervorragender Leitung mit vollendeter Missachtung des Menschenlebens staunenswerthe Resultate errungen, aber den augenblicklichen Erfolgen pflegte ein rascher Verfall zu folgen. Nur eine kräftige Ordnung und durchgebildete Tüchtigkeit vermag bei einem civilisirten Volke die Gewohnheit grosser kriegerischer Anstrengungen während einer langen Reihe von Jahrhunderten zu erhalten. Selbst bei unläugbarer Tapferkeit und guter körperlicher Uebung der Einzelnen ist die taktische Ausbildung der Truppen für das Massengefecht im Orient stets auf einer sehr unvollkommenen Stufe stehen geblieben, und höchstens durch enthusiastischen Ungestüm im Angriff ersetzt worden. Wenn man indessen die zuweilen auf den Monumenten vorkommende Ordnung der gesonderten Schlachthaufen und die gute Bewaffnung der Assyrier mit den Beschreibungen der Persischen Heere vergleicht, so scheinen jene auch in der Taktik und namentlich in der Befähigung für den entscheidenden Kampf in unmittelbarer Nähe keineswegs zurückgestanden zu haben. Trugen auch nur die vornehmeren Krieger vollständige Panzerhemden, deren eiserne Schuppen auf Zeug oder an Kupferbändern befestigt wurden, so waren doch auch die übrigen mit guten Schutzwaffen, namentlich durchgängig mit metallenen Helmen versehen. Als deckende Bekleidung scheint vielfach Leder verwendet zu sein. Selbst die Kleider und Waffen der gewöhnlichen Krieger waren nicht ohne Schmuck und Zierlichkeit, die der Vornehmen prachtvoll und künstlerisch gearbeitet. Es gab verschiedene Truppenkörper, Streitwagen, die vornehmste Waffe, Reiterei, Bogenschützen, Lanzenträger und Schleuderer. Die streitbare Macht ward von einem nicht minder zahlreichen Tross begleitet. Auf den weiten Märschen zum Theil durch öde Landstriche musste Proviant und Material aller Art mitgeführt werden. Könige und Grosse durften den üblichen Luxus und die gewohnte Umgebung nicht entbehren. Bei den häufig dargestellten Flussübergängen wurden vornehme Personen und Heergeräth auf Böten übergesetzt; die Pferde wurden einfach in das Wasser getrieben, die Menge der Krieger schwamm mit Hülfe aufgeblasener Schläuche hindurch. Besonders entwickelt zeigt sich die Belagerungskunst, die allein im Stande war, ernstliche Erfolge zu sichern. Denn wenn eine Feldschlacht nicht zu wagen, oder verloren war, überliess man das offne Land dem Feinde, und suchte sich nur in den grossen, festen Städten zu behaupten. Die Darstellungen der Assyrischen Denkmäler bestätigen und ergänzen das Bild, welches die Hebräischen Schriften von den Belagerungen entwerfen. Die Städte wurden mit Umwallungen eingeschlossen, Dämme gegen die Mauern aufgeschüttet, Sturmböcke und bewegliche Thürme heran gebracht, Schleudermaschinen aufgestellt. Wurden die Sturmleitern angelegt, so suchten Bogenschützen, von Schildträgern gedeckt, die Besatzung von den Mauern zu vertreiben; Reserven wurden zur Deckung gegen Ausfälle aufgestellt. Während des Sturmes pflegen verzweifelnde, um Gnade flehende Gestalten auf den Thürmen der Stadt zu erscheinen. Aber Milde ward selten geübt. Der gewaltsamen Einnahme folgten Plünderung und Gemetzel, zum Theil auch geregelte Executionen mit Enthauptungen, Pfählungen und anderen Martern. Schaaren von Menschen wurden mit anderer Beute abgeführt, und häufig die eroberten Städte dem Erdboden gleich gemacht. Wenn die Belagerungen wohl ausgerüsteter Plätze sich zuweilen Jahre lang hinzogen, musste durch die grossen Heere der Angreifer Elend und Verödung weit und breit über das Land gebracht werden. Auch die Sieger müssen in langwierigen Kriegen bei den weiten Entfernungen, dem Mangel an Strassen, den Schwierigkeiten der Verpflegung, ohne irgend eine ärztliche Fürsorge, ganz abgesehen von Gefechten und Stürmen, lediglich durch Anstrengungen, Hunger und Seuchen ungeheuere Menschenverluste erlitten haben. Bedenken wir, wie selbst bei den Anstalten und Hülfsmitteln unserer Tage eine Armee durch einen Feldzug decimirt wird, wie die Napoleonischen Kriegsjahre die normalen Bevölkerungsverhältnisse Frankreichs auf mehr als ein Menschenalter hinaus zerrüttet und verschoben haben, so lässt sich nicht bezweifeln, dass die beständigen, grausamen und verheerenden Kriege jener Zeiten auf die wirthschaftlichen und sittlichen Zustände der Völker den entscheidendsten Einfluss geübt haben. Sie haben die Feindseligkeit nationaler Gegensätze zu der grimmigen Inhumanität gesteigert, die sich in der Kriegführung der Assyrier und in den Schriften der Israeliten ausspricht; sie haben durch das fortdauernde Uebergewicht der kriegerischen Neigung und Thätigkeit die wissenschaftliche Entwicklung überall, die industrielle nur nicht bei den wenigen Völkern zurückgedrängt, die sich wie die Phönicier und Babylonier regelmässig dem politischen Ehrgeize verschlossen; sie haben ein mächtiges Correctiv gegen das natürliche Wachsthum der Bevölkerung auf dem reichen, ergiebigen Boden gebildet; sie haben der Sclaverei und der Polygamie eine grosse Ausdehnung gegeben. Die Zeitgenossen bezeichnen ausdrücklich den gewaltsamen Tod so vieler Männer als Ursache der zunehmenden Vielweiberei; Jesaias schildert, wie nach verwüstendem Kriege sieben Jungfrauen einen Mann angehen; sie versprachen sich selbst zu nähren und zu kleiden, nur dass er ihnen seinen Namen gebe, und sie von der Schmach der Ledigkeit erlöse. Die Hebräischen Propheten malen mit ergreifenden Farben den Jammer, die Noth und die Grausamkeit dieser furchtbaren Kriege. Am höchsten schienen die Gräuel der Verwüstung um das Ende der Assyrischen Herrschaft zu steigen, als vor den Augen der bestürzten Welt die gewaltigsten und berühmtesten Städte untergingen, als im Laufe weniger Jahre das gefürchtete Ninive, das reiche Tyrus, das heilige Jerusalem der gleichen Zerstörung erlagen. Nach solcher Zerrüttung gab die Herrschaft der Perser dem erschöpften Orient Frieden.

Die Iranier.

XVIII.

Die westarischen oder iranischen Völker nahmen nach ihrer Ausbreitung in den Anfängen der Geschichte das Land Iran ungefähr in seiner heutigen Ausdehnung ein, von den Gebirgszügen, welche die Indusländer gegen Westen abschliessen, bis gegen den Tigris hin. Nur im Norden erstreckten sie sich über die Gränzen des jetzigen Iran hinaus; altarische Landschaften, wie Sogdiana und Hyrkanien lagen grossentheils in Gebieten, die jetzt als turanische bezeichnet werden, in Khiva und Bukhara. Die iranischen Arier scheinen sich nicht wie die indischen unter dem Namen der Arier (Arja) gemeinschaftlich begriffen zu haben. Doch finden sich vielfach entsprechende Formen. In den heiligen Schriften bedeutet Airja ehrwürdig oder trefflich, und Airjana das erstgeschaffene, heilige Land, dessen Umfang und Lage nicht näher bestimmt wird, Anairja dagegen schlechte, von Ahriman geschaffene Dinge überhaupt und dann besonders nichtarische Länder; das Volk wird einfach als das Volk Gottes bezeichnet. Die Armenier nannten die Meder Ari oder Arikh, woraus das heutige Irak geworden ist, Strabo die östlichen Landschaften, Baktrien und Sogdiana, Ariana. Bei einzelnen Stämmen, den Ariern und den Arimaspen, welche Herodot unter die Scythen versetzt und in einer seiner unglücklichen Etymologien zu Einäugigen macht, Diodor aber mit Zoroaster in Verbindung bringt und damit als Stammgenossen der

Baktrier bezeichnet, ward das Wort zum speciellen Volksnamen. Auch die Meder nannten sich nach Herodot in alten Zeiten Arier. Dieser Benennung entsprechend beweisen viele übereinstimmende Namen, Sagen, religiöse Gebräuche und Anschauungen, die nahe Verwandtschaft der Sprachen, namentlich des älteren Dialekts der sogenannten Zendsprache mit dem ältesten, vedischen Sanskrit, unzweifelhaft, dass die indischen und iranischen Arier von gemeinschaftlichen Ursprüngen ausgegangen und bis zu einer gewissen Stufe der Entwicklung mit einander fortgeschritten sind. Die indische Ueberlieferung erkannte auch diese Verwandtschaft an, indem sie die Baktrer (Bahlika) ihre Brüder verlassend, von Indien auswandern liess.

Das Gefühl nationaler Zusammengehörigkeit entwickelte sich bei den iranischen Völkern erst spät und in geringem Maasse. Die politische Verbindung blieb selbst im persischen Reiche sehr äusserlich. Die weite Erstreckung des Landes, Gebirge und Wüsten hielten die einzelnen Völkerschaften getrennt, die meisten sogar lange Zeit in kleine Stämme zersplittert. Namentlich schieden die Steppen, welche sich südlich vom Oxus, jetzt Amu Deria, im Westen Baktriens ausdehnen, und die grosse Salzwüste, welche sich östlich von Medien im Norden Persiens hinzieht, wesentlich die östlichen und westlichen Landschaften. Doch bildeten Sprache, Religion und Sitte die dauernde Grundlage eines nationalen Zusammenhanges. Fast gleichsprachig*) nennt Strabo die Meder und Perser mit den Baktrern und Sogdianern; und die Vergleichung der altpersischen Sprache auf den Denkmälern der Achämeniden mit den Zendschriften bestätigt sein Urtheil. Die Ausbildung und Verbreitung der gemeinsamen Religion ging von dem östlichen Ursitze des Volkes aus. Auch hier machten sich Unterschiede und Gegensätze geltend. Die Griechen berichten von den Persern mancherlei Gebräuche und Handlungen, die mit den Grundsätzen sowohl, wie mit

---

*) ὁμόγλωττοι παρὰ μικρόν.

speciellen Vorschriften der iranischen Offenbarung in directem Widerspruch stehen; und schon die heiligen Schriften bezeichnen gelegentlich die medische Stadt Rhagä als Sitz „des schlechten, übergrossen Zweifels", oder klagen, dass z. B. in Arrachosien das heilige Feuer durch Verbrennung der Todten verunreinigt werde. Indessen erweisen solche Rügen selbst, dass man doch die irrenden Stämme als Mitglieder der grossen Gemeinde des auserwählten Volkes betrachtete. Und gerade die wesentliche Uebereinstimmung der religiösen Anschauungen, der theoretischen Grundlagen des Lebens, war es, welche die iranischen Völker, wo immer ein regeres Leben, ein höheres, über das vegetirende Dasein hinausreichendes Bewusstsein erwachte, als eine geschlossene Familie constituirte, und sie sich allen übrigen Nationen, als Verehrern falscher Götter, des Ahriman und seiner Devs, und als Verächtern des reinen Gesetzes, gegenüber stellen machte. Die anderen Völker wurden unter dem Namen der Turanier zusammen geworfen, und diese Benennung vorzugsweise auf die Erbfeinde angewendet, die Reitervölker überwiegend mongolischer Rasse, welche die Gränzen der Baktrer und Sogdianer im Norden und Osten umschwärmten und beständig zu überschreiten strebten. Die wechselvollen Kämpfe mit den Turaniern von den Urzeiten her erfüllen die sagenhaften Ueberlieferungen des arischen Stammes, welche durchaus den östlichen Landschaften angehören, und hier noch von Firdusi für sein grosses Heldengedicht gesammelt wurden. Wenn einzelne Namen und Begebenheiten der westlichen Länder in diese Legenden Eingang fanden, so wurden sie doch gänzlich entstellt, aus dem geschichtlichen Zusammenhange gerissen, in andere Zeiten und Localitäten versetzt. Eine Deutung der Völkernamen ist in solchen Fällen eben so unmöglich, wie überhaupt die iranischen Sagen für eine Herstellung der älteren oder späteren Geschichte völlig unbrauchbar sind. Schon die Art und Weise, wie die wenigen Angaben der alten heiligen Schriften über Ereignisse der Urzeit in der späteren Dichtung ausgeführt und umgestaltet worden, macht das klar. Wie das Alterthum des Volkes von der Phantasie der Folgezeit aufgefasst worden, mag man aus der persischen Litteratur entnehmen, für eine historische Darstellung ist sie werthlos. Eine zusammenhängende Geschichte beginnt erst mit dem Reiche der Perser; aus der Vorzeit besitzen wir nur einzelne, zerstreuete Andeutungen.

XIX.

Wenn auch in den Zeiten, da diese Völker ihre weltgeschichtlichen Thaten vollbrachten, die menschlichen Rassen bei weitem nicht so gemischt waren, wie es namentlich im vorderen Asien seit den mongolischen Invasionen sowohl der Hunnen und Türken, wie der eigentlichen Mongolen geschehen ist, so dürfen wir uns doch die alte Bevölkerung Irans nicht gar zu gleichartig und reinen Blutes denken. Wie unter den benachbarten Scythen — die Perser nannten sie Saker — ohne Rücksicht auf Abstammung und Verwandtschaft, vielmehr nach den Wohnsitzen und der nomadischen, vorwiegend auf der Pferdezucht beruhenden Lebensart tatarische und indogermanische Volksstämme begriffen wurden, so fanden sich auch in den iranischen Ländern von Alters her Stämme mongolischer Herkunft, sei es, dass sie schon vor den Ariern in den Steppen umherschweiften, oder dass sie später aus dem Norden einwanderten. Und da die zweite, zwischen der persischen und babylonischen stehende Sprache, deren sich die Achämeniden schon von Cyrus an auf ihren Denkmälern bedienten, nach den Untersuchungen Haugs und Opperts entweder tatarisch ist, oder doch überwiegend tatarische Elemente enthält, müssen sie hier eine bedeutende Rolle gespielt haben. Zu den Mischvölkern arischer und tatarischer Rasse scheinen die Parther gehört zu haben. Dass Justin sie als ausgewanderte Scythen bezeichnet, würde nicht viel beweisen, da eben unter den Scythen auch indogermanische Völker aufgeführt werden, wie die Massageten, die nach des Cassius Dio und Ammianus ausdrücklicher Versicherung mit den Alanen ihrer Zeit identisch sind;*) wenn er aber angiebt, dass die Sprache der Parther aus der medischen und scythischen gemischt war, so kann bei diesem Gegensatze unter scythisch nur tatarisch verstanden werden, und wir können daher die tatarischen Keilschriften der persischen Könige namentlich auch auf die Parther beziehen. Eine andere folgenreiche Mischung, nämlich des arischen und semitischen Stammes ging im Westen vor sich. In Susiana (Elam oder Elymais), östlich vom unteren Tigris, wohnten unter den Iraniern zahlreiche Semiten, vielleicht von den ältesten Niederlassungen her, oder in Folge der dauernden und innigen Verbindung dieser Provinz mit dem assyrischen Reiche, welche aus den vielen, den mesopotamischen gleichen Ruinenhügeln und vorpersischen Keilinschriften erhellt. Durch die persische Herrschaft vorbereitet, erstreckte sich diese Mischung auch über das südliche Mesopotamien, als unter den parthischen und neupersischen Königen der Schwerpunkt der iranischen Reiche in diese blühenden, gewerbthätigen Gegenden fiel. Ihnen gehören die Pehlewisprachen an, die sich in mehrfachen Idiomen aus dem Zusammenwachsen semitischer und persischer Sprachelemente bildeten. Bei dem wirthschaftlichen Uebergewicht dieser Provinzen und dem dauernden Aufenthalte der Regenten in denselben scheint das Pehlewi unter den Arsaciden und Sassaniden zur officiellen Sprache geworden zu sein, und eine besondere Bedeutung erhielt es dadurch, dass die iranischen Religionsschriften darin übersetzt oder paraphrasirt wurden, und dass in Folge davon, da die alte Zendsprache fast ganz in Vergessenheit gerathen, kaum noch einzelnen Gelehrten verständlich war, die Pehlewischriften zu kanonischem Ansehn und zur allgemeinsten Verbreitung in der iranischen Litteratur gelangten. Aber die Annahme, dass das Pehlewi in den eigentlich arischen Ländern an die Stelle des Altpersischen und des Zend getreten wäre, ist unstatthaft. Vielmehr entstanden hier aus dem gramma-

*) Massagetae, quos Alanos nunc appellamus.

tischen Verfall der alten, formenreichen und consequent ausgebildeten Sprachen die verschiedenen Dialekte des Parsi, welche zwar den iranischen Bestandtheilen des Pehlewi entsprachen, aber keineswegs seine semitischen Elemente aufnahmen. Erst seit der mohamedanischen Zeit sind in das Neupersische semitische, nämlich arabische Worte in grosser Fülle übergegangen. Mit der allmäligen Mischung der Völker, mit der sprachlichen und politischen Einwirkung ging Hand in Hand der weitreichende Einfluss, welchen die iranischen Religionsvorstellungen auf das westliche Asien und später selbst auf die occidentale Welt geübt haben, wie umgekehrt die politischen Organisationen, die Kunst und Industrie der semitischen Völker, namentlich der Assyrier, in hohem Grade die Entwicklung der iranischen Länder bestimmt haben. Aber die ältere Bildung und Religion Irans müssen wir als reines Erzeugniss des arischen Stammes betrachten.

XX.

Da nicht nur unsere Kenntniss des ausgebildeten Religionssystems, sondern auch Alles, was wir von den frühesten Denkversuchen und Zuständen der iranischen Völker wissen, wesentlich auf den heiligen Schriften beruht, die den Namen Zoroasters tragen, so ist es nöthig zuerst auf diese einen Blick zu werfen. Die alten Religionsbücher, deren erhaltene Ueberreste Anquetil du Perron um 1770 nach Europa brachte, pflegen Zendavestâ, ihre Sprache Zend, der spätere Parsidialekt Pazend genannt zu werden. Die Parsen sagen Avesta und Zend. Die unrichtige Form Zendavesta rührt von den Mohamedanern her, doch bemerkte der arabische Encyclopädist Masudi im zehnten Jahrhundert nach Christus richtig, dass Zend Erklärung und Pazend weitere Auslegung des Avesta bedeute. Avesta heisst unmittelbares Wesen oder göttliche Offenbarung, Zend Erklärung, und Pazend Gegenerklärung oder weitere Auslegung. Diese Ausdrücke bezeichneten also verschiedene Bestandtheile der heiligen Schriften, die dessen ungeachtet von der inconsequenten Tradition in ihrer Gesammtheit wieder als unmittelbar dem Zoroaster offenbart betrachtet wurden. Nach persischen und griechischen Berichten waren sie sehr umfangreich. Hermippus von Smyrna, der um 250 vor Christus über die Lehre der Magier schrieb, gab an, dass Zoroaster zwei Millionen Zeilen verfasst habe, das wären etwa hundert Octavbände. Ein altes Verzeichniss der Parsen giebt den Inhalt von 21 Büchern, Nosk oder Naçka, an. Danach handelten sie von der Glaubenslehre im weitesten Umfange, von Gott, guten und bösen Geistern, der Welt, den Menschen und ihrer Zukunft, enthielten das Ceremoniell und Ritual nebst Gebeten und Lobgesängen, erzählten die Geschichte Zoroasters und der Einführung seiner Lehre, umfassten die Sittenlehre nebst bürgerlichen Gesetzen, Recht und Staatsverfassung, beschäftigten sich auch mit den positiven Wissenschaften, der Astronomie oder Astrologie, der Physiologie und der Medicin. Von allen Büchern ist nur der Vendidad einigermassen in der alten Gestalt erhalten, ausserdem einige Sammlungen von Gebeten und Hymnen zum Gottesdienste, unter denen das Ipeschne oder Yaçna die bedeutendste ist, und einige Fragmente. Die Sage berichtet, dass die Bücher von Alexander dem Grossen verbrannt, und theils aus dem Gedächtniss wieder hergestellt, theils unter den Sassaniden wieder aufgefunden seien; sie scheinen indessen zu den Zeiten der griechischen und parthischen Herrschaft vorhanden gewesen zu sein. Es ist aber klar, dass eine so grosse Sammlung sich schwer erhalten konnte, als sie mit dem Verfall des Reiches grossentheils ihre Bedeutung verlor, als die Zahl der Gläubigen und die Macht des Priesterthums mehr und mehr zusammenschwand, und als selbst ihre Sprache vergessen ward. Man beschränkte sich sehr natürlich auf einige, für das religiöse Leben und den Gottesdienst besonders wichtige Stücke, und behalf sich im Uebrigen mit späteren Bearbeitungen oder Auszügen. Unter diesen ist der im Pehlewi geschriebene Bundehesch von besonderer Wichtigkeit, weil er eine vollständige Glaubenslehre enthält; nach manchen Spuren wird angenommen, dass er aus einer Zendschrift übersetzt worden. Die Pehlewibearbeitung gehört der Sassanidenzeit an, der Schluss ist erst in der arabischen Zeit hinzugefügt. Inwieweit dieses und andere spätere Werke mit den ursprünglichen heiligen Schriften übereinstimmen, oder von ihnen abgewichen sind, lässt sich meistens nicht mit Sicherheit beurtheilen, weil die letzteren zu unvollkommen erhalten sind. Manche Erzählungen sowie Dogmen sind offenbar erheblich umgestaltet oder weiter ausgebildet, wenn auch bei weitem nicht in dem Grade, wie es mit einzelnen Personen oder Begebenheiten der Urschriften in den neupersischen Dichtungen vom Schahnameh an bis in die letzten Jahrhunderte herein geschehen ist. Anquetil du Perron gab die Zendschriften nach der Erklärungsweise der jetzigen Parsen und ihrer Paraphrasen ohne Kenntniss der Sprache wieder; eine gründliche philologische Bearbeitung des Urtextes hat erst in neueren Zeiten namentlich durch Burnouf und Lassen begonnen.

Die ältesten Erinnerungen und Anschauungen scheinen ein Gemeingut der iranischen Stämme gewesen und von den einzelnen bei der Ausbreitung des Volkes aus den gemeinschaftlichen Ursitzen in die neuere Heimath mitgebracht zu sein. Sie betrachteten sich nicht als Autochthonen auf dem Boden, den sie bewohnten, sondern bewahrten das Gedächtniss an alte Wanderungen, fortschreitende Ausdehnung, allmäligen Uebergang vom Nomadenthum zu festen Wohnplätzen. Die Perser gaben noch zur Zeit des Ammianus Marcellinus an, dass sie einst Scythen gewesen, das heisst der Lebensart nach, also ein Wandervolk. Die Sage knüpfte die frühen Wanderungen und Niederlassungen des Volkes an den Namen des Dschamschid. Durch Verfolgungen der bösen Geister genöthigt, von allerlei Uebeln befallen, musste das Volk des Ormuzd einen gottgewiesenen Ort nach dem andern verlassen, bis es sich in den iranischen Landen festsetzte. Dschamschid durchzog die bis dahin öden Gegenden, „erfüllte sie mit Menschen, Thieren des Hauses und Feldes, mit fruchttragenden Bäumen und rothglänzenden Feuern“. Mit seinem goldenen Dolche spaltete er das Erdreich, den Feldbau einzuführen, legte Städte, Burgen und Strassen an. Es war ein goldenes Zeitalter. Was Dschamschid befahl, das geschah, ihm und seinem Volke war ein langes Leben gegeben, „das Land war lieblich, vortrefflich und sehr rein", die Menschen waren gut und unschuldig, die Jugend voll Ehrfurcht und Bescheidenheit, „Niemand befahl mit Härte, kein Bettler war, kein Betrüger, der zum Dienste der Dews verführte, kein Feind im Finstern, kein grausamer Plager der Menschen". Nach dem Vendidad sollte Dschamschid bereits das spätere Gesetz in seiner Vollkommenheit einführen, fühlte sich aber zu schwach dazu, und daher ward die neue Offenbarung Zoroasters nothwendig. Die Folgezeit schmückte sein Leben mit zahllosen Legenden aus, legte ihm Thaten und Schicksale später Zeiten bei, liess ihn endlich nach tausendjähriger Herrschaft übermüthig von Gott abfallen und daher unglücklich enden, gegen das ausdrückliche Zeugniss des Vendidad, wo Ormuzd spricht: Dschamschid war rein vor mir, und: gross war Dschamschids heiliger Feruer. Die alte Tradition der heiligen Schriften kennt ihn nur in allgemeinen Zügen als ersten Ordner des Lebens, der Religion und der Sitte. Dschamschid oder Jima, Viwanghwats Sohn, entspricht dem indischen Todtenrichter Jama, verbunden mit seinem Bruder, dem Gesetzgeber Manu, den Söhnen Vivasvats (ein Name der Sonne). Die iranische Sage hat den Manu beseitigt, seinen Namen aber in dem Menschen, Mashja oder Maskja, erhalten, was gleich dem Sanskritschen Manushja den Manuiden, Sohn des Manu, bezeichnet.

Wenn die Zendsage schon die verschiedenen Landschaften Irans durch Dschamschid in Besitz nehmen liess, und die neupersische Dichtung das Land ihrer Helden wie ein Reich darstellt, so ist doch an eine politische Einheit der iranischen Völker im hohen Alterthum nicht zu denken. Sie bildeten gleich den indischen Ariern eine Menge grösserer und kleinerer Gemeinwesen, und blieben in den meisten Gegenden lange Zeit sowohl in der staatlichen Organisation, wie in jeder Art der Cultur auf einer niedrigen Stufe der Entwicklung stehen, in einfachen Verhältnissen nach Beschaffenheit ihres Bodens Ackerbau oder Viehzucht treibend, zum Theil nomadisirend, wie noch heutigen Tages nicht bloss die Steppen, sondern auch die angebauten Gegenden Persiens neben der ansässigen Bevölkerung von wandernden Stämmen durchzogen werden. Das erste grössere Reich consolidirte sich nach den übereinstimmenden Erzählungen der Griechen und Orientalen in Baktrien, dem fruchtbaren Flussgebiete des oberen Oxus und seiner Zuflüsse am nördlichen Abhange des Hindukusch, vielleicht schon in Zeiten, ehe noch die Stammgenossen zu den westlichen Gränzen vorgedrungen waren. Denn es war das östlichste, wahrscheinlich zuerst in festen Besitz genommene, iranische Land; von ihm mochten daher bei wachsender Volksmenge die ferneren Niederlassungen ausgehen. In der reichen, zum Anbau trefflich geeigneten, durch keine Naturgränzen getheilten Landschaft wurde eine zusammenhängende, staatliche Organisation zur Nothwendigkeit, um die beständigen Angriffe der turanischen Völker vom Osten und Norden her abzuwehren. Hier wurde die älteste der grossen iranischen Städte, Baktra oder Balkh, erbaut. Hier bildete sich ein geordnetes Priesterthum, von dem die weitere Entwicklung der iranischen Religion ausging.

XXI.

Auch dem altiranischen Göttersysteme, wie sich dessen Spuren in den heiligen Schriften erhalten haben, lagen die Weltkörper, die grossen Erscheinungen, Räume, Kräfte und Theile der Natur zum Grunde. Himmel und Erde, Feuer und Wasser, Sonne, Mond und Sterne wurden als göttliche Wesen verehrt, die physikalischen Phänomene als ihre Offenbarungsformen betrachtet, die ganze Natur als von ihnen oder geringeren Mächten belebt und beseelt gedacht. Wie unter den indischen Naturgottheiten wurden nach den ihnen zugeschriebenen, heilsamen oder verderblichen Einflüssen gute und böse Wesen unterschieden, letzteren namentlich die unwirthbaren Wüsten als Wohnsitze angewiesen, von wo aus sie die Menschen mit ihren Schrecknissen überzogen. Neben den übereinstimmenden Grundanschauungen scheint von Alters her ein bewusster Gegensatz gegen die indischen Lehren ausgebildet zu sein, indem nicht nur die indische Götterbezeichnung Diva im allgemeinen auf die bösen Dämonen, Dews, übertragen, sondern auch altindische Götter, wie Indra selbst, namentlich unter die Dews versetzt wurden. Dies geschah wohl nicht erst in dem zoroastrischen System, ward hier vielmehr schon als bekannt, als ein Bestandtheil und Motiv der älteren Sagen vorausgesetzt.

Die Reform Zoroasters können wir uns in ihren Gründen und Resultaten noch recht gut vergegenwärtigen. Wie jede neue und reformatorische Idee auf den vorhandenen Anschauungen fusst, von dem Entwicklungsgange, dem Bildungsstande und den Bedürfnissen ihres Zeitalters beherrscht wird, so ging auch der Stifter des neueren iranischen Systems von den vorgefundenen religiösen Vorstellungen aus. Es war die Zeit gekommen, dass die physischen und vereinzelten Mächte den theologischen und ethischen Anforderungen der vorgeschrittenen Speculation nicht mehr genügten. Das erklärt den baldigen Eingang und die Verbreitung der tieferen Lehre nicht nur auf dem Schauplatze ihrer Entstehung, sondern unter allen Völkern Irans, wo neben den ähnlichen Voraussetzungen der Theorie ein alter Zusammenhang der Priesterschaften ihre Einführung erleichtern mochte. Zoroaster stellte der überwiegenden Naturseite der alten Götter die sittliche Bedeutung der Geisterwelt, den zerstreuten Dämonen einen einigen Gott gegenüber. Die früheren Götter behielten zwar kosmische Wirkungskreise in der Körperwelt, wurden aber mit ethischen Eigenschaften ausgestattet, und dem höchsten Wesen als erschaffene und abhängige Agenten in verschiedenen Rangclassen, wie die Engel in der jüdischen Angelologie, untergeordnet. Nach der Darstellung der heiligen Schriften hatte der wahre Gott von Anbeginn die Schicksale seines Volkes gelenkt, sich auch nicht unbezeugt ge-

29*

lassen, sondern sich schon in der Urzeit dem weisen Hom und dem glänzenden Dschamschid offenbart; aber die Menschen waren der höheren Erkenntniss noch nicht fähig gewesen, darum war er verborgen geblieben, und trat erst mit der Offenbarung des vollkommenen Gesetzes an Zoroaster für die Verehrung der Welt hervor. Die Befreiung von jeder physikalischen Eigenschaft, jedem kosmischen Symbol, jeder speciellen Sphäre der Thätigkeit, und schon der Name Ahuramazdar, woraus die Parsiform Ormuzd geworden ist, beweisen, dass dieser geistige Gottbegriff nicht von den spontanen Denkversuchen einer primitiven Weltanschauung ausgehen, sondern nur das Resultat einer entwickelten, reflectirten Speculation sein konnte. Ahura heisst der Lebendige, Mazdar der Weisheitspendende. Wir können den iranischen Ormuzd mit demselben Rechte wie den jüdischen Jehovah schlechthin Gott nennen. Ihm gegenüber wurde in der neuen Lehre auch dem negativen Reiche des Bösen oder der Finsterniss ein abstractes Oberhaupt gegeben, Ahriman, der Arges Sinnende. In wie weit der Ausbau des Systems seinem Stifter, oder seinen späteren Bekennern angehört, lässt sich nicht bestimmen. Die Sage, welche es überall liebt, Ueberlieferungen und Werke des Alterthums an einen grossen Namen zu knüpfen, schrieb die heilige Litteratur in ihrer Gesammtheit dem Zoroaster zu. Dass so umfangreiche, alle Interessen des irdischen wie des zukünftigen Lebens befassende Schriften nur einem ausgebildeten Priesterthum und längeren Zeiträumen ihre Entstehung verdanken konnten, ist an sich klar; die bedeutende Verschiedenheit der Sprache beweist sogar, dass die Abfassung der Zendschriften in erheblich getrennte Zeiten fiel. Die Form ist durchgehends, dass Zoroaster fragt, und Ormuzd, bisweilen auch der Geist eines Verstorbenen, oder sonst ein Engel des Lichts belehrend antwortet. Auch die heiligen Gesänge werden meist als offenbart bezeichnet. Einzelne Gebete, wie solche, in denen er rein persönliche Verhältnisse berührt, seiner Anverwandten gedenkt, sich mit Angst und Vertrauen an seinen Gott wendet, dass er das

Herz des Königs lenke, oder einen Grossen günstig für sein heiliges Werk stimme, und einzelne Sprüche besonders alterthümlicher Färbung, wie die zehn Gebote im Vendidad über den Anbau der Erde, mögen in der That von Zoroaster herrühren. In anderen Liedern nennt sich der Betende ausdrücklich einen Schüler Zoroasters. Ob in jenen Zeiten schon geschrieben worden, lässt sich wohl bezweifeln; wahrscheinlich wurden Hymnen, Gebete und kurze Sprüche, in denen religiöse Ideen Vorschriften oder Erinnerungen niedergelegt waren, gleich den älteren Theilen der indischen Veden anfänglich mündlich fortgepflanzt. Von einer altiranischen Schrift wissen wir nichts; die erhaltenen, verhältnissmässig späten Formen sind theils aus semitischen, theils aus indischen Alphabeten entlehnt. Dass aber Zoroaster, im Zend Zarathustra, dass heisst ein Lobsänger, eine wirkliche, historische Person gewesen, lässt sich nicht mit Grund bestreiten. Freilich ist er im Orient wie im Abendlande ein Gegenstand der verschiedenartigsten und willkürlichsten Dichtungen geworden.

XXII.

Das Land, in welchem Zoroaster auftrat, wo die Zendsprache gesprochen und die Zendbücher geschrieben wurden, kann nicht zweifelhaft sein. Die heiligen Schriften selbst und alle alten Ueberlieferungen geben unzweideutig Baktrien an. Wenn der iranische Prophet im Westen zu einem Meder gemacht wurde, so erklärt sich das leicht daraus, dass dem Occident die Meder und ihre Magier geläufiger waren, als die fernen Baktrer. Uebrigens nennt auch eine alte Sage, während sie Baktrien als den Schauplatz seiner Thaten angiebt, das medische Urmia als den Geburtsort Zoroasters. Desto mehr ist über sein Zeitalter gestritten worden. Noch in neuester Zeit ist die Ansicht wiederholt, dass er ein Zeitgenosse des Darius Hystaspis gewesen. Ihre Vertheidiger von Anquetil du Perron und Klauker bis auf Röth berufen sich wesentlich auf die Uebereinstimmung des zoroastrischen Königs Gustasp oder Vistaçpa mit dem Namen

Hystaspis und auf die spätere morgenländische Chronologie. Danach würde allerdings, wenn man von den Sassaniden zurückrechnet, Zoroaster ungefähr in das Jahrhundert des Darius fallen, nach der dem Bundehesch angehängten Uebersicht aus der arabischen Zeit sogar noch weit später, etwa um 300 vor Christus. Aber diese phantastischen und weit von einander abweichenden Zählungen verdienen gar keine Berücksichtigung. Da folgt Gustasp auf die mythischen Namen der Urzeit; die grossen Könige der Meder und Perser werden gar nicht erwähnt; nach Gustasp kommen ein paar ganz bedeutungslose Namen, dann erscheint Sikander Rumi, Alexander der Grosse, als Enkel des Dahrab, der den Darius Codomannus repräsentiren mag, und ihm folgen sofort die Arsaniden und Sassaniden. Ausser den letzten nationalen Dynastien hatte sich bei dem gänzlichen Mangel historischen Sinnes in dem Angedenken des Volkes nichts erhalten, als was in den Religionsschriften erwähnt war, oder mit ihnen in Verbindung stand. Neben dem Vergessen der geschichtlichen Vergangenheit trug zur Herabdrückung der Zeit Zoroasters wahrscheinlich der Umstand bei, dass er am Anfange des letzten Weltalters von 3000 Jahren gelebt haben sollte; da nun die Vorzeichen des erwarteten Weltunterganges noch nicht erschienen, lag es nahe die Zeit bis zum Beginn der Periode zu verkürzen. Chronologie und Geschichtskunde standen der priesterlichen oder dichterischen Anordnung nirgends im Wege. Um das unläugbare Auftreten Zoroasters in Baktrien neben dem Darius oder dessen Vater zu rechtfertigen, haben europäische Gelehrte mit einer Willkür, die der persischen Märchendichtung würdig ist, den Hystaspis, welchen die Geschichte nur als einen persischen Grossen im Heere des Cyrus erwähnt, zum Unterkönige von Baktrien gemacht. Endlich ist gar das angebliche Alter der angeblich von Zoroaster gepflanzten Wallfahrtscypresse, welche der Chalif Motawakkel in Khorassan umhauen liess, für die Hypothese angeführt; es ist wohl klar, dass die 1400 Jahre des Baumes nach der gangbaren Chronologie gebildet und nicht unabhängig überliefert worden sind. Die Versetzung Zoroasters unter die Regierung des Darius ist aus äusseren und inneren Gründen durchaus zu verwerfen. Die Griechen gaben ihm ein Alter von 1100 bis über 6000 Jahre vor Christus. Unmöglich könnte Plato die alte Lehre der Magier, nach Aristoteles die älteste in der Welt, auf ihn zurückführen und ihn einen Sohn des Ormuzd nennen, wenn er in demselben Jahrhundert mit ihm gelebt hätte. Unmöglich könnte ihm dann Aristoteles ein Alter von 6000 Jahren zugeschrieben haben. Eben so wenig hätte in den babylonischen Annalen ein Zeitgenosse des Darius zum Repräsentanten der uralten arischen Herrschaft in Mesopotamien werden können. Eine andere Erzählung machte ihn zu einem baktrischen Könige in des Ninus Zeit. Der Vater des Gustasp wird Lohrasp genannt, und bauete Balkh, „die Mutter der Städte"; der Vater des Hystaspis war nach den Inschriften des Darius Arsames, ein Perser aus dem Geschlechte der Achämeniden, deren Stammvater Hakamanisch auch nichts mit dem Dschamschid zu thun hat, sondern der fünfte Vorfahre des Darius, also ein Zeitgenosse des assyrischen Essarhaddon und des medischen Phraortes war. In den heiligen Schriften geschieht der Perser und Meder — mit Ausnahme der einzigen Stadt Rhagä — gar keine Erwähnung, dagegen gehören alle erkennbare Namen aus des Gustasp Reich dem östlichen Iran an. Wie von den Thaten wissen sie auch nichts von den Nachbaren der westlichen Stammgenossen; die nicht iranischen Völker werden unter den unbestimmten Bezeichnungen der Turanier und der Tapians begriffen. Die geschichtlichen Züge sind nur aus den Urzeiten des Volkes entlehnt. Hierzu kommt die Verschiedenheit der Sprachen, in welchen die Zendbücher und die Inschriften der Perserkönige verfasst sind. Und was endlich den Inhalt der heiligen Schriften betrifft, so setzen die Angaben und Vorschriften derselben über bürgerliche Einrichtungen, Urbarmachung des Landes, Reichthum und Werthschätzung, Cultur- und Verkehrsverhältnisse so einfache, wenig entwickelte Zustände voraus, dass dabei in keiner Weise an die Zeiten des persischen Reiches gedacht werden kann. Andere, welche mit Recht die heilige Litteratur der Baktrer dem hohen Alterthum zugeschrieben, haben die Sage von der Ueberwindung des Gustasp durch die Turanier auf die assyrische Eroberung Irans gedeutet, und nach der Zurückführung dieser Eroberung auf Ninus das Zeitalter Zoroasters zu bestimmen gesucht, da indessen eine wirkliche und dauernde Beherrschung des östlichen Iran durch die Assyrier schwerlich angenommen werden kann, und der Feldzug gegen die Baktrer erst dem Könige Divanubara, dem Sohne Sardanapals, wahrscheinlich im neunten Jahrhundert zuzuschreiben ist, lassen sich auch hieraus keine haltbaren Schlüsse ziehen. Den einzigen zuverlässigen Anhalt gewähren die sprachlichen Untersuchungen, und deren Resultat kann natürlich nur ein sehr ungefähres sein. Die Analogie der Anschauungen und der Sprachformen, die Aehnlichkeit der Wort- und Satzfügungen, selbst der Versmaasse in den Liedern lassen annehmen, dass die ältesten Theile der baktrischen Religionsschriften und die ältesten Stücke der Veden ungefähr denselben Zeiten, der gleichen Entfernung von dem gemeinschaftlichen Ursprunge beider Völker angehören. Danach könnte das Auftreten Zoroasters und der Anfang der Zendlitteratur in das funfzehnte Jahrhundert vor Christus fallen. Einer solchen Annahme würden wenigstens keine Thatsachen widerstreiten, mehr lässt sich aber auch nicht sagen.

XXIII.

Zoroaster, aus dem Königsgeschlechte Fariduns, zog sich nach der Sage dreissig Jahre alt in die Einsamkeit des Gebirges zurück, empfing dort während eines Aufenthaltes von zehn Jahren das Gesetz, die Offenbarung seines Gottes, und trat dann in Baktrien auf, wo er noch sieben und dreissig Jahre gelebt haben soll. Anfänglich widerstrebten die Priester der neuen Lehre, erst allmälig gewann er Anhänger, endlich den König Gustasp selbst. Seitdem breitete sich seine Religion schnell aus. Er selbst soll schon Feueraltäre in

Khorassan und in Urmia gegründet haben. Wie Christus und Mohamed lehnte er es ausdrücklich ab die Göttlichkeit seiner Sendung durch Wunder zu erhärten. Lies die Offenbarung, so brauchst du keine Wunder, antwortete er, als Gustasp Zeichen von ihm verlangte. Seine Nachfolger schrieben ihm trotzdem eine Menge von Wunderthaten zu. Der Inhalt seines Glaubens, sein theologisches und ethisches Wissen, wird ihm in der felsenfesten Ueberzeugung von dessen ewiger Nothwendigkeit so sicher als gegebene Wahrheit, als unmittelbare Offenbarung seines Gottes erschienen sein, wie nur irgend einem begeisterten Theosophen. Von den Grundanschauungen aus wurde dann im Laufe der Zeiten durch die fortschreitende Speculation das System für die Theorie und Praxis zu der weiteren Entwickelung geführt, wie sie in den Zendschriften vorliegt. Zoroaster knüpfte an den alten Glauben seines Volkes an; er war nicht gekommen aufzulösen, sondern zu erfüllen. Er behauptete nichts Neues zu lehren, vielmehr dieselbe alte Offenbarung zu verkünden, welche schon den Heiligen und Weisen der Vorzeit zu Theil geworden, nur klarer und vollständiger ausgesprochen, wie es das zunehmende Verderben der Welt erforderte; denn nach alter Menschensitte hielt auch er seine Zeit für die schlechteste, betrachtete die idealisirte Vergangenheit als näher dem Göttlichen. Namen und Bedeutungen von Göttern, die Scheidung der übersinnlichen Welt in ein Reich des Lichts und der Finsterniss, auch manche religiöse Vorschriften, Ritualien und Gebräuche sind unzweifelhaft aus älterer Zeit in das zoroastische System herüber genommen. Den Feuercultus hat schon Dschamschid eingeführt. Das Feuer blieb das heilige Symbol der in ihm gegenwärtigen Lichtgottheit, vor welchem die feierlichen Gebete und Ceremonien vorgenommen wurden. Ebenso war uralt der Gebrauch des Haoma, im Parsi Hom; wie das indische Soma, mit dem es offenbar gleichen Ursprungs ist, war es ein Pflanzensaft, in welchem die Lebenskraft der Natur concentrirt gedacht, welcher anfänglich den Göttern als wohlgefälliges Opfer gespendet ward. In Indien trat später das Somaopfer als ein veralteter Gebrauch zurück, im zoroastrischen System blieb es ein regelmässiger Bestandtheil des Gottesdienstes, erhielt aber eine veränderte Deutung. Die Pflanze wurde mit dem Propheten Haoma oder Hom identificirt, dem ältesten, der die göttliche Offenbarung erhalten, und dem grössten, der vor Zoroaster aufgetreten war. Er wurde als der Stifter der Ormuzd-Religion betrachtet, als ein Schutzheiliger des Volkes, als sein Fürsprecher und Vertreter vor Gott verehrt, und aus dem Opfer ward eine Feier zu seinem Gedächtnisse. Der Homsaft, welchen der Priester unter Gebet aus dem heiligen Kelche trinkt, und das geweihte Brod, auch in der Form der Hostie ähnlich, welches er dabei geniesst, gelten als Leib und Blut des Propheten. „Ich," spricht sein Geist zum Zoroaster, „bin der reine Hom, der den Tod entfernt; wer mich isset, indem er mit Inbrunst zu mir redet, und demüthiges Gebet mir opfert, der nimmt von mir alles Gute in der Welt." Die Aehnlichkeit mit der Abendmahlsfeier bemerkte schon der Märtyrer Justinus; er meint, die bösen Dämonen wollten damit der heiligen Handlung spotten. Die Parsen legen bis auf den heutigen Tag einen sehr hohen Werth auf diese Ceremonie. Ob der Gottesfreund Hom eine blosse Personificirung des Lebensbaums und der lebendigen Naturkraft war, oder ob bei diesem Namen an einen wirklichen Vorgänger Zoroasters zu denken, auf dessen geheiligtes Ansehen er sich berufen konnte, das lässt sich natürlich nicht entscheiden.

Als neu dürfen wir in der Glaubenslehre der heiligen Schriften betrachten theils die streng monotheistische Idee, theils die starke Betonung und systematische Ausbildung des ethischen Momentes, durch welche die iranische Religion characterisirt wird.

XXIV.

Allerdings wird Ormuzd unter den sieben Amschaspands, den höchsten der Lichtwesen mit begriffen; diese Siebenzahl scheint uralt gewesen zu sein, und ging vielleicht von Sonne, Mond und Planeten aus, obwohl die letzteren in keiner Verbindung mehr mit den zoroastrischen Amschaspands stehen. Aber Ormuzd ist nicht etwa nur der erste und höchste unter den Genossen, ist nicht nur quantitativ in Macht und Grösse von den übrigen unterschieden, sondern steht ihnen qualitativ als ein ganz anderes Wesen gegenüber. Sie sind wie die geringeren Geister des Lichts erschaffene Wesen, zwar die ersten in dem „Volk der Heerschaaren“, doch völlig untergeordnet ihrem Schöpfer, seine Diener und Creaturen, durch ihn in das Dasein gerufen, durch ihn erhalten und zur Thätigkeit bestimmt. Ormuzd allein ist von Ewigkeit her; „mit ihm begann die Zeit, er ist und wird sein ohne Aufhören.“ Er ist der Schöpfer und Regierer der Geister, wie der Sinnenwelt, mit allen anthropomorphischen und metaphysischen Attributen ausgestattet, die dem einigen, persönlichen Gotte zukommen, allmächtig, allwissend und allweise, gütig, gerecht, heilig, Quell des Lichts, Grundkraft der Thätigkeit, das All und der Träger des Alls. Er befiehlt dem Zoroaster seinen Namen in der Welt, die durch seine Macht gehalten wird, zu verkünden, und auf die Bitte ihn diesen Namen in seiner ganzen Kraft zu lehren, antwortet er: „mein Name ist: Liebe gefragt zu werden, Grund und Mittelpunkt aller Wesen, allvermögende Kraft, reine himmlische Natur, Grundkeim alles Guten, Verstand, Weisheit, Wissenschaft, und das alles gebend, ein König, der der Menschen Heil sucht, Uebel abwendend, nie ermüdend, ein Richter der Gerechtigkeit, der Alles sieht, Grund der Möglichkeit und Wirklichkeit, der nicht trügt und nicht betrogen werden kann, mein Name ist das Wort von Allem und in Allem, mein Name Jetzt und Alles.“ „Ich bin es — spricht er an einer anderen Stelle — der den weiten Sternenhimmel im ätherischen Raume hält, der macht, dass er in die Tiefe und Weite das Licht ausstrahlt, welches einst mit Nacht bedeckt war; durch mich ist die Erde geworden zu einer Welt von Dauer und Bestand; ich bin es, der den Glanz von Sonne, Mond und Sternen durch die

Wolken leuchten lässt; ich bin der Schöpfer des Samenkorns, das nach der Verwesung in der Erde neu ausbricht und sich vermehrt ins Unzählige; durch meine Kraft ist in Allem ein Feuer des Lebens, das nicht verzehrt; ich bin es, der lebendige Frucht in die Mutter legt nach ihrer Art, der Wasser in den Tiefen schafft und in den Höhen, damit die Welt getränket werde, ich bin es, der den Menschen schafft; will er sich erheben durch die unsichtbare Kraft des Lebens, die ich in ihn gelegt habe, so kann kein Arm ihn niederdrücken; ich bin der Schöpfer aller Wesen.“ In Lobgesängen wird er angerufen als „lebend im Urlicht, umgeben von Glanz und Seligkeit, du, die Weisheit selbst, König alles Vortrefflichen, alles Heiligen, aller reinen Geschöpfe!“ oder als „Glanzlicht, über Alles erhaben, ewiger Quell der Sonne.“ In einem anderen heisst es: „ich erhebe deine Grösse, o Ormuzd, gerechter Richter, lichtglänzend in Glorie, Allwissender, Wirkender, Herr der Herren, König der Könige, grosser, starker König, der du seit Urbeginn barmherzig bist, freigebig, reich an Güte, mächtig, weise, rein, Nährer, Erhalter alles dessen, was ist, König der Herrlichkeit, dessen Herrschaft ohne Wandel ist.“

Neben diesem Gotte war für keinen anderen Raum. Die himmlischen Heerschaaren, die Ormuzdgeschaffenen, sind nur Diener seines Willens, Vollzieher seiner Rathschlüsse. Sie haben keine selbständige Bedeutung, nur auf ihres Schöpfers Befehl, als Verherrlicher seiner Allmacht oder als bestellte Wächter und Schutzgeister seiner Welt, werden sie verehrt. Die Hymnen, welche ihnen geweiht sind, beginnen regelmässig mit einer Anrufung des Höchsten, und nicht selten wird sogar für sie zu Gott gebetet. Sehr gewöhnlich ist die Wendung, Ormuzd möge durch diese seine Engel die Bitte des Betenden erfüllen, oder die andere, dass der Engel das Gebet vor den Thron Gottes bringen möge. Wie die ganze Natur eine Offenbarung Gottes ist, in ihm und durch ihn lebt, so werden seine Geister als verbunden mit einzelnen Kräften oder Theilen der Sinnenwelt gedacht. Freilich gehen die geistigen Wesen nicht in den körperlichen Dingen auf, sind nicht fetischartig an sie gebunden, was die ältere Vorstellung gewesen sein mag, vielmehr haben sie wie Ormuzd selbst eine ausserweltliche Existenz, in welcher noch der eigentliche Geist, der Feruer, von dem ätherischen Lichtleibe unterschieden wird, auch war das Geisterreich lange vor der Körperwelt erschaffen, aber dennoch standen die überweltlichen Mächte in einer besonderen Verbindung mit den Erscheinungen der Welt, die als ihre Wirkungskreise, ihre Abbilder, ihre Offenbarungsformen, als durch sie belebt und beseelt betrachtet wurden. Die Welt war nach den ältesten Speculationen in allen ihren Theilen belebt. Feuer, Wasser, Berge, Quellen, Bäume, die Erde und die Gestirne werden als lebendig dargestellt, als göttliche Wesen angerufen, diese Personificirung sogar auf reine Abstractionen und ganz unkörperliche Vorstellungen übertragen, wie auf Tages- und Jahreszeiten, auf die Zeit an sich, auf das Gesetz, auf das Wort Gottes. Mystisch unklar, phantastisch und widerspruchsvoll, bald in poetisch-sinnlichen Bildern, bald in abstracten Gedankenbestimmungen werden die irdischen Dinge zuweilen ganz mit den geistigen Mächten identificirt, dann wieder als abhängig und regiert von ihnen geschieden, oder ihnen als ihren Prototypen, ihrem urbildlichen, wahren Sein, ihrer präexistirenden Idee im Reiche Gottes gegenüber gestellt. Aber stets haben die Geister oder Engel des Herrn neben der physikalischen oder kosmischen eine andere und vorwiegende Bedeutung in der moralischen Ordnung der Welt, die auch wieder auf die ihnen heiligen, oder durch sie geheiligten irdischen Dinge übertragen wird, und um so mehr hervortritt, je höher der Rang ist, den sie in der himmlischen Hierarchie einnehmen. Diese ihre sittliche Bestimmung gilt namentlich dem Kampfe gegen das Böse, das Reich der Hölle, und der Hülfe, welche sie darin den Menschen gewähren.

XXV.

Die Engel und Schutzgeister des Lichts, „die siegesstarken Helden", im Streite wider das Reich der Finsterniss, heissen Ipeds, und das wird erklärt als die Fürbittenden, die Vertretenden, die Mittler zwischen Gott und den Menschen. Im weiteren Sinne sind auch die sechs Amschaspands, die Erzengel, welche am nächsten am Throne des Höchsten stehen, Ipeds. Aber diese wirken nicht unmittelbar, sondern wie Gott selbst nur durch Legaten in der irdischen Welt; sie sind Ipeds des Himmels, diejenigen dagegen, die sich direct in der Welt der Erscheinungen bethätigen, Ipeds dieser Welt. Der vornehmste und mächtigste unter den letzteren, der, dessen Ormuzd selbst sich vorzüglich als seines Abgesandten bedient, ist Mithra, erscheinend im Morgenstern. Er hiess daher im prägnantesten Sinne der Mittler. Plutarch missverstand dies, als ob Mithra ein mittleres Wesen zwischen dem Guten und Bösen, zwischen Ormuzd und Ahriman wäre. Er war eben nur der höchste Mittler zwischen Gott und der Menschheit, und wenn nicht zu bezweifeln ist, dass sich trotz des unbedingten Monotheismus der heiligen Schriften die gewöhnliche Verehrung des Volkes mehr den untergeordneten, aber fasslicheren, den Menschen näherstehenden Willensmächten zuwendete, als dem abstracten, fernen, für das tägliche Leben zu erhabenen Gott, so nahm Mithra wahrscheinlich in den Vorstellungen der Menge den höchsten Platz ein. Zwar nicht in den iranischen Religionsschriften, aber vielleicht schon in vorzoroastrischer Zeit galt er als ein Sonnengott, da auch in Indien die Sonne unter dem Namen Mitra verehrt ward, jedenfalls wurde er zum Sonnengott in den Ländern des Mittelmeers, als die Religion der Magier sich im Westen ausbreitete und hier mit Anschauungen aus dem ägyptischen und syrischen Glaubenskreise zusammenschmolz. Der Gedanke der Zendbücher, dass Mithra der Befruchter der Erde, der Aufseher über die niederen Geister und ihre Vereinigung mit irdischen Körpern, dass seine Wirksamkeit auf Erden daher mit dem Tode des Urstiers begann, dem erstgeschaffenen Thier, aus dem sich das gesammte organische Leben des Pflanzen- und Thierreiches entfaltete, wurde in den Mithramysterien, die im römischen Kaiserreiche, in Frankreich und Italien, wie in Asien gefeiert wurden, in dem vielfach abgebildeten Stieropfer symbolisirt. In einer Höhle, welche die Welt vorstellt, und wie sie nach der späteren Sage schon Zoroaster in der Einsamkeit des Gebirges dem Mithra geweiht haben sollte, umgeben von kosmogonischen Emblemen vollzieht der Gott das Opfer des Stiers, und verleiht dadurch der Erde die Fruchtbarkeit. Wie Osiris und Adonis wurde Mithra im Aufgang und Niedergang mit dem Sonnenlauf identificirt. Am 25. December wurde sein Geburtsfest begangen, der Geburtstag des unbesiegten Sonnengottes. In jener Welthöhle wurde das Sonnenkind geboren, und von den reinen Geschöpfen des Ormuzd, wie Stier und Esel, verehrt. Der Tag und die Darstellung sind in das Christfest übergegangen. Ein wahrer Heiland der gläubigen, ihn verehrenden Menschen ist Mithra schon in den Zendschriften, gleich dem Geiste Homs „nicht ferne zur Antwort jedem, der ihn anruft.“ Er nennt sich einen Schützer aller Wesen, das Haupt der Geschöpfe. „Hätte Meschia (der erste Mensch) seinen Namen genannt, ihm Lob gesungen, dann würde, wenn die Zeit des rein geschaffenen Menschen gekommen wäre, seine reine, unsterbliche Seele augenblicklich zum Sitze der Seligkeiten eingegangen sein.“

War die Wirksamkeit der Ipeds in der physischen Welt einigermaassen geschieden nach den besonderen Gegenständen, welche der Obhut einzelner anvertraut waren, oder in deren Gestalt sie angeschaut wurden, so stimmten sie dagegen in ihren moralischen Eigenschaften und Wirkungssphären durchaus überein. Sie hatten nicht wie die Götter des Polytheismus individuelle Charaktere, persönliche Schicksale oder Liebhabereien. Nur in Macht und Würde verschieden, dienten sie alle dem gleichen Zwecke, die Schöpfung ihres Gottes zu überwachen, sein Reich auszubreiten, seine Verehrer zu behüten, seine Feinde zu bekämpfen. Allerdings wurden in einem der dualistischen Gegensätze, mit denen die Philosophie aller Zeiten die Bildung und Bewegung der Welt zu erklären gemeint hat, männliche und weibliche Ipeds unterschieden; aber das geschah nur nach einer speculativen Eintheilung der Dinge, in denen sie sich offenbarten. Das Feuer, der Himmel, die Winde, die Metalle waren männlich: das Wasser, die Erde, der Mond, die Bäume weiblich, und danach auch ihre Geister. In Folge dessen wurden einzelne Seiten der sittlichen Natur hin und wieder besonders hervorgehoben. Während die männlich gedachten Geister in den Hymnen als die streitbaren Helden erscheinen, werden die weiblichen Genien der Erde und des Wassers, Sapandomad und Arcuisur, als die jungfräulichen, sanften angerufen, an ihnen die Tugenden der Keuschheit, Demuth und Milde gepriesen. Im übrigen sind sie alle licht und rein, gehorsame, treue Diener Gottes, hülfreiche, segenverbreitende Engel, liebevoll besorgt für das zeitliche und ewige Wohl der Menschen, die sich zu ihnen wenden. An wesentliche Unterschiede ist dabei nicht zu denken, am wenigsten an menschlich physiologische. Söhne und Töchter Ormuzds heissen sie als seine Geschöpfe. Der lichtstrahlende, ätherische Leib wurde wohl in menschenähnlicher Gestalt gedacht, doch ohne irgend nähere Formbestimmung. Wenn von dem glanzvollen Auge oder dem weithorchenden Ohr der Geister gesprochen wird, von ihrem starken Arm und guten Waffen, ist das ebenso wenig sinnlich zu verstehen, wie bei den Engeln jüdischer oder christlicher Dichtung. Die Vorstellung menschlicher Verbindungen oder Fortpflanzungen ist bei den Lichtwesen und ihren Schöpfungen gänzlich ausgeschlossen. Nicht einmal bildlich kommen in den iranischen Religionsschriften die Gedanken der Erzeugung und Geburt vor, wie sie sonst den Mythologien und Kosmogonien des Alterthums geläufig sind.

XXVI.

Die ältesten Speculationen, welche alle Erscheinungen der Welt auf mehr oder minder menschlich vorgestellte Willensmächte zurückführten, mussten auch das einmal nicht zu läugnende Uebel in der Welt von willkürlich handelnden Wesen herleiten. Das moralische Uebel, die Sünde, konnte wohl dem Menschen selbständig zugeschrieben werden, für die physischen, menschlicher Einwirkung entzogenen Uebel brauchte man höhere Mächte, und die theologische Erklärung konnte zwei Wege einschlagen. Entweder waren es die sonst wohlthätigen, heilsamen Wesen, welche durch irgend eine Verschuldung des Menschen gereizt zu seinem Unheil Uebles wirkten, oder es waren besondere, furchtbare Mächte, die ihrer Natur nach zerstörend und verderblich auftraten. Die letztere Vorstellung ist die ursprünglichere, und ihre Spuren lassen sich wohl überall nachweisen. Sie ist die natürlichere in Zeiten, da die Naturseite in den Göttern noch ihre sittliche Bedeutung überwiegt, und wird um so eher festgehalten, je mehr das physische und moralische Uebel als natürlich verbunden gedacht, je höher der Begriff der guten Gottheiten gefasst, und je weniger daneben der theologische Gesichtspunkt des willkürlich gewirkten Uebels durch den metaphysischen des bloss negativen und naturnothwendigen eingeschränkt wird. Bei den Iraniern scheinen von Alters her den wohlthätigen Gottheiten unheilvolle mit entgegengesetzten Eigenschaften einzeln gegenüber gestellt zu sein, und da die guten vorzugsweise als Lichtgötter verehrt wurden, knüpfte sich der Begriff der bösen namentlich an die Finsterniss. Bei dem Fortschritt der sittlichen Anschauungen wurde der Gegensatz von Licht und Finsterniss nicht nur symbolisch, sondern als reell und im natürlichen Zusammenhange der Dinge gleichbedeutend genommen mit dem ethischen des Guten und Schlechten. In der zoroastrischen Lehre wurde das Reich der Finsterniss auf ein böses Urwesen, Ahriman, zurückgeführt, wie die Schöpfung des Lichts auf Ormuzd. Er ist „der Grundarge“, der Zerstörer, der Verächter des göttlichen Gesetzes. Wie Ormuzd Licht ist und im Lichte wohnt, ist Ahriman Finsterniss und wohnt in der Finsterniss. Seine Hölle, der Duzahk, lag unter der Erdfläche. Hier schuf Ahriman die bösen Geister, die Dews, welche er den Engeln Gottes entgegen stellte, ein schreckliches Volk der Nacht, der Unreinheit und der Fäulniss. Als rastlose Naturfeinde suchen sie beständig die reine Schöpfung Gottes zu stören und zu zerrütten. Von ihnen rühren Oede, Unfruchtbarkeit, Wassermangel, versengende Gluth und ertödtender Frost her. Sie wehren dem Wachsthum und der Verbreitung von Pflanzen, Thieren und Menschen, plagen sie mit Tod und Krankheit, bringen auch ihrerseits giftige Pflanzen und unreine Thiere (Kharfester) hervor, das sind theils schädliche Raubthiere, theils solche, die kriechen und schleichen, im Dunkeln oder Todten leben, Schlangen, Kröten, Ratten und Mäuse, Insekten, Gewürm und Ungeziefer aller Art. Die Sterne des Himmels greifen sie mit den unheimlich, gesetzlos schweifenden Kometen an. Selbst das irdische Feuer, das Bild des himmlischen Lichts, haben sie mit Dampf und Rauch verunreinigt. Auch was am Menschen als unrein betrachtet ward, hatten sie ihm zugefügt. Besonders aber suchen sie, da sie den reinen Geistern unmittelbar nichts anhaben können, die im Menschen lebende, unsterbliche Seele zu verderben, indem sie ihn zum Abfall von Gott und seinen Gesetzen verführen, Sünden und Laster verbreiten. Die Macht, welche sie auf Erden haben, veranlasst die mit ihrer Hülfe betriebene, verbotene Zauberei. Die Götter aller fremden Völker, welche das offenbarte Gesetz nicht beobachteten, wurden als Dews angesehen, ihre Verehrer als Teufelsdiener. Doch erklärte man wohl manche fremde Gottheiten ihrer Aehnlichkeit halber für iranische Geister, den Jehovah für Ormuzd. Sonst liesse es sich nicht verstehen, wie die persischen Könige einzelne fremde Götter, namentlich die semitische Venus-Mylitta, in ihr Pantheon aufnehmen konnten. Denn eine Anbetung der Dews ist mit der iranischen Religion völlig unvereinbar. Sie erhalten keinen Cultus, auch nicht etwa um sie zu versöhnen oder zu beschwichtigen. Wer ihnen irgend eine Verehrung zollt, der sagt damit Gott ab, und ist den Teufeln verfallen. Ahriman darf übrigens keineswegs als dem Ormuzd ebenbürtig betrachtet werden, er wird in den Zendschriften als der Empörer, der Verworfene, dem eine Zeit lang Macht gegeben ist um endlich für immer überwunden zu werden, ganz ähnlich behandelt wie der christliche Satan in den Gedichten eines Milton oder Klopstock. Seine Gewalt, wenn auch gross und gefährlich, war doch immer eine beschränkte; „er kann keinen Todten auferwecken, keinen Leichnam neu beleben“, wie Ormuzd es dereinst thun wird. Plutarch bemerkt daher auch, dass Zoroaster nur das gute Princip Gott, das böse einen Dämon nenne. Nur geschaffen war Ahriman nicht von Ormuzd; die schwierige Untersuchung der Theologie über den Ursprung des Bösen muss irgendwo durch einen Machtspruch, wenn nicht gelöst, so abgeschnitten werden. Die Inder, Juden und Christen liessen reingeschaffene Geister aus freiem Willen von ihrem Schöpfer abfallen, die Iranier wichen dem Widerspruch, dass der allweise und gütige Gott Wesen hervorgerufen, in deren Natur der Abfall und das Böse lag, dadurch aus, dass sie dem Teufel einen von Gott unabhängigen Ursprung gaben, verfielen damit aber in die Schwierigkeit, dass sie nun in ihrem Gott noch nicht den einigen Grund des Daseins hatten, das Ein und All, zu welchem die tiefere theologische und metaphysische Speculation hindrängt. Sieht man von der Frage nach dem Ursprunge ab, so war der Dualismus des Guten und Bösen bei den Einen nicht stärker wie bei den Anderen. Ueberall standen ein oder mehrere intelligente Wesen im Kampfe gegen das Gute, obwohl sie wussten, dass dieser Kampf nur eine beschränkte Zeit dauern, dann aber mit ihrer Niederlage oder ihrem ewigen Verderben enden müsse.

XXVII.

Die Speculation über das Böse, die sich bei dem Gegensatz als einem absoluten nicht beruhigen konnte, führte zu weiteren, allmälig entwickelten Dogmen, indem sie nach einer höheren Einheit suchte. Neben der Frage: woher ist der Teufel? ward die andere aufgeworfen: woher ist Gott? Die Antwort setzte für beide einen letzten, einigen Urgrund, Zaruana Akarana, die unerschaffene oder unbeschränkte Zeit, die Ewigkeit, also einen ganz abstracten, leeren Begriff, aus dem nun das Gute und sein Gegensatz als lebendige Wesen hervorgegangen waren. In den Zendschriften wird Zaruana Akarana nur an wenigen Stellen unbestimmt und zweideutig erwähnt. Im Vendidad spricht Ormuzd zu Ahriman: „das in Herrlichkeit verschlungene Wesen, Zaruana Akarana, hat dich geschaffen, durch seine Grösse sind auch die Amschaspands geworden, die reinen Geschöpfe, heilige Könige; ich sprach Honover, und setzte die Schöpfung fort.“ Es könnten allerdings in verlorenen Büchern nähere Bestimmungen enthalten gewesen sein, aber in heiligen Schriften genügen vage, hingeworfene Andeutungen um weitläufige Dogmen herauszuspinnen, und dass sie in den Zendbüchern nicht eben klar gewesen, beweisen die verschiedenartigen Auffassungen der Folgezeit. Diese Speculationen gehören freilich schon einer frühen Periode an, nicht etwa erst dem Bundehesch, da schon Aristoteles und sein Schüler Eudemos Auskunft darüber geben. Nach ihnen, wie nach späteren Darstellungen setzte die metaphysische Lehre der Mager in diesem höchsten Urwesen ein erstes Erzeugendes, als solches das Urgute, ein intelligibles All, unerschaffen und allumfassend, bald als Raum, bald als Zeit, bald als Schicksal gefasst, eine Ureinheit, aus welcher der gute und der böse Gott emanirten, oder aus welcher vier Urkräfte, Licht und Finsterniss, Feuer und Wasser, als elementare Materien, jedoch verschieden von den sinnlich wahrnehmbaren, durch Ormuzd geschaffenen Stoffen, hervorgingen. Andere, allenfalls anknüpfend an die mystisch dunkle Personification eines alten Gebetes, in welchem die unerschaffene Zeit wie die irdische Zeit, wie das Himmelsgewölbe und der Wind gleich lebenden Wesen angerufen werden, oder an jene Stelle des Vendidad, wo vom Schaffen des Urwesens gesprochen wird, machten aus ihm einen höchsten persönlichen Gott, der sich in Ormuzd wie in der Natur offenbart, das Licht aus sich gesetzt, und das Böse zwar nicht gewollt, aber zugelassen habe. Man betrachtete auch Ormuzd als das geistige, lebendige Princip, Ahriman als das körperliche und todte. Diese Ideen haben auf die Lehrsysteme des Occidents einen bedeutenden Einfluss geübt. Dass schon Pythagoras seine Satzung von der vollkommenen Einheit und der aus ihr erzeugten Zweiheit daher entnommen habe, mag eine aus dem ähnlichen Gedanken entstandene Sage sein; aber in der späteren griechischen und jüdischen Philosophie, wie sie sich namentlich in Alexandrien entwickelt hat, findet sich die magische Lehre von einem höchsten, in sich beruhenden und einem zweiten weltbildenden, oder in die Welt übergehenden Gott unverkennbar wieder. Ihr entspricht auch die Unterscheidung des beschliessenden Jehovah und der ausführenden Elohim im ersten Capitel der Genesis, wenn die Elohim als e i n Gott, nicht als Götter oder Engel gedeutet werden; die gewöhnliche Bibelübersetzung, in der beide Worte als Bezeichnungen desselben Gottes genommen werden, giebt gar keinen Sinn. Ob gerade diese Wendung der jüdischen Theologie aus der iranischen entlehnt ist, kann dahin gestellt bleiben; auch in diesem Falle mögen ähnliche Grundanschauungen unabhängig von einander zu ähnlichen Ausbildungen im Einzelnen geführt haben. Unzweifelhaft erscheint es indessen, dass die Bildung des späteren Judenthums vor und um Entstehung des Christenthums durch Ideen der zoroastrischen Glaubenslehre tief eingreifend beeinflusst worden ist.

Wie sehr aber auch das Dogma von dem ureinen göttlichen Grundwesen die tiefere Speculation beschäftigte, so ward doch Zaruana Akarana nur für einzelne Denker, oder für kleinere Secten, wie sie noch jetzt unter den Parsen bestehen, bald theologisch persönlich, bald metaphysisch pantheistisch gedacht, ein höchster Gegenstand der Verehrung. In dem eigentlich orthodoxen und herrschenden System trat dieser Begriff in ein unbestimmtes Dunkel zurück, und die Herrschaft blieb dem alten lebendigen Gott in seiner anschaulichen Bestimmtheit als Schöpfer und Regierer der Welt. Bei den Völkern, wo die ältesten Versuche gemacht wurden einen wirklichen Monotheismus, wenn auch in nationaler Beschränkung und durch die Annahme untergeordneter, theils guter, theils böser Willensmächte den polytheistischen Systemen genähert, zur Volksreligion zu machen, nämlich bei den Iraniern und den Israeliten genügte der eine, erhabene Gott auch einer tieferen Contemplation um Ursprung und Zusammenhang der Welt, Leben und Zukunft des Menschen zu erklären. Manche metaphysische Begriffsbestimmungen liessen sich auf ihn anwenden, ihn ganz in dieselben aufzulösen war der Forschung weder so geboten, noch so leicht, wie bei den Göttern des Polytheismus, die der Kritik und der Logik weit weniger genügen und daher weniger Widerstand leisten konnten. Während so der Monotheismus viel früher und kräftiger ausgebildet wurde, wie in Indien, spielte die Metaphysik weder in äusserlicher Verbreitung, noch in gründlicher Entwicklung, weder in der theoretischen Wissenschaft, noch in der Ethik entfernt eine Rolle wie unter den Brahmanen. Die Philosophie blieb theologischer, weil die Theologie philosophischer war.

XXVIII.

Viel bestimmter, ausführlicher und folgenreicher als die metaphysischen, über Gott hinausgehenden Speculationen wurde die Theorie entwickelt, welche von Gott abwärts das Dasein der Welt und der Menschen, ihren Zweck und ihre Bestimmung erklären sollte. Auch diese knüpfte an die Lehre vom Bösen an, und stellte von dem Gegensatze des Guten und Bösen aus eine Theorie der Schöpfung und des göttlichen Weltplanes auf, welche mit den ethischen Anschauungen in beständiger und innigster Verbindung stand.

Im Anbeginn, vor den nach irdischem Zeitmaass berechneten Weltaltern schuf Ormuzd das Geisterreich. Ihm gegenüber rief Ahriman die Geister der Finsterniss in das Dasein. Die Körperwelt sollte das Mittel zur Ueberwindung und Bekehrung des Bösen werden. Zu den erstgeschaffenen Lichtwesen niederen Ranges gehörten auch die unsterblichen Geister der Menschen, die Feruers, welche sich nach dem Rathschluss des Ewigen auf der Erde mit menschlichen Körpern verbinden und im Kampfe gegen das Böse verherrlichen sollten. Sie präexistirten also wie in Indien vor der körperlichen Erscheinung, waren aber nicht gefallene Geister, die zur Strafe in die irdischen Leiber eingeschlossen wurden, sondern stiegen rein zur Erde herab; auch erschien jeder nur einmal in der Menschengestalt. Die Vorstellung, dass die Körperwelt die Streitkräfte des Himmels gegen die Hölle verstärken sollte, war im Grunde absurd, denn den Geistern als solchen vermochten die Dews nichts anzuhaben, die Menschen dagegen konnten sie quälen oder verführen; dennoch erscheint sie nicht selten in den Religionsschriften. In seiner wahren Bedeutung war das irdische Leben eine Prüfungszeit, welcher diese Classe der Feruers unterworfen wurde, und welche über ihr jenseitiges Wohl oder Wehe entschied, „der Weg zu beiden Schicksalen.“ Wie die Menschen hatten auch die Naturwesen und Naturkräfte, namentlich soweit Bewegung und Leben in ihnen wahrgenommen wurde, Feuer, Wasser, die Erde, die Sterne, Bäume, Heerden, ihre Feruers, die bald gleich den Geistern der Menschen als in ihnen lebend und sie beseelend, bald als ausserhalb stehende, sie inspirirende und über sie wachende Schutzgeister aufgefasst wurden. Wenn auch in Ormuzd selbst und seinen Engeln, den Amschaspands und Ipeds, noch der eigentliche Geist und der Leib unterschieden wurden, so war das eine anthropomorphische Vorstellung, welche in klarer Ausführung offenbar nicht berechtigt war, weil die Feruers der Menschen, als ätherische Geister, wie das Alterthum überhaupt den Geist dachte, mit den Geistern höheren Ranges in gleichem Verhältnisse standen, und daher bei den letzteren eben so wenig wie bei den Menschengeistern eine nochmalige Scheidung von Seele und Leib angenommen werden konnte. Aber diese verschwimmenden Auffassungen vermittelten für den Begriff der Feruers eine zweite ganz ideale oder transcendentale Bedeutung. In dieser waren sie das geistige Vorbild, der Typus der geschaffenen Wesen, ihre Idee in dem Gedanken Gottes. Die Sinnenwelt war das Abbild, die Erscheinung dieser geistigen Welt, im Keime, oder ihrer Grundform nach in ihr enthalten. Sie war das eigentliche Wesen der Dinge, ihre unvergängliche Wahrheit. Nach dieser Wendung konnte dann auch der Feruer des Menschen wieder von seinem Geiste getrennt, ausser ihm gesetzt werden, als sein ideales Wesen, oder als der Grund seines Daseins, und liess sich nach der Neigung Gedankenvorstellungen zu personificiren, in eine Art von Schutzgeist des Menschen umgestalten, ähnlich den Feruers der Bäume oder Quellen; wenigstens scheinen einzelne Stellen der heiligen Schriften so gedeutet werden zu müssen. In dieser transcendentalen Auffassung haben die Feruers eine auffallende Aehnlichkeit mit den Ideen Platos, als Prototypen und Ursachen der Welt. Und bei dem regen Verkehr, der damals zwischen Griechenland und dem Orient Statt gefunden, scheint die Annahme einer directen Einwirkung dieses grossartigen und reich entwickelten Systems auf den griechischen Philosophen um so mehr gerechtfertigt, da Plato wenigstens der Person Zoroasters erwähnt, und gleich nach ihm Aristoteles und Eudemos von den speculativen Ideen der iranischen Mager Rechenschaft zu geben wussten.

XXIX.

Nach dem Vorbilde des geistigen Ideals schuf Ormuzd die Sinnenwelt, und zwar in sechs Tagen, die hier aber ausdrücklich als längere Zeiträume erklärt werden, nach einander den Himmel, das Wasser, die Erde, Pflanzen, Thiere und Menschen. Ueber dem höchsten, unbeweglichen Himmelsgewölbe war das unbegränzte Lichtreich, der Thron Gottes und Wohnsitz der seligen Geister. Unter ihm kreisten in drei Sphären die Sterne, der Mond und die Sonne. Die Erdfläche und die über ihr befindliche Luftschicht waren in der irdischen Zeit der Schauplatz des Kampfes, daher getheilt zwischen Licht und Nacht. Der Berg Albordsch bildete die Verbindung der Erde mit dem Himmel. Von seinem Gipfel führte die Brücke Tschinewad zur festen Himmelswölbung; die Seelen der Guten gingen über sie zur Seligkeit ein; unter ihr öffnete sich der Abgrund der Hölle, in welchen die Bösen hinabstürzten. Auf dem Albordsch entsprang die Quelle Arduisur. Er war eine irdische Wohnung der Geister. „Auf dem Albordsch wohnen die Heere des preiswürdigen Feruers, auf dem nicht Nacht ist, nicht Frostwind, nicht Hitze, von dem Gott ausgehen lässt für und für Sonne, Mond und Sterne — die Sonne fährt aus mit Majestät, wie ein Siegesheld vom Gipfel des furchtbaren Albordsch, und leuchtet der Welt, und herrschet von diesem Gebirge aus, welches Ormuzd zu seinem Wohnsitz geschaffen.“ Im Bundehesch wird der Götterberg mit vielem wunderbaren Beiwerk ausgeschmückt.

Die theologische Lehre machte von der metaphysischen Betrachtung der Urstoffe als Emanationen Zaruanas keinen Gebrauch; ihr entstand die Welt nicht als ein nothwendig entwickeltes Naturerzeugniss, sondern lediglich durch den Willen Gottes. Ob er sie aus vorhandener Materie, oder aus dem Nichts geschaffen, wird nicht gesagt. Die Schöpfungslehre versuchte keine physikalische Theorie zu geben, sondern war das reine Product der dichtenden Phantasie. Das Sprechen der Gottheit vermittelte den Schöpfungsact. Ormuzd sprach das Wort Honover (reiner Wille) und schuf Alles durch dieses Wort. Das heilige Wort war vor allen geschaffenen Dingen, und obwohl von Gott gesprochen, ein blosser Gegenstand des Gedankens, wurde es als Ursache der Welt oder Verbindungsglied zwischen ihr und Gott zu einem selbständigen göttlichen Wesen gemacht, ihm ein Ferner und ein lichtstrahlender Leib zugeschrieben. Es ist „das grosse Wort, von Gott gegeben, das Wort des Lebens und der Kraft." Einmal bezeichnet sich Ormuzd als den, dessen Geist das Wort ist. „Das reine, heilige, schnellkräftige Wort — spricht er — war vor Himmel und Wasser, Erde und Heerden, vor den Bäumen, dem Feuer, vor den reinen Menschen, vor den Dews, vor den unreinen Menschen, vor der ganzen Welt, die wirklich ist, vor allen Gütern, vor allen ormuzdgeschaffenen Keimen; ich selbst sprach dieses Wort mit Grösse, und alle reine Wesen, die da sind, waren und sein werden, sind dadurch geworden und in meine Welt gekommen; noch jetzt spricht mein Mund dieses Wort in aller seiner Weite fort und fort, und reicher Segen mehret sich." Es ist „das Wort des Heils, durch welches die Kräfte des Bösen überwunden werden", von mächtiger Wirkung und hochzuverehren. „Ich gedenke, heisst es in einem Gebete, des grossen Worts, des himmlischen Worts; wie himmlisch rein, wie stark ist dieses Wort, wie alt und weiten Umfangs, siegend, allbesiegend!" Das Wort soll der Fromme sprechen, „wenn die Sprache den Sterbenden verlassen will, und er ohne Hoffnung ist; dann wird sich seine Seele frei in Himmelswohnungen aufschwingen, Gott wird ihm die Brücke breit machen, himmlisch wird er sein, himmlisch rein, und Glanz haben wie die Himmel." Dieses Wort, den Logos, unstreitig aus dem iranischen Glaubenskreise entlehnt, finden wir als weltbildende Macht, als zweite Person der Gottheit wieder im Evangelium Johannis, bei den gnostischen Secten des Christenthums und bei den Neuplatonikern in Alexandrien. Als Ormuzd die Gestirne zwischen Himmel und Erde geschaffen, erhob sich Ahriman zum ersten Angriff auf die Schöpfung des Lichts mit seinen Dews, „dem grässlichen Volk, das nicht verdiente, geschaffen zu sein." Ormuzd, der das Elend wusste, welches er über seine Geschöpfe bringen würde, hielt ihm den endlichen Ausgang seiner Empörung vor, und forderte ihn auf, die reine Welt zu ehren und in ihr zu wirken. Aber Ahriman verwarf den Frieden: „zu keinem Werk der Reinigkeit werde ich mit dir einstimmen, plagen will ich dein Volk, so lange die Jahrhunderte dauern." Aus der Tiefe des Duzahk liess er hören: „ich will nicht Gutes denken, nicht Gutes reden, nicht weise sein; ich werfe das Gesetz weg, meine Seele, so wahr sie lebt, mag nichts davon wissen." Doch als er sich nun zum Lichte aufschwang, ward er von dessen Glanz und Erhabenheit geblendet; Ormuzd sprach das lebendige Wort über ihn, und Ahriman sank bebend zurück in die Finsterniss, wo er noch lange in Kleinmuth gefesselt lag. Inzwischen begann Ormuzd die Schöpfung des organischen Lebens mit dem Urstier, aus welchem sich das Pflanzen- und Thierreich entwickeln sollte. Man mag die alte Ueberlieferung eines Nomadenvolkes darin erkennen, dass das Nahrung gebende Thier als das erste vorausgesetzt, und der Mensch selbst davon abgeleitet wurde. Endlich begann Ahriman, von seinen Dews ermuntert, den wirklichen Kampf, mit welchem das dritte Weltalter anfing. „Ich hielt ihn gefangen und gekettet, spricht Ormuzd, aber er hat sich losgerissen, und ist noch gewaltiger geworden." Seine Zeit war gekommen. Die Dews überschwemmten die Erde, Ahriman selbst drang in den Himmel ein, sprang in Gestalt einer Schlange auf die Erde herab, verwüstete die Körperwelt, und erfüllte sie mit unreinen Geschöpfen. Freilich wurden die Geister der Hölle, als sie gegen den Himmel anstrebten, von Gottes Heerschaaren in den Duzahk zurückgeworfen, aber durch den gebahnten Weg kehrten sie seitdem stets auf die Erde zurück, und durchstreiften sie, Elend, Unreinheit und Sünde schaffend.

XXX.

Den Urstier griff Ahriman mit dem bösen Genius des Todes Astuiad, dem Gebeinzermalmer, an, bis er erlag. Seine Seele erhob sich klagend zum Himmel, und wurde ein Schutzgeist des organischen Lebens. Aus seiner rechten Seite trat

Kajomorts, der Urmensch, hervor, aus seinem Leichnam entsprossten Pflanzen und Thiere. Die Erde wurde durch eine grosse Fluth von dem Gethier der Teufel gereinigt, aber sie setzten den reinen Pflanzen und Thieren auf das Neue unreine Geschöpfe entgegen. Kajomorts wurde ebenfalls geplagt, und starb. Aus seinem Samen erwuchs das erste wirkliche Menschenpaar, Meschia und Meschiome, von deren Kindern alle Völker der Erde abstammten. Sie waren rein geschaffen, und der Himmel war ihnen bestimmt unter der Bedingung herzlicher Demuth und Gehorsams gegen den Willen Gottes. Aber Ahriman bemächtigte sich ihrer Gedanken, und gab ihnen ein, er habe Alles geschaffen. So gewann er Gewalt über sie. Er gab ihnen Früchte, die sie assen, und dadurch verloren sie die Glückseligkeiten, die sie bis dahin genossen hatten. Sie kleideten sich in Felle, fanden Eisen, fällten einen Baum, und baueten sich eine Wohnung — ohne Gott zu danken. Sie verwilderten mehr und mehr, geriethen in Unfrieden mit einander; die Frau opferte förmlich den Dews. Darum müssen ihre Seelen bis zum jüngsten Gericht in der Hölle bleiben. Das Dogma von der Erbsünde ist in den heiligen Schriften Irans nicht angenommen; der Mensch tritt rein in die Welt der Erscheinungen, wenn sich in der Stunde der Geburt der unsterbliche Geist mit dem irdischen Leibe und der an ihn gebundenen, vergänglichen Seele, dem Sitze der Leidenschaften und Begierden verbindet, einer Art von Lebenskraft, welche in die Luft zerfliesst, wenn der Körper in seine Elemente zerfällt. Indessen schadete die Sünde der ersten Menschen ihren Nachkommen; indem diese von vorne herein an Werke der Unreinheit gewöhnt, von Gott abgelenkt, und dadurch in höherem Maasse dem Einfluss der Finsterniss Preis gegeben wurden. So vergassen die meisten Völker Gottes und seines Gesetzes. Nur durch besondere Offenbarung erhielt Ormuzd einzelne Auserwählte bei dem Lichtgesetze, welches immer mehr verdunkelt ward; denn er hatte gesprochen: „wäre keine Seele, die mein Wort thäte, rein wäre in Gedanken und Worten, die Welt würde jetzt am Ende sein.“ Namentlich offenbarte er sich dem Hom und dem Dschamschid. Unter der letzteren Herrschaft erblühte ein goldenes Zeitalter, in welchen unschuldige Menschen bewusstlos das Gesetz erfüllten. Die Natur strahlte im schönsten Glanze, „die Thiere starben nicht, an Wasser und Bäumen und Geschöpfen der Nahrung war nicht Mangel; bei Dschamschids Lichtkraft war nicht Frost, nicht Hitze, nicht Alter, nicht Tod, nicht zügellose Leidenschaft, Schöpfungen der Dews; die Menschen waren jugendlich an Munterkeit und Glanz.“ Aber auch bei den Iraniern nahm das Böse Ueberhand; da erbarmte sich Ormuzd, und offenbarte beim Beginn des vierten Weltalters zur Errettung der Frommen von der Macht der Finsterniss das reine Gesetz in seiner ganzen Vollkommenheit durch Zoroaster, seinen grössten Propheten. Er zeugt von ihm: „wie du hat keiner mich gesucht, noch keiner so viel Gutes gesehen, wie du erkannt hast.“ Vergebens verschwor sich Ahriman, ihn zu verderben. „Dieser Böse wollte mir in's Antlitz sprechen — sagte Ormuzd — aber er hatte den heiligen Zoroaster noch nicht gesehen; dieser Höllengeist, des argen Gesetzes Vater, sah ihn und fuhr zusammen; er sah, dass Zoroaster ihn unter die Füsse treten und wie ein Sieger einherschreiten werde.“ An einer anderen Stelle spricht er zu Zoroaster: „ich rede von dem, was nahe ist und ferne ist; jetzt soll der Weltverderber, der nur Arges kann, keines meiner Geschöpfe zu Grunde richten; ich bin Ormuzd, schlage du den Argen, dessen Zunge Lug und Trug ist.“ Ihm enthüllte der Höchste seinen Weltplan, die Geschichte der Schöpfung und die letzten Dinge, das Wesen des Menschen und seine Zukunft, Namen und Bedeutung der guten wie bösen Geister, endlich den Inbegriff aller der religiösen, sittlichen und ceremoniellen Vorschriften, durch deren Beobachtung es dem Menschen gegeben war sich gegen die Anfechtungen der Finsterniss zu schützen, Leib und Seele rein zu bewahren, im Tode die Wiedervereinigung mit Gott zu gewinnen. Der Inhalt des Gesetzes wird dahin zusammengefasst: Ormuzd, den König der Welt, in Reinheit des Herzens zu erkennen, seine Schöpfung zu ehren, Zoroaster für seinen Propheten zu halten und Ahrimans Reich zu zerstören, oder in dem Gebote: rein zu sein in Gedanken, Worten und Werken. Ormuzd sagt den Feruers der Menschen: „kämpfet tapfer gegen die Argen, Unsterblickeit soll euch werden ohne Veraltung, ohne Uebel, mein Fittig soll euch decken gegen die Feinde“, und verheisst dem Zoroaster: „wer euch anruft in Herzensreinheit, wer durch meine Lehre erleuchtet, des Himmels würdig handelt, und edelsinnig nicht sein, sondern Anderer Glück sucht — lebe er jetzt, oder sei nicht mehr, oder komme noch — seine Seele soll dringen zum Sitze der Unsterblichkeit; das ist Ormuzds Rath über sein Volk.“ Der Wille Gottes ist Grund und Ursache wie der physischen so auch der moralischen Weltordnung. Recht und Sitte werden nicht aus metaphysischen Lehrsätzen oder aus der Natur und den Bedürfnissen der menschlichen Gesellschaft, sondern lediglich von Gott hergeleitet. Ihr sollt heilig sein, denn ich bin heilig — das ist die theologische Begründung der Moral in dem zoroastrischen so gut, wie in dem mosaischen Gesetz. Die ethische Seite der allgemeinen Theorie ist in der iranischen Glaubenslehre sehr reich und tief innerlich ausgebildet. Die Ethik hat offenbar die religiöse Dogmatik, namentlich die Speculationen über das Gute und Böse und die Lehre vom göttlichen Heilsplan ebensosehr bestimmt, wie diese auf ihre Entwicklung eingewirkt haben. Beide stehen in dem innigsten Zusammenhange.

XXXI.

Gott offenbarte dem Zoroaster nicht nur das Sittengesetz, das Recht und die bürgerlichen Einrichtungen für sein Volk, sondern auch die Formen und Vorschriften für die geringfügigsten Dinge des täglichen Lebens, namentlich über die Reinigungen bis zu den Kochgeschirren herab, gerade wie Jehovah dem Moses neben Rechtsgeboten und Verfassung auch die Speisegesetze, oder die Vorschriften über die

Priesterkleidung, die Quasten der Stiftshütte und vielfache nach unseren Begriffen völlig gleichgültige Gebräuche ertheilen musste. In diesen theokratischen Systemen hat beides dieselbe Bedeutung; um die Gnade Gottes zu gewinnen ist die genaue Einhaltung ritueller Satzungen ebenso wesentlich wie die Beobachtung des Moralgesetzes. Wer bei den Juden unreine Speisen geniesst, etwa einen Hasen oder eine Auster, der macht seine Seele „zum Scheusal vor Gott“. Einen Iranier, der Hundefleisch, oder gar Menschenfleisch essen wollte, den könnte keine Reue und keine Busse versöhnen, „er würde unrein bleiben, so lange die Jahrhunderte im Laufe sind; wenn er auch in Thränen zerflösse, vor Gram todtbleich würde, die Bindehaut seinen Augen entginge, dennoch würden die Dews sich seiner bemächtigen vom Haupt bis zu den Füssen.“ Die religiösen Vorschriften umfassen eben das ganze Leben, und verleihen jeder Handlung eine religiöse Bedeutung. Das heilige Bestreben in allem Thun Gott wohlgefällig zu sein entwickelte bei dem grübelnden Priesterthum durch spitzfindige Interpellationen und Consequenzmacherei allmälig diese endlosen äusserlichen Satzungen, welche sich gleichmässig bei den Aegyptern, den Hebräern, den indischen und baktrischen Ariern finden, und die Grundlage der herrschenden Werkgerechtigkeit bildeten. Sind die Brahmanen darin für sich selbst weiter gegangen, als die iranischen Priester, so haben sich die übrigen Kasten doch nicht so viele Beschäftigung mit dem Ueberirdischen, Reinigungen und Bussen auferlegt, wie das zoroastrische Gesetz allen denen, die rein sein sollen in Gedanken, Worten und Werken. Wie der Geist des Menschen göttlichen Geschlechts, gottähnlich ist, so sollte sein Körper ein reiner Tempel der Gottheit sein. Davon gingen die Reinigkeitsgesetze aus. Körperliche Reinheit war nicht etwa ein Symbol der moralischen, sondern stand ihr gleich; wer durch Berührung des Unreinen unrein wird, und sich nicht in vorgeschriebener Weise reinigt, der giebt den Teufeln Macht über sich ebenso, wie der, welcher gegen das Sittengesetz sündigt, und nicht Busse thut. Daher kommen die umfangreichen Bestimmungen über die Beerdigung der Verstorbenen, die Behandlung todter Hunde, über manche Krankheiten, in denen, wie nach der Theorie des neuen Testaments, die bösen Geister vom Kranken Besitz ergreifen, und über die Unreinheit der Frauen in den Krisen, mit welchen Ahriman sie geschlagen hat. Nothwendig oder verdienstlich sind vielfache ceremonielle Beobachtungen bei allen Handlungen des täglichen Lebens, gottesdientliche Gebräuche und Gebete. An einzelnen Festtagen müssen die heiligen und wirksamen Gebetsformeln: „das ist der Wille Gottes", und: „Reinheit und Herrlichkeit ist für den Gerechten, der rein ist," viele Male wiederholt werden. Sehr weitläufig sind die liturgischen Vorschriften für den priesterlichen Gottesdienst, den täglichen, wie den bei einzelnen Festen wiederkehrenden, vor Allem für die Anzündung und Unterhaltung des heiligen Feuers, als Symbol der Reinheit. Eigentliche Opfer kommen in den Zendschriften nicht vor. Es wird gebetet, gesungen, Feuer angezündet, geräuchert, die Gedächtnissfeier Homs celebrirt, aber ,nicht geopfert. Thiere werden vom Priester unter Ceremonien geschlachtet um geweihtes Fleisch zu haben, den Göttern wird nichts davon dargebracht. Nach den griechischen Berichten scheinen bei den Persern wirkliche Opfer, auch Thieropfer in Gebrauch gewesen zu sein. Diese werkheilige Gesetzesübung wird vorzugsweise unter dem Gebote begriffen rein zu sein in Worten und Thaten, die Beobachtung des Sittengesetzes ist schon in dem ersten enthalten: rein zu sein in Gedanken; denn reiner Gedanke ist, „der auf der Dinge Anfang geht", das heisst, der auf Gott gerichtet ist, und nichts sucht und will, als was Gott befiehlt. Die brahmanische Ertödtung des Lebens, die Aufhebung des eigenen Denkens und Wollens um die Vereinigung mit dem Göttlichen zu erreichen, und die darauf gegründete Askese fanden in der iranischen Religion keine Stelle. Man sollte rein sein um zu leben, nicht um zu sterben. Die Materie war nicht an sich unrein, sondern nur so weit sie von den Dews verunreinigt war. Dunkel, Oede und Tod gehörten der Hölle an. Behauptung und Erregung des Lebens waren Mittel gegen das Uebel. „Wer Getreide baut, baut die Reinheit an, wer Feldfrüchte baut, breitet das Gesetz Gottes aus; wenn die Halme wachsen, weinen die Dews, wenn es dicke Aehren giebt, fliehen sie.“ Als verdienstliche, aussöhnende Handlungen, „zur Reinigung der Seele und Tilgung der Sünde“ werden daher Gaben und Thaten vorgeschrieben, welche das Reich des Lichts stärken und mehren. Man soll Hunde gross ziehen, die als Gehülfen des Menschen und Wächter der Heerden in grossem Ansehn stehen, Land urbar machen, Bäume pflanzen, Brunnen graben, Landstrassen und Brücken bauen, heiliges Feuer mit reinem Holze unterhalten, ahrimanische Thiere ausrotten, reinen Menschen Unterhalt, Priestern Geräthe zum Gottesdienst, Kriegern die Ausrüstung zum Dienste, armen Bauern Vieh und Ackergeräth, den Dürftigen Almosen geben. Solche Werke, verbunden mit Reinigungen und Gebeten, schaffen Vergebung der Sünden. Dazu hilft auch das Lesen der heiligen Schriften: „es lese diesen Vendidad der Priester, es lese ihn, wer gesündigt hat.“

XXXII.

Aber die iranische Ethik ist keineswegs bei äusserlicher Werkthätigkeit stehen geblieben. Sie hebt durchaus die innere Gesinnung des Menschen, das sittliche Streben nach der Einigung mit Gott in Reinheit des Herzens und Liebe zu seinen Geschöpfen als das eigentlich Entscheidende hervor. Dies zeigt sich sowohl in den Vorschriften, wie namentlich in den Gebeten und Gelobungen der Zendschriften. Ich setze einige Stellen her. „Himmlischer Ormuzd, lebend im Urlicht, umgeben von Glanz und Seligkeit, du die Weisheit selbst, lass mich in Vollkommenheit wachsen. — O, dass ich heilig lebe, lass Bahman und Ardibehescht mir Ueberwindungskraft verleihen. — Lass Alle, die nach Reinheit dürsten, durch Bahman sie erlangen. Ich sehne mich nach deinem

Wohlgefallen durch Werke, der Seligkeit würdig. — Lass meines Herzens Reinigkeit zu dir, o Ormuzd, dringen, und gieb mir Festigkeit im Guten, dass ich durch deinen Schutz zur Herrlichkeit der Thaten komme, die Quell der Freuden und des Segens für mich sind. — Mehre, o König, die Reinheit meines Herzens, lass mich heilige und sehr reine Werke thun! — Allwirker Ormuzd, mache mich ganz Licht und Seligkeit, lass meinen Geist zu dir sich erheben, durch Bahman hingeleitet.“ Im Anfange der Liturgie gelobt der Betende sich allem Guten zu weihen, allem Bösen zu entsagen, Leib und Seele Gott zu heiligen. „Welches Land sollte ich aufsuchen, welches Gebet erwählen, wenn ich nicht deine Liebe, nicht deinen Beistand hätte;“ ist ihm aber Gott nahe, dann spricht der Fromme auch hier: „Leib und Seele bekümmern mich nicht.“ Häufig wird für Andere gebetet, für alle Reinen, für die Obrigkeit, um Schutz gegen das Böse und die Bösen.“ Der Welt erzeige diese Huld, und gieb ihr alles Reine mit Ueberfluss; den Häuptern der Menschen drücke Demuth ins Herz. Du allein bist und giebst Verstand, und keiner ohne dich. — Gieb, o Schöpfer der Welt, dass jedes Oberhaupt thue, was recht und gut ist, nach Herzens Heiligkeit und Reinheit strebe. — Nimm dich des Königs an; er, ein Zweig von Kean, entkräfte die Weltverderber. Zerschlage mit Macht den Uebermuth des Turaniers, des Plagers der Gerechten. — Dass doch dem Ungerechten nicht gelingen seine Worte und Gedanken. — Gieb der Welt auf ihr Verlangen einen König, der das Böse zerstöre; zerschmeisse die Uebelthäter und Dewsverehrer, die Zauberer und die bösen Geister. — Sorge für den König, der gerecht ist, und für einen ahrimanischen sorge nicht; kommt er als Feind, so reiss ihn weg aus dem Volke Gottes. — Gieb Kraft und Grösse den wirksamen, lebendigstarken Helden Irans. — Mein Herz ist liebevoll. Ich will Gutes thun den Freunden des Gesetzes; euer reines Gebet steige empor, und die Uebel werden schwinden. — Gieb deinen Dienern Reichthum an Freuden, lass, reiner Ormuzd, diese Menschen kein

Unglück treffen, die himmlisch denken; o Quell des Segens und des Glücks, o Weisheit und Verstand, erhalte, schütze die Heiligen und Reinen des Herzens bis zur Auferstehung der Todten. Dies thue, o Ormuzd, der du mich gelehrt, dass Alles, was Himmel und Erde enthält, geworden ist durch dein Wort. — Wenn ein Mensch dich aufbringt durch seine Gedanken, durch seine Worte, durch seine Thaten, hingerissen oder nicht hingerissen durch Leidenschaft, und er demüthigt sich tief vor dir und ruft dich an, so sei ihm Freund, o Ormuzd, so wie auch ich dem Menschen, der mich aufbringt, wieder Freund bin, wenn er mich bittet mit Demuth." — Worte so reiner und hoher Gesinnung sind in den iranischen Gesängen völlig eben so häufig wie in den hebräischen Gedichten. Seit die indischen und baktrischen Religionsschriften bekannt geworden, können die hebräischen weder in der Innigkeit und Erhabenheit des Gottesbewusstseins, noch in der Reinheit und Tiefe der Sittlichkeit den ausschliesslichen Vorzug behaupten, welcher ihnen mit Recht beigemessen wurde, so lange kein anderes Denkmal des tief religiösen Geistes, welcher die priesterlichen Theorien des Orients beherrschte, mit ihnen verglichen werden konnte. Wenn die semitische Ausdrucksweise durchschnittlich energischer und eindringlicher ist als die arische, und wenn uns in den zoroastrischen Schriften die hyperbolische Phantastik und die häufigere Einmischung der Engel oder Geister fremdartiger klingt, so ist andererseits unläugbar die iranische Glaubenslehre, welche die ganze Welt in einem grossartigen Heilsplane der Gottheit begreift, der mosaischen, welche von der Schöpfung nur als einer Einleitung in die Geschichte des auserwählten Volkes weiss, ebenso überlegen, wie es ihre Sittenlehre dadurch wird, dass sie das jenseitige Leben zu ihrem eigentlichen Angelpunkte macht, während die Aussichten und Hoffnungen der Hebräer ursprünglich ganz auf diese Erde beschränkt waren. Dadurch wurde die gehässige Ausschliesslichkeit gegen andere Völker wenigstens in der Theorie gemildert, und eine Solidarität des ganzen mensch-

31*

lichen Geschlechts vermittelt, welche das beschränktere jüdische System nur für die Blutsverwandtschaft der eigenen Nation anerkannte. Es versteht sich von selbst, dass auch die iranische Theologie die Sorge für diese Welt nicht aus den Augen setzte, dass Wohlfahrt, langes Leben und irdisches Glück Gegenstände sowohl des Gebetes, wie der Verheissung für die Befolger des göttlichen Gesetzes waren. „Diene mit Ehrfurcht dem Reinen, Heiligen und Guten — spricht Ormuzd — und ich will dir in reichem Ueberfluss geben Korn und Heerden und vollfliessende Bäche. — Wer die Steine betreten hat (eine besondere Reinigungsceremonie) wird reich, wenn er Mangel hat, bekommt Kinder, wenn er kinderlos ist, bekommt viele Güter, wenn er dürftig ist. Wie ein edles Pferd wird er sich vor den Dew des Todes stellen und ihn schlagen. — Wo man das Wort spricht, wo man Hom lobsingt, der Leben und Gedeihen giebt, wird überall der Häuser Schönheit und Gesundheit glänzen. — Gieb meinem Körper Gesundheit und Länge des Lebens — wird gebetet — mache mich gross und mächtig auf Erden das Böse zu zerstören, die Argen zu zernichten, die guten Gaben der Erde zu vermehren. — Erhebe mich, Ormuzd, über den Plager und Verderber, mich, der ich demüthig bin. Nimm dich meiner an, schenke mir Ruhe des Lebens. Gieb mir, gieb deinen Dienern Reichthum an Freuden, gieb mir Sieg, o König Ormuzd. — Ich bitte dich, Himmlischer, für den reinen König, dass er in die Länge lebe, und der Uebelthäter in Kürze der Tage sterbe. Gieb ihm ein heiliges Volk, Städte und Provinzen in reinem Segen, und weite Plätze. — Ihr Lebensgeschöpfe, der himmlische Ormuzd sorgt für euch alle nach seiner erhabenen Weisheit, zeigt den Weg und weidet euch, wo sonst nicht Weide war.“ — Ein Nachklang der alten Anschauung, welcher die Körperwelt unmittelbar beseelt und belebt war, und welche später dem Walten der Geister in und über den Einzeldingen weichen musste, setzte zuweilen das menschliche Handeln in einen unvermittelten Zusammenhang mit der umgebenden Natur.

„Wenn Menschen nicht zum Guten streben und des Gesetzes Lehrer nicht in reinen Werken wirksam sind, dann wird alle Mühe der Feldarbeiter umsonst und ohne Segen sein.“ Die Erde erblüht in schönerem Glanze, wo das Gesetz geübt wird, aber sie versagt ihre Gunst, „wenn sie ein Aufenthalt der Unterdrückung und ahrimanischer Geschöpfe wird, wenn gerechte Männer oder reine Frauen mit staubbedecktem Haupte weinend gehen und kommen.“ Sünden und Laster der Menschen zerrütten die Schöpfung Gottes, und vermehren nicht nur die Macht des Bösen, sondern bringen selbst neue Dews hervor. Indessen treten diese Wechselwirkungen menschlicher Gesinnung und menschlichen Thuns mit der Sinnenwelt und irdischem Glück durchaus in den Hintergrund gegen die Beziehungen auf das Jenseits. Wenn auch der lebendige Glaube, der noch alle Erscheinungen in der Natur und im Menschenleben unmittelbar auf den göttlichen Willen zurückführt, das Walten des Gottes, der seinen Dienern gnädig ist, in den irdischen Geschicken zu erkennen verlangt, und wenn auch nur eine seltene und hohe Abstraction, nimmer die Mehrzahl der Gläubigen, im Ernst und in der Wahrheit auf das Glück der Erde Verzicht leistet, so ist doch in der religiösen Weltanschauung der Idealismus, welcher seinen Ausgang in einem ewigen Leben bei Gott nimmt, jedem anderen an Kraft und Erhabenheit so sehr überlegen, dass der Gedanke der Unsterblichkeit, einmal erfasst, freilich nicht im gemeinen Leben, aber wohl in der tieferen Contemplation alle geringeren Interessen zurückdrängt. Und da der wirklich religiöse Theil heiliger Schriften den Menschen und Stunden tieferer Contemplation seinen Ursprung verdankt, musste auch in der iranischen Theologie die Hinweisung der Gläubigen auf die Dinge dieser Welt weit überragt werden durch die Bitten, Verheissungen und Betrachtungen, welche dem überirdischen Dasein galten. Hier ist die Zeit der Anfechtungen und der Unruhe, dort Erfüllung und Seligkeit.

XXXIII.

„Wer in dieser argen Welt, der Furcht Heimath, mit reinem Sinn und himmlischem Verstande Gott fragt, und von den Ketten der Sünde befreiet ist, der wird aus dieser Welt in die reinen Wohnungen, in jene glücklichen Gegenden der Herrlichkeit übergehen. — Das Wort kommt von mir; wer unter den Menschen es thut, auch mitten in Verfolgung, dessen Lohn, das sage ich, soll Seligkeit des Himmels sein“, so spricht der lebendige Gott, „dessen Wille ist, dass Alles gross und himmlisch sei, der selbst Sünder zu heiligen Lichtern macht.“ Darum wird an unzähligen Stellen gebetet: „Lass mich gelangen zu den Wohnungen der Heiligen, glänzend in Licht und Seligkeit. — Lass mich schauen deine Herrlichkeit. — Wenn ich sterbe, lass Aban und Bahman mich in den Schooss der Freude tragen.“ Die vorwiegende Beschäftigung mit dem Ueberirdischen führte die theologische Speculation in allmäliger Ausbildung ihrer Dogmen, deren Fortschritt sich in den Erweiterungen der jüngeren Schriften gegen die Einfachheit der älteren erkennen lässt, zu sehr genauen und umständlichen Festsetzungen über das Schicksal der Menschen nach dem Tode und über das Ende der Welt.

Wenn sich im Tode der Geist des Menschen von seinem vergänglichen Theile getrennt hat, bleibt er noch drei Tage neben der irdischen Hülle. Die Seele des Gerechten schwebt um das Haupt des Leichnams; die des Sünders nagt am Gürtel. Sie brennt, sie fühlt das Unrecht, welches sie im Leben gethan, sie stöhnt: „welche Erde soll ich anrufen, o Ormuzd, welches Gebet an dich richten!“ Die fromme Seele erblickt eine lichte Gestalt in jungfräulicher Schöne. Das ist ihr eigenes Ideal, das reine Gesetz, welches sie im Leben zu verwirklichen strebte. Weil sie rein war auf Erden, ist sie jetzt „so heilig, so sehr rein, segnend, über alle Furcht hinaus.“ Unter dem Schutze himmlischer Geister gehen die Seelen der Gerechten auf den Berg Albordsch und über die

Brücke, „die Schrecken einflösst.“ Engel rufen ihnen entgegen: „wie seid ihr hierher gekommen, reine Seele, aus der Welt der Mühseligkeiten in die Wohnungen, wo der Vater der Uebel keine Gewalt mehr hat? seid willkommen und gesegnet, reine Seelen, bei Ormuzd, bei den Anschaspands und allen Heiligen.“ Die Seele tritt an den Ort des reinen Gedankens, des reinen Worts, der reinen That; mit dem vierten Schritt geht sie in das Urlicht, und Gott richtet sie nicht, „er richtet nur den, der da wandelte den Weg der Bedrückung, der Schrecklichkeit, der Peinigung, so lange er lebte,“ die Seele des Ungerechten empfängt an der Brücke Tschanevad ihr Urtheil, und stürzt hinab in den Duzahk, der vierte Schritt führt sie in die Urfinsterniss. Die Sünder sprechen ihr entgegen: „wie bist du böse gestorben, wie hierher gekommen, in diesen Aufenthalt der Tiefe, wie lange Zeit wirst du ächzen?“ Brennende Gluth und Fäulniss erfüllen die Hölle, eine so reiche Ausmalung wie in Aegypten, Indien und dem christlichen Mittelalter hat sie bei den Iraniern nicht erhalten. Der Himmel ist Licht und Anschauen Gottes. Nur wenige Auserwählte können gleich zu ihm eingehen, die übrigen müssen auf bestimmte Zeit, oder bis zum Ende der Welt in der Hölle aushalten, können aber durch eigene Bekehrung, oder durch Gebete und gute Werke, welche von frommen Menschen, namentlich Angehörigen, für sie dargebracht werden, vor der Zeit erlöst werden, wie die Seelen der Katholiken aus dem Fegefeuer.

Die spätere Zeit ergab sich gleich manchen Perioden des Christenthums mit grosser Vorliebe eschatologischen Speculationen über die Wiederbringung aller Dinge und die Auferstehung des Fleisches. Die Grundlehren vom Weltende und jüngsten Gericht finden sich indessen schon in den Zendschriften selbst. „Am Ende der Jahrtausende wird Ahriman ohnmächtig sein,“ hatte Ormuzd verheissen, aber gegen die letzten Zeiten sollte das Reich des Bösen schrecklich wachsen. Eine neue Offenbarung war nach Zoroaster nicht mehr erforderlich, erst am Ende der Tage sollte ein neuer Prophet geboren werden, Sosisch, der Jungfrau Sohn, ein Heiland der ganzen Menschheit, um die dann Lebenden zu bekehren. Von einem Kometen in Brand gesteckt, sollte die Erde im Feuer untergehen. Dann beginnt die Auferweckung der Todten. Zoroaster zweifelte: „der Wind führt den Staub der Körper fort, das Wasser nimmt ihn mit sich, wie soll der Leib dann wieder werden, wie der Todte neu zum Vorschein kommen?“ Aber Ormuzd beruft sich auf seine allmächtige Kraft, und antwortet: „sicher und gewiss sollen deine Augen einst Alles neu leben sehen; und ist das einmal geschehen, so wird es nicht zum zweiten Male geschehen. Um diese Zeit wird die verklärte Erde Gebeine und Wasser, Blut und Pflanzen, Haar, Feuer und Leben geben, wie beim Beginn der Dinge. — Alles wird auferstehen und neu leben.“ Kajomorts, Meschia und Meschiana machen den Anfang, dann folgen alle übrige Menschen. Einer wird den Anderen wiedererkennen: „siehe, mein Vater, meine Mutter, mein Bruder, mein Weib! Jeder wird hier sein Gutes oder Böses sehen. Der Sünder wird sagen zum Gerechten, dessen Freund er hier war: ach, warum hast du mich nicht gelehrt mit Reinheit handeln! Dann wird eine grosse Scheidung sein. Die Gerechten werden zum Himmel gehen, aber die Befleckten werden in die Tiefe sinken. Der Mann wird von der Geliebten, die Schwester vom Bruder, der Freund vom Freunde geschieden sein. Unbefleckte werden weinen über Sünder, und Sünder über sich selbst. Von zwei Schwestern wird eine rein sein, die andere Sünderin. Ihr Lohn wird in ihren Thaten liegen.“ In einen Metallstrom zerschmolzen fliesst die Erde in den Duzahk hinab, die Sünder leiden in dem Feuer furchtbare Qual, aber dann werden sich alle zu Gott wenden, und er wird sich ihrer erbarmen. „Auch der grundarge Ahriman wird in Ormuzds Welt zurückkehren.“ Eine Secte lässt Ahriman und seine Genossen im Brande untergehen, eine andere die Bösen im Abgrund bleiben; die Ewigkeit der Höllenstrafen ist auch hier eine Controverse geworden, aber nach der orthodoxen Lehre wird das Böse aufgehoben, und Alles bekehrt sich zu Gott. Dann wird eine neue Erde und ein neuer Himmel vollendet werden, wo alle Wesen in ewigem Lichte wandeln. Nur Gott wird sein und selige Geister.

XXXIV.

Kehren wir von den Gestaltungen der überirdischen Welt zur Erde zurück, so sehen wir, wie die baktrischen Priester in ihren heiligen Schriften ein umfassendes und detaillirtes System für die Ordnung des praktischen Lebens ausgearbeitet haben. Dasselbe schliesst sich durchaus an die religiöse Theorie an. Wenn die Geisterwelt aus einer Verklärung und Idealisirung der sinnlichen Erscheinungen hervorgegangen war, so sollte das irdische Leben nun wieder nach dem typischen Vorbilde des himmlischen gestaltet, die Erde ein Reich Gottes werden. Abgeleitet aus dem Willen der Gottheit und entwickelt in stetem Hinblick auf die Religionsvorschriften, wurden die Sphären der Sitte und des Rechts, wie es in allen Systemen alter Priesterweisheit zu geschehen pflegt, nicht auseinander gehalten. Was die Moral gebot, sollte auch als ein Rechtsgesetz durchgeführt werden. So einsichtig auch in einem grossen Theile der Vorschriften die menschliche Natur, die Grundbedingungen der Gesellschaft und die thatsächlichen Verhältnisse berücksichtigt werden, welche die Theorie nicht schaffen, sondern höchstens modificiren und im Einzelnen umbilden konnte, so sind doch hier nicht anders, wie in den indischen und hebräischen Religionsbüchern eine Menge von Bestimmungen, die als Gesetze auftreten, aber offenbar Unmögliches oder Undurchführbares verlangen, auf die Herstellung eines idealen Zustandes, einer Gottesgemeinde gerichtet, welche nur ein Traum der theologischen Phantasie, in der spröden Realität nicht zu verwirklichen war. In dem alten Verzeichnisse der heiligen Schriften wird der Inhalt des Vendidad dahin angegeben: wie der Mensch sich vor den Werken Ahrimans und vor den Dews bewahren müsse; und das ist in der That der Ausgangspunkt seiner Pflichtenlehre, welche in dem Zwecke der Reinerhaltung und Ausbreitung des vollkommenen, gottgefälligen Lebens ohne strenge Ordnung und Sonderung, aber in sorgfältiger, umsichtiger Durcharbeitung Vorschriften über das Verhalten des Menschen gegen sich selbst und seine Umgebungen, die leblose, wie die lebendige Schöpfung begreift. Den grössten Theil des Buches nehmen diesem Gesichtspunkte entsprechend die Reinigungsgesetze ein. Besondere Sorgfalt wird dann aber auch der Ausbreitung der Cultur durch nützliche Thätigkeit in den ersten Zweigen menschlicher Arbeit, Ackerbau und Viehzucht, gewidmet. „Wer das Land mit Treue und Sorgfalt anbaut, der erwirbt sich ein höheres Maass des Verdienstes vor Gott, als die Wiederholung von zehntausend Gebeten verschaffen kann.“ Man sieht, dass der civilisirende Einfluss des Priesterthums bestrebt war regelmässige Arbeit zu fördern und zu Ehren zu bringen. Urbarmachung wüsten Landes, seine Bewässerung oder Trockenlegung, Anpflanzung von Getreide und Bäumen, Anlegung von Städten oder Dörfern werden als religiöse Pflichten eingeschärft, Segensverheissungen an Fleiss und Sorgfalt im Betriebe des Landbaus und der Viehzucht geknüpft, ihre Vernachlässigung mit schweren Folgen bedroht. Wird die Erde nicht mit Fleiss umgebrochen, so spricht sie: „reine und gesunde Speisen bleiben weit von dem Orte, wo du wohnst, Dew Nesosch plage dich, und statt guter Früchte zeige dein Land hundertfältige Schrecken.“ Der misshandelte Stier flucht seinem Verächter: „sei kinderberaubt, weil deine Worte und Gedanken auf Dews gerichtet sind, und du mir nicht des Lebens Nahrung giebst; all deine Habe will ich tödten, dein Weib, dein Kind und deine Heerden.“ Grosse, zum Theil sogar übertriebene Fürsorge und Milde gegen nützliche Thiere wird eben so zur Pflicht gemacht, wie Austheilung von Korn oder anderen Gaben an dürftige Menschen. Die strafrechtlichen Bestimmungen des Vendidad sind an die Idee der religiösen Sühne angeknüpft, und ihre Einfügung in denselben ist durch diesen Zusammenhang gerechtfertigt.“ Das Gesetz hat Strafen verordnet, welche (auch dem Sünder) den Uebergang über die Brücke möglich machen." Nicht gesühnt, oder zu häufig wiederholt werden selbst leichtere Vergehen Tanafur, das heisst, sie lassen nicht über die Brücke. Bei schwereren Verbrechen ist das sogleich der Fall. Die regelmässige Strafe für die im Vendidad aufgeführten Vergehungen ist eine bestimmte Zahl von Schlägen, die zuweilen bis in die Tausende steigt, oder eine entsprechende Vermögensstrafe. Ist die Sünde Tanafur, so tritt eine den Schlägen gleiche Zahl von Jahren der Höllenstrafe hinzu; ihr mindestes Maass beträgt 200 Jahre, sie kann aber in den meisten Fällen durch angemessene Sühnopfer abgewendet werden. Diese bestehen gewöhnlich in Gaben oder Handlungen zum Besten der Priester, der Landescultur, des Verkehrs oder der Armen, erscheinen indessen in ihrer näheren Bestimmung nicht selten hyperbolisch und keineswegs wörtlich gemeint, wenn etwa verlangt wird, dass der Uebelthäter „zur Reinigung der Seele und Tilgung der Sünde" mehrere tausend Ladungen von Holz zum Feuer bringen, Tausende von unreinen Thieren tödten, dreissig Brücken über fliessendes Wasser legen, oder 18 Hunde gross ziehen, einen Herrn über 18 Felder setzen, 18 reine Menschen ernähren soll. Es lässt sich annehmen, dass die Praxis sich mit geringeren Bussen begnügt hat. Bei der Classification und der Strafwürdigkeit der Vergehen ist der ethische Gesichtspunkt entscheidend, welcher mehr die sittliche Gesinnung, aus welcher die That hervorgegangen, als die äussere That selbst berücksichtigt. Vergehen, die in der Leidenschaft verübt worden, werden auch, wenn ihre Folgen weit schwerer sind, mit geringerer Strafe bedroht als solche, die aus einer harten, undankbaren oder ungerechten Gesinnung hervorgehen. Wie die Wahrhaftigkeit des Geistes der Reinheit des Körpers entsprechen soll, und die erste Bedingung eines sittlichen Wandels ist, werden die Werke der Unwahrheit als besonders strafwürdig ausgezeichnet; es sind Mithrasünden, weil sie den Mithra als Aufseher der reinen Welt beleidigen, gleichsam Sünden wider den heiligen Geist." Wer borgt in der Absicht es nicht wieder zu geben, wer sein Wort giebt und es nicht hält, wer dem Anderen die Hand auf's Wort giebt ohne Treue im Herzen und in der Absicht zu hintergehen, wer einem zahmen Thiere eine Belohnung zusagt und sie ihm vorenthält, der begeht das Verbrechen des Mithra, er sündigt gegen die Wahrheit." So beten auch die Könige in den persischen Keilschriften, Gott möge ihr Land bewahren vor Sclaverei, vor Entkräftung und vor der Lüge. Das Wesentliche zur Sühne ist immer die bussfertige Gesinnung und die Erkenntniss der Sünde. Darum wird neben den täglichen Gebeten eingeschärft vor dem Schlafengehen Alles zu untersuchen, was man den Tag über gethan. „Wenn Jemand ein Verbrechen begangen hat, muss er mit Gehorsam hören, was das Gesetz der Ormuzddiener über ihn spricht; thut er das nicht, so müssen die Diener des Gesetzes den hartnäckigen Widersetzer von der Gemeinde der Gläubigen scheiden; verweise einen solchen Menschen aus der Gesellschaft des unzweifelbaren Gesetzes, schneide ihm alle Bande ab." Dabei ist wohl mehr an einen religiösen Bann, als an eine eigentliche Verbannung zu denken, da ähnliche Wendungen auch bei einzelnen Vergehen gebraucht werden, die doch ausdrücklich mit anderer Strafe belegt sind. Dass aber die Strafbestimmungen des Vendidad nicht als bloss geistige Bussen, sondern als eigentlich criminalrechtliche zu betrachten sind, scheint mir unzweifelhaft. Schon die Schwere der Strafen lässt an eine weitere bürgerliche Bestrafung neben ihnen nicht denken; die genauen Abmessungen, die Unterscheidungen zwischen dem Versuch und der vollbrachten That, zwischen Versehen und Vorbedacht sind durchaus strafrechtlicher Natur; die Zusammenstellung der Vermögensbussen, mit denen die Hölle, und derer, mit denen die Schläge abzukaufen sind, beweist, dass letztere keine geistliche Strafe sind, und wenn Verbrechern gesagt wird: der reine Destur (eine besondere Classe der Priester) hat sie zu strafen, so heisst es in einem schweren Falle ausdrücklich: man bringe sie vor den Destur oder vor den König. Gemeint war gewiss ein wirkliches Strafrecht, aber freilich sind eben so gewiss viele Vorschriften der Art, dass sie niemals wörtlich ausgeführt wurden. Wenn Wortbrüchigkeit, Undankbarkeit gegen Wohlthäter oder Lehrer, Nichtbelohnung der Feldarbeiter, Vernachlässigung des Arbeitsviehs oder die Nichtaufnahme einer verlaufnen Hündin mit übermässigen Strafen bedroht werden, oder wenn von hundertfältigem Ersatze, dessen, was durch Betrug erworben worden, gesprochen wird, so kann das nur bedeuten, was der Theorie nach geschehen sollte, nicht was wirklich geschah. Dergleichen Bestimmungen waren ebenso hyperbolisch und symbolisch wie jene Festsetzungen über die Sühnopfer, oder das Heirathsverbot, in welchem von dem, der eine Ungläubige, eine Verehrerin der Dews heirathet, gesagt wird: „er vernichtet ein Drittel des feuchtfliessenden Wassers, ein Drittel des Wachsthums der emporwachsenden, schönen Bäume, ein Drittel der Bekleidung der heiligen, unterwürfigen Erde, ein Drittel der starken, siegreichen, reinen Männer — ein solcher sollte ausgerottet werden wie giftige Schlangen, wie Eidechsen oder Wölfe mit Klauen." Hier bedient sich das Gesetz selbst nicht des kategorischen „er soll", sondern nur des optativen „er sollte". Es war der Versuch eines systematischen, religiös-moralischen Strafrechts; ein grosser Theil seiner Vorschriften mochte gelegentlich in einzelnen Fällen nach Willkür der Machthaber in Vollzug gesetzt werden, eine regelmässige Anwendung war unmöglich. Gegen manche unhaltbare Schlüsse, die aus dem Schweigen des Gesetzes gezogen sind, muss übrigens erinnert werden, dass der Vendidad keineswegs das vollständige Criminalrecht enthält; die meisten Capitalverbrechen, Raub, Mord, Vergehen gegen die Obrigkeit, kommen gar nicht darin vor, aber nach dem Verzeichniss der verlornen Schriften wurde auch noch in mehreren anderen von dem Gehorsam der Unterthanen, von den Strafen der Frevel, von der Anwendung der Gesetze, von den Richtern und ihren Pflichten gehandelt.

XXXV.

Auch das Privatrecht, die Lehren vom Eigenthum, den Erbschaften und dem Personenrecht, war in den heiligen Schriften enthalten. Im Vendidad findet sich fast nur Einiges über die Organisation der Familie. Zunächst wird ausdrücklich bemerkt, dass die Seelen der Frauen das gleiche Schicksal nach dem Tode haben, wie die der Männer. Das Gesetz gestattet nur eine Frau, aber die Monogamie wird illusorisch durch die Erlaubniss neben der rechtmässigen Ehefrau Concubinen zu halten, wovon die persischen Grossen den ausschweifendsten Gebrauch machten. Die Könige scheinen sich sogar mehrere legitime Frauen erlaubt zu haben, wie aus der Geschichte des Darius zu entnehmen. Die Entdeckung der Richter des Kambyses, dass der König an kein Gesetz gebunden sei, und daher selbst seine Schwestern heirathen könne, mochte auch diese Abweichung rechtfertigen. Die Frauen standen in hohem Ansehn, und übten, wie die Cyrustochter Atossa, oft grossen Einfluss. Seit der Regierung des Xerxes erscheinen aber auch die Gräuel der Haremswirthschaft in blutiger Fülle. Das Gesetz verlangt die Ehe als etwas durchaus Nothwendiges; die Ehelosigkeit ist schimpflich und strafbar; ein Mädchen, welches bis zum zwanzigsten Jahre die Ehe ausschlägt, muss ohne sich durch Opfer lösen zu können bis zur Auferstehung der Todten in der Hölle büssen. Die Ehescheidung ist dem Manne nur aus gewichtigen Gründen gestattet, wenn die Frau seinem Willen hartnäckig nicht gehorchen will, wenn sie ein schandbares Leben führt, wenn sie den Dews oder der Zauberei ergeben ist. Auch die Concubinen geniessen rechtlichen Schutzes; wer ein Mädchen zu sich nimmt, muss sie und ihre Kinder ernähren, und darf sie nicht verstossen. Wird dagegen ein Mädchen im Hause der Eltern, unter deren Aufsicht sie lebt, verführt, so sollen sie, der Verführer und ihr Kind sterben.

Auf die wirthschaftlichen Zustände des Volkes zur Zeit der Abfassung der heiligen Schriften lassen sich nur aus einzelnen Andeutungen Schlüsse ziehen. Der Eifer der priesterlichen Gesetzgeber für Ausdehnung und Verbesserung des Landbaus zeigt, dass sie die ersten Bedingungen eines geordneten Zusammenlebens erkannt, und die Vermehrung des Volkes, so wie die Hebung seiner ökonomischen Lage zu fördern gestrebt haben. Auf Zeiten, in denen es galt die Nation überhaupt aus dem Nomadenthum zur Ansässigkeit hinüber zu leiten, möchte ich auch die ältesten dieser Vorschriften nicht beziehen, aber wohl konnte die Empfehlung der Landescultur im eigenen und im volkswirthschaftlichen Interesse neben der richtigen Würdigung der Arbeit auch durch den Gegensatz gegen die wandernden Stämme veranlasst werden, welche, abgesehen von den feindlichen Turaniern, damals ohne Zweifel in grösserer Menge und in geringerer Unterwürfigkeit, wie noch heutigen Tages einen Theil der iranischen Länder durchzogen. Herodot nennt unter den Persern besondere Stämme, als von der Viehzucht lebend. Solche Nomaden inmitten einer ackerbauenden Bevölkerung pflegen zwar die Vortheile, die höhere Einträglichkeit des Landbaus zu erkennen, sich aber in Verachtung der gebundenen Arbeit für freier und vornehmer zu halten, und raubsüchtige, unruhige Nachbaren zu sein, wenn sie auch zu schwach sind die staatliche Ordnung im Grossen zu gefährden. Eine gewerbliche Arbeitstheilung war noch kaum vorhanden; es werden zwar einzelne Handwerker, namentlich Metallarbeiter erwähnt, wie sie vereinzelt überall und besonders in Städten früh vorkommen, aber eines abgesonderten Standes von Gewerbtreibenden wird nicht gedacht. Es waren noch die Zeiten, in denen jede Haushaltung wesentlich durch die eigene Arbeit sei es der Familienglieder, sei es abhängiger Leute für ihre Bedürfnisse sorgt, und die iranischen Länder scheinen bei geringer wirthschaftlicher und industrieller Entwicklung auf dieser Stufe stehen geblieben zu sein. Wenn auch die Sorge für Brücken und Wege, oder die Erwähnung des Kameels, „welches Güter und Schätze trägt, der Menschen Wünsche, als Freund des Menschen grosse

Reisen durch die Welt macht, jugendlich die Städte durchtrabt“, auf Handel und Verkehr zu beziehen sind, so können diese doch nicht von Erheblichkeit gewesen sein, kaum mehr als einige Luxusgegenstände betroffen haben. Als Reichthümer werden hauptsächlich die Heerden, Rinder, Pferde und Kameele, dann Teppiche und Kleider, seltner Gold und Silber erwähnt. Selbst das Land an sich, obwohl bei einem industrielosen Volke der Reichthum und die darauf begründeten Ständeunterschiede fast ausschliesslich auf dem Grundbesitze beruhen, wird kaum als Gegenstand des Reichthums betrachtet, sondern erst dann zu einem schätzbaren Vermögensobjecte, wenn Arbeit darauf verwendet, Gebäude errichtet, Vieh und Ackergeräth dafür beschafft worden. Grund und Boden war offenbar noch überflüssig vorhanden, es kam darauf an ihn in Cultur zu setzen, Arbeitskräfte dafür zu gewinnen. Eigentliche Sclaverei zum Zwecke der Nahrungsarbeiten scheint wenigstens nicht in grossem Umfange bestanden zu haben, nur zu häuslichen Diensten, zu Glanz und Pracht wurden seit den Eroberungszeiten von den Vornehmmen grosse Massen von Sclaven gehalten. Wenn sich dagegen Strafbestimmungen finden für diejenigen, die ihr Arbeitsvieh oder die Menschen, welche damit arbeiten, nicht gehörig pflegen und lohnen, und für die, welche den Feldarbeitern oder ganzen Dörfern die Vergeltung versagen, so lässt sich schon daraus schliessen, dass jedenfalls ein grosser Theil des Bauerstandes in factischen oder rechtlichen Abhängigkeitsverhältnissen zu den grösseren Grundbesitzern stand, wie sich denn Reichthum, Adel und Vornehmheit, Besitz- und Standesunterschiede bei völliger Naturalwirthschaft ohne Frohndienste oder irgendwelche Formen der Hörigkeit kaum denken lassen. Geld aber gab es in den Zeiten der Zendschriften wahrscheinlich noch gar nicht. Es wäre zwar möglich, dass unter den Derems, mit welchen die körperlichen Züchtigungen abgekauft werden konnten, nicht ein geringes Gewicht, sondern wie einige Ausleger wollen, kleine Münzen zu verstehen wären, und dass man also zum kleinen Verkehr schon eine dem werthvolleren Gelde regelmässig vorausgehende Art von Scheidemünze gehabt hätte, es scheint indessen kaum, und jedenfalls war der Gebrauch des Geldes äusserst beschränkt. Alle Werthsangaben, von Gold und Silber wie von anderen Waaren, werden nach Hausthieren berechnet; die Vermögensbussen bestehen in anderen Besitzthümern, und sind erst in Pehlevi-Bearbeitungen des Gesetzes in Geldwerthe umgesetzt; auch die nach dem Range der behandelten Personen genau bemessenen Gaben an die Priester für Reinigungen, oder an die Aerzte für Heilungen bestehen regelmässig in Thieren; sie gehen von einem Kameel, einem Pferde, einem starken oder einem kleinen Ochsen bis zu einem Hasen und einem Stück Fleisch herab. Die ersten iranischen Goldmünzen, überhaupt die ältesten, welche sich bis auf unsere Zeit erhalten haben, liess Darius Hystaspis schlagen, die Dareiken, etwa Zwanzig-Francsstücken entsprechend. Auch unter ihm wurden die Abgaben nur nach dem Gewicht erhoben, und die eingegangenen edeln Metalle in den königlichen Schatzkammern zusammen geschmolzen. Seine Ausprägungen erfolgten zunächst nicht mit Rücksicht auf die allgemeine Circulation, sondern nach den jeweiligen Bedürfnissen des Staats- und Hof-Haushaltes, werden daher keinen sehr hohen Betrag erreicht haben. Die geringe Entwicklung der Industrie, des Verkehrs und des Handels erforderte keine erhebliche Quantität von Circulationsmitteln, und bot für nutzbare Capitalsanlagen keine Gelegenheit. Die persischen Grossen folgten dem Beispiel der Könige, und häuften die im Kriege, durch Raub oder durch Erpressung erworbenen Schätze unfruchtbar auf, wie es zu allen Zeiten im Oriente geschehen ist, wo die Masse der zu Luxusgegenständen verarbeiteten oder todt niedergelegten, edeln Metalle im Verhältniss zu den als Geld umlaufenden ausserordentlich gross ist. Die iranischen Länder blieben im Ganzen arm; die von ihnen zu entrichtenden Abgaben waren nach dem Tributverzeichnisse Herodots gering im Vergleich mit denen der Länder, welche wirthschaftlich und industriell mehr vorgeschritten waren, wie Babylonien, Aegypten und Kleinasien.

XXXVI.

Weniger ausgebildet und weniger prädominirend als in den Kastenstaaten, deren Abgeschlossenheit die kriegerische Thätigkeit entschiedener zurückdrängte und den Beschäftigungen des Friedens freieren Spielraum gewährte, hat die iranische Priesterschaft ähnlich den meisten semitischen und namentlich auch der hebräischen zwar in dem ersten und wichtigsten Berufe der theoretischen Classe, in der Herstellung einer allgemeinen Doctrin, der Ausarbeitung der Religion, der Sitte und des Rechts Grosses und Bewunderungswürdiges geleistet, dagegen in den speciellen Wissenschaften durchaus keine glänzenden Erfolge aufzuweisen. Ueber das, was in unmittelbarer Verbindung mit den religiösen und ethischen Speculationen steht, hat wissenschaftlicher Eifer sie wenig hinausgeführt. Die Lehre von der Bestimmung des Menschen, von Seele und Leib, ihrer Verbindung und Trennung führte im Zusammenhange mit dem weitläufigen Ritualgesetze, welches alle Vorkommenheiten des individuellen Lebens umfasste, zu physiologischen Untersuchungen, deren Resultate nur von oberflächlichen Beobachtungen und willkürlichen Annahmen zeugen, wenn auch manche dieser Annahmen in der Physiologie der Zendschriften mit populären Vorstellungen übereinstimmen, denen man noch heutigen Tages begegnet. Aehnlich schloss sich die Beobachtung und Classification des Thierreichs zunächst an die Unterscheidung der reinen und unreinen Schöpfung an. Schon die Arzeneikunde scheint nach den darüber erhaltenen Vorschriften auf einer sehr niedrigen Stufe gestanden zu haben, wie denn auch bei den persischen Königen nur ägyptische und griechische, keine einheimischen Aerzte erwähnt werden. Wie weit die astronomischen Kenntnisse, auf denen ihre Kalenderrechnung und ihre Sterndeuterei beruhte sich erstreckten, und in wie fern diese selbständig erworben, oder etwa von den Chaldäern entlehnt worden, lässt sich nicht beurtheilen. Dass wissenschaftliche Kenntnisse und wissenschaftliches Interesse seit den Zeiten der heiligen Schriften und durch die Berührung mit fremder Gelehrsamkeit in den iranischen Ländern irgend erhebliche Fortschritte gemacht hätten, davon finden sich keine Spuren.

Da nicht bloss die ältesten Lieder und kurze Sprüche, die allenfalls mündlich überliefert werden konnten, sondern der grössere Theil der heiligen Bücher frühen Zeiten zugeschrieben werden müssen, ist die Schrift wie bei allen Priesterthümern des Orients auch bei den Baktrern in altem Gebrauch gewesen. Ob sie hier eine selbständige Erfindung gewesen, ist nicht zu entscheiden, weil die überkommenen Schriftproben nicht hoch genug hinaufreichen; wahrscheinlich ist indessen das iranische Alphabet von vorne herein nach indischem oder semitischem Muster gebildet worden; denn die bekannten Cursivschriften schliessen sich an deren Formen an, wenn auch noch im griechisch-baktrischen Reiche in den letzten Jahrhunderten vor Christus eine eigenthümlich gestaltete Schriftart gebraucht ward. Die ältesten iranischen Buchstaben sind uns in den Keilinschriften der Achämeniden erhalten, beginnend mit der einfachen Inschrift über der Statue des Cyrus, „ich bin Cyrus, der König, der Achämenide“, merkwürdig, weil sie vielleicht die älteste ist, die geschrieben ward, und die erste, die nach mehr als zwei Jahrtausenden wieder gelesen ist, einigermassen zahlreich nur aus den Regierungen des Darius und Xerxes, dann nur noch vereinzelt vorkommend. Die Formen des Keils sind aus den babylonisch-assyrischen Keilschriften entlehnt, aber statt jener schwerfälligen und complicirten Sylbenschrift ist ein einfaches, der persischen Sprache angemessenes Alphabet von vierzig Buchstaben aus Verbindungen des Keils zusammengesetzt worden, offenbar nach dem Vorbilde eines schon in Gebrauch befindlichen Alphabets; denn der erste Versuch einer Buchstabenschrift können diese persischen Inschriften mit ihrer

32*

sorgfältigen Orthographie und Grammatik unmöglich sein. Ebenso ist es bei der häufigen Erwähnung von geschriebenen Befehlen, Briefen, Protokollen, Büchern und Schreibern in der persischen Geschichte unzweifelhaft, dass neben der monumentalen Keilschrift eine Cursivschrift allgemein gebräuchlich war. Es ist kein geringer Triumph der modernen, in Tiefe wie in Ausdehnung gleichmässig wachsenden Wissenschaft, dass wenige Jahrzehnte, nachdem Grotefend durch unermüdliches Vergleichen und scharfsinniges Errathen aus den unbekannten Buchstaben einer unbekannten Sprache ein paar Namen entziffert hatte, die glänzenden Arbeiten Lassens und Rawlinsons mit Hülfe der verwandten Sprachen, des Zend und des Sanskrit, diese Inschriften so vollständig erklärt haben, dass nur wenige einzelne Wörter zweifelhaft geblieben sind. Neben den unmittelbaren, wichtigen Resultaten für Geschichte und Sprachvergleichung haben die beigefügten Uebersetzungen den Schlüssel zur Entzifferung der assyrischen Keilschriften geliefert, und dadurch der historischen Forschung ein neues Feld von weiter Ausdehnung eröffnet.

Eine eigenthümliche Kunst hat es in dem alten Iran nicht gegeben. Weder die Zendschriften, noch irgend welche Denkmäler geben Zeugniss für das Vorhandensein einer älteren Sculptur, oder einer über das Wohnungsbedürfniss hinausgehenden Architektur. Es fehlte hier, wie bei den Hebräern, was bei anderen Völkern die ersten Kunstübungen hervorzurufen pflegt, das religiöse Motiv. Die Gottheit, nicht in menschlicher Gestalt gedacht, duldete keine plastische Darstellung und gebrauchte kein Haus; die Feueraltäre, am liebsten auf Berggipfeln errichtet, verlangten keinen Schmuck. Die Anschauungen der heiligen Schriften rechtfertigen die Angabe Herodots, dass die Perser keine Götterbilder oder Tempel aufrichteten, und die, welche solches thaten, der Thorheit beschuldigten. Erst nach längerer Berührung mit fremden Sitten und Künsten scheint eine religiöse Kunst Eingang gefunden zu haben und auch dann mehr in fremdem, als in einheimischem Gottesdienste verwendet zu sein. Clemens von Alexandrien berichtet aus den chaldäischen Alterthümern des Berosus, dass die Perser später angefangen menschlich gestaltete Götter zu verehren, dass Artaxerxes Mnemon zuerst den Bilderdienst eingeführt, und sowohl in iranischen, als ausserarischen Städten, in Persepolis, Ekbatana und Baktra, wie in Babylon, Damascus und Sardes Bildnisse der syrischen Aphrodite zur öffentlichen Verehrung aufgestellt habe. Auch Strabo erwähnt des semitischen Venusdienstes bei den Persern. Im Ganzen blieb jedoch die Aufnahme fremder Götter sehr beschränkt; wenn die populären Vorstellungen auch eine erheblich mehr polytheistische Färbung trugen als die Theorie der heiligen Schriften, wie es namentlich bei den Persern der ausgedehntere Opferdienst und die häufige, inschriftliche Bezeichnung des Ormuzd als des Hauptes der Götter bezeugen, so stand sie doch in zu entschiedenem Widerspruche mit den Grundbegriffen der iranischen Religion um grosse Ausdehnung zu gewinnen, und die geistigeren Gottesbegriffe der Iranier wirkten sehr viel erfolgreicher auf die westlichen Völker ein, als dass ihre Religion durch letztere modificirt wäre. Eine bildliche Darstellung der höchsten Gottheit findet sich allerdings schon auf den Denkmälern des Darius, die geflügelte, menschliche Figur im Kreise, die wie auf den assyrischen Monumenten über dem Könige schwebt, aber das war eine symbolische Darstellung und nicht zu einem Gegenstande religiöser Verehrung bestimmt.

Zur Verherrlichung weltlicher Grösse, zu den Palästen, Denkmälern und Gräbern der Könige wurde die Kunst fremder Länder zuerst und vorzugsweise in persischen Dienst genommen. An den prachtvollen Resten von Persepolis können wir noch die Hand ägyptischer und assyrischer Künstler erkennen. Der Plan des Ganzen, die mächtige Terrasse, auf welcher die Marmorpaläste des Darius und Xerxes errichtet worden, die Portale mit den geflügelten, menschenköpfigen Stieren, die Symbole der Gottheit, wie die Keilbuchstaben der Inschriften entsprachen assyrischen Vorbildern, nur übertroffen durch das herrliche Material, welches von selbst die reichere Verwendung und die grössere Pracht der Säulen herbeiführen musste. Die Technik in der Behandlung des Gesteins, den Faltenwurf statt der schweren, faltenlosen Gewänder auf den Sculpturen Ninives und manche andere Einzelheiten können wir ägyptischer Einwirkung zuschreiben. Diodor giebt ausdrücklich an, dass die weltberühmten Paläste in Persepolis, in Susiana und Medien nach der Eroberung mit ägyptischen Schätzen und durch ägyptische Künstler errichtet seien. Verbindungen assyrischer und ägyptischer Eigenthümlichkeiten lassen sich häufig erkennen. Schon auf dem Reliefbilde des Cyrus sind die Flügel und die Haltung der Figur assyrisch, dabei trägt er auf dem Haupte einen ägyptischen Götterschmuck, woraus ich freilich nicht mit Letronne eine Verbindung zwischen Persien und Aegypten vor der Eroberung des Cambyses folgern möchte, da es natürlich ganz unerweislich ist, ob das Monument schon bei Lebzeiten des Cyrus errichtet worden. Die Sitten des reichen Mesopotamien scheinen überhaupt auf die Perser vorzugsweise eingewirkt zu haben; Xerxes trägt auf seinem Bilde Haare und Bart so lang und sorgfältig gekräuselt wie die Könige Ninives, was beim Cyrus und Darius noch nicht der Fall ist.

XXXVII.

Haben Kunst und Wissenschaft bei den iranischen Völkern keine selbständige und hervorragende Bedeutung erlangt, so bezeichnet dagegen ihre sociale und politische Organisation eine eigenthümliche und wichtige Stufe in der Entwicklungsgeschichte der Staaten, die höchste Blüthe und zugleich den Abschluss der Periode, in welcher der Schwerpunkt der Geschichte, die geistige und materielle Superiorität in die Reiche des Orients fiel. Seitdem die persische Macht vor der überlegenen Kraft Griechenlands erlag, ist die Herrschaft unwiderruflich an die strebsameren Völker des Occidents übergegangen. Als Grundlage der Gesellschaft nennt die iranische Offenbarung die drei Stände, welche den indischen Ariern die Zweimalgebornen sind, Priester, Krieger und Bauern. Ihre den Sanskritnamen fast gleichlautenden Bezeichnungen sind ein abermaliges Zeugniss für die gemeinschaftliche Entwicklung beider Volkszweige bis zu einer schon vorgeschritteneren Ausbildung. Die Krieger heissen Kschatra, die Bauern Vastrja oder Vanço, die Priester nicht nach der späteren Kaste der Brahmanen, sondern Athrava, entsprechend dem vedischen Atharvan. Die spätere Auffassung fügt den vierten Stand der Gewerbtreibenden hinzu, und nach dem Schahnameh theilt bereits Dschemschid sein Volk in die vier Classen. Die ältere Zeit der heiligen Schriften kennt nur zwei weltliche Stände, Krieger und Bauern; die Handwerker, obwohl erwähnt, hatten noch nicht die Bedeutung oder die Achtung gewonnen als eine besondere Classe in Betracht gezogen zu werden. Es waren Anfangszustände der Gesellschaftsbildung; die bewegenden, vorwärtstreibenden Kräfte industrieller Betriebsamkeit und forschender Wissenschaft störten nicht die stabile Ordnung, aber auch nicht das selbstgenügsame, indolente Beharren in einem beschränkten Kreise der Anschauungen und der materiellen Existenz. Die bürgerliche Gesellschaft blieb im Wesentlichen auf dieser Stufe stehen. Zu einer erblichen, kastenmässigen Abschliessung der Stände kam es dagegen nicht. Die Theorie der Zendschriften spricht nicht von der Angehörigkeit zu einer Classe durch das Recht oder die Pflicht der Geburt, sondern legt nur Gewicht auf die intellectuellen und moralischen Eigenschaften. „Der Erste der Priester sei der weiseste im Gesetz; der Oberste der Krieger sei rein und sehr tapfer; wer für das Feuer die grösste Freigebigkeit, und die grösste Sorge den Heerden beweist, der ist würdig ein Oberhaupt reiner Menschen des Feldes zu sein.“ Selbst bei dem Priesterthum, dessen theoretisirende Neigungen überall zuerst nach festen Organisationen streben, ist in dem Gesetze weder von der Bedingung der Abkunft die Rede, noch schützt die Geburt den Unwürdigen. Es kommt lediglich auf den heiligen Wandel, die Kenntniss und die Erfüllung des Gesetzes an. Wer die heiligen Gebräuche, die vorgeschriebene Kleidung, die Pflichten seines Berufes nicht beobachtet, „der ist ein Betrüger, ein Diener der Devs, wenn er spricht: ich bin ein Priester"; oder: „wer in dieser argen Welt, der Furcht Heimath, übernachtet ohne Wachsamkeit und Gebet, wer nicht thut, was er gelehrt worden, nicht Sünder reinigen und des Uebergangs der Brücke würdig machen will, der ist ein Lügner, wenn er spricht: ich bin ein Priester." An Ordnung und Disciplin fehlte es dem geistlichen Stande nicht; auf Vernachlässigungen des Dienstes waren strenge Strafen gesetzt, der Tod traf den, der das Feuer verunreinigte. Dagegen wird auch für ihr Ansehn und ihr Auskommen gesetzlich Sorge getragen. Ausser den bestimmten Gaben für Reinigungen sollen die Priester den Zehnten aller Einkünfte erhalten, und wer sich widerspenstig gegen ihre Anordnungen bezeigt, „wer mit Verachtung gegen einen Heiligen redet, der ganz mit Ormuzd und seinem Gesetz beschäftigt ist, und nach seinem Eigenwillen lebt", dessen Sünde ist Tanafur. „Habt ihr den Priester befriedigt, so wird euere Seele den Qualen der Hölle entgehen; ihr werdet Ruhm in dieser und Seligkeit in jener Welt erndten." Es werden mehrere Classen der Priester unterschieden, deren Bedeutung nicht ganz erhellt, ausser dass der Destur besonders mit der Auslegung und Aufrechterhaltung des Gesetzes betraut erscheint. Sie können obrigkeitliche Aemter bekleiden, auch die Waffen tragen, sollen aber die Erwerbsarbeiten der Bauern oder Handwerker nicht verrichten. Da die Descendenz nicht nothwendig dem Berufe des Vaters folgte, sondern in andere Stände übergehen konnte und alsdann den priesterlichen Charakter verlor, war die Erlaubniss weltlichen Erwerbes hier nicht unumgänglich geboten, wie bei den indischen Brahmanen, und wenn auch die Bauern als „Quelle des Segens" gepriesen werden, so erhielt sich doch überall in der Praxis die Abneigung und Geringschätzung gegen die regelmässige, friedliche Arbeit. Bei der allgemeinen Hinneigung zur erblichen Fortpflanzung des Berufs und bei dem Umfange des erforderlichen Unterrichts, so wie seiner nothwendigen Gebundenheit an die Familientradition können wir annehmen, dass auch ohne gesetzliche Vorschrift in der Regel der priesterliche Beruf in den Geschlechtern forterbte, welche einmal dem geistlichen Stande angehörten. Im Westen, bei den Medern führte die feste Organisation der Priesterclasse zu der wirklichen Kaste der Magier, vielleicht nach chaldäischem Vorbilde, ohne dass das Kastenregime bei dem übrigen Volke eingeführt wurde. Cyrus übergab den medischen Magiern auch das Priesterthum bei den Persern, wo der Religionsdienst bis dahin einfacher und unsystematischer gewesen sein mochte. Ohne Zweifel traten dabei auch Perser in die Priesterkaste ein, da sich die bisherige Geistlichkeit des herrschenden Volkes doch unmöglich beseitigen liess. Ausser der Natur der Sache spricht hierfür der Umstand, dass mehrfach Perser als Commentatoren der heiligen Schriften erwähnt werden, Plinius nennt schon den Osthanes, einen Begleiter des Xerxes auf dem griechischen Zuge, Diogenes Laërtius andere.

XXXVIII.

In der äusserlichen Bewegung des Volkslebens war die kriegerische Thätigkeit so sehr der überwiegende Gesichtspunkt, dass feste Classenunterschiede dagegen keine Bedeutung gewinnen konnten. Wenn das Gesetz zwei weltliche Stände, den höheren der Krieger und den niederen der Bauern unterscheidet, so ist dabei nur an den überall wiederkehrenden Gegensatz derer, die durch ihren Besitz der persönlichen Erwerbsarbeit überhoben sind, und der arbeitenden Classe zu denken. Ohne dass die Gränzlinie scharf gezogen oder durch gesetzliche Erblichkeit fixirt zu sein brauchte, musste die Scheidung eine ziemlich constante werden. Der Reichthum, welcher dauernd von der Arbeit befreite, und seinem Inhaber die bevorzugte Stellung verlieh, die der ritterlichen Lebensweise des germanischen Mittelalters entspricht, konnte regelmässig nur in einem hinlänglichen Grundeigenthum bestehen, und in Zeiten, da es getrennt von der Bodencultur weder Industrie noch Capital in irgend erheblichem Maasse giebt, wird dieses sehr fest in den Händen der besitzenden Familien, weil sich in Ermangelung beweglichen Vermögens auf der einen, in Unmöglichkeit des Credits und der Verschuldung auf der anderen Seite Wenige finden, die zu kaufen im Stande, oder zu verkaufen genöthigt wären. Diesen Bevorzugten gegenüber pflegt zwischen den kleineren Eigenthümern, den besitzlosen Freien und den hörigen Leuten kein grosser Unterschied gemacht zu werden; sie sind die Arbeiter, welche nach ihrer Mehrzahl als Bauern bezeichnet werden. Dass unter den Kriegern als Stand eine Art von Adel zu verstehen, bezeugt noch ein alt iranischer Ausdruck für den Krieger, Rathaostar; das bedeutet eigentlich den, der auf dem Wagen steht, bezeichnet also ursprünglich den vornehmen Krieger der alten Zeit, in welcher der Streitwagen die Waffe der Grossen war. Den Namen der Krieger führte die höhere Classe auch hier mehr nach dem, was theoretisch ihr eigentlicher, ehrenvollster Beruf sein sollte, als nach dem, was in der Wirklichkeit ihr charakteristisches Merkmal ausmachte. Denn praktisch war die kriegerische Thätigkeit keineswegs auf sie beschränkt; die ewigen Kriege der iranischen Völker, die ungeheuren Massen, mit denen sie geführt wurden, und die Berichte über die persischen Heeresaushebungen beweisen, dass nicht eine bevorzugte Classe, sondern das ganze Volk im weitesten Umfange der Möglichkeit zum Kriegsdienste herangezogen wurde. Schon das Gesetz versteht unter den Kriegern durchaus nicht immer den theoretisch ausgezeichneten Kriegerstand; denn wenn die Ausrüstung dürftiger Krieger mit den erforderlichen Waffen als verdienstliches Werk oder eine Handlung der Sühne empfohlen wird, so kann nicht an berufsmässige Krieger, sondern nur an Menschen, die im Kriege verwendet werden sollen, gedacht werden; Krieger, die nicht einmal Waffen besitzen, und diese erst von der Grossmuth Anderer erwarten, müssten entschieden verhungern, wenn sie nichts Anderes als Krieger wären.

Mit den beständigen Kriegen, welche die vielen Völkerschaften Irans von jeher, bald unter einander, bald mit ihren Gränznachbaren, und, seit der medisch-persischen Zeit als Eroberungskriege im grössten Styl führten, und mit der ausschliesslichen Wichtigkeit, welche der kriegerischen Thätigkeit beigelegt wurde, steht die Mangelhaftigkeit der Kriegskunst in einem auffälligen, nur durch den beschränkten Hochmuth und die conservative Indolenz des Orients zu erklärenden Contrast. Die Baktrer gebrauchten nach den genauen Angaben der Zendschriften über die Ausrüstung der Krieger nicht einmal Schilde, womit Herodots Beschreibung der baktrischen Bewaffnung übereinstimmt. Das ist allerdings nur begreiflich, wenn nach Art der Parther und der Mongolen das Hauptgewicht auf die Reiterei und den Kampf aus der Ferne gelegt wurde. Die Perser trugen nach den Sculpturen von Persepolis und nach den griechischen Berichten zwar Schilde, die aber sehr schlecht, nur gegen Pfeile und Wurfspiesse dienlich, für den Kampf in der Nähe ganz unbrauchbar waren. Vollständige Rüstungen trugen nur einzelne Vornehme, und die Kriegsübungen der Jugend sollen nur im Bogenschiessen und im Reiten bestanden haben. Herodot erzählt, dass erst Cyaxares die verschiedenen Waffen gesondert, Bogenschützen, Lanzenträger und Reiter in getrennte Corps geordnet habe, und das mag für die Meder und ihre Stammgenossen richtig sein, für Asien überhaupt freilich nicht. Auf den älteren assyrischen Monumenten sind die Truppentheile nach ihren Waffen geschieden, und werden bei Belagerungen wie in Schlachten offenbar nach taktischen Regeln bald einzeln, bald combinirt verwendet. Die Assyrer erscheinen übrigens auch weit besser gerüstet, namentlich für das entscheidende Gefecht in der Nähe, als es die Masse der Perser jemals war. Zu einer taktischen Ordnung und Gliederung der Heere in kleinere, geschlossene und bewegliche Truppenkörper kam es nie. Die Kriege wurden mit ungeheueren, aber gänzlich untergeordneten Massen, und mit schonungsloser Verachtung des Menschenlebens geführt. So war es unter Cyrus, so noch unter Darius Codomannus. Daher gewannen die Perser zwar gewaltige Erfolge gegen die ähnlich fechtenden orientalischen Völker, scheiterten aber vollständig in dem Zusammentreffen mit der höheren griechischen Kriegskunst.

XXXIX.

Auf diesen in voller Harmonie und Wechselwirkung stehenden Grundlagen einer priesterlichen Theorie, auf deren festem Boden die Völker in ihren religiösen und sittlichen Anschauungen geeinigt waren, einer kriegerischen Praxis, welche die Thätigkeit im Kriege als die ideale Lebensaufgabe des Ariers, „des guten Mannes", betrachtete, und der einfachsten Wirthschaftsverhältnisse, welche weder durch industrielle Fortschritte wesentlich modificirt wurden, noch durch verheerende Kämpfe auf die Dauer zerrüttet werden konnten, erwuchsen die iranischen Staaten. Die Nothwendigkeit militärischer Consolidation führte auch hier erst zu den grösseren Staatenbildungen der in Nationalität, Religion und Sitte verwandten Völker. In der ewigen Fehde mit den andrängenden Turaniern bildete sich das erste grössere Reich, das baktrische, das Stammland iranischer Gesittung. Die mittleren Stämme blieben schwach und zersplittert; die ältere Geschichte weiss nichts von ihnen als ihre Namen. Im Westen entstanden die ausgedehnteren politischen Verbindungen spät in historischer Zeit. Wie die germanischen Stämme im Kampfe mit der Uebermacht Roms zum Bewusstsein ihrer nationalen Zusammengehörigkeit kamen, und sich in ihren festeren Verbänden zusammenschlossen, so die Meder und Perser in den Kriegen mit den Assyrern. Wiederholt und lange unterworfen, lernten zuerst die Meder die Nothwendigkeit der Einigung. Selbst nach der dauernden Befreiung von der fremden Herrschaft fielen sie wieder in kleine Gaue auseinander. Herodot denkt sich allerdings die Verhältnisse zu beschränkt, wenn er den Dejoces wie einen Friedensrichter von localem Ansehn schildert, oder den Cyrus das persische Volk zu einer Feldarbeit und einem Feste versammeln lässt, aber das können wir sicher annehmen, dass erst dem wiedererstarkten Reiche von Ninive gegenüber etwa um 700 vor Christus unter Dejoces der geordnete medische Staat gegründet wurde. Ihrer Kraft bewusst geworden, unterwarfen sich die Meder sämmtliche iranische Völker, endlich im Bunde mit Babylon Assyrien selbst, und ordneten anscheinend das Reich nach dem assyrischen Vorbilde, indem sie bei den bezwungenen Nationen tributpflichtige Unterkönige aus deren Mitte einsetzten oder bestehen liessen. In dem verhältnissmässig kleinen Persien fand der assyrische Divanubara noch 27 Könige zu überwinden; das Volk muss also in unabhängige Stämme von sehr geringem Umfange zerfallen sein, wie denn die Perser noch zur Zeit des Cyrus ein armes und rohes Volk waren, und wurde vielleicht erst durch die Meder unter einen abhängigen Gesammtfürsten gestellt, da der erste König Achämenes nach dem Stammbaum des Darius ungefähr in die Zeit der beginnenden medischen Eroberungen fallen muss.

Dieser dauernden Kriegsthätigkeit, in der die wichtigsten Völkerschaften Irans lange Jahrhunderte hindurch theils in kleinen Stammfehden, theils gegen auswärtige Angriffe verharrten, bis sie endlich nach ihrer nationalen Erstarkung zur Eroberung übergingen, ist es zuzuschreiben, dass zwar nicht der religiöse Sinn des Volkes, wohl aber der Einfluss der contemplativen Classe auf seine Culturzustände weit unter dem Maasse der Kastenstaaten blieb, und dass sich die politische Gewalt entschiedener bei den Kriegsfürsten concentrirte. Wenn das theokratisch-militärische System dort unter dem überwiegenden Einflusse der Priester die höchsten Blüthen der Wissenschaften, Künste und Industrie entfaltet hat, so ist es hier zu den grössten Erfolgen kriegerischer Anstrengungen gediehen. Den Königen stand die ganze Volkskraft zu den Zwecken des Kriegs und der Politik unbeschränkt zur Verfügung. Keine feste Ständegliederung, kein sociales oder politisches Gesetz stand ihrem Willen auch nur der Theorie nach entgegen. Statt einer selbständigen Macht mussten die Priester sich begnügen, einen berathenden Einfluss auf die Könige zu üben. Was auch thatsächlich geschehen mochte, ein indisches oder ägyptisches Priestercollegium würde niemals gleich den persischen Oberrichtern zugestanden haben, dass der König rechtmässig Alles thun könne, was er wolle. Selbst in religiösen Dingen sprach hier der König das entscheidende Wort; schon Zoroaster setzte seine Reform nicht durch das Priesterthum, sondern durch den König Gustasp in das Werk, ebenso reformirte Cyrus die Religion der Perser, und Darius bezeugt, dass er nach dem Sturze des magischen Usurpators die von ihm eingeführten Gebräuche verboten und den Gottesdienst geordnet habe. Die Völker fühlten sich diesem unbedingten Despotismus gegenüber keineswegs als Sclaven, seine Rechtmässigkeit und Nothwendigkeit wurde nie in Zweifel gezogen. Das Königthum, mit allem Glanze weltlicher Macht und aller Heiligkeit religiöser Weihe bekleidet, war die Verkörperung des Volkslebens in seinen höheren Richtungen, in dem, was die ideale Theorie als seinen wahren Beruf hinstellte, in dem religiösen Denken und dem kriegerischen Thun. So erscheint es in dem Gebet und der Liturgie, so in den Darstellungen zu Persepolis. Während in den ägyptischen Tempeln und den assyrischen Palästen der König historisch dargestellt wird in der Schlacht oder im Triumph, wird hier nur die Idee des Königthums an sich verherrlicht. Die individuelle Persönlichkeit tritt nicht hervor, als könnte die Majestät darunter leiden; da ist kein König grösser und kleiner. Trabanten, Hofstaaten und Tribut bringende Gesandte erfüllen in feierlicher Haltung die Wände der Terrassen in der heiligen Nähe des Thrones. Der König überwindet als priesterlicher Vertreter seines Volkes phantastische Ungeheuer, die feindlichen Mächte der Finsterniss. In ihren Inschriften nennen sie sich Könige von Gottes Gnaden oder nach dem Rathschluss Gottes; Ormuzd hat ihnen die Herrschaft verliehen, und seine besondere Gnade waltet über seinen Auserwählten. Je grösser das Reich, je ferner und unnahbarer der König der Mehrzahl seiner Unterthanen wurde, desto mehr musste sich freilich das Band des gemüthlichen Zusammenhanges lösen, desto herrischer und kälter der Despotismus hervortreten, aber das eigene Volk im Gegensatz gegen die unterworfenen Provinzen hörte darum nicht auf, sich als eine grosse Familie, den König als deren natürliches Haupt zu betrachten. So entwürdigend und verworfen die knechtische Gesinnung häufig vor rücksichtslosen Tyrannenlaunen erschien, so darf doch nicht vergessen werden, dass auch der verzerrten Servilität eine sittliche Idee, eine ideale Anschauung der unantastbaren Würde zum Grunde lag. Das Beispiel des Prexaspes verdient in dieser Beziehung beachtet zu werden. Wie der rechtmässige König seinen Sohn durch das Herz schiesst, nur um zu zeigen, dass er nicht zu viel trinke, sondern eine feste Hand habe, da antwortet der Unglückliche an der geöffneten Leiche dem frohlockenden Despoten, Gott selbst könne nicht sicherer zielen, aber derselbe Mann bedenkt sich nicht dem usurpirenden Magier furchtlos entgegen zu treten, und wählt den freiwilligen Tod, um dessen Betrug zu enthüllen. Diese Heiligkeit der legitimen Gewalt bestand in den Augen des Volkes so unerschütterlich fort, dass wir ausser dem Abfall der Perser vom Cambyses innerhalb des Stammlandes von keiner Empörung und von keinem Dynastiewechsel hören. In der eigenen Familie freilich und in der Hofumgebung der Könige wurde diese Heiligkeit sehr wenig geachtet, seit die imponirenden Persönlichkeiten der ersten grossen Regenten zu Grabe gegangen waren; nach Darius Hystaspis sind nur zwei persische Könige natürlichen Todes gestorben.

XL.

Wie das Königthum in dem Drange zwingender Verhältnisse die politischen Einigungen der Nationen geleitet und die grösseren Staaten gegründet hatte, so vertrat es auch später in der That den kriegerischen Geist des Volkes, hielt den Idealismus aufrecht, welcher Krieg und Eroberung als den reellen Lebensberuf hinstellte. In beschränkten Gebieten, wo kleine Gemeinden, Stämme oder Herrschaften unabhängig neben einander bestehen, oder in Zuständen rechtloser Gewaltthätigkeit erhalten die persönlichen Leidenschaften, hervorgehend aus nachbarlichen Reibungen, gegenseitigen Beleidigungen, Rachsucht und Raubsucht, die kriegerische Thätigkeit lebendig, und machen sie zu einem Bestandtheil der täglichen Lebensordnung. Im grösseren, fester geordneten Gemeinwesen treten diese unmittelbaren Antriebe zurück, die Menschen gewöhnen sich an die friedliche Existenz, und die Mehrzahl beginnt den Krieg als eine Last und ein Uebel zu betrachten. Wenn dann auch noch die gesellschaftliche Ordnung und die politische Theorie auf den Krieg gerichtet ist, die Poesie seine Thaten verherrlicht, und die Idealisirung des Lebens nur den kriegerischen Tugenden Anerkennung zollt, so gehört die Führung der Waffen doch nicht mehr zu den regelmässigen Beschäftigungen des Volkes. Bei einzelnen Personen, allenfalls der höheren Volksschicht überhaupt bleibt der kriegerische Eifer rege durch ein Bedürfniss der Thätigkeit und Kraftübung, durch ein Streben nach Auszeichnung, nach Macht und Ehre, oder nach Reichthum und Genuss, welchem die verachteten oder unbekannten Arbeiten der Industrie und Wissenschaft in der Ruhe des Friedens keine Befriedigung gewähren. Je mehr aber bei fortgesetzten Eroberungen die Unternehmungen an Ausdehnung wachsen und in fernere Gegenden gerichtet werden, in desto beschränkterem Maasse wirken diese Anregungen; denn auf der einen Seite werden die Vorbereitungen und Zurüstungen immer schwerfälliger und umfangreicher im Verhältniss zu der wirklichen Kriegsführung, und machen die Freude an dieser erkalten, auf der anderen wird die Zahl derer, die mit einiger Wahrscheinlichkeit auf Ruhm oder Bereicherung hoffen können, bei der Grösse der Züge verhältnissmässig geringer, concentrirt sich mehr und mehr auf einzelne vornehme und hervorragende Führer, und diese wiederum befinden sich grossentheils schon in Lagen, wo die Hoffnung auf Gewinn durch die Furcht vor Verlust oder die Liebe zum ruhigen Genuss des Erworbenen überwogen wird. Ohne das Hinzutreten solcher persönlicher Motive ist das lebendige Gefühl für den nationalen Beruf und die nationale Grösse zu selten und zu wenig mächtig, um in weitem Kreise eine dauernde kriegerische Begeisterung wach zu rufen, wenn es sich nicht um die Vertheidigung vaterländischer Ehre und Unabhängigkeit, sondern um Angriff und Eroberung handelt. Diese Wendung sehen wir bei den Persern sehr bald eintreten, wo freilich hinzukam, dass, nachdem die erste Generation den bekannten Umfang der civilisirten und reichen Länder unterworfen hatte, kaum noch etwas vorhanden schien, was sich erobert oder beherrscht zu werden lohnte. Die Liebe zum Kriege ward eine Fiction, welche durch die Furcht aufrecht erhalten werden musste. Die zahlreichen Heere wurden nur durch strenge Maassregeln aufgebracht und zusammengehalten. Unter des Xerxes Regierung waren selbst die Grossen in des Königs Umgebung sehr einig in der Stimmung gegen den griechischen Zug, obwohl sie ihr Widerstreben nicht auszusprechen wagten, und schon Darius fand es nöthig, gegen die Abneigung wider den Krieg ein furchtbares Beispiel aufzustellen, als ein angesehener Perser bat, einen seiner Söhne von dem scythischen Feldzuge zu dispensiren; er sollte alle drei behalten — als Leichen. Und Darius war nicht grausam, zeigte vielmehr bei wiederholten Gelegenheiten selbst gegen Beleidiger und Empörer eine im Orient ungewöhnliche Milde. Das Königthum vertrat fast allein die Politik der Eroberung, die nescia virtus stare loco*), den Thatendrang, welcher dem auserwählten Volke Gottes den Erdkreis zu unterwerfen, und dessen Gränzen zu erreichen dachte. Das ganze Land jauchzte dem Glanze solcher Thaten Beifall, aber die Einzelnen waren

*) Das kühne Streben, welches kein Stillestehen kennt. Lucan.

wenig bereit, durch ihre Anstrengungen und ihre Leiden zu diesem Ruhme beizutragen. Die Zeiten, in denen ganze Völker von einem mächtigen Streben in die Ferne, von einer Leidenschaft sich nach aussen zu bethätigen, von einem patriotischen oder religiösem Enthusiasmus ergriffen und in eine thatkräftige Bewegung gesetzt werden, sind nicht häufig und meistens schnell vorübergehend. Gewöhnlich gehen sie aus der Reaction gegen einen Druck äusserer oder innerer Verhältnisse hervor, und führen zu grossen Erfolgen, wenn ein heroischer Charakter mit der fortreissenden Energie des Gebieters die vorhandenen Kräfte zu sammeln und auf bestimmte Zwecke zu lenken weiss. Eine solche Zeit war es, als Cyrus die persische Volkskraft gegen die Fremdherrschaft aufrief, und von Eroberung zu Eroberung weiter führte. Es ist bemerkenswerth, dass der Stifter der persischen Monarchie denselben Namen führt, wie die älteste grosse Dynastie der indischen Arier, Curus oder Qurus, und scheint darauf zu deuten, dass der Name auch bei den Indern ein Ehrentitel war; denn Cyrus ist nur ein Beiname; nach Strabo hiess er vor seinem Siege über die Meder Agradatas.

Wenn nicht selten die Frage aufgeworfen ist, was denn eigentlich die despotisch regierten Völker des Orients davon gehabt hätten, ob sie dem Namen nach herrschten oder beherrscht wurden, so wird das ideale Element des Nationalgefühls übersehen, welches sich zu allen Zeiten sträubt die Ueberlegenheit und die Herrschaft eines fremden Volkes anzuerkennen. Und während das Gefühl der individuellen Würde und Selbständigkeit dem militärischen Despotismus gegenüber wenig entwickelt ist, pflegt der Nationalstolz dieser Völker bei der Geringfügigkeit des Verkehrs, der Abgeschlossenheit gegen einander, der Unkenntniss und daraus hervorgehenden Verachtung des Fremden und bei der durchgreifenden religiösen Ueberzeugung von der eigenen bevorzugten Stellung zur Gottheit sehr gross zu sein. Diese natürliche und durch die Grausamkeit der Kriege genährte Abneigung gegen fremde Gewalt verband sich aber mit sehr handgreiflichen und starken Interessen. Das herrschende Volk pflegte von allen regelmässigen Abgaben, namentlich der sehr erheblichen Grundsteuer befreiet zu sein, sein Gebiet unterlag nicht den verheerenden Durchzügen und der Besetzung mit fremden Truppen, es stand nur unter den eigenen localen Obrigkeiten, war nicht den Gewaltthätigkeiten und Erpressungen ausländischer Befehlshaber, Einquartierungen und Steuerbeamten unterworfen; unter den Beamten, Gefolgschaften und Haustruppen des Königs wie der Statthalter fanden Vornehme wie Geringe in bedeutender Zahl eine bequeme, zum Theil angesehene und gewinnbringende Existenz, und die höheren, Macht und Reichthum eintragenden Stellen in der Nähe des Königs, in der Verwaltung der Provinzen oder an der Spitze der Heeresabtheilungen waren den Grossen des herrschenden Volkes fast ausschliesslich vorbehalten. Nur einige wenige Meder kommen im persischen Reiche in hohen Stellungen vor, wie Harpagus, der bei der Erhebung des Cyrus eine hervorragende Rolle gespielt hatte, als Statthalter in Kleinasien; auch ein Sohn von ihm soll in einer lybischen Inschrift als solcher erwähnt sein, und Datis, der unglückliche Feldherr von Marathon, war ein Meder. Als Rathgeber wurden häufig Ausländer gebracht, aber an gebietender Stelle erscheinen stets persische Grosse; noch im Kriege gegen Alexander den Grossen wurde es für unmöglich gehalten, einen anderen als einen Perser mit einem Oberbefehl im Heere zu bekleiden.

XLI.

Die Meder scheinen zwar das assyrische System, die unterworfenen Länder durch Unterkönige regieren zu lassen, beibehalten, die Provinzen aber doch in festerer Botmässigkeit gehalten zu haben, als es bei den Assyrern wenigstens mit den entlegeneren Territorien der Fall war. Mit der Bezwingung Mediens gingen alle abhängigen Landschaften, also ganz Iran und das obere Mesopotamien, in die Gewalt des Cyrus über; ebenso fiel ihm mit der Eroberung Babylons

Syrien einschliesslich der phönicischen Städte und mit der Besiegung der Lyder der grösste Theil Kleinasiens zu. Die Lydier suchten ihre Unabhängigkeit zu behaupten, die Karer und die griechischen Städte sie bei dem Sturze ihres bisherigen Gebieters wieder zu erringen, aber bei systemloser Kriegführung unterlagen sie vereinzelt der Uebermacht. So erstreckte sich das persische Reich vom Mittelmeer bis zu den Indusländern. Cyrus verliess die bisherige Politik der erobernden Völker, die einzelnen Länder durch abhängige Fürsten verwalten zu lassen. Er liess von seinen gewaltigen Heeren überall Occupationstruppen zurück, deren Generale die Herren im Lande waren; in Lydien wird eines besonderen Tributerhebers gedacht, und es ist möglich, dass schon unter ihm die Abgabenverwaltung in den Provinzen regelmässig von den militärischen Befehlshabern unabhängig war. Diese Anfänge der persischen Herrschaft, die Ueberschwemmung der Länder mit grossen Heeresmassen, das Vorwärtsschieben der Hauptmacht von einem Kampfplatz zum anderen, die militärische Occupation zur Behauptung der Eroberungen, lassen voraussetzen, dass damals in der That ein grosser Theil des Volkes in das Lager überging und in dem Lager verharrte. Sie wiederholen sich getreu in den Eroberungszügen der Mongolen, wie auch das Auftreten Tschingiskhans, sein Ruf an das Volk zu den Genüssen der Herrschaft lebhaft an das Vorbild des Cyrus erinnert. Freilich waren die Perser weit entfernt von der grausamen Wildheit, der vernichtenden Zerstörungssucht mongolischer Horden, Cyrus würde sich nimmer gleich einem Hulagu als Gottesgeissel bezeichnet haben, von Gott in seinem Grimme erschaffen um Verderben über die Erde zu bringen, aber die Beherrschung des Reiches aus dem stehenden Feldlager war eben so einfach soldatisch, nur aus dem ersten Bedürfniss der Besitzergreifung hervorgegangen und ohne jegliche Bürgschaft der Dauer wie dort, und die allgemeine Erhebung der unterworfenen Nationen nach den Wirren der magischen Usurpation beweist, dass auch der Erfolg derselbe gewesen sein würde, wie bei dem raschen

Zerfall der mongolischen Reiche, wenn nicht auf den weltstürmenden Eroberer alsbald die seltnere und höhere Kraft einer ordnenden Intelligenz gefolgt wäre, Darius. Der wilde Sohn des Cyrus fügte Aegypten zum Reiche hinzu; aber während seiner mehrjährigen Abwesenheit erhob sich unter dem Namen seines ermordeten Bruders der medische Magier Gomates wider ihn, und brachte die Perser zum Abfall. Auf der Rückkehr aus Aegypten starb Cambyses. Seitdem die Urkunden des Darius die Berichte Herodots selbst in ihren Details auf das genaueste bestätigt haben, seitdem sich dort die Geschichte des falschen Smerdis — Bartius nennt ihn die Inschrift — die Namen der Verschworenen, selbst das Pferdeorakel — „hier gab mir Gott die Herrschaft vermittelst eines herrlichen Pferdes“, spricht der König — wieder gefunden haben, können, oder vielmehr müssen wir den Angaben Herodots auch in den Einzelheiten der geschichtlichen Thatsachen eine ganz andere Bedeutung beilegen, als Niebuhrs Skepsis ihnen zugestehen wollte. Die Abschiedsrede des Cambyses entspricht in ihren Wendungen, in dem Fluch über die Perser, falls sie sich feige unter das medische Joch beugen sollten, so sehr den Anschauungen und dem Styl der Zendschriften und der Denkmäler, dass ich überzeugt bin, Herodot hat sie so wenig erfunden, wie die politischen Berathschlagungen der Verschwornen, sondern sie aus einer persischen Quelle erhalten. Dann weinte er über sein Schicksal, schliesst der griechische Schriftsteller; er konnte sein Unglück nicht tragen und starb, sagt der persische König. Die Revolution des Gomates bezeichnet den politischen Versuch des Meders und den theokratischen des Priesters, die höchste Gewalt an sich zu reissen. Er scheiterte an der Energie der persischen Grossen, und Darius aus dem königlichen Geschlecht der Achämeniden wurde auf den Thron erhoben. Er schaffte die Anordnungen des Magiers ab, stellte wieder her, was er aufgehoben hatte, gab die heiligen Aemter den Geschlechtern zurück, denen jener sie entrissen hatte; „durch die Gnade Gottes arbeitete ich, dass sich Gomates der Magier nicht erheben sollte über unser Geschlecht.“ Aus dem colossalen Felsendenkmal von Behistan ersehen wir, dass von Babylon bis zum fernen Osten fast alle Nationen zu den Waffen griffen um das persische Joch abzuschütteln, und dass Darius in seinen ersten Regierungsjahren das Reich des Cyrus vollständig von neuem erobern musste. Die langen Inschriften, die einzigen historischen persischer Könige, erzählen diese Thaten vom Ende des Cambyses an in einfachen Zügen. In ihrer Mitte prangt das Symbol der Gottheit in der bekannten assyrischen Gestalt. Darunter steht Darius, vor ihm die gefesselte Reihe der überwundenen Empörer, unter seinen Füssen der falsche Smerdis. Jede Figur ist durch eine Ueberschrift bezeichnet, welche darthut, wie überall wirkliche oder vorgebliche Sprösslinge der alten Königsgeschlechter an der Spitze der nationalen Empörungen standen. „Dieser Phraortes war ein Betrüger; er sprach: ich bin Xanthrites vom Stamme des Cyaxares, ich bin König von Medien“; ähnlich lauten sie alle. Von diesem geschichtlichen Sinne findet sich weiter auf den Denkmälern der Achämeniden keine Spur. Die übrigen Keilinschriften enthalten fast nur Namen und Titel der Könige, Gebetsformeln, oder Anrufungen des göttlichen Schutzes über den König, sein Haus, seine Werke und sein Volk. In seiner späteren Zeit unterwarf Darius noch die indischen Länder bis an den Indus, machte die Thracier und Macedonier in Europa, Cyrene und Barka in Afrika, auch einen Theil von Arabien zinspflichtig, ohne dass sie unmittelbar dem Reiche einverleibt wurden, unternahm einen erfolglosen Zug gegen die europäischen Scythen, warf den Aufstand der griechischen Städte in Kleinasien nieder, und starb, nachdem seine Feldherrn zum ersten Mal an der athenischen Entschlossenheit auf dem Felde von Marathon gescheitert waren, über den Rüstungen zu dem grossen Rachezug gegen die Griechen. Aber ungleich wichtiger als diese kriegerische Thätigkeit war die von ihm begründete innere Ordnung des Reiches.

XLII.

Unzweifelhaft hatte das Orakel den bedeutendsten unter den bedeutenden Männern aus der Schule des Cyrus zur Regierung berufen. Wie den Tschingiskhaniden Oktai sein chinesischer Minister erinnerte, das Reich sei zu Pferde erobert worden, lasse sich aber nicht vom Pferde herab regieren, oder wie ein moderner Staatsmann es ausdrückte, man könne sich auf Bayonnette stützen, aber nicht darauf setzen, so erkannte Darius, dass die soldatische Occupation nicht ausreichend sei, sondern eine regelmässige politische Organisation eintreten müsse, um Bestand und Kraft des Reiches zu sichern; und wenn die weiten Lande trotz der Erbärmlichkeit seiner Nachfolger zwei Jahrhunderte lang im Wesentlichen zusammengehalten haben, so ist dieser glänzende Erfolg seiner staatlichen Ordnung zuzuschreiben. Er war das grösste organisatorische Genie, welches die Geschichte des Orients kennt, und fast die einzige Persönlichkeit dieser Art, welche individuell lebendig heraustritt. *Δαρεῖον οἶον ἄνακτα* *) nennt ihn der grosse athenische Dichter, der ein Mann war, und wusste, was er sagte.

> *Θεομήστωρ ἐκικλήσκετο Πέρσαις, Θεομήστωρ δ' ἔσκεν.* **)

Seine grossartig entworfenen und consequent durchgeführten Einrichtungen bilden den wesentlichen Fortschritt über das rohe Plünderungs-System und den lockeren Zusammenhang der älteren erobernden Reiche, bezeichnen den Gipfelpunkt der orientalischen Staatenbildung, und blieben das Musterbild grosser politischer Organisationen weit über die Dauer und den Umfang des persischen Reiches hinaus. Sie finden sich noch in späten Zeiten im vorderen Asien und selbst in Indien wiederholt. Der ganze Ländercomplex ward mit Ausnahme des eigentlichen Persien, wo das herrschende Volk in seinen alten Einrichtungen keiner Zwischengewalt

---

*) Darius, der einzige König.

**) Weisheit Gottes hiess er den Persern, Weisheit Gottes war er.
Aeschylus.

unterworfen wurde, in zwanzig Statthalterschaften getheilt, und an die Spitze einer jeden als militärischer und administrativer Befehlshaber der königliche Satrap gestellt. Er war der höchste Verwaltungsbeamte und der oberste Richter in seiner Provinz, und hatte ausser einer Leibwache, die nur aus echten Persern zu bestehen pflegte, die Besatzungen der wichtigeren Plätze und die Truppen, welche sonst zur Vertheidigung der Gränzen oder Erhaltung der inneren Ordnung für erforderlich erachtet wurden, unter seinem Befehl. Für grössere Combinationen wurden indessen die Heereskräfte mehrerer Satrapien unabhängig von deren Gränzen unter einem Obercommando vereinigt. Nur die Finanzverwaltung war von dem Satrapen unabhängig, und in jeder Provinz einem unmittelbar von dem Hofe ressortirenden, königlichen Schreiber oder Rechnungsführer untergeordnet. Der Satrap erhielt bestimmte Gelder, Naturalien, auch Domainen für seinen Hof und seine Haustruppen angewiesen. Für jede Provinz wurden die Abgaben festgesetzt, welche an den Schatz des Königs abzuführen waren; sie wurden wahrscheinlich der Regel nach vom Grund und Boden erhoben, und vom Tributerheber so vertheilt, dass ihm Ueberschüsse blieben; nur ausnahmsweise scheint den griechischen Städten eine feste Summe auferlegt worden zu sein, welche sie selbstständig unter sich aufbrachten. Die an die Centralregierung einkommenden Abgaben beliefen sich nach Herodots Berechnung jährlich auf ungefähr zwanzig Millionen Thaler preussischen Geldes, und wenn man auch die Bevölkerung des Reiches auf siebzig Millionen Menschen geschätzt hat, so erscheint diese Summe bei der geringen Entwicklung der Industrie und des Verkehrs in einem grossen Theil der Länder ansehnlich genug, da ihnen ausserdem die Kosten der Provincial- und Localverwaltung, der Unterhalt der sehr beträchtlichen Heere, und manche sonstige Naturaldienste und Lieferungen zur Last fielen. In ihren Provinzen regierten die Satrapen ziemlich unabhängig, aber abgesehen von dem Kriegswesen beschränkte sich ihre Verwaltung in der Regel auf grössere, allgemeinere Maassregeln, wenn sie auch gelegentlich auf Anrufen Betheiligter, aus eigenem Interesse, oder aus Laune der Willkür despotisch eingriffen. Im Ganzen liessen die Perser die inneren Einrichtungen, Recht, Sitte und Religion der einzelnen Länder unverändert fortbestehen, die Völker blieben in ihrem alten Geleise, und wenn sie ihre Abgaben bezahlten, und gelegentlichen Befehlen von oben her nachkamen, konnten sie im Uebrigen meistens thun, was sie wollten. Die persischen Gebieter sahen in der Regel viel zu hochmüthig auf die Beherrschten herab um sich weiter um sie zu bekümmern, als es ihr militärisches oder finanzielles Interesse erforderte. Unter den Gebirgsvölkern dauerten wahrscheinlich verschiedenartige Stamm- und Clan-Verfassungen in bunter Mannichfaltigkeit fort, wie sie sich stets im Orient erhalten haben. In den dichter bevölkerten, ackerbautreibenden Landschaften pflegten Localobrigkeiten, zuweilen unter dem Beirath angesehener Familienhäupter, die gemeinsamen Angelegenheiten zu verwalten, Polizeigewalt und Gerichtsbarkeit meist nach dem Herkommen, selten nach geschriebenem Gesetz zu üben, und für die Vollziehung höherer Befehle verantwortlich zu sein. Die Zendschriften erwähnen Oberhäupter der Ortschaften, der Städte, ihrer einzelnen Strassen oder Quartiere und grösserer Districte. Ausgebildetere Organisationen, Gemeindeverfassungen mit politischen Rechten und geregelter Theilnahme der Bürger gab es bei den iranischen und semitischen Völkern mit alleiniger Ausnahme der Phönicier nicht. Das städtische Wesen mit seinem regeren Verkehr und seiner freieren Bewegung war zu wenig entwickelt um neben den priesterlichen Lebensordnungen und den militärischen Rücksichten innerhalb der despotischen Staaten selbständige Ordnungen aufkommen zu lassen. Zwischen Stadt und Land war politisch kein Unterschied, wenn die Städte auch wirthschaftlich die Centralpunkte der Industrie, des Handels und des Reichthums wurden. Es war keine Abweichung von der Regel, sondern stimmte mit dem Grundsatz die inneren Verhältnisse der Unterthanen sich selbst zu überlassen vollkommen überein, dass die phönicischen und griechischen Städte ihre Autonomie behielten, nur ward ihre Stellung den persischen Gewalthabern gegenüber dadurch thatsächlich eine andere, dass sie durch ihre feste Organisation, ihre Macht und ihren Reichthum weit besser als andere Unterthanen im Stande waren Bedrückungen und Eingriffe entweder durch Bestechung abzuwenden oder mit Gewalt zurückzuweisen. Wie eine kräftige Widersetzlichkeit häufig von der Trägheit der Regierenden gute Bedingungen ertrotzte, werden die Satrapen in der Regel geneigt gewesen sein sich gütlich mit ihnen abzufinden um gefährliche Händel zu vermeiden, und von der Centralgewalt wurden sie begünstigt, namentlich die fügsameren phönicischen Städte, weil sie grosse Einkünfte gewährten und fast ausschliesslich die Seemacht bildeten. Entsagte doch selbst Cambyses dem beabsichtigten Angriff auf Carthago, weil die Phönicier widerstrebten zur Unterwerfung ihres wichtigen Stapelplatzes die Hand zu bieten. Dessenungeachtet kam es bei den Griechen häufig zu Aufständen, bei den Phöniciern nur einmal gegen das Ende des Reiches wegen der Tyrannei des in Sidon residirenden Satrapen, in Folge dessen diese Stadt grausam zerstört wurde. Um sich den Gehorsam der griechischen Städte einigermaassen zu sichern pflegten die Perser Alleinherrscher bei ihnen einzusetzen, oder deren Emporkommen zu befördern, weil diese ihren Rückhalt gegen die Freiheitsliebe der Bürger bei ihren Beschützern suchen mussten; in den phönicischen regierten meist die alten Dynastien unter verfassungsmässiger Theilnahme der Bürgerschaften weiter. Ausser diesen Städten scheint es zur Zeit des Darius innerhalb des Reiches nur ein abhängiges, erbliches Königthum gegeben zu haben, in Cilicien, wo Cyrus wahrscheinlich in Folge freiwilliger Unterwerfung das alte Fürstengeschlecht hatte fortregieren lassen.

XLIII.

Die Regierung des Darius stellt den Höhepunkt des persischen Reiches dar. Die grossen Thaten der Nation waren an der ersten Generation der Eroberer nicht ohne kräftige Anregung vorübergegangen, sondern hatten den Blick erweitert und mannichfaltigen Interessen erschlossen. Der Kunst ward in Persien eine Stätte geschaffen, grosse Heerstrassen wurden angelegt, regelmässige Posteinrichtungen für den königlichen Dienst getroffen, Seefahrten zur Erforschung unbekannter Meere unternommen, in Aegypten ein Canal vom Nil zum Rothen Meere eröffnet. Im Anfange musste Darius gegen die persischen Grossen sowohl am Hofe, wie in den Provinzen leise und vorsichtig auftreten, aber nachdem er sich in der Regierung befestigt hatte, machte er seine Autorität mit gewaltiger Energie geltend, und verfuhr unnachsichtlich gegen jede Anmaassung der Statthalter, welche das königliche Ansehn gefährden konnte. Auch blieb unter ihm seit der Wiedereroberung der abgefallenen Länder die Ruhe und Ordnung im Innern des Reiches ungestört, und die Macht seiner grossen Persönlichkeit wirkte noch während der Regierung seines schwächeren Nachfolgers fort. Es war eine Zeit des Friedens über den Orient gekommen, wie sie noch nicht gewesen war. Freilich wurden die Zeiten schlimmer, als mit der Kraft der Regenten, dem Gemeinsinn der Grossen und der Kriegstüchtigkeit des Volkes auch die Ordnung im Reiche sank; aber wenn wir die persische Herrschaft selbst in ihrer Entartung mit der Weise vergleichen, in welcher zuvor die mächtigen Völker das Uebergewicht ihrer Waffen geltend machten, mit den beständigen Raub- und Verwüstungszügen der Assyrer oder der Aegypter in ihrer kriegerischen Zeit, so müssen wir diese letzte Periode der orientalischen Staatsentwicklung als eine verhältnissmässig ruhige und glückliche betrachten, und anerkennen, dass die Perser den politischen Beruf, welchen die berühmten Verse Virgils für die Siebenhügelstadt in Anspruch nehmen, die

Völker zu beherrschen pacisque imponere mores*) nach dem Maassstabe der damaligen Cultur wohl erfüllt haben. Die Schroffheit der nationalen Gegensätze milderte sich, die Völker vergassen der ewigen Kriege, erholten sich von den Verheerungen derselben, und traten in einen friedlichen Verkehr. Wenn auch die engen Grundlagen dieser antiken Civilisation, welche nur die Religion und den Krieg als vollberechtigte Elemente des Lebens anerkannte und die treibenden Kräfte der Wissenschaft und der Industrie durch beharrliche Verachtung unterdrückte, den Fortschritt hemmten, und ihn unendlich langsam erscheinen lassen gegen den mächtigen Aufschwung, welchen er bei den strebsameren und vielseitigeren Völkern des Abendlandes in Epochen der Ruhe nach grossen Erschütterungen genommen hat, so haben sich doch unzweifelhaft Gewerbfleiss, Handel, Wohlstand und Wohlbefinden der Völker in bedeutendem Maasse entfaltet. Freilich giebt uns die alte Geschichtschreibung in ihrer ausschliesslichen Berücksichtigung der politischen und kriegerischen Interessen geringe Kunde hiervon, aber doch fehlt es in einzelnen Nachrichten, in dem allgemeinen Wohlstande, welchen die Griechen bei der macedonischen Eroberung in diesen Ländern fanden, und in den Schilderungen der späteren Zustände nicht an ausdrücklichen Zeugnissen. Die Völker dieses Culturgebietes haben das wohl erkannt. So erhoben die Juden das Glück, welches die persische Oberherrschaft über die Länder gebracht, gegen das Elend der vorhergehenden Verwüstungen, so knüpften noch spät die nationalen Restaurationen an die persischen Zeiten und die persischen Formen an, und die bisher feindlich getrennten Volksindividualitäten fügten sich willig in den Zusammenhang des Reiches. Innerhalb der Gränzen, welche die ähnlich organisirten semitischen und iranischen Völker einschlossen, und welche die Natur der Dinge dem einheitlichen Reiche als die möglichst weiten anzuweisen schien, haben seit seiner Consolida-

*) und die Sitten des Friedens aufzulegen.

tion nur noch zwei nationale Auflehnungen von einiger Bedeutung Statt gefunden, die der früher herrschenden Meder und die der entlegenen, vor Alters mächtigen Baktrer unter dem Darius Nothus, beide ohne Erfolg. Was freilich ausserhalb dieser Marken lag, war zu fremdartig um assimilirt zu werden, und zu ferne um mit Gewalt behauptet zu werden, als die Energie der Centralregierung gesunken war. Die nur zinspflichtigen Völkerschaften Europas und Afrikas fielen bald wieder ab, und die indischen Gränzländer gingen wenigstens dem grössten Theile nach verloren, ohne dass Versuche zu ihrer Wiederunterwerfung gemacht wären. Die asiatischen Griechen behaupteten mehrere Menschenalter hindurch mit Hülfe der europäischen Landsleute ihre Unabhängigkeit, und Kleinasien wurde in Folge der griechischen Kriege ein Schauplatz häufiger Unruhen und wechselvoller Kämpfe. In Aegypten endlich war die Abgeschlossenheit der Kastenordnung, die Antipathie der Sitten und der Religion, der Hass gegen die Fremden, genährt durch den Hohn und die Grausamkeit der ersten Eroberung, so stark, dass schon gegen das Ende des Darius eine Empörung zum Ausbruch kam; aber dieses reiche Land war ein zu hoher Kampfpreis, als dass selbst schlaffe Regierungen den Versuchen seiner abermaligen Bezwingung entsagt hätten, und so wurde es, obwohl mehrmals längere Zeit unabhängig, wiederholt von neuem unterjocht. Partielle Auflehnungen theils der Unterthanen gegen die Statthalter, theils dieser gegen die Centralgewalt blieben allerdings auch in den inneren Landestheilen nicht aus, aber weder diese Unruhen, noch ihre gewöhnlichen Veranlassungen, die willkürlichen Einmischungen, die rohen Erpressungen und die ungerechten Gewaltthätigkeiten der Machthaber, waren in jenen Zeiten so verderblich und so unerträglich, wie sie es für unsere ordnunggewöhnten und ordnungsbedürftigen Wirthschaftsverhältnisse sein würden, und ihr Eintreten war selten, ihre Ausdehnung beschränkt im Vergleich mit den unsäglichen Leiden, welche die Völker in den Kriegen der früheren Periode gegenseitig über einander verhängt hatten.

XLIV.

Für die Masse des herrschenden Volkes konnten die Zeiten des Friedens im Wesentlichen nur dieselben Folgen haben, wie für die unterworfenen, die Entwöhnung vom Kriege und einigen Fortschritt in Gewerben und Wohlstand. Ein grosser Umschwung der Lebensverhältnisse trat durch die veränderte Machtstellung nur für die vornehmen Classen ein, welche zur wirklichen Handhabung der politischen Gewalt berufen waren. Die persischen Grossen, welche bis dahin auf ihren Gütern gesessen, kleine Fehden geführt, ein locales Ansehn unter einem armen Volke genossen, oder die kameradschaftliche Umgebung eines kleinen Fürsten gebildet hatten, fanden sich plötzlich in der Lage Armeen zu commandiren, reiche Länder zu verwalten, den Rath und den Hof eines Königs auszumachen, dessen Allmacht nur durch die Gesetze der Natur beschränkt schien. Die meisten Menschen suchen in weltlicher Macht nur den Reichthum und Genuss welchen sie gewährt, und das um so mehr, je weniger ihr Besitz bei geringer Entwicklung eines freien Selbstgefühls und einer gebildeten Intelligenz durch das idealere Streben eigene Conceptionen in der Welt zu verwirklichen verklärt wird. Ausserdem pflegen rohe Völker sehr begierig nach allen Sinnesgenüssen zu trachten, die sie im Verkehre mit gebildeteren kennen lernen. Herodot hebt dies bei den Persern als besonders charakteristisch hervor. Als daher der Luxus und die Genüsse der civilisirteren Nationen mit den Mitteln zu ihrer Befriedigung den Siegern zur Disposition gestellt waren, ergaben sie sich ihnen leidenschaftlich. Nur dürfen wir nicht annehmen, dass Luxus und Ueppigkeit die Mehrheit des Volkes angegriffen hätten. Die Reichthümer, welche durch Plünderung oder Beherrschung fremder Länder erworben werden, häufen sich in den Händen der Führer und Vornehmen an, werden aber nicht der Menge in hinreichendem Maasse zu Theil um deren Lebensgewohnheiten dauernd zu ändern. Es waren die höheren Classen, welche in Raub und Erpressung die Mittel fanden verschwenderischen Prunk zur Schau zu stellen, üppige Schwelgerei zu treiben, sich den Ausschweifungen entnervender Sinnengenüsse im Uebermaass zu überlassen. Da indessen diese Classen die politischen und kriegerischen Angelegenheiten des Volkes leiteten, wurden diese auch durch ihre Umwandlung bestimmt. Der Erwerb und die Verwendung des Reichthums mussten gleich demoralisirend wirken. Jener gründete sich unter fortdauernder Verachtung der Arbeit und geistiger Anstrengung wie in den früheren Zeiten lediglich auf den Raub, denn der alte, ererbte Besitz konnte nicht die Mittel für die Befriedigung der neuen, hochgesteigerten Luxusbedürfnisse gewähren, und da die erworbenen Schätze nicht productiv zur Ergänzung weiterer Vermögenswerthe angewendet, sondern nutzlos aufgespeichert, oder in der Unterhaltung eines zahllosen Hausstandes und sonstigen Prunkes vergeudet wurden, mussten immer neue im Raube gesucht werden; aber während früher die Beute in wirklicher kriegerischer Thätigkeit unter Anstrengungen und Gefahren verfolgt ward, wurde sie jetzt in bequemer Sicherheit den beherrschten Nationen abgepresst. So verloren sich die höheren moralischen Eigenschaften, der kräftige Muth, das treue Zusammenhalten, die Hingebung an gemeinsame Zwecke, welche die kriegerische Thätigkeit adeln, es blieben die Habgier, die Raubsucht, die rücksichtslose Härte gegen die Besiegten, welche auch nach der Unterwerfung als Gegenstände gewaltthätiger Ausbeutung betrachtet wurden. Und was die Verwendung des Reichthums betrifft, so diente er nicht einer gesunden, bequemen Verschönerung des Lebens, nicht der Hebung intellectueller Bildung, sondern wie es bei der reich gewordenen Rohheit zu geschehen pflegt, träger Pracht und sinnlichen Genüssen, deren Maass und Raffinement mit den Mitteln zu ihrer Befriedigung gesteigert wurden. Weder anspannende Thätigkeit, noch die Interessen geistiger Bildung wirkten der depravirenden Richtung entgegen, welche indolenten materiellen Genuss als das einzige Ziel des Lebens verfolgte. · Hegel fasst das Phänomen nicht richtig, wenn er meint, dass der Geist der Asiaten Kraft und Selbständigkeit verliere, zur Verweichlichung übergehe, sich sinken lasse, sobald er sich der Bildung und mannichfaltigen Interessen eröffne. Gerade den Mangel an geistiger Bildung und vielseitigen Interessen müssen wir als die Ursache betrachtên, dass sich die nicht zur Arbeit um der Existenz willen genöthigten Classen lediglich einer erschlaffenden, die Energie des Geistes abstumpfenden Sinnlichkeit überliessen. Um die Wissenschaften anderer Völker bekümmerten sich die Perser wenig, und von den Völkern, mit denen sie in die nächste und dauerndste Verbindung traten, konnten sie auch nicht viel lernen. Der Unterricht der Jugend blieb fortwährend auf die heiligen Gegenstände beschränkt, Religion und Moral, die Magie des Zoroaster, das Sprechen der Wahrheit, Gerechtigkeit und Tapferkeit, wie Plato es beschreibt; aber Religion und Moral erwiesen sich als schwache Zügel für die Herren der Erde. Dazu kam, dass den Gesetzen der Moral fast überall nur Gültigkeit innerhalb der Gränzen des Volkes, dem sie durch die Offenbarung gegeben waren, zugeschrieben wurde. Gegen die Feinde der Götter und des Volkes galt fast Alles für erlaubt, und diese allgemeine, zum Theil bis in unsere Zeiten fortgeerbte Ansicht eximirte die Politik gegen auswärtige Völker von den Regeln der gewöhnlichen Moral. Als die Politik in den erweiterten staatlichen Verhältnissen eine grössere Bedeutung gewann, und vermehrte Kräfte in hohen Stellungen in Anspruch nahm, ward diese Exemtion von dem Verfahren gegen die Feinde auf die Behandlung der inneren Angelegenheiten übertragen; was früher gegen das Ausland gestattet schien, erlaubten sich die Herrschenden auch gegen die Unterthanen und unter einander, und indem die Grundsätze der Gewalt und der Hinterlist aus dem Dienste der allgemeinen Interessen zu den rein persönlichen der Machthaber herabgezogen wurde, verdrängte die politische Immoralität mehr und mehr die reinere Privatmoral. Der Hof und die Satrapen, so wie letztere unter einander betrachteten und behandelten sich nicht selten wie feindliche Mächte. Und je mehr der kriegerische Beruf der höheren Volksclassen zu einer blossen Fiction wurde, je mehr unter dem Schilde der alten Maxime, dass Arbeit und Industrie die rechtmässige Beute der kriegerischen Nationen seien, der Raub nicht mehr im Kampfe mit streitbaren Feinden, sondern durch Bedrückung friedlicher Unterthanen gesucht ward, je mehr seit der ungeheueren Ausdehnung des Reiches an die Stelle des anregenderen Weiterstrebens die erlahmende Sorge des blossen Erhaltens trat, desto mehr verdrängte auch die Politik des Betruges und der Intrigue, wie sie ohnehin der trägen Genusssucht entsprach, die Thaten der Kühnheit und Energie. Zur Gewalt ward nur gegriffen, wo sie gegen den Starken unumgänglich nothwendig oder gegen den Schwachen gefahrlos war. Aber es blieb von der alten, gewaltthätigen Rohheit die blutige Grausamkeit der Rache, in deren Gräuelgeschichte sich auch die Gebieterinnen des Harems, eine Amestris und Parisatis, schreckliche Namen erworben haben, um so entsetzlicher contrastirend mit der üppigen Weichlichkeit der Thuenden wie der Leidenden, und gestachelt durch das Bewusstsein der Schwäche, welche an dem Besiegten die Furcht, die er ihr eingeflösst hatte, rächte. Indessen scheinen die Fälle besonderer Grausamkeit bei den Persern keineswegs häufiger gewesen zu sein als in anderen orientalischen Reichen, und während sie Einzelne vernichtend trafen, war die Regierung im Ganzen weder grausam, noch besonders drückend.

XLV.

Alle die Einflüsse, welche die Thatkraft der Vornehmen erschlafften, wirkten in erhöhtem Maasse auf die höchsten Träger der Gewalt, und führten die Erscheinung herbei, welche sich bei allen Dynastien erobernder Völker, und besonders im Orient nach befestigter Herrschaft wiederholt. Nachdem das Erreichbare an Macht und Herrlichkeit erreicht worden, bleibt der vergötterten Gewalt kein Raum zu ernstem Streben. Sie thront wie ein Gott auf Erden, in ihrem Wahn bedürfnisslos, in der That bedürftig der Anbetung und des Genusses. Und während höhere Antriebe fehlen, gesteigerte Genüsse das Ziel der Herrschaft werden, jede Uebung wirklicher Thätigkeit erlahmt, macht die vergötternde Schmeichelei, welche schon leisen Andeutungen der königlichen Meinung gegenüber trotz besserer Erkenntniss kaum einen demüthigen Vorschlag wagt, den Herrscher rath- und haltungslos in seinem Thun, bis ihn eine hereinbrechende Gefahr zu spät aus der geträumten Göttlichkeit aufschreckt. Es ist ein gutes Zeugniss für die iranische Ethik, dass die persischen Könige, soweit wir sie individuell erkennen können, ungeachtet der Verlockungen und gelegentlichen Ausschreitungen eines genusssüchtigen Despotismus durchgängig guten Willen, Billigkeit und selbst Milde zeigen. Aber zur Aufrechthaltung der Autorität in dem weiten Reiche gegen aufrührerische Unterthanen oder widerspenstige Satrapen reichten ihre Kräfte nicht aus. Eine hervorragende Persönlichkeit hat seit dem Darius Hystaspis nicht mehr den Thron bestiegen. Für die Erhaltung kriegerischer Zucht und Thatkraft bei den Herrschern wie bei den Beherrschten war ohne Zweifel das assyrische System der beständig wiederholten Kriegszüge mehr geeignet, als die persische, zu einer regelmässigen Organisation der besiegten Länder fortgeschrittene, eine friedliche Herrschaft als Resultat des Kampfes erstrebende Staatskunst. Hier hörten grosse auswärtige Unternehmungen bald vollständig auf. Seit dem Zuge des Xerxes gegen Griechenland erfolgte kein allgemeines Aufgebot der Kräfte des Reiches mehr bis zu dem macedonischen Kriege. Im militärischem Sinne liess Aeschylus mit vollem Recht nach der salaminischen Niederlage die alten Streitgenossen des Darius wehklagen.

*τὸ Περσῶν δ' ἄνθος οἴχεται πεσόν.**)

Die Vertheidigung der Gränzprovinzen wurde ihnen selbst

*) Der Perser Blüthe fällt in jähem Fall.

überlassen. Regelmässige Beziehungen wie zwischen ebenbürtigen Mächten wurden nur mit den griechischen Staaten unterhalten, und auch hier ruhte die Leitung der auswärtigen Politik sowie die Vertheidigung des Reiches fast ganz in den Händen der kleinasiatischen Satrapen. Seitdem der erste entscheidende Zusammenstoss die Ueberlegenheit der griechischen Waffen für immer festgestellt hatte, wurde jedem Versuche einer Gränzerweiterung entsagt, und selbst die Vertheidigung gegen die Angriffe der Griechen wurde meistentheils sehr schwach geführt, aber eine gewandte Politik der Intrigue, der Bestechungen und wohlberechneter Parteinahme wurde mit solcher Zähigkeit und solchem Erfolge gehandhabt, dass nicht nur der Territorialbestand trotz aller Niederlagen im Felde wiedergewonnen und behauptet, sondern sogar während der schwächsten Zeiten des Reiches ein entscheidender Einfluss in den Angelegenheiten Griechenlands geübt ward.

Im Inneren wurde die Verbindung des Ganzen desto lockerer, die Selbständigkeit einzelner Befehlshaber oder Landschaften desto unbeschränkter, je schlaffer die Träger der Centralgewalt sich zeigten, je schwerer sie sich zu einer energischen Kraftentwicklung aufrafften, je geneigter sie wurden sich mit einem oberflächlichen Schein des Gehorsams zu begnügen, und selbst offne Widersetzlichkeit zu ignoriren oder zu verzeihen statt durch bewaffnetes Einschreiten Unterwürfigkeit zu erzwingen. Manche Völker in unzugänglichen Gegenden, namentlich in den kleinasiatischen und kurdischen Gebirgen waren von Anfang an nur dem Namen nach unterworfen und sich selbst überlassen geblieben; jetzt verstanden sie sich nur selten zu einer Tributzahlung, und befanden sich unaufhörlich im kleinen Kriege mit den umliegenden Provinzen, deren Statthalter sich meistens auf die Vertheidigung gegen ihre Einfälle beschränkten. Den Uxiern entrichtete sogar der König der Könige, um die Strasse zwischen seinen Residenzen Ekbatana und Susa frei zu haben, unter dem Namen von Geschenken einen förmlichen Tribut. Auch gefügigere

34*

Unterthanen befehdeten sich, und selbst die Statthalter übten bisweilen offene Feindseligkeiten gegen einander, die wohl gar vom Hofe absichtlich genährt wurden um einen gefürchteten Satrapen durch seine Nachbaren in Schranken zu halten. Einige Statthalterschaften wurden erbliches Familieneigenthum, doch nur in den entlegeneren und häufiger von Kriegen heimgesuchten Provinzen; so entstanden ausser dem cilicischen Reiche in Pontus eine Dynastie persischen Ursprungs und in Karien die des Mausolus, welche zeitweise die persische Oberhoheit gar nicht anerkannte. Man vergleicht häufig diese Zustände des persischen und noch mehr des parthischen Reiches, welches regelmässiger zu dem System erblicher Unterkönige zurückkehrte, mit den Lehnsverfassungen des germanischen Mittelalters; indessen beschränkt sich die Aehnlichkeit nur auf das, was überall nach grossen Eroberungen zu geschehen pflegt, wenn es ohne die moderne Kunst einer centralisirten Verwaltung nothwendig ist eine Organisation zu schaffen, die mehr auf das Behaupten des gewonnenen Bestandes als auf dessen Erweiterung gerichtet ist, nämlich dass ziemlich selbständige und vorwiegend militärische Befehlshaber die Leitung grösserer oder kleinerer Bezirke übernahmen, und dass der Zusammenhang des Ganzen nur in der Unterordnung dieser Befehlshaber unter eine Centralgewalt besteht, welche sich um Ordnung und Verlauf der gewöhnlichen Angelegenheiten wenig zu bekümmern pflegt. Dagegen fehlte Alles, was den germanischen Feudalstaat charakteristisch auszeichnet, die persönliche, privatrechtliche Verbindung zwischen dem Lehnsherrn und Vasallen, die Gegenseitigkeit bestimmter Rechte und Pflichten, die hierarchische Gliederung der ganzen Gesellschaft nach der höheren und niederen Lehnsherrlichkeit, die regelmässige Verknüpfung der Vasallendienste mit dem Besitz von Grund und Boden. Der orientalische Satrap oder Unterkönig mochte thatsächlich gegen einen schwachen Oberherrn eine nach Umfang und Dauer fast unbeschränkte Macht erringen, aber rechtlich war er immer nur ein Diener der souverainen

Gewalt, nicht zu bestimmten Diensten, sondern jedem Befehle nachzukommen verbunden, ohne irgend einen Rechtsanspruch lediglich von dem Willen des Herrschers abhängig.

XLVI.

Was die persischen Machthaber in die Bahn der Empörung trieb, war häufig nicht der Ehrgeiz, nicht die Absicht sich dem Reichsverbande zu entziehen, sondern die Frage der Selbsterhaltung. Wer Feinde und Neider am Hofe hatte, wer in ein Zerwürfniss gerathen, oder sich einer Verschuldung bewusst war, der war verloren, wenn er die Macht aus den Händen gab. Er musste daher, wenn Bestechung oder Intrigue nicht ausreichten, suchen sich auf jede Gefahr hin zu behaupten und zu dem Zwecke seine Macht nach Kräften zu befestigen und zu erweitern. Entschlossenes Trotzbieten konnte die Regierung einschüchtern oder hinhalten, bis der Empörer eine Gelegenheit fand seinen Frieden zu machen, vielleicht durch Aufopferung eines Genossen in der Auflehnung. Wer aber nicht mehr gefürchtet oder gebraucht ward, durfte nicht erwarten, dass ihm Verträge oder Versprechungen gehalten wurden. Auf Treu und Glauben war in der Politik nicht zu rechnen. Nur die Interessen zählten, und wo diese nicht verbanden, war Treulosigkeit und Feilheit überall vorauszusetzen. Mit der verwirrten, ränkevollen Politik des Betruges und der Verrätherei wuchs die Abneigung gegen den Krieg und die Unfähigkeit ihn zu führen. Beides wurde bestärkt durch die nothgedrungene Ueberzeugung von der Unzulänglichkeit der eigenen Organisation und der Ueberlegenheit der griechischen Kriegskunst. Wahrscheinlich erhielt man sich den hochmüthigen Trost, dass das bevorzugte Volk immer noch den Vorrang behaupten werde, wenn man nur ernstlich wollte, aber inzwischen ergab man sich indolent in sein Schicksal. Eine wirkliche Gefahr für den Bestand des Reiches schien zu keiner ausserordentlichen Anstrengung aufzufordern, und war auch in der That bei der Zerfahrenheit der griechischen

Staaten nicht vorhanden, bis eine neue Macht mit concentrirten Kräften auf den Schauplatz trat. In der späteren Zeit fing man an sich in den inneren Kämpfen griechischer Miethstruppen zu bedienen, die gleich den Lanzknechten des späteren Mittelalters räuberisch und verwildert, oft verrätherisch, aber stets tapfer waren, sowohl im Solde der Regierung wie in dem der empörten Statthalter oder Provinzen fochten, und auf beiden Seiten den Kern des Heeres bildeten. Die asiatischen Völker entwöhnten sich des Krieges, und ergaben sich den friedlichen Beschäftigungen, wie es bei den Lydern als die Folge einer politischen Maassregel des Cyrus nach ihrem unterdrückten Aufstande geschildert wird. Sie förderten damit ohne Zweifel ihr materielles Wohlbefinden, mussten aber endlich mit dem Verluste der nationalen Unabhängigkeit und selbständigen Entwicklung dafür büssen. In der Zeit von Xerxes bis auf den letzten König ging der kriegerische Muth und das Wenige, was an Disciplin und Ordnung vorhanden gewesen war, verloren. An dem furchtbaren Tage von Platää erkannten die Griechen an, dass die Perser in persönlicher Tapferkeit nicht hinter ihnen zurückstanden; mit verzweifeltem Muthe warfen sich die Schlechtbewehrten immer auf's Neue gegen die geschlossenen Reihen der geharnischten Spartaner und suchten ihnen die Lanzen aus den Händen zu reissen. In den Schlachten Alexanders liefen die zusammengetriebenen Massen überall auseinander. Nur die kleinen Schaaren griechischer Söldner behaupteten auf Schlachtfeldern wie in Belagerungen den Ruhm ihrer Tüchtigkeit.

In den letzten Zeiten stellte ein ruchloser, aber energischer Eunuch im Namen des Königs Ochus mit Hülfe des rhodischen Mentor und griechischer Truppen die Ordnung im Reiche in einer Vollständigkeit wieder her, wie sie seit der Regierung des grossen Darius nicht mehr bestanden hatte. Später rottete er die königliche Familie aus, und setzte den Darius Codomannus auf den Thron, der nur durch seine Mutter aus dem Hause des Hystaspes stammte. Dieser hat die Theilnahme gefunden, die sich an den tragischen

Ausgang eines grossen Geschicks zu knüpfen pflegt; in der Vertheidigung seines Reiches hat er weder Einsicht noch Entschlossenheit gezeigt. Er hatte einen Mann, der ihn retten konnte, den Rhodier Memnon. Aber er gehörte nach der Eintheilung Macchiavellis weder zu denen, die selbst das Richtige zu finden, noch zu denen, die es einzusehen wissen, wenn es ihnen von Anderen gezeigt wird, sondern in die dritte Classe, die zu nichts taugt. Mit dem Sturze des Achämeniden-Reiches endet die Periode, in welcher die theokratisch-militärische Organisation grosser Massen die mächtigste Staatsbildung und die bewegende Kraft in der politischen Geschichte repräsentirte. Dem Völkerkreise, welcher ihr gegenüber die Rolle des Fortschritts übernahm, hat sie einen gewaltigen Impuls gegeben durch den Aufschwung, welchen im Zusammenstosse mit ihr die geistige und materielle Entwicklung Griechenlands nahm. Auf die politische Gestaltung des Occidents hat sie weiter nicht unmittelbar gewirkt. Den Einflüssen ihrer Cultur und Religion werden wir noch wiederholt begegnen. Der Orient aber hat sich über diese Stufe nicht wesentlich erhoben, und in ihm war die altiranische Bildung noch zu einer langen und glänzenden Restauration berufen. Wenn die Oberherrschaft der Perser die Form gewesen, in welcher die Völker zuerst in einen regelmässigen friedlichen Verkehr traten und die schroffen Gegensätze sich milderten, so setzte sich in den macedonischen Reichen die Amalgamirung der Nationen fort. Freilich war das griechische Element zu fremdartig um sich mit dem orientalischen zu verschmelzen und zu schwach vertreten um es innerlich umzugestalten. Aber als die nationale Reaction zunächst unter Führung der bis dahin wenig beachteten Parther die Herrschaft der Seleuciden wie der baktrischen Griechen stürzte, und als nun die Küstenländer gänzlich in die Civilisation der Mittelmeer-Staaten hineingezogen wurden, traten die inneren Lande in einer weit homogeneren Verbindung auf. In dem Reiche der Sassaniden waren nicht nur zwischen den Stämmen Irans die Schranken gefallen, sondern auch die Völker Mesopotamiens hatten sich in Sprache, Sitte und Religion mit ihnen assimilirt. Sie verehrten nicht mehr den persischen Gott wie den persischen König als einen fremden, siegreichen Gebieter, sie gehörten jetzt selbst zu dem Volke des Ormuzd. In der relativen Weltstellung liess sich allerdings das neue Reich nicht mit dem altpersischen vergleichen; es war in keinem Augenblick das mächtigste auf Erden, es konnte nie den Anspruch erheben die Geschicke des Abendlandes zu bestimmen. Aber in Wissenschaft und Industrie, in bürgerlicher Ordnung und auch in wirklicher kriegerischer Kraft hatte es gewaltige Fortschritte gemacht. Bereitete es doch vorzüglich durch seine jetzt schwergepanzerten Reiterschaaren selbst den römischen Waffen wiederholte Niederlagen, wie sie die Griechen nie von den Achämeniden erlitten hatten. Es waren wiederum glückliche Zeiten für diese Länder gekommen, und ihre Gestalten sind es vor allen, welche die glänzende Poesie Persiens mit anmuthvollen Bildern erfüllen. Zoroasters Religion herrschte nochmals in einem weiten Reiche, und sie erlag erst der weltbezwingenden Kraft des Islam, als bei Kadesia das treue Symbol iranischer Selbständigkeit für immer sank, das uralte Banner der Sage, unter welchem in den Tagen Feriduns der Schmidt von Ispahan den Zohak überwunden, welches beim Untergange des letzten Darius gerettet worden, und welches Ardoschir Babagan von neuem siegreich erhoben hatte.

Die Phönicier.

XLVII.

In das persische Reich war auch der südwestliche Winkel Syriens aufgegangen, das Land Kanaan — Kanana nennen es altägyptische Denkmäler — welches bestimmt war durch zwei nahe verwandte Völker, die Phönicier und die Israeliten, in verschiedenen Richtungen einen unermesslichen, mit ihrer politischen Bedeutung in keinem Verhältniss stehenden Einfluss auf die Entwicklung der Weltgeschichte zu üben. Die Phönicier, wie ihre Stammgenossen von Osten her eingewandert, hatten sich in uralter Zeit am mittelländischen Meere niedergelassen, und waren ohne Zweifel durch nachziehende Stämme, oder durch den Rückstau der aus Aegypten vertriebenen Semiten in die felsige Küste gedrängt worden, welche ihnen den gewöhnlichen Unterhalt durch Landbau und Viehzucht versagte, und sie nöthigte neue Wege des Erwerbes einzuschlagen. So wurden sie die erste rein industrielle, handeltreibende und seefahrende Nation der Erde. Die ersten Lebensbedürfnisse, Korn, Oel und Schlachtvieh, mussten sie von ihren Nachbaren eintauschen, dafür gewährten sie ihnen feinere Genüsse des Lebens und Erzeugnisse ferner Länder. Sie vermittelten in Zeiten, als von griechischer Schifffahrt noch kaum die Rede sein konnte, den Handel an allen Küsten des Mittelmeers, besuchten England und die Ostseeländer, durchzogen das vordere Asien mit ihren Karavanen und segelten von den Häfen des rothen Meeres aus, wie später die römischen Handelsflotten, bis nach Indien. Ihre Städte, zu stark, um durch vorübergehende Angriffe der zu langen Unternehmungen noch wenig geschickten Nachbarn ernstlich gefährdet zu werden, und die waldigen Berge des Libanon, welche ihnen das vortreffliche Bauholz für ihre Schiffe lieferten, waren fast ihr einziges Besitzthum auf dem Festlande. Ausser zur unmittelbaren Vertheidigung führten sie niemals Landkriege, aber auch seewärts suchten sie etwa mit Ausnahme einiger nahe gelegenen Inseln keine Eroberungen. Die zahlreichen Colonien dienten ihnen zur Entladung der überflüssigen Bevölkerung und für ihre Handelsbeziehungen, eine politische Herrschaft übten sie nicht über dieselben. Sie waren die einzige Nation der alten Welt, welche kriegerische Thätigkeit und politischen Ehrgeiz grundsätzlich ablehnte, sich mit Ausdauer und Energie den Künsten des Friedens zuwendete, und trotz der Ueppigkeit und Verderbtheit, welche Arbeitsverachtung oder Neid ihrem Reichthum vorwarf, den kräftigen Muth behauptete, der ihre Flotten zu allen Zeiten auch den tapfersten Völkern furchtbar machte, und ihre Freiheit gegen die mächtigsten Eroberer mit aufopferndem Heldenmuth vertheidigte.. In früher Zeit hatten sie sich auf Cypern und Kreta, auf den Inseln und Küsten des Archipelagus, sowie auf Sicilien festgesetzt, und wenn ihnen hier der Aufschwung des griechischen Volksstammes eine überlegene Concurrenz machte, so hatte ihre Colonisation den grössten und dauerndsteen Erfolg an der Nordküste Afrikas, wo sie in den Berbern eine verwandte, sich leicht mit ihnen mischende Rasse fanden. Hier gelangte ihre Tochterstadt Karthago zu einer politischen Macht und Weltstellung, welche die altphönicischen Städte weit überragte. Wir können diese massenhaften Auswanderungen nicht von den Städten der phönicischen Küste allein herleiten, sondern müssen sie einer weiteren Völkerbewegung zuschreiben, die vielleicht unter ihrer Vermittlung den Weg über das Meer nahm. Sie hing nach der Zeit, wie nach historischen Ueberlieferungen unzweifelhaft mit der Vertreibung der Hyksos aus Aegypten, wahrscheinlich auch mit der am Schlusse dieser Periode erfolgten Niederlassung der Israeliten in Kanaan und der dadurch bedingten Austreibung eines Theils der früheren Bewohner zusammen. Der Name der Phönicier wurde ursprünglich nicht auf den schmalen Landstrich an der syrischen Küste eingeschränkt, sondern dem Volksstamme in weiterem Umfange beigelegt, wie denn auch die Septuaginta häufig die Kanaaniter des alten Testaments mit Phöniciern übersetzt. Dadurch erklärt sich die Beziehung phönicischer Niederlassungen auf Aegypten und das Schwanken der Sagen über ägyptische oder asiatische Herkunft von Einwanderern. Diodor hat die richtige Anschauung dieser Verhältnisse bewahrt, indem er Danaus und Kadmus gleichzeitig mit den Israeliten aus Aegypten fortziehen lässt, aber nicht als Aegypter, sondern als Fremde. Als die Völkerwanderungen in diesen Gegenden zum Stillstande gekommen waren, hörten auch die phönicischen Colonisationen in dem grossen Maassstabe auf. Ein vorzügliches Augenmerk richteten die Phönicier bei ihren Niederlassungen auf die Bergwerke, wie denn der Handel mit Metallen eine hervorragende Wichtigkeit hatte, und so finden wir in sehr früher Zeit alle Silber- und Kupfer-Gruben an den Gestaden des Mittelmeeres in ihren Händen, auf Cypern, in Thasos, an den thracischen Küsten und in Spanien, dessen Pflanzstädte zugleich die Zwischenstationen wurden um das dem Alterthum für die Broncebereitung unentbehrliche Zinn aus England herbeizuschaffen. In den alten und neuen Städten entfaltete sich neben dem Handel eine reiche Industrie. Die Metallarbeiten, die Glasfabriken, die Webereien und Färbereien Phöniciens waren von Alters her berühmt; die letzteren blieben unübertroffen, und noch in der römischen Kaiserzeit wurde die mit tyrischem Purpur gefärbte Wolle mit Gold aufgewogen. Bei der Unsicherheit des Verkehrs wurde der überseeische Handel ähnlich dem Karavanenhandel auf dem Lande gewöhnlich in grösseren gemeinschaftlichen Unternehmungen betrieben, und die Waffen, welche zu seinem Schutze nothwendig waren, wurden nicht selten zu Raub und Unterdrückung gemissbraucht. Die Expeditionen waren lang und gefahrvoll, dafür warfen sie aber auch überaus hohe Gewinne ab. Mit fernen Ländern gestaltete sich der Handelsverkehr der Phönicier zunächst wegen der Grösse und Schwierigkeit seines Betriebes zu einem thatsächlichen, dann wegen seiner Vortheile häufig zu einem gewaltsam aufrecht erhaltenen Monopol.

XLVIII.

In diesem friedlichen Hinausgehen über die eigenen Gränzen, dem ersten welches die Geschichte kennt, und staunenswerth in seiner Grossartigkeit, sind die Phönicier wahre Emissäre der Civilisation geworden. Ueberall haben sie Gewerbfleiss und nützliche Kenntnisse ausgebreitet. Ein unvergänglich sichtbares Denkmal haben sie sich in der Buchstabenschrift gesetzt, welche von ihnen auf alle Völker Europas übergegangen ist. Aber während sie in weitem Umfange Keime geweckt, die Anfänge der Cultur bei fremden Nationen mächtig gefördert und damit auf die Gestaltung des wirklichen Lebens eine nachhaltige Wirkung geübt haben, sind uns von ihrem unmittelbaren Dasein wenig Spuren geblieben. Ihre Litteratur ist bis auf einige in zweiter Hand bewahrte Fragmente, ihre Kunst bis auf einige Gräber und ein paar Sarkophage untergegangen. Die Geschichte ihres Wachsthums und ihrer Blüthe ist von den kriegerischen Interessen des Alterthums vernachlässigt worden, nur wo sie zu Grunde gehen, haben wir spärliche Nachrichten. Ihre Sprache war, wie durch die karthagischen Inschriften, die punischen Worte beim Plautus und den kürzlich gefundenen Sarg des sidonischen Königs Esmunazar erwiesen ist, mit der hebräischen fast ganz identisch. Die Inschrift des letzteren erinnert in Stil und Wendungen an die hebräischen Propheten. Es gab eine alte heilige Litteratur, die bis in das dreizehnte Jahrhundert vor Christus hinaufgerückt und an die Namen Mochos von Sidon und Sanchuniathon von Berytus geknüpft wird; unter letzterem glaubt man eine gelehrte Classe verstehen zu dürfen. Ihre Kosmogonie und Theologie schloss sich im wesentlichen an die der übrigen semitischen Völker an, nur modificirt durch ägyptische Einflüsse, die sich in der Kabirenverehrung und dem osirischen Adoniscultus beurkunden, oder durch specielle, volksthümliche Beziehungen, die den tyrischen Melkarth zu dem thatenreichen, in die Ferne strebenden Gott machten, in dem die Griechen das Urbild ihres Herakles wiederfanden. Die ägyptische Seelenwanderung ist nicht zu ihnen übergegangen; das jenseitige Leben beschränkte sich auf ein Schattenreich, ähnlich dem alttestamentlichen Scheol, mit einer schwachen Unterscheidung von Guten und Bösen. Dies bestätigt die sidonische Sarginschrift, da flucht der König dem, der den Deckel des Sarges heben, oder die Ruhe des Grabes stören würde: „er soll keine Stätte finden bei den Schatten, er sei des Begräbnisses beraubt, hinterlasse weder Söhne noch Nachkommenschaft, die Götter müssen seine Seele in der Hölle halten". Von dem Zustande der phönicischen Wissenschaft ist nichts überliefert. Aus der Beschreibung des von tyrischen Künstlern erbauten Tempels zu Jerusalem liesse sich schliessen, dass ihre Architektur sich an die der mesopotamischen Stammgenossen reihte. Der vorwaltende Ziegel- und Holzbau war beiden gemeinsam; nach einem angeblichen Fragmente Sanchuniathons wollten die Tyrier sogar die Kunst des Ziegelformens erfunden haben. Die vortrefflich gearbeiteten Sarkophage gleichen ägyptischen Mumiensärgen, dagegen weicht die schöne weibliche Figur auf dem Marmorsarge völlig vom ägyptischen Stile ab, so dass man sie als ein Vorbild griechischer Kunst betrachtet, ein französischer Archäologe sogar eine specielle Aehnlichkeit mit der Pallas von Velletri darin entdeckt hat; letzteres muss ich freilich in das Reich der Phantasie verweisen.

Die hebräischen Propheten entrollen ein glänzendes Bild von diesen Mittelpunkten des Weltverkehrs, obwohl sie Handel, Industrie und den durch sie gewonnenen Reichthum als von Gott abwendend, als Hochmuth, Sünde und

Verderben bringend schmähen, und nicht selten das Gericht Gottes auf die üppigen Städte herabrufen; sie zählen die Waaren her, die auf ihren Märkten feilgeboten wurden, die Völker, die dort zusammentrafen, sie schildern den Luxus ihrer Schiffe und Paläste, die Pracht und den Reichthum namentlich von Tyrus, „dessen Kaufleute Fürsten sind". Durch sie hören wir auch, dass sich die Phönicier früh in Landkriegen fremder Söldner bedienten. Von ihrer häuslichen und gesellschaftlichen Oekonomie wissen wir leider gar nichts. In staatlicher Hinsicht nehmen sie eine besondere Stelle ein, indem ihre Handelsrepubliken die ersten und im Orient die einzigen Punkte waren, in denen sich freie, städtische Gemeindeverfassungen entwickelten, zum klaren Beweise, dass die Anfänge der politischen Organisationen Griechenlands und Italiens nicht einer Verschiedenheit der ursprünglichen Anlage, nicht einer natürlichen Ueberlegenheit im Vergleiche mit den begabten Völkern des Orients, sondern äusseren Verhältnissen und Bedingungen zuzuschreiben sind, deren gesetzmässiges Wirken bei den semitischen Phöniciern dieselben Erscheinungen hervorrief wie bei den Hellenen und Römern. Die kleinen, vereinzelten Gemeinwesen, die nothgedrungene Wendung zu Handel und Industrie, die freie Bewegung, welche diese erfordern, die umsichtige, selbstvertrauende Kühnheit, welche das Meer den Seefahrern verleiht, die Gewöhnung der Einzelnen an selbständige Thätigkeit und grosse Unternehmungen liessen weder ein übermächtiges Priesterthum, noch einen militärischen Despotismus aufkommen, und riefen mit der Theilnahme grösserer Kreise am Staatswesen und einer dem entsprechenden, geordneten Verfassung das kräftige Bürgerthum hervor, welches sich im Glück durch glänzende Erfolge, im Unglück durch heroische Standhaftigkeit bewährt hat. Und wenn die Frage aufgeworfen würde, warum die phönicische Entwicklung nicht zu einer politischen Macht führte, wie es bei den Städten Griechenlands oder Italiens der Fall war, so liegt auch hierfür der Grund nahe, die phönicischen Republiken waren in ihren

Anfängen nicht klein unter kleinen, schwach unter schwachen, sondern fanden sich von dem Beginn ihrer Existenz an, nach Raum und Volkszahl beschränkt, massenhaften Reichen gegenüber, so dass an kriegerische Erfolge, an Eroberung und Herrschaft bei ihnen gar nicht zu denken war, sie sich vielmehr nur auf den friedlichen Verkehr mit den kriegerischen Völkern des festen Landes hingewiesen sahen. Ihre Verfassungen bewegten sich in aristokratischen Formen, wahrscheinlich auf Geburt und auf Reichthum beruhend, an der Spitze gewöhnlich erbliche, aber verfassungsmässig beschränkte Könige, zuweilen gewählte Vorsteher, Suffeten oder Richter. Vom Einzelnen ist sehr wenig bekannt. Zeitweise scheinen die Städte in einer geregelten Conföderation gestanden, und häufig wenigstens einzelne Unternehmungen gemeinschaftlich ausgeführt zu haben. Die mächtigste unter ihnen war meistens Tyrus. Die Zurückführung dieser uralten Stadt auf eine sidonische Colonie scheint auf ihre Wiederherstellung nach einer Zerstörung durch die Aegypter bezogen werden zu können. Lange Jahrhunderte hindurch behaupteten sie sich politisch unabhängig; die assyrischen Könige konnten ihnen nur vorübergehend Tribute oder Brandschatzungen abnöthigen, erst Nebukadnezar unterwarf sie dauernd der babylonischen Herrschaft, nicht bevor Tyrus, oder wenigstens der auf dem Festlande gelegene Haupttheil der Stadt nach vieljähriger Belagerung zerstört war. Dann gingen sie in das Reich der Perser über. Sie mussten den neuen Herrschern ihre Seekriege hauptsächlich führen, im übrigen behielten sie ihre Autonomie, und scheinen sich im Ganzen wohl befunden zu haben. Dass sie von ihrer alten Bedeutung relativ herabsanken, ist nicht der persischen Oberherrschaft, sondern der steigenden Macht der Griechen zuzuschreiben. Das allmälige Zurückweichen vor diesen hatte schon weit früher begonnen. Von allen Städten Asiens leistete Tyrus Alexander dem Grossen den hartnäckigsten Widerstand. Nach dieser Zerstörung erholte es sich nicht mehr. Andere Gegenden hatten inzwischen eine gleiche oder höhere Stufe der industriellen Entwicklung erreicht, in welcher einst die Städte Phöniciens den Vorrang behauptet hatten, eine politische Bedeutung zu beanspruchen waren sie in den Stürmen der macedonischen Zeiten zu schwach, und ihre commercielle Blüthe erlosch vor dem aufgehenden Gestirn Alexandriens.

Die Israeliten.

XLIX.

In einer ganz anderen Weise als die Phönicier haben ihre hebräischen Stammgenossen, die Israeliten, auf die Bildung der Welt gewirkt. Wenn jene bei roheren Völkern die Gestaltung des praktischen Lebens gefördert, in weiten Kreisen Saaten ausgestreut haben, die, wie fernhin sich auch ihre Wirkungen erstreckten, doch schnell aufgingen, und in unmittelbarer Berührung reiche Früchte der Civilisation hervorbrachten, ist es bei dem Volke Israel die religiöse Theorie, deren nachhaltiger und greifbarer Einfluss sich bis in unsere Tage erstreckt, da sie die Grundlage für die Form des Monotheismus geworden ist, welche bei den hauptsächlichsten Völkern der späteren Geschichte zur Herrschaft gelangte. Die Phönicier trieb die kosmopolitische Thätigkeit der Industrie und des Handels in der Zeit ihrer politischen Blüthe rastlos hinaus über die eigenen Gränzen, anderen nützend, indem sie das Ziel des eigenen Wohlseins energisch verfolgten. Als ihre staatliche Existenz aufhörte, ging auch ihre Nationalität in den Mischungen der Völker auf. Die Israeliten haben ihre besten Kräfte, und je enger und trüber sich das äussere Volksleben gestaltete, desto ausschliesslicher auf die religiösen Theorien gewendet, welche das geschichtliche Werk und das unvergängliche Denkmal dieses Volkes geworden sind. Es dauerte lange, ehe sie ihre vollständige Ausbildung erhielten und zur wirklichen Durchdringung des

Lebens gelangten. Ihre Ausarbeitung erfolgte in dem ausschliessenden Geiste nationaler Beschränkung, welche der antiken Civilisation und namentlich der priesterlichen eigen ist. Nur die äusserste Noth und zwingende Gewalt trieben dieses Volk aus seinem heiligen Lande. Der religiöse Nationalgeist drängte es in sich zusammen, schloss es gegen alles Fremde ab und erfüllte es mit der unverwüstlichen Hartnäckigkeit, welche sein staatliches Dasein vernichtete, aber sein nationales noch in der Zerstreuung über die ganze Erde erhielt. Der einseitige Eifer für das Heiligthum der priesterlichen Ordnung liess es äusserlich niemals auf die Dauer zu einer glücklichen, erfreulichen Lage gedeihen, und machte aus ihm um seiner Treue willen, was sein Gott einst der Untreue gedroht hatte „einen Spott und ein Scheusal unter allen Völkern, ohne bleibendes Wesen und ohne Ruhe“ — in Wahrheit „eine Niobe der Nationen“. Die Tage, auf welche es mit Stolz und Freude zurückblicken konnte, waren selten und kurz, lang die Zeiten der Bedrängniss und des Leidens. Durch seine ganze Geschichte geht der Ton schmerzlicher Sehnsucht nach dem verheissenen Heil, das nimmer erscheinen wollte, der Klage und des Zwiespalts, dass die Thatsachen dem Glauben, die Zustände den Ansprüchen so wenig entsprachen. Der Staat musste in Trümmer fallen, die Theorie selbst unter Befreiung von den nationalen Schranken eine neue Gestalt annehmen, ehe sie andere Völker ergreifen und der Ausgangspunkt einer neuen Entwicklung werden konnte. Da das Christenthum als eine Fortsetzung und Verklärung der hebräischen Offenbarung betrachtet wurde, gewannen nicht nur ihre eigentlichen Religionsbegriffe, sondern auch ihre sonstigen Anschauungen und Speculationen einen mächtigen Einfluss auf die Bildung des Occidents. Allerdings musste die priesterliche Gesetzgebung über das tägliche Leben, die bürgerlichen und politischen Einrichtungen als unbrauchbar beseitigt werden, in so weit wurde dann behauptet, sie sei nur für das jüdische Volk bestimmt gewesen, aber man berief sich auf ihre Vorschriften und Festsetzungen, wo diese der geltenden Theorie zweckmässig schienen, und namentlich wendeten sich stets die theokratischen oder hierarchischen Bestrebungen dem jüdischen Priesterthum als einem idealen Vorbilde zu. Bis in die neuere Zeit gaben die Schriften und Ueberlieferungen der Juden das einzige vollständige Beispiel einer von dem religiösen Geiste des Orients durchdrungenen, das ganze Leben umfassenden Gesetzgebung. Es fehlte an jedem Maassstabe einer vergleichenden Beurtheilung. In die fremde Welt des Abendlandes hineingeworfen erregte dieses Volk mit seiner abgeschlossenen Sonderbarkeit die Verachtung und den Widerwillen der griechisch-römischen Bildungskreise. Der christlichen Anschauung bestätigte die Fremdartigkeit der Erscheinung den Glauben an die besondere Berufung und Lenkung des Volkes. Der schlecht unterrichtete Hass und die ehrfurchtsvolle Scheu waren gleich wenig befähigt die theokratischen Einrichtungen in ihrer Einseitigkeit und ihrer Grossartigkeit zu würdigen. Nicht gewöhnt gleichmässig wirkende Gesetze in der Entwickelungsgeschichte der Völker zu suchen und unbekannt mit den ähnlichen Ordnungen des Alterthums, griff man zur Erklärung der auffallenden Erscheinung, statt sie aus dem innersten Wesen antiker Religiosität herzuleiten, nach äusserlichen Motiven, welche der Weisheit Gottes oder der Willkür des Gesetzgebers untergelegt wurden. Wie schon römische Schriftsteller dem mosaischen Gesetze einen bewussten Gegensatz, eine gehässige Scheidung von allen anderen Völkern zuschrieben, so geschah dies noch in den neuesten Zeiten. Andere fanden in der Strenge und Peinlichkeit der Festsetzungen ein Mittel der Zucht, oder gar eine göttliche Strafe für die Sündhaftigkeit des Volkes. Josephus sprach in der Rechtfertigung seiner Nation gegen die Angriffe des Apio die ächte jüdische Ansicht aus, indem er rühmt, dass dieses heilige Gesetz, für welches die Väter begeisterungsvoll gehandelt und gelitten, das ganze Leben auf jedem Schritte in allem Thun und Lassen mit göttlicher Bestimmtheit leite, dass das Volk sich mit Sicherheit und Freude in seinen festen Schranken bewege, dass es von ihm sein zeitliches und ewiges Heil erwarte. Und jetzt wissen wir, dass diese vielfachen, den sittlichen und bürgerlichen Geboten gleichgestellten Gebräuche, diese weitläufigen Vorschriften über Reinigungen, Ceremonien, Opfer und Speisen, welche eine Besonderheit des Judenthums ausmachen sollten, ihm gerade gemeinsam mit allen den Organisationen sind, auf welche ein ausgebildetes Priesterthum erheblichen Einfluss geübt hat. Wenn der Offenbarungsglaube früherer Zeiten auch in dem Einzelnen dieser Gesetze die göttliche Weisheit bewunderte, der selbst das Geringfügige nicht zu klein erschienen, oder das Unfassliche in gezwungene Allegorien deutete, wenn dagegen seit dem vorigen Jahrhundert der Geist der Opposition, in welchem Voltaire das Christenthum als die absurdeste und blutigste der Religionen darstellte, in den Lehren, Sitten und Thaten der Hebräer nur Rohes und Widerwärtiges finden wollte, haben allmälig die unermüdlichen Anstrengungen, welche dieses Gebiet der Alterthumskunde mehr als jedes andere durchforscht haben, aus Vorurtheilen und Missverständnissen die Thatsachen erarbeitet, welche die israelitische Geschichte und Bildung gleich jeder anderen als das nothwendige Resultat innerer Entwicklung und äusserer Einwirkungen hinstellen. Das genügende Material ist in der hebräischen Litteratur enthalten, und theils deshalb, besonders aber wegen ihres nachhaltigen Ansehns ist es nöthig zunächst auf die heiligen Schriften des Volkes einen Blick zu werfen, namentlich auf die wichtigsten derselben, die sogenannten Bücher des Moses.

L.

Qui mysterium intelligit, taceat*); so schrieb der gelehrte Aben Esra, als er in der dunklen Nacht des zwölften Jahrhunderts anzudeuten wagte, dass der Pentateuch nimmer von Moses geschrieben sein könne. Und man hat geschwiegen.

---

*) Wer das Geheimniss erkennt, der schweige.

Selbst der Rabbi Abrabanel, der im fünfzehnten Jahrhundert die übrigen Bücher des alten Testaments und die herkömmlichen Annahmen über ihre Abfassung einer eingehenden Kritik unterwarf, überging die Autorschaft des Moses mit Stillschweigen. Der Talmud setzt einen gar zu schweren Fluch darauf, und schliesst unerbittlich von den Freuden des Paradieses aus den Frevler, der da zu bezweifeln wagt, dass jeder Vers des Werkes von Moses herrühre. Auch die Christen beugten sich diesem Anathema. Erst ein halbes Jahrtausend nach Aben Esra kam ein anderer Jude, Spinoza, „der todte Hund", dessen Geist noch immer lebendig ist, und wies mit kühner Schärfe den Unsinn der alten Fabeln nach. Ihm folgte noch im siebzehnten Jahrhundert ein katholischer Priester Frankreichs, Richard Simon, der eine noch heute interessante und lesbare Geschichte des alten Testaments schrieb. Sein Werk musste in Holland gedruckt werden, damals die Zufluchtsstätte freier Geistesbewegung. Dann nahm die protestantische Gelehrsamkeit Deutschlands die Untersuchung auf, und brachte sie zum Abschluss.

Da das entscheidende Detail dieser Arbeiten den Laien wenig bekannt zu sein pflegt, führe ich einige der Einzelheiten an, welche die späte Abfassung des Pentateuchs ausser Zweifel setzen. Die Beziehung auf den Tempelberg Moriah, die Erwähnung des Königsthals, wahrscheinlich nach dem Denkmal Absaloms so benannt, die Anwendung später Namen, wie im Buche Josua schon Jerusalem genannt wird, die Anspielungen auf geschichtliche Ereignisse wie die Ueberlassung israelitischer Krieger an die Aegypter unter dem Könige Manasse und die Empörung der Cyprier gegen Tyrus zur Zeit Salmanassars beweisen klar, dass das Werk nicht vor der königlichen Zeit geschrieben worden. Die Genesis zählt die Könige der Edomiter mit dem ausdrücklichen Bemerken auf, dass sie regierten, ehe die Kinder Israel Könige hatten. Im Numerus wird schon ein älteres Geschichtswerk „das Buch der Kriege Jehovahs" citirt. Die Worte, „der Kanaaniter war damals im Lande", und die

Stelle des Leviticus, welche die Austreibung der Kanaaniter als etwas Vergangenes erwähnt, konnten wenigstens nicht vor der Besitzergreifung des Landes geschrieben sein; eben so wenig konnte Moses die späteren Stammgebiete überblicken. Die Thaten und der Tod des Moses werden als längst vergangene Begebenheiten erzählt; die wiederholte Wendung „bis auf diesen Tag", und die Behauptung, dass niemals wieder ein Prophet wie Moses in Israel aufstand, können nur einer viel späteren Zeit angehören. Die Bezeichnung des Moses als des Mannes Gottes würde schwerlich von ihm selbst gebraucht sein. In den Büchern selbst fehlt jede Andeutung, dass sie von Moses verfasst wären, vielmehr sagt das Deuteronomium nur: „Moses schrieb das Gesetz", wie auch das Buch Josua eines schriftlichen Gesetzwerkes gedenkt, von dem sich in der Geschichte keine Spur findet; unter diesem Gesetz kann doch unmöglich das Buch selbst verstanden sein, in welchem die Erwähnung steht, und der Zusatz, dass ein Exemplar des Gesetzes in die Bundeslade gelegt sei, wird durch das Buch der Könige widerlegt, denn als die Lade bei der Ueberführung in den Tempel geöffnet ward, fand sich nichts darin als die steinernen Tafeln mit den zehn Geboten. Eben so entscheidend wie solche einzelne Stellen und wichtiger für die geschichtliche Betrachtung sind die allgemeineren Gründe, welche die allmälige und späte Entstehung des Pentateuchs darthun. Widerstreitet schon der geringe Abstand seiner Sprache von den jüngeren Schriften des alten Testaments der Annahme, dass eine lange Reihe von Jahrhunderten dazwischen verflossen, so machen es die Verschiedenheiten des Stils, die Wiederholungen und Abweichungen der Berichte über dieselben Dinge, die Widersprüche in den Thatsachen, Anschauungen und Vorschriften, der ganze Inhalt der Gesetze völlig unmöglich das Werk *einem* Manne und *einer* Zeit zuzuschreiben. Eine so umfassende und minutiöse Gesetzgebung konnte niemals mit *einem* Schlage ersonnen und durchgeführt werden, am wenigsten aber einer Zeit angehören, in welcher die zehn Gebote als vollkommener Ausdruck des Rechts und der Sitte aufgestellt wurden. Ausser diesen mögen noch einzelne Vorschriften alterthümlicher Fassung und ein paar Lieder in die mosaische Zeit hinaufreichen, mehr gewiss nicht. Die systematische Ausbildung und Aufzeichnung umfassender Gesetze ist überall die Sache langer und collectiver Arbeiten gewesen, die dann in der Folge auf einen einzigen grossen Namen übertragen wurden. Was Manu den Indern, Zarathustra den Iraniern, Thot den Aegyptern ward Moses der hebräischen Sage. Der Pentateuch enthält ferner mancherlei Bestimmungen, die nach dem Zeugniss der übrigen Bücher in der älteren Zeit gar nicht bekannt waren, sondern erst sehr spät zur Geltung kamen, und andere, die sich nur auf späte Verhältnisse beziehen, wie die Gesetze über das Königthum. Endlich beweist der weitere Verlauf der Geschichte, dass es während der Ausbildung und Blüthe des hebräischen Staats ein allgemein anerkanntes, oder für heilig gehaltenes Schriftwerk gar nicht gab. Erst etwa vierzig Jahre vor der Zerstörung Jerusalems übergab der Hohepriester dem Könige Josia ein Gesetzbuch, welches als Reichsgesetz eingeführt ward, aber auch da wird es keineswegs für ein Werk des Moses ausgegeben. Im zweiten Buch der Könige heisst es nur das Gesetzbuch, ohne dass Moses dabei erwähnt wird, die viel spätere Chronik nennt es „das Gesetz des Herrn, von Moses gegeben.“ Moses wird überhaupt im alten Testament nur als der Urheber des Gesetzes, nicht als der Verfasser eines Buches bezeichnet.

Wohl kann die Sicherheit, mit welcher Ewald die Verfasser der ursprünglichen Werke charakterisirt und fast die Titel ihrer Bücher angiebt, als hätte er neben ihrem Schreibtisch gestanden, ein ungläubiges Lächeln hervorrufen, nichtsdestoweniger muss das Resultat als gesichert betrachtet werden, dass der Pentateuch aus mehrfacher Ueberarbeitung verschiedener älterer Werke, deren grössere Bruchstücke sich zum Theil noch erkennen lassen, in gesetzgeberischem Interesse hervorgegangen ist; nur das Deuteronomium, welches sehr verschieden von dem Stil der anderen Bücher den Moses als prophetischen Redner vor seinem Tode in weichen, rührenden Worten das Gesetz wiederholen und einschärfen lässt, ist ein Werk aus einem Gusse, und jedenfalls nicht lange vor dem Könige Josia geschrieben. Unter dem damals aufgebrachten Gesetzbuch müssen die fünf Bücher in ihrem wesentlichen Umfange verstanden werden; sie waren das heilige Gesetz, auf welches die Propheten anspielen, um welches sich in der Verbannung der Kern des Volkes sammelte, welches aus der tiefen Schmach zur Anerkennung und zur Herrschaft über alle Völker gebracht werden sollte. Spinoza hielt den Esra für den Verfasser des Pentateuchs, gestützt auf die jüdische Ueberlieferung, dass er das verloren gegangene Gesetz aus dem Gedächtniss wiederhergestellt habe, und auf das hohe Ansehn, dessen er als Schöpfer heiliger Bücher und Gründer des Schriftgelehrtenthums genoss. Wenn dies auch nicht richtig ist, scheint es doch sehr wahrscheinlich, dass von Esra oder seiner Schule eine letzte Ueberarbeitung des Werkes ausgegangen ist; dafür spricht ausser jener Sage die Aufnahme einzelner Stücke, deren Anschauungen aus dem iranischen Glaubenskreise stammen, und der fortlaufende Zusammenhang, in welchen die sämmtlichen geschichtlichen Bücher von der Genesis bis zu den Büchern der Könige gebracht sind, da namentlich die letzteren in ihrer jetzigen Gestalt nicht vor dem Exil verfasst sein können. Man pflegte bei den Juden wie anderswo mit älteren Werken sehr frei zu schalten, unbedenklich zu ändern oder zuzusetzen, was neuere Anschauungen und Bedürfnisse erforderten. Durch solche fortgesetzte Arbeit, bei welcher die individuelle Willkür durch die organisirte Verbindung des Priesterthums und durch die Nothwendigkeit sich nach den bestehenden und geltenden Theorien zu richten in Schranken gehalten ward, wurden angesehene Schriften zu wahren Nationalwerken, und gelangten zu einer Autorität, welche sie in ihrer ursprünglichen Gestalt nicht gewonnen oder nicht behauptet haben würden. Eine andere Behandlung tritt ein, wenn sich der Begriff einer eigentlich heiligen Schrift gebildet hat; dann verbietet die Scheu vor dem Heiligthum und zugleich die Verbreitung des Gebrauchs in weiteren Kreisen jede tiefer greifende Abänderung, es erwacht die Sorgfalt für die Feststellung und Erhaltung des richtigen Textes; statt an dem Werke selbst zu rütteln werden Glossen und Commentare dazu geschrieben, und höchstens darin zurückgeschoben oder umgedeutet, was sich in neue Auffassungen oder Verhältnisse nicht fügen will. Diesen Wendepunkt bezeichnet für den Pentateuch die Schule Esras.

LI.

Als aber „das Gesetz", wie die Juden das Werk nennen, schon längst als eine heilige Schrift galt, ward es doch noch keineswegs für ein Werk des Moses gehalten. Josephus wird der älteste Zeuge sein, der die fünf Bücher unzweideutig dem Moses zuschreibt. Auch die christliche Kirche schwankte lange Zeit. Origenes erwähnt die Annahme, dass die Schrift nicht von Moses, sondern von Mehreren herrühre. Clemens von Alexandrien sagt geradezu, die Genesis namentlich sei nimmer das Werk des Moses, und noch die Säule orthodoxer Gelehrsamkeit, der heilige Hieronymus, stellt es anheim, ob man den Pentateuch dem Moses oder dem Esra zuschreiben wolle. Erst als Autoritätsglaube und kirchliche Rücksicht den Rest wissenschaftlichen Sinnes verdrängten, machten es die Christen mit dem Talmud zu einem Glaubenssatz: Moses schrieb das Gesetz. Indessen mit diesem Dogma schloss die Wirksamkeit des grossen Gesetzgebers nach der jüdischen Theorie noch keineswegs ab; vielmehr wurden nach dem allgemeinen theokratischen System, welches jede spätere Willkür läugnet und jede Satzung als ursprüngliche Offenbarung ansieht, alle die zahllosen Lehren und Vorschriften, welche die Folgezeit von den Pharisäern an bis zum Abschlusse des Talmud in grübelnder Spitzfindigkeit aufbrachte, als heilige Tradition auf ihn zurückgeführt, ihm dem wahren Inhalte nach sämmtliche heilige

Schriften zugeschrieben, sowohl das alte Testament, nach der jüdischen Eintheilung ausser dem Pentateuch Propheten und Hagiographen, als auch der Talmud, die gegen 200 Jahre nach Christus gesammelte Mischna und die noch spätere Glosse dazu, die Gemara. Man wollte das schon aus der Stelle des Exodus folgern, wo Jehovah zum Moses spricht: ich werde dir steinerne Tafeln geben, und Gesetz und Vorschrift, die ich geschrieben habe, um sie zu lehren. Dazu bemerkt eine rabbinische Erklärung: „was heisst das? Die Tafeln sind die zehn Gebote, das Gesetz ist der Pentateuch, Vorschrift die Mischna, „welche ich geschrieben habe“, Propheten und Hagiographen, „um sie zu lehren“ die Gemara; das beweist, dass alle diese dem Moses auf dem Sinai übergeben worden.“ Wir glauben heutigen Tages schwer, welche Erläuterungen und Beweisführungen der theologischen Philosophie in den Zeiten ihrer wirklichen Herrschaft gerechtfertigt schienen. Die christliche Exegese des Mittelalters, wie sie etwa in der Glossa ordinaria niedergelegt worden, ist nicht besser als die jüdische; sie bringt namentlich in allegorischen Deutungen die willkürlichsten und absurdesten Dinge zu Tage, so dass man mit Recht bemerkt hat, selbst die Rinder und Kameele des alten Testaments hätten es sich jederzeit gefallen lassen müssen symbolisch verwendet oder in Engel und Geister verwandelt zu werden. Es ist wesentlich dieselbe Methode, welche wir bei den Indern und Arabern, bei den Juden und in der Scholastik des Mittelalters wiederfinden, eine gegebene Doctrin ihrem ganzen Inhalte nach als feststehend anzunehmen, aber auf die Ausbildung und Entwicklung der Einzelheiten einen gewaltigen Aufwand von Mühe und Scharfsinn zu verwenden, und die Resultate der eigenen Speculation unter dem Anschein formeller Folgerichtigkeit an diese Einzelheiten anzuknüpfen. Allerdings haben es die Juden, auf den dürftigen Umfang ihrer einseitigen Litteratur beschränkt, von den speciellen Wissenschaften und einer reicheren Bewegung des praktischen Lebens fast gänzlich ausgeschlossen, in der Kunst allmälig selbst aus gelegentlichen Andeutungen oder einzelnen Worten bald mit grübelnder Consequenzmacherei, bald mit willkürlicher Dichtung umständliche Lehrsätze oder lange Geschichtserzählungen herauszuspinnen besonders weit gebracht. Ich führe ein Beispiel an, in welchem durchaus kein dogmatisches oder praktisches Interesse obwaltet. Man hat vor einem berühmten Kunstwerke der Neuzeit erinnert, dass Nimrod nach der Bibel nichts mit dem Thurmbau in Babel zu schaffen habe. Das ist auch ganz richtig. Die Genesis erwähnt den Gewaltigen vor dem Herrn sehr kurz, und offenbar mit Achtung. Josephus weiss von seinem Nabrodes schon mehr zu erzählen, und giebt die Sage, dass er an der Spitze derer gestanden, die den Thurmbau unternommen und sich damit wider Gott aufgelehnt hätten. Im Talmud wird dann viel über ihn speculirt. Schon sein Name wurde von Marad (sich empören) abgeleitet; weil dabei aber das anfängliche N weggelassen war, setzten Andere ihn aus Nin (Spross) und Marad zusammen, erklärten ihn als Sohn der Empörung, und leiteten aus diesem untergeschobenen Nin wieder Ninus und Niniveh ab. Aben Esra that Einspruch gegen solche Spielereien, und warnte nicht für jeden Namen in der Schrift eine Ursache zu suchen, wenn keine angegeben sei. Aber das war eine Stimme in der Wüste. Keine dogmatisch oder historisch bedeutsame Erwähnung blieb verschont; zwischen Kain und Abel spielt ein Roman eifersüchtiger Liebe, und Kain ermordet den Bruder, nachdem er gesehen, wie der Satan einen Vogel mit einem Stein erschlagen; die Fabeln, welche das Leben Davids begleiten, beginnen mit einer langen Erzählung von seiner Geburt, der Untreue Isais und der List seiner Mutter. Manche dieser Dichtungen sind charakteristisch für die Geschichte der Theologie, manche poetisch, manche unglaublich läppisch. In den Büchern Moses, wie in den übrigen Geschichtserzählungen des alten Testaments werden vielfache Offenbarungen Gottes berichtet; er erscheint seinen Auserwählten, greift persönlich in den Gang der Ereignisse ein, thut seinen Willen kund, giebt Verfassungen, Gesetze oder Aufschlüsse. Aehnlich wird in den Schriften der Propheten hin und wieder erwähnt, dass die Verfasser auf Gottes besondere Anweisung über bestimmte Gegenstände oder auf bestimmte Art geredet, geweissagt oder geklagt. Kein Werk behauptet von sich selbst, dass es als Ganzes ein unmittelbarer Ausfluss göttlichen Willens sei. Aber wie sich bei allen grossen Priesterthümern und in allen Religionen des Orients der Glaube entwickelte, dass ihre heiligen Schriften von den Göttern gegeben worden, wie namentlich auch bei den Iraniern neben den einzelnen Offenbarungen Gottes die ganzen Zendschriften als offenbart betrachtet wurden, so entstand allmälig bei den Israeliten die Annahme, dass die heilige Litteratur das unmittelbare Werk Gottes sei. Hier bildete sich dieser Begriff sehr spät, vor dem babylonischen Exil findet sich keine Spur davon; auch blieb er lange vage und unbestimmt, wurde sehr verschieden aufgefasst. Die Verfasser waren begeistert, getrieben vom heiligen Geiste. Die Art der göttlichen Einwirkung ward dahin gestellt. Einige liessen nur den Hauptinhalt der Schriften offenbart werden, daneben den Verfassern freien Spielraum, Andere dachten sie als blosse Werkzeuge, willenlos, zuweilen in dem Grade, dass sie nicht wissen sollten, was sie schrieben. Je grösser das Ansehn der Schriften, je strenger der Buchstabenglaube ward, desto straffer wurde das Dogma der Inspiration gespannt. Der Talmud stellte endlich den einfachen, durchgreifenden Grundsatz auf, dass Gott den Pentateuch Wort für Wort dem Moses dictirt, dieser keinen Vers auf eigene Autorität geschrieben habe. Der Alexander Philo hielt sogar die griechische Uebersetzung der sogenannten Septuaginta für inspirirt, freilich ebenso hart für Kenner des Hebräischen wie das Verbot des tridentinischen Concils die Richtigkeit der lateinischen Kirchenübersetzung zu bezweifeln. Die Talmudisten dagegen verabscheuen die Septuaginta wegen ihrer willkürlichen Zusätze und Abweichungen von dem heiligen Urtexte; da heisst es: „an dem Tage, als das Gesetz griechisch geschrieben wurde in den Zeiten des Königs

Ptolemäus, da kam Finsterniss über die Erde", oder: „der Tag war schwer für Israel gleich dem, an welchem das Kalb gemacht wurde." So verschieden befanden fromme Männer nach den Vorurtheilen ihres Standpunktes über Heiligkeit und Offenbarung.

LII.

Wie das Dogma der Inspiration konnte sich auch die darauf gestützte Annahme einer heiligen Litteratur erst spät ausbilden. Da selbst das erste und grösste Werk, auf welches dieser Begriff angewendet werden kann, „das Gesetz", erst wenige Jahrhunderte vor der Zerstörung des Reiches zu allgemeiner Autorität gelangt, kann von einer Anerkennung anderer heiliger Schriften vor dem Exil kaum die Rede sein. Jedenfalls erfolgte die Sammlung und Feststellung des Kanons erst geraume Zeit nach demselben. Die jüdische Tradition schreibt den Haupteinfluss darauf der angeblichen Synagoge des Esra zu, und ein Theil der recipirten Schriften ist noch weit später verfasst. Wohl wird es schon in alter Zeit Aufzeichnungen von Liedern, Sagen, Gesetzen und Ritualien gegeben haben, was die Bekanntheit der Schrift und das Vorhandensein eines geschlossenen Priesterthums voraussetzen lassen, aber gleichzeitige geschichtliche Nachrichten und eine wirkliche Litteratur können vor der Zeit der Könige nicht angenommen werden. In den Anfängen des Königthums traf der glänzende Aufschwung des Volkes, die Entwicklung seiner Macht, seiner Cultur und seines nationalen Selbstgefühls, mit der Concentration der geistigen Kräfte, welche wir den kurz zuvor durch Samuel gestifteten Prophetenschulen und der Sammlung der Priesterschaft um den Tempel in Jerusalem zuschreiben müssen, zusammen um ein höheres Interesse und eine künstlerische Bethätigung desselben für das Alterthum, die Geschichte, die Religion und die Gesetzgebung des Volkes wach zu rufen. Diesen Zeiten gehörten die älteren Schriftwerke an, welche in die historischen Bücher des alten Testaments verarbeitet worden sind. Die frühere Geschichte konnte sich höchstens auf Sagen und Ueberlieferungen stützen, die im Laufe der Jahrhunderte dichterisch ausgeschmückt, oder nach der religiösen Theorie umgebildet waren, eine Auffassung, die sich an die Phantasie und das Gemüth wendet, bald Ideen in Thatsachen einkleidend, bald Thatsachen nach Ideen gestaltend. Zu einer ächt geschichtlichen Litteratur, zu einer Erforschung der Vergangenheit im Sinne wissenschaftlicher Wahrheit kam es hier so wenig wie bei den Iraniern oder Indern. Seit der Königsherrschaft wurden Reichsjahrbücher geführt, an welchen Geschichtsschreibung und Chronologie einen Anhalt finden konnten. Wenn die historischen Theile der Schriften, die den Büchern Moses und Josua zum Grunde liegen, die wunderbare Leitung des Volkes bis zu seiner Festsetzung im heiligen Lande, die Stiftung der theokratischen Einrichtungen, die Thaten der grossen Führer, oder vielmehr die Thaten Gottes durch sie berichten, so giebt das Buch der Richter in Bruchstücken aus den weiteren Schicksalen des Volkes eine planmässig dargelegte, an einer Reihenfolge gleichmässiger Ereignisse aufgezeigte Bethätigung der göttlichen Vorsehung, welche Fluch und Segen, Glück und Unglück des Volkes als unmittelbare Folge an die Treue und den Gehorsam gegen seinen Gott und dessen Gebote knüpfte. In stets wiederholtem Wechsel folgte auf die Abtrünnigkeit Niederlage und Unterdrückung als Strafe des göttlichen Zornes, auf die Bekehrung Sieg und Freiheit, zu welcher die wiedergewonnene Gnade durch göttlich erweckte Helden führte. Die Bücher Samuel, nach ihrem Hauptbelden benannt, dem dann die späte Sage gelegentlich ihre Abfassung, wie auch die des Buches der Richter zuschrieb, umfassen in anschaulich lebendiger Schilderung die Zeit der Erhebung unter dem grossen Priester und den beiden von ihm gesalbten Königen. Allerdings bezeugen manche Widersprüche und mit Abweichungen wiederkehrende Erzählungen, dass sie aus verschiedenen Quellen zusammengesetzt sind, und einzelne Einschiebungen und Anachronismen — wenn z. B. David das Haupt des

Goliath nach Jerusalem bringt, welches erst unter seiner Regierung den Jebusitern entrissen wurde — verrathen die Hand eines späten Bearbeiters, aber das Aufhören der handgreiflichen Wunder, die Beschränkung des göttlichen Eingreifens in die Geschichte auf prophetische Offenbarungen, der natürliche Zusammenhang der Begebenheiten und die individualisirten Charaktere der handelnden Personen beweisen, dass die Berichte, aus welchen diese Darstellungen geflossen sind, sowohl den Zeiten, welche sie schildern, näher standen, als auch weniger durch Ueberarbeitungen in theoretischem Interesse entstellt sind, wie es bei den übrigen Büchern der Fall ist, welche die israelitische Geschichte vor dem Exil behandeln. Die Bücher der Könige, welchen ausser Annalen und prophetischen Ermahnungsschriften für ihre ältere Zeit auch ein grösseres einheitliches Geschichtswerk vorausgegangen zu sein scheint, können nicht vor dem Exil eine der jetzigen ähnliche Gestalt erhalten haben. Mit Ausnahme der Geschichte Salomos gelten ihre ausführlichen Darstellungen meist der Wirksamkeit der Propheten in den beiden hebräischen Reichen. In ihnen wird zuerst die Chronologie sorgfältiger berücksichtigt; bekundet sich darin ein Fortschritt, so stehen sie in geschichtlicher Treue offenbar weit hinter den Büchern Samuel zurück. Der vorherrschende didaktische Gesichtspunkt, die steten Hinweisungen auf die Gesetze, die häufigen Verknüpfungen der Ereignisse mit angeblichen Weissagungen, das Zurücktreten der natürlichen Zusammenhänge, die Rückblicke und Ueberblicke beweisen, dass das Sammeln und Ordnen des Stoffes den geschilderten Begebenheiten schon ferne stand. Dem entspricht auch die Zunahme der Wunder und Visionen. Wenn Gott auch nicht so persönlich und übermächtig in die Geschicke des Volkes eingreift, wie in den Sagen der Urzeit, so verrichten doch die Propheten wieder gewaltige Wunderthaten; sie erwecken Todte, kommen und verschwinden durch die Luft, gebieten über Feuer vom Himmel. Ton und Anschauung entsprechen den düster werdenden Zeiten. Eine jüdische Sage nennt offenbar fälschlich den Jeremias als Verfasser des Werkes. Die letzte gemeinschaftliche Ueberarbeitung, welche alle diese geschichtlichen Bücher erfahren haben, gehört wahrscheinlich der Schule des Esra, also der Zeit nach 450 vor Christus an.

LIII.

Die Juden rechnen nicht nur die in den gewöhnlichen Bibelübersetzungen aufgeführten prophetischen Schriften (mit Ausschluss des Daniel), sondern auch die heiligen Werke über ihre ältere Geschichte bis auf den Pentateuch, der eine Classe für sich vor allen anderen bildet, in die Kategorie der Propheten. Erst die Christen haben in der Sucht überall Beziehungen auf Christus und seine Kirche zu finden das Weissagen zum Hauptmerkmal des Prophetenthums gemacht und demgemäss die vier grossen und zwölf kleinen Propheten ausschliesslich zu solchen gestempelt. In ihren dichterischen Zukunftshoffnungen, ihren vieldeutigen Verheissungen, ihren messianischen Erwartungen wurden Vorhersagungen des Christenthums gesucht; wie selbst heidnische Orakel und namentlich die Sibyllen, so wurden vorzugsweise die hebräischen Propheten als Vorläufer und Verkündiger Christi aufgefasst, in ihren Schicksalen und Reden bald bestimmte Weissagungen, bald allegorische Andeutungen gefunden, welche die Juden allerdings mit leichter Mühe zurückweisen konnten. Dass man hier allegorischen Beziehungen nachging, kann um so weniger befremden, da die christliche Orthodoxie selbst die sinnlich glühenden Liebesverse des hohen Liedes — das schönste Lied heisst es eigentlich — auf das Verhältniss des Erlösers zu seiner Braut, der Kirche, deutete. Das Mittelalter übertrug diese Liebhaberei auch auf profane Schriftsteller; sahen doch die Ausleger Petrarcas in seiner Laura bald die Religion, bald die Tugend, bald die Wissenschaft verherrlicht. Den Hebräern war der Prophet, Nabi, ursprünglich nur ein Redner oder Dolmetscher. Wie Moses der Prophet Jehovahs, so war Ahron der Prophet des Moses.

Als Redner Gottes hatten sie seinen Willen, seine Wahrheit zu verkünden, sein Gesetz auszulegen und zu erhalten, zu ermahnen, zu warnen, zu strafen, den Ungehorsamen die göttlichen Strafgerichte, den Reuigen Gnade und Segen zu verheissen. Zu diesem Behufe stiftete Samuel die Prophetenschulen, und daher wird im Buch der Könige, wie auch im Buch Esra das Gesetz den Propheten, nicht ausschliesslich dem Moses zugeschrieben. Sie waren die geistliche Macht, welche die Gesetze und Einrichtungen des Volkes fortbildeten. Die religiöse Gesinnung, welche alle höheren Ideen auf unmittelbare göttliche Eingebung zurückführte, betrachtete die Männer, welche das Recht und die Wahrheit Gottes aussprachen, als begeisterte. Je grösser und angesehener ein Prophet war, desto mehr war der Geist seines Gottes in ihm lebendig. Eine wundergläubige Zeit erwartete allerdings von denen, die im Namen der Gottheit auftraten, Wunder und Zeichen, vor allem sichere Offenbarungen über die Zukunft; sie wurden als berathende Seher und Orakel in Anspruch genommen; es wurde als Wahrzeichen eines ächten Propheten aufgestellt, dass seine Weissagungen eintrafen; geschieht das nicht, „der Prophet hat aus Vermessenheit geredet, vor ihm scheue dich nicht". Aber das war eine Nebensache in ihrem Berufe, und um so weniger von entscheidender Bedeutung, als auch die Macht falscher Propheten, Zauberer oder Götzendiener Wunder zu thun und zu weissagen keineswegs bezweifelt wurde. Das Deuteronomium macht daher zum sicheren Merkmal ausdrücklich die Wahrheit der Lehre, und warnt vor falschen Propheten, wenn sie auch Wunder thun und ihre Zeichen eintreffen. Solchen soll man nicht gehorchen, „sondern sollst ihn erwürgen", gerade wie in den Zendschriften der, welcher gegen das offenbare Gesetz handelt, ein Lügner ist, wenn er sich einen Priester nennt. Das alte Testament scheut sich auch nicht Weissagungen wahrer Propheten mitzutheilen, die nicht eintrafen. Selbst der grosse Elias verkündet dem Ahab die Ausrottung seines Hauses ohne Erfolg; das wird freilich damit gerechtfertigt, dass Gott seinen Willen ändert, und wegen der Reue des Königs erst über seinen Sohn das rächende Unglück hereinbrechen lässt. Jesaia erwartete im achten Jahrhundert die Zerstörung von Tyrus durch die Assyrer, die nicht eingetreten ist, und wollte man ganz ungehörig noch eine Erfüllung seiner Prophezeiung in der Einnahme durch Nebukadnezar im sechsten Jahrhundert finden, so hat die Stadt jedenfalls nicht siebzig Jahre wüste gelegen. Auch Jeremias Verkündung, dass Babylonien siebzig Jahre nach der Zerstörung Jerusalems zur Wüste gemacht werden sollte, ging nicht in Erfüllung; es blieb die reichste Provinz des persischen Reiches. Die sogenannten Weissagungen der Propheten in ihren Schriften über das eigene oder fremde Völker sind sehr allgemeiner, unbestimmter Natur, Hoffnungen und Drohungen, wie sie sich einestheils aus der sittlichen Idee der Gerechtigkeit Gottes und seiner Liebe zu dem auserwählten Volke und andererseits aus den jedesmaligen geschichtlichen Verhältnissen ergaben. Jesaia drohte mit den Assyrern, Jeremia mit den Chaldäern, und wenn diese Zerstörer als Werkzeuge des Zornes in der Hand Gottes gegen die sündigen Juden und Heiden betrachtet wurden, so erwartete man wiederum an ihnen die Rache von den Medern oder Persern.

Von den älteren Propheten, welche nicht nur auf einzelne Angelegenheiten des Privatlebens oder der Politik, sondern auf die ganze Bildung des Volkes, sein Recht und seine Sitte einen entscheidenden Einfluss übten, werden keine Schriften erwähnt. Die prophetische Litteratur entstand erst mehrere Jahrhunderte nach den Schulen Samuels, wahrscheinlich erst gegen 800 vor Christus; ihre Blüthe fällt in die Zeit von der Mitte des achten Jahrhunderts bis in das Exil. Nach diesem schrieben nur noch Haggai, Zacharia und Maleachi, welche sahen, dass sie die letzten waren, und dass der heilige Geist abhanden kam, wie Salomon Raschi bemerkt. Auch bei diesen späteren können natürlich die wenig umfangreichen Schriften, mögen diese nun von ihnen selbst oder ihren Schülern zusammengestellt sein, nicht als ihre Hauptthätigkeit betrachtet werden, diese blieb das persönliche Wirken und Lehren. Mit ihren Werken sind mannichfache Aenderungen vorgenommen; so ist dem Jesaia ausser mehreren Einschiebungen vom vierzigsten Capitel an eine Schrift angehängt, die erst nach der Zerstörung Jerusalems verfasst sein kann, und das Leben in der Verbannung voraussetzt; ähnlich sind dem Zacharia Bruchstücke einverleibt, die vor dem Falle der Stadt geschrieben sein müssen. Die jüdische Orthodoxie behauptet auch gar nicht, dass die Bücher immer von denen herrühren, deren Namen sie tragen, sondern nur dass sie ihre Weissagungen enthalten. So wird der Jesaia gleich den kanonischen Schriften, welche den Namen Salomos führen, dem Collegium des Hiskia, Hesekiel und die zwölf kleinen Propheten, die bei den Juden nur ein Buch ausmachen, der Synagoge des Esra zugeschrieben; es wird sogar behauptet, dass letzteres so sein müsse, weil prophetische Werke nicht ausserhalb des heiligen Landes geschrieben werden könnten, offenbar ein Satz, der gegen prophetische Anmaassungen der nachpalästinischen Zeit gerichtet ist. In den trauervollen Zeiten während der Verbannung und nach der Rückkehr mussten diese Werke durch ihre zuversichtlichen Verheissungen, ihre tröstenden Aussichten in eine verklärte Zukunft eine unermessliche Wirkung auf das gläubige Volk üben. War der Jammer, den sie verkündet, furchtbar hereingebrochen über die Ungehorsamen und Abtrünnigen, wie sollte man nicht vertrauen, dass ihre begeisterten Hoffnungen herrlich in Erfüllung gehen würden an denen, die sich mit ganzer Seele wieder zu ihrem Gott gewendet? Einem Theile dieser Schriften sichern ihre dichterische Kraft, der Schwung ihrer Sprache, die Erhabenheit ihrer Anschauungen, der ergreifende Ton ihrer Klagen, die Energie des patriotischen Glaubens an ihr Volk und ihren Gott einen hohen Platz in der Litteratur aller Völker und Zeiten. Dass diese Werke heilig wurden, war kein Wunder.

LIV.

Mit dem Königthum begann, wahrscheinlich durch die Propheten vorzugsweise geübt, auch die Blüthe der lyrischen und didaktischen Poesie, deren Reste sich in einem Theile der Psalmen, den Sprüchen Salomos, dem hohen Liede und dem Buche Hiob erhalten haben. Einige der Psalmen, und zwar der schwungvollsten und erhabensten, wenn auch bei weitem nicht alle, die seinen Namen tragen, rühren ohne Zweifel von David her. Andere dieser meist religiösen, theilweise zum liturgischen Gebrauch bestimmten Hymnen und Lieder sind erst in und nach dem Exil geschrieben, so dass die Sammlung erst spät veranstaltet sein kann. Die Spruchdichtung, welche im Orient von Alters her sehr beliebt ist, mag am Hofe Salomos geübt sein, und ein Theil der Sprüche, die nach der Sitte der Uebertragung auf einen berühmten Namen ihm persönlich zugeschrieben wurden, in der That aus seiner Zeit herrühren. Das Lehrgedicht Hiob, wahrscheinlich der späteren Königszeit angehörend, ist das einzige Beispiel einer grösseren planmässigen Dichtung. Zu den höheren Gattungen der Dichtkunst haben die Hebräer es eben so wenig gebracht wie zu ausgebildeteren Kunstformen. Statt des Versmaasses oder Reims kennt ihre Poesie nur ein gewisses Ebenmaass des Rythmus, kürzer und rascher als der Rythmus, dessen sich auch die Propheten, namentlich die älteren, zu bedienen pflegen, und der leicht in eine schwunghaft bewegte Prosa übergeht, im eigentlichen Liede meist einem Parallelismus der Glieder entsprechend, einer wiederholenden oder antithetischen Wendung der Gedanken. Aber wenn die Form wenig entwickelt ist, wird die Sprache durch eine seltene Kraft der Beredtsamkeit charakterisirt; die Innigkeit und Glut religiöser Empfindung hat in den Psalmen einen Ausdruck gefunden, der in allen tief religiös erregten Gemüthern und Zeiten nachgezittert hat. An diesen Dichtungen besassen die Verbannten neben dem Gesetz und den damals vorhandenen prophetischen Schriften eine dritte Classe der vaterländischen Litteratur, welcher sich gleich den Propheten des Exils die Busspsalmen und Klagelieder dieser Zeit anschlossen. Als seitdem das Hebräische, von der syro-chaldäischen Sprache verdrängt, im Leben unterging, sich nur als heilige und gelehrte Sprache erhielt, wurden allmälig alle Ueberreste der alten Zeit, oder was die kritiklose Gewohnheit als solche ansah, zu heiligen Schriften. Wie die Brahmanen ohne Rücksicht auf den Inhalt die Gedichte der vedischen Zeit heilig sprachen, so fanden auch bei den Hebräern die witzigen Einfälle oder Klugheitsregeln der Sprüchwörter und die Liebesverse des hohen Liedes unbedenklichen Eingang. Vielleicht wurde ihnen schon früh ein mystischer Sinn untergeschoben, doch ist diese Annahme bei der Ehrfurcht vor dem idealen Alterthum und ihrem innigen Zusammenhange mit den religiös sittlichen Anschauungen keineswegs nothwendig. Aber den prophetischen Schriften konnten doch diese Erzeugnisse weltlichen Scharfsinns oder weltlicher Einbildungskraft nicht gleichgestellt werden. Ausserdem wurde der Kanon der Propheten in dem weiteren jüdischen Sinne wahrscheinlich mit den Arbeiten der Esra'schen Schule definitiv geschlossen, und so bildete sich aus Werken, die wegen ihrer jüngeren Zeit oder geringeren Würde darin keine Aufnahme gefunden hatten, die dritte Classe heiliger Schriften, Hagiographen, deren Verfasser zwar auch als inspirirt galten, aber doch nicht in einem so nahen Verhältnisse zur Gottheit gedacht wurden, wie die Urheber der prophetischen Schriften. Der Abschluss dieser heiligen Litteratur und ihre Abscheidung von anderen angesehenen Schriften erfolgte erst spät, jedenfalls nicht lange vor der Zerstörung Jerusalems durch die Römer. Josephus zählt zuerst die heiligen Schriften des alten Testaments (unter Ausschluss der Apokryphen) vollständig auf, und über einzelne Werke scheint man noch später geschwankt zu haben. Allerdings behauptet die jüdische Orthodoxie, dass die letzten ihrer heiligen Schriften um die Zeit des Esra unter der Regierung des Artaxerxes Longimanus geschrieben seien, und hat die Werke, welche auch nach ihrem Dafürhalten einer späteren Zeit angehören, von dem Kanon ausgeschlossen, aber unzweifelhaft sind manche der aufgenommenen ziemlich lange nach Esra geschrieben, so schon die Bücher Esra und Nehemia selbst, obwohl wirkliche Aufzeichnungen ihrer Helden in ihnen verarbeitet worden sind. Das Buch Esra gehört wahrscheinlich, vielleicht auch das Buch Nehemia demselben Verfasser an wie die Chronik. In letzterer mögen hin und wieder geschichtliche Nachrichten benutzt sein, die von den älteren erhaltenen Werken unabhängig waren; ihre Abweichungen und Zusätze sind indessen sehr wenig glaubwürdig, und wo sie von Erheblichkeit sind, meist theokratischem Interesse oder willkürlicher Dichtung zuzuschreiben. Sie verfällt nicht sellten völlig in den Stil orientalischer Mährchenerzählung, und macht sich maassloser Uebertreibungen schuldig; wenn nach dem Buche Samuel David eine Leibwache von 600 Mann hat, müssen sich in der Chronik 288,000 Krieger im regelmässigen Dienste ablösen; in einem Treffen zwischen den beiden kleinen Reichen lässt sie 500,000 Streiter erschlagen werden; zum Tempelbau muss David mehrere tausend Milliarden unseres Geldes aufhäufen, und um ihre Nachrichten in das rechte Licht zu stellen lässt sie dazu schon persische Dareiken einzahlen, die erst ein halbes Jahrtausend später geschlagen wurden. Das absurde und widerwärtige Buch Esther, welches mit seiner niedrigen Auffassung und seinen geschichtlichen Unmöglichkeiten wohl nur als Erklärung des Purimfestes Aufnahme in den Kanon gefunden hat, und das skeptische Buch Koheleth, welches Alles für eitel erklärt und sich selbst dem weisen Salomo in den Mund legt, gehören wahrscheinlich dem vierten Jahrhundert vor Christus an. Beide haben wegen ihres irreligiösen Sinnes bei Juden und Christen Bedenken erregt, indessen entschied die Autorität der Tradition für ihre Heiligkeit. Das Buch Daniel, welches von den Christen unter die Propheten gestellt ist, ward nach seinen geschichtlichen Anspielungen wahrscheinlich erst zur Makkabäerzeit um die Mitte des zweiten Jahrhunderts geschrieben. Seine Sprache, die Einfügung chaldäischer Stücke, der Gebrauch einiger Lehnworte aus dem Griechischen verweisen es gleichfalls in eine späte Periode. Der Verfasser, dem sich das Werk beilegt, soll ohne Zweifel der Daniel sein, den Hesekiel neben den mythischen Personen Noah und Hiob als einen weisen und gerechten Mann nennt, womit freilich im Widerspruch steht, dass er erst nach der Zerstörung Jerusalems als Knabe nach Babylon gekommen sein will. Die Anachronismen, das willkürliche Durcheinanderwerfen geschichtlicher Namen und die grellen Wunderberichte beweisen, dass das Buch jedenfalls nicht in dem Zeitalter seines Helden verfasst worden. Die Juden schreiben es der Synagoge des Esra zu, und dass sie es trotz seines prophetischen Stils und Inhalts nicht unter die Propheten gerechnet haben, deutet auf eine erheblich spätere Zeit der Abfassung nämlich nach der Feststellung der prophetischen Abtheilung.

LV.

In den Jahrhunderten nach Esra ward es unter den Juden allmälig eine schriftstellerische Sitte Bücher unter dem Aushängeschilde berühmter Namen des Alterthums zu verfassen, auch Geschichten und Visionen zum Zwecke der Ermunterung oder Belehrung zu erdichten. Zu den Werken der letzteren Kategorie gehört das Buch Judith. Die theologisirende Gelehrsamkeit Englands quält sich noch heutigen Tages damit ab eine geschichtliche Constellation aufzufinden, in welche seine Erzählung gehören könnte, da sie doch in keine passt; die deutsche Wissenschaft ist längst darüber einig, dass es eine reine Novelle ist, spät in der Makkabäerzeit gedichtet um durch das Beispiel, wie Gott sich selbst eines schwachen Weibes bedienen könne ein mächtiges Feindesheer zu zerstreuen, zum ausharrenden Widerstande gegen den syrischen König aufzumuntern. Die mythologische Behandlung der Geschichte, ihre sagenhafte Ausschmückung, das herkömmliche Streben in allen Ereignissen den Heilsplan Gottes für sein Volk nachzuweisen und die Begebenheiten der Gegenwart mit Vorzeichen oder Weissagungen des Alterthums zu verknüpfen musste leicht zu derartigen Versuchen führen. Es kam den Verfassern auf die Wirksamkeit ihrer Ermahnungen an, nicht auf die Wahrheit ihrer thatsächlichen Behauptungen; aber das Wunderbare fand leicht Glauben. Die historische Kritik war ebenso wenig entwickelt wie der historische Wahrheitssinn. Für die andere Art des Erdichtens, die falsche Namengebung, wurde durch die Freiheit, welche man sich mit der Umarbeitung und Verschmelzung älterer Werke nahm, durch die Namenlosigkeit der alten Litteratur und durch die spätere Sitte Schriften der Vergangenheit nach berühmten Männern zu benennen, ohne dass man sie wörtlich oder vollständig von diesen verfasst dachte, ein Anlass geboten. Es war eine Form der Einkleidung Lehren oder Prophezeiungen Weisen der Vorzeit in den Mund zu legen. An einen litterarischen Betrug, woraus sich übrigens das theologische Alterthum nirgends ein Gewissen machte, ist dabei zunächst kaum zu denken, obwohl hin und wieder ein falscher Name gewählt, oder absichtlich in Umlauf gesetzt sein mag um die Aufmerksamkeit für ein Werk zu gewinnen, oder seinen Inhalt eindringlicher zu machen. Es liegt sogar eine Art von Selbstverläugnung darin, welche lediglich um der Sache willen arbeitete; schriftstellerischen Ruhm suchte der Einzelne in den alten Priesterschaften nicht; die wirklichen Verfasser der heiligen Schriften vom Nil bis zum Ganges sind fast niemals genannt worden, und doch haben sie mächtiger und dauernder gewirkt, als die Werke der berühmtesten Namen.

Im jüdischen Kanon sind wir nur zwei Werken später Zeit begegnet, die sich Männern des Alterthums zuschreiben, dem Buche Daniel und dem Prediger Salomo; unter den Apokryphen finden wir noch einen Baruch, der dem babylonischen Exil angehören will — der heilige Hieronymus übergeht ihn mit dem Bemerken, dass er bei den Hebräern nicht gelesen werde — und die Weisheit Salomos, welche einem gräcisirten Juden Aegyptens wahrscheinlich nicht lange vor Christus angehört. Die schriftstellerische Thätigkeit des alten Königs ward auch hiermit noch nicht beschlossen; es ging ein Zauberbuch auf seinen Namen, welches Josephus für ein ächtes Werk von ihm hielt. Wir sehen daraus, dass Salomo früh in den Ruf des Zauberers und Geisterbeschwörers kam, welcher sich von Alters her mit orientalischer Grösse und Weisheit zu verbinden pflegt; der Ruhm seiner Zaubermacht war im Mittelalter unter Christen und Mohamedanern verbreitet, und dauert im Morgenlande noch heutigen Tages fort. Man ging aber in der Benutzung alter Namen noch viel weiter, man machte sogar den vorsündfluthlichen Henoch, der nach der Genesis ein Leben mit Gott führte, zum Schriftsteller und Propheten. Ein Buch unter seinem Namen, welches in einer äthiopischen Uebersetzung den Sturm der Zeiten überdauert hat, giebt eine Uebersicht der Natur, des Geisterreichs und der Geschichte mit einer dem Buche Daniel ähnlichen Offenbarung, nach welcher auf eine Reihe heidnischer Herrscher das grosse Reich des Messias folgen soll. Wahrscheinlich verdankt es der fromme Henoch diesem litterarischen Rufe, dass Alexander Polyhistor ihn als Erfinder der Astrologie nannte, und dass die Araber sich viel mit ihm und seinem angeblichen Bruder Sabi beschäftigt haben. Es muss indessen anerkannt werden, dass die Juden bei der Auswahl ihrer heiligen Schriften ziemlich strenge verfahren sind. Sie haben uns nicht nur mit salomonischen Zauberbüchern oder einer Apokalypse Henochs verschont, sondern wegen ihres unzweifelhaft späten Zeitalters selbst Bücher von ihrem Kanon ausgeschlossen, die zu den besten Erzeugnissen der jüdischen Litteratur gehören, wie das erste Buch der Makkabäer, die Sprüche des Jesus Sirach und die Weisheit Salomos, welche letztere wegen ihres griechischen Geistes und ihrer Betonung der Unsterblichkeitslehre in der christlichen Kirche hohes Ansehn erlangte. Die griechische Bibelsammlung der ägyptischen Juden machte nicht den scharfen Unterschied der palästinischen Schulen zwischen den heiligen und den bloss angesehenen Schriften, sondern nahm die apokryphischen Bücher mit auf; wahrscheinlich war zur Zeit ihrer Entstehung der Begriff der heiligen Litteratur auch in Palästina noch schwankend. Die Christen glaubten zwar der jüdischen Lehre zu folgen, hielten sich aber bei der allgemeinen Unkenntniss des Hebräischen an die alexandrinische Uebersetzung, und vermengten in Folge dessen die von den Juden getrennten Classen. Nur einzelne Gelehrte, wie Hieronymus, hielten den Unterschied fest, und verwarfen die Apokryphen; Andere, wie Augustinus, waren sich wenigstens des Gegensatzes zwischen der kirchlichen und jüdischen Annahme bewusst; im allgemeinen wurden die Apokryphen zu den heiligen Schriften der Kirche gezählt. Doch blieb die Frage eine offne, bis das tridentinische Concil auf ihre Heiligkeit und Kanonicität einen seiner Flüche setzte. Die Protestanten sind zu der jüdischen Theorie zurückgekehrt, und erkennen diese Bücher nicht als inspirirt an.

Die allmälige Entstehung und Fortbildung der Werke wie des Begriffes göttlicher Offenbarung liegt in der Geschichte der heiligen Schriften dieses Volkes so klar zu Tage, dass ihr Entwicklungsgang ein helles Licht auf die heilige Litteratur anderer Völker wirft, bei denen das Material zur Erkenntniss des ähnlichen, gesetzmässigen Verlaufes nicht so vollständig vorhanden, oder weniger durcharbeitet ist. Nachdem die an anderen Gegenständen geübte Methode wissenschaftlicher Forschung erfolgreich auf die Geschichte der Hebräer angewendet worden, kann diese jetzt auf das richtige Verständniss anderer Bildungen mächtig zurückwirken.

LVI.

Das Volk Israel und seine Geschichte beginnen mit dem Auszuge aus Aegypten. Die Sage seiner heiligen Schriften geht, wie wir es ausnahmslos bei allen Völkern finden, bis auf den Ursprung des Menschengeschlechts zurück. Anfänglich füllt sie lange Epochen mit wenigen Namen aus, die zum Theil auf irgend einer Ueberlieferung beruhen mögen, zum Theil rein theoretisch erdichtet sind, wie Adam nur den Menschen, Seth einen Sprössling bedeutet und ähnliche Bezeichnungen von Vater und Sohn sich mehrfach wiederholen. Allmälig treten Namen und Beziehungen etwas reichlicher ein. Dem entsprechend leben die Menschen bis zur Sündfluth gegen tausend Jahre, die ersten Generationen nach der Fluth an fünfhundert, die folgenden etwas über, die Patriarchen nicht mehr ganz zweihundert, die Helden des Auszugs nur wenig über hundert Jahre. Während ein paar vereinzelte Begebenheiten mythischen Charakters die erste Entwicklung der Menschen bezeichnen, stellt eine genealogische Uebersicht alle ihr bekannt gewordenen Völker, nämlich die Semiten in dem heutigen Sinne und einige anwohnende Nationen von Aegypten und Kleinasien bis zu den Gränzen Irans, nach der angenommenen Verwandtschaft unter den Namen ihrer angeblichen Stammväter zusammen. Aus ihnen treten die Patriarchen als die besonderen Vorfahren der Hebräer hervor, aber zu einem Volke werden sie erst in Aegypten. Bis dahin giebt es nach der Anschauung der Genesis nur eine Familie. Wie die epischen Dichtungen der Inder und Griechen Götter- und Heldenkreise als ideale Vorbilder der Familie hinstellen, so waren die Erzväter das vor- und sinnbildliche Haus Israel. Ihre Schilderungen lehren, wie sich die spätere Zeit das nomadische Leben der vorägyptischen Vergangenheit dachte, und wenn auch manche Anschauungen, Gebräuche, heilige Orte der nachmosaischen Zeiten in das Alterthum hineingetragen, oder durch Beziehungen auf dasselbe geheiligt werden, so wird doch im Ganzen ein Unterschied der patriarchischen Periode und der nach der Offenbarung des Gesetzes wohl festgehalten. Abraham repräsentirt die Wanderung dieses Theiles der semitischen Rasse vom Osten nach den Gränzen Syriens, die Familie Jakobs die Uebersiedlung nach Aegyten; die Beziehungen zu der alten Heimath werden weiter bewahrt, indem Isaak und Jakob ihre Frauen aus der Verwandtschaft Mesopotamiens holen, die Verbindung mit den verhassten Bewohnern Kanaans meiden müssen. Für die hebräische Sage ist Abraham, was Dschamschid der iranischen; mit ihm sondert sich das auserwählte Volk von den übrigen Geschlechtern der Menschen, ihm werden die Verheissungen Gottes für sein Volk gegeben, ihm das heilige Land angewiesen, in dem seine Nachkommen dem Herrn ewig dienen sollen. Weitere Hypothesen und alle Versuche ihm eine bestimmte Zeit anzuweisen sind vergebliche Mühe.

Nach der Zahl, welche Manetho für die Herrschaft der Hyksos über Aegypten angab, bestimmt der hebräische Text des Exodus den Aufenthalt der Israeliten in Aegypten auf 430 Jahre. Dagegen rechnen die Septuaginta und Josephus diese 430 Jahre von Abraham bis zum Auszuge, für die Zeit in Aegypten nur die Hälfte, und die berühmtesten jüdischen Gelehrten, wie Raschi und Aben Esra, haben diese Ansicht festgehalten; Lepsius will nach den wenigen Generationen der biblischen Geschlechtsregister nur etwa 200 Jahre von Abraham bis auf Moses annehmen, was aber den Anschauungen der Bibel über die Ferne dieser Zeiten entschieden widerspricht. Es ist charakteristisch für das Bestreben des Alterthums selbst auf Kosten seines Ruhmes sich als im Rechte befindlich, seinen Nationalhass als legitim darzustellen, dass die ägyptische Ueberlieferung die Hyksos nur als feindliche Verwüster und Gewalthaber in ihrem Lande kennt, die hebräische nur von feindlicher Einwanderung und harter Bedrückung ihrer Rasse in dem fremden Reiche weiss. Wenn wir die auswandernden Hebräer gemischt denken aus Resten der alten Hyksos, die als Hirten in Unterägypten, im Lande Gosen, sitzen geblieben, und aus Abkömmlingen der semitischen Gefangenen, die Sethosis und Ramses nach Aegypten geschleppt, so ist gewiss die Sage von harter Knechtschaft, vielleicht auch die Erinnerung an alte friedliche Niederlassungen gerechtfertigt. Denn solche haben ohne Zweifel stattgefunden; schon ein Grab zu Beni Hassan aus der Zeit der Sesurtesen vor der Hyksosherrschaft enthält eine Darstellung der friedlichen Aufnahme eines semitischen Stammes, welche man nicht verfehlt hat bald auf Abraham, bald auf Jakob zu deuten. In Joseph, dem Helden der Sage, welche an ihn die Einwanderung der Familie und ihre glänzende Zeit in Aegypten knüpft, mögen wir eine Erinnerung an einstige Herrschaft, oder einen ausnahmsweise unter der fremden Nation zu Macht und Ansehn gelangten Hebräer finden, je nachdem wir ihn mit einer alten jüdischen Tradition unter den Hirtenkönig Apophis, oder mit Lepsius in die Regierung des Sethosis setzen. In letzterem Falle könnte natürlich am wenigsten davon die Rede sein, dass zwei oder drei Menschenalter später eine irgend nennenswerthe Fraction der Auswanderer in wirklicher Verwandtschaft mit ihm und seinen Brüdern gestanden hätte. Eine persönliche Bedeutung hatte er gewiss für das Volk, da seine Mumie mit aus Aegypten genommen ward. Die Zeit des Auszugs fällt nach der ägyptischen Chronologie unter den König Menephtha etwa 1300 vor Christus. Wenn die Bücher der Könige die Zeit vom Auszuge bis zum Tempelbau auf 480 Jahre bestimmen, wird jener allerdings bis gegen 1500 vor Christus hinaufgerückt; aber auf diese Zahl ist gar kein Gewicht zu legen; sie ist offenbar aus der Multiplication von 12 mit der alten runden Zahl 40 entstanden, welche vom Zuge durch die Wüste bis zu den Regierungen Davids und Salomos vielfach wiederkehrt, und als die Dauer einer Generation angenommen gewesen zu sein scheint, indem man nach der Zahl der hohen Priester, welche die Chronik von Ahron bis auf Ahimaas aufzählt, zwölf Geschlechtsfolgen bis zur Zeit Salomos annahm. Reduciren wir die Regierungsjahre der hohen Priester auf eine annehmbare Durchschnittszahl, so erscheint die Zeit von etwa 300 Jahren zwischen Moses und Salomo durchaus angemessen. Auch setzt eine jüdische Chronologie, welche die Schöpfung der Welt auf das Jahr 3761 vor Christus berechnet, den Auszug auf 1314, weicht dann freilich, indem sie jene 480 Jahre festhält, von der unzweifelhaft feststehenden Aera der Seleuciden (312 vor Christus) um 165 Jahre ab. Diese Differenz lässt sich ausgleichen, sobald man die Zahl 480 aufgiebt, mit der übrigens die einzehnen Zeitangaben in den geschichtlichen Büchern des alten Testaments keineswegs übereinstimmen.

LVII.

Wenn die ägyptischen, bei Josephus und Diodor angeführten Berichte den Auszug des Volkes, der ihnen nur eine Episode von untergeordnetem Werthe war, nüchterner und einfacher im Stile historischer Möglichkeit erzählten, als die Ueberlieferung der Hebräer mit ihren gewaltigen Wundern, so hatte die letztere unzweifelhaft Recht, indem sie die Auswanderer nicht als empörte Aegypter, sondern als eine fremde, in Aegypten unterdrückte Rasse darstellte. Dass die Auswanderung unter grossen Unruhen und Kämpfen erfolgte, lässt sich in beiden Versionen nicht verkennen, und selbst in manchen Einzelheiten stimmen sie nahe zusammen. Ob Moses nach Manetho der ägyptische Priester Osarsiph war, der sich den Aufständischen angeschlossen, oder nach dem Pentateuch ein in ägyptischer Weisheit erzogener Hebräer, ist für die Sache ziemlich gleichgültig; wahrscheinlicher ist die israelitische Angabe. Wollen wir Züge der hebräischen Sage nach der Art wie Lassen die Erzählungen des Mahabharata im Einzelnen deuten, so können wir in den Plagen, welche der Gott Israels über die Aegypter verhängt, und in der Vernichtung ihrer Heeresmacht die von Manetho berichtete, kurze aber verwüstende Herrschaft der Empörer vor ihrer Vertreibung, in der Verschwägerung des Moses mit dem Midianiter Jethro und in dessen Hülfsleistung den manethonischen Zuzug der früher vertriebenen Hyksos wiederfinden. Der Grundstock der Ausziehenden gehörte nach der Gleichheit der Sprache ohne Zweifel zu der phönicisch-kanaanitischen Abtheilung der semitischen Rasse, von welcher sich vielleicht die übrigen Völkerschaften Syriens sprachlich damals noch nicht so weit entfernten wie in späterer Zeit, und in so weit war es gewiss unrichtig, wenn Apio den Juden eine eigene Nationalität bestreiten wollte, aber an einen festen Abschluss des Volkes gegen verwandte Stämme, oder gar an eine zusammenhängende Organisation desselben lässt sich während der Botmässigkeit in Aegypten schwerlich denken; diese wird sich erst mit der Auflehnung gegen die bisherige Herrschaft gebildet haben. Die Stammeintheilung, auf deren Festigkeit alle und namentlich die semitischen Nomaden grosses Gewicht zu legen pflegen, mag schon über die Wanderung und die Besitznahme Palästinas in die ägyptische Zeit hinaufdatiren, die angeblichen Stammväter gehören gleich den Ureltern, von denen die Genesis alle Völker herleitet, der theoretischen Dichtung an. Der Exodus hat auch die Erinnerung bewahrt, dass eine wirkliche Blutsverwandtschaft selbst zu Ehren des reinen Blutes nicht durchgehends angenommen werden konnte, indem er anerkennt, dass Viele mit auszogen, die sich nicht der Herkunft von den Söhnen Jakobs rühmen konnten, „eine Mischung", Pöbelvolk übersetzt Luther. Dass zu dem nationalen Gegensatz der Aegypter und Hebräer auch ein religiöser trat, ergiebt schon die allgemeine, wesentliche Beschränkung aller alten Religionen auf ein Volk, und wenn Manetho diesen Gegensatz hervorhob, indem er die Aufständischen zu Gottverhassten, Unfrommen und Unreinen stempelte, so knüpft die hebräische Urkunde daran das ganze Rettungswerk des Moses und das Aufgehen der Gnade Gottes über sein Volk. Ein absichtlicher und scharfer Gegensatz gegen manche ägyptische Einrichtungen und Gebräuche, wie gegen den Thierdienst und Bilderdienst spricht sich in den Satzungen des mosaischen Gesetzes unzweideutig aus. Weit mächtiger und entscheidender war der positive Einfluss, welchen die ägyptische Bildung auf das hebräische Wesen geübt hat. Er wirkte ohne Zweifel längst und allmälig auf das rohere Volk und namentlich auf die Anschauungen seiner Priesterschaft, aber ebenso unbedenklich müssen wir die letzte eigenthümliche Gestaltung des Hebräerthums dem gewaltigen Manne ägyptischer Bildung zuschreiben, auf dessen Wirken die Fremden den Staat in Palästina, die Israeliten alle ihre geistlichen und weltlichen Einrichtungen zurückführten. Dass die Hebräer auch vor dem Auszuge eine Religion und Priester hatten, versteht sich von selbst, ihre Beschaffenheit kennen wir nicht, wahrscheinlich war es eine den übrigen syrischen ähnliche, durch ägyptische Einflüsse modificirte Religion. An Moses schloss sich das Priesterthum an, der Stamm Levi, aus welchem er selbst hervorgegangen, und ward die Stütze seiner Offenbarung in dem schwankenden Volke. Wir können sehr sicher voraussetzen, dass er nicht der einzige gewesen, der in nähere Verbindung mit ägyptischen Lehren getreten war, in denen wir das Vorbild der für besonders eigenthümlich erachteten religiösen Anschauungen und Einrichtungen des hebräischen Volkes erkennen müssen. Wie der Name seines Gottes, Jah, Jahve oder Jehovah der des ägyptischen Mondgottes ist, wie wir die wörtlichen Urbilder der zehn Gebote und ihre steinernen Tafeln in Aegypten fanden, so begegnen wir überall in Palästina den klaren Spuren ägyptischer Reminiscenzen. Der priesterlichen Organisation dieses Landes verdankt zunächst die geschlossene Priesterkaste der Leviten mit ihren festen Unterabtheilungen die Entstehung, welche wir nicht nur wegen der Tradition von ihrer mosaischen Einsetzung, sondern auch deshalb mit Sicherheit der ägyptischen Zeit zuweisen müssen, weil ihr Ursprung in den anarchischen und zerrütteten Zuständen, welche die ältere Geschichte der israelitischen Stämme in Kanaan bezeichnen, undenkbar erscheint. Viele einzelne Gebote, Reinigungs-, Opfer- und Speisegesetze, obwohl speciell an ägyptische Muster erinnernd, entsprechen doch zu sehr der allgemein üblichen Herausbildung solcher Satzungen im Geiste des theokratischen Alterthums, als dass sie unumgänglich zur Annahme einer unmittelbaren Einwirkung nöthigten; dagegen ist die Beschneidung, hervorgegangen aus der Ideenverbindung des blutigen Opfers und der Heiligkeit zeugender Naturkraft, ein so eigenthümlicher Brauch, dass er nicht leicht zum zweiten Male unabhängig erfunden wird; er findet sich auch in der alten Welt ausschliesslich bei Völkern, die in naher Verbindung mit Aegypten gestanden, und Herodot bemerkt ausdrücklich, dass die Syrer Palästinas anerkannten ihn von dorther überkommen zu haben. Die Zurückführung der Beschneidung auf Abraham ist gewiss eine Erdichtung der Genesis, da ihre Einführung sonst unbedingt dem Moses zugeschrieben, und sogar an ein besonderes Ereigniss in seiner Familie geknüpft wird. Ebenso ist offenbar der Sündenbock, welchem die Vergehen des Volkes auf das Haupt gelegt wurden, ein Spross der ägyptischen Sitte über dem Kopfe des Opferthieres zu beten: wenn ein Unheil über das Land kommen solle, möge es dieses Haupt treffen. Die Bundeslade mit den Cherubim, die ihre Flügel darüber breiten, entspricht vollständig den ägyptischen Götterschreinen, die bei Processionen umher getragen wurden, und auf denen ebenfalls kleine Figuren mit ausgebreiteten Flügeln standen; anstatt der Götter, welche sich in diesen Tabernakeln befanden, lagen bei dem Verbote der Bilder im hebräischen Heiligthum nur die Gesetzestafeln. Auch ein Theil des hohenpriesterlichen Schmuckes war rein ägyptisch, während im übrigen die Priesterkleidung mehr an chaldäischen Brauch erinnert. Am erheblichsten indessen erscheint die auffallende Aehnlichkeit, welche Ausdrucksweisen und Redewendungen der hebräischen Litteratur mit den Denkmälern Aegyptens zeigen; selbst die Form ihrer Poesie, der Parallelismus der Glieder findet sich dort wieder, namentlich schon im Todtenbuch; hierin äussert sich offenbar am tiefgreifendsten und dauerndsten der ägyptische Einfluss auf die Bildung und Anschauungsweise der Hebräer.

LVIII.

Wie jede grosse und fruchtbare Idee in vorhandenen Vorstellungen wurzelt, und sich dadurch bewährt, dass sie nicht abgeschlossen vom Himmel fällt, sondern einer Entwicklung bedürftig und fähig ist, die dem Bildungsstande der Zeiten folgt, so sind auch die beiden Factoren, welche die Eigenthümlichkeit des Volkes Israel bezeichnen, und ihm seine Bedeutung in der Weltgeschichte vindiciren, seine monotheistische Theorie und seine hierarchische Praxis, erst sehr allmälig zu ihrer letzten Gestaltung erwachsen, und hervorgegangen aus einer älteren Bildung. Wir haben gesehen, wie schon bei viel roheren Stämmen bald mehr theologisch, bald mehr metaphysisch gefärbt der Gedanke einer höheren Einheit durch die Vielheit göttlicher Wesen bricht, wir haben gesehen, wie in der tieferen Contemplation bei allen Völkern unter starkem priesterlichen Einfluss eine Wendung eintritt, wo aus der Zahl der Götter ein einiger Gott Gestalt gewinnt, dem die übrigen in weiterem oder geringerem Abstande als abhängige, dienstbare Agenten untergeordnet werden, wir wissen, dass sich in Aegypten, ehe Osiris entschieden an die Spitze des Pantheons trat, nach Ort und Zeit verschieden monotheistische Ausschliesslichkeit an verschiedene Götter knüpfte, wir mögen annehmen, dass in seinen unterägyptischen Heiligthümern der Gott des Apis, der zweimal grosse Thot, der Gott der Priesterweisheit und der Gesetzesoffenbarung, ein Gegenstand monotheistischer Verehrung war, dann konnte wohl das hier gebildete Priesterthum Israels seinen Gottesbegriff von diesem geistigen Wesen entlehnen, und aus ihm den einigen, allmächtigen Gott machen. Nicht die Lehre von der Einheit Gottes dürfen wir als mosaische Schöpfung betrachten — die war unzweifelhaft älter — wohl aber den kühnen Plan diese Lehre aus dem esoterischen Dunkel der Priesterschulen zu reissen und zur herrschenden Religion eines ganzen Volkes zu erheben. Freilich war in Zoroasters Religion Ormuzd ebenso entschieden wie der Jehovah des Moses der alleinige Gott, alle anderen Geister des Lichts nur von ihm geschaffen, indessen spielten diese anderen doch im Dogma und im Cultus eine viel grössere Rolle als die Engel der Hebräer. Wenn auch nicht unzweifelhafter gelehrt, wurde der Monotheismus hier schärfer betont. Die Darstellung des Exodus ist gewiss richtig, dass Moses den Hebräern im Gegensatz gegen die ägyptischen oder ägyptisirten Götter, denen sie in ihrer nationalen Auflehnung absagten, seinen Jehovah als den vergessenen Gott ihrer Väter aus der alten, wiederzugewinnenden Heimath Palästinas predigte. Gott offenbart sich ihm als den Gott Abrahams, Isaaks und Jakobs, bemerkt aber ausdrücklich, dass er seinen Namen Jehovah früher nicht kund gethan habe. Andere Stellen beachten das freilich nicht, die Genesis lässt sogar schon zur Zeit des dritten Menschen Enosch den Namen Jehovah anrufen, auch die Hagar kennt ihn, aber die Bruchstücke des Pentateuchs, welche mit jener Offenbarungsstelle einem älterem Werke angehört haben, bewahren die Erinnerung an die grosse religiöse Reform auch darin, dass sie in der vormosaischen Zeit den Namen Jehovah nicht gebrauchen. Da hiess ihnen Gott El Schaddai, der Allmächtige, oder Elohim, und diese letztere Benennung hat in der Regel mit Jehovah dieselbe Bedeutung. Es ist aber eine Pluralform, heisst also eigentlich die Götter, und dient auch zur Bezeichnung der mehreren Götter anderer Völker. Selbst wenn das Wort entschieden für den einigen Gott gebraucht wird, steht das Zeitwort zuweilen im Plural dabei. Wahrscheinlich ist der Ausdruck aus der Zeit, in welcher die Hebräer noch mehrere Götter verehrten, und deren Gesammtheit Elohim nannten, auf den späteren einen Gott übertragen worden. Die Vielheit, die darin liegt, wird als unbestimmte Ausdehnung und Theilbarkeit erklärt, von den Juden auch als Gott mit den Engeln. An manchen Stellen, wie in der Schöpfungsgeschichte, wo Jehovah und Elohim neben einander gestellt werden, können unter Elohim nur die Engel verstanden werden, und alte Uebersetzungen, namentlich die Alexandriner, geben wiederholt für Elohim die Engel. Zuweilen heisst Gott Jehovah Elohim, was die Rabbiner den vollen Namen nennen. Als man sich in der späteren Zeit abergläubisch scheuete das Wort Jehovah auszusprechen, und der Name Elohim ausser Gebrauch gekommen war, pflegte man Gott als den Höchsten, den Himmel, oder den Herrn, Adonai, zu bezeichnen, wie die meisten semitischen Völker ihren höchsten Gott.

Wir dürfen uns den israelitischen Monotheismus der älteren Zeiten nicht gar zu verschieden von den polytheistischen Theorien anderer Völker denken. Wohl sollte das

Volk keinen anderen Gott verehren, für die Praxis des Lebens und des Cultus sollte ihm kein anderer Gott existiren, aber das Dasein anderer wurde keineswegs bezweifelt. „Wer unter den Göttern ist dir gleich, Jehovah?“ heisst es in dem majestätischen Triumphliede des Exodus; „nun weiss ich“, bekennt Jethro, „dass Jehovah grösser ist als alle Götter (Elohim)“ und Gott selbst verkündet sein Einschreiten gegen die Götter Aegyptens. Er ist ein Gott vor allen Göttern, ein Herr über alle Herren. „Es ist kein Gott dir gleich“, betet Salomo, „weder droben im Himmel, noch unten auf Erden.“ Zuweilen äussert sich sogar der Gedanke, als ob die Macht Jehovahs vorzugsweise auf Palästina beschränkt wäre, und ausserhalb dessen andere Gewalten regierten. David klagt auf der Flucht vor Saul, wenn er aus dem heiligen Lande verstossen werde, müsse er hingehen und anderen Göttern dienen; wie sollten wir des Herrn Lied singen in fremdem Lande? klagt der Psalm an den Wassern zu Babel; auch die Chronik spricht noch von dem Gott Jerusalems im Gegensatz gegen die Götter der Völker auf Erden. Die christliche Frömmigkeit, auch darin der antiken gleichend, dass sie ihre spät gewonnenen Resultate schon in der alten Offenbarung finden, und den Fortschritt der eigenen Erkenntniss nicht zugeben will, bietet häufig einen grossen Aufwand von Sophistik gegen die Thatsache auf, dass die heiligen Schriften der Hebräer heidnische Götter als wirkliche Mächte, nicht blos als Wesen der Einbildung betrachten. Dieser Eifer ist nutzlos. Schreibt doch der Apostel Paulus an die Korinther: „wie es viele Götter giebt und viele Herren“. Bei den Kirchenvätern finden sich Stellen genug, welche die Gestalten des Polytheismus als reale Wesen behandeln, und sehr orthodoxe Theologen, die nicht den Wahrheitssinn weggeworfen haben wie die Wissenschaft, haben des auch heutigen Tages für das alte Testament kein Hehl. Unzweifelhaft wird überall vorausgesetzt von Aegypten bis zu den Zeiten des Exils, dass auch die fremden Götter Gewalt haben, dass sie sich mächtig in der Natur erweisen, dass sie

Propheten, Orakel und Zauberer haben, deren Zeichen eintreffen, und die mit ihrer Hülfe Wunder thun; nur gegen Jehovah können sie nicht bestehen. Wie jedes Volk seine Götter für die mächtigsten hielt ohne darum die Existenz anderer zu bestreiten, wie es ihnen die Schöpfung oder Bildung der Welt zuschrieb, und durch seine bevorzugte Stellung zu ihnen den Anspruch auf den Vorrang vor allen übrigen Nationen rechtfertigte, so war es auch bei den Hebräern. Anfänglich wurden die Götter fremder Völker unbefangen geglaubt, ohne dass über sie und ihr Verhältniss zu dem israelitischen Gott viel speculirt ward. Später wurden diese Fragen verschieden beantwortet; im fünften Buch Moses wird die Ansicht aufgestellt, dass Gott, der sich sein Volk erwählt und von ihm ausschliesslich verehrt sein will, anderen Völkern untergeordnete Wesen, etwa Sonne, Mond und Sterne, vorgesetzt und zum Dienste angewiesen habe. Als der Engel- und Dämonen-Glaube eine ausgebildetere Form gewann, wurden die fremden Götter meist für böse Geister erklärt. Wenn die priesterliche Theorie sie nicht leugnete, war natürlich der Volksglaube an ihr Dasein und ihre Macht noch weit lebendiger, ohne ihn würde die beständige Hinneigung zum Dienst anderer Götter, die wir in der Zeit vor den Königen fast ununterbrochen, selbst bei Salomo und dann wieder sehr mächtig in dem getrennten Reiche Israel finden, nicht zu erklären sein. Meist wendete sich die Verehrung phönicischen, ägyptischen, oder syrischen Gottheiten zu, besonders dem Baal, dem Moloch und der Astaroth, und häufig scheint sie, wenn auch von den eifrigen Dienern Jehovahs streng verworfen, nicht gerade in einem feindlichen Gegensatz zum Cultus des höchsten Gottes gestanden zu haben, sondern ihm untergeordnet, oder mit ihm verschmolzen worden zu sein. Letzteres war gewiss mit den Hausgöttern, Teraphim, der Fall, deren Cultus nach dem Buch der Richter sehr verbreitet gewesen sein muss; in einer dort erzählten Geschichte lassen sich sogar Leviten bei ihren Heiligthümern anstellen. Wir sehen, wie schwer und wie allmälig der strenge Monotheismus selbst in dem engen Kreise dieses kleinen Volkes zur wirklichen Herrschaft gelangen konnte, trotz der alten Stiftung, trotz des mächtigen und geschlossenen Priesterthums, trotz der religiösen Verknüpfung dieser Idee mit den Sitten und Einrichtungen des Volkes, trotz des Zusammenhanges, in welchen seine Führer immer wieder die nationalen Antipathieen mit dem Gegensatze der Glaubenslehre zu stellen suchten. Der eine Gott war eben dem Alterthum zu ferne und zu abstract; der Sinn der Menschen, am Einzelnen und sinnlich Gegenwärtigen haftend, wenig an geistige Reflexionen gewöhnt, bedurfte näher stehende, individuellere, greifbarere Wesen um seine Furcht und seine Hoffnungen an sie zu knüpfen, um ihrer Hülfe in den kleinen Angelegenheiten des Lebens und der Erhörung seiner täglichen Wünsche sicher zu sein. Es erforderte eine lange Gewöhnung und eine schwere Zucht, ehe die polytheistischen Neigungen überwunden wurden. Wie in den Tagen des Unglücks die treuen Diener Jehovahs seinen Namen predigten, die Haltung seiner Gebote und die Bekehrung von anderen Göttern als Bedingung alles Heils verlangten, so erfolgte erst in den trauervollen Zeiten des Untergangs und der Verbannung die völlige Umkehr des Volkes. Als das Vaterland verloren gegangen, ward die väterliche Religion das einzige Band für Alle, die ihr nationales Bewusstsein bewahrten. Zu ihr hielten die schwachen Reste, welche aus dem Exil zurückkehrten, mit der vollen Begeisterung des Glaubens und des Patriotismus. Seitdem wurde der Monotheismus eine Wahrheit, die nicht mehr aufgegeben ward. Wohl hatte schon die ältere Zeit wortspielend die Götter der Heiden, ihre Eloim, als Elilim, Nichtige, bezeichnet, ihr galt das vergleichungsweise gegen die höhere Macht Jehovahs; jetzt wurde Ernst damit gemacht, andere Götter hiessen nur noch Gräuel und Abscheue; *τοὺς νομιζομένους θεοὺς παρ' ἑτέροις**) nennt sie Josephus. Jehovah war endlich durchgedrungen in den Herzen des Volkes. Es verlor ihn nicht mehr.

*) Götter, die von Anderen gewähnt werden.

LIX.

Eine systematische Zusammenstellung ihrer Glaubenslehre enthalten die heiligen Schriften der Hebräer nicht, ihr dogmatischer Theil ist sogar im Vergleich mit der heiligen Litteratur anderer Völker äusserst dürftig. Nur in den Thatsachen der Ueberlieferung, in den Sagen und der Geschichte des Volkes, in seinen Gesetzen, in den Mahnungen seiner Lehrer und den Liedern seiner Dichter treten vage und fragmentarisch die Anschauungen über Gott, die Welt und den Menschen hervor, welche das gemeinschaftliche Thema aller religiösen oder philosophischen Speculationen bilden. Um so leichter fügten sie sich in die begriffsmässigen Erkenntnissgebäude, welche die spätere Contemplation aus diesem Material errichtete. So lange der hebräische Staat seine Unabhängigkeit behauptete, hatten seine Priester und Propheten wenig Zeit für rein theoretische Speculationen; ihre Kräfte waren durch die praktische Aufrechthaltung des Grunddogmas von der Einheit Gottes und durch ihre mächtige Wirksamkeit in der Gestaltung und Leitung des Volkslebens vollständig in Anspruch genommen. In dem an sich geringen Umfange der alten hebräischen Litteratur sind die Stücke von nur theoretischem Interesse nicht zahlreich. Ueberhaupt ist die Lehre des Monotheismus so einfach, und sobald der Begriff erst gewonnen ist, durch die Vorstellung von göttlichen Willensmächten und durch ihre Concentration auf ein einiges Wesen so sehr in ihren Hauptzügen gegeben, dass über die Person Gottes selbst die tiefere Reflexion überall zu ähnlichen Bestimmungen geführt hat, während allerdings sein Verhältniss zur Welt und zu den Menschen sehr verschiedener Auffassungen fähig ist. In den historischen Schriften des alten Testaments offenbart Gott sich und seine nothwendigen Eigenschaften, seine Ewigkeit, seine Allmacht, seine Allwissenheit, seine Güte, seine Gerechtigkeit und Heiligkeit, wie diese nun eben von dem sittlichen Bewusstsein der Zeiten verstanden wurden, in seinen Thaten; diese beweisen ihn als „einen grossen Gott, mächtig und schrecklich"; er ist der Schöpfer oder Bildner der Welt, der Lenker der menschlichen Geschicke; aber die Auffassung des Pentateuchs ist durchaus anthropomorphisch; Gott fasst und ändert seine Beschlüsse in völlig menschlicher Weise, wird durch äussere Veranlassungen zum Handeln bestimmt, zum Mitleiden gerührt, zornig und wieder besänftigt. Wird er auch ein Geist genannt, so kann doch an seiner Körperlichkeit nicht gezweifelt werden. Wahrscheinlich wurde er als ein feiner, ätherischer Körper in menschenähnlicher Gestalt gedacht, wie er denn den Menschen nach seinem Bilde schuf. Seine Wohnung ist im Himmel, indessen erscheint er in den ersten Zeiten nicht selten persönlich auf der Erde; er wandelt im Garten, er spricht mit den vorsündfluthlichen Menschen, mit Abraham, mit Moses von Angesicht zu Angesicht; „mündlich rede ich mit ihm, und er siehet den Herrn in seiner Gestalt". Seit Moses zeigt er sich nicht mehr; wie er zu Josua gesprochen, wird nicht gesagt; Elias fühlt seine Gegenwart in dem sanften stillen Sausen; sonst thut er seinen Willen nur noch durch Engel oder Visionen kund. Die heiligen Gesänge der späteren Zeit geben die wesentlichen Attribute Gottes in bestimmter und grossartiger Fassung. „Ehe denn die Berge geworden, und die Erde und die Welt geschaffen worden, bist du, Gott, von Ewigkeit zu Ewigkeit. — Tausend Jahre sind vor dir wie der Tag der gestern vergangen ist. — Du bleibst, wie du bist, und deine Jahre nehmen kein Ende. — Alles, was er will, thut er, im Himmel, auf Erden, im Meer und in allen Tiefen. — Du hast die Erde gegründet, und die Himmel sind deiner Hände Werk. — Herr, du erforschest mich und kennest mich, du verstehest meine Gedanken von ferne." Jehovah ist gegenwärtig am äussersten Meere und selbst in der Hölle; nicht auf den Flügeln der Morgenröthe kann man dem Gott entrinnen, vor dem Finsterniss nicht finster ist, und der Tag leuchtet wie die Nacht. „Er liebt die Gerechtigkeit und hasset gottloses Wesen. — Der Herr ist gerecht in allen seinen Wegen, und heilig in allen seinen Werken. Er ist nahe Allen, die ihn anrufen. — Du Gott bist barmherzig und gnädig, geduldig, von grosser Güte und Treue. — Du bist unsere Zuflucht für und für. — Deine Gnade reicht soweit der Himmel ist, und deine Wahrheit so weit die Wolken gehen.“ Die Erhabenheit der Gedanken und die einfache Kraft des Ausdrucks geben dem hebräischen Gottesbegriff eine imponirende Grösse, doch stehen in den Zendschriften manche Darstellungen des iranischen Gottes weder im Inhalte, noch in der Form gegen die Dichtungen des Jehovah-Volkes zurück, und lässt sich nicht neben dem Psalmwort, „der das Ohr gepflanzt hat sollte der nicht hören? der das Auge gemacht hat, sollte der nicht sehen?“, die prächtige Hymne der Veden nennen: „Er, den kein Auge sehen, kein Ohr hören kann, und durch dessen Macht allein das Auge sieht und das Ohr hört, wisse, o du, dass er ist Brahma, und nicht die vergänglichen Dinge, welche der Mensch anbetet“. Von gewaltiger Gluth und hinreissender Leidenschaftlichkeit ist in der beredten Poesie der Hebräer die gläubige Zuversicht, das gränzenlose Vertrauen, mit welchem sich die innige Frömmigkeit aus tiefstem Elend und verzweiflungsvoller Herzensangst zu ihrem Gott, als dem alleinigen Heil und dem Erlöser von aller Noth, wendet, nicht weniger energisch und glühend aber auch die furchtbare Ausschliesslichkeit, der Ruf des Hasses und der Rache gegen die Feinde. „Stricke des Todes hatten mich umfangen, und Angst der Hölle hatte mich getroffen. Aber ich rief den Namen des Herrn an. Du hast meine Seele aus dem Tode gerissen. — Vater und Mutter verlassen mich. Auch der Freund, dem ich vertraute, tritt mich unter die Füsse. Aber der Herr nimmt mich auf. — Wenn ich nur dich habe, so frage ich nichts nach Himmel und Erde; wenn mir gleich Leib und Seele verschmachtet, so bist du doch, Gott, alle Zeit meines Herzens Trost und mein Theil. — Verlasset euch nicht auf die Fürsten, sie sind Menschen, bei denen ist kein Heil. Des Menschen Geist muss davon, und er muss wieder zur Erde werden, alsdann sind verloren alle seine Anschläge.

Wohl dem, des Hülfe der Gott Jakobs ist, des Hoffnung auf den Herrn seinen Gott stehet; der Glaube hält ewiglich. — Darum fürchten wir uns nicht, wenn gleich die Welt unterginge, und die Berge mitten ins Meer sänken. — Wo der Herr nicht hülfe, so läge meine Seele schier in der Stille. Wo dein Gesetz nicht mein Trost gewesen wäre, so wäre ich vergangen in meinem Elend. Meine Seele verlanget nach deinem Heil, ich hoffe auf dein Wort. — Er wird Israel erlösen aus allen seinen Sünden. — Der Herr wird sein Volk nicht verstossen, noch sein Erbe verlassen. Denn Recht muss doch Recht bleiben, und dem werden alle frommen Herzen zufallen. — Ich hoffe auf den Herrn, darum werde ich nicht fallen. Sie haben ein Bubenstück über mich beschlossen: wenn er liegt, soll er nicht wieder aufstehn. Du aber, Herr, sei mir gnädig, und hilf mir auf, so will ich sie bezahlen. — Mit dir kann ich Kriegsvolk zerschmeissen, und mit meinem Gott über Mauern springen. — Mit Gott wollen wir Thaten thun, er wird unsere Feinde untertreten. — Vertilge sie ohne Gnade, vertilge sie, dass sie nichts seien, und inne werden, dass Jehovah der Herr sei in Jakob, in aller Welt. — Warum toben die Heiden? Du sollst sie zerschlagen und zerschmeissen. — Suche heim alle Heiden, sei deren keinem gnädig. — Verstöre meine Feinde um deiner Güte willen, und bringe um Alle, die meine Seele ängstigen, denn ich bin dein Knecht. — Der Herr lebet, und gelobt sei mein Hort, der Gott, der mir Rache giebt. — Herr Gott, der die Rache ist, Gott, der die Rache ist, erscheine!“ Dieser grimmige und rachsüchtige Hass rechtfertigte sich dem religiösen Sinne des Alterthums durch die Vorstellung, dass die eigenen Feinde auch die Feinde der Gottheit, von ihr verflucht und verworfen seien. Der nationale und religiöse Fanatismus, welcher einen Charakterzug der Eitelkeit und Beschränktheit aller rohen Völker bildet, traf zusammen um die Feindseligkeit gegen andere Völker unerbittlich zu machen, und diese musste bei den Israeliten um so leichter einen finsteren und gehässigen Charakter annehmen, da sie nicht eine grosse abgeschlossene Existenz gewannen, sondern sich in beständiger feindlicher Berührung mit Völkern anderen Glaubens, meistentheils in Gefahr und Bedrängniss, oft in der äussersten Trübsal fanden. Und doch war ja ihre Sache die gerechte Sache, doch waren sie felsenfest überzeugt das bevorzugte, das auserwählte Volk ihres allmächtigen Gottes zu sein, doch war an den Einzelnen wie an das Ganze seine Verheissung ergangen, dass dem, der ihm die Treue hielte, sein Segen nicht fehlen sollte. Die Schärfe des Gegensatzes, welche den Hass dieses Volkes so hart machte, prägte auch das unterscheidende Hauptstück seines Glaubens so stark aus, dass er das Fundament für den Monotheismus werden konnte, der die Anschauungen der Folgezeit beherrschen sollte.

LX.

Auch darin war der jüdische Monotheismus dem iranischen ähnlich, und gränzte an polytheistische Vorstellungen, dass er untergeordnete Wesen, vermittelnde Persönlichkeiten annahm, deren sich Jehovah bei der Weltregierung bediente. Was der zoroastrischen Offenbarung die Ipeds, waren der mosaischen die Engel. Schon in den ältesten Sagen treten die Engel, oder der Engel Jehovahs auf, als selbstverständlich vorhanden, aber ohne nähere Bestimmung, bisweilen so zweideutig gehalten, dass man nicht weiss, ob Gott selbst, oder eine von ihm getrennte Person gemeint ist. Dass sie sichtbar und körperlich gedacht wurden, kann nicht bezweifelt werden. Seitdem Gott sich verbarg, wurden die Engelerscheinungen häufiger und wichtiger. Doch spielen sie in der dichterischen Sprache der Propheten und der Psalmen eine grössere Rolle, als in den älteren Geschichtswerken; sie umgeben den Thron Gottes „die starken Helden, die seinen Befehl ausrichten.“ Erst nach dem Exil, als die grübelnde Contemplation die Dogmen des Alterthums weiter ausführte, und offenbar unter dem Einfluss der iranischen Glaubenslehre wurde die Angelologie schärfer entwickelt. Der Prophet Zacharia erwähnt die sieben Augen Gottes, die später, gleich den Amschaspands des Ormuzd, als die sieben Erzengel am nächsten vor Gott stehen. Die späten Bücher Daniel und Tobias nennen einzelne Engel mit Namen Michael, Raphael und Gabriel; Daniel spricht von Millionen Engeln. Das Buch Henoch und Philo weisen schon einzelnen von ihnen besondere Aemter und Geschäftskreise zu. Letzterer beschreibt sie den Ferners, oder Platos Ideen entsprechend als „Formen und Typen, durch die Gott die Welt bildete, die Beschaffenheiten der Dinge bezeichnend.“ Die Rabbiner des Talmud haben endlich dieser Lehre die sorgsamste Aufmerksamkeit gewidmet, und die Christen schlossen sich im wesentlichen ihren Bestimmungen an. Die Engel hatten verschiedene Gestalt, es gab verschiedene Classen und Stände, Cherubim, Seraphim, Ophenim. Sie bringen die Gebete der Frommen vor Gott, er vollzieht seine Rathschlüsse durch ihre Hand, und beräth sich mit den vornehmsten von ihnen. Michael, Gabriel, Nuriel und Raphael stehen den vier Elementen vor, unter ihnen hat jede Art von Naturwesen ihre besonderen Engel. „Es giebt kein Ding in der Welt, nicht einmal ein Gräschen, über das nicht ein Engel gesetzt wäre.“ Auch jeder Mensch hat seinen Schutzengel, der in gewisser Hinsicht zugleich sein Urbild ist. Eine wunderliche Theorie nimmt sogar eine Classe von vergänglichen Engeln an, wahre Ephemeriden; „alltäglich werden Engel aus dem Feuerstrom geschaffen, sagen ein Lied und gehen unter;“ zum Beweise wird eine Stelle der Klagelieder citirt, „sie sind alle Morgen neu,“ da ist indessen nicht von Engeln die Rede, sondern von der Barmherzigkeit und Güte Gottes. Seit dem Exil wurde nach dem Muster Ahrimans und seines Reiches auch das Böse in festen Bildern und Gestalten als ein Gegensatz Gott gegenüber gestellt. In einem Psalm und im Hiob wird zuerst der Satan erwähnt. Die Chronik spricht auch in der einfachen Geschichtserzählung von Thaten böser Geister, „der Satan stand auf wider Israel.“ Der Volksglaube nahm wahrscheinlich schon in älterer Zeit böse Geister an, mit deren Hülfe falsche Propheten und Zauberer schwarze Thaten verrichteten, die den Menschen beschädigen und versuchen konnten; indessen geben die Schriften keinen bestimmten Aufschluss darüber. Aus dem neuen Testament sehen wir, dass zu seiner Zeit die Juden einen obersten der Teufel kannten, und die Erde mit zahlreichen Dämonen bevölkerten. die nicht blos die Seele des Menschen in Versuchung führten, sondern in gewissen Krankheiten auch von seinem Körper, bisweilen in ganzen Schaaren Besitz ergriffen. Der eigentliche Wohnsitz dieser von Gott abgefallenen Geister war die Unterwelt. Ueber den Ursprung der Teufel und ihr Oberhaupt lauten die rabbinischen Angaben sehr verschieden. Einige lassen sie sogar von den Menschen herstammen. Die Schlange des Paradieses wurde erst spät zu dem bösen Geist Asmodi, einem Erzteufel. Nach dem Ursprunge der Gottheit kann auf dem streng theologischen Standpunkte nicht gefragt werden. Wohl lassen die Theogonien des Polytheismus Göttergeschlechter durch Emanation, Schöpfung oder Abstammung hervorgehen, aber der älteste, der höchste oder der einige Gott kann auf dem Boden der Religion nichts vor oder über sich haben. Er ist nothwendig der Grund des Daseins, die Ursache seiner selbst, das erste Bewegende. Aus ihm und durch ihn erklärt die theologische Speculation die Erscheinungen der Welt. Nur die Metaphysik kann über ihn hinausgehen, und Abstractionen aufstellen, aus denen Gott abgeleitet oder erklärt wird. Der israelitische Gott war selbst eine so abstracte und einheitliche Grösse, zugleich die religiöse Anschauungsweise so herrschend in der Bildung des Volkes, und der Sinn für blos wissenschaftliches Denken so wenig entwickelt, dass metaphysische Speculationen nicht Raum und Bedeutung gewannen. Eine jüdische Metaphysik entstand erst seit der Berührung mit den Griechen. Ihre eigene Philosophie begann mit dem lebendigen Gott. Wahrscheinlich war die Materie von Ewigkeit her gleich ihm, aber Gestalt und Leben empfing sie nur durch seinen Willen. Es gab hier keine lebendige kosmische Kräfte; die Natur, wenn auch geheimnissvoll in sich wirkend und darum Zaubermächten zugänglich, war nicht selbst beseelt und belebt, sondern ward durch den ausserweltlichen Gott bewegt und erhalten. Er hat die Erde gegründet, über ihr die Feste des Himmels gewölbt, zwischen beiden den wandelnden Lichtern, Sonne, Mond und Sternen, ihre Bahnen gewiesen; unter der Erde befindet sich der Abgrund des Schattenreichs, über dem festen Himmelsgewölbe wohnt Gott mit seinen Engeln — ein einfacher, begränzter Weltplan, wie ihn der Mönch Kosmas Indikopleustes in seiner berüchtigten Karte ganz richtig wieder gab. Die Grundzüge der Weltbildung und der ältesten Menschengeschichte sind die allgemeinen der semitischen Stämme, und gehören wahrscheinlich einer vorägyptischen Periode an. Die zehn Generationen von Adam bis auf Noah entsprechen den zehn antediluvianischen Königen der Chaldäer, die hebräische Fluthsage der babylonischen; auch nach der Genesis sammeln sich die Menschen zuerst in Mesopotamien, und dorthin verlegt sie das Stammland ihres Erzvaters Abraham. Manche Einzelheiten der Sage verdanken dagegen ihren Ursprung offenbar iranischen Lehren, und müssen daher als später eingefügt betrachtet werden. Die sechs Tagewerke in der ersten Schöpfungsgeschichte der Genesis, das mächtige Wort, durch welches Jehovah schafft, die Mitwirkung der Elohim, dann die Ausschmückung des Sündenfalls mit der Schlange, in deren Gestalt einst Ahriman die Welt Ahuramagdaos verwüstete, mit der Frucht, die er den ersten Menschen zu essen gab, mit der dadurch verlornen Glückseligkeit, das ist ebenso unverkennbar nach den zoroastrischen Mythen gestaltet wie die spätere Geisterlehre. Man darf nicht einwenden, dass die Iranier von den Hebräern entlehnt, oder aus derselben Quelle geschöpft haben könnten; denn einmal gehören diese Dinge dort wesentlich zum System, und können in dessen Zusammenhange nicht entbehrt werden, während der Pentateuch gar keinen weiteren Gebrauch davon macht, und andererseits waren sie in Zeiten und Orten vorhanden, auf welche die hebräische Theologie, wenn man auch die Möglichkeit einer früheren Ausbildung dieser Sagen zugeben mag, unmöglich irgend einen Einfluss üben konnte. Die Israeliten waren ein so wenig bekanntes, so wenig mit anderen Nationen in Berührung tretendes Volk, und die Priesterschaften des Alterthums so exclusiv, der iranische Osten so fern, dass eine frühe Einwirkung mosaischer Lehren auf die Theorien der Zendschriften völlig undenkbar ist. Dagegen sind iranische Einflüsse, seitdem Meder und Perser die herrschenden Mächte geworden, bei den Völkerschaften Vorderasiens ebenso nachweislich, wie sie in der Natur der Sache lagen. Führte doch Darius urkundlich in den unterworfenen Ländern den Feuercultus als Symbol der persischen Oberherrschaft ein. Bei den Juden brauchen diese Einflüsse keineswegs vor der Rückkehr aus dem Exil angenommen zu werden um Alles zu erklären, was in ihren Anschauungen eine unmittelbare Verwandtschaft mit persischen Doctrinen verräth, und sie erscheinen um so unabweisbarer, da seit dem Exil viele Juden zerstreut in den östlichen Ländern wohnten, da diese in enger Verbindung mit den palästinischen Brüdern blieben, und da ihren Kreisen mehrere der berühmtesten und gewichtigsten Lehrer des neuen Jerusalem angehörten, vor allen Esra selbst, der erst mehrere Generationen nach Cyrus aus persischer Umgebung nach Judäa kam.

LXI.

Wenn manche Lehren und Sagen der Hebräer ihren Ursprung oder ihre Ausbildung Anschauungen verdankten, die ausserhalb des Volkes entstanden, fremdes oder eines grösseren Kreises Eigenthum waren, so ward das Ganze des Systems durchaus in nationalem Sinne gestaltet, auch darin den übrigen theologischen Theorien des Alterthums gleich, dass sein Gott und seine Welt ausschliesslich auf das eigene Volk bezogen wurden, das Handeln Jehovahs und die Geschichte der Menschheit nur in dem Volke Israel ihr Ziel und ihre Erklärung fanden. In dem Monotheismus liegt allerdings der Keim eines Glaubens, der über die nationalen

Schranken hinaus zu einem Gott der ganzen Welt führen muss, und je strenger und höher der Begriff gefasst wird, desto mehr entwickelt sich dieser Keim zu einem kosmopolitischen Dogma; aber es tritt wiederum der grosse Unterschied hervor zwischen dem, was consequenter Weise auf einen inhaltreichen Gedanken gebauet werden mag, und dem, was in dem Bewusstsein der Glaubenden zur thatsächlichen Gestaltung gekommen ist. Im Wachsthum und der Blüthe des Volkslebens hat das mosaische Priesterthum diese Folgerung entschieden nicht gezogen. Der Gott, der die Erde geschaffen und dem Menschen seinen Odem eingehaucht hatte, war der israelitische Nationalgott. Wie jede Religion das Hohe und Wahre, über welches eigentlich kein Fortschritt denkbar ist, in die Anfänge verlegt, hatte sich der einige Gott den ersten Menschen persönlich bezeugt, ihnen seinen Willen kund gethan, und seine Heiligkeit furchtbar offenbart, als es ihn gereuete den Menschen geschaffen zu haben und er beschloss das sündige Geschlecht zu vertilgen. Allein der Gehorsam gegen den Schöpfer und die richtige Erkenntniss kamen bald wieder abhanden. Da erwählte sich Gott das eine Volk zum ausschliesslichen Eigenthum, erneuete mit dem frommen Erzvater Abraham den Bund, den er einst in Noah mit dem ganzen Menschengeschlecht errichtet, dieses aber durch seinen Abfall gebrochen hatte, und erhielt der Nachkommenschaft desselben seine Liebe und Treue, wenn er sich auch zeitweise um ihres Unglaubens und ihrer Sünden willen verbarg. Seitdem hat er sich von den übrigen Völkern zurückgezogen, sie ihrem Schicksal überlassen; sie kommen nur noch in Betracht, in so fern sie mit Israel in freundliche oder feindliche Berührung treten, an sich haben sie keine Bedeutung, sie sind werthlos, oder Mittel für den Plan Gottes mit seinem auserwählten Volke, um dessen willen sie rücksichtslos gebrochen und zertreten werden. Wie die Iranier das Volk des Ormuzd, waren die Hebräer das Volk Jehovahs. Es ist eine Gnadenwahl aus freier Willkür, die das bevorzugte Volk in freudiger Gewissheit anzuerkennen hatte. „Des

Herrn Theil ist sein Volk. Er führete es, er behütete es, wie seinen Augapfel. — Er hat allein zu deinen Vätern Lust gehabt, dass er sie liebte, er hat ihren Samen erwählet nach ihnen, euch über alle Völker". Um seinetwillen greift er gewaltig in die Geschicke der Menschen ein; die Gesetze der Natur haben keine Geltung, wenn die Fluthen der See sich aufthürmen gleich Mauern, damit das Volk zwischen ihnen auf dem Meeresgrunde dahinziehe, oder wenn die Sonne in ihrem Laufe stille stehen muss um den Tag für den Sieg Israels zu verlängern, und die Gebote der Sittlichkeit verlieren ihre Kraft, wenn Raub, Verrath, Mord, entsetzliche Grausamkeit zur Ehre Gottes und zum Heile des Volkes geübt werden.

Die gar zu menschlichen Vorstellungen von Gott, die einer vorgeschritteneren Bildungsstufe roh und ungereimt erscheinenden Sagen und Vorschriften, besonders aber die mit einem höher entwickelten ethischen Bewusstsein in schneidendem Widerspruch stehenden Anschauungen der hebräischen Offenbarung veranlassten schon griechisch gebildete Juden, namentlich ausserhalb des heiligen Landes Vieles im alten Testamente allegorisch zu deuten, oder einen mystischen Sinn darin zu suchen, und die ältere christliche Kirche, die Sprache dieser Schriften als zu verächtlich für die Gottheit betrachtend, that in ihrer Weise das Nämliche. Der heilige Augustinus urtheilt: man könne den natürlichen Sinn der ersten Capitel der Genesis nicht behaupten ohne Gott Dinge zuzuschreiben, die seiner unwürdig seien, und man müsse deshalb zur Allegorie seine Zuflucht nehmen. Sehr stark drückt sich Origenes aus: „welchen vernünftigen Menschen könnte man glauben machen, dass der erste, zweite und dritte Tag der Schöpfung, an welchem sogar Abend und Morgen genannt werden, ohne Sonne, Mond und Sterne existiren konnten, dass es am ersten Tage nicht einmal einen Himmel gab? wer könnte so blödsinnig sein, und zugeben, dass Gott sich wie ein Mensch auf den Ackerbau legte, und Bäume pflanzte? dass einer dieser Bäume der Baum des Lebens gewesen, und ein anderer die Kenntniss von gut und böse gegeben? Niemand, denke ich, kann anstehen diese Dinge als figürlich zu betrachten, worunter Mysterien verborgen sind.“ An einer anderen Stelle sagt er: „wäre es nothwendig uns an den Buchstaben zu binden, und das im Gesetz Geschriebene nach Weise der Juden und des Pöbels zu verstehen, so würde ich erröthen laut zu sagen, dass Gott uns solche Gesetze gegeben hätte; ich würde mehr Grösse und Vernunft in menschlichen Gesetzgebungen finden, wie in denen der Römer, der Athener oder der Lacedämonier.“ Als die geistige Cultur abnahm und die Strenge der Orthodoxie zunahm, verlangte die Kirche buchstäbliche Annahme der hebräischen Ueberlieferungen. Aber sowohl die Gnostiker der ersten Jahrhunderte, wie besonders fromme, auf die innere Vollendung gerichtete Secten des Mittelalters verwarfen diese Urkunden als äusserlich, materiell und unsittlich; die Paulicianer gingen so weit geradehin zu behaupten, der Gott des alten Testamentes sei der Teufel. Es war nicht erst die antitheologische Philosophie der neuesten Zeit, die wegwerfend über die heiligen Schriften der Juden urtheilte. Es ist Zeit an solche Dinge zu erinnern, wenn sich Ignoranz und Heuchelei verbinden unseren heutigen Tagen als hohe Weisheit aufdrängen zu wollen, was vor 1600 Jahren fromme Kirchenväter verächtlich von sich wiesen.

LXII.

Der Weltplan Jehovahs, wie er in den älteren Schriften enthalten ist, steht gegen den umfassenden Heilsplan des iranischen Gottes unzweifelhaft an Weite und Erhabenheit zurück. Er bezog sich eng und einfach auf das irdische Wohlergehen des auserwählten Volkes, welches sich doch von Anbeginn nur als ein einzelnes Glied in der grossen Völkerfamilie betrachtete, und sich weniger als die anderen grossen theokratischen Nationen mit der Menschheit identificiren konnte. Die übrige Welt lag ausserhalb des göttlichen Rathschlusses, und wenn der Herr sich ihr in den Tagen der Vorzeit offenbart hatte, schien das nur gerechtfertigt, weil damals der erwählte Stamm noch in ihr enthalten war. Je mehr sich der Kreis der göttlichen Fürsorge concentrirte, desto umfangreicher ward die Offenbarung; vor der Sündfluth wussten die Menschen wenig mehr als das Dasein Gottes, dem Noah wurden schon ein paar specielle Vorschriften ertheilt, Abraham empfing wiederholt Anweisungen und Verheissungen, das vollkommene Gesetz ward erst bei der Constituirung des Volkes dem Moses verkündet. Es konnte hier nicht wohl früher vorhanden gewesen, nicht wie in Indien oder Aegypten mit dem Anfang der Welt gegeben sein; auch die zoroastrische Vorstellung, dass Dschamschid nur aus Schwäche nicht das Gesetz der Reinheit in seinem ganzen Umfange eingeführt, konnte kaum obwalten, da es nach der hebräischen Sage vor Moses kein Volk für das Gesetz gab. Vielmehr scheint hier die Annahme gegolten zu haben, dass die heilige Familie des gottbefreundeten Patriarchen das ausgebildete Gesetz noch nicht bedurfte; ihr genügte das einfache Wort des Höchsten: „Ich bin der allmächtige Gott, wandle vor mir und sei fromm." Mit der Einführung der theokratischen Ordnung und der Niederlassung in dem verheissenen Lande hatte der Rathschluss Gottes sein Ziel erreicht, hinfort kam es nur noch auf das Erhalten an. Die alten priesterlichen Offenbarungen betrachteten ihre Ordnungen durchaus als absolut, ihre Theorien als gegeben für die Ewigkeit, der Gedanke, dass sie nur eine relative Geltung haben, eine Vorstufe für höhere Bildungen sein sollten, lag ihnen sehr ferne. In dem heiligen, gottgewiesenen Palästina sollte das Volk Jehovahs leben und dem Herrn dienen nach seinem heiligen Gesetz für alle Zeiten, ein hochbegnadigtes, gottgeweihtes Volk. Dieser seiner absoluten Bedeutung nach musste das Gesetz in seinem wesentlichen Inhalte als auf einmal und vollständig gegeben betrachtet werden, und darum wurde seine ganze Entwicklung, je theoretischer man im Laufe der Zeit verfuhr, desto strenger nicht nur dem Geiste, sondern sogar dem Buchstaben nach auf Moses zurückgeführt.

Es gab nichts darüber hinaus. „Ich will euer Gott sein, so sollt ihr mein Volk sein.“ Die hohe Aufgabe, „ihr sollt ein priesterlich Königreich und ein heiliges Volk sein“, dieses Ideal, welches die hierarchischen Gesetzgebungen des Orients im Leben zu verwirklichen strebten, jede in ihrer Weise, aber jede überzeugt, dass ihre Weise die allein seligmachende, der Gottheit wohlgefällige sei, und die herrliche Segensverheissung, dass Israel das Erbvolk und Eigenthum des Herrn vor allen Völkern sein sollte, waren unwandelbar mit einander verbunden. Es war ein ewiger Bund, den Jehovah mit seinem Volke geschlossen. Als die Philosophie des siebzehnten Jahrhunderts anfing alles Recht und namentlich jede rechtmässige politische Ordnung auf einen ursprünglichen Vertrag zu gründen, haben ihre Vertreter, wie Hobbes und Spinoza, mit gutem Grunde darauf hingewiesen, dass die Vertragstheorie schon in den Anschauungen des Pentateuchs enthalten ist, dass die Herrschaft Gottes über Israel und dessen Verpflichtung zum Gehorsam gegen den göttlichen Willen wiederholt und ausdrücklich aus dem Vertrage hergeleitet wird, den Gott und das Volk mit einander errichtet. Für andere Nationen war es daher an sich nach der älteren Vorstellung kein Unrecht anderen Göttern zu dienen, die der Allmächtige ihnen sogar verordnet hatte, nur ihre Sünden schrien wider sie. Aber das Volk Jehovahs brach durch die Verletzung der Gesetze und vor allem durch Abfall zu fremden Göttern den heiligen Vertrag, den seine Väter geschlossen, und dann zog Gott, wie er es in jenem Bunde bestimmt hatte, seine Hand von ihm ab, und ergoss seinen Grimm über die wortbrüchige Gemeinde. „Meine Seele wird Ekel an euch haben. Ich will euer Land so wüste machen, dass selbst euere Feinde sich davor entsetzen werden“, also droht der eifrige Gott in dem furchtbaren Fluche des Leviticus und des Deuteronomium; aber wenn das Volk Busse thut, und sich wieder zu ihm wendet, wird er des alten Bundes gedenken und Barmherzigkeit üben an denen, die ihn lieben. Die ganze Geschichte bis zum babylonischen Exil wird in den historischen Büchern, wie von den Propheten als lebendiges Beispiel der Bundesbestimmung aufgefasst; jedes Nationalunglück ist eine Folge der Strafgerechtigkeit Gottes, das Volk oder sein König haben gethan, was dem Herrn übel gefiel. Wer dagegen in den Wegen Gottes wandelt, der hat auch ein vertragsmässiges Recht auf die Gnade des gerechten und treuen Gottes, und mag daher, wenn seine Hülfe verzieht, wohl klagen: „Dies alles ist über uns gekommen, und haben' doch deiner nicht vergessen, noch untreulich in deinem Bunde gehandelt; unser Herz ist nicht abgefallen, noch unser Gang gewichen von deinem Wege; erwache, Herr, warum schläfst du? warum verbirgst du dein Antlitz?“ Wie die Verheissungen und Drohungen der älteren Offenbarung sich rein auf das auserwählte Volk bezogen, so gingen sie auch nicht über das Grab hinaus. Wir haben hier das Bild eines tief religiösen Geistes, der alle Einrichtungen, alle Beziehungen des Lebens durchdrang, aber durchaus nicht von der Aussicht auf ein überirdisches Dasein getragen wurde. Die Glückseligkeit, deren sichere Hoffnung jede Religion der Masse ihrer Bekenner gewährleisten muss, sollte lediglich auf dieser Erde verwirklicht werden. Das äussere Schicksal war durch das Verhalten des Volks in seine eigene Hand gelegt. Wie in den Zendschriften neben dem ewigen Heil oder Verderben der Seele auch das irdische Glück oder Unglück an den frommen Wandel des Menschen geknüpft wird, so war es hier ausschliesslich. „Auf dass du lange lebest, und dass es dir wohl gehe im Lande“, lautete die Verheissung des Dekalogs, und das wurde in der mannichfaltigsten, detaillirtesten Weise vielfach wiederholt. Wenn sie die Satzungen und Rechte halten, „die Gott zwischen sich und die Kinder Israel gestellt hat“, dann wird reicher Segen in der Natur und unter den Menschen ihr Lohn sein, gesegnet ihre Städte und ihr Acker, die Frucht ihres Leibes, ihres Landes und ihres Viehs, gesegnet ihr Eingang und Ausgang und Alles, was sie vornehmen; Gott wird ihnen Regen geben zu rechter Zeit, die Bäume werden Frucht tragen und das Feld reiche

Erndten, sie werden sich mehren und wachsen, und in Frieden wohnen, und ihre Feinde werden vor ihnen fallen. Wenn sie aber den Bund brechen und die Gebote des Herrn nicht halten, dann wird er sie heimsuchen mit furchtbaren Schrecken; verflucht wird sein, was sie thun und was sie haben, mit Krankheiten sollen sie geschlagen werden vom Scheitel bis zur Sohle, ihre Feinde werden über sie herrschen, ein rauschendes Blatt soll sie jagen; Gott wird wilde Thiere unter sie senden, die ihre Kinder fressen und ihr Vieh zerreissen, sie werden säen und nicht erndten; Andere werden ihre Weiber und ihre Häuser besitzen; sie sollen unsinnig werden vor dem, was ihre Augen sehen müssen, zerstreuet und geängstigt in fremden Ländern; sie sollen ein Scheusal sein unter allen Völkern und in ihrer Missethat verschmachten. „Der Herr wird wunderlich mit dir umgehen, dass du fürchtest den herrlichen und den schrecklichen Namen Jehovah.“ An der Hülfe Gottes war ja Alles gelegen; „wo der Herr nicht das Haus bauet, so arbeiten umsonst, die daran bauen; wo der Herr nicht die Stadt behütet, so wachet der Wächter umsonst.“ Wenn nun in rein theologischem Sinne wenig nach Gesetzen natürlichen Zusammenhanges gefragt, alle Schickungen im Grossen wie im Kleinen unvermittelt auf das persönliche Wirken Gottes zurückgeführt wurden, so mussten diese Anschauungen um der Gerechtigkeit Gottes willen zu einer ausgebildeten Vergeltungstheorie für das irdische Leben führen.

LXIII.

Der Pentateuch und die Propheten, auf das nationale Leben und die Gestaltung des Ganzen gewendet, fassen die Vergeltungslehre vorzugsweise in würdiger, grossartiger Beziehung auf das Volk als solches. Es ist etwas Erhabenes in diesem Idealismus, welcher das Seelenheil des Einzelnen nicht kennt, und sein zeitliches Wohl zurückstellt gegen das Interesse der Gesammtheit. Das religiöse Gefühl und das nationale fielen in dieser Vorstellung der Gemeinsamkeit, der solidarischen Verantwortlichkeit gegen Gott zusammen. Das Individuum stand nicht vereinzelt, sondern war ein Glied des Ganzen, welchem die Sorge seines Gottes galt. Wie der Einzelne an dem Segen und der Wohlfahrt des Volkes Theil hatte, traf ihn auch die Folge des Frevels mit, wenn Viele gesündigt hatten, oder eine grosse Schuld nicht gesühnt war und deshalb ein Strafgericht Gottes hereinbrach. Eine ähnliche Solidarität galt von dem engeren Verbande der Familie. Der strenge Begriff der Stammgenossenschaft vereinigte vor Gott und Menschen Schuldige und Schuldlose im gemeinsamen Untergang, trotz des gelegentlichen Gebotes, dass die Kinder nicht mit ihren Vätern gestraft, sondern Jeder nur die eigene Schuld tragen sollte. Wie Gott den Abraham noch in seinen späten Nachkommen liebte, wie das Haus des David nimmer ein Ende nehmen sollte, so suchte er der Väter Missethat heim an den Kindern bis in das dritte und vierte Glied derer, die ihn gehasst. Was wir als ein Naturgesetz begreifen, dass manche Fehler einer früheren Generation das Unglück der folgenden verursachen, das galt hier als göttliche Gerechtigkeit, und wurde als menschliche geübt. So ward unter Josua die ganze Familie mit dem schuldigen Achan gesteinigt; „weil du uns betrübet hast, so betrübe dich der Herr an diesem Tage.“ Es ist nicht blos ein Nützlichkeitsprincip, sondern eine irrige und barbarische Rechtsanschauung, wenn der orientalische Despotismus nicht selten gleich dem Gott Israels ganze Geschlechter für das Verbrechen eines Einzelnen büssen lässt. Es versteht sich von selbst, dass auch der Einzelne seinen sichtlichen Antheil an dem göttlichen Segen verlangte. So wenig die Aussicht auf eine jenseitige Vergeltung in der Realität der Dinge die Bedürfnisse der Menschen zu befriedigen vermag, so wenig kann das Glück der Anderen den Leidenden für die persönliche Qual entschädigen. Selbst die ideale Theorie erkannte neben der starken Beziehung auf das Volksganze die Berechtigung des individuellen Eudämonismus vollkommen an, und verkündete durch Beispiel und Lehre, dass dem Frommen,

Gesetzestreuen die irdischen Güter, langes Leben, blühende Nachkommenschaft, Fülle des Reichthums, nicht fehlen sollten. Die Praxis der Wirklichkeit nahm wie überall die Thätigkeit Gottes am häufigsten und dringendsten für die täglichen Angelegenheiten des persönlichen Lebens in Anspruch, und erwartete hier den Lohn des gottgefälligen Wandels. Wohl mochte die Demuth fragen: „was ist der Mensch, dass du seiner gedenkest, und des Menschen Kind, dass du dich seiner annimmst?“ oder die Stimme des Herrn dem ungeduldig Klagenden zurufen mit dem Allmächtigen nicht zu hadern, die hoffende Seele tröstete sich doch: „mich erhältst du um meiner Frömmigkeit willen“, und hielt fest an der Verheissung: „bleibe fromm und halte dich recht, denn solchem wird es zuletzt wohl gehen.“ Die religiöse Theorie, welche nicht über die Erde hinausging, musste die ewige Gerechtigkeit im irdischen Leben nachweisen, oder welchen Vorzug hätte der Gläubige durch seinen Gott gehabt? Die alte Klage, der Gerechte muss viel leiden, durfte hier nicht zur Regel werden. Für das Volk konnte selbst ein vernichtendes Unglück als ein Erziehungsmittel betrachtet werden; war eine Generation in Sünden zu Grunde gegangen, so konnte eine andere zur Grösse und Herrlichkeit wieder erstehen, und diese Hoffnung hielt erhabene Geister in verzweiflungsvollen Zeiten aufrecht. Auch der Einzelne konnte wohl zuweilen ein unverschuldetes Leiden als eine Läuterung und Prüfung ansehen, aber wenn das Leiden zu lang und zu schwer wurde, wenn er darin unterging, hatte doch diese Betrachtungsweise keinen rechten Sinn in einer Theorie, welche mit diesem Leben abschloss, welche daher in ihm nicht eine Prüfungszeit, sondern die Erfüllung sehen musste. Peinigungen, wie sie im Gedicht über den frommen Hiob verhängt werden, bleiben ein grausames Spiel, welches wir einem Menschen nicht verzeihen könnten. Wer sich auf diesem Standpunkte der Erkenntniss nicht verschliessen konnte, dass es gleich oft dem Gerechten schlimm und dem Gottlosen gut erging, und doch jede Schickung dem Willen

Gottes zuschrieb, der musste leicht zu einem Skepticismus kommen wie der Prediger Salomo, und alles nichtig finden; „es ist ein böses Ding, dass es Einem gehet wie dem Anderen." Je trüber sich in der späteren Zeit die öffentlichen Zustände gestalteten, je weniger das nationale Leben die Geister beschäftigen und befriedigen konnte, desto eifriger wendete sich auch die Theorie dem Einzelleben zu, und bezog die alten socialen Vorstellungen auf die individuelle Existenz. So entstand die harte und schroffe Vergeltungslehre, welche für jedes Leiden nach einer besonderen Verschuldung spürte. Wir sehen aus mehreren Erzählungen des neuen Testaments, dass diese Lehre allgemein angewendet wurde, obwohl damals der Unsterblichkeitsglaube mit einer jenseitigen Vergeltung schon überall verbreitet war; und wie die indische Dichtung Sünden eines eigenen früheren Daseins zu Hülfe rief, so griffen die Juden auf Verschuldungen der Vorfahren zurück, wenn Frömmigkeit oder Unschuld des Dulders ein schweres Unglück nicht zu rechtfertigen schien, wie bei dem Blindgebornen. Diese Theorie trug ohne Zweifel sehr viel zu der Peinlichkeit bei, welche sich in der Gesetzesauslegung und der Gesetzesübung seit der Zeit des Exils geltend machte, und bis zum Talmud immer mehr wuchs. Machet einen Zaun um das Gesetz, lautete einer der grossen Grundsätze, welche die Tradition der angeblichen Synagoge des Esra zuschrieb. Der religiöse Sinn, dem kein bewegtes Leben, keine kräftige Thätigkeit mehr ein Gleichgewicht hielt, fürchtete überall anzustossen, hielt immer mehr für nöthig um die Gnade Gottes zu gewinnen oder seinem Zorne zu entgehen, und häufte in ängstlichem Grübeln Sazzungen auf Satzungen, deren Uebertretung dann neues Unglück herausforderte. Auf der anderen Seite wurden die alten Theorien durch die vermehrte Contemplation und durch die zunehmende Berührung mit fremden Glaubenslehren reicheren Inhalts in mehrfachen Richtungen erweitert und vertieft.

LXIV.

In den Zeiten des Exils wurde der Blick auf die übrige Welt gewendet, und der Weltplan Gottes auf die fremden Völker ausgedehnt. Man konnte sich nicht mehr in der alten Isolirtheit erhalten, und lernte zugleich in unmittelbarer Nähe die grossen politischen Organisationen kennen, welche nach den damaligen Begriffen fast die Welt zu umfassen schienen. So kam es, dass in der tiefsten Erniedrigung die stolzesten Hoffnungen gefasst wurden, Hoffnungen, von denen bis dahin nie die Rede gewesen war. Jehovah und sein Gesetz sollten nicht nur unter den Heiden, die ihn verachtet, zu Ehren gebracht werden, sondern von dem wiederhergestellten, heiligen Jerusalem aus die ganze Erde beherrschen. Nach den älteren messianischen Erwartungen, wie sie namentlich bei dem ächten Jesaia erscheinen, sollte ein König aufstehen, der Israel aus seinen Zerrüttungen erretten und die Herrschaft des mosaischen Gesetzes in dem beglückten Volke wiederherstellen würde. Damit begnügte man sich jetzt nicht mehr. Jeremias verhiess aus dem Stamm Davids „einen König, der wohl regieren wird, und soll Recht und Gerechtigkeit anrichten auf Erden". Das Haus Davids soll herrschen, und Priester und Leviten sollen Opfer anzünden, so lange Tag und Nacht wechseln. In den nach der Zerstörung Jerusalems geschriebenen, dem Jesaias angehängten Capiteln wird verkündet, dass der Gott Israels der Gott aller Welt heissen wird, dass alle Völker sich zu ihm bekehren, die Heiden sich zu dem Volke Gottes wenden, der Messias zum Fürsten und Gebieter der Nationen bestellt werden soll. Der Herr wird Israel erlösen, dann wird es nicht mehr Hunger, noch Durst, noch Hitze leiden, Könige werden vor ihm auf das Angesicht fallen und seiner Füsse Staub lecken. Diese Hoffnungen einer äusseren Weltherrschaft wurden seitdem mannichfaltig ausgebildet, und selbst mit der zweiten Zerstörung Jerusalems nicht aufgegeben. Wie Jesaia seinen Heiland offenbar in kürzester Frist erwartete, Jeremias ihn etwas weiter hinaus schob, so ward sein Erscheinen von einer Zeit zur anderen gehofft, um so eifriger, je trauriger die Bedrängnisse wurden. Spätere Rabbiner rückten den Messias gleich dem iranischen Sosiosch bis gegen das Ende der Welt hinaus. Es sollte unter der Herrschaft Israels ein Weltreich werden, wie keines gewesen. Freilich vertraute man nicht auf die eigene Stärke; die Allmacht Gottes und die Wunder des Messias sollten die fehlende Volkskraft ersetzen um sein Reich aufzurichten.

Wie sich der Blick nach aussen erweiterte, vertiefte er sich nach innen. Die Rücksicht auf die innere sittliche Gesinnung fehlte allerdings in keinem der grossen religiösen Systeme des priesterlichen Alterthums, sie fehlte auch hier nicht; das „lass dich nicht gelüsten" im Dekalog, die Ermahnung Gott lieb zu haben von ganzem Herzen und von ganzer Seele, das Gebot „du sollst deinen Nächsten lieben wie dich selbst" zeigt, dass sie von Alters her vorhanden war, aber sie trat keineswegs besonders lebhaft hervor, die Vorschriften und Erzählungen der früheren Zeit beweisen vielmehr, dass die äussere Haltung des Gesetzes, der unverbrüchliche Gehorsam gegen die göttlichen Anordnungen im Leben und Handeln durchaus in den Vordergrund gestellt wurden. So lange die Priester und Propheten Jehovahs mit der Erhaltung seiner Religion, mit der Gesetzgebung für das Volk und der Gestaltung des Lebens nach derselben zu thun hatten, überwog diese sociale Thätigkeit das Bedürfniss tieferer Contemplation. Erst als in den letzten Zeiten des Reichs das Werk des Gesetzes seinen Abschluss erhalten hatte, und als zugleich die Drangsale dieser Unglücksperiode die Freude an den öffentlichen Zuständen und die Hoffnung auf eine gedeihliche Wirksamkeit ausschlossen, wendete sich der Blick, an dem äusseren Leben verzweifelnd, auf das Innere, und suchte dort nach der Quelle des Unheils. Da erwachte das tiefe Bewusstsein der Sündhaftigkeit, welches nicht mehr dem formellen Thun nach des Gesetzes Wort, sondern der Stimmung des Herzens galt. Am lebendigsten spricht sich dieses Gefühl in einigen Psalmen aus, die kurz vor dem Exil geschrieben sind: „Gehe nicht in's Gericht mit deinem Knecht, denn vor dir ist kein Lebendiger gerecht. — Ich bin aus sündigem Samen gezeugt ‚und meine Mutter hat mich in Sünden empfangen." Es ist kein Mensch, der nicht sündiget, heisst es im Buch der Könige, und Hiob klagt: wer will einen Reinen finden bei denen, da keiner rein ist. Die Sünde wird als Bestandtheil der menschlichen Natur betrachtet, während es in der Genesis ein Ausnahmezustand ist und die Sündfluth motivirt, dass Gott die Bosheit der Menschen gross, das Dichten und Trachten ihres Herzens böse findet. Ueber den Ursprung der Sünde wird im alten Testament nicht weiter speculirt, namentlich ist ihm das Dogma von der Erbsünde nicht bekannt; die Sünde, die durch einen Menschen in die Welt gekommen, findet sich erst im Römerbrief des Apostels Paulus. Mit dem Gefühl der Sündhaftigkeit ententstand das Bedürfniss der Erlösung durch die göttliche Gnade, nicht mehr von dem Uebel überhaupt, sondern von der Schuld und ihren Folgen, und die Nothwendigkeit der inneren bussfertigen Gesinnung. Jeremias sprach es eindringlich aus, dass ein neuer Bund kommen müsse, in welchem die Gebote Gottes nicht mehr in Holz oder Stein gegraben, sondern in den Herzen der von der Sünde erlösten Menschen leben würden. Aehnlich reden die Propheten des Exils, Hesekiel und der Anhang zum Jesaia. Nicht Fasten und Kasteiungen, sondern Liebe und Gerechtigkeit verlangt der Herr. In den Tagen der Verbannung erfolgte die Umwandlung des Volkes, welche die sittliche Vollendung des Einzelnen als Bedingung des Heils erforderte. Dazu gehörte denn freilich auch die äussere Erfüllung des Gesetzes und sogar in immer wachsendem Umfange.

Mit der Verinnerlichung der ethischen Anschauungen, der Abkehr vom öffentlichen Leben und der Richtung auf das individuelle Dasein stieg unter dem Hinzutreten parsischer Lehren die Ausbildung und der Einfluss des Unsterblichkeitsglaubens. Ein völliges Aufhören des Daseins mit dem Tode nahm auch die ältere Theorie nicht an, aber das

Fortbestehen war ein leeres, freudenloses, ohne irgend eine Bedeutung für das Leben. Wie das Verhältniss von Seele und Leib gedacht wurde, lässt sich aus den heiligen Schriften der Hebräer nicht ersehen. Im Deuteronomium heisst es, das Blut ist die Seele. Ohne Zweifel dachte man die Seele gleich dem Geist überhaupt als einen feinen, ätherischen Körper, wie es das ganze Alterthum und die Juden der späteren Zeit thaten. Ein wirkliches Aufhören dieser materiellen Seele konnte der alte Dualismus, welcher Geist und Körper als getrennte Substanzen einander entgegen setzte, und während des Lebens äusserlich verband, nicht wohl denken, daher liess er auch hier, wie es alle Völker zu thun pflegten, welche die Unsterblichkeit nicht zu einer Hoffnung und einem Ziel des Lebens entwickelten, die Seelen ein schattenhaftes, fast empfindungsloses Dasein fortsetzen. Sie konnten in ihrem Schlummer gestört werden, wie Samuel durch die Zauberin von Endor. Ihr Aufenthaltsort war der Scheol, ein dumpfer, kalter Ort, tief unter der Erde, der Abgrund, in welchem die Rotte Korah lebendig hinunter fuhr, wo die Schatten dem Könige von Babel entgegen zittern: „bist du auch geschlagen gleich uns, wie bist du vom Himmel gefallen, du schöner Morgenstern? ja zur Hölle fährst du; ist das der Mann, der die Welt zittern und die Königreiche beben machte?" Bildlich wird der Scheol zur Bezeichnung von Jammer, Noth und Tod gebraucht. Wir können ihn mit Hölle übersetzen, nur darf dabei nicht an einen Unterschied von Guten und Bösen gedacht werden. Der fromme König Hiskias klagt, nun müsse er zur Hölle fahren, und den Herrn im Lande der Lebendigen nicht mehr sehen. Es ist der gemeinsame Ort für Alle, ohne Wiederkehr, vergessen von Gott und Menschen. „Wo ist Jemand, der seine Seele errette aus der Hölle Hand. — Ich liege unter den Todten verlassen, wie die Erschlagenen die im Grabe liegen, derer du nicht mehr gedenkst, und die von deiner Hand abgesondert sind. — Die Hölle lobet dich nicht, sondern allein, die da leben." Erst in den spätesten Zeiten des Reiches Juda findet sich eine Hoffnung der Fortdauer bei Gott ausgesprochen. Drei Psalme, die Ewalds schöne Untersuchung nach Sprache und Inhalt dem sechsten oder siebenten Jahrhundert und mit Wahrscheinlichkeit demselben Dichter zuschreibt, der sechszehnte, siebzehnte und neun und vierzigste geben sie zuerst kund: „Du wirst meine Seele nicht in der Hölle lassen. — Ich will dein Antlitz schauen, wenn ich erwache nach deinem Bilde. — Gott wird meine Seele erlösen aus der Hölle Gewalt, denn er hat mich angenommen.“ Allmälig bildeten sich dann verschiedene Theorien über das Schicksal nach dem Tode, Auferstehung und Gericht. Die Beziehung auf das ewige Leben wurde ein wesentlicher Gesichtspunkt in dem irdischen. Nach einer Stelle des Jesaias, die indessen wahrscheinlich einer späteren Einschiebung angehört: „Deine Todten werden leben und mit dem Leichnam auferstehen“, scheint es, dass nur die Gottseligen wieder erweckt werden sollten. Hiob will in dieser seiner Haut auferstehen und in seinem Fleische Gott schauen, wie nach der Offenbarung Ormuzds die Erde auch Blut und Haare wiedergeben soll. Das berühmte Leichenfeld Hesekiels kann nicht für die Auferstehung angeführt werden, denn dass die Allmacht Gottes selbst die zerstreuten Gebeine mit seinem Odem wieder beleben kann, zeigt, dass dies in der Regel keineswegs erwartet wurde. Erst lange nach dem Exil wurde die Lehre allgemein angenommen und in ihren Grundzügen vorausgesetzt. Der Prediger Salomo lehrt, dass der Leib zur Erde, der Geist zu Gott gehen muss. Die Weisheit Salomos verweist gegen die alte Lehre, dass man von keinem wisse, der aus der Hölle gekommen, energisch auf den Tag des Gerichts und den ewigen Lohn der irdischen Thaten. Im Buche Daniel heisst es: „Viele, so unter der Erde schlafen liegen, werden aufwachen, Etliche zum ewigen Leben, Etliche zur ewigen Schmach und Schande.“ Im zweiten Maccabäerbuch trösten sich die Märtyrer: „der Herr wird uns, die wir um seines Gesetzes willen sterben, auferwecken zu einem ewigen Leben“, und es wird der Glaube an die Seeligkeit und die

Fürbitte für die Todten als „eine gute und heilige Meinung“ empfohlen. Der Glaube wurde nach und nach so allgemein, dass den Sadducäern ihre Leugnung der Unsterblichkeit zum Vorwurf gemacht wurde. Nach dem neuen Testament scheinen die Juden in der Regel angenommen zu haben, dass gleich beim Tode Gute und Böse getrennt werden. Doch schwankten nach Josephus die Meinungen auch unter den Pharisäern. Manche liessen die Todten ein Schlummerleben führen, bis sich bei der allgemeinen Auferstehung die Seele wieder mit einem Körper vereinigen und dann das Gericht über Gute und Böse ergehen sollte. Spätere Rabbiner lehrten mit Eintritt des messianischen Reiches eine Auferstehung von Seele und Leib. Den frommen Essäern wurde die Seele der Guten durch den Tod aus dem Gefängniss des Körpers befreiet, und schwebte zu Gott empor, während die Seelen der Bösen in der Qual behalten wurden.

LXV.

Von der theologischen Theorie zu der Praxis des Lebens übergehend, müssen wir den ersten Blick auf das Organ wenden, dem die Ausbildung und Erhaltung der Theorie oblag, das Priesterthum. Wie in allen überwiegend theokratischen Gesellschaften erschöpfte die Gestaltung der eigentlichen Glaubenslehre bei weitem nicht den theoretischen Beruf der contemplativen Classe, und die Einfachheit, der geringe Umfang der älteren hebräischen Dogmen, der gänzliche Mangel sonstiger Wissenschaft beweisen, dass der speculative Eifer bei den Leviten der älteren Zeit nicht gross war, sondern wie neben dem Gottesdienst eine Menge von Handlungen des täglichen Lebens in den Kreis der priesterlichen Thätigkeit fiel, so umfasste dieselbe neben der reinen Doctrin auch die Ausbildung des Rechts und der Sitte im weitesten Umfange. Wenn gleich diese letzteren in Wahrheit mehr von den thatsächlichen Zuständen und Bedürfnissen, als von irgend einer Theorie beherrscht wurden, erschienen sie doch der religiösen Philosophie als göttlich gegeben auf der einen, als nothwendig mit dem Glauben verbunden auf der anderen Seite. Beides, Lehre und Gesetz, floss aus einer Quelle, dem Willen Gottes, und hatte einen Interpreten, den Priester. So beschrieb noch Maleachi den Leviten des Alterthums; „das Gesetz der Wahrheit war in seinem Munde, und ward kein Böses auf seinen Lippen gefunden. Des Priesters Lippen sollen die Lehre bewahren, dass man aus seinem Munde das Gesetz suche". Er sollte die Richtschnur für das Denken und für das Leben sein. Wenn das ganze Volk berufen war eine heilige Gemeinde des Herrn zu bilden, von seiner Wahrheit erfüllt, nach seinen Gesetzen lebend, so war in ihm das Priesterthum auserwählt zum besonderen Dienste Gottes, zur ausschliesslichen Thätigkeit für die Erhaltung der offenbarten Religion und Gesetze, und wie im Volke die hohe Begnadigung von Gott erwählt zu sein mit der schweren Pflicht seine vielfachen Gebote unverbrüchlich zu beobachten Hand in Hand ging, so fiel in erhöhtem Grade bei der Priesterschaft der Vorzug einer besonderen Gnadenwahl mit der Pflicht einer besonderen Heiligkeit und Treue zusammen. An denen, die sich ihm nahen, zeigt Jehovah sich heilig; nur indem er diese Heiligkeit an sich bewährt, ist der Priester fähig und würdig, seinen höchsten Beruf zu erfüllen, die Seelen des Volkes „vor dem Herrn zu versöhnen". Er trägt die Missethat des Volkes vor Gott, er ist der Mittler zwischen beiden, darum wird er auch ein Engel des Herrn genannt. Dieses Mittleramt wird vor allem dargestellt in der Geschichte des grossen priesterlichen Vorbildes, Moses, in der doppelten Beziehung, dass er dem sündigen Volke immer auf's Neue die Gnade seines Gottes gewinnt, und dessen Gebote, namentlich die Art und Weise, wie die göttliche Gnade zu erhalten und bei Verschuldungen wieder herzustellen, für alle Zukunft verkündet. Das ist die Form, in welcher eine wirkliche Hierarchie handelt. Was aber das Wesen der Sache betrifft, so können wir der hebräischen Priesterkaste die Anerkennung nicht versagen, dass sie ihre Aufgabe wohl gelöst hat. Sie hat mit energischer Ausdauer den Monotheismus aus den

Zeiten, in welchen er ein Sondergut einzelner Geister war, bis zu denen erhalten, in welchen er die Herrschaft der Welt gewann, und sie hat mit consequenter Anstrengung ein System gesellschaftlicher Ueberzeugungen und Einrichtungen geschaffen, welches durch seine feste Dauer die innere Harmonie nicht weniger als die äussere Angemessenheit bewährt hat. Sie wollte sich indessen mit dem theoretischen und socialen Beruf der grossen orientalischen Priesterthümer nicht begnügen, sondern auch unmittelbar die weltliche Herrschaft üben. Die mächtigen Priester Indiens und Aegyptens, auch die medischen Magier machten wohl gelegentlich einen Versuch sich der politischen Gewalt zu bemächtigen, beschieden sich aber regelmässig diese den Kriegern und Königen zu überlassen, und begnügten sich, sei es aus richtiger Einsicht oder gezwungen, mit dem religiösen und moralischen Einfluss auf die Lenker des Staates, die Priester Palästinas dagegen wollten eine reine Theokratie herstellen; Jehovah und seine Priester sollten regieren ohne Dazwischenkunft einer weltlichen Macht. Dem waren sie nicht gewachsen. Wie sehr sich auch der priesterliche Einfluss in den Angelegenheiten des täglichen Lebens geltend machen mochte, eine kräftige politische Gewalt zu organisiren war er nicht im Stande. Dem Mangel einer solchen ist es zuzuschreiben, dass das Volk trotz unverkennbarer Tüchtigkeit mehrere Jahrhunderte hindurch in ohnmächtiger Zersplitterung blieb und selbst von schwachen Nachbaren schwere Bedrängnisse erdulden musste, bis sich endlich unter dem Widerstreben der Priester ein weltliches Königthum erhob. Der Gedanke einer ausschliesslich hierarchischen Leitung im Namen Jehovahs und nach den Eingebungen des göttlichen Geistes gehörte ohne Zweifel dem mosaischen Priesterthum an, denn für eine einheitliche Gewalt neben ihm war weder Fürsorge getroffen, noch Raum in der theokratischen Verfassung. Bei der Auswanderung, bei den Kämpfen des Durchzuges und bei der Eroberung Palästinas war allerdings ein kräftiger Oberbefehl unumgänglich nothwendig, und diesen führte nach dem Tode des grossen Gesetzgebers der Natur der Sache gemäss nicht ein Priester, sondern der Feldherr, welcher schon unter Moses die kriegerischen Operationen geleitet hatte. Als aber der Eroberungskrieg vollendet und Josua gestorben war, fehlte eine zwingende Gewalt um die regelmässige Verbindung unter den einzelnen Stämmen zu erhalten; das Priesterthum war unfähig eine starke politische Autorität herzustellen, und hinderte das Emporkommen einer anderen.

Die erbliche Abschliessung der Priesterkaste gehört gewiss der ägyptischen oder der mosaischen Zeit an; denn wenn auch hier dieselben Gründe der weitläufigen priesterlichen Kunst und der nothwendigen Familientradition wie bei anderen Völkern für die Erblichkeit der Classe obwalteten, erscheint es doch kaum möglich, wenigstens gegen alle geschichtliche Analogie, dass sich in den anarchischen Zeiten, welche der Niederlassung in Kanaan folgten, bei der Kleinheit und Zerrissenheit der Stämme eine feste zusammenhängende Organisation der Priesterschaft gebildet hätte, und ausser der Tradition spricht die Zählung der Leviten als eines besonderen Stammes neben den übrigen, keineswegs nach ihrem Beruf gesonderten Stämmen für ihre Begründung in der uralten Zeit, in welche sich die Stammeintheilung des Volkes verlor. Wie in Aegypten zerfiel die Kaste auch hier, obwohl in der Mannichfaltigkeit ihrer Thätigkeit und im Reichthum der Bildung weit zurückstehend, in mehrere nach der Beziehung auf den Gottesdienst erblich gesonderte Unterabtheilungen, für deren strenge Einhaltung noch Hesekiel eifert. Die eigentlichen Priester und unter ihnen wieder die zum unmittelbaren Altardienste berufenen Geschlechter schieden sich von den übrigen Leviten, welchen die niederen Verrichtungen, die Bewachung der heiligen Orte und Geräthschaften, die Ausführung der heiligen Musik, Gesänge und Tänze oblagen. In der Sage der Wanderung erscheinen sie als die bewaffneten, streitbaren Wächter des Heiligthums und der Gesetze. An ihrer Spitze stand ebenfalls erblich der Hohepriester, der den hierarchischen Einigungspunkt nicht nur für das Priesterthum, sondern für das ganze Volk bilden sollte. Doch dürfen wir nur die Grundzüge der priesterlichen Organisation in das hohe Alterthum verlegen, ihre nähere Bestimmung und Durchbildung erfolgte ohne Zweifel allmälig und zum Theil erst sehr spät. In der älteren Zeit waren nicht einmal die eigentlichen Functionen des Priesterthums strenge auf die Leviten beschränkt; Gideon bringt auf Jehovahs ausdrückliches Geheiss persönlich ein Brandopfer, auch Sauls Vergehen besteht nicht sowohl darin, dass er selbst zu Gilgal opfert, als dass er gegen die erhaltene Weisung nicht auf Samuel wartet; David und Salomo nehmen priesterliche Verrichtungen vor; „und die Söhne Davids waren Priester", berichtet das erste Buch der Könige kurzweg. Als dagegen der König Usia im Tempel räuchern will, treten ihm die Priester entgegen, und er wird zur Strafe seiner Anmaassung aussätzig. De Wette nimmt sogar an, dass Samuel selbst kein Levit gewesen, das scheint mir indessen aus der Ueberlieferung keineswegs hervorzugehen und daher nicht wahrscheinlich. Das wichtigste Moment für die Sammlung der bis dahin zerstreuten Kräfte und die einheitliche Ausbildung des Priesterthums ward offenbar die Centralisirung des Gottesdienstes im Tempel zu Jerusalem, und mit richtiger Einsicht legte daher die hierarchische Gesetzgebung auf diese Concentration das grösste Gewicht. Nach alter Priestersitte verlegte sie die örtliche Einheit des Cultus schon in die mosaische Zeit; das Deuteronomium warnt, nicht an jedem beliebigen Orte zu opfern, sondern nur an dem einen, den der Herr erwählen werde, und im Leviticus wird der, welcher ein Opferthier nicht zum Altare der Stiftshütte bringt, gar mit dem Tode bedroht. Aber die Geschichte beweist, dass diese Satzung späten Ursprungs war. Die frömmsten Helden errichteten an verschiedenen Orten gelegentliche Altäre, und in der Richterzeit gab es eine Menge heiliger Orte, wie Silo, Nobe, Bethel, Gilgal, Mizpa, Hebron, Sichem, Beersoba, zum Theil durch Beziehungen auf die Patriarchenzeit verherrlicht. Da Samuel zu Ramath wohnte, richtete er dort wie an anderen altheiligen Orten das Volk, und bauete auch einen Altar daselbst. Und wie die Leviten im Lande zerstreut wohnten, so erhält sich auch der Gottesdienst lange nach dem Tempelbau an vielen Orten, auf Höhen und in heiligen Hainen. Selbst Hiskias frommer Eifer, der nicht einmal die eherne Schlange verschonte, das ägyptische Symbol der Heilkraft, welches auf Moses zurückgeführt, und dem bis dahin geräuchert ward, half nicht auf die Dauer, und erst Josia, unter dem in den letzten Zeiten des Staates das geschriebene Gesetz promulgirt wurde, brach für immer die Altäre ausserhalb Jerusalems. So sehr widerstand das Bedürfniss der Menschen ihren Gott und seine Heiligthümer nahe zu haben noch in dem kleinen Reiche Juda dem Einheitsstreben der strengen Priesterpartei.

LXVI.

Wie von der theologischen Anschauung alle Einrichtungen des Volkes auf die göttliche Offenbarung zurückgeführt wurden, beruhte ihr natürlich vor allen Dingen das Priesterthum und seine Ordnung auf der unmittelbaren Einsetzung Gottes. Die heilige Sage berichtete, wie in der mosaischen Zeit die Berufung des Stammes Levi von Jehovah verkündet, wiederholt durch Wunder und Zeichen bestätigt, durch den Gesetzeseifer und die Treue der Erwählten gerechtfertigt war. Die Priesterkaste galt statt der Erstgeburt im Volke, welcher die altsemitische Sitte eine hohe Bedeutung beilegte. Ihrer göttlichen Bevorzugung, ihrer besonderen Heiligkeit, ihrer hohen Bestimmung sollte ihr Ansehn und der Gehorsam entsprechen, welchen das Volk den Vertretern vor Gott, den Verkündern seines Willens und den Lehrern seiner Gesetze schuldete. Das Deuteronomium droht: „wo Jemand vermessen handeln würde, dass er dem Priester nicht gehorchte, der in des Herrn deines Gottes Amt stehet, der soll sterben“, und warnt: „hüte dich, dass du den Leviten nicht verlässest, so lange du lebest auf Erden“. Dem Unterhalte der contemplativen Classe wird in den Gesetzen eifrige Fürsorge gewidmet. Um ihr die Musse für ihren geistlichen und theoretischen Beruf zu gewähren war ihr der Ackerbau untersagt, ein geschlossenes Stammgebiet konnte sie ohnehin nicht besitzen, da ihre Mitglieder im Lande vertheilt wohnen mussten. Dagegen durften sie Viehheerden halten und dazu Land besitzen. Die acht und vierzig Levitenstädte, welche im Numerus angeordnet und im Buche Josua aufgezählt werden, gehören wahrscheinlich zu den Fabeln der priesterlichen Gesetzgebung, welche überall das Wünschenswerthe als altes und dereinst ausgeführtes Recht hinzustellen pflegt; denn weiter ist in der Geschichte nicht von diesen Städten die Rede, selbst das hochlevitische Deuteronomium weiss nichts davon, und die Leviten wohnten jedenfalls ebenso gut an anderen Orten. Hauptsächlich waren sie zu ihrem und des Gottesdienstes Unterhalte auf Geschenke und Abgaben angewiesen. Sie erhielten einen Antheil von allen Privatopfern, wahrscheinlich regelmässig einen Theil der Kriegsbeute, wobei ihre Leibeigenen besonders erwähnt werden. Mehrere Erzählungen beweisen, dass für Orakelertheilungen Geschenke gegeben zu werden pflegten. Wenn sich dreimal im Jahre an den hohen Festen jeder Israelit vor Jehovah gestellen soll, wird geboten, „er soll aber nicht leer vor dem Herrn erscheinen“. Vorzüglich nahmen sie als Stellvertreter Gottes, dem alle Erstgeburt heilig war, die Erstlinge von Früchten und Thieren, oder statt derselben ein Lösegeld, und ausserdem gleich den ägyptischen und iranischen Priestern den Zehnten in Anspruch, nach einigen Stellen vom Getreide, Wein und Obst, nach anderen auch von Vieh. Indessen scheint die Entrichtung dieser schweren Steuern keineswegs strenge durchgesetzt worden zu sein, das Deuteronomium stellt sie fast bittweise als Liebespflicht und Gabe der Dankbarkeit dar, und ermahnt sie, wenn in zwei Jahren nicht abgeführt, wenigstens im dritten richtig darzubringen; selbst in der gesetzeifrigen Zeit nach dem Exil musste noch stark um den Zehnten gemahnt werden. Das Bezahlen war auch für die Frömmigkeit des Alterthums eine harte Probe. In den unruhigen Zeiten der Richter stand es wahrscheinlich um die Bildung und die Subsistenz der Leviten gleich schlecht; wir sehen sie brodsuchend im Lande umherziehen und selbst Privatdienste bei den Familiengöttern annehmen, die erst in der spätesten königlichen Zeit ganz beseitigt werden konnten. Bei ihren Vorrechten war die Kaste dann auch besonders strengen Regeln unterworfen. Ein Priester soll keine Entehrte oder Geschiedene heirathen, der Hohepriester auch keine Wittwe. Eines Priesters Tochter, die sich einem liederlichen Lebenswandel ergiebt, wird verbrannt.

Das Alterthum machte vollen Ernst mit seiner religiösen Theorie. So wenig es sich darauf beschränkte für den Verlauf der Naturerscheinungen nur die allgemeinen Gesetze durch die Gottheit feststellen zu lassen, vielmehr deren andauernde und augenblickliche Einwirkungen in jenen Begebenheiten voraussetzte, so begnügte es sich auch nicht für das menschliche Leben die leitenden Grundsätze auf den göttlichen Willen zurückzuführen, sondern verlangte von Gott und seinen Dienern specielle Offenbarungen und Anweisungen in den einzelnen Ereignissen des öffentlichen, wie des individuellen Daseins. Nicht der eigenen Klugheit oder Voraussicht vertrauend, erwartete man in grossen wie in kleinen Dingen Rath und Aufschluss aus übernatürlicher Quelle. Das war überall der Ursprung der Orakel, wie verschieden sich auch die Formen gestalten mochten. Priester und Seher wurden nicht als blos menschliche Rathgeber betrachtet, sondern als Vermittler göttlicher Offenbarungen, und in der religiösen Gewissheit, dass ihr Denken und Handeln Gottes Thun sei, erschienen ihnen ohne Zweifel häufig die eigenen Rathschläge und Zukunftschauungen als Eingebungen des göttlichen Geistes. Bei den Hebräern sehen wir bis auf David die Orakel, das Fragen des Herrn, in beständigem Gebrauch, bei nationalen Unternehmungen sowohl, als bei persönlichen Angelegenheiten. Saul wendet sich an Samuel um zu erfahren, wohin sich die verlornen Esel verlaufen, David fragt, ehe er König wird, häufig den Herrn, „soll ich hingehen und diese Philister schlagen", und dergleichen mehr. Eine Art des Orakels ist auch das Gottesurtheil, dem sich die verdächtige Frau durch Annahme des priesterlich verfluchten Tranks unterwerfen musste. In der späteren Zeit kamen die eigentlichen Orakel wenigstens bei öffentlichen Angelegenheiten mehr und mehr ausser Gebrauch; da die Könige wahrscheinlich priesterliche Entscheidungen mieden, an welche sie dann gebunden gewesen wären, wurden sie durch die Propheten ersetzt, welche ohne bestimmte Formen ihre Weisungen gaben, zwar im Namen Gottes sprachen, aber nach ihrem persönlichen Ansehn gehört wurden oder nicht, oft genug entgegengesetzte Standpunkte und Rathschläge geltend machten, und sich dann gegenseitig als falsche Propheten verwarfen. Als Orakel wurden Träume, namentlich an heiligen Orten, besonders aber das Loos gebraucht. Das Loos war auch als weltliches Entscheidungsmittel in Uebung; „es stillt den Hader, und scheidet zwischen den Mächtigen — heisst es in den Sprüchwörtern — aber es fällt, wie der Herr will". Als eigentliches Orakel konnte es von jedem Priester angewendet werden, der hinlängliche Autorität besass. Er trug dabei einen kurzen Ueberwurf, das Schulterkleid (Leibrock bei Luther) mit einer Tasche, in welcher sich die Loose befanden. Dies ist das wesentliche Stück: „bringe das Schulterkleid her", spricht David zu dem Priester Abjatar, da er in grosser Bekümmerniss den Herrn fragen will. Auch die Bilder der Hausgötter wurden nach der Geschichte des Micha damit bekleidet. Das feierlichste Orakel ertheilte der Hohepriester an der Bundeslade, „der Lade der Offenbarung", wie sie gewiss nicht blos wegen der darin enthaltenen Gesetzestafeln, sondern auch wegen der bei ihr gesuchten Weisungen hiess. Die Tasche seines Schulterkleides war mit zwölf Edelsteinen besetzt, welche die zwölf Stämme darstellten; darin lagen die heiligen Loose, zwei Steinchen oder andere Figürchen, Urim und Tumim, nach der Uebersetzung der Septuaginta Offenbarung und Wahrheit*), von Luther Licht und Recht ge-

*) δήλωσις καὶ ἀλήθεια.

nannt. Zwei Loose genügten, da nach den biblischen Beispielen die Antworten Jehovahs auf die vorgelegten Fragen fast immer einfach bejahend oder verneinend lauteten. Eine zuweilen vorkommende, nähere Anweisung mag der Orakelgeber nach seinem Ermessen beigefügt haben. Wenn es auf die Bezeichnung von Namen ankam, scheint über die einzelnen das Loos geworfen zu sein. So bringt Samuel bei der Königswahl die Stämme herzu, und das Loos, also das Ja, trifft den Stamm Benjamin, das Geschlecht Matre, endlich Saul, den Samuel schon vorher gesalbt hatte. Aehnlich wird erst die königliche Familie, dann Jonathan getroffen, als er unwissend Sauls Gelübde übertreten hat. So wird im Buche Josua Achan ausgeloost, im Buch der Richter der Stamm Juda zur Kriegführung erwählt, woran das Loos sehr weise that, da es der zahlreichste und kriegerischste Stamm war. Durch schlechten Erfolg eines erhaltenen Orakelspruchs liess man sich übrigens hier so wenig, wie bei anderen Völkern irre machen, man suchte die Schuld dann wohl an sich; bei dem Kriege gegen den Stamm Benjamin erlitten die übrigen Stämme trotz der eingeholten Weisungen Gottes zweimal grosse Niederlagen, aber sie wendeten sich zum dritten Mal mit Fasten und Opfern an das hohepriesterliche Orakel, erhielten wieder den Befehl hinaufzuziehen, und blieben endlich Sieger. Wahrscheinlich wurde das Loos unter bestimmten Gebräuchen und Verrichtungen geworfen, und mancherlei Vorzeichen oder böser Wille konnten seine Anwendung hindern. Als Saul nach dem Blutbade von Nobe mit den Priestern unheilbar zerfallen war, da antwortete ihm der Herr nicht mehr „weder durch Träume, noch durch Urim, noch durch Propheten“, und er wendete sich verzweifelnd an die Todtenbeschwörerin, obwohl er selbst die illegitime Zauberei und Wahrsagung früher strenge verfolgt hatte. Dem Volke genügten die priesterlichen Orakel so wenig wie der einige Gott; trotz des heftigen Eifers des Gesetzes, trotz angedrohter Todesstrafe, trotz wiederholter blutiger Verfolgungen erhielten sich Zeichendeuter, Tagwähler, Weissager, Beschwörer,

Zauberer neben dem Dienste fremder Götter fast beständig im Lande, und erst Josia „fegte aus alle Wahrsager, Zeichendeuter, Bilder und Götzen, und alle Gräuel im Lande Juda."

LXVII.

Wenn nun die Kräfte der contemplativen Classe durch die vielfachen Ritualien und gottesdienstlichen Verrichtungen auf der einen, durch die beständige Hineinziehung in die Einzelheiten des täglichen Lebens auf der andern Seite in hohem Maasse in Anspruch genommen wurden, so waren das die Formen und Bedingungen, unter denen allein sie in jenen Zeiten ihren höheren Beruf die allgemeinen Grundsätze des Denkens und Handelns aufzustellen erfüllen konnte, und darin wie in den übrigen für das Leben wesentlichen Dingen war der hebräische Monotheismus von dem Polytheismus anderer Völker durchaus nicht verschieden. Die Aeusserlichkeiten eines weitläufigen Cultus und die Beschäftigung mit persönlichen Anliegen konnten nicht entbehrt werden, aber wie sehr diese namentlich in Zeiten der Verwilderung den geistigen Beruf überwuchern mochten, wenigstens in der Theorie ward die wahre sociale Bestimmung des Priesterthums eine einigende Glaubenslehre, Recht und Sitte für das Volk auszubilden und in dem Volke zu erhalten nie vergessen. Die Priester sollen „unterscheiden, was heilig und unheilig, was rein und unrein ist, und die Kinder Israels lehren alle Rechte, die der Herr durch Moses geredet." Und darum wird geboten: „nach dem Gesetze, das sie dich lehren, und nach dem Recht, das sie dir sagen, sollst du dich halten, dass du von demselben nicht abweichest, weder zur Rechten noch zur Linken." Nach der hierarchischen Theorie, die nur im Alten das Heilige fand, kam es allerdings nur auf das Erhalten an, Moses sollte das ganze Gesetz den Priestern, den Kindern Levis, gegeben und geboten haben: „ihr sollt nichts dazu thun, und sollt nichts davon thun", in Wahrheit folgte die Gestaltung der Dogmen und Gesetze den fortschreitenden Bedürfnissen des entwickelteren Lebens und der vertieften Speculation: hin und wieder erkennen es die heiligen Schriften ausdrücklich an, und die überlieferten Thatsachen bezeugen es auf allen Blättern der Geschichte, dass die Einrichtungen und Vorschriften der hebräischen Theokratie erst sehr allmälig und sehr spät die Ausbildung erhielten, welche sie im Pentateuch gefunden haben. Die Priesterkaste war sogar dieser ihr übertragenen Ausbildung und Durchführung des Gesetzes offenbar nicht gewachsen. Wenn der Mangel einer zwingenden Gewalt, die schlechte politische Organisation des Volkes, die Vereinzelung der Stämme und der Leviten selbst ihrer Wirksamkeit im Grossen hindernd entgegenstehen musste, ist daneben nicht zu verkennen, dass eine geschlossene Kaste überhaupt wegen der Neigung zur Trägheit und Stagnation viele Kräfte consumirt, dass sie um günstige Chancen für das Aufkommen strebsamer, productiver Geister zu bieten zahlreich sein muss, dass sie daher nur in grossen, zusammenhängenden Ländern ihre volle, bildende Macht entfaltet, ja fast nur in solchen ihre feste Gestaltung erreicht hat, und dass die Israeliten vielleicht das kleinste Volk waren, in welchem sich, und zwar nicht ganz spontan, sondern unter der Einwirkung eines fremden Vorbildes eine wirkliche Priesterkaste gebildet hat. Dies erklärt es, dass die Sache da war, aber nicht ausreichte, dass daher neben der Kaste noch eine andere geistige Macht nothwendig wurde, um das theokratische System zu vollenden. Diese fand sich in den Propheten. In der Richterzeit werden Propheten selten, ohne grosse Bedeutung, meist nicht einmal mit Namen erwähnt, indessen kamen sie doch vor, und es erhielt sich der Glaube, dass Gott sich auch ausserhalb des Stammes Levi offenbaren, dass auch Andere in seinem Namen reden könnten. Erst am Schlusse der Periode empfing das Prophetenthum einen mächtigen Impuls. Samuel, die hervorragendste Persönlichkeit seit Moses, scheint mit grossem und freiem Blick erkannt zu haben, dass die Leviten in ihrer Zerstreuung, mit der blossen Familienunterweisung, bei geringer

Regsamkeit und häufiger Zuchtlosigkeit ihrer Aufgabe nicht genügten. Er zog zu einer neuen Organisation neue Kräfte herbei, indem er ohne Rücksicht auf die Herkunft die Prophetenschulen stiftete. Es befanden sich ohne Zweifel viele Leviten darunter, zugleich Priester und Propheten, wie wir noch unter den späten schriftstellernden Propheten häufig Leviten begegnen, so Jeremia und Hesekiel, aber diese Verbindung war keineswegs nothwendig; Jeder aus dem Volke, der für berufen gehalten wurde, oder sich für berufen hielt, konnte unter die Propheten aufgenommen, jede bedeutende Kraft zu ihnen gezählt werden. Selbstverständlich hatte nicht Jeder, der als Prophet auftrat, oder aus den Schulen hervorging, persönliches Ansehn, galt nicht Jeder als gleichmässig erfüllt vom göttlichen Geiste; schon zu Sauls Zeit ist von Prophetenhaufen die Rede, und in der späteren Geschichte werden neben den grossen namhaften andere in Menge erwähnt; es wird nicht selten über Verachtung der Propheten und lautes Reden wider sie geklagt, aber auch vielen von ihnen vorgeworfen, dass ihre Rathschläge falsch, oder durch das Wohlgefallen der Mächtigen bestimmt worden. „Die Propheten sind Wäscher“, donnert Jeremia. Einige lebten an den Höfen der Könige, andere in den Schulen vereinigt, andere im Lande zerstreuet, zum Theil als Einsiedler. Die ascetische Lebensart, die Eigenthumslosigkeit, der einfache grobe Mantel, wodurch sie einige Aehnlichkeit mit den Bettelmönchen erhalten, waren nicht nothwendig, scheinen jedoch in der späteren Zeit häufige Zuthaten gewesen zu sein. Ihr wesentlicher Beruf war nicht auf ein beschauliches Leben, sondern auf eine praktische Wirksamkeit gerichtet, und dafür war die einheitliche Leitung und Bildung der Kräfte die Hauptbedingung. In den Schulen wurde der richtige Glaube und der richtige Gottesdienst, liturgische Gebräuche, Gesänge und Musik, Recht und Sitte gelehrt. wie dies alles im unzertrennlichen Zusammenhange mit der allbeherrschenden religiösen Anschauung stand. Keine zu gewagte Hypothese ist die Annahme, dass die ältesten Sammlungen und umfangreicheren Bearbeitungen der Volkssagen und der Einrichtungen und Gesetze, welche aus der Vorzeit überliefert oder ihr zugeschrieben wurden, diesen Schulen angehörten, dass von dem in ihnen vermittelten, einheitlichen Zusammenwirken der geistigen Kräfte die systematische Ausbildung und die mehr oder weniger gelungene praktische Durchführung dessen, was später als mosaisches Gesetz bezeichnet wurde, wenigstens in seinen Grundzügen herrührte. Wenn auch einzelne Aufzeichnungen von Gesetzen und Liedern in das hohe Alterthum hinaufreichten, scheint doch eine umfassende Gesetzgebung in der anarchischen Richterzeit weder möglich, noch sind Spuren davon vorhanden, dagegen müssen Vorarbeiten und Bruchstücke des Pentateuchs in die Zeiten Samuels und der ersten Könige gesetzt werden. Von Samuel selbst wird berichtet, er habe die Rechte des Königreichs festgestellt, in ein Buch geschrieben und vor dem Herrn niedergelegt, allerdings überflüssig, wenn damals schon die Bücher Moses und ihre angeblich vorsorglichen Bestimmungen über das nicht sein sollende Königthum vorhanden gewesen wären. Nur das Ansehn einer zahlreichen, vereinigt und fortgesetzt auf das Volksleben wirkenden Körperschaft erklärt die Durchsetzung zusammenhängender Einrichtungen und Gesetze ohne eine zwingende, gesetzgebende Gewalt. Wie mächtig Einzelne in solchen Körperschaften anregen, oder aus ihnen heraus handeln mögen, vereinzelt reichen weder die Kräfte zum Ersinnen, noch die Autorität zum Einführen eines grossen Systems aus. Endlich lässt sich auch nur von diesen ersten Zeiten der Schulen die wiederholte Angabe heiliger Schriften begreifen, dass Jehovah seine Gesetze durch die Propheten gegeben habe. Denn die einzelnen, in der späteren Geschichte hervortretenden Propheten, selbst die gewaltigsten und berühmtesten, sehen wir für das bestehende Gesetz eifern, vor allem für den einigen Gott gegen fremde Dienste kämpfen, in besonderen Fällen lehren, warnen und strafen, den Willen ihres Gottes verkünden, oder in seinem Namen politische Rathschläge ertheilen, aber von einer Aufstellung allgemeiner Gesetze durch sie ist nirgends die Rede.

LXVIII.

Die fortbildende, über die vorhandene Offenbarung hinausgehende Macht des Prophetenthums musste nach dem natürlichen Verlaufe der Dinge zum Stillstande kommen, und der erhaltenden, nicht mehr auf das Schaffen, sondern auf das Anwenden der Gesetze gerichteten Thätigkeit weichen, als die religiösen und bürgerlichen Satzungen in den wesentlichen Punkten zum Abschluss gebracht, der idealen Theorie entsprechend ausgearbeitet waren, und sich nun mehr und mehr die Anschauung bildete, dass das ganze durch die Arbeiten der Priester und Propheten gewonnene System, wenn nicht der Form, so doch seinem wahren Inhalte nach einer einmaligen, alten, unabänderlich gültigen Offenbarung seinen Ursprung und zugleich seine Vollendung verdankte. Seitdem waren für das Allgemeine der Theorie und der gesellschaftlichen Ordnung nicht mehr besondere, gotterfüllte Geister vonnöthen um Neues zu schaffen, sondern nur treue Ausleger und Hüter der Gesetze um das Alte zu bewahren oder wieder herzustellen. Geistliche Offenbarungen galten nur noch den einzelnen Erscheinungen des Lebens, nicht mehr seiner Gestaltung im Grossen. Trat mit der Vollendung grösserer Gesetzeswerke, die wir den ersten Zeiten der Prophetenschulen zuschreiben müssen, die Stabilität ein, welche den Ordnungen geistlicher Gewalten eigenthümlich ist, so musste von aussen auch die Theilung des Staates die fortbildende Kraft des Prophetenthums hemmen. In dem Reiche der zehn Stämme wurden die Grundlagen der Jehovah-Religion in Frage gestellt, die Propheten mussten für die ersten Sätze ihres Glaubens streiten, die Leviten wanderten schon aus, als Jerobeam, obwohl noch am Monotheismus festhaltend, den Bilderdienst sanctionirte, die Verbindung mit dem Tempel in Jerusalem abbrach, und nichtlevitische Priester bei den Altären anstellte, von einer Aufrechthaltung oder Weiterbildung der in ihrem Grunde erschütterten hierarchischen Gesetzgebung konnte hier nicht die Rede sein. In dem kleinen Reiche trat seit der Theilung das zusammengedrängte und durch den Cultus des Tempels concentrirte Priesterthum bei den Bestrebungen um das Gesetz entschieden in den Vordergrund. Die Propheten erscheinen als politische Rathgeber, eifern für und wider einzelne Maassregeln, wenden sich endlich mehr und mehr vom praktischen Leben ab, und richten, an der Gegenwart verweifelnd, ihre Hoffnungen und Verheissungen auf eine vollendete Zukunft.

Einen entscheidenden Wendepunkt in der Behandlung und Gestaltung des Rechts bildete die Verkündung der theokratischen Satzungen als bürgerlichen Gesetzes durch die weltliche Gewalt. Unter dem Könige Josia, etwa vierzig Jahre vor dem Untergange des Reiches brachte der Hohepriester Hilkia ein angeblich altes, im Tempel gefundenes Gesetzbuch zum Vorschein, welches vom König anerkannt und feierlich promulgirt wurde. Wahrscheinlich war es der Pentateuch ungefähr in seiner jetzigen Gestalt, in seinen übrigen Theilen meist aus älteren Ausarbeitungen entnommen, und um das Deuteronomium vermehrt, welches nach speciellen geschichtlichen Beziehungen und nach manchen Festsetzungen, die, der früheren Geschichte unbekannt, erst jetzt geltend gemacht wurden, nicht lange vor dieser Zeit abgefasst sein kann. Ewald schlägt zur Rechtfertigung der frommen Priester ein Mährchen vor: es sei eine Privatarbeit gewesen, eine Abschrift durch Zufall in den Tempel gekommen, dort von dem arglosen Hohenpriester gefunden, für alt und ächt gehalten, und in gutem Glauben zur öffentlichen Anerkennung gebracht worden. Ohne Zweifel haben Hilkia und seine Priester in gutem Glauben gehandelt, in dem Glauben, dass sie ein grosses heiliges Werk vollbrächten, und thäten ihrem Gotte einen Dienst daran. Mehr anzunehmen ist überflüssig. An die rücksichtslose Durchsetzung dessen, was das nationale und religiöse Interesse gebot, war das Alterthum vollständig gewöhnt, und wir müssen bei der sittlichen Würdigung der

Menschen und ihrer Thaten die Anschauungen zu Rathe ziehen, unter deren Herrschaft allgemein gehandelt wurde. In grossen Fragen der Politik galten die Regeln der gewöhnlichen Moral bei den Priestern so wenig wie bei den Kriegern. Wer den Zweck billigte, nahm an den Mitteln wenig Anstoss. Nur die Gegner beklagten sich über Gewalt oder Betrug. Aber wer waren die Gegner? „Verflucht sei, wer nicht alle Worte dieses Gesetzes erfüllt; und alles Volk soll sagen: Amen.“ Die Priester, welche in der Geschichte des Moses lehrten, wie die Wahrheit mit Feuer und Schwert zu vertheidigen, welche den Diebstahl an den ägyptischen Nachbaren von Gott selbst gebieten, welche ihn die Herzen seiner Feinde verstocken liessen um seine Furchtbarkeit an ihnen zu offenbaren, welche den Meuchelmord Ehuds priesen, und kein Bedenken trugen ihre Königin vor dem Heiligthum zu ermorden um einen gottwohlgefälligen Herrscher auf den Thron zu heben, die sollten sich gescheuet haben ein Werk, dessen Inhalt ihnen der ewige Wille ihres Gottes war, auch seiner Form nach für eine That des Alterthums zu erklären? Es war diesen heiligen Männern ein furchtbarer Ernst. Machiavelli vergleicht den hebräischen Propheten mit dem Florentiner; Savonarola predigte gegen die, welche seinen Einrichtungen widerstrebten, Moses tödtete sie, und Jener ging zu Grunde, Dieser setzte seine Entwürfe durch. Leo — ehe er orthodox ward — stellte die jüdische Theokratie mit der Schreckensherrschaft des französischen Convents zusammen. Wo der Enthusiasmus einer heiligen Sache die Politik leitet, da können schlimme Dinge mit gutem Gewissen vollbracht werden. Vollends mit der Wahrheit der äusseren Erscheinungen nahmen es die Priester in kritiklosen, des historischen Sinnes ermangelnden Zeiten niemals genau, wo es sich um die Erreichung heiliger Zwecke handelte. Gewöhnt an mehr oder minder bewusstes falsches Spiel durch ihre Orakel und durch die Sitte Resultate des eigenen Denkens für unmittelbare göttliche Offenbarung zu erklären, galt die Lehre vom frommen Betruge zur grösseren Ehre Gottes den Männern nicht für verwerflich die in der Privatmoral mit ernstestem Sinn auf Ehrlichkeit und Redlichkeit drangen. Die Unterschiebung von Büchern und Gesetzen war sehr allgemein, bis die Kritik lehrte sich dagegen zu schützen. Wir sehen, wie im Mittelalter christliche Priester ganze Sammlungen falscher Decretalen fabricirten, und im vollen Bewusstsein der Unächtheit als altes Kirchenrecht zur Geltung brachten; wir brauchen für die hebräischen keine Ausnahme zu machen. Sie erkannten die Nothwendigkeit endlich zu einem festen Abschluss zu gelangen, zu einem authentischen Werke, in welchem die Weisheit der Jahrhunderte niedergelegt und für alle Zukunft festgestellt war. Wer durfte aufstehn und sagen: das ist mein Volk, das soll gelten? Hilkia liess sein Buch nicht vom Himmel fallen, nicht vom heiligen Geist dictiren, gab es nicht für ein Werk des Moses aus, nahm keine Offenbarung für sich in Anspruch, er schickte es dem Könige einfach als „das Gesetzbuch", alt, ehrwürdig, verloren und wiedergefunden. Es war das wenigste, was geschehen konnte, um ihm die nöthige Autorität zu gewinnen. Zunächst wurde der Gottesdienst nach dem feierlich verkündeten Gesetz reformirt. Josia verfuhr nicht sanft dabei; er liess die nichtlevitischen Jehovahpriester in den Städten Samarias auf den eigenen Altären verbrennen um die geweihten Orte ausserhalb des Tempels zu entheiligen. Dafür wird ihm das Zeugniss gegeben, dass weder vor ihm, noch nach ihm seines Gleichen unter den Königen gewesen, der so nach allem Gesetz Moses gethan hätte. Freilich in dieser Weise war das Gesetz des Moses vor ihm gar nicht vorhanden. Ein gewaltiger Erfolg hat die priesterliche Weisheit gerechtfertigt. Wir können wohl fragen, ob der hebräische Monotheismus die Zerstörung des Staates überdauert haben würde, ob nicht die Verbannten aus Juda gleich denen aus Israel unter den Völkern des Ostens verschwunden wären, wenn nicht in den letzten Zeiten der Selbständigkeit dieser mächtige Eifer für das religiöse Gesetz erweckt wäre, und seinen festen Halt in dem grossen Werke gefunden hätte, welches die Zerstreuten und die Zurückkehrenden in der Religion und Sitte ihrer Väter vereinigte. Nicht als ob das heilige Buch gar viel des Neuen gebracht hätte; es enthielt ohne Zweifel, wie jede umfassende, den wahren Bedürfnissen der Gesellschaft entsprechende Gesetzgebung, und namentlich eine solche, die sich als alt und längst vorhanden darstellen will, in seinen Hauptbestandtheilen nur, was seit langer Zeit in der Praxis geübt, oder wenigstens von der strengeren Theorie gefordert war; aber es gab ein geschlossenes, anerkanntes System, es gab den Buchstaben, an dem sich nichts rauben lässt, es stellte eine unwandelbare Richtschnur für den Glauben und das Handeln der Zukunft hin. Der Bestand des Reiches nach der Abfassung des Gesetzes war zu kurz, als dass es hier noch einen wesentlichen Einfluss auf die Gestaltung des Lebens hätte üben können. Im Exil ward es der Hort der patriotischen und religiösen Hoffnungen, und nach demselben die unverrückbare Grundlage aller Speculationen und aller Satzungen. Für neue Offenbarungen von tiefgreifendem Interesse, von allgemeiner socialer Bedeutung war kein Raum mehr. Selbst der grosse Prophet, welcher dereinst erscheinen und das Reich Gottes aufrichten sollte, wurde nicht erwartet das Gesetz zu ändern oder aufzulösen, sondern zu erfüllen. Das Prophetenthum, seines höchsten Berufes neue Wahrheiten zu verkünden beraubt, verstummte daher allmälig. Wer jetzt Rath ertheilte, öffentlich redete, dichtete oder schrieb, wagte sich wohl im Angedenken an die alten wunderthätigen, im Lichte der verklärten Vergangenheit strahlenden Propheten nicht mehr einen Mann Gottes zu nennen, wenn auch noch Schriften als prophetische recipirt wurden. Die höchste Thätigkeit der contemplativen Classe, die Lehre der Religion und des Gesetzes, die theoretische Bearbeitung, die trotz alles religiösen Leugnens nie zu umgehende Umbildung und Weiterbildung derselben, liess sich, wie vor dem Exil, nicht auf das eigentliche Priesterthum beschränken, um so weniger, je eifriger sich die wiederhergestellte Gemeinde durchweg um ihre heilige Lehre bekümmerte und bemühte. Es bildete sich zu diesem Behufe wieder ein eigener Stand, dem Prophetenthum und seinen Schulen zu vergleichen; aber seine Mitglieder hiessen nicht mehr Propheten, sondern Schriftgelehrte. Der Name entsprach der veränderten Stellung zum Gesetz. Die Schrift war jetzt die gegebene Norm und Quelle aller Wahrheit. Es war nichts Neues mehr zu verkünden, sondern nur das Alte zu erforschen, zu begreifen und zu lehren. Dazu bedurfte es keiner prophetischen Offenbarung, es genügte gelehrter Scharfsinn und emsige Forschung. Wo in der That Veraltetes beseitigt, oder neue Satzungen aufgestellt wurden, da geschah es durch Entwicklungen oder Combinationen aus dem Vorhandenen, wie willkürlich sie auch sein mochten. Endlich ging die Scheu vor unheiliger Selbstthätigkeit so weit, dass man nicht einmal Folgerungen aus der alten Offenbarung als solche anerkennen wollte, sondern alle späteren Satzungen gleich der Schrift selbst als mündliche Tradition auf Moses zurückführte. Eine anerkannte gesetzgebende Gewalt gab es im hebräischen Staate zu keiner Zeit; was bald mit Absicht, bald unbewusst hinzugethan oder umgebildet wurde, das galt gleich dem Alten nur, insofern es als göttliches Recht betrachtet ward.

LXIX.

Die Gesetzgebung des Pentateuchs stimmt wesentlich mit den bekannten Gsetzbüchern überein, welche bei anderen Völkern aus priesterlichen Händen hervorgingen, dem Inhalte nach, insofern sie ungesondert Religion, Sittenlehre, öffentliches und bürgerliches Recht, Cultus und Ceremoniell umfasste, der Form nach, insofern sie Alles gleichmässig aus dem Willen Gottes, seiner besonderen, 'ausdrücklichen Festsetzung herleitete. Jehovah hatte in seiner Machtvollkommenheit die Bedingungen hingestellt, unter denen Israel sein Volk sein sollte. Er ist die alleinige Quelle des Rechts und der Sitte; es giebt keinen Begriff und keinen Grund dafür als sein Gebot; er will nicht, was gut ist, sondern was er will, ist gut. Die allgemeinen Sittengebote „du sollst deinen Nächsten lieben — ihr sollt nicht fälschlich handeln unter einander — ihr sollt nicht falsch schwören“ werden ebenso wie die unbedeutenden Vorschriften den Bart nicht ganz abzuscheeren, oder keine Buchstaben an sich einzuritzen begründet: „denn ich bin der Herr“. Und Uebertretungen geringfügiger Reinigungs- oder Speise-Gesetze, Zuwiderhandlungen wie wenn ein Mann ein Frauenkleid anzieht, werden nicht minder als die grössten Laster oder Unsittlichkeiten verboten: „denn solches ist dem Herrn ein Gräuel“. Es ist eben Alles von Gott geordnet, von der Religion durchdrungen, religiös geheiligt und religiös bedeutsam; alle Handlungen und Verhältnisse des täglichen Lebens sind mit religiösen Anforderungen und Ceremonien in Verbindung gesetzt. Dass dadurch die Priester einen grossen Einfluss auf das häusliche wie das öffentliche Leben erhielten, und dass sie ihre Satzungen auch in diesem Interesse zur Befriedigung ihres Ehrgeizes oder ihrer Habsucht anwendeten, lässt sich nicht bezweifeln, aber wir dürfen nimmer annehmen, dass Dogmen und Gesetze zu solchen Zwecken gebildet wurden. Wenn sich auch der praktische Instinct, die richtige Einsicht und das richtige Gefühl für das äusserlich Nothwendige mit dem religiösen Glauben verband, und wenn nur dadurch ihre Satzungen Stärke und Dauer gewannen, so handelte doch die geistliche Macht in der unbedingten Ueberzeugung von der göttlichen Nothwendigkeit ihrer Ordnungen. Die religiöse Anschauung, welche die einzige Form des Idealismus und seine Vermittlerin mit den reellen Erscheinungen des Lebens war, gab die Sicherheit, dass ihre Eingebungen von Gott herrührten, und darum auch die Nothwendigkeit sie als Gebot Gottes unantastbar zu erhalten. Nicht in kleinlichen Nebenabsichten waren diese Ordnungen aufgestellt, sondern in dem frommen Eifer eine heilige Gemeinde, ein priesterliches Volk des Herrn zu bilden. Dieser Aufgabe sollte das Gesetz entsprechen. In dieser Gesinnung jauchzt das Deuteronomium bei Betrachtung des nun vollendeten, grossen Werkes in rührender

40 *

Freude auf: „Heil dir, Israel, wer ist dir gleich? o Volk, das du durch den Herrn seelig wirst. Und wo ist ein so herrliches Volk, das so gerechte Sitten und Gebote habe, als alles dies Gesetz, das ich euch heute vorlege.“ Ihr sollt heilige Leute vor mir sein, hatte Jehovah gesprochen, oder: ihr sollt heilig sein, denn ich bin heilig. Dazu ward viel gefordert. Die alten Götter machten strenge Ansprüche an die Ihrigen. Da war nichts gross oder klein. Um ihren Zorn zu besänftigen oder ihre Gnade zu sichern waren äusserliche Gebräuche und Ritualien ebenso wesentlich wie die höchsten Gebote der Moral oder des Rechts, ohne welche keine menschliche Gesellschaft bestehen kann. Und wir müssen anerkennen, dass die feste, Alles begreifende Regelung, wie kleinlich, absurd, oft sogar störend und hindernd sie im Einzelnen auftreten mochte, ein förderndes und nothwendiges Mittel der geistlichen Gewalten war um rohe Massen an Zucht und Sitte und ein geordnetes, fortschrittsfähiges Leben zu gewähren. Auch der hebräische Gott verschmähte es nicht sich um Kleiderstoffe und Kochgeschirre zu bekümmern. Die Folgen der Uebertretung sind die gleichen; nach Gesetz und Beispiel sollten Verstösse gegen ein Ritualgesetz so hart geahndet werden wie Todsünden. Die Söhne Ahrons werden vom heiligen Feuer verzehrt, weil sie mit fremdem Feuer zum Altare traten; der Unglückliche, der am Sabbat Holz sammelt, muss sterben, wie der nichtlevitische Mann, der in guter Absicht die Bundeslade anrührt um den drohenden Sturz abzuwenden. Zuweilen bildet die Strenge der Formgesetze einen auffallenden Gegensatz mit der Milde bei groben Vergehen; wer eine vorgeschriebene Reinigung nicht vornimmt, „dess Seele soll ausgerottet werden aus der Gemeinde“; dagegen wird ein falscher Eid neben Erstattung des widerrechtlich dadurch Gewonnenen mit einem blossen Opfer gebüsst. Am sorgfältigsten und umständlichsten regelt die Hierarchie, was Religion und Cultus betrifft; daher die zahlreichen und genauen Festsetzungen über das Haus des Herrn und seine Geräthschaften, die priesterlichen

Verrichtungen, liturgische Gebräuche, Feste und Opfer. Es gab Opfer mannichfacher Art, Schuldopfer, Reinigungsopfer, Dankopfer, Brandopfer, Speiseopfer, Trankopfer, mit verschiedenem Ceremoniell. Unmittelbar an den eigentlichen Gottesdienst schlossen sich die Reinigungsgesetze, welche, schon im Pentateuch sehr minutiös, in der Folgezeit eine endlose Vermehrung erhalten haben um die gottgefällige Reinheit des äusseren Lebens zu sichern oder wiederherzustellen; denn behaupten liess sie sich mit der grössten Sorgfalt nicht immer. Manche Krankheiten, unvermeidliche Zustände, Zufälligkeiten, jede Berührung eines Todten oder unreiner Gegenstände machten unrein. Reinigungsmittel waren Wasser, Ysop, Blut, die unter weitläufigem Ceremoniell gewonnene Asche der rothen Kuh und Opfer, grossentheils unter priesterlicher Beihülfe anzuwenden. Zu den Satzungen der Reinheit gehörten auch die Speisegesetze, die äusserst beschränkend waren, obwohl sie hier nicht wie bei den Iraniern durch den Begriff einer gottverhassten, ahrimanischen Schöpfung, oder wie bei den Indern durch die Heiligkeit gewisser Thiere motivirt wurden. Die Verbote, welche die Nützlichkeitslehre des älteren Rationalismus Rücksichten der Gesundheitspolizei zuschrieb, gingen anscheinend von einzelnen, theils den Aegyptern entlehnten, theils allgemein semitischen Vorurtheilen aus, und wurden allmälig auf allgemeine Kategorien gebracht, deren Aufstellung beweist, wie gering der wissenschaftliche Forschungstrieb, wie schlecht die Naturbeobachtung des hebräischen Priesterthums selbst in einer die religiöse Sitte so nahe angehenden Sache war. Der Erlaubniss der Wiederkäuer wird die Beschränkung zugesetzt, dass sie auch gespaltene Hufe haben müssen, was in der That bei allen der Fall ist, hier aber mehrfach zu unrichtigen Consequenzen dienen muss. Denn Jehovah zählt den Hasen zu den Wiederkäuern, der jedoch trotz dieser falschen Classification nicht gegessen werden darf, „weil er die Klauen nicht spaltet“, und verbietet das in jenen Gegenden täglich gebrauchte Kameel mit der Behauptung, dass es keinen gespaltenen Huf habe, was sich allerdings einer oberflächlichen Betrachtung durch die Fusssohle des Thiers verbergen kann. Gänzlich untersagt ist der Genuss von Fett namentlich der gezähmten Thiere, weil es vorzugsweise zum Opfer bestimmt ist, und des Blutes, denn es ist die Seele. „Welche Seele würde irgend ein Blut essen, die soll ausgerottet werden von ihrem Volk.“ Indessen nach der Klage Hesekiels wurde nicht einmal dieses strenge Verbot beobachtet. Wie bei den Speisen werden auch sonst Mischungen verschiedenartiger Dinge als Gott missfällig verboten; Aecker sollen nicht mit zweierlei Samen bestellt, Kleider nicht aus Leinen und Wolle gewebt, Ochse und Esel nicht zusammengespannt werden.

LXX.

Diesen Ritualgesetzen lagen ohne Zweifel durchgängig religiöse Anschauungen, symbolische Beziehungen oder Folgerungen aus solchen zum Grunde, wenn sie sich auch im Einzelnen nicht erkennen und nachweisen lassen; in die Vorschriften des Rechts und der Moral spielen diese auch gelegentlich hinein, aber hier sind sie Zuthaten, die höchstens modificirend einwirken, die Form, nicht das Wesen der Dinge bestimmen; das wahrhaft Entscheidende sind die praktischen Gesichtspunkte. Es sollte eine feste gesellschaftliche Ordnung, Zucht und Sitte hergestellt werden, wie sie systematischen Anforderungen entsprachen und zugleich nothwendig waren, den Boden zu bereiten, wenn eine einheitliche, geistige Religion wirklich das Leben des Volkes durchdringen sollte. Das hebräische Gesetz enthielt kein vollständiges, am wenigsten ein geordnetes Rechtssystem. Nicht etwa, dass es nur für rohe, wenig entwickelte Zustände ausreichend gewesen wäre, sondern es reichte unter keinen Verhältnissen aus. Woran wir bei einer Gesetzgebung vorzugsweise denken, Bestimmungen über den Verkehr des täglichen Lebens, über Eigenthum und Verträge, über Erwerb, Verlust und Verfolgung der Rechte fehlen fast gänzlich. Es finden sich nur einzelne, abgerissene, oft sehr wenig bedeutsame Vorschriften der Art, die dem augenblicklichen Bedürfniss einer Entscheidung, der Freude an scharfsinnigen Ausführungen oder dem blossen Zufall ihre Aufnahme verdanken mochten; das Uebrige blieb der Willkür oder der Gewohnheit überlassen, welche freilich keine so detaillirte und feste Normen giebt, wie sie das ausgebreitete Geschäftsleben industrieller Zeiten unumgänglich erfordert, aber noch auf höheren Entwicklungsstufen als der, welche wir bei den Israeliten annehmen dürfen, und in den meisten Gegenden des Orients bis auf den heutigen Tag ausreichen muss. Eingehend beschäftigt sich das Gesetz mit den Bestimmungen, welche die eigentlichen Grundlagen der socialen Ordnung betreffen, mit dem Aufbau der Gesellschaft von ihren einfachsten Elementen, der Familie, bis zu den Einrichtungen des Staates hinauf, und mit den Mitteln ein gesittetes Leben herzustellen durch moralische Gebote und durch Strafgesetze, obwohl auch hier wesentliche Lücken nicht fehlen. Die geistlichen Gesetzgeber wussten vollkommen, worauf es ankam. Es galt ihnen um die Herstellung geregelter öffentlicher Zustände im Grossen; für sein Privatrecht und Vermögen mochte Jeder selbst sorgen. In der Ausarbeitung machen sich neben einander die Anschauungen sehr einfacher Verhältnisse und Gewohnheiten und die Anforderungen sehr durchdachter, kunstvoller Theorien geltend. Letztere, auf die Gestaltung eines heiligen Volkes in unwandelbaren Formen berechnet, riefen vielfach Aufstellungen hervor, die weder ausgeführt, noch ausführbar sind, wie wir solchen in allen theokratischen Gesetzeswerken des Alterthums begegnen.

Das Strafrecht überliess die Ahndung geringerer Vergehen den Gemeindeobrigkeiten, den Aeltesten oder Obersten, nach Gewohnheit und Gutbefinden. Es wurden Geldstrafen, Gefängniss, Schläge, deren Zahl nicht über vierzig steigen sollte, verhängt. Bei körperlichen Verletzungen trat Talion ein, Auge um Auge, Zahn um Zahn. Der Dieb sollte mehrfachen Ersatz des gestohlnen Gutes leisten, konnte er das nicht, so wurde er als zahlungsunfähiger Schuldner Sclave des Bestohlnen. In den Fällen, welche dem Gesetz die wichtigeren und fast immer mit dem Tode bedroht sind, nämlich bei Vergehungen gegen die Religion, das Leben und die Ordnung der Familie, traten als Begründung der Strafe zwei Momente hervor, die Privatrache und die Versöhnung Gottes. Die uralte Sitte der Familienrache, welche namentlich den nächsten Erben des Erschlagenen zur Blutrache verpflichtete, ward gesetzlich unter öffentliche Controle genommen, thatsächlich auch ohne weiteres in Ausübung gebracht. Die Versöhnung Gottes war der vorherrschende religiöse Gesichtspunkt, um so strenger zur Anwendung gebracht, da nach der feststehenden Ansicht und der ganzen Geschichtsauffassung der Zorn Jehovahs wegen der Sünden Einzelner gegen das Volk ergrimmte, und Verderben über dasselbe hereinführte, bis das Verbrechen gesühnt war. Durch Nichtbestrafung des Sünders machte sich die Gemeinde zu seinem Mitschuldigen, und wenn sie nicht strafte, übernahm Gott selbst das Gericht. Uebertretungen der Religionsvorschriften beleidigten Gott unmittelbar, ihnen wurde deshalb die grösste Aufmerksamkeit gewidmet. Wer Jehovah lästert, wer anderen Göttern dient, die Zauberer, Wahrsager und falschen Propheten, aber auch schon wer, mit einer Unreinheit behaftet, an einer Opfermahlzeit Theil nimmt, wer an unrechter Stelle opfert, wer am Versöhnungstage nicht fastet, wer den Sabbat entheiligt, oder manchem anderen Ritualgesetz zuwiderhandelt, sie alle sollen des Todes sterben. Aber denselben Gesichtspunkt einer Beleidigung Gottes, als des eigentlichen Herrn Israels, und der Nothwendigkeit seiner Versöhnung, bezeichnet bei anderen Vergehen der häufig angegebene Grund der Strafe: „du sollst das Böse von dir thun", ebenso der gewöhnliche Ausdruck für die Todesstrafe, dass der Frevler „ausgerottet werden soll aus seinem Volke", und die Vorschrift, dass bei Nichtentdeckung des Thäters die Gemeinde, in welcher ein Mord verübt worden, durch Reinigungen und Opfer sich entsühnen soll. Von Auflehnungen gegen die weltliche Obrigkeit handelt das Gesetz nicht, es setzt offenbar voraus, dass die siegreiche Gewalt sich nach Kriegsrecht selber helfen wird, und die Geschichte beweist, dass trotz der gelegentlich hervorgehobenen Heiligkeit des Gesalbten Gottes die Empörung gegen einen König, der dem Herrn übel gefiel, als vollkommen berechtigt anerkannt wurde. Im Pentateuch ist wesentlich von den Pflichten des Königthums die Rede, daneben erscheint nur das einfache Sittengebot: den Obersten in deinem Volke sollst du nicht lästern. Mord und Todtschlag, Menschenraub, Ehebruch, Blutschande werden mit dem Tode bestraft. Ebenso wird bedroht: wer seine Eltern schlägt, ihnen flucht, von ihnen als eigenwillig oder ungehorsam angeklagt wird, und wer dem Priester oder dem Richter nicht gehorcht; ja, eine Stelle des Numerus verurtheilt endlich Jeden, der absichtlich gegen irgend ein Gesetz handelt, ohne Unterschied zum Tode, „solche Seele soll ausgerottet werden aus ihrem Volke; denn sie hat des Herrn Wort verachtet und sein Gebot lassen fahren; sie soll schlechthin ausgerottet werden, die Schuld sei ihr“. Neben dieser drakonischen Verfügung wäre denn freilich jede weitere Strafbestimmung überflüssig. Aber sie eben zeigt gleich jenen Gesetzen, nach denen Verstösse gegen geringe Ritualien und blosser Ungehorsam gegen Eltern oder Priester mit dem Tode gebüsst werden sollen, unwiderleglich, dass dieser ganze Criminalcodex viel mehr enthielt, was streng genommen nach der Theorie geschehen müsste, als was in der Praxis geschah oder geschehen konnte. Die buchstäbliche Ausführung war unmöglich, und das Gesetz kann uns daher nur den Eifer des Priesterthums für strenge Zucht, nicht aber deren Handhabung im Leben darthun. Aus der Geschichte erhellt, dass selbst die wichtigen und dringend eingeschärften Gesetze gegen Zauberer und Götzendiener niemals regelmässig vollzogen wurden; wenn es gelegentlich geschah, so erfolgte nicht eine Bestrafung im geordneten Rechtswege, sondern eine gewaltthätige, politische Unterdrückung, man schlug sie tumultuarisch todt. Im Leviticus wird auch geradezu vorausgesetzt, dass seine Strafdrohung vergeblich sei, denn dem Gebote, dass der, welcher seine Kinder dem Moloch opfert, gesteinigt werden soll, wird hinzugefügt: wenn das Volk ihn nicht tödte, werde doch Gott sein Antlitz wider diesen Menschen und sein Geschlecht setzen, und ihn ausrotten.

Die israelitischen Schriftsteller bezeichnen häufig Laster und Verbrechen als heidnische und speciell kanaanitische Gräuel; das kann nur als ein Ausdruck des beschränkten Nationalhasses gegen das Fremde und der eiteln Selbstüberhebung betrachtet werden, welche rohen Völkern eigen ist. Das Eifern des Gesetzes, die Klagen der Propheten und die Schandthaten, von denen die Geschichte erfüllt ist, lehren, dass das Volks Jehovahs nicht freier von Freveln aller Art war als andere Nationen; es war keine Ausnahme, wenn selbst in dem Hause Davids Brudermord, Empörung gegen den Vater, Entehrung der eigenen Schwester und der väterlichen Frauen mit einander wechseln. Dass die Priester und Propheten tief sittliche Grundsätze aufstellten, dass sie mit grossem Ernst und Eifer für Recht und Sitte in die Schranken traten, ist vollkommen anzuerkennen, aber der Inhalt ihrer Gesetze stimmt nur mit dem überein, was überall die Grundlage eines geordneten, der äussersten Rohheit entwachsenen Zusammenlebens bildet. Vor einigen ihrer Nachbaren zeichnen sich die Gesetze Israels durch die strenge Verwerfung der Grausamkeiten und der Orgien einzelner semitischer Gottesdienste aus, doch ist das eine Tugend, die sie mit vielen Völkern theilen, und in den Neigungen des Volkes behaupteten sogar die Menschenopfer des Moloch ihren Platz bis gegen das Ende. Wenn man dagegen theologische Schilderungen oder Commentare selbst neuester Zeit liest, weiss man oft nicht, ob man die Naivität kindlich oder kindisch nennen soll, welche die Weisheit und Sittlichkeit des mosaischen Gesetzes als etwas Einziges, Unvergleichliches bewundert. Als ob Mord, Ehebruch, Meineid, Verachtung der Götter überall anderswo löbliche Dinge gewesen wären.

LXXI.

Zarte und schöne Gebote der Privatmoral, der Nächstenliebe, der Gerechtigkeit, der Brüderlichkeit, der Schonung, Milde und Wohlthätigkeit gegen Arme, Hülflose, Schutzbedürftige, zu denen die im Lande wohnenden Fremden gezählt werden, gegen Wittwen und Waisen, selbst gegen Thiere, wie wir sie überall in den Sittengesetzen des Orients antreffen, theils allgemeiner Art, theils in speciellen Anwendungen, finden sich im Pentateuch zerstreuet. In den späteren Schriften der Dichter und Propheten tritt die Betonung der sittlichen Gesinnung, der inneren Heiligung im Gegensatz zu der blos äusseren Gesetzeserfüllung schärfer hervor. Aber jede Rücksicht der Menschlichkeit und der Moral verstummt, wo es sich um die religiöse oder nationale Politik handelt, wo es für Gesetz und Vaterland den Kampf gegen innere oder äussere Feinde gilt. „Vertilge sie ohne alle Gnade.“ Auf die unversöhnliche Energie des hebräischen Hasses habe ich früher hingewiesen. Die religiöse Ausschliesslichkeit und Absonderung liess die Nachkommen von Edomitern und Aegyptern in der dritten Generation als Mitglieder der Gemeinde zu, die Abkömmlinge von Ammonitern und Moabitern nie. Das Gesetz, welches die Ehe mit Ausländerinnen verbot, kann erst ziemlich spät entstanden sein; die Moabiterin Ruth wird noch in einem eigenen Werkchen als die Urgrossmutter Davids verherrlicht, und Moses selbst hatte die Midianiterin oder Kuschitin Zippora zur Frau; durchgeführt wurde es erst lange nach dem Exil. Das furchtbare Kriegsrecht, welches freilich nicht von den Hebräern erfunden, sondern den semitischen Nationen vor der Perserzeit gemeinsam war, wurde durch das Gesetz geheiligt. In eroberten Städten sollte Alles, was männlich war, erschlagen, Frauen und Kinder zu Sclaven gemacht werden; für das Erbland Kanaan hiess es sogar: „du sollst nichts leben lassen, was Odem hat“, und so wurde denn auch nach dem Falle Jerichos „Alles mit der Schärfe des Schwerts verbannt, Mann und Weib, Jung und Alt, Ochsen, Schafe und Esel". Bei der Einnahme des Landes mochte die Nothwendigkeit Platz zu schaffen mit dem religiösen Abscheu gegen das Fremde und Unreine zusammentreffen. Diese schonungslose Vertilgung ward gelegentlich auch gegen andere, besonders verhasste Feinde geübt, und wir sehen das Priesterthum die Barbarei gegen mildere Sitten aufrecht halten. „Du sollst das Gedächtniss Amaleks austilgen unter dem Himmel, das vergiss nicht"; so lässt das Deuteronomium den scheidenden Moses sprechen, und Samuel zerhieb den gefangenen Agag in Stücke, den Saul verschonen wollte, und der dann so getrosten Muthes zu dem harten Priester ging: „also muss man des Todes Bitterkeit vertreiben". Unter einander bekämpften sich die Stämme Israels in der Richterzeit mit derselben Wuth; bei dem Rachekriege wegen der Schandthat zu Gibea entging der Stamm Benjamin nur mit genauer Noth der völligen Ausrottung. Noch David liess einen grossen Theil der gefangenen Moabiter und Ammoniter tödten, später scheinen sich die Gewohnheiten gemildert zu haben. Die Leiden, welche das unglückliche Volk von der Uebermacht der Assyrer und Babylonier erdulden musste, hatte es zuvor nach Kräften über besiegte Feinde verhängt. Gegen seine Verstörer konnte es nicht mehr von eigener Macht, sondern nur noch von fremden Waffen auf Hülfe und Rache hoffen. Die Wiederherstellung eines in sich beruhenden jüdischen Reiches war bei den Dimensionen, welche die Staatenverhältnisse mit der Herrschaft der Perser annahmen, völlig unmöglich. Seitdem nahm der Hass des israelitischen Nationalgefühls, welcher einst mit kriegerischer Wildheit verbunden war und sich mit dem Schwerte in der Hand Geltung verschafft hatte, den traurigen Charakter ohnmächtigen Zornes und düsterer, schadenfroher Rachelust an, die den zertretenen Schwachen bei den Unbilden übermüthiger Gewalt zu erfüllen pflegen. Die trügerischen Hoffnungen auf die Herrlichkeiten des messianischen Reiches konnten nicht für die gegenwärtigen Leiden der Unterdrückung entschädigen. Josephus sucht freilich sein Volk gegen den Vorwurf gehässiger Antipathien zu rechtfertigen: es sei ihre Sitte das Eigene zu bewahren, nicht das Fremde anzuklagen, sie dürften nicht verspotten oder herabwürdigen, was Anderen heilig. Aber Wuth und Hohn gegen die Heiden, Schadenfreude und Rachsucht gegen die Bedränger erfüllen zweifellos die Schriften wie das Leben des späteren Judenthums, und mit Wahrheit hiess es bei Griechen und Römern, wie bei ihnen selbst: die Juden hassen Alle und werden von Allen gehasst.

In der inneren Ordnung des Volkes stellt das Gesetz die Rechtsverhältnisse der Familie, deren ethische und sociale Bedeutung geistliche Gewalten immer richtig zu würdigen pflegen, eingehend und sorgfältig dar. Einzelnes, wie die genauen Verbote der Ehe in zu nahen Verwandtschaftsgraden, ist offenbar durch die Theorie systematisirt worden, im Ganzen giebt sie nur die Anschauungen wieder, welche anfänglichen Civilisationen und namentlich den semitischen Stämmen eigen sind, beruhend auf der festen Verbindung der Blutsgenossenschaft und der strengen Unterordnung des Hauses unter das Familienhaupt. Auch die Frau wird fast nur als Eigenthum des Mannes betrachtet. Schon die häufige Unreinheit der Frau und die bei der Geburt eines Mädchens zweimal so lange als bei der eines Knaben dauernde Unreinheit der Mutter bezeichnet ihr Zurückstehen gegen das männliche Geschlecht; auch wird es bei dem Sündenfall geradezu als ein Fluch ihrer Verschuldung ausgesprochen: „dein Wille soll deinem Manne unterworfen sein, und er soll dein Herr sein.“ Bei der unbeschränkt erlaubten Polygamie ging die Stellung der rechtmässigen Gattin, der Kebsfrau und der blossen Sclavin, die Gnade vor den Augen ihres Herrn gefunden, fast in einander über. Der Mann konnte die Frau nach Willkür entlassen oder verstossen. Von gegenseitigen Rechten und Pflichten, von Keuschheit und Treue des Mannes war kaum die Rede. Wenn das Gesetz der Frau in einzelnen Fällen Schutz gegen widerrechtliche Kränkungen gewährte, geschah es mehr in Rücksicht auf ihre Familie, als auf sie selbst. Aber wenn das Recht dem Manne wenig Schranken auferlegte, braucht die Sitte nicht eben hart oder rücksichtslos gewesen zu sein. Nach der Zartheit und Milde, welche das Sittengesetz in anderen Dingen empfiehlt, nach vorbildlichen Schilderungen, wie der Musterehe des Isaak und der Rebekka, und nach manchen Erzählungen, welche das Leben und Handeln der Frauen in der Wirklichkeit darstellen, können wir wohl annehmen, dass der mildernde Einfluss des Priesterthums auch für das Schicksal der Frauen nicht unwirksam war. Wenigstens den Kindern wird Ehrfurcht und Unterwürfigkeit gegen die Mutter, wie gegen den Vater zur Pflicht gemacht. Zuweilen sehen wir Frauen hohen Ansehns geniessen, im Alterthume traten Dichterinnen und Prophetinnen auf. Mit dem grösseren Reichthum der königlichen Zeit führte sich bei den Grossen und Vornehmen trotz der Warnung des Gesetzes, dass der König nicht allzuviele Frauen haben sollte, die Sitte zahlreicher Harems ein. Nach dem hohen Liede hatte Salomon sechzig Königinnen und achtzig Kebsweiber, welche Zahlen das Buch der Könige in der ausschweifenden Darstellung der salomonischen Herrlichkeit auf siebenhundert und dreihundert vermehrt. Seit dem Exil wurde die Monogamie herrschend. Ueber die Kinder hatte der Vater unbeschränkte Gewalt; er durfte sie nicht blos verkaufen, sondern auch der Gläubiger konnte wie den Schuldner selbst so seine Kinder und sogar seine Frau zu Sclaven machen um sich zu befriedigen. Nur den Tod sollte der Vater nicht ohne Anrufen der Gemeinde verhängen. Der erstgeborne Sohn wurde durch doppelten Erbtheil ausgezeichnet. Töchter erbten das väterliche Grundeigenthum nur, wenn keine Söhne vorhanden waren, und durften sich dann nicht ausserhalb ihres Stammes verheirathen; in ihrem Stamme konnten die Erbtöchter sich frei vermählen, Andere wurden lediglich nach dem Willen ihrer Eltern oder Brüder verheirathet. Zur Familie im weiteren Sinne gehörten auch die Sclaven. Das Gesetz empfiehlt eindringlich eine gütige Behandlung derselben, besonders der Sclaven hebräischen Blutes, nöthigt den Herrn einen grausam misshandelten Sclaven frei zu lassen, und bedroht ihn sogar mit Strafe, wenn der Sclave unter seinen Händen stirbt. Die Sclaverei entstand durch Kriegsgefangenschaft, durch Geburt im Hause des Herrn, durch freiwillige oder gezwungene Ergebung aus Armuth oder wegen Schulden. Neben den eigentlichen Sclaven gab es Dienstpflichtige oder leibeigene Leute, deren Bestand schon auf die erste Unterwerfung des Landes zurückgeführt wurde, und deren Verhältnisse nach den Bedingungen der Unterthänigkeit oder nach örtlichen Gewohnheiten verschieden sein mochten.

LXXII.

Das ideale Streben der Theorie eine unwandelbare gesellschaftliche Ordnung herzustellen führte zu einer Reihe eigenthümlicher Vorschriften, welche den Zweck hatten die Volksgemeinde in ihren Familien und ihrem Besitzstande unversehrt zu erhalten. Sie sind freilich nicht ausgeführt worden, konnten es auch nicht, aber das scharfsinnig durchdachte, religiös motivirte System beweist, dass die priesterlichen Speculationen sich mit den wichtigsten socialen Fragen eifrig beschäftigt haben. Nach Analogie der siebentägigen Woche sollte jedes siebente Jahr ein Sabbatjahr sein. Da sollten alle Schulden erlassen werden, da sollte das ganze Land Ruhe haben, weder gesäet noch geerntet werden. Entsprechend sollte der in Sclaverei gerathene Hebräer nur sechs Jahre seinem Herrn dienen und im siebenten frei ausgehen. Und nach siebenmal sieben Jahren sollte im funfzigsten das grosse Halljahr oder Jubeljahr gefeiert werden, in welchem ebenfalls das Land ruhen, ausserdem aber „ein Jeglicher wieder zu seiner Habe und zu seinem Geschlechte kommen sollte.“ Dieselbe Rücksicht, welche einst den dem Untergange geweihten Stamm Benjamin wiederherstellen mochte, gebot den gottgeordneten Bestand der Familien ungeschmälert zu bewahren. Dazu sollte das Grundeigenthum, auf welches allein bei den einfachen Wirthschaftszuständen des Volkes der regelmässige und unabhängige Nahrungsstand eines Hauses basirt werden konnte, unveränderlich bei dem Geschlecht des ursprünglichen Besitzers bleiben. Der Verkäufer oder sein Erbe waren berechtigt das veräusserte Gut wieder einzulösen; bei Häusern in Städten, welche nicht diese wirthschaftliche Bedeutung hatten, war das Recht zur Einlösung auf die Frist eines Jahres beschränkt, und sie sollten, wenn nicht eingelöst, auch im Halljahre nicht ausgehen. Anderer Grundbesitz dagegen sollte im Halljahr unentgeltlich an den Verkäufer oder seine Familie zurückfallen. Dies Gebot wurde auf die Theorie gestützt, dass Gott der eigentliche Herr des Landes sei, der einzelne Eigenthümer gleichsam nur von ihm belehnt. „Ihr sollt das Land nicht verkaufen ewiglich, denn das Land ist mein, ihr seid Fremdlinge und Gäste vor mir.“ Dass diese Bestimmungen erfolglose Versuche der Speculation waren, und nimmer in das Leben traten, ist aus wirthschaftlichen Gründen vollkommen klar, es lässt sich aber auch aus den heiligen Schriften der Hebräer deutlich nachweisen. Ewald findet allerdings ihre praktische Anwendung in der guten alten Zeit, oder in den hohen mosaischen Zeiten sehr natürlich, obwohl er zugiebt, dass das Gewicht einer starken Obrigkeit dazu erforderlich gewesen, und sogenannte philosophische Betrachtungen scheinen meist derselben Ansicht zu sein. Dagegen muss zunächst erinnert werden, dass es eine solche gute Zeit, in welcher die künstlichsten Einrichtungen durch eine starke Gewalt wirksam gemacht wären, im israelitischen Alterthum niemals gegeben hat. Wohl wurde auch hier die Gegenwart im Missmuth zurückgesetzt gegen eine ideale Vergangenheit, und Klage geführt: „die Heiligen haben abgenommen, und der Gläubigen sind wenig unter den Menschenkindern“, aber die Geschichte verhehlt es nicht, dass die Anfänge traurig waren. Leiden und Kämpfe aller Art, Verzagtheit und Empörung umringen die Laufbahn des Moses.

Und wie herrlich sich auch der Muth, die Aufopferung, die Thatkraft Einzelner in der nationalen Erhebung aus elenden und zerrütteten Verhältnissen entfalten mag, als Zeiten des Glückes und der Befriedigung können die Züge eines Volkes, welches eine neue Heimath und eine neue Organisation sucht, niemals betrachtet werden. Von den hier in Frage stehenden Einrichtungen konnte ohnehin bei der Wanderung und der ersten Niederlassung nicht die Rede sein. Dann folgte unmittelbar auf die kriegerische Besitzergreifung die Anarchie der Richterzeit ohne regelmässige Obrigkeit, ohne Ordnung, ohne Achtung vor Gesetz und Religion, wie sie treffend charakterisirt wird durch vielfache Thatsachen und die wiederholte Bemerkung der Schrift: „zu der Zeit war kein König in Israel, und ein Jeglicher that, was ihm recht deuchte“. Das Jubeljahr entspricht nur den gesetzgeberischen Versuchen griechischer Republiken eine Gleichmässigkeit der Bürger und ihres Vermögens künstlich festzuhalten; nicht einmal bei der strengen Disciplin und der geringen Zahl der spartanischen Vollbürger liess sich ein nothdürftiger Besitzstand behaupten. Die Macht wirthschaftlicher Thatsachen ist stärker als alle Hirngespinste. Dass sich nirgends eine Spur der wirklichen Einhaltung eines Jubeljahrs findet, dass man auch nach dem Exil keinen Versuch seiner Ausführung machte, darüber sind Alle einig. Seine Anordnung findet sich sogar nur in älteren Stücken des Pentateuchs, schon das fünfte Buch spricht nicht mehr davon. Im Leviticus zeigt sich das Bewusstsein, dass eine solche Einrichtung den ganzen Handel und Wandel des Volkes modificiren müsste, aber eine einzige Vorschrift, die scheinbar dem praktischen Bedürfniss entgegenkommt, beweist, wie wenig sich der Verfasser auch nur die nächstliegende Folgerung klar gemacht. Ein Grundstück soll nämlich mit den zusammengerechneten Jahreserträgen bis zum Halljahre bezahlt werden. Nehmen wir bei dem hohen Zinsfusse des Alterthums an, dass man sein Capital im Grundbesitz auch nur zu zehn Procenten anlegte, so würde man einen Acker von zehn

Thalern Reinertrag natürlicher Weise für hundert Thaler erkauft haben, nach dem Gesetz hätte man ihn zwanzig Jahre vor dem Halljahr mit zweihundert Thalern bezahlen müssen, also für eine Nutzung von zwanzig Jahren doppelt so viel als nach dem regelmässigen Verkehrsgesetze bei einem Kauf für immer. Es war lediglich eine theoretische Erfindung um socialen Uebelständen abzuhelfen, dem Reichthum Einzelner und der Verarmung Vieler zu steuern, über welche die Propheten vergeblich klagen. Jesaia ruft Wehe über die, „welche einen Acker zum anderen bringen, bis dass kein Raum mehr da sei, dass sie allein das Land besitzen". Aehnlich verhält es sich mit dem Schuldenerlass und der Freilassung der Sclaven. Schon die Ausdrücke des Gesetzes lassen beides mehr als eine religiöse Liebespflicht erscheinen, als dass den Schuldnern oder Sclaven ein erzwingbares Recht beigelegt würde. Wenn in der That jedes Forderungsrecht spätestens im siebenten Jahre erloschen wäre, der Gläubiger also die sichere Aussicht gehabt hätte in kurzer Frist sein Capital zu verlieren, während zugleich das Zinsennehmen missbilligt ward, würde jede Creditgewährung ein Ende gehabt haben, die über ein blosses Almosen hinausginge. Als ein solches, im Lichte der Wohlthätigkeit betrachtete zwar die religiöse Doctrin Vorschüsse und Darlehne, aber die Strenge des Schuldrechts und die oft gerügte Härte, mit welcher es gegen die Habe und die Person des Schuldners geltend gemacht wurde, beweisen zur Genüge, dass die Gläubiger weder geneigt, noch genöthigt waren dieser Auffassung beizutreten. Hinsichtlich der Sclaven erhellt aus den Widersprüchen der Gesetzgebung, dass ihre Freilassung nach sechs Dienstjahren gleichfalls ein frommer Wunsch, kein lebendiges Recht war. Nach dem Leviticus soll die Freigebung nur im Jubeljahre erfolgen, nach dem Exodus und Deuteronomium bei jedem Einzelnen nach sechs Jahren der Knechtschaft; nach einer Stelle kommt die Befreiung nur dem männlichen Sclaven zu Statten, nach einer andern auch der Sclavin; eine Stelle belässt die Kinder des Sclaven dem Herrn, die andere verfügt, dass sie mit ihm ausgehen sollen. Dazu haben wir das Zeugniss des Jeremia, dass diese Bestimmungen niemals befolgt wurden. Als man in den letzten Gefahren und Bedrängnissen des Reiches nach Ursachen für den grossen Zorn Gottes und nach Mitteln ihn zu versöhnen suchte, wollte man die Theorien des Gesetzes zur wirklichen Anwendung bringen. Da wurde unter dem letzten Könige Zedekia der Beschluss durchgesetzt die hebräischen Sclaven dem Gesetze gemäss frei zu geben; aber die ganze Oekonomie des Volkes beruhte einmal auf der Sclaverei, die Emancipation misslang; die Reichen und Mächtigen besannen sich alsbald, forderten die schon entlassenen Sclaven wieder zu sich, und zwangen sie in die Knechtschaft zurück. Dafür ruft dann der Herr das fürchterliche Freijahr aus zum Schwert, zur Pestilenz, zum Hunger über das Land. Was endlich das Sabbatjahr betrifft, so unterliegt es keinem Zweifel, dass eine solche Einrichtung von Einzelnen oder in engen Kreisen beobachtet werden könnte, bei einem ganzen Volke, zumal in Zeiten steter Kriege und Verwüstungen müsste sie zum Verderben führen. Das Hauptgetreide der Hebräer, der Weizen, musste auch in Palästina im Herbste gesäet werden, und da im Sabbatjahr weder gesäet, noch geerntet werden sollte, wären nach dem Gesetz zwei Ernten hinter einander ausgefallen. Kein Land der Erde, und am wenigsten ein Land ohne Handel und Industrie, könnte alle sieben Jahre zwei, oder wenn das Halljahr auf das Sabbatjahr folgte, gar drei Ernten entbehren. Im Leviticus wird die Möglichkeit auch nur mit der Aussicht auf ein regelmässiges Wunder gerechtfertigt, Gott wird im sechsten Jahre stets einen so reichen Segen geben, dass das Getreide bis in das neunte Jahr vorhalten soll. Die heiligen Schriften wissen denn auch vor dem Exil nicht blos nichts von einer Beobachtung des Sabbatjahres, sondern bezeugen das Gegentheil. Der Pentateuch selbst droht, einst werde das Land wüste liegen, und feiern, und sich seine Feier gefallen lassen, „darum dass es nicht feiern konnte, da ihr es solltet feiern lassen, da ihr darinnen wohntet“.

Aehnlich spricht Jeremia, und die Chronik bezeichnet die angeblich siebzigjährige Verödung Judäas als eine gezwungene Nachholung der vernachlässigten Sabbatjahre. Jahrhunderte nach dem Exil, als in den Kämpfen und Bedrängnissen der Makkabäerzeit der Enthusiasmus und der Gesetzeseifer der wenigen standhaften Patrioten auf das höchste gestiegen waren, berichtet das erste Buch der Makkabäer zum ersten Male, dass man mit der Feier des Sabbatjahres Ernst gemacht, aber auch sofort die natürliche Folge, eine Hungersnoth, welche die Fortsetzung des Krieges gegen Antiochus Eupator unmöglich machte. „Der Heiligen wurden sehr wenig, denn sie starben Hungers, darum mussten sie von einander ziehen." Josephus behauptet, dass sowohl Alexander der Grosse, als Cäsar den Einwohnern von Jerusalem für das siebente Jahr die Abgabenfreiheit zugestanden, von einer thatsächlichen Innehaltung des Gesetzes spricht er nur an einer Stelle unter Herodes: „die Aecker blieben unbestellt wegen der Zeit des Sabbatjahres, in welchem wir nicht säen dürfen". Auf eine regelmässige und allgemeine Beobachtung lässt sich daraus auch für die spätere Zeit nicht schliessen. Tacitus spricht offenbar nur vom Hörensagen, wenn er die jüdische Sitte darstellt, als ob im siebenten Jahre aus Trägheit überhaupt nicht gearbeitet worden wäre, fügt auch seiner Notiz ein zweifelhaftes „man sagt" bei.

LXXIII.

Die Zustände der älteren Zeit waren höchst einfach. Neben Ackerbau und Viehzucht und der häuslichen Oekonomie, in welcher jede Familie die wesentlichen Lebensbedürfnisse selbst oder vermittelst ihrer Sclaven beschaffte, gab es keine selbständige Gewerbe, als etwa die schon in der Richterzeit vorkommenden Schmiede, welche wegen ihrer Bedeutung für das Kriegshandwerk bei rohen Nationen nicht die Verachtung anderer Handwerker zu theilen pflegen, wie in nordischen Sagen die Waffenschmiede hohen Ansehns geniessen, und zuweilen als hervorragende Krieger gefeiert werden. In

Ermangelung von Handel, Industrie und Kunst konnten sich ausser dem Priesterthum keine ständische Unterschiede, oder gar Kasten bilden. Bei dem hohen Werthe, den die Israeliten gleich den verwandten Arabern auf Geschlecht und Abstammung legten, wird es neben persönlichem Ansehn und Reichthum, welcher ohnehin sehr stabil ist, so lange neben dem Grundbesitz kein anderweitiges Vermögen Bedeutung gewinnt, ohne Zweifel eine Art von Geburtsadel gegeben haben, in gewisser Hinsicht wurde ein solcher durch die Familien der Aeltesten, Häuptlinge oder Fürsten constituirt, die in den Geschlechtern und Stämmen erbliche Würden bekleideten wie der Hohepriester als Stammhaupt der Leviten, aber ausser dem Amte, welches diese Häuptlinge verwalteten, wissen wir nichts von rechtlichen Vorzügen eines Adels. Zum Kriege wurde jeder freie Mann aufgeboten. Die Organisation des Volkes war eine rein örtliche, welche nach der hergebrachten Sitte mit einer fingirten Blutsverwandtschaft verschmolzen wurde. Mehrere Familien bildeten ein Haus, mehrere Häuser ein Geschlecht oder eine Gemeinde, auch ein Tausend genannt, welches zuweilen mehrere Ortschaften umfasste; die Gemeinden fanden in den Stämmen, die Stämme in dem Haus Israel eine höhere Genossenschaft. An der Spitze der Häuser und Gemeinden standen Aelteste oder Oberste; die Stämme hatten ihre Fürsten, die schon neben Ahron erwähnt werden, und sich bis in die spätesten Zeiten erhielten; noch bei der Wegführung in die assyrische Gefangenschaft kommt ein Fürst von Ruben vor, unter Josaphat ein Fürst von Juda. Die gebirgige Beschaffenheit des Landes mit seinen abgeschlossenen Thälern beförderte und erhielt die Zersplitterung des Volkes in kleine Genossenschaften, und machte es möglich, dass sich lange Zeit fremde Völkerschaften in einzelnen Landestheilen unabhängig erhielten; erst durch David wurde die feste Stadt, welche seitdem Jerusalem hiess, den Jebusitern entrissen. Einzelne Städte scheinen sich, wie das Beispiel von Sichem zeigt, selbst von der Stammverbindung fast ganz gelöst zu haben. Gemeinsame Unternehmungen des ganzen Volkes fanden selten Statt. In solchen Ausnahmefällen traten die Stämme, vertreten durch ihre hervorragendsten Häuptlinge, wobei von Alters her die Zahl siebzig erscheint, vielleicht unter dem Vorsitze des Hohenpriesters zusammen. Da nur an Beschlussfassungen oder Vereinbarungen für einzelne Angelegenheiten, nicht an eine weltliche Gesetzgebung zu denken ist, wird es sich in der Regel um kriegerische Unternehmungen gehandelt haben. Meist blieb indessen auch die Kriegführung den einzelnen kleineren Genossenschaften überlassen, und dieser gänzliche Mangel eines organisirten Zusammenhanges erklärt es, dass sich das Volk in seiner Zersplitterung kaum der umwohnenden Feinde, namentlich des kleinen aber kriegerischen Bundes der Philister, zu erwehren vermochte. Es war ein beständiger kleiner Krieg, wobei es sich nicht um feste Eroberungen, sondern nur um Plünderung und Verheerung, höchstens einmal um fortgesetzte Tributentrichtung handelte. Unter einander verfuhren die Hebräer mit derselben Gewaltthätigkeit wie gegen die äusseren Feinde, und führten nicht selten blutige Kriege. Raub und Krieg gränzten nahe an einander. Um den landflüchtigen Jephtha, wie auch später um David sammelten sich „lose Leute“ oder „allerlei Männer, die in Noth und Schuld und betrübten Herzens waren“; der Krieg gegen die Gesellschaft zur Erhaltung oder zur Rache galt nicht für schimpflich in den Zeiten rechtloser Gewalt. Hervorragende Führer, die es im Kriege zu Ansehn gebracht hatten, die sogenannten Richter, Suffeten, bei denen ebensowohl an Regieren überhaupt wie an Richten in unserem Sinne zu denken ist, übten eine gelegentliche und unregelmässige Autorität. Dass der Räuberhauptmann Jephtha, der für seine Stadt Gilead zuerst gegen die Ammoniter und dann gegen den Stamm Ephraim zu Felde zieht, oder Simson, der humoristische Held, der so tragisch endete, ganz Israel regiert hätten, lässt sich gewiss nicht annehmen, und so erstreckte sich das dauernde Regiment der Richter wohl meistens nur über einzelne Gebiete. Eine politische Gewalt des Hohenpriesterthums trat wenig hervor, bis es in Eli einen kräftigen Träger fand, der zum ersten Male das hohepriesterliche mit dem Richteramte vereinigte. Seiner langen Regierung und der grossen Persönlichkeit seines Nachfolger Samuel müssen wir einen grossen Einfluss auf die Gestaltung der öffentlichen Verhältnisse zuschreiben. Das Volk gewöhnte sich an die regelmässige Handhabung einer höchsten Gewalt auch ausserhalb des Krieges. Samuel hielt Umzüge im Lande, und richtete das Volk an heiligen Stätten nach der alten Sitte, aus welcher der Ausdruck stammt: zu Gott gehen (Elohim) statt: zum Gericht gehen. Das Gerichthalten war eines der wesentlichsten Attribute der Regierungsmacht, und von grosser Wichtigkeit um Selbsthülfe und Gewaltsamkeiten abzuwenden. In gewöhnlichen Fällen und unter gewöhnlichen Privatleuten übten die Aeltesten der Gemeinde die Gerichtsbarkeit, wie sie nach einfach orientalischer Sitte die sonstigen gemeinsamen Angelegenheiten verwalteten. Da aber weder feste Normen des materiellen Rechts, noch gesicherte Formen um zum Rechte zu gelangen vorhanden waren, bedurfte es einer höheren Autorität, wenn es sich um eine Rechtsverfolgung gegen Mächtige, oder um die Schlichtung von Streitigkeiten zwischen verschiedenen Genossenschaften oder deren Angehörigen handelte. Ob sich eine solche fand, hing bis zum Aufkommen einer regelmässigen Centralgewalt von der Willkür oder dem Zufall ab. Als Rechtskundige und Schreibverständige nahmen die Leviten, denen um ihrer Kenntnisse willen manche obrigkeitliche Functionen, wie die Sorge für Maass und Gewicht, die Krankenpolizei, später die Führung der Heeres- und Steuerrollen, oblagen, wahrscheinlich von Alters her an der Rechtssprechung Theil. Eine feste Bestimmung ging erst von dem König Josaphat aus, der einen höchsten Gerichtshof aus Priestern, anderen Leviten und Aeltesten bildete; diese Zusammensetzung ist in das Deuteronomium aufgenommen; es wird geheissen die Stätte des Herrn aufzusuchen, „wenn eine Sache vor Gericht dir zu schwer sein wird“; feste Competenzbestimmungen fehlten hier so gut, wie noch spät im europäischen Mittelalter, wo sich stets die Klagen über Einmischungen unbefugter Gerichte wiederholen. Auf strenge Gerechtigkeit war keineswegs immer mit Sicherheit zu rechnen, doch drang das Gesetz sehr ernstlich darauf, und es ist bezeichnend für den demokratischen Sinn des Volkes, dass nicht blos gegen Bedrückung der Geringen, sondern auch gewarnt wird, nicht der Menge zu gefallen den Hohen gegen den Niedrigen zurückzusetzen.

LXXIV.

Die bessere Concentration der Kräfte führte schon an sich und in den unkriegerischen Händen der geistlichen Gewalt zu guten Erfolgen gegen die äusseren Feinde. Als aber ein höheres Gefühl der Volkskraft erwacht, der Sinn für die nationale Einheit, die früher fast nur in der religiösen Theorie bestanden, in das praktische Leben durchgedrungen, und damit die Gewöhnung an eine centralisirte Leitung und die Erkenntniss ihrer Vorzüge im kriegerischen Interesse gegeben war, vermochte die geistliche Gewalt, welche diese Richtung wesentlich vorbereitet hatte, nicht mehr die Zügel der Regierung zu behaupten, sondern es machte sich das Bedürfniss einer stärkeren weltlichen Macht geltend. Samuel widerstrebte im Geiste der Theokratie, welche keinen Herrn als Gott und nur das Priesterthum als seinen Vertreter anerkennen wollte. Endlich gab er nach, sei es der Unmöglichkeit die emporgekommenen Krieger im Zaume zu halten, oder der Erkenntniss, dass die gewonnene Ordnung und Einheit sich nicht ohne die Hand eines königlichen Kriegsherrn behaupten liess. Die Sage, dass Saul „ein feiner junger Mensch" gewesen, der seines Vaters Esel hütete und sich vor seiner Erhebung verkroch, dürfen wir getrost verwerfen. Der erste König eines Volkes in feindlicher Bedrängniss pflegt ein bewährter Krieger zu sein, und selbst die Autorität eines Samuel würde nicht ungestraft das Begehren der Nation mit der Aufstellung eines unbekannten Knaben verhöhnt haben. Das kräftige Auftreten Sauls bestätigt das, und die Angabe von seiner Jugend widerlegt die Bibel sofort, da gleich im zweiten Regierungsjahre sein Sohn Jonathan als ruhmvoller Held neben ihm erscheint. Samuel lebte noch achtzehn Jahre, nach der vorzuziehenden Lesart des Josephus regierte Saul dann nur noch zwei Jahre; auch nach der Bibel lässt sich nicht annehmen, dass er den grossen Propheten lange überlebte. Wie Samuel das geistige Leben des Volkes auf eine neue Basis stellte, so begründete Saul dessen kriegerische Macht, die sich nach ihrer Concentration allen Nachbarn überlegen zeigte. Beide haben in hohem Maasse auf die Entwicklung ihres Volkes gewirkt, und wenn für den welthistorischen Standpunkt der Priester das höhere Interesse in Anspruch nimmt, so ist es nur, weil sich überhaupt die dauernde Bedeutung dieser Nation an ihre Theorie, nicht an ihre Thaten knüpft. Die priesterliche Geschichtschreibung verkennt keineswegs das mächtige Thun des ersten Königs. „Er machte ein Heer — und wo er sah einen starken und rüstigen Mann, den nahm er zu sich“. Aus seiner Schule ging eine Reihe grosser Krieger hervor, wie Abner, Joab, Jonathan und David selbst. Auch erfocht er gegen die umwohnenden Völker glänzende Siege. Aber die weltliche und die geistliche Gewalt, welche so kräftige Träger fanden, zerfielen; der priesterliche Regent, dem „Ungehorsam eine Zaubereisünde und Widerstreben Abgötterei“ war, konnte sich nicht unterordnen, wie seine Nachfolger den nächsten Königen. Der Zwist zerrüttete die Regierung und das Gemüth des Königs, wie es grossen Kaisern nach ihm geschehen ist. „Ein böser Geist vom Herrn machte ihn sehr unruhig.“ Von seinem Gott verlassen, mochte er die Niederlage auf den Höhen von Gilboa nicht überleben, und seine besten Söhne fielen mit ihm. Wenn über seine bedeutende Persönlichkeit ein Zweifel obwalten könnte, braucht nur auf das schöne Klagelied Davids um „die Edelsten in Israel“ verwiesen zu werden, wo er ihn mit seinem „Jonathan, dessen Liebe ihm theurer gewesen, denn Frauenliebe ist", zusammengestellt: „holdselig in ihrem Leben sind sie auch im Tode nicht geschieden, leichter denn die Adler und stärker denn die Löwen. O wie sind die Helden gefallen und die Streitbaren umgekommen."

Unter David erhielt das Reich eine vollständige Organisation, und erreichte den Gipfelpunkt seiner politischen Macht. Er gründete in dem festen Jerusalem die königliche Residenz, bildete eine Leibwache, führte verschiedene Staatsämter ein, die regelmässige Ordnung des orientalischen Königthums. Nach aussen ging er zu Eroberungen über, führte glückliche Kriege mit den Völkern und Königen Syriens, und soll seine Waffen bis an den Euphrat getragen haben. An feste Eroberungen ist allerdings nicht in erheblicher Ausdehnung zu denken, man verstand es in diesen Gegenden noch nicht Provinzen einzurichten und in dauernder Botmässigkeit zu erhalten. Nur der Besitz von Damaskus und der Städte Idumäas wurde durch Besatzungen gesichert; im übrigen begnügte man sich mit Verwüstungen und Plünderungen, welche vielleicht hin und wieder den Charakter von Tributerhebungen annahmen. Der Staat Davids war die dominirende Macht in Syrien, und wohl mochten die Epigonen mit Stolz und mit Sehnsucht auf diese Zeit des Glanzes, der Herrschaft und der Triumphe zurückblicken. Seit Bayle David als ein Beispiel anführte, wie der Ruhm vor Jehovah nicht gerade mit dem Urtheil der gewöhnlichen Moral zusammenfalle, hat man bisweilen mit Spott auf die Sünden dieses Mannes nach dem Herzen Gottes hingewiesen. Aber es ist eine hohe und glänzende Gestalt, voll Gefühl und Poesie, voll Thatkraft und Einsicht, gross im Glück und im Unglück. Die berühmte Freundschaft mit dem herrlichen Königssohn Jonathan und die energische Gluth seiner Lieder zeugt nicht minder für ihn wie der Ruhm seiner Politik und seiner Kriege. Selbst die böse That an dem braven Uria wird einigermaassen gut gemacht durch die starke Liebe zu der schönen und klugen Frau, die bis an sein Ende einen grossen Einfluss auf den Helden übte, und durch die rührende Zärtlichkeit für ihr krankes Kind. Einen dunkleren Schatten wirft auf seine letzte Stunde die traurige Empfehlung, welche er dem Sohne gegen seinen grossen Feldherrn Joab und gegen seinen kleinen, einst begnadigten Beleidiger Simei giebt, „er solle ihre grauen Haare nicht mit Frieden in die Hölle bringen.“ Salomos Weisheit scheute sich nicht den Mord am Altare seines Gottes vollziehen zu lassen. Sein Todesengel Benaja zauderte.

LXXV.

Die mächtige Anregung und Steigerung, welche die Concentration der geistigen Kräfte durch Samuel und der materiellen durch die ersten Könige dem Selbstgefühl und der Thätigkeit des Volkes verliehen hatte, rief eine neue Entwicklung hervor, die sich auf allen Gebieten des Lebens geltend machte. Mit der Förderung des intellectuellen Lebens durch die Prophetenschulen traf der Schwung der kriegerischen Thaten zusammen, um dem nationalen Bewusstsein, der Poesie und dem geschichtlichen Interesse für Vergangenheit und Gegenwart Nahrung zu geben. Die bessere Ordnung im Inneren, die Ruhe und Sicherheit, welche die grossen Erfolge nach aussen vor den beständigen Verheerungen des Landes durch die kleinen nachbarlichen Kriege gewährten, die Reichthümer, welche durch Beute oder Tribut gewonnen wurden, gaben Raum und Möglichkeit für eine höhere Civilisation. Neue Bedürfnisse, neue Bestrebungen, neue Anschauungen erwachten. Man benutzte und genoss die Güter des Friedens, der Ordnung, der Bildung, welche durch ruhmvolle Anstrengungen errungen waren. Der Repräsentant dieser Richtung ist Salomo. Kein Held wie David vermochte er kaum dessen Eroberungen zu behaupten; Damaskus wurde ihm bereits entrissen, aber auf die friedliche Hebung der Volkszustände hat er ohne Zweifel bedeutend gewirkt. Die Ueberlieferung knüpfte an seinen Namen, und übertrug auf seine Person, was die Zeit Grosses und Schönes hervorbrachte. Er erschien ihr um so mehr in einem verklärten Lichte, als sich nur noch unter seiner Regierung die Vorzüge der neuen Bildung mit der staatlichen Einheit und Macht des Volkes vereinigten. Die Bücher der Könige und der Chronik machen ihn in phantastischer Ausschmückung mächtiger als alle Könige der Erde, weise vor allen Menschen, so reich an Gold, dass das Silber zu seiner Zeit für nichts gerechnet ward. Worin die Weisheit bestand, darin er „aller Kinder gegen Morgen und aller Aegypter Weisheit" übertraf, wird nicht näher angegeben. Er wusste von Pflanzen und Thieren zu sprechen, er redete drei tausend Sprüche, und seiner Lieder waren tausend und fünf; der Königin von Saba — Balkis nennen sie die Araber — löste er alle ihre Räthsel; nach Josephus führte er mit dem Könige Hiram einen Wettstreit, und war lange siegreich, wurde aber endlich durch die Weisheit eines anderen Tyriers überwunden. Das Bewusstsein des Gegensatzes und des Fortschritts gegen die ältere Zeit schrieb nicht ohne Grund die Regungen des neuen Geistes und den Glanz des neuen Lebens dem Könige persönlich zu, unter dessen friedlicher Regierung „ein Jeglicher unter seinem Weinstock und unter seinem Feigenbaum sicher wohnte von Dan bis gen Berseba." Die Constituirung des Priesterthums, und die regelmässige Ordnung des Staates mit fester Heeres- und Beamten-Verfassung, mit polizeilichen und financiellen Einrichtungen, mit Niederschreibung der Richtersprüche und Führung von Reichsannalen schritten fort. Es ging dem Volke Freude an geistiger Bewegung auf, es bildete sich eine religiöse und poetische Litteratur. Umfangreich dürfen wir uns diese freilich nicht denken; sie beschränkte sich auf die Spruchdichtung, auf geistliche und weltliche Lieder, auf Ausarbeitungen über Gesetze, Ritualien und Sagen der Vorzeit. Die Zahl selbständiger Schriften wird auch auf letzterem Gebiete nicht gross gewesen sein, man verbesserte, überarbeitete, erweiterte die überkommenen Worte; zur Zeit Salomos scheinen die ältesten grösseren Bücher geschrieben zu sein, deren Bruchstücke nach Jahrhunderten in den Pentateuch verarbeitet wurden. Die prophetische Litteratur im heutigen Sinne begann erst bedeutend später. Ausser der Poesie, der Religion und der religiösen Behandlung des Rechts, der Sitte und der Geschichte gab es niemals eine Litteratur, und ebenso wenig wissen wir von der Cultivirung irgend einer speciellen Wissenschaft. Wie geringfügig die Naturbeobachtung selbst in Dingen war, die das Ceremonialgesetz unmittelbar berührten, habe ich bei den Speiseverboten erinnert. Die priesterlichen Theorien beschränkten sich durchaus auf die Gestaltung der Religion, des Cultus und des bürgerlichen Lebens. Die bildenden Künste fanden gleichfalls bei den Hebräern keine Stätte; der Monotheismus, dem hier sogar aus mosaischer Zeit das strenge Bilderverbot zur Seite stand, widerstrebte gleich den geistigen Göttern Irans der bildlichen Darstellung, und wenn sich überall die selbstständigen Anfänge der Kunst an religiöse Ideen knüpften, so war beim Wegfall religiöser Anregung an das Entstehen einer Kunstthätigkeit am wenigsten in einem Lande alt-orientalischer Cultur zu denken, wo alles höhere Streben und alle Ideale durchaus von der Religion getragen wurden. Bis zur königlichen Zeit war das Volk ausserdem zu roh um Fertigkeiten zu üben, die über die Nothwendigkeiten des Lebens hinausgingen. David liess sein Haus, wie Salomo den Tempel durch phönicische Werkleute erbauen. Ob später die Architectur selbständig, oder irgend erheblich cultivirt worden, lässt sich nicht beurtheilen. Den Tempel dürfen wir uns nach der Beschreibung weder gross in seinen Maassen, noch auch in seiner Ausführung denken; nur die mächtigen Substructionen am Tempelberg, die zum Theil auf den ersten Bau des Nationalheiligthums zurückgeführt werden, können die Verwendung grosser Arbeitskräfte rechtfertigen, wobei wie vom ägyptischen Ramses hervorgehoben wird, dass Salomo zu den Frohndiensten bei seinen Bauten keine Eingebornen nöthigte. Mit Herbeiziehung der assyrischen Denkmäler hat man ein ziemlich anschauliches Bild des hebräischen Tempels entworfen, und so viel scheint wenigstens gewiss, dass die phönicisch-syrische Kunst in genauem Zusammenhang mit der mesopotamischen stand. Dies gilt ähnlich wie in Persepolis nicht blos vom Plane der Gebäude, sondern auch von den Einzelheiten des Schmucks und der Embleme; die viel angewendeten Cherubim waren Thierleiber mit Flügeln, entsprechend den geflügelten Stieren und Löwen Ninives.

LXXVI.

Die Ruhe und Ordnung im Lande, der steigende Verkehr mit entwickelteren, industriellen Völkern, den Phöniciern und Aegyptern, die Bekanntschaft mit ihren Erzeugnissen und das Bedürfniss den Wohlstand auf eine gesichertere Basis zu stellen als auf nachbarliche Kriege weckten den Geschmack für friedliche Thätigkeit, und riefen Handel und Gewerbe in einem bisher unbekannten Maasse hervor. Hebräische Kaufleute holten Pferde, Wagen und andere Waaren aus Aegypten nicht nur für Kanaan, sondern auch für die übrigen Länder Syriens; die Phönicier erhielten für ihre Arbeiten Korn, Oel und Wein, sie benutzten die Verbindung mit den Israeliten und deren Herrschaft über Idumäa zur Schifffahrt auf dem rothen Meere, die nach der Beschaffenheit der eingeführten Waaren und der dreijährigen Dauer der Fahrten wahrscheinlich direct nach Indien ging, und bei den enormen Handelsgewinnen des Alterthums ohne Zweifel auch für die Beihülfe der Hebräer einen reichlichen Antheil abwarf. Salomo soll Strassen für den Handel angelegt und als Karawanenstation Tadmor erbauet haben, was jedoch nach der Angabe des arabischen Geographen Jakut dessen Einwohner bestritten. Im Lande selbst mehrten sich die Städte und ihr Reichthum. Der Handel war wesentlich ein Tauschhandel, wie auch die Abgaben zum Unterhalte des Hofes, der Beamten, des Heeres und der Priester grösstentheils in Naturalien entrichtet wurden; geprägtes Gold gab es vor dem Exil gar nicht, das Silber wurde zwar vielfach als Tausch- und Zahlungs-Mittel gebraucht, jedoch nur nach dem Gewicht, dessen Einheit der Sekel war, etwa dem Silberwerth eines englischen Schillings gleich. Die priesterliche Theorie, welche alles Zinsnehmen unter den Volksgenossen als unrechtmässigen Wucher verbot, ging von den einfachen Wirthschaftsverhältnissen aus, in welchen die Ansammlung productiver Capitalien und gewerbliche Unternehmungen, die mit fremdem Capital arbeiten, fast gar nicht vorkommen, Darlehne oder Vorschüsse daher regelmässig nur zur Abhülfe von Nothständen an Bedürftige gegeben werden. Die productive Kraft des Capitals, seine Vermittlung zwischen Vergangenheit und Zukunft offenbart sich erst auf entwickelteren Verkehrsstufen, aber auch in den Anfängen ist das natürliche Gesetz, dass Capitalien nicht gesammelt und nicht verliehen werden würden, wenn die Besitzer nicht dafür entschädigt würden, aller Orten stärker gewesen als theologische oder metaphysische Theorien. Das Zinsverbot des Pentateuchs blieb gleich anderen Versuchen Besitz und Gleichheit gegen die Verkehrsgesetze zu erhalten ein todter Buchstabe; mehrere Stellen der Psalmen und Propheten schärfen es nur als eine Pflicht der Liebe und der Frömmigkeit ein, ähnlich wie Origenes von dem Gläubiger verlangt, er solle nicht nur keine Zinsen nehmen, sondern selbst das Capital nicht zurückfordern, dagegen dem Schuldner vorschreibt, er solle ohne Aufforderung das Geborgte doppelt erstatten; solche Vorschriften können nirgends darthun, was im Leben zu geschehen pflegt. Das Eifern und Klagen über den Wucher beweist, dass der hebräische Gläubiger Mittel haben musste trotz des Verbotes nach dem strengen Schuldgesetz nicht nur zu seinem Capital, sondern auch zu seinen Zinsen zu kommen. Nach dem Exil suchte man auch dieses Gesetz durchzuführen, und in einzelnen Gegenden sollen die Juden es noch jetzt durch Kunstgriffe umgehen, wie es im Mittelalter mit dem Zinsverbot des kanonischen Rechts geschah. Die Antipathie der religiösen Doctrin gegen industrielle Arbeit macht sich in den Reden und Schriften der Propheten vielfach geltend. Sie eifern, die Mängel und Sünden der Vergangenheit über den Missständen der Gegenwart vergessend, für alte

Einfachheit, gegen Handel, Gewerbthätigkeit, Geldgewinn und Genusssucht, klagen als Folge davon über Ungerechtigkeit, Betrug, Bestechung, Zweifelsucht und Verachtung der Heiligen. Das war hier nicht ascetische Geringschätzung des Reichthums an sich; vielmehr prahlen die heiligen Schriften mit den durch Krieg und Gewalt erworbenen Schätzen ihrer grossen Könige, die Reichthümer anderer Völker werden nicht ohne Neid geschildert, nicht blos Ehre und Macht, auch Besitz und Genuss sind nothwendige Zuthaten des messianischen Reiches, als Folge der Herrschaft; Tyrus wird wieder Handel treiben, „aber die vor dem Herrn wohnen, werden ihr Kaufgut haben". Es handelte sich nur um die Mittel und Wege. Die geistlichen und weltlichen Mächte des Alterthums trafen meist darin zusammen die kriegerische Thätigkeit als die einzig berechtigte im activen Leben anzuerkennen, Handel und Gewerbe als etwas Sclavisches zu verachten. Kriegerische Gewalt, Plünderung und Herrschaft waren die legitimen Mittel des Erwerbes; die Unterworfenen und Geringen mochten arbeiten, das herrschende Volk sollte von regelmässiger Arbeit befreit sein, wie Adam im Paradiese. Es trat noch ein anderer Grund der Abneigung für die contemplative Classe hinzu. Industrie und Handel milderten die feindselige Abschliessung der Nation, beförderten den friedlichen Verkehr, die Bekanntschaft und Verbindung mit anderen Völkern, und thaten dadurch der Neigung zu fremden Gebräuchen und Religionen Vorschub. Bereits Salomo duldete die Verehrung fremder Götter, wie es heisst um seiner ausländischen Frauen willen; wahrscheinlich wirkten allgemeinere Rücksichten mit. Diese Toleranz machte nach seinem Tode Propheten gegen das Haus Davids Partei ergreifen und den Abfall der zehn Stämme als Folge des göttlichen Zornes betrachten. Die wirkliche Ursache waren die ungewohnten Lasten, ohne Zweifel die in den orientalischen Reichen übliche Kopfsteuer und Grundsteuer, welche die neue Monarchie dem Volke auferlegt hatte. Die alte Eifersucht der Stämme, namentlich der beiden mächtigsten, Juda und Ephraim, kam dazu, als der Ruf erscholl: was haben wir denn Theil an David? zu deinen Hütten, Israel!

LXXVII.

Zu dem Sohne Salomos hielten ausser dem eigenen Stamme Juda nur Theile von Benjamin, in dessen Gebiet Jerusalem lag, und der südlich wohnende Stamm Simeon, als die übrigen dem Jerobeam zufielen. Dieser sagte sich keineswegs vom Jehovahdienste los, aber er untersagte die Verbindung mit dem Tempel zu Jerusalem, errichtete eigene Heiligthümer und führte den Bilderdienst ein, indem er zunächst an der Nord- und Südgränze seines Reiches das alte Symbol des Stieres aufstellte. Die orthodoxen Schriften bezeichnen seine Bilder verächtlich als Kälber; denken wir sie geflügelt, so liegt die Annahme nahe, dass sie die Cherubim, welche an den Enden der Bundeslade standen, ersetzen und gleichsam das ganze Land an Stelle des alten, ihm fehlenden Nationalheiligthums dem Herrn weihen sollten. Die Leviten wanderten deshalb aus, und es wurden Priester aus dem übrigen Volke genommen. Mit dem Wegfall der Priesterkaste und ihrer festen Organisation verloren Religion und Gesetz ihren Schwerpunkt. Die Theorien konnten den äusseren Halt einer geschlossenen Classe nicht entbehren. Ohne ihn verloren sie ihren Einfluss. Von einer Fortbildung der Theorie, von einer Beherrschung des Lebens durch sie war nicht mehr die Rede im Reiche Israel, seine Bedeutung für die Erhaltung und Entwicklung des Monotheismus ist daher eine geringe. Die Propheten und ihre Anstrengungen für die alte Religion nahmen nur ein persönliches Interesse in Anspruch. Die Kämpfe des Monotheismus und Polytheismus hatten keinen Erfolg als die äussere Ordnung zu gefährden, die Zerrüttungen im Lande zu mehren. Ob Jehovah, oder Baal augenblicklich prävalirte, war für die Zustände des Volkes und des Staates ziemlich gleichgültig; Bildung und Sitte hingen so wenig mehr davon ab, wie die Macht des Königthums oder sein Kriegsglück.

Im Reiche Juda konnte zwar das starke Zuströmen der besitzlosen Leviten schwerlich auf die damalige Wohlfahrt des Volkes günstig wirken, aber für die Consolidation, auf die Macht und die Arbeiten der geistlichen Gewalt blieb ihre numerische Verstärkung gewiss nicht ohne Einfluss. Wenn auch hier polytheistische Meinungen nicht fehlten, wenn einzelne Könige sie begünstigten, so wurde doch die Herrschaft des Jehovahdienstes nie ernstlich in Frage gestellt; die Bekämpfung der fremden Götter trug nicht den Charakter eines Krieges, in welchem gleiche Kräfte sich den Ausgang streitig machen, sondern den einer Verfolgung, die mit mehr oder minder Eifer betrieben ward. Die wesentlichen Kämpfe fanden innerhalb des Monotheismus statt zwischen strengeren und laxeren Parteien, nicht sowohl um Dogmen, als um äussere Ordnungen, Cultus, bürgerliche Einrichtungen. In diesen Kämpfen erfolgte die Entwicklung und Fixirung des Gesetzes, welche die letzten Zeiten der Selbständigkeit bezeichnet. Man steigerte die strengen Anforderungen der Gesetzmässigkeit und Heiligkeit des Lebens zuerst in der Theorie, dann auch in der Praxis, als die wachsenden Bedrängnisse den Mahnungen der Männer Gottes Nachdruck verliehen. Waren die Ideale der Speculation nicht in der Welt der Erscheinungen zu verwirklichen, waren ihre Satzungen zum Theil kleinlich, nutzlos und hemmend, so dürfen wir darum nicht verkennen, dass ein ernstes Streben in dieser Hülle lag, und das Wesen der Sache an sie gebunden war. Die tiefsten Theorien vermochten nicht ohne diese äusseren, für uns bedeutungslosen Formen sich in die Gemüther der Menschen zu prägen und eine bleibende Gestalt zu gewinnen.

Die politische Macht des Volkes erlitt durch die Theilung des Reiches einen Stoss, von welchem sie sich nimmer erheben konnte. Die auswärtigen Besitzungen gingen nach und nach verloren; die getrennten Staaten, welche unter einander und mit den benachbarten Völkern blutige Kriege führten, waren den umliegenden syrischen Reichen nicht mehr überlegen. Dessen ungeachtet brauchen wir uns ihre Lage nicht gerade unglücklich zu denken, wenigstens nicht unglücklicher als die anderer kriegerischer Völker, die aus häufigen Kämpfen bald als Sieger, bald als Besiegte hervorgingen, bis die Uebermacht der assyrisch-babylonischen Waffen Elend und Verzweiflung über diesen Theil der Erde brachte. Manche Regierungen waren entschieden Perioden des Glückes im Innern wie nach aussen. Der Staat der zehn Stämme, grösser, reicher und seiner Lage nach ausgesetzter, litt ausserdem durch den Umstand, dass keine der Dynastien, die sich in blutigem Wechsel folgten, zu der Weihe dauernder Legitimität gelangte. In Judäa hielt man am Hause Davids fest; Thronumwälzungen und Religionskämpfe waren weder so häufig, noch so tiefgreifend; die priesterliche Bildung und die staatliche Ordnung schritten unverkennbar fort; auch scheint man hier in der Regel eine gemässigtere, fügsamere Politik gegen mächtige Feinde geübt zu haben, man liess es nicht zum Aeussersten kommen. Dass das Gebiet abgelegener, gebirgiger, schwerer zugänglich war, schützte es freilich nicht, als stärkere Nationen auf den Schauplatz traten; schon unter Rehabeam und seitdem wiederholt wurde Jerusalem von Aegyptern, Syrern, Assyrern und Chaldäern gebrandschatzt, und wenn es lange zu keiner dauernden Unterjochung kam, lag dies hauptsächlich an dem älteren System der grossen kriegerischen Völker, welche sich in der Regel mit Plünderungen und Tributen begnügten, allenfalls die besiegten Könige als ihre Vasallen betrachteten, aber eine geordnete Herrschaft einzurichten nicht verstanden oder Willens waren. Mit den Fortschritten der Politik steigerten sich unter der jüngeren assyrischen Dynastie auch in diesen von dem Centralpunkte des Reiches weit entfernten Gegenden die Ansprüche der Herrschaft und damit die Bitterkeit der Conflicte, die Schwere der Heimsuchungen, die Verzweiflung des Widerstandes. Wir haben kein Sinken, keinen politischen oder sittlichen Verfall der syrischen Staaten anzunehmen, wofür jeder thatsächliche Anhalt fehlt; das gewaltige Wachsthum der mesopotamischen Grossmächte erklärt es vollkommen,

42*

dass die kleineren Staaten ihre Unabhängigkeit nicht mehr behaupten konnten, als jene mit den Forderungen der Unterwürfigkeit Ernst machten. In dem Angstruf der Propheten, welche Verderben ringsum verkünden, dem eigenen und fremden Völkern aus der Schale des Zorns den Untergang zutrinken, birgt sich nur die schreckliche Gewissheit des unvermeidlichen Verhängnisses. Die richtige Würdigung der Machtverhältnisse wird theologisch ausgesprochen: der Grimm Gottes, durch gewöhnliche Busse nicht mehr zu versöhnen, hat die sündigen Nationen in die Hand der Verderber gegeben; Assyrer oder Chaldäer, obwohl selbst verworfen, sind die Vollstrecker seines Gerichts. In der Erkenntniss, dass alles Widerstreben vergeblich, völlige Vernichtung drohe, mahnte Jeremia zur Unterwerfung, aber der kriegerische Sinn des Volkes verschmähte sie. Die Ausdauer und Tapferkeit der Hebräer bewährte sich bis zum Ende. Drei Jahre widerstand Samaria den Assyriern, drei Jahre Jerusalem dem Nebukadnezar. Ob die Wegführung der Einwohner aus dem Reiche Ephraim in sehr erheblichem Maasse stattgefunden, lässt sich nicht beurtheilen; die Hinsendung fremder Colonisten würde schon durch die Verwüstung des letzten Krieges erklärt werden, und die Zahl der zurückgebliebenen Israeliten scheint im Lande überwogen zu haben, da die Fremden sich dem Jehovahdienste anbequemten, wenn sie auch daneben andere Götter verehrten. Als Jerusalem wiederhergestellt wurde, war auch unter den Samaritanern der Monotheismus herrschend. Die weggeführten Israeliten haben sich im Osten spurlos verloren. Jesaia hatte verheissen, sie würden dereinst über den Euphrat zurückkehren, wie ihre Väter aus Aegypten; Josephus dachte sich die zehn Stämme noch massenhaft im Orient. In der That sind gewiss nicht Viele von ihnen wieder nach Kanaan gekommen. Dass zurückgekehrte Israeliten den Jehovahtempel auf dem Berge Garizim erbauet hätten, ist eine späte Erdichtung. Anders war es mit dem Reiche Juda. Die wiederholten Plünderungen und die dreijährige Aufhäufung orientalischer Heeresmassen in dem kleinen Lande müssen eine furchtbare Verödung zur Folge gehabt haben. Dem Hunger und Schwert zu entrinnen wanderten Viele nach Aegypten aus, wo sich früh eine zahlreiche jüdische Colonie bildete. Die Uebriggebliebenen scheinen in Masse über den Euphrat verpflanzt zu sein, da bedeutende Schaaren zurückkehrten, und doch eine Menge in den persischen Provinzen zerstreut blieb. Das grosse Sabbatjahr war gekommen, „Juda war gefangen im Elend", und Jeremia klagte auf der wüsten Stätte, wo der Tempel des Herrn gestanden.

LXXVIII.

Funfzig Jahre nach diesen Tagen gestattete Cyrus die Rückkehr der Verbannten, und wies ihnen die Landschaft von Jerusalem an. 42,360 freie Männer machten unter der Führung Serubabels, eines Descendenten Davids, und Josuas, in dessen Hause das Hohepriesterthum erblich blieb, von der Erlaubniss Gebrauch. Aus der geringen Zahl der Sclaven und der Lastthiere, welche dem Zuge folgten, lässt sich schliessen, dass vorzugsweise die Niedrigen und Armen der alten Heimath zustrebten. Diese scheint inzwischen nicht stark occupirt worden zu sein, dennoch konnten Reibungen und Kämpfe mit den umwohnenden Stämmen, welche herrenlose Ländereien in Besitz genommen hatten, nicht ausbleiben. Dazu kam der Hochmuth der jüdischen Exclusivität und Gesetzesstrenge, welcher die Samarier, die sich ihnen anschliessen wollten, als unreinen Blutes und heterodox zurückwies. Die Ankömmlinge wurden verhasst, am persischen Hofe verklagt, der Tempelbau ward inhibirt und konnte erst unter Darius vollendet werden. Es wollte mit der Colonie nicht recht vorwärts, man fand sich gedrückt und beengt gegen das alte Reich und die grossen Hoffnungen, mit denen man zurückgekehrt war. Esra, der um 460 vor Christus mit einem neuen Zuge ankam, erschrak über die Verwilderung des Volkes und die Nichtachtung des Gesetzes. Nehemia fand die Mauern Jerusalems zerstört, die Thore niedergebrannt. Was Esra für das geistige Leben ward er für die äussere Wohlfahrt des Volkes. Die spätere Dichtung warf beide zusammen, und stellte sie an die Spitze eines goldenen Zeitalters. Ohne Zweifel bezeichnete Nehemias Statthalterschaft einen Wendepunkt in der Gestaltung der Dinge. Es kam wieder zu einer staatlichen Ordnung. Waren sie auch der persischen Hoheit unterworfen, dem grossen Reiche eingereiht, so hatten die Juden doch ein eigenes Vaterland, bildeten wieder ein Volk mit politischen Einrichtungen, welches sich abgesondert und ziemlich selbständig regieren konnte, standen nicht wie ihre zerstreuten Brüder, oder wie in späteren Zeiten die Christen und die Parsen in den orientalischen Reichen in einem blos religiösen Verbande unter geistlichen Lehrern und Gemeindehäuptern. Ungefähr das Königreich Juda in seinen alten Gränzen befand sich wieder in ihren Händen. Neben dem persischen Unterstatthalter, der sie wahrscheinlich bei regelmässiger Steuerzahlung im Ganzen sich selbst überliess, wenn er nicht ausnahmsweise wie Nehemia selbst ein Jude war, standen der Hohepriester und das Synedrion, aus siebzig sich selbst ergänzenden Mitgliedern, Priestern, Gemeindeältesten und Schriftgelehrten zusammengesetzt, als höchste richterliche und verwaltende Behörde an der Spitze des kleinen Staates. Von einer politischen Bedeutung und einer politischen Geschichte desselben konnte allerdings nicht die Rede sein, und dem politischen Interesse des Alterthums blieb er daher fast ganz unbekannt. Der aufmerksame Herodot, obwohl auf seiner Reise in Phönicien nur wenige Meilen entfernt, nahm keine Notiz von dem eigenthümlichen Volke. Der erste Grieche, der von einem Juden erzählte, mit dem er zufällig zusammengetroffen, war Aristoteles; er soll die enthaltsame Weisheit des Mannes bewundert und in Erkenntniss des ähnlichen Geistes die jüdische Philosophie von der indischen abgeleitet haben. Aber es war auch nicht das staatliche Leben, wodurch das Judenthum auf die Mit- und Nachwelt gewirkt hat, sondern es waren die religiösen Theorien und Einrichtungen, welche der geistlichen Gewalt des Mittelalters zum Vorbilde gedient, und zur

Gestaltung der christlichen Welt mächtig beigetragen haben, und diese erhielten ihre Ausbildung grossentheils erst in diesen Zeiten der Restauration nach dem Exil. Als sich in Griechenland das politische Leben zum Ende neigte, und sein Erlöschen eine Lücke in der Bewegung der Geister liess, da wendeten sich die besten Krfäte des Volkes wisssenschaftlichen Bestrebungen zu, und es erblühte auf allen Gebieten intellectueller Cultur eine Fülle der Anschauungen und des Wissens, wie sie die Welt noch nicht gekannt hatte. Auch den Juden bot die politische Existenz keine Befriedigung mehr, auch hier sahen sich die strebsamen Geister, die einer erregteren Thätigkeit bedurften, die sich nicht beschränken mochten in der verachteten Sclavenarbeit des täglichen Lebens, *to eat and be despised and die**), auf die innere Bewegung angewiesen. Aber hier fehlte die Anregung vielseitiger Berührungen mit den Contrasten verschiedengearteter Natur und Völker, das objective Interesse für die Auffassung der Aussenwelt, wodurch der Reichthum des griechischen Geistes charakterisirt wird; die Richtung auf die allgemeine religiöse Theorie war so vorherrschend, die ganze Bildung des Volkes ruhte so ausschliesslich in den Händen des Priesterthums und seiner Schüler, dass weder für eine andere Basis, noch für andere Zweige des Wissens Raum blieb. Die Einseitigkeit der Religiosität schloss jedes wissenschaftliche Streben aus, wie sie in der Praxis als der einzige legitime Gesichtspunkt betrachtet ward. Alles höhere Leben bewegte sich um sie. Diese Wendung, in den letzten Zeiten des Königthums vorbereitet, trat im Exil entscheidend hervor, und ergriff die neue Gemeinde mit der nicht mehr vergessenen Aufgabe durch strenge Uebung des Gesetzes in der That und Wahrheit ein heiliges Volk des Herrn zu sein.

Wie sich die Theorie im engeren Sinne, die Dogmen über Gott und Welt, über Himmel und Hölle, unter fremder Einwirkung und durch eigene Ausarbeitung weiter bildete, haben wir früher gesehen. Auf die praktischen Lehren und

*) Zu essen und verachtet zu werden und zu sterben. (Byron.)

die Gestaltung des Lebens nach ihnen müssen wir jetzt noch einen Blick werfen. Ihre Ausbildung und Durchführung hat seit den Zeiten, da die Grundlagen des Glaubens unabänderlich feststanden, die grösseren Anstrengungen und Kämpfe gekostet. Der richtige Glaube wurde vorausgesetzt, auf dem richtigen Handeln beruhte die Gnade Gottes, das Heil und die Zukunft des Volkes. Hier machten sich verschiedene Grade der Ansprüche und verschiedene Richtungen geltend.

LXXIX.

Von den Propheten des Exils wurde die innere Gesinnung und die Sittlichkeit des Wandels mit tiefem Ernste hervorgehoben, als das Wesentliche und Nothwendige gegen äussere Beobachtungen und religiöse Gebräuche; nicht Fasten und Kasteiungen, sondern Gerechtigkeit, Milde, Barmherzigkeit verlange Gott von den Seinen. „Dann wirst du rufen, so wird dir der Herr antworten.“ Aber zugleich wuchsen in und seit den Zeiten der Verbannung Umfang und Strenge der formellen Vorschriften. Das einzige Heil lag in der Religion, und einmal überzeugt, dass ein heiliges, gottgefälliges Leben von religiösen Satzungen durchdrungen und getragen werden müsse, ging man in dieser Richtung immer weiter, je ernster man es nahm. Um nicht anzustossen that man lieber zu viel, als zu wenig, und unterwarf auch das Geringfügige, was früher der Willkür überlassen blieb, einer unverbrüchlichen Ordnung. Es wurden Busstage zur Erinnerung an die grossen nationalen Unglücksfälle und regelmässige Gebete zu bestimmten Tagesstunden eingeführt. Der Pentateuch gebietet das Fasten nur für den Versöhnungstag, an welchem es die Juden noch heutigen Tages beobachten, sonst werden zwar ascetische Enthaltungen oder Auferlegungen in Folge von Gelübden, sei es für immer, sei es für eine bestimmte Zeit, erwähnt, und sie waren, wie das Beispiel der alten Naziräer zeigt, von je her in Gebrauch um Verschuldungen zu büssen oder die göttliche Gnade in besonderem Maasse zu erwerben, indessen hatten diese Dinge keine grosse Bedeutung in den älteren Zeiten, und können sie auch nur da gewinnen, wo mehr das Heil der Zukunft als das Glück der Gegenwart in das Auge gefasst wird. Eine solche Zeit war jetzt gekommen, und wenn man hier auch nicht bis zu eigentlichen Peinigungen und Qualen fortschritt, durch welche die indische Beschaulichkeit völlige Ertödtung des Sinnlichen und Irdischen erstrebte, so legte man sich allerlei Entbehrungen und Mühseligkeiten auf, hielt häufige Fasten und Bussübungen, suchte die Gesetze eines frommen Wandels nicht nur zu erfüllen, sondern noch darüber hinauszugehen, und möglichst das ganze Volk für diese Strenge zu gewinnen, Alles in der Absicht die Tage des Heils herbeizuführen. Die Gegenwart konnte nicht befriedigen, am wenigsten entsprach sie den grossen Verheissungen der Propheten, deren Erfüllung man mit der Rückkehr in das gelobte Land erwartet hatte, so musste man sich auf die Zukunft vertrösten. Die Zeit der Herrschaft und der Herrlichkeit durch die materielle Volkskraft herbeizuführen lag ausser aller Frage, sie liess sich nur von der Allmacht Gottes erhoffen; wenn sie verzog, musste die Schuld an dem Volke selbst liegen, welches den Anforderungen der Reinheit und Heiligkeit noch immer nicht genügte. Daher ward es die Aufgabe des Ganzen wie jedes Einzelnen durch vollkommene Heiligung den Boden zu bereiten für das Reich des Messias. Und neben dieser Bedeutung für die Zukunft des Volkes sollte die persönliche Heiligung auch mehr und mehr dem Einzelnen das Heil seiner Seele verbürgen, als in dem Elende der äusseren Zustände die innigere Concentration auf das religiöse Leben und zugleich der Einfluss fremder Anschauungen den Unsterblichkeitsglauben stärker und wirksamer ausprägten. In diesem Sinne lehrte Simon der Gerechte, wahrscheinlich ein Hoherpriester, der bald nach Alexander dem Grossen lebte: auf drei Dingen beruhe die ganze Welt, dem Gesetze, dem Gottesdienste und der Uebung guter Werke. Die guten Werke umfassten sowohl die Einrichtung des ganzen Lebens nach den Satzungen der Schrift und der Tradition, als Handlungen der Nächstenliebe und Wohlthätigkeit. Gut war, was das Gesetz gebot, besonders verdienstlich, was in Strenge des Lebens, Eifer für die Befolgung und Ausbreitung des Gesetzes, werkthätiger Unterstützung Anderer noch über die eigentlichen Gebote hinausging. Wo immer eine solche Richtung herrschend wird, da liegt die Gefahr nahe, dass die geforderte Heiligkeit nicht in sittlicher Gesinnung und einem durch sie bestimmten Thun, sondern in Aeusserlichkeiten, Formen und Gebräuchen gesucht wird, und je mehr blosse Vorschriften des Ceremoniells mit den Geboten der Moral auf dieselbe Stufe gestellt werden, desto leichter wird dann eine selbstgenügsame Werk- und Scheinheiligkeit überhand nehmen.

Von Esra, dem grossen Schriftgelehrten und dem ersten, der so genannt wird, ging die neue Gelehrsamkeit, die Schrifterklärung, die Richtung der Schulen aus, wodurch sich der besondere Stand der Schriftgelehrten entwickelte. Sein Ruhm stieg, je mehr das Schriftgelehrtenthum zur herrschenden Macht im Volke wurde; er ward ein wunderbarer Meister alles Wissens, Wiederhersteller und Schöpfer heiliger Bücher, Moses fast gleich gestellt. Die Sage liess unter ihm die grosse Synagoge zusammentreten, welcher ein grosser Theil der heiligen Schriften und die letzte Feststellung des Gesetzes zugeschrieben wurden; der Talmud betrachtet sie als den Schlussstein der inspirirten Ueberlieferung: das auf dem Sinai verkündete Gesetz sei von Moses dem Josua, von Josua den Aeltesten, von den Aeltesten den Propheten, von diesen den Männern der grossen Synagoge übergeben worden; im Mittelalter wurden die Dichtungen über sie noch weiter ausgesponnen. Wie unter Moses geschehen sein sollte, wurde von Esra das geschriebene Gesetz durch einen förmlichen Vertrag mit Jehovah wieder eingeführt, und der Vertrag im Namen des Volkes von Priestern, anderen Leviten und Aeltesten feierlich vollzogen, den drei Classen, aus welchen Josaphat seinen hohen Gerichtshof gebildet hatte, während später im Synedrion die Leviten durch Schriftgelehrte ersetzt wurden. Es erwachte ein gewaltiger Eifer für das Gesetz, aber auch die buchstäbliche und engherzige Handhabung desselben, welche die ausländischen Frauen und mit ihnen sogar die eigenen Kinder rücksichtslos verstiess, die Fremden aller Rechte in der Gemeinde beraubte. Strenge Haltung des Sabbats und der Feste, regelmässige Steuern an den Tempel, erhöhte Feierlichkeiten des Gottesdienstes wurden eingeführt. Das Gesetz wurde öffentlich vor dem Volke verlesen und erklärt, und wie sich um die Gelehrten des hohen Raths Schüler sammelten, aus denen der Rath regelmässig ergänzt ward, so wurden in den einzelnen Gemeinden Schulen zum Volksunterricht gestiftet um Religion und Gesetz lebendig zu erhalten, was freilich nicht nur wegen des vermehrten Umfanges der Tradition, sondern auch durch die Veränderung der Sprache nothwendig ward. Denn das alte Hebräische verschwand während der nächsten Jahrhunderte nach dem Exil vollständig aus dem Leben, und erhielt sich nur als heilige und gelehrte Sprache, während im Volke das Syrisch-Chaldäische gesprochen wurde.

LXXX.

Gegen die Steigerung peinlicher Gesetzesmacherei und äusserlichen Formenwesens machten sich freiere Richtungen in verschiedener Weise geltend. Die Samarier, ebenso streng monotheistisch wie die Judäer und im letzten Vernichtungskampfe sich ihnen zugesellend, erkannten nur den Pentateuch als Quelle des Gesetzes an, und verwarfen sowohl die übrigen heiligen Schriften, wie die Satzungen der angeblichen Tradition. Sie wurden in Jerusalem von je her als Schismatiker betrachtet, trotzdem liessen sich durch einen persischen Machthaber Leviten zum Dienste bei ihrem kurz vor Alexander dem Grossen erbauten, in der späteren Makkabäerzeit von den Juden zerstörten Tempel auf Garizim bestimmen. Bei den Juden Aegyptens trat, wie die dort entstandene Litteratur bezeugt, unter dem Einflusse griechischer Bildung die Bedeutung des Buchstabens in formeller Gesetzmässigkeit zurück; man fing an die ceremoniellen Gebote wie die religiösen Sagen allegorisch zu deuten. In dem Buch

Kohelet fand der ausgeprägte Skepticismus sogar Eingang in die heilige Litteratur. Die hauptsächliche Opposition gegen die Herrschaft der strengen Partei bildete seit dem dritten Jahrhundert die Secte der Sadducäer, nach einem ihrer hervorragendsten Lehrer Sadok benannt. Nur durch die Theorie verbunden, hielten sie, wie Josephus bemerkt, im Leben nicht zusammen, sondern handelten vereinzelt. Sie gestanden dem Gesetze nur eine bürgerliche Geltung, keine religiöse Bedeutung zu, und bekämpften damit die spätere Tradition in ihrer eigentlichen Grundlage. Indem sie aus diesem praktischen Gesichtspunkte auf den Pentateuch zurückgingen, verwarfen sie consequenter Weise mit der späteren Gesetzgebung auch die spätere Ausbildung der Dogmatik, und bestritten nicht nur die Unsterblichkeit und die Geisterlehre, sondern auch die Vorsehung, Vergeltung und Einwirkung Gottes auf das Handeln und das Schicksal der Menschen. Dadurch traten sie offenbar in einen zu schroffen Gegensatz mit den religiösen Anschauungen des Volkes, als dass ihre Theorie grossen Erfolg hätte gewinnen können, sie wurden bald entschieden als Irrgläubige betrachtet. Seit dem Enthusiasmus der Makkabäerzeit wurden die Eifrigen und Strengen immer ausschliesslicher die Träger des nationalen und religiösen Lebens. Den Gleichgültigen und Gesetzlosen, die von ihnen natürlich zu Sündern gestempelt wurden, hatten sich früh die Chasidim als Fromme oder Treue gegenüber gestellt. Aus ihnen gingen die Pharisäer, die Gesonderten, hervor, welche als Repräsentanten der äussersten Gesetzmässigkeit im Schriftgelehrtenthum und im Volksleben einen grossen Einfluss gewannen, und vorzugsweise die Alles regelnden Satzungen fixirt haben, die später im Talmud gesammelt wurden. Ihre auf das Handeln und Herrschen gerichtete Verbindung konnte nicht verfehlen persönlicher Herrschsucht Vorschub zu thun, und ebenso musste ihre Art und Weise aus der Frömmigkeit gleichsam eine Kunst oder ein Gewerbe zu machen und den Gesetzeseifer in guten Werken zur Schau zu tragen vielfach dahin führen an die Stelle frommer und sittlicher Gesinnung äussere, oft heuchlerische Formen zu setzen, doch ward von den Besseren unter ihnen und im Talmud nicht weniger ernstlich wie im neuen Testament gegen Herrschsucht, geistlichen Hochmuth, Heuchelei und blosse Werkheiligkeit geeifert. Eine andere Erscheinung des tief religiösen Lebens waren die Essäer oder Essener. Diese, von jeder öffentlichen Wirksamkeit abgewendet, nur als Armenpfleger und Heilkundige an den Leiden der Menschen Theil nehmend, führten in den Einöden Judäas und Aegyptens, zum Theil indessen auch in Städten ein zurückgezogenes, beschauliches Leben, dem Dienste Gottes und des Gesetzes gewidmet, welches auf das Innere und Geistige gedeutet wurde. Streng sittlich, die Sünder ausstossend, allen Leidenschaften und Genüssen entsagend, Fleischspeisen und blutige Opfer verwerfend, fleissig und arbeitsam, lebten sie in kleinen Genossenschaften um Bethäuser gesammelt, nicht mehr einem irdischen Reiche des Messias, sondern dem verklärten Jenseits entgegen harrend. Ihre oft bedeutenden Stiftungen und gemeinsames Vermögen wurden von Curatoren verwaltet. Die Einrichtungen und Lebensregeln glichen buddhistischen oder christlichen Mönchsorden, und die fromme Heiligkeit ihres Wandels erregte auch bei Aussenstehenden Bewunderung; Philo schildert sie mit Begeisterung, Josephus schreibt ihnen sogar Voraussicht der Zukunft zu. Dass sie alle ehelos gelebt, wie Plinius behauptet, und sich — seit Jahrtausenden — nur durch die Lebensmüden ergänzt hätten, welche Glückswechsel oder Reue in ihre Gemeinschaft trieben, ist zwar nicht richtig, doch entsagten Viele der Ehe, theils aus ascetischer Selbstverläugnung, zum Theil auch in antiker Geringschätzung der Frauen, deren sündhafte Natur ihnen zu unheilig für die fromme Gemeinde schien, „überzeugt, dass keine derselben einem Manne Treue halten könne.“

LXXXI.

Seit dem Exil gab es beträchtliche jüdische Gemeinden in Babylonien und Aegypten. Nach dem Aufstande gegen Ochus wurden abermals viele Gefangene in die östlichen Provinzen des persischen Reiches versetzt. Als der erste Ptolemäer Alexandrien rasch zu bevölkern wünschte, führte er nach einem Einfall in Syrien eine grosse Menge von Juden nach Aegypten, von wo aus sie sich weiter an der Nordküste Afrikas ausbreiteten. Das Glück, welches die Stammgenossen im Auslande machten, die Drangsale der ägyptisch-syrischen Kriege, zuletzt das Drohen und Beginnen des Römerkrieges fügten freiwillige Auswanderungen den gezwungenen hinzu, und so entstanden zahlreiche Judengemeinden ausser in Aegypten namentlich in Syrien und Kleinasien, aber auch in Griechenland und in Italien. Im Auslande, von kriegerischer und politischer Thätigkeit ausgeschlossen, meist in grösseren Städten angesessen, und zunächst wenigstens ohne Grundbesitz warfen sich die Juden nothgedrungen, aber mit grossem Eifer und grossem Erfolge auf Handel und Gewerbe, ein Beispiel, wie meist erst die Lösung vom Staate und die Gleichgültigkeit gegen seine Interessen die Abneigung des Alterthums gegen die industrielle Arbeit überwinden musste. Die Hoffnungen auf kriegerische Herrschaft, die Erwartungen des messianischen Reiches traten mehr zurück, wo sich die Juden in der Fremde, getrennt von den Erinnerungen und Anregungen der Heimath, zugleich in guten materiellen Verhältnissen befanden, wo sie jedenfalls ihre Ansprüche auf die Weltherrschaft aus Klugheit verbargen, und sich gewöhnen mussten die Welt nicht als eine künftige Beute, sondern als den gegenwärtigen Schauplatz fruchtbringender Thätigkeit zu betrachten. Dagegen hielten sie fest an der väterlichen Religion, und waren in dem Eifer ihren Gott und ihr Gesetz zu Ehren zu bringen emsig bemüht Proselyten zu machen; das gelang ihnen auch trotz der nationalen Beschränktheit ihres Standpunktes in ziemlich erheblichem Umfange, denn die polytheistischen Systeme verloren allmälig ihre Kraft, und die Welt begann dem Monotheismus entgegen zu reifen. Tacitus spricht mit Bitterkeit von ihren Bekehrungen, freilich waren es schlechte Bürger, welche die väterlichen Götter verliessen, und die Juden in der That ein Moment in der

Auflösung der antiken Staatsbildung. Wie sie von diesen Zeiten her in der Entwicklung des Handels und der Industrie eine bedeutende Rolle gespielt haben, so bildeten auf dem theoretischen Gebiete die jüdischen Gemeinden in der griechisch-römischen Welt wesentlich die Vermittlung und die Anknüpfungspunkte für die Ausbreitung des christlichen Monotheismus. Alexandrien und Babylon blieben noch in späten Zeiten neben den Schulen Palästinas Hauptsitze jüdischer Bildung und Gelehrsamkeit, die sich freilich in Aegypten dem Einflusse griechischer Litteratur und Philosophie um so weniger verschliessen konnte, als die dortigen Juden auch die neuere Sprache ihres Vaterlandes allmälig vergassen, und daher selbst ihre heiligen Bücher in griechischer Uebersetzung lasen. Da sich überhaupt im Alterthum die Nationalitäten schärfer schieden und bewahrten, als es unter den homogeneren Culturverhältnissen der Neuzeit der Fall ist, versteht es sich von selbst, dass die Juden überall fest zusammenhielten; in den halb orientalischen Städten, wie Alexandrien, Antiochien, Cyrene, bildeten sie abgeschlossene Gemeinwesen mit eigener Verwaltung, an anderen Orten nur religiöse Gemeinden, deren Mittelpunkt ihre Bethäuser und Schulen waren. Ihre fremdartigen Gebräuche, ihre geflissentliche Absonderung, ihr Hochmuth und ihr Fremdenhass, gesteigert durch den Hohn und die Bedrückung, welche sie gelegentlich erfuhren, riefen Widerwillen gegen sie hervor, und der heldenmüthige Widerstand, den sie zuletzt in Judäa leisteten, eine Gegenwehr, wie sie die Römer seit dem Untergange von Carthago und Numantia nicht erfahren hatten, erregte nicht Bewunderung, sondern Abscheu. Tacitus schreibt: unter sich halten sie hartnäckig Treue, und üben Barmherzigkeit, gegen alle Anderen hegen sie feindseligen Hass; und bei Gelegenheit einer Deportation italiänischer Juden nach Sardinien meint er: wenn sie da zu Grunde gingen — ein geringer Schade.*) Mit Jerusalem blieben

*) vile damnum.

die Juden in steter Verbindung; es wurden regelmässige Wallfahrten dahin gemacht, oder durch eine Geldzahlung abgekauft, religiöse Entscheidungen von dort angerufen, und sowohl aus dem parthischen, wie aus dem römischen Reiche Steuern zum Tempel entrichtet, welche so erheblich waren, dass zu Ciceros Zeit ein kleinasiatischer Statthalter sich veranlasst fand die Ausfuhr von Gold nach Jerusalem zu verbieten. Durch die Abgaben wurde der Tempel, durch den grossen Fremdenverkehr die Stadt sehr reich.

LXXXII.

Während in der Vereinzelung der Fremde sowohl für die praktische Thätigkeit, wie für die religiösen Hoffnungen die individuellen Interessen des irdischen und des künftigen Lebens in den Vordergrund traten, verlor in Judäa selbst das mächtige Nationalgefühl den Staat und seine religiös-politische Bestimmung niemals aus den Augen. Man träumte von der grossen Zukunft, man schwelgte in Bildern der Herrschaft und der Rache. Freilich bedurfte es der äussersten Bedrückung, der Antastung des Heiligsten, ehe der zähe Patriotismus gewaltsam ausbrach. Unter der persischen Herrschaft war das Gemeinwesen allmählig an Kraft und Ordnung gewachsen. Während der Kriege der macedonischen Reiche wechselte die Herrschaft, die endlich den syrischen Königen blieb. Schon Antiochus der Grosse war in seiner Geldnoth nach der römischen Niederlage zu Tempelplünderungen geschritten; bald trat zu den Erpressungen ein anderer Druck hinzu. Antiochus Epiphanes wollte die verschiedenartigen Nationalitäten seines weiten Reiches systematisch verschmelzen, griechische Religion und Sitte mit hastiger Rücksichtslosigkeit zur Herrschaft bringen. In diesem Streben weihte er die Tempel von Jerusalem und Garizim dem Zeus, verbot die heiligen Gebräuche, und verhängte grausame Verfolgung über die Widerstrebenden. Sein gewaltthätiges Beginnen rief überall die nationalen Reactionen hervor, durch welche die griechische Herrschaft im Orient gebrochen wurde. Im Osten traten die Parther an die Spitze der empörten Völker, und Iran ging dem Seleuciden-Reiche verloren. In Judäa gewann der Aufstand unter der einsichtigen und festen Leitung des levitischen Heldengeschlechts der Hasmonäer oder Makkabäer, in deren Hause sich dann die hohepriesterliche Würde mit dem weltlichen Fürstenthume vereinigte, nach langen, schweren Kämpfen, in denen allerdings die anderweitigen Bedrängnisse und die zunehmende Auflösung des syrischen Reiches der ausharrenden Tapferkeit der Juden zu Hülfe kamen, ebenfalls den vollständigen Erfolg der nationalen Unabhängigkeit, und der jüdische Staat gewann die weitesten Gränzen des alten Königreichs wieder. In dieser Zeit des Aufstrebens sah man zuversichtlich der Erfüllung der grossen Verheissungen entgegen; das Buch Daniel verkündete das verklärte Ende aller Anstrengungen als nahe bevorstehend; dem Simon Makkabi wurde die Herrschaft ausdrücklich übertragen, bis der „rechte Prophet“ erscheine. Aber davidische und salomonische Zeiten wollten nicht wiederkehren, geschweige das Reich des Messias. Die Basis der Makkabäer-Herrschaft blieb schwach, der augenblickliche Enthusiasmus, und als die äussere Noth vorüber war, verzehrten sich die aufgeregten Kräfte in religiösen und politischen Streitigkeiten, die bis zu blutigen Bürgerkriegen ausarteten. Die Machthaber stützten sich bald auf fremde Soldtruppen, mit deren Hülfe sich endlich die idumäische Familie des Herodes der Herrschaft bemächtigte, die sie unter römischem Schutze nach Art des orientalischen Despotismus ohne Rücksicht auf die Sitten und Ueberzeugungen des Volkes übte. Die immer unmittelbarer eingreifende Gewalt der Römer trat in noch schrofferen Gegensatz mit den nationalen Eigenthümlichkeiten. Dem grossen Assimilationsprozesse der römischen Welt leistete kein unterworfenes Volk einen so hartnäckigen Widerstand, wie dieser noch ungebrochene Stamm des orientalischen Wesens, wo jeder Brauch und jeder Anspruch religiös geheiligt, auch in der Knechtschaft der Stolz der künftigen Herrlichkeit bewahrt wurde. Unfügsamkeit und Aufstände der Juden, schroffe Härte der römischen Gewalthaber, Grausamkeiten und Rachethaten von beiden Seiten steigerten die lange Gährung des unterdrückten Nationalgefühls zu dem wilden Ausbruch des Fanatismus, welcher nach siebenjährigem Kampfe mit der Vernichtung des Volkes in seiner Heimath endete. Der Krieg wurde so gut geführt, es wurde mindestens ebenso tapfer und aufopfernd gestritten wie zu den Zeiten der Makkabäer. Freilich liessen sich gegen die Consequenz der römischen Uebermacht keine Erfolge hoffen wie gegen die Zerfahrenheit des aus einander fallenden Seleuciden-Reiches; auch verliessen die Klugen und Vorsichtigen bei Zeiten das Land. Aber der nationale und religiöse Enthusiasmus fragte nicht mehr nach politischer Wahrscheinlichkeit, er war entschlossen nicht mehr zu dulden. Propheten verkündeten unter Wunderzeichen die Nähe des Messias, von einem Tage zum anderen erwartetete man bis zum Ende die Hülfe des Herrn, und im übrigen hatte man sich mit dem Leben abgefunden. Von Unterwerfung durfte nirgends die Rede sein. Unter entsetzlichen Leiden und Gräueln dauerte der verzweiflungsvolle Widerstand, bis der Tempel unter wildem Gemetzel in Flammen zusammenbrach, bis die letzten Vertheidiger von Masada sich selbst und den Ihrigen den Tod gaben. Wohl mochte Josephus sagen: so weit die Erinnerung der Zeiten zurückgehe, komme kein Unglück dem seines Volkes gleich. Im Styl der alten Propheten giebt die Apokalypse des Johannes den überwältigenden Eindruck wieder, den der furchtbare Untergang seines Volkes auf den gewesenen Juden machte. „In diesen Tagen werden die Menschen den Tod suchen und nicht finden, werden begehren zu sterben, und der Tod wird von ihnen fliehen.“ Das Ende der Welt schien diesem Ende folgen zu müssen. Das irdische Jerusalem war zu Grunde gegangen, das himmlische musste erscheinen.

A. W. Schade's Buchdruckerei (L. Schade) in Berlin, Stallschreiberstr. 47.

Zeitfracht Medien GmbH
Ferdinand-Jühlke-Straße 7
99095 Erfurt, Deutschland
produktsicherheit@kolibri360.de